새로운 사회주의의 선구자들

|일러두기|

본 번역서의 저작권은 저자 카를 카우츠키(1854~1938)의 사후 70년이 지나 소멸되었지만, 본문 가운데 제1권 및 제2권 '서론'을 쓴 카를 쿠피쉬(1903~1982)는 저작권이 유효하므로 독일어 원서 출판사인 J. H. W. Dietz Nacht를 비롯한 저작권협회 등에 문의하였으나 저자와의 연락이 닿지 않아 불가피하게 저작권 동의 없이 출간합니다. 추후 저작권자가 확인되는 대로 정식으로 번역저작권 계약을 할 예정입니다.

본서의 독일어판(*Die Vorläufer des neueren Sozialismus*) 초판은 상권, 하권으로 나누어 출간하였고, 20세기 초 재판 발행 시에는 1, 2, 3, 4권으로 분권하였지만, 한국어판 번역서는 합권하여 한 권으로 펴냈습니다.

Die Vorläufer
des neueren
Sozialismus

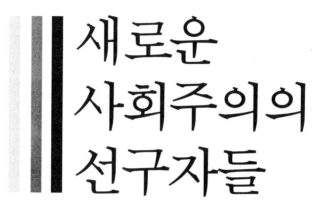

새로운
사회주의의
선구자들

카를 카우츠키 지음

이승무 옮김

동연

1. 저자 카우츠키

카를 카우츠키(Karl Kautsky)는 1854년 프라하에서 체코인 아버지
와 독일인 어머니 사이에서 출생했다. 외가는 헝가리 크로아티아계로
추정되는 오스트리아인이고, 외증조모는 이탈리아인이었다. 또 친할
머니는 폴란드인이니 카우츠키의 가계는 유럽 중부의 국제적 집안이
라고 할 수 있다. 그런 배경에서 그는 국가를 상대화하는 시각을 가지
게 되었고, 체코인으로서 오스트리아에 거주하는 독일인이자 또한 헝
가리의 정치가 코슈트와 이탈리아의 가리발디를 민족 지도자로 추앙
하기도 하는 등 여러 종류의 민족적 의식에 공감을 가지면서 성장했다.

그가 태어난 체코나 그가 활동한 주무대인 동부독일 지역은 이 책에
서 다루게 되는 민족주의적 성격이 강한 종교개혁 운동의 진원지가 된
다. 그의 주된 학문적 관심은 인류 사회의 기원과 문명의 발생, 변천과
정을 자연과학적 생태학적 기초에서부터 연구하는 데 있었으며, 오늘
날의 학문 분류로는 생태인류학, 인구학, 사회사 등으로 분류할 수 있
다. 그는 사회민주당 선전매체에 해당하는 《노이예 차이트》의 편집인
으로서 사회주의 이론의 발전과 당내의 정치 노선을 다루는 논객으로
활동하는 분주한 업무 중에도 본래 관심 분야인 역사 연구과 집필 활동

을 계속했다. 역사학 분야에서의 시대별로 그의 관심을 나타내 주는 저서는 선사시대:《유물론적 역사관》, 고대:《그리스도교의 기원》, 중세:《새로운 사회주의의 선구자들》, 근세:《토마스 모어와 그의 유토피아》, 근대:《프랑스 혁명 시대의 계급대립》, 그리고 현대:《세계 대전은 어떻게 일어났는가—독일 외무부 자료에 따른 서술》들이다.

그중에서도 고대에서 근대 이전까지를 다룬 그의 역사 서술은 사실상 기독교라는 종교를 중심으로 이루어지고 있다. 그렇게 된 배경을 생각해본다면, 그는 사회주의 이론가로서 사회주의의 역사에 관심이 있었으며, 사회주의 발생과 전개의 사상적 출처는 기독교에 있었던 사정이 있었다. 그 다음으로 기독교는 고대로부터 근대 이전까지 유럽사회를 정신적으로만 아니라 정치사회적으로 지배한 가장 강력한 체제였다는 것을 감안해야 한다. 끝으로 기독교라는 종교는 상층부터 하층까지 여러 계급과 인구계층을 포함하여 사회변동과 이들의 경제활동에서의 변화가 기독교 내의 여러 제도와 이론, 사상의 전개와 밀접하게 연결되고, 이는 다시 전체 사회의 상부구조로 연결되어 마르크스주의자로서 그가 채택한 이른바 유물론적 역사관에 따른 역사서술 방법을 적용하기에 적합한 소재와 무대를 제공해주기 때문이었다.

카우츠키 이전에도 엥겔스, 그리고 헤겔의 제자로서 급진적 철학자인 브루노 바우어가 이러한 관점에서 기독교의 역사를 기술한 바 있으며, 로자 룩셈부르크도 이 분야에 관심을 가졌다.

독일의 농민전쟁에 대한 저술을 남긴 엥겔스는 카우츠키에게 이 주제에 관한 저술을 하도록 권유했고, 이는 이 책이 나오게 된 동기 중 하나였던 것으로 알려진다.

2. 원저의 출생 스토리

이 책은 1894년 카우츠키가 40세 되던 해에 디츠 출판사에서 출간되었다. 이 시기에 카우츠키는 사회주의자 단속법 폐지 후에 베른슈타인과 손을 잡고 독일 사회민주당 내에서 이론가로서 활발하게 활동했다. 이 책을 위한 작업을 완성한 것이 〈에르푸르트 강령〉에 대한 해설(1892년)을 발간하고, 당 내에서 의회주의와 직접민주주의 간의 논쟁이 벌어져서 카우츠키가 의회주의의 입장을 대변하여 이론 작업을 벌이던 당시였다.

이 책을 쓰게 된 동기에 대해 그는 다음과 같이 밝히고 있다:

나는 마르크스주의가 그 등장 때까지 나누어진 두 사회주의의 흐름의 결합을 나타낸다고 인식했다. 한편으로는 원시적 평등 공산주의로 흔히 소급되는 프롤레타리아를 억압하는 상황에 대한 그들의 원초적인 반발, 그리고 다른 한편으로는 더 높은 계급의 학문적으로 교육을 받는 인간의 친구들의 부르주아 사회에 대한 사상적으로 풍부한 경제적 비판, 이는 적극적인 것이 되는 경우에는 유토피아 사회주의[1]로 소급되는데, 이 둘

---

[1] 카우츠키는 1885년에 베른슈타인과 함께 마르크스의 프루동 비판서인 《철학의 빈곤》(*Misère de la philosophie*)을 독일어로 번역하고, 1886년 〈노이예차이트〉에 이와 관련된 〈"철학의 빈곤"과 "자본"〉이라는 논문을 기사로 냈다. 마르크스의 책에서 비판 대상이 된 프루동은 위에서 말하는 유토피아 사회주의에 속하는데, 마르크스를 대변하는 카우츠키의 입장에서는 이 흐름의 역할은 이 책의 서술범위인 16세기 초까지의 기독교 공산주의 사상가들의 운동에서 끝나는 것이고 프루동 같은 19세기의 유토피아 사회주의자들은 시대착오적인 것이 된다. 흥미롭게도 프루동의 저서인 《소유권이란 무엇인가》(*Qu'est-ce que la propiété?*, 1840), 《빈곤의 철학》(*Philosophie de la misère*, 1846), 《혁명과 교회에서의 정의에 관하여》(*De la justice dans la révolution et dans l'église*, 1858) 등에서는 가톨릭교회에 대한 비판과 예수의 가르침의 진정한 의미에 대한 해석이 진지하게 전개되고 있어 《새로운 사회주의의 선구자들》에서 다루는 여러 공산주의적 종교개혁 운동들의 관심사와 유사한 관심을 보여준다. 프루동은 1858년의 책에서 당시의 가톨릭교회에 대한 비판으로 3년형을

의 결합을 말한다.

근대 사회주의의 이 두 원천의 차이를 그 시초에서, 최초의 그들의 가장 중요한 대표자들 토마스 모어와 토마스 뮌쩌의 인물에서 드러내 보여주고자 하는 마음이 생겼다.

그중 첫 번째 사람에 대한 서술은 1888년에 나왔다. 나는 바로 뒤이어서 뮌쩌에 대한 서술을 할 수가 없었다. 왜냐하면 내 연구는 오직 뮌쩌의 역사로부터만으로는 그가 대표했던 운동의 특성이 충분히 예리하게 인식될 수 없다는 것을 곧 내게 보여주었기 때문이다. 나는 뮌쩌를 넘어서 재세례자들에게로, 그리고 뮌쩌 뒤로 그 이전의 일련의 공산주의 종파들에게로 되돌아가는 탐구를 계속해야 했다.(Karl Kautsky, *Das Werden eines Marxisten*, 1924)

위와 같은 관심에서 이 책에 대한 작업이 완성된 후에 디츠 출판사는 "사회주의의 역사"를 주제로 한 총서를 계획했고, 출판사에서는 이에 대한 기획을 카우츠키에 맡겼다. 그리고 카우츠키의 책을 제1권으로 하기로 했다.

총 4권으로 기획이 되었고, 1권은 상권, 하권으로 나뉜다. 전체의 기획안은 다음과 같다.

제1권: 사회주의의 선구자들
　　　1책: 플라톤으로부터 재세례파까지(1895)

선고받아 벨기에로 망명하기도 했다. 그는 무신론자의 성격이 강하지만 어떤 면에서는 종교개혁자의 면모를 보여주기도 한다. 독일에서는 남부독일에서의 재세례파 박해 이후 기독교 교회 안에서는 어떠한 반체제의 사상도 허용되지 않았던 반면, 프랑스에서는 대혁명 이후 급진적 사회사상들이 종교의 변혁을 동시에 염두에 두고 많이 나온 차이점이 있다.

2책: 토마스모어에서부터 프랑스대혁명 전야까지(1895)

제2권: 대혁명의 발발부터 1848년과 그 지류

제3권: 독일 사회민주주의의 역사

　　1책: 1830-1863년: 7월혁명부터 프로이센 헌법 논쟁(1987)

　　2책: 1863-1891년: 라셀의 공개 답변서부터 에르푸르트 강령까지(1898)

제4권: 독일 밖의 1860년대부터 오늘까지의 사회주의와 노동운동의 역사

이 중에서 제2권과 제4권은 발행되지 않았고, 제1권 사회주의의 선구자들의 두 책과 프란츠 메링이 집필한 제3권의 두 책만 발행된 것이다.

20세기 초에 가면 1권의 상, 하가 제1, 2권, 제3, 4권으로 분책되어 재판 발행이 된다. 이번에 번역판이 나오는 책은 전체 시리즈에서 카우츠키가 단독으로 저술한 1권의 상권(개정판에서는 1권, 2권) 전체에 해당한다. 이번에 번역된 이 책의 전체 내용이 지금까지 다른 언어로 번역된 것은 확인이 되지 않는다.[2]

카우츠키가 쓴《새로운 사회주의의 선구자들》의 제1권, 2권에 해당하는 부분은 그의《그리스도교의 기원》,《토마스 모어와 그의 유토피아》와 함께 고대에서 근대 이전까지의 유럽 기독교의 역사를 그의 역

---

[2] 영어로는 독일어 개정판을 기준으로 제1권의 '제1부 중세와 종교개혁 시대의 공산주의의 기초'는 제외된 채로 제2권까지 다음의 제목으로 번역되었다. Karl Kautsky, *Communism in Central Europe in the Time of the Reformation*, trans. J. L. Mulliken and E. G. Mulliken (London: T. Fisher Unwin, 1897). 일본어로는 제1권만이 번역되었다. カール・カウツキー,《中世の共産主義》, 栗原佑訳 法政大学出版局, 1980. 중국에서도 제1권 부분만 번역되었다. 卡尔-考茨基, 近代社会主义的先驱, 第一卷 中世纪的共产主义运动, 译者: 韦建桦, 商务印书馆, 1989.

사관에 따라 사회 변동적 관점에서 다룬 하나의 체계를 이루는 역사물로 평가할 수 있다.

3. 이 책에서 다루는 시대에 대한 개관

이 책은 중·서 유럽의 1100년경부터 1600년 전후의 500년 정도의 시기를 다룬다.

중세의 봉건적 생산양식이 모순을 나타내기 시작하고, 도시를 중심으로 모직업 등의 생산기술이 발달하면서 농촌이 동요하기 시작한 시대다. 농촌을 중심으로 한 봉건영주들과 귀족계층이 점차 몰락하면서 각 민족에 절대왕정이 수립되어갔다. 이 흐름은 정신적으로는 로마 가톨릭교회에 대한 독립과 민족적인 교회의 형성으로 나타났다. 유럽을 지배한 종교인 기독교가 민족적인 교회로 분화된 것을 종교개혁이라고 부른다. 중세 유럽의 사회적 특권층인 교회와 귀족계층에 대한 저항 운동은 종교개혁 운동이라고 부르는 정신적 운동인 동시에 그 밑바탕에는 정치적 억압과 경제적 착취에 시달린 생산계층들의 저항이 있었다고 할 수 있다. 도시 내에서는 업종별 동업조합을 중심으로 한 마이스터와 직인들이 도시의 원 귀족들을 대상으로 도시의 자치행정에 참여하기 위한 투쟁을 벌였다. 그 밑에는 농촌에서 이주해 들어온 무산노동자 계층이 있었다. 이들은 동업조합의 폐쇄성으로 고통을 받으면서 자치행정에서 소외되고 정신적·정치적·경제적인 억압과 착취를 당했다. 도시의 산업이 발달하면서 농촌은 동요를 일으켰다. 농촌의 토지 지배권을 가진 귀족들은 도시로 이주하는 농민을 붙잡아두기 위해 많은 혜택을 부여하기도 하고, 도시문화를 향유하기 위해 지세를 금납화하기도 했다. 14세기 후반부터 이러한 농촌경제의 상품화로 인한 농민의 자유의 신장은 다시 농민층에 대한 억압과 착취로 퇴행하게 되는데, 이는 상비군의 형성과 화약의 사용 등에 의해 전문적인 군사집단에 비한 농민의 투쟁력이 약화된 데 기인한다. 또한 흑사병의 영향으로 농촌의 노동력이 부족해져서 한정된 농촌 인구에 대한 착취가 강화된 요인도 있다. 그뿐만 아니라 십자군 전쟁 등 해외 약탈 전쟁의 기회가 소멸되면서 이를 통해 귀족계층에게 들어오던 부의 원천이 고갈되어 농민에 대한 착취가 심화된 요인도 있다. 이는 14세기 후반부터 15세기 전 기간의 일반적 사정이었다.

도시의 생산계층과 농민계층이 전체적으로 동요했고 이는 사회의 특권층을 상징하는 가톨릭 지배세력에 대한 항거로 표출되었으며, 이것이 15세기부터 16세기 초에 걸쳐 일어난 종교개혁의 본질이다.

그러나 사실상 종교개혁의 시도는 서유럽 기독교에서는 콘스탄티노 황제가 기독교를 국교로 공인한 이후 교회가 부유한 계층을 대표하고 교회 내에 위계질서가 수립되고 부와 권력의 집중화가 이루어지면서 이를 비판하고 나선 수도원 설립자들에서부터 계속 있어왔다.

비판의 논리는 항상 성서상에 기록된 재산을 팔아 공동체에 바친 공산주의적이고 민주적인 평등공동체의 이념에 있었다. 로마 가톨릭교회는 이에 대해 체제에 위협이 된다고 느끼면서도 교회의 부패를 방지해주고 민중을 교회로 끌어들이는 데 도움이 되는 측면을 간과하여 양측면을 저울질해가며, 어떤 분파에 대해서는 가톨릭교회 체제 내로 받아들이고 어떤 분파에 대해서는 무자비한 유혈 탄압으로 제거하는 방향을 택하기도 했다. 대체로 가톨릭 교권체제를 직접 비판하거나 교리에 관련된 문제를 제기할 경우에는 이단으로 규정해서 그 집단을 학살하는 쪽으로 나갔고, 가난한 자를 적극적으로 구제하거나 공산주의적인 공동체 운영에 집중하면서 가톨릭교회를 정면으로 비판하지 않는 경우에는 이를 교회 내부에 받아들이는 쪽으로 나갔다고 할 수 있다.

이는 15세기 이전까지의 상황이었다.

프랑스에서 시작된 발도파, 이탈리아 북부를 중심으로 한 돌치노의 사도형제단, 그리고 네덜란드에서 시작된 베가르트파는 이단으로 규정되어 가혹한 탄압을 받은 반면, 프란체스코 수도회를 비롯한 여러 수도회들은 가톨릭교회의 구성원으로 인정된 경우다.

15세기 이후에는 가톨릭교회가 더 이상 종교체제에 대한 비판에 대해 무력으로 짓밟을 힘을 가질 수 없었다.

4. 책의 주요 내용

제1장에서는 이 책의 주제인 중세와 종교개혁 시대 이전의 고대 사회를 다루고 있다. 경제생활로 본다면 로마에서 노예경제가 서서히 몰락해가고 봉건제의 초기 형태인 콜로누스제가 시작되던 시기다. 신약성서 자체가 이 시대를 배경으로 한다. 이 시대의 플라톤과 초기 기독교 공산주의는 그 시대의 사회경제적 문제인 도시지역의 극심한 빈부격차 현상에 대한 반작용이면서, 동시에 식생활을 공동으로 하는 소비의 공산주의였다. 기독교의 공산주의는 특히 대도시의 룸펜 프롤레타리아 계층의 정서를 반영하여 일하지 않는 사람들의 지속가능하지 못한 공동체 생활이었다고 지적한다. 이에 대해서는 《그리스도교의 기원》에 자세히 서술되어 있다.

제2장에서는 근대 이전 중세시대의 도시 내의 수공업을 중심으로 한 생산계층의 계급구조, 도시 자치공동체의 정치의 기본 틀을 소개하며, 서양경제사에서 중요한 동업조합을 둘러싼 대립과 갈등을 설명한다. 특별히 광산지역의 기술발전과 광산노동자들의 성격을 서술하며, 이를 모직산업과 대비해서 보여준다. 모직산업은 수도원을 중심으로 기술이 보유되어왔으며, 라인 강 유역을 중심으로 상당히 국제적인 시

각을 가진 조직된 노동자계층의 온상이 되었다. 실제로 종교개혁 시대 전후의 공산주의 이단종파의 운동은 모직업이 발달된 라인 강 유역 도시들을 중심으로 활발했으며, 체코의 후스, 독일의 루터, 그후의 농민전쟁은 주로 광업이 발달한 독일과 체코, 스위스의 접경지역에 근거를 두고 있다.

제2부 제1장에서는 중세 공산주의의 일반적 성격을 소개하며 수도원을 중심으로 한 공동생활에서의 가족과 결혼 문제에 대한 다양한 고민과 대응이 있었음을 보여준다. 미국으로 이주한 공산주의적 공동체들에서 그 흔적이 발견된다. 주로 남프랑스와 이탈리아 등 로마문화의 유산이 가장 많이 남아 있는 지역을 중심으로 프란체스코 수도회 등 수도원 생활이 활발했고 중세시대의 공산제적 공동체에서는 청교도적 성격, 국제성, 투쟁정신 등을 갖추게 된다. 이는 고대의 초기 기독교 공산주의와 공통점도 있고 차이점도 있다.

제2장부터 제4장까지는 남프랑스, 이탈리아, 네덜란드, 영국 등지에서 1100~1400년의 시대에 등장한 기독교 공산주의 운동들에 대해 살펴본다. 프랑스의 피에르 발도, 이탈리아의 사도형제단과 돌치노, 네덜란드의 베가르트파, 베가르트파가 다시 프랑스 지역으로 가서 나타난 사도주의자들, 자유정신의 형제자매들, 영국의 위클리프 그리고 베가르트파가 모직업을 중심으로 유입되어 생겨난 롤라드파가 활동하고 탄압을 받아 소멸한 시기다. 1300년대 후반에는 흑사병 후의 노동력 부족과 전쟁 약탈수입의 중단으로 농민에 대한 착취가 강화되면서 프랑스와 영국에서 농민봉기가 일어났으며, 특히 영국의 농민봉기에는 롤라드파가 깊숙이 개입했다. 이 시기의 농민봉기는 기독교 공산주의 종파들에 대한 강력한 박해로 이어졌다.

제5장과 6장에서는 체코의 후스를 중심으로 한 민족주의적 종교개

혁과 종교개혁 후의 개혁세력의 분화, 타보르의 항전, 그리고 보헤미아 형제단에 대해 다룬다. 독일 동쪽의 광업이 발달한 체코인들의 종교개혁은 독일인들에 의한 경제적 식민지가 된 체코의 민족주의 운동의 성격을 띤다. 그러나 하층 민중을 중심으로 한 타보르의 항전세력은 유럽 전역의 공산주의 종파들을 결집시킨 공산주의 운동이었으며, 진압을 당한 후에도 보헤미아 형제단으로서 1600년대 초까지 명맥을 유지한다. 이들은 교육, 문화 분야에서 두각을 나타냈다. 그후 독일로 본거지를 옮겨 헤른후트에 공동체를 세우게 된다.

제2권의 제1부는 작센과 튀링엔 등 독일 동부지역에서 루터의 종교개혁과 토마스 뮌쩌의 지도를 받은 농민전쟁을 다룬다. 에르푸르트는 동부 독일의 물류 집산지로서 인문학이 발달했으며, 종교개혁 사상은 상당히 일찍부터 유포되어 있었으나 이는 상층 지식인 집단에 한정되어 있었다. 칼슈타트와 후텐 등은 뛰어난 종교개혁적 사상을 지닌 사람이다. 광업도시에서 성장한 루터는 가톨릭 사제로서 귀족층과 민중의 언어로 로마에 대한 민족감정에 불을 지폈으며, 그 배경에는 독일의 광업 등으로 부를 축적한 귀족계층이 있었다. 이들이 루터를 비호했고 루터는 비교적 자유롭게 자신의 사상을 펼칠 수 있었다. 동료 사제였던 뮌쩌는 츠비카우에서 설교자로 활동하면서 노동자들에게 많은 영향을 받았다. 직조공 출신 스토르흐와 의기투합했고, 알슈테트, 노르드하우젠 등 독일 중동부 지역에서 유랑하며 설교활동을 펼쳤다. 루터의 배경이 된 사람은 프리드리히 선제후로서 농민층의 불만에 대해 이를 포용하려는 태도를 가진 사람이었다. 루터도 프리드리히 생전에는 농민을 착취하는 귀족계층을 비판했고, 양자 간에 중재를 시도했으나 그가 사망하자 바로 그 다음날부터 봉기세력을 악으로 규정하고 박멸을 선동했다. 독일 종교개혁 운동의 중심인물은 루터이지만, 그 배후의 프리드리히 임금의 영향력이 절대적이었다고 할 수 있다. 뮐하우젠을 중심으로 한 농민전쟁은 주변 도시들의 협조를 받지 못했고, 독일의 지방중심주의 때문에 확산되지 못하고 실패로 돌아간 것으로 평가된다.

제2권의 제2부에서는 재세례파에 대해서 서술한다. 알프스 산맥에 위치한 스위스에는 척박한 농업 이외에 공업도 별달리 발달하지 못하여 경제적인 계급대립은 별로 생겨나지 못했고, 공산주의적 종교운동은 지식인 계층을 중심으로 출판업을 매개로 발달한다. 이탈리아와 남프랑스에서 일찍이 탄압받은 발도파, 사도형제단, 베가르트파 등이 스위스에 은신처를 발견하여 들어와 있었다. 자유로운 사상적 분위기에서 쯔빙글리는 유럽 사회 비판과 종교개혁 운동을 일으켰으며, 스위스의 독자적인 교회를 만들었다. 재세례파는 아기세례의 문제, 십일조의 문제로 쯔빙글리와 대립하고 스위스 자치공동체에서 탄압을 받게 된다. 이들은 뉘른베르크, 아우크스부르크 등 남독일로 본거지를 옮겼으며, 농민전쟁의 후유증을 겪은 그곳에서 세를 확장하다가 가혹한 탄압을 받고 체코 동부의 모라바로 이주한다. 재세례파를 재판 없이 즉결처형하라는 황제의 위임명령이 이의제기 없이 다루어진 슈파이어 국회는 구신앙에 대한 동의를 선언하도록 한 황제의 명령에 대한 항의결의를 채택한 프로테스탄트라는 호칭이 시작된 회의였다는 것은 잘 알려져 있지 않다. 모라바의 재세례파는 공산주의적 공동체 생활을 했으며, 유아교육과 학교 제도, 보건위생 그밖의 경제활동에서 높은 수준의 문화를 발달시켰다. 보헤미아 형제단과 마찬가지로 1600년대 초에 합스부르크 왕조의 점령으로 체코를 떠날 처지에 몰려 러시아, 미국 등지로 흩어져 나가게 된다. 병역 거부와 공직취임의 거부, 평화주의를 내세운 이들은 최근까지 미국 등에서 그 흔적이 발견된다.

한편, 스위스에서부터 라인 강을 따라 네덜란드로 유입된 재세례파

한편, 스위스에서부터 라인 강을 따라 네덜란드로 유입된 재세례파는 독일 북서쪽 지역에서 루터교, 쯔빙글리파 등과 함께 도시 자치공동체를 지배했던 귀족과 가톨릭 주교들을 축출하는 데 힘을 합쳤다. 그중 한 도시 뮌스터에서 가톨릭 주교의 물리적 진압에 대한 방어 행동으로 재세례파를 중심으로 한 민중계층이 도시를 점령하고 1년 반의 항전을 이어갔다. 원래의 스위스 중심 재세례파와는 달리 지식인이 아닌 민중이 중심을 이루었고, 무력행사에 대한 망설임이 없었다. 이들의 뮌스터 점령 기간 중의 역사기록은 진압세력 측의 기록으로서 피비린내 나는 독재, 성적인 문란, 지도층의 사치와 민중들의 배고픔을 고발하지만 카우츠키는 사료의 면밀한 분석을 통해 그런 기록들이 앞뒤가 맞지 않음을 밝히며 실체에 접근하려는 노력을 했다. 그래서 뮌스터에 있었던 일부다처제에 대해서는 그 성격을 명확히 밝혀주고 있다. 여기서 진압을 당한 후에 같은 지역의 다른 분파가 사회와의 평화적 타협을 유지하고 명맥을 유지해오는데 이들이 아직도 재세례파로 생존하고 있는 메노니트파다.

5. 카우츠키의 시각

루터가 종교개혁의 중심인물로 알려져 있으나 종교개혁의 시도는 사실상 예루살렘에서의 예수의 활동을 포함해서 지중해 연안지역과 유럽의 각지에서 면면히 지속되어왔고 이는 빈부격차와 차별의 사회적 모순에 대한 저항이었다고 규정할 수 있다. 뮌스터 재세례파의 진압 후에는 사회적 모순에 대한 저항이 더 이상 종교적인 옷을 입지 않고 현대 프롤레타리아 사회주의 운동으로 나가게 된다고 카우츠키는 말한다.

특정 종교가 지배하는 사회, 종교가 사회체제의 정점에 있는 사회에서 종교개혁은 반체제 운동이고 사회개혁 운동을 의미한다고 할 수 있다. 기독교 경전으로 되어 있는 신약성서와 구약성서 기록의 상당부분은 사실은 종교개혁 운동에 대한 이야기로 되어 있다고 볼 수도 있다. 기독교의 출발점이라고 할 수 있는 팔레스타인에서의 예수의 활동 자체가 기성 종교에 대한 저항과 개혁 운동의 성격을 띤다. 그러면서 동시에 종교의 형태를 취한 사회의 위계질서와 제도에 대한 저항의 의미를 지닌다. 로마가 멸망할 당시부터 아니 기독교의 생성 초기부터 사유재산권에 대한 반대와 평등에 대한 지향, 집단 내의 민주주의에 대한 지향이 결합되어왔으며, 교회가 사회의 중심이 된 중세시대에 이 지향은 로마 가톨릭교회에 대한 저항을 중심으로 했다. 수도원 공동체에서부터 1천 년 이상의 저항운동을 배경으로 해서 1400년대부터 광업과 직물산업 등 산업이 발달하게 하면서 이 에너지가 민족감정과 결합되어 체코, 독일, 스위스, 영국 등 각지의 종교개혁으로 표출되었다. 그러나 그 종교개혁은 로마 가톨릭교회의 영향력만 차단했고 1천 년 이상 지속되어온 평등, 민주, 공동체에의 요구를 해결해주지 못한 것이라고 볼 수 있다. 이는 자본주의 초창기인 상품생산이 발달시기에 첨예화된 민족주의적 갈등이 가지는 한계였다. 기독교 초기부터 사도적 공산주의 집단에서는 민족이 내세워지지 않았고 집단 간의 국제적인 교류가 활발했다.

카우츠키는《그리스도교의 기원》에서부터 유태교와 기독교 집단의 국제적 성격을 무역업을 영위하는 상인들의 속성으로 설명하고 있다. 그러면서 동시에 이들이 지니는 애국심, 민족의식에 주목한다. 그는 종교개혁을 교황청을 매개로 한 프랑스와 독일의 대립에서 비롯된 것으로 보고 있다.

"수백 년간에 걸친 독일 황실과 교황청 간의 투쟁이 승리로 끝난 바로 그 시대 전후로 프랑스의 왕들은 아주 강해져서 독일 황제들이 달성하려고 노력했으나 헛수고였던 것, 교황들을 꼭두각시로 삼고 교회를 자신에게 시중들도록 만드는 것이 그들에게는 성취되었다. … 클레멘스 5세는 긴 방랑 후에 결국 아비뇽에 정책했다(1308). … 대외정책에서도 교황들은 프랑스 왕들의 뜻에 따랐다. 교황들이 프랑스의 주권 아래에 있은 이래로 그들은 프랑스로부터의 초대의 수입을 상실했다. … 프랑스와 이탈리아, 그리고 곧 스페인에서도 취해갈 것이 점점 더 적어짐에 따라 북쪽 나라들에서 벗겨내야 할 것이 점점 더 많아졌다. 아비뇽에서 교황들은 독일 교회에 대한 조세 착취의 체제를 구상했다. 그 체제가 결국 독일이 로마에서 떨어져 나가게 했고, 종교개혁 운동을 일으킨 것이다."

사회의 최상층에 대한 반발은 상공업을 영위하는 중간계층과 노동자 계층을 단합시키며, 여기에는 민족적 감정이 상당 정도로 섞여 있는 것을 증언하고 있다. 영국에서도, 체코에서도, 독일에서도 그런 구도가 형성되었다. 카우츠키는 사실상《그리스도교의 기원》에서도 예수가 로마에 대한 민족항쟁의 지도자였을 가능성을 상정하고 있다. 3

민족성이라는 자각은 지리적, 언어적 공동체를 정복하고 노예화시키려는 외부의 침략이 현실화될 때 발생하는 것으로서 이는 경제적인 측면, 계급대립적인 측면을 배제하는 것이 아니라 물적인 운동을 매개

---

3 그러나 팔레스타인 지역에서의 반제국주의적 종교개혁 운동으로 시작된 운동과 지중해권에 펼쳐진 유태인 공동체들을 중심으로 형성된 초기 기독교의 성격은 상당히 달랐다고 볼 수 있다. 팔레스타인을 벗어나 지중해권의 유럽에서 발달한 초기 기독교 공동체들은 상호부조의 필요에서 공산주의적 성격과 국제성을 발달시켰다. 남프랑스와 이탈리아는 서유럽에서 그 본거지에 해당하며, 이곳에 고대부터 세워진 수도원들의 로마 교황청에 대한 개혁의식은 민족주의적 성격을 띠지 않았고, 교회가 부(富)를 축적하고 부자들을 교회로 받아들이는 데서 발생한 문제에 대한 대응에서 시작된 것이다.(제3장 참조)

하는 설명변수로 파악되는 것이다. 그것이 당시의 두드러진 사회현상이었다면 역사서술에서 이를 충분히 언급하지 않을 수 없다. 그러나 카우츠키가 취한 유물사관의 관점에서는 어떤 현상을 서술하는 데 그치는 것이 아니라 그러한 현상이 말해주는 저변의 사회경제적 상황의 변동을 포착하는 것이 중요하다. 민족적 대립 밑에는 여러 부류의 사람들, 특히 가장 가난한 민중들의 고통과 새로운 사회경제 질서를 향한 열망이 있었던 것이 확인된다.

카우츠키는 유물사관을 마르크스와 엥겔스의 탁월한 관점인 것으로 돌렸지만 카우츠키의 학술적 관심분야가 유물사관의 관점을 발달시키는 것이었다고 할 수 있을 정도로 유물사관은 카우츠키 없이 생각하기가 힘들다. 사회현상을 물질적 기초에서 설명하는 유물사관을 설명하기 위하여 그는 인구와 자연환경의 관계, 오늘날의 용어로 한다면 생태학적 문제에까지 깊은 관심을 가지고 있었다. 14세기의 흑사병과 같은 사태는 비록 그 원인에까지 카우츠키가 파고들 수는 없었지만, 당시의 인구에 영향을 미쳐 사회경제적 변동을 설명하는 주요한 요인이 되었다.

유물사관과 그 밖의 역사관에 의한 역사서술의 차이점은 유물사관이 경제적 상황을 서술하고 일반적인 역사서술은 중요한 개인이나 사건을 중심으로 서술하는 것이 아니라 중요한 개인이나 사건에 대한 서술은 공통점이지만, 유물사관은 그러한 개인의 행동이나 사건이 어떤 물질적 관계에서 나오게 되었는지를 설명하는 반면에, 전통적인 역사서술은 개인의 개성을 형성한 정신적인 영향의 주고받음에 대한 서술과 추론에 집중할 수 있다는 것이다. 그런 점에서 행동과 사건에 대한 설명의 근거가 확고한 사회경제적 토대에 있느냐 아니면 우연성이 많이 개입될 수 있는 가정사나 심리적인 영향에 있느냐의 차이로 본다.

카우츠키가 유물사관을 대변하는 입장에서 역사기술의 관점들을 비교한 것을 그대로 믿는다면, 꼭 유물사관이라는 이름을 붙이지 않더라도 학술적 개연성을 지닌 역사서술에서는 당연히 그와 같은 관점을 받아들이지 않을 수 없다는 생각이 들게 된다.

6. 한국어 번역의 의미

유럽 각지에서 농민 봉기가 일어난 1300년대 후반기는 이 땅에서는 고려에서 조선으로 넘어가는 시기였다. 병권을 보유한 봉건귀족과 불교 세력이 지배하던 고려에서 민본적 토지개혁을 포함한 유교이념을 내세운 관료제와 절대왕정이 지배한 조선으로 넘어간 것이다.

민족주의를 제외하면 유럽과 같은 정도의 종교개혁과 절대왕정의 성립은 조선 초기에 이루어진 것으로 볼 수 있다. 그러나 그 후에도 신분차별은 이 땅에서도 유럽에서도 자본주의적 상업 질서가 신분차별을 무의미하게 만든 19세기까지 계속되어 간 것 같다. 조선의 행정이 붕괴해 가고 부정부패로 공적 생활의 질서가 무너져 가던 19세기 후반의 혼란기에 다수의 사람들이 여러 방향에서 사회 개혁의 필요성을 느꼈으며, 그중에서도 공통된 정서는 외세에 둘러싸인 나라 또는 민족에 대한 의식이었다고 할 수 있다.

동학혁명도 마찬가지다. 이는 원시 유교의 민본사상으로의 회귀에 더하여 삼강오륜의 봉건적 질서관념에 대한 도전, 그리고 민족주의를 내포한다. 이것이 종교적인 양식을 취하고 있으며, 종교의 양식을 따르는 한 원시 공산사회의 이념을 포함할 수밖에 없다. 집강소, 유무상자의 모습에서 이를 유추할 수 있다. 그러나 동학혁명이 정말로 극소수의 지식인이 지도하고 시야가 좁은 농촌을 중심으로 한 농민혁명이었는지 아니면 도시 상공업에서 부를 축적한 계층이 참여한 혁명이었는다. 봉건적 사고를 지닌 농민들에게서 신분철폐에 대한 사상이 나오기는 어려워 보인다. 동학운동의 계층구조에 대한 사회경제사적 연구가 필요하다. 그러나 분명해 보이는 것은 19세기 말의 민족운동은 당시 조선의 이권을 수탈해 가는 외국자본, 경제적으로 등장하여 불리한 위치에서 외세와 경쟁해야 하는 상공업계층과 착취당하는 농촌 민중의 계급적 이해관계를 배제하고 설명할 수 없다는 것이다. 이 민족운동에는 이상적인 질서를 추구하는 지식인과 상공업 계층, 그리고 농민층들의 다양한 요구들이 결집되어 나타났다고 볼 수 있으며, 이는 20세기 한반도의 다양한 사회변혁 운동들로 나타난 것이다.

20세기, 21세기의 민족해방, 민주주의 혁명과 사회혁명은 종교적 이념을 가지고 하는 운동은 아니지만 많은 종교인들이 실제로 참여해 오고 있다. 어쩌면 동학의 이념에는 20세기, 21세기의 혁명운동들의 대부분의 이념요소들을 포괄할 틀이 마련되어 있을 수도 있다. 이 책에서 살펴본 유럽 기독교의 역사에서 기독교 역시 그러한 역할을 수행할 수 있었다. 실제로 19세기 말에 한반도에 수입된 기독교는 다양한 형태의 사회변혁을 추구하는 세력에게 피신처와 자양분을 제공했다. 그런데 동학이든 기독교이든 지금은 그 종교들의 역사가 한국의 20세기에 민족운동에 관련이 깊은 것으로 해석이 되는 경향이 강하다. 물론 19세기말, 20세기를 지나면서 한반도에서는 사회적으로 민족해방의 과제만큼 큰일도 없었다고 할 수 있다. 그러나 민족주의는 폭발력은 지니지만 기독교의 역사에서도 종교의 이념에 들어가지 못하고 수단적인 가치에 머문다. 반면에 재산권에 따른 빈부격차의 문제, 차별철폐, 평등의 가치는 기독교, 그리고 이 땅의 동학을 포함한 대부분의 종교에서 공통으로 절대적 자리를 차지한다.

이러한 관점에서 볼 때, 이 책은 서양 중세 말의 반체제 운동의 이념을 제공한 기독교가 내세울 수 있었던 이념이 어떤 것이었는지를 확인해준다. 그 운동 자체는 민족운동적 성격을 띠었지만, 이념 자체는 민주적이고 평등한 공동체, 그리고 무엇보다도 재산을 공동소유로 하는 공동체를 주장하는 공산주의적 성격을 띠었다는 것이 드러난다. 그래서 이 책은 어쩌면 19세기 말부터의 사회변화 과정에서 기독교와 동학이 어떤 역할을 했으며, 어떤 의미를 가진 종교였는지를 밝히는 역사 연구에서 흔히 강조되는 민족주의적 측면의 이면에 있는 본질적인 이념적 지향에 대한 조명을 할 동기를 제공한다고 볼 수 있다.

지금은 21세기다. 21세기의 사회혁명은 기존의 종교전통만으로도 반종교적 유물사관만으로도 진행할 수 없을 것 같다. 더 발달된 우주관과 세계관이라야 사회혁명을 뒷받침해줄 수 있을 것이다. 종교라는 것은 시작될 때의 이념에 새로운 것이 더해지기 어렵다. 기독교는 오래된 종교이지만 우리나라에서는 새로운 종교에 속한다. 동학도 완전히 새로운 것이라고는 말할 수 없지만 19세기 중엽에 시작될 때 비교적 새로운 것들이 많이 들어 있다. 그러나 이러한 새로운 종교들의 원형 자체는 상당히 먼 과거에 생겨난 것이며, 그것이 제시하는 이상향이 21세기의 시점에 사회적 목표를 여과 없이 제시하는 것은 불가능할 것이다. 그렇기는 하지만, 이 종교들이 이 땅에서는 새로운 종교였던 까닭에 많은 사람에게 상식적으로 받아들여지는 만큼 그 원형적 메시지 자체가 우리 사회에 정확히 알려진 것은 아니라고 할 수 있다. 종교인들도 사회변화를 추구하는 사람들도 이를 명확히 확인하고 나서야 이를 토대로 다음 단계로 넘어갈 수 있다는 점에서 이 책은 현실적 의미를 가진다고 할 것이다.

7. 후기

이 책의 번역을 마무리하는 과정에서 출판사와 느티나무숲 서원이 책의 내용을 독자들에게 쉽게 다가가게 하고, 이 책의 현실적 의미를 새롭게 하기 위하여 '종교개혁 운동과 사회주의 그리고 동학'이란 10강에 걸친 강좌를 기획해서 책의 내용을 요약해서 전달하고 함께 나눌 기회를 가졌다. 이 땅의 여러 종교들 중에 왜 동학과 기독교를 나란히 놓고 비교를 해야 하는가 하는 의문을 가질 분들도 있고, 사회주의가 왜 종교개혁과 같이 거론되는가 하는 의문을 많은 분들이 가졌던 것 같다. 그에 대한 설명은 지금까지 말한 바와 같다. 서양의 종교개혁 운동과 이 땅의 19세기 말 동학운동에서 사실상 민족운동적 성격과 사회주의라고 부를 수 있는 이상주의적인 사회변혁 운동적 성격은 미묘한 협력과 대립의 관계에 있었다. 우리는 그중에서도 사회주의적 성격에 초점을 맞춘 이 책을 우리 사회에 전달해주고 싶었던 것이다. 이것이 이 땅의 새로운 두 종교를 제대로 파악하는 데 필요한 과정이다.

그러한 강좌에 이어서 필요한 것은 아마도 보편적 인간과 인간 사고의 원형을 추구해가는 작업에서 기독교와 동학이 어디서 만나는지를 추적해 밝히는 일일 것이다. 이를 통해 아주 늙은 기독교, 그리고 유교 같은 전통 종교는 21세기에 이 땅에서 다시 젊어질 수 있지 않을까 생각해본다. 이는 체코 출신의 독일사람 카우츠키가 할 일이 아니라 이 책을 접한 이 땅의 독자들의 몫이라고 생각한다.

대학시절 경제사와 경제사상사에 흥미를 가지고 있었지만, 독일어 원서를 차분히 읽어나갈 계기도 시간적 여유도 없었다. 뒤늦게 여유 시간이 생기고 번역자에게 생소했던 사회주의자 카우츠키가 기독교의 역사를 어떻게 보았는지를 쓴 《그리스도교의 기원》을 우연히 접하게 되었고, 카우츠키가 사회주의 운동 내에서 취한 입장과 그의 설명 문체에 매료되어 위의 책을 포함해서 벌써 그의 책을 세 권째 번역 출간하게 된다.

그 과정에서 여러 분이 도움을 주셨다. 저지독일어(Niederdeutsch)로 된 부분에 관해 독일 예나에서 한국문학을 독일어로 번역하여 소개하고 계신 조경혜 선생님의 어학적 도움이 있었다. 도서출판 동연의 김영호 사장님은 책의 출간만 아니라 사전 강좌의 진행을 통해 책 내용에 대한 독자들의 접근성을 쉽게 하는 데 많은 노력을 하셨다. 느티나무숲 서원의 김순필 선생님은 이 책의 내용을 주제로 한 강좌를 처음 제안하고 기획해주셨다. 그 외에도 수강생으로 참석하여 많은 이야기를 해주신 여러분들이 계신다.

이런 분들의 도움이 없이 방대한 이 책이 출간되지 못했을 것이다. 그렇더라도 최종적인 번역의 문구는 번역자가 결정한 것으로서 발견될 수 있는 번역상의 어학적인 오류는 번역자의 책임임을 밝혀둔다. 이 책은 번역자가 읽고 작업하던 때에는 그렇지 않았으나 지금은 1895년 초판과 개정판 모두 인터넷에서 원문을 파일로 구할 수가 있다. 번역상의 모든 오류를 지적해주시기 바란다.

2017년 9월
안양에서
이승무

우리가 과학적 원칙에 따라 쓰인 사회주의의 포괄적 역사가 아직 존재하지 않는다는 명제를 말하더라도 이는 지나친 말이라거나 사회주의의 역사기술 분야에서의 선구자들에 대하여 부당한 말은 물론 아니다. 그리고 우리가 브누아 말롱(Benoit Malon)의 두드러지게 사실 묘사적이고 실용적인 사회주의사(Histoire du socialisme)를 논외로 한다면, 우리는 이 명제에 새 시대는 한번도 그런 역사서술의 시도를 보여준 바가 없다는 두 번째 명제를 덧붙여야 한다. 이 사실은 사회주의 사상과 사회주의 운동의 발전사에 대한 필요가 상당한 정도로 명백하게 존재하기 때문에 더욱더 두드러진다. 그러나 이는 우리에게는 우연 때문인 것으로 보이지 않는다.

금세기의 40년대에 선진국들에서 차티스트운동과 공산주의가 이미 정치인들을 실천적으로 괴롭혔고 곳곳에서 이론가들과 공적 생활을 따르는 대중의 관심을 끌었을 때 처음으로 사회주의의 역사 서술이 생겨났으며, 실로 일정한 개화(開花)를 달성하기까지 발달하고 있다. 사회주의의 반대자들과 추종자들이 사회주의의 전역사를 찾아내며, 여기서는 어지간히 무분별하게 사회주의처럼 보이는 모든 것을 집대성하는가 하면, 저기서는 벌써 특정한 방법과 통일적 원칙에 따라 정해진 시대나 정해진 현상이 비판적으로 조사된다. 이는 바로 빌가르델 (Villegardelle)과 로버트 폰 몰(Robert von Mohl), 레이보(Reybaud)와 로렌츠 폰 슈타인(Lorenz von Stein), 쉬드르(Sudre)와 칼 그륀(Karl Grün) 같은 이들이 집필하던 시대이다. 사르강(Sargant) 역시 이 시기에 집어넣을 수가 있다.

"인터내셔널"과 빠리 꼬뮌은 사회주의의 역사서술의 두 번째 시기에 대한 자극을 주었다. 루돌프 마이어(Rudolf Meyer)와 예거(Jäger), 뒤링(Düring)과 라블레이(Laveleye)의 저작들이 이 시기에 들어간다. 이는 이미 언급된 브누아 말롱의 저작과 함께 끝이 난다.

그 이래로 사회주의는 점점 더 전면에 등장했으며, 전체 유럽 사회의 관점이 되기 시작했고, 곳곳에서 공산주의 선언과 동등한 이론적 토대 위에 섰다. 사회주의에 사로잡힌 대중의 힘과 단결, 명확성과 목적의식은 날로 자라난다. 유럽 사회의 모든 계급은 그들 모두에게 삶의 문제가 된 사회주의와 관계하지 않을 수 없게 된다. 사회 문제에 관한 문헌은 엄청나게 증가해 간다. 그러나 사회주의의 역사서술은 같은 정도로 성장하는 것이 아니라 상대적으로만이 아닌 절대적으로도 점점 더 불모지가 되고 있다. 사회주의의 발전에 대한 포괄적, 독립적 서술은 80년대 초 이래로 더 이상 나타나지 않고 있다. 사회주의의 역사의 몇 부분에 관한 단행본의 수도 현재 전체 사회학 문헌에 비해서 대단히 희소하다. 그것도 대부분이 푈만(Pöhlmann)이나 로제르트(Loserth)의 책처럼 순전히 전문 학술 저서이다.

이런 현상의 원인 중 일부는 자료가 엄청나게 증대되어서 개인이 그 자료 전체를 개관하고 요리한다는 것이 점점 더 어려워진다는 것이다.

그러나 이런 이유만으로는 사회주의의 역사기술이 우리 지식인들에게 그렇게 미미한 흡인력을 행사하는 주목할 만한 현상을 설명하기에는 부족해 보인다.

이 역사기술의 첫 번째 시대에 이는 주로 다소간 결연한 태도의 사회주의 반대자들에 의해 추진되었다. 두 번째 시대에는 이런 지향의 대표자들은 이미 거기서 사라졌다. 70년대와 80년대 초의 모든 이렇다 할 사회주의 역사가들은 사회주의와의 다소간의 접촉점들을 갖고 있거나 이를 추구했다. 뒤링과 말롱만 그런 것이 아니라 R. 마이어(Meyer)와 라블레이도 그랬다. 부르주아의 호교론은 이미 그 당시에 사회주의의 역사기술에 대한 일체의 관심을 잃었다.

그리고 이는 이해하기 어렵지 않다.

부르주아 호교자들은 현대 사회가 주춧돌로 삼은 기초의 골수 대리인으로서 사회주의에서 납득되지 않는 오류 말고 다른 뭔가를 보는 것이 불가능하다. 그에게는 사회주의의 역사기술은 사회주의를 그 발전 과정 속에서 이해할 수 있게 만들어주는 목적이 아니라 사회주의가 인간 및 사회의 본질과 화합할 수 없는 것임을 보여주는 목적만을 가질 수 있을 뿐이다. 그리고 자본주의적 생산양식이 상승하는 발전의 시대에 처해 있는 동안 사회주의는 사실상 생산양식의 필요와 화합할 수 없었고 사회의 지속적인 형태로서 불가능했다.

그래서 40년대에 이르기까지 사회주의의 역사는 그 변호자들에 의해 그들의 뜻대로 활용될 수 있었던 일련의 사실들을 제공했다. 사회주의적 관념은 공허한 꿈으로 여겨졌고, 사회주의를 실천적으로 실행하려는 시도의 역사는 외견상 일련의 패배와 좌절한 실험 말고는 아무것도 보여주지 않았다.

그 후로 사정은 달라졌다. 사회주의적 관념의 역사는 오늘날 "유토피아로부터 과학으로의 사회주의의 발전"의 역사이다. 그리고 사회주의적 실천의 역사는 사회주의와 노동운동의 연합 이래로 항상 커져가는 성공의 역사이다. 이 성공은 오늘날 사회주의의 학문적 기초로서 인정된다. 오늘날의 사회주의자들의 선행자들을 끌어내리고 왜소화시키려는 모든 시도는 기존 사회에 유리한 것은 조금도 증명하지 못하면서 오늘날의 사회주의를 더욱더 환한 빛으로 비추어지게 해주는 데 기여할 뿐이다.

사회주의의 역사는 오늘날 부르주아 지식인들이 그것을 포괄적으로 서술하려는 큰 열망을 느끼기에는 너무나 명확하게 그 승리에 찬 전진을 그것이 장악하는 모든 영역에서 증거한다. 그들이 도대체 그 주제와 관계하는 한에서는 그들은 오직 그로부터 대부분이 순수하게 학술적인 성격을 띠면서 오늘날의 사회주의와는 아무런 관계도 없는 약간의 부분들만을 제시하며, 이는 전체적 발전의 일반적 방향을 알도록 해주지 않는다.

최근에 거의 동시에 두 대학, 곧 빠리 대학과 프라하의 독일 대학이 최소한 프라하 대학에서는 그 교수가 검증된 충성심 있는 자인데도 불구하고, 사회주의의 역사에 관한 강의를 금지시켰다는 것은 아주 시사하는 바가 크다.

부르주아 학문이 사회주의의 역사에 대한 관심을 줄여 가는 것과 같은 정도로, 그리고 같은 이유에서 사회주의자들에게서는 이 관심이 커간다. 그러나 이러한 관심에도 불구하고 그들 역시 선행자들에 대하여 완벽한 객관성을 보장할 수는 없다.

여기서 예전 형태의 사회주의에 대한 현대적 형태의 사회주의의 관계를 분간하는 것이 우리의 과업일 수는 없다. 또한 여기서 완전히 객관적인 역사서술을 가능하게 해주는 현대 사회주의의 유물론적 역사관에 관해 자세히 설명하는 것도 지나친 일일 것이다. 그것은 본 저서의 내용 앞에 나와야 했을 것이다. 현대 사회주의자는 그의 선행자들을 완전히 초연하게 대한다는 것을 여기서 언급하는 것으로 충분하다. 그들의 사회주의는 그의 사회주의가 아니고, 그들이 솟아난 상황은 그를 둘러싼 상황과는 다르다. 그의 선행자들에 대한 판단이 어떻게 나올지라도 그것은 그가 옹호하는 사회주의에는 관계가 없으며, 그는 직접적으로는, 그리고 투사로서는 이 판단에 관심이 없다.

물론 아무리 초연하고 무관심하다고 해도 그는 그의 선행자들을 아무래도 상관없다는 식으로 대하지는 않는다. 깊은 공감이 그와 비슷한 것을 원했고 같은 목표를 추구했던 자들과 그를 묶어 줄 것임이 분명하다. 사회가 아직 사회주의적 이상을 실현시킬 수단을 자체적으로 발달시키지 못한 시대에 그들이 그 이상을 추구했다는 것, 그들이 불가능한 것을 달성하려고 노력했고 좌절했다는 것은 그들에 대한 그의 공감을 참으로 강화해줄 것이다. 왜냐하면 이 공감은 자연스럽게 모든 억압받는 자들과 패배한 자들 쪽으로 자연스럽게 생겨나기 때문이다. 그리고 패배한 자들이 승리자에 의해서만이 아니라 관심 있는 역사서술에서도 오늘날까지 모욕을 당하고, 매도되고, 오명을 쓰는 것을 그가 정녕 안다면, 매도자에 대한 분노와 증오는 매도당하는 자와의 공감을 더욱 높이 타오르게 할 뿐일 것이다.

그러나 이런 공감이 아무리 강하고 또 그렇게 표출될지라도 그것은 진실의 탐구에는 방해가 되지 않는다. 아니, 그의 선행자들과의 큰 공감이 바로 오늘날의 사회주의자에게는 그들에 대한 연구에 열심히 몰두할 또 하나의 이유가 된다. 그리고 예전의 사회주의자들의 감정과 사상 생활을 포착하고 파악하기가 부르주아적 작가에게보다는 사회주의자에게 더 수월하게 가능하리란 것은 명확하다.

사회주의의 최근 형태의 완전한 의미는 예전 형태를 이해해야 비로소 알 수가 있다면, 현재 사회주의 운동의 와중에 처해 있을 때에 예전

형태의 사회주의도 훨씬 더 잘 파악하는 것이다. "사람은 과거를 통해 현재를 설명하려고 하는가 하면, 동시에 후자, 곧 과거는 전자, 곧 현재를 통해서야 비로소 그 가장 참된 의미를 발견하며, 매일의 태양이 지금까지 우리의 사전편찬자들은 짐작도 못했던 새로운 빛을 과거에 던진다는 것도 자명하다"고 하이네는 아주 적절하게 언급했다.

이 모든 것을 볼 때 말할 수 있는 것은, 부르주아 학문이 사회주의의 역사 기술로부터 점점 벗어나는 반면에 이 과업은 점점 더 현대 사회주의의 신봉자들의 일로 주어진다는 것이다.

그럼에도 불구하고 현대 사회주의의 신봉자 그가 사회주의적 노력과 이념들의 역사적 발달에 관한 포괄적 독자적인 서술을 예전에는 산출하지 못했다면, 그 이유는 충분히 있는 것 같다. 현대 사회주의의 대표자들에게는 부르주아 지식인들에 비하여 그들의 위치가 그러한 저작의 집필에서 어떤 판단을 제공해주었을지 모르나, 이 위치는 또한 하나의 절박한 결함을 동반하니 그것은 시간의 부족이다.

"16세기에 그랬던 것처럼 우리의 격동의 시대에도 공적 관심의 분야에서는 오직 반동의 편에만 순수 이론가들이 있다."(엥겔스) 이는 특히 사회민주주의에 해당된다. 그것은 순수 이론가로 통할 수 있을 구성원을 전혀 내세우지 못한다. 그 이론가들은 모두가 또한 말과 글로, 업무와 행동으로 프롤레타리아 계층의 계급투쟁에 가담하는 실천 투쟁가이다. 오늘날의 사회주의 이론의 양대 창시자도 얼마나 그 예외가 되지 못했는지는 잘 알려져 있다.

스승들의 길을 따라 이론적으로 더 작업을 해 나가려고 분투한 그들의 추종자들은 대부분이 편집인, 기자, 국회의원들이다. 사회주의의 역사 분야가 폭이 아주 넓어져서 개인은 그것을 자기의 유일한 필생의 사업으로 삼지 않는다면 그것을 전체적으로 다루는 것이 거의 불가능하게 되었다는 것이 이미 부르주아 학문 분야에서 해당된다면, 그것은 사회민주주의에는 훨씬 더 많이 해당한다. 사회민주주의가 이 분야에서 지금까지 단지 몇 권의 단행본만을 내었고 포괄적인 전체 서술은 내놓지 못한 것도 놀라운 일은 아니다.

사회주의의 역사에서 모든 중대한 시대들에 관한 단행본들을 계획적으로 집대성하는 형태로 그러한 필요를 채워 주는 것이 가능성이 있었다. 개별 서술들의 집대성 형태로 한 학문 분야의 전체적 서술을 한다는 생각은 새로운 것이 아니다. 그것은 특히 역사 분야에서는 이미 여러 번 성공적으로 활용된 바 있다.

이런 형태도 그 단점이 있다는 것은 부인할 수 없다. 지금의 저작과 같은 경우처럼 모든 협력자들이 같은 관점에 설지라도 완전한 통일성을 기하지는 못한다. 서술의 통일성은 애초에 배제된다. 한 사람의 저자가 시작한 실마리가 그 다음 사람에 의해 계속 뽑혀 나오지 않는다. 한편에서는 반복이 또 한편에서는 공백이 피할 수 없는 것이 된다. 그러나 결코 내용의 완벽한 통일성이 모든 경우에 달성이 가능한 것이 아니다. 왜냐하면 관점이 아무리 일치하더라도 다양한 저자들의 눈은 다양하기 때문이다. 각자는 개성 그 자체이며, 공통의 기초가 틀이 아니라 각자가 독자적으로 사용하는 방법일수록, 그리고 다루는 현상이 복잡할수록 완벽한 통일성은 더욱더 달성 가능하기가 힘들다.

발행인들은 본 저작에서는 반복과 공백을 가능한대로 배제하며 저자 각 개인에게는 가능한 대로 최대한 그 자체가 완결된 분야가 할당되도록 하는 소재의 분할을 통해서 이 단점이 최소화되기를 희망한다.

본 저작의 목적은 순수하게 학술적인 것은 아니다. 과거의 해명은 현재에 더 큰 명확성을 가져다주어야 한다. 본 기술의 범위에는 현대 사회주의의 형성에 영향을 주었던 사회주의의 현상 형태들만이 포함된다. 원시 공산주의에 대한 포괄적인 취급은 제외되었다. 그러한 내용은 본 저작의 범위를 대책 없이 확장시켰을 것이고 그 성격을 완전히 달라지게 했을 것이다. 원시 공산주의의 역사는 전체 인류의 시초부터 역사 시대 깊숙한 곳까지의 역사이다.

원시공산주의는 새로운 사회주의적 관념의 형성에 단지 미미한 영향만을 미쳤기 때문에 이에 대한 포괄적 서술을 통해서 우리의 사업을 과도하게 확장하는 것은 더구나 배제해야만 했다. 원시 공산주의에 대해서는 새로운 사회주의에 대한 그 영향이 확인될 경우마다 이따금씩 다루는 것이 충분하다고, 아니 더 전체를 보게 하고 그래서 더 바람직하다고 여겨졌다.

그러나 의식적인 사회주의의 모든 현상 형태들이 본 저작의 범위에 포함된 것도 아니다. 순전한 학술적 관심이 깃들어 있지만 현대 사회주의의 발전에는 기여한 바가 없는 형태들, 예컨대 중국의 사회주의는 제외되었다.

원래의 계획에 따른다면, 사료에 기초한 서술은 종교개혁 시대, 뮌쩌, 그리고 모어에서부터 그 후의 사회주의의 현상들에만 국한되어야 했다. 그 이전의 현상 형태들은 서론에서 다음의 서술에 대한 이해에 필수적인 범위에서 간략하게만 다루어져야 했다. 이 서론이 예기치 않은 분량을 차지했으며, 극히 간결하게 했는데도 여러 면을 차지해야 했던 것에 대해서는 그 소재를 아는 사람이라면 놀라지 않을 것이다.

그래서 제1권이 두 책으로 된 것은 불가피하게 되었다. 그 두 번째 책은 프랑스 대혁명으로까지 이어지는 사회주의의 발달에 대한 서술을 계속할 것이며, 그 대부분이 우리 세기에 속한 것이기는 하지만 하나의 부를 할애해서 아메리카에서의 종교적 공산주의 정착촌에 대한 개관을 제공할 것이다. 그들의 성격은 더 이전 시대의 것이다. 그들은 그들과 동시대인인 로버트 오웬, 프리에 그리고 까베보다는 16, 17세기의 종파들인 재세례파, 메노니트파, 퀘이커들과 더 가까우며, 이에 따라 역시 제1권의 범위에 속한다.

전체 저작은 네 권으로 기획되며, 메링의 독일 사회민주주의사에 포함될 제3권을 제외하고는 아래 서명한 두 사람의 편집으로 발간된다. 이 틀 안에 엄청난 양의 소재를 한데 우겨넣는 것이 성공할지는 경험이 가르쳐 줄 것이다. 아무튼 앞의 세권을 분할하는 일이 장차 해야 할 일로 남아 있다.

우리가 맡은 과업이 거대하지만 우리는 그 과업에 미흡하지 않은 결과를 달성하는 데 성공하리란 희망을 품는다. 우리는 국제적인 사회민주주의의 신뢰할 수 있고 자격 있는 것으로 인정되는 문헌 방면의 대표자들의 우리 사업에 대한 지원을 얻어 내는데 노력했으며, 그들의 도움으로 우리는 다루어야 할 소재에 걸맞게 일을 할 수 있었다고 생각한다. 유익한 작업에 대한 유일한 보증은 그것이 그 소재를 알고 그 소재를 열성과 애정을 가지고 다루는 사람들에 의해 그 작업이 행해진다는 데 있다. 이러한 원칙을 우리는 견지했다. 본 사업의 모든 협력자들은 각자 자신이 전문 연구의 대상으로 삼고, 그의 특별한 관심을 차지한 역사의 그 해당하는 장에 대해서만 기술한다. 각자는 그의 최선을 다하며, 그 책이 독자에게 그 저자에게 만큼이나 많은 관심을 주입시키는 데 성공한다면 그 성공은 확실하다.

런던과 슈투트가르트에서

1895년 2월

E. 베른슈타인

K. 카우츠키

| 제2판 머리말 |

이 책의 제2판은 달라진 장정으로 나온다. 더 이상 전집의 첫 번째 부분을 이루지 않고 독립된 저서로 나오는 것이다. 이는 나에게 내용상으로 뭔가를 수정할 동기를 주지 않았다. 내용은 본질적으로 동일한 채로 남아 있다. 제목만 바꾸었다. "새로운 사회주의의 諸선구자(Die Vorläufer)"를 그냥 "…선구자들(Vorläufer)"로만 부른다.

이런 변경이 사소해 보이겠지만 제목과 내용이 초판에서는 완전히 일치하지 않기 때문에 내게는 필요한 것으로 보인다. 그 책의 주제를 포착하여 집필 작업을 하던 때에는 그 책의 내용이 사회주의의 전체 역사에서 도입부로 배치하려는 계획에 맞게 쓰인 것은 아니었으므로 이것이 요청되었던 것이다.

개별 단행본들을 가지고서 사회주의의 역사를 만들려는 계획이 세워지기 오래전에 나는 이 책을 쓰는 작업을 했었고 그 주요 부분들이 완성되어 있었다. 내가 이 책을 위한 연구를 시작한 것은 거의 4반세기가 되었다. 나는 당시에 프롤레타리아 계층의 계급투쟁을 위한 마르크스주의의 위대한 성과를 유토피아적 사회주의와 노동운동의 결합에서 인식하는 데 성공했다. 이는 엥겔스가 1845년에 "영국에서의 근로계급의 처지"에서 요청했던 것이다. 이런 생각을 나는 "철학의 빈곤과 자본론"에 관한 1886년의 《노이예 차이트》지의 연재기사에서 피력했다. 오웬에서부터 바이틀링(Weitling)까지 유토피아적 사회주의와 노동자 운동의 대립은 그 당시에 명확히 드러났다. 이는 나로 하여금 이 대립이 이전 세기들로 소급하여 추적될 수 없는지, 그리고 거기서 어떤 형태를 취했었는지를 살펴보도록 나를 이끌었다. 특히 종교개혁 시대는 벌써 여러 대립들이 완전히 순진하고도 생생하게 발현된 시대로서 내게는 좋아 보였다. 이를 훗날의 절대주의가 억눌렀으며, 영국에서는 17세기 중반이 되어서야, 프랑스에서는 18세기 말이 되어서야 비로소, 독일에서는 19세기에 거대한 정치적 투쟁에서 이 대립들이 다시 등장했다. 토마스 뮌쩌와 토마스 모어는 종교개혁 시대에 가장 완벽한 방식으로 그 대립을 대표하는 것으로 내게는 여겨졌다.

그렇게 본 것도 착각은 아니었지만, 이 두 사람의 특성과 사회주의의 역사에서 이들의 위치를 약간의 분량으로 충분히 묘사할 수 있다고 기대했던 것은 나의 큰 실수였다. 그 작업은 내 손에서 급격히 커졌다.

그래도 내가 1887년에 단행본을 출간한 토마스 모어에 있어서는 그 일은 아주 단순했다. 모어는 문장으로는 고등교육을 받은 사람이며 수많은 글들을 남겨서 이는 그의 본질을 제대로 나타내어 준다. 그는 그 시대에 활동하던 문장가들 중에서 큰 명성을 누렸으며, 이들은 기꺼이 그리고 자주 그에 관해 그리고 그의 업적에 관한 글을 썼다. 그는 걸출한 정치인으로서 활동했고 가톨릭교회의 순교자로서 죽었다. 그의 정치활동도 여러 번 호의적으로 서술된 것은 그 덕택이다. 끝으로 그가 참여한 정치 행위들과 같이 문필적 노작들은 사람들의 입에 오르내리며 우리가 수업에서 그에 관해 배울 정도로 높은 수준에 속했다.

뮌쩌를 다루고자 했을 때는 훨씬 더 큰 어려움에 봉착했다. 인문학이 아닌 신학 교육을 받은 그는 단지 약간의 전단지(傳單紙)를 남겼을 뿐이다. 거기서 실질적인 핵심은 신비주의의 두꺼운 껍질을 벗겨야 얻어낼 수 있을 뿐이다. 그의 추종자들과 벗들은 대부분 무식한 프롤레타리아였다. 그에 관하여 글을 썼던 그 시대의 문필가들은 그의 지독한 적으로서 그에게 맞섰다. 그의 죽음과 관련이 있던 운동은 몸을 숨길 것이 요구되던 운동이었다. 그의 행적과 목표에 관해 전해 오는 소식들이 적대적일 뿐 아니라 많은 경우에는 아주 불확정적인 것이기도 한 이유가 거기에 있다.

원자료만을 믿지 않고 그의 노력의 규명을 위해 그가 활동했던 운동에서의 합법칙성에 대한 인식을 내가 취하는 유물론적 방법이 처음부터 요청하는 것보다 더 많이 동원하는 것도 더욱더 중요하게 되었다.

나의 역사적 저작의 방법이 여러 번 오해를 받고 나의 비판자들은 나에게 허공에 역사를 "건축하기"라고 비난하기를 즐겨하므로 이 방법을 간단히 설명하기로 한다.

역사의 출발점은 항상 인간 개인들의 역사이다. 우리가 사회라고 부르는 것은 인간 개인들의 관계의 총체일 뿐이며, 이들의 삶의 조건들이 그들의 협력, 서로를 위해 일하는 것 혹은 서로 대립하는 것도 요청한다. 개별 인격체들의 활동에 관한 증언이 그치는 데서 역사는 그친다. 유물론적 역사관이 전통적인 역사관과 구별되는 점은 역사에서 인격들에 관하여 외면하는 것이 아니라 개별적인 걸출한 인격체들에 머무르지 않는다는 점이다. 이들은 역사적 전승 이야기에서 홀로 계속 살아 있고 역사적 과정의 유일한 담당자로서 나타난다. 역사적 과정은 우리에게는 오히려 그에 참여한 모든 인격체의 산물이며, 힘이 가장 강한 개인도 대중 전체만큼 강한 영향력을 행사할 수 없다. 우리가 역사적 발전을 파악하고자 한다면 무엇보다도 이들을 움직이게 하는 것을 알아야 한다.

그러나 우리에게 역사자료를 전해주는 원자료 제공자들은 대중에 대해서는 별로 괘념치 않는다. 그들이 부각시키는 것은 대중에게 특별한 작용을 가한 개인들이다. 우리 유물론적 역사가들도 과거의 탐구에서 흔히 걸출한 개인들에서 출발해야 하며, 우리는 지금 레싱(Lessing)을 다룰 수도 있고 프리드리히 2세, 대혁명의 사람들 혹은 종교개혁 시대의 사회주의자들을 다룰 수도 있다. 그러나 그런 경우들에서 우리에게 개인은 단지 탐구의 출발점이다. 우리는 대중을 그 앞머리에 숫자가 붙어야 비로소 수가 되는 0들로 간주할 수 없으며, 대중의 활동을 그들을 이끄는 개인으로부터 파악하려고 추구하지도 않는다. 그 지도자는 대중을 운동 속에 두고 그들의 활동력을 확정하는 요인들 중 하나일 뿐이며 가장 중요한 요인은 아니다. 그리고 그 지도자 자신이 상당한 정도로 대중의 힘과 목적을 보유하며, 그는 대중이 없이는 파악이 안 된다.

우리가 이처럼 어떤 서술하고 파악할 가치가 있는 역사적 인물을 앞에 두고 있다면, 무엇보다도 그가 그의 시대와 그의 민족의 사회현상들과 어떤 공통되는 모습들을 가지는지, 어떤 것이 그의 개인적 특성을 이루는지를 탐구해야 한다. 그것이 확인되면 다시금 인적 특성이 그 개인에게 영향을 미치는 주변 환경과 삶의 운명의 특성들에 얼마나 기초를 두는지를 추적해야 한다. 이에 관하여 명확해졌으면, 개인에게는 그의 개인적, 천부적 자질로만 설명될 수 있는 나머지 부분이 남게 된다. 역사가는 여기서 멈추어야 한다. 예술가와 자연 연구자에게는 바로 이 나머지가 특별히 매력적인 문제를 포함할 수도 있다. 그러나 이는 역사 발전의 법칙성에 대한 인식을 위해서는 중요하지 않다.

그런데 우리가 이 모두에 도달했다 해도 우리는 아직 과제를 끝내려면 멀었다. 그 가장 어려운 부분이 이제야 시작된다.

우리가 해당하는 인물에게서 개인적인 것과 사회적인 것을 나눈 후에는 이제 후자, 곧 사회적 측면에 관하여 명확한 사실에 이르려고 시도해야 한다. 우리는 그 인물이 그 대표자이자 투사로서 역사적 의미를 얻던 그 사회운동에서 마찬가지로 특수한 것을 보편적인 것으로부터 분리하려고 해야 한다. 우리는 또한 문제의 운동을 수많은 다른 비슷한 운동들과 비교하여 이를 통해 이 운동을 다른 운동들과 구분해주는 것과 그들 모두 공통으로 지니는 것을 찾아내려고 해야 한다.

그리고 이것이 이루어진 다음에는 아직 가장 크고 가장 어려운 할 일이 남아 있다. 우리는 이 운동들 각각을 그 시대와 민족의 사회적 전체 과정과 결부시켜야 한다. 이 전체 과정은 다시 결국에는 경제적 과정을 통해 조건이 지워진다. 우리는 한편으로는 개별 운동의 역사적 특성이 그 시대의 사회와 경제의 특성을 통해 얼마나 설명이 가능한지, 또 한편으로는 다양한 운동들의 공통점이 다양한 사회적 형태들과 다양한 생산양식들이 서로 간에 공통으로 지니는 요인들을 통해 얼마만큼 조건지워지는지를 탐구해야 한다.

우리가 이에 성공했다면, 우리는 역사적 인물에서 출발하여 역사 발전의 법칙에 대한 규명으로 나아갈 수가 있다고 말할 수 있다. 그러한 법칙들을 가지고서 우리는 다시금 개별 인물과 운동들의 역사에서 아직 암흑에 싸여 있는 많은 것을 규명할 수가 있다.

우리의 역사자료는 과거의 이해를 위해 중요한 모든 사건들을 알게 해주는 데는 충분하지 못하다. 많은 증거들이 유실되었고 다른 증거들을 순전한 소문을 보도해주며, 그것도 틀리게 혹은 불충분하게 보도해준다. 원자료는 많은 것을 이야기해주지 않는다. 왜냐하면 후세가 되어서야 미미한 싹이 어떻게 강력한 존재가 되었는지를 알게 되는 것이니 원자료가 이에 주목하지 않기 때문이다. 다른 것들은 그 시대에는 자명해 보였기 때문에 원자료가 보도를 하지 않기도 한다. 그러나 오늘날에는 그런 것들이 우리에게 생소하고 이해할 수 없는 것이 되어 버린 것이다.

가장 세심하고 예리한 자료비평으로도 그 자료가 충분하게 보도해 주는 것만을 명확히 규명할 수 있다. 원자료상의 공백에 대해서는 자료비평도 우리에게 최소의 것조차 말해줄 수 없다. 그러한 공백을 역사가마다 만나게 되며 그는 이를 최선의 추정에 따라 메우려고 시도한다. 그가 역사적 법칙의 인식에서 출발할 때에만 그러한 공고한 토대에 발을 딛고 서게 될 것이다. 고생물학은 개별적인 확보된 뼈들로 사멸한 동물의 몸 전체를 재구성하는 것처럼 역사는 개별적인 단서들로 전체 사회의 구조를 재구성해내어야 한다. 이는 물론 집짓기일 뿐이지만 허공 속의 집짓기는 아니다. 물론 틀릴 수도 있지만 역사 과정 전체를 복원할 수 있는 유일한 길이며, 이에 관해 원자료는 깨어진 조각들만을 알려줄 뿐이다.

그리고 이로써 그 방법은 전통적인 역사 기술의 방법보다 훨씬 확실한 결과를 가져다준다. 이 전통적 방법도 재구성을 하기는 하지만 사회구조를 재구성하려고 하지 않고 개별 인물들의 정신생활을 재구성하려고 한다. 이는 어떤 상황에서도 확실한 결과를 낳을 수 없는 출발이 된다. 인간의 정신생활만큼 한결 같지 않고, 무상하고, 파악이 안 되고 복잡한 것도 없다. 어떤 인간도 자기 자신을 완전히 알지 못한다. 더구나 다른 사람들은 그를 더 모른다. 그리고 지금 어떤 사람이 자기도 알지 못하는, 완전히 다른 정신생활을 하던 먼 시대로부터 유래하는 어느 개인의 정신생활을 서술하려고 하는 것이다. 그 개인에 관해서는 빈약한 회상만이 존재하며 당파들에 의해 혐오와 호의로 왜곡되는 것이다! 환상적인 집짓기를 말할 수 있다면, 위대한 사람들에 대한 그런 식의 서술이 그런 것이다. 물론 우리는 역사기술에서 두드러진 개인들에서 출발하지 않을 수 없다. 그러나 거기에만 국한하고 전해오는 가변적인 인물상을 사회적 기초의 공고한 토대 위에 두려고 시도하지 않는 역사기술은 역사법칙의 규명을 위해 아무런 기여도 하지 못할 뿐 아니라 또한 언제나 의심스러운 신빙성을 가진 결과물만을 제공해줄 것이다.

물론 이 모두는 인간행위의 합법칙성에서 출발하는 역사가에만 해당한다. 자유의지설을 신봉하는 자는 그런 식의 역사기술 방법을 처음부터 배제해야 하며, 전체적으로 역사의 학문을 말해서는 안 된다. 역사학은 그에게 단지 다소간 격상된 기술(技術)에 불과하며, 이 기술에서는 물론 신빙성보다는 도덕적 영향, 감동이 더 중요하다.

여기서 개관한 유물론적 방법의 지도를 받아 나는 뮌쩌의 활동에 대한 탐구에서 이미 점점 더 먼 데까지 갔다. 나는 한편으로는 재세례파에게로 진행해 가며, 또 한편으로는 중세의 공산주의 종파들에게로 아니 원시 기독교 공산주의에게까지 소급해가려는 충동을 받았다. 이는 구체적으로 뮌쩌 다운 것이 무엇이고 뮌쩌가 그 시대의 전체 공산주의 운동과 공통으로 가진 것이 무엇인지에 관해, 그리고 그 운동의 특성을 이루는 것에 관해, 그리고 그 운동이 유사 운동들과 어떤 점에서 일치하는지에 관해 명쾌한 설명을 확보하고, 마지막으로 이 다양한 운동들이 발생한 경제적 정치적 상황들에 관해 명쾌한 설명을 확보하고자 하는 것이다. 뮌쩌는 작업의 중심점으로 남아 있으나 이 작업은 그를 넘어 널리 증대되었다.

나의 출판사 친구 디츠가 사회주의의 역사를 여러 권으로 출간하려는 계획을 세우고 나의 저작을 전집의 첫째 권으로 나오게 한다는 제안을 해 왔을 때 나는 마침 이 일을 끝맺으려던 참이었다. 나는 기꺼이 동의했다. 절박한 필요에 부합하려고 하는 이 사업을 추진하는 것이 필수적이라고 생각했기 때문이다. 새로운 사회주의를 다룰, 이어지는 여러 권에 대한 서론으로서 나는 그 첫째 권에《새로운 사회주의의 제 선구자》(*Die Vorläufer des neueren Sozialismus*)라는 제목을 붙였다.

그러나 이 제목에 내용이 완전히 부합하지는 않았다. 많은 비평자들이 정당하게 문제를 제기했다. 내 책은 새로운 사회주의의 선구자들로 여겨지는 모든 현상을 포괄하지 않는다는 것, 그리고 관찰되는 현상들을 모두 균형 있게 다루지 않는다는 것이었다. 초창기는 간략하게 기술된 반면, 뮌쩌와 재세례파는 아주 상세하게 서술되었다는 것이다.

유감스럽게도 사회주의의 전모를 포괄하는 역사를 여러 권으로 발간하려는 계획은 완수되지 못했다. 그것은 포기되어야 했다. 그래서 내 책의 제2판은 독립적인 저서로 발간되며, 나는 이를 이용하여 제목을 이미 언급한 의미로 변경하여 이로써 내용에 더 부합하도록 한 것이다. 초판의 제목에서 벗어나고 싶은 생각은 별로 없었다. 그렇지 않았다면 나는 그 책을 "독일 종교개혁의 공산주의자들과 그 선구자들"이라고 불렀을 것이다.

책에 원래 붙었어야 할 그 제목 "토마스 모어와 대립되는 존재로서의 토마스 뮌쩌"를 붙이는 것도 맞지 않았다. 그러기에는 내 연구의 진행에서 뮌쩌는 아주 뒤로 밀려나고 단순한 에피소드로 되었다. 그러나 다른 부분현상들 중에서도 책의 성격을 확정할 만큼 부각되는 것은 없었다.

그러나 이 책의 정점(頂點)이 있다면 그것은 뮌스터에서의 재세례파의 투쟁이다. 여기서 나는 다른 데보다 더 많은 내용을 서술한다. 농민전쟁에서 광산노동자의 역할을 제외하면 내가 책의 앞부분에서 제시하는 세부사항들은 거의 모두 인정되고 대부분 널리 알려진 것이다. 새로운 점이 있다면 고립된 것으로 제시되는 것이 아니라 프롤레타리아적 흥기의 전체과정의 일부로서 고찰된다는 것이다.

뮌스터에서의 재세례파의 투쟁에 대해서는 그와 달리 완전히 새로이 원자료로부터 연구해야 했다. 이 투쟁에 관한 이제까지의 서술은 터무니없는 것이거나 직접적으로 악의적인 왜곡이다. 평화로운 재세례파는 부르주아의 역사기술에서는 이미 그 변호자들이 있지만, 전투적이고 투쟁적인 재세례파는 그렇지가 않다. 부르주아의 역사기술은 티베리우스와 루크레지아 보르기아 같은 사람을 깨끗이 세탁하는 일에 정성을 쏟아서 뮌스터의 재세례파에 관한 지극히 유치한 거짓말을 무심코 취할 뿐 아니라 크나큰 도덕적 열정으로 그 거짓말들을 계속해서 거듭 세상에 던지기를 계속한다. 이 양반들이 1534년, 1535년의 그 불굴의 영웅들에게 가한 타격을 오늘날의 프롤레타리아 계급투쟁의 투사들에게도 가하기를 감행한다고 가정하지 않는다면 이는 이해할 수 없는 일이다!

이는 또한 전제 없는 과학의 언술방식에 대한 공헌이기도 하다!

재세례파에 대한 나의 상론에 대한 반박은 내 눈에 들어오지 않았다. 여기에서도 앞의 장소에서도 뭔가 중요한 것을 변경시킬 동기는 없었다.

반면에 무엇보다도 작업을 확장할 수 있기를 간절히 바랐다. 그러기에는 시간이 없었다. 나는 기독교의 기원에 관한 독자적인 글로 원시기독교 공산주의를 소개하는 나의 언급을 확장하는 데 만족해야 했다. 이는 독립적인 저작으로 존재하지만 이 책과 극히 밀접한 관계 속에 있다. 내가 이 책에서 발견한 합법칙적 관계들은 그 저작에서는 나에게 길을 인도하는 별로서 도움을 주었다. 두 저작은 서로 간에 의지가 된다. 그중 하나를 비판하려는 자는 다른 하나도 관찰대상으로 삼아야 한다.

여기서 존재하는 사고전개의 다른 확장작업들은 포기해야 했다. 신판은 이미 오래전부터 요망되었으며 내가 개개의 부분을 더 상세히 다루고 더 광범위한 비교 자료를 인용할 시간을 얻기까지 기다리려고 했다면 이를 끝도 없이 미루어야 했을 것이다.

프롤레타리아 계급투쟁의 뿌리를 과거에서 더듬어 보는 것이 필요한 일, 아니 필수불가결한 일이라고 해도 현재의 계급투쟁에 대한 참여가 그 와중에 지장을 받아서는 안 된다. 이론은 죽은 지식에 머물러서는 안 되며, 우리의 실천을 열매 맺게 해야 한다. 학문은 우리에게 그 자체가 목표가 아니라 목표를 위한 수단이며, 무엇보다도 당의 목표를 위한 수단도 아니고 민족의 목표를 위한 수단도 아니다. 그것은 전체 인류의 발전을 위한 수단이다. 이 위대한 실천적 목표에 모든 학문이 복무해야 한다. 학문은 마르크스가 이미 말했듯이 세상을 단지 "해석하는 것만이 아니라 변화"도 시켜야 하며 그것도 "새로운 인간사회 혹은 사회화된 인류"의 방향으로 변화시켜야 한다. 이런 의미에서 마르크스주의자들을 휴머니스트라고도 부를 수가 있다.

1909년 4월 베를린
K. 카우츠키

| 차례 |

제1권

제1부 중세와 종교개혁 시대 공산주의의 기초

제2부 중세의 공산주의 종파들

제2권

제1부 독일의 종교개혁과 토마스 뮌쩌

제1권

| 제1권 서론 |

카를 카우츠키는 마르크스주의 이론에 관한 수많은 저서와 문서들 외에 일련의 역사 논문들에서도 그의 방법론적 기본관점을 활용했다. 디츠(J. H. W. Dietz Nachf.) 출판사는 60년 전에 유물사관에 입각해 사회주의의 기원을 탐구한 카우츠키의 《그리스도교의 기원》(1908)을 출판하였으며 1968년에 이를 다시 출간하였는데, 이 책에 앞선 것이 《새로운 사회주의의 선구자들》(*Die Vorläufer des neueren Sozialismus*)이다. 이 책의 제2, 3판이 제목에서 정관사 Die가 제외되고 그냥 *Vorläufer des neueren Sozialismus*로 변경되어 1909년과 1913년에 출간된 것이다. 여기 제시된 저작의 제1권은 최근 판본을 그대로 인쇄한 것이다.[1]

카우츠키의 역사관에 대한 방법론적–사실 비판적 이의 제기는 《그리스도교의 기원》 서론에서 제시한 바 있다. 독자 여러분은 이 책을 읽으면서 그 부분도 참조하기를 바란다. 다음의 논의들은 주로 책의 역사적 주제들에 한정되며, 내용상으로는 중세기에서 종교개혁 전야까지의 사회적 상황들을 포괄한다. 나중에 출간될 제2권에는 별도의 서론이 붙을 것이며, 카우츠키의 고유한 주제인 마르틴 루터의 종교개혁,

---

[1] 1947년에 (동)베를린에 있는 JHW 디츠 Nachf. 출판사에서 나온 판본이 있는데 그 판본의 제1권은 1913년의 제3판에 따른 것이고, 제2권은 1909년의 제2교정판에 따른 것이다.

토마스 뮌처, 농민전쟁과 세례파 운동을 다룬다. 그러나 통일적인 사회 정치적 발전의 비판적 묘사가 카우츠키의 핵심적인 저술 의도이기 때문에 제2권의 서술 내용은 제1권 없이는 온전히 이해하기 어렵다. 먼저 이 책의 기원에 관하여 간략하게 언급하고자 한다.

문헌상의 출발점은 1883년 카우츠키에 의해 창간된 잡지 《새시대》 (Neue Zeit)에 1886년에 연재된 '철학의 빈곤과 자본론'에 관한 기사들이다. 그 제목은 1847년에 주로 프루동을 비판한 칼 마르크스의 논쟁적 저술 "철학의 빈곤"을 떠올리게 하는데,[2] 이처럼 카우츠키에게도 이른바 유토피아적 사회주의에 대한 비판은 주요한 이론적 관심사였다. 그는 본격적으로 유토피아적 사회주의의 확실한 원형을 추적하기 위해 영국의 인문주의자이자 정치가인 토마스 모어와 독일의 신학자이며 마르틴 루터의 적수인 토마스 뮌처를 탐구했다. 그 결과 1888년에는 모어에 관한 한 권의 단행본을 내놓았으며[3], 뮌처에 대한 연구 초기에

---

[2] 프랑스의 사회 이론가이자 무정부주의자인 삐에르 조제프 프루동(1809-1865)은 한때 "소유는 도둑질이다"라는 표어 아래 명성과 흥분을 불러일으켰던 처녀작으로 청년 칼 마르크스의 열렬한 지지를 받았었다. 마르크스는 그 책을 프랑스 프롤레타리아 계층의 학문적 선언으로서 찬양했다. 그러나 곧이어 그 두 사람의 길은 서로 멀어졌다. 프루동이 1846년에 그의 저작 《경제적 모순의 체계 혹은 빈곤의 철학》(Système des contradictions économiques, ou philosophie de la misère)을 출간했을 때, '프루동식의 배설물'에 분노한 칼 마르크스는 그의 풍자적인 반론인 《철학의 빈곤》(La Misére de la philosophie(MEW, Bd. 4)으로 응수했다. 간략하게는 또한 칼 마르크스의 초기저작(Kröner), 1955, S. 486 이하가 있다.

[3] 토마스 모어(1478-1535), 영국의 초기 인문주의의 주요한 대표자인 그는 1516년에 정치 소설인 《유토피아》를 출간했다. 여기서 그는 플라톤 및 로테르담의 에라스무스에게 자극을 받아 인간성, 관용, 자유, 소유와 소비 그리고 종교의 평등을 특징으로 하는 모범 국가의 이상적 형태를 그렸다. 모어는 인문주의적 교양을 촉진한 헨리 8세에 의해 재상에 임명되었으나 왕의 이혼 및 이와 관련된 교회 정책에 반대했다는 이유로 처형당했다. 그의 사후 4백년 후에 교회는 그를 성인으로 인정했으며, 게르하르트 리터에 의해 독일어로 번역된 《유토피아》는 헤르만 옹켄의 서문과 함께 정치학 고전선집 제1권으로 발간되어 있다. 거기에는 게르하르트 리터의 "권력의 악마성"이 제6부로 되어 있다. 1948년.

는 단지 몇 개의 팸플릿을 발표하는 수준에 지나지 않았지만[4] 시간이 흐르면서 재세례파 운동이라는 더욱 광범위한 사회정치적 영역으로 연구 범위가 확장되었다. 그 당시에 슈투트가르트에서 그의 친구이자 출판업자인 디츠가 사회주의의 전체 모습을 몇 권으로 발간하려는 계획을 세우자, 카우츠키는 자신의 연구를 전체 시리즈에 대한 일종의 서론 형식으로 묶어 1896년에 《새로운 사회주의의 선구자들》이라는 제목으로 출간했다. 그런데 그 책이 매진되자 1909년에 제목을 약간 바꿔 교정판 형태의 독립된 저서로 발간함으로써 디츠의 시리즈 출판 계획은 이루어지지 못했다.

I.

카우츠키는 원시 기독교 공산주의에 관한 서술에 플라톤의 공산주의를 선행시키거나 관련지음으로써 빈약한 사료적 근거를 보완하고자 한다. 사람들은 플라톤이 정신적으로 가까운 토마스 모어 대신에 들어온 것으로 추측할 수도 있겠다. 토마스 모어에 대해서 그는 예전의 단행본 이후에는 더 이상 재론하지 않았던 것이다. 그러나 플라톤의 사회정치적 견해와 원시 기독교의 그것 간에는 아무런 근본적인 차이도 없다고 생각하는 것이 그의 역사 이데올로기적 의도에 더 가까이 다가가는 것이다. 그 '이교도' 철학자와 원시 기독교 공산주의는 그에게 결코 절대적 대립물이 아니다. 마르크스주의자로서의 그에게 양자의 목표는 그가 "유토피아적"이라는 표현을 붙인 가치영역에 있었기 때문이다. 또한 플라톤과 원시기독교는 절대권력화된 대교회에 반대하는 다

---

4 포괄적인 연구결과들에 따른 카우츠키의 뮌처 탐구에 관하여는 《선구자들》 제2권의 서론에서 언급할 것이다.

양한 혁명적 종교 운동들의 복음적 열망의 증인으로 소환되며, 이는 저물어가는 중세와 종교개혁의 시대에 부합했다. 그리스 문화와 기독교의 이데올로기적 공존을 유럽의 위대한 문화적-정신적 삶의 기초적 요소로 인식하는 것이 서양의 교양인 계층의 기본적 세계관임을 고려한다면 양자의 관련성에 대해서는 카우츠키의 주장과 관계없이 전혀 반론을 제기할 수 없다. 역사에 대한 비판적 소양을 갖고 있다면 신학자들도 신약 문헌의 생성을 고대 이후의 세계에 대한 헬레니즘의 선물로 바라볼 것이며, 아돌프 하르낙의 기독교 교리 발생에 대한 주요 명제는 유명하다: 이 교리는 "그 구상과 완성에서 복음의 토대 위에 세워진 그리스정신의 작품이다."[5] 사람들은 사도들과 마찬가지로 플라톤과 그 문하생들에게서도 '로고스의 보냄'이란 관념을 발견할 수 있다고 생각했다. 이제 카우츠키에게는 로고스에 대한 철학적 사유도, 그것의 신학적 변종들 중 하나의 정당성에 대한 질문도 관심사가 아니었다.[6] 플라톤의 국가론(Politeia)에 대한 그의 언급도 결코 이 작품 전체를 포괄하지는 않는다. 그는 자신의 관심 분야를 특정한 부분에 한정하였는데, 이는 조잡하고 억지스러운 결론을 도출하였으며 플라톤의 철학을 아는 사람을 어리둥절하게 만들었다. 플라톤의 정치 철학 그 자체는 그의 위대한 정신적 작품들 중에서도 가장 이해하기 어려운 주제이지만,[7] 확신에 찬 카우츠키는 대담하게도 이러한 플라톤의 정치 철학 속

---

[5] Adolf Harnack, *Lehrbuch der Dogmengeschichte*, 1. Band, 2. A. 1888, S. 18.

[6] 복음을 들은 데서 자라나는 기독교 신앙에 이런 철학적 병렬관계는 무의미하다는 것은 말할 나위도 없다. 이를 다루는 것은 철학의 한계를 벗어날 뿐 아니라 신학적 인식가능성의 한계에도 벗어난다. 신앙과 신학은 동일한 것이 아니다. 신학자는 신자일 수 있지만, 신자는 사실적 의미에서 신학자일 필요가 없다. 물론 신앙의 발언은 신학적으로 유의미하지만 말이다. 이 문제에 대해 칼 바르트의 두 논문: "교회와 신학"과 "신학과 오늘의 인간"(*Zwischen den Zeiten*, 1926, S. 18-40; 1930, S. 374-396)을 비교해보라. 추가로 H. Gollwitzer/ W. Weischedel, *Denken and Glauben. EinStreitgespräch*, 1964을 참조할 것.

에서 공산주의적 이상 국가의 원형을 발견하고자 시도했다. 1938년, 84세의 나이로 나치 치하의 오스트리아를 탈출하여 네덜란드에 피신해 있었던 그가 플라톤이 제시한 지적인, 또한 정의에 관한 모든 고귀한 말들로 포장된 야경국가의 모습에서 엘리트적 독재로서의 히틀러와 무솔리니에게서 목격되는 것과 같은 전체주의적 국가의 요소들을 인식했을 가능성을 배제할 수 없을 것이다. 아무튼 카우츠키는 1917년 러시아 혁명의 충격 직후에 자신이 그 신조를 고백한 사회민주주의 같은 것은 거기서 전혀 발견하지 못했다. 왜냐하면 플라톤의 폴리스는 바로 인간(플라톤에 의하면 온순한 동물로 분류될지 아니면 야생 동물, 아니 극히 야생적인 동물로 분류될지를 교육이 결정해주는 그런 피조물)의 사육과 교육의 기관이기 때문이다.[8] 사람들이 그리스인의 이상적인 모습을 철학자들과 문헌학자들의 창작으로 인식하고 고대의 역사적 실제를 그들의 천재적인 문화적 창작물들과 더불어 사회 제도까지 함께 명확히 목도하게 되면, 독일의 교양사에서 오랫동안 볼 수 있었던 것처럼 명성이 자자한 파이데이아(그리스인들의 교양교육 - 옮긴이)를 휘황찬란한 빛으로 비추어 가며 경배하고 찬탄하는 것을 삼가게 될 것이다.[9]

카우츠키는 지금 우리의 인문학 선생들이 이러한 우상숭배에 빠져

---

7 풍부한 문헌들 가운데 다음을 참조하라. J. Stenzel, *Platon der Erzieher*, 1928; Werner Jaeger, *Paideia*, 2. Band, 1944, S. 270ff; K. Hildebrandt, *Platon. Der Kampf des Geistes um die Macht*, 1933.

8 Walther Kranz, *Die griechische Philosophie*, 1941, S. 204; 또한 Heinrich Weinstock, *Die Tragödie des Humanismus. Wahrheit und Trug im abendländischen Menschenbild*, 1953, S. 77ff를 참조.

9 "헬라인들은 대부분의 사람들이 그렇게 생각하는 것보다 더 불행했다."고 150년 전에 그리스학자 August Böckh가 썼다. 이 문장을 인용한 Jacob Burckhardt는 그들을 "그러한 모든 단점과 슬픔을 가지고서도 지상의 가장 천재적인 민족"이라고 불렀다. *Griechische Kulturgeschichte*, Bd. 1, S. 14ff.(Kröner-Taschen-ausgabe)참조.

있는 것과는 거리가 멀었다. 그에게 있어 플라톤은 단지 고대의 국가 및 사회질서가 몰락하기 시작한 시기에 등장한 저술가이자 유토피아주의자에 불과할 뿐이었다. 그러나 다른 한편으로는 그런 플라톤이 제시한 공산주의적 국가질서에 대해 노골적인 애정을 표현한 만큼, 카우츠키는 유물론자인 동시에 이상주의자이기도 했다. 카우츠키 특유의 이러한 이데올로기적 낙관주의는 플라톤 아카데미로부터 비롯된 고대 그리스의 귀족적 공산주의를 '유토피아적'이라고 표현하는 것에 그치지 않고 그 철학적 사고의 배후를 조명하여 독재적 요소를 간파해내는 비판적 냉정함으로 마주대하지 못하게 방해한다.

고대 국가 및 사회의 해체 과정으로부터 원시 기독교적 공산주의의 발생을 설명하는 카우츠키의 관점은 사람들로부터 날카로운 비판을 받았다. 그럼에도 불구하고 그는 거의 아무런 수정 없이 이 책의 신판을 출간했으며, 다만 이 주제를 특별히 포괄적으로 다룬 논문을 덧붙였는데 그것이 바로《그리스도교의 기원》이다. 그 책의 신판 서문에서 이미 카우츠키의 관점에 대해 자세히 입장을 밝힌 바 있으므로 여기서 다시 말할 필요는 없을 것이다.《선구자들》의 플라톤과 원시기독교에 관한 부분들은 카우츠키에게 있어 기독교 세계의 발생 이후 중세 후기와 종교개혁의 사상과 목표들을 규명하기 위한 일종의 현관에 불과했다.

II.

카우츠키는 책 전체의 중심부인 제2부에서 중세의 공산주의적 종파들과 혁명적 집단들을 상론하기 전에 당시의 근로계층의 삶에 관해 조명했는데, 여기서 그는 그때까지 거의 알려져 있지 않던 영역을 다루었다. 공식적인 역사 기록은 본질상 국가 정치적으로 정향되었다. 즉 역사는 "위로부터" 바라본 행정부와 내각의 관점이나 특별한 정치사상적 운동을 중심으로 기술되었던 것이다. 이와 상응하여 학교 수업은 거대한 정치적 사건에만 맞추어졌으며,[10] 민중은 거의 눈에 안 띄거나 부차적 존재로만 언급되어졌다. 경제사는 아직 신종 학문이었고 빌헬름 로셔(Wilhelm Roscher), 칼 크니스(Karl Knies), 브루노 힐데브란트(Bruno Hildebrand) 같은 인민경제학과 인민경제정책의 초기 대표자들은 보수적인 고전 경제학과 역사법학파의 사상적 영향력 안에 머물러 있었다. 물질문명의 실태와 그 문화가 민중생활 전체에 대하여 가지는 의미에 대한 경외심은 더 먼 과거로 가면 갈수록 고대 사회를 끊임없이 이상화하는 쪽으로 나아가게 했다. 널리 흩어져 있던 1차 사료에 대한 정리와 비판적 검토가 오랫동안 방치되어 왔던 것이 역사학의 진보를 느리게 만들었다. 구스타프 슈몰러(Gustav Schmoller), 아돌프 바그너(Adolf Wagner), 루요 브렌타노(Lujo Brentano), 율리우스 폰 에카르트(Julius v. Eckardt) 같은 사람들이 시대의 요청에 따라 대 부르주아 중심의 맨체스터 학파에 반기를 들고 순수한 열정으로 사회과학적 삶의 탐구를 위해 학문적 짐수레꾼의 역할을 시작했을 때, 그들은 곧 "강단사회주의자들"이라는 중상모략을 받았다. 이들의 사회·정치적 신조 역시도 자신들의 계급적 본질에 따라 한계를 지닐 수밖에 없었다는 것은 말할 나위도 없지만 그렇다고 그들의 학문적 업적이 축소되는 것은 아니다.[11] 더욱이 사람들은 전공학자도 아닌 카우츠키가 용감한 발걸음

---

10 오늘날에도 여전히 지배적인 그 경향을 특징적으로 보여주는 것은 지난 전쟁 후에 나온 Bruno Gebhardt(1954ff)의 유명한 독일사 핸드북의 판본(제8의 완전 개정판)이다. 이는 완전히 국가주의적 정치 측면에만 초점이 맞추어져 있고 사회-경제적 정책 측면은 일종의 부록처럼 부수적으로만 다루고 있다.

11 그중에서도 다음을 참조: G. v. Below, *Die deutsche Geschichtsschreibung von den*

을 내디딘 그 분야가 얼마나 미개척지였는지를 이해해야 한다. 그렇기 때문에 그가 활용한 빈약한 문헌자료에 관해 그와 논쟁하지 말아야 했다. 그는 참고할 만한 학술문헌이 거의 없었어도 자신이 확실한 나침반을 손에 지니고 있다고 믿었다. 그러나 이 자침이 가리키는 바를 우리가 그다지 신뢰하지 않는다 할지라도—역사가에는 신중해야 할 이유가 있다—카우츠키는 그의 사회적·역사적 오디세이를 위해 마르크스주의적 항해술뿐만이 아니라 자기 고유의 명확한 항해도에도 의존한다. 그는 소매를 걷어붙이고 집필 작업을 했다. 임금노동자와 광부들의 비참한 생활을 목격하고 충격과 분노로 가슴이 뜨거워졌기 때문이다. 그러나 그의 청중은 1914년 이전의 독일사회민주당 당직자들이었다. 그들은 초등학교 수업에서 중세 역사를 배울 때 도시들, 귀족들, 마상경기, 직인조합, 한자동맹의 번영하는 상업도시들만 들어본 이들이었다. 그러나 오늘날 우리는 중세의 경제 및 사회생활에 관해 이보다 훨씬 다채롭게 말할 수 있다. 다른 한편 중세의 종교개혁을 연구하는 신학자들에게도 수도원 골방에 틀어박혀 있던 루터만 어깨 너머로 기웃거리지 말고 그 당시의 민중들은 어떠했는지도 고민해보라고 권해볼만할 것이다. 종교개혁은 신학적 사건이었을 뿐 아니라 종교개혁가들이 허락하려고 했던 것보다 '신의 말씀'을 더 많이 믿은 자들의 사회개혁에 대한 열망의 좌절을 수반한 정치적 사건이기도 했다.[12]

Befreiungskriegen bis zu unseren Tagen, 2. A. 1924, S. 161ff. 이는 아주 보수적인 관점을 대표하며, 경제사를 오직 반마르크스주의적 관점에서만 바라본다. 이 문제와 관련하여, H. Bechtel, *Wirtschaftsgeschichte Deutschlands von der Vorzeit bis zum Mittelalter*, 1941. 강단 사회주의에 관해서는 다음의 신랄한 논쟁 문서가 여전히 시사해주는 바가 크다: H. v. Treischke, Der Sozialismus und seine Gönner, in: *Deutsche Kämpfe*, II, S. 112-222; 슈몰러에 관해서는 Otto Hintze, *Ges. Abhandlungen*, II, S. 214-238. 또한 다음을 참조: Theodor Heuss, *Deutsche Gestalten*, 1951, S. 346ff.
[12] 1967년 종교개혁 450주년에 나온 대부분의 역사적 문헌들은 완전히 복고적인 관점에

카우츠키는 그가 저술한 책의 각주를 통해 보여주는 것처럼 이 부분들(제1부 제2장, 제2부 제1장)과 관련해 그 당시 구해볼 수 있었던 모든 문헌의 전문을 섭렵했으며, 또한 통사들에서 많은 것을 비판적으로 취하고[13] 그 모든 자료에 자기 나름의 판단과 강조점을 부여했다. 물론 그의 지나치게 요약적인 용어의 남용에 대하여는 비판을 가해야 할 것이다. 그러나 우리는 그가 수도원 독신 제도의 사회경제적 의미를 강조하고 수도원을 경제적 발전의 주체로 부각시키면서도 기독교 전통을 완전히 간과하지 않았다는 것에 대해 감사해야 한다.

그가(제2부 제2, 3장에서) 개별 집단들을 개관할 때 그 비중의 배분에는 물론 차이가 있다. 이 분야를 아는 사람이라면 브레시아의 아르날도에 대한 인색한 서술이 불충분하다고 느낄 것이다.[14] 발도파와 사도형제단에 관한 장들은 좀 더 채색이 된다. 사도형제단은 롬바르디아 후밀리아탄들의 분파에 속한다. 만약 독자들이 최신 연구에 부합하는 이들 중세 후기의 운동들에 대해 알고자 한다면 더욱 새로운 문헌들을 접하게 될 것이다.[15] 그러나 카우츠키의 서술에서는 그 새로운 문헌들에는

머물러 있었다.

13 카우츠키는 통사로서는 이미 낡은 자료였던 W. Giesebrecht의 *"Geschichte der deutschen Kaiserzeit"*(5 Bände, 1855ff)와 당시에 역사학파와 논쟁 중이던 Karl Lamprecht의 *Deutsche Geschichte*를 참조했다. 재미있는 것은 가톨릭 역사가 Joh. Janssen과의 의견 대립이다. 여러 권으로 이루어진 Janssen의 *"Geschichte des deutschen Volkes seit dem Ausgang des Mittelalters* (8 Bände, 1876-1888)은 Jacob Burckhardt와 Friedrich Nietzsche에 의해 시대비평을 위해 활용되었으며, Max Lenz와 같은 민족적-프로테스탄트적 역사가들에 의해 호되게 비판을 받았다. 카우츠키는 Janssen의 기본적 관점은 긍정하였으며, 그에 대한 비판은 Max Lenz와의 대립과 밀접하게 맞닿는다.

14 Brescia의 Arnold에 대해서는 다음을 참조: G. W. Greenway, *Arnold of Brescia*, 1931; ältere Literatur: W. v. Giesebrecht, A. v. B., 1873; Adolf Hausrath, *Weltverbesserer*, Bd. 2, 1895. Albert Hauck, *Kirchengeschichte Deutschlands*, IV, 1903, S. 200ff의 통사적 서술과 특성묘사; Johannes Haller, *Das Papsttum*, III, 1952, S. 88ff.

15 다음을 참조. Herbert Grundmann, *Ketzergeschichte des Mittelalters* (= *Die Kirche in*

결여된 사회정치적 측면들을 찾아볼 수 있다. 이 운동들이 중세의 사회 질서에 균열을 가져왔다면, 농민들 사이에서의 원망과 불만은 경제적 토대가 흔들린다는 표시였다. 카우츠키가 13세기 이래로 농민들로 구성된 용병부대가 어떻게 발생되었는지를 언급했다면, 오늘날 우리는 옛 봉건 기사 집단의 해체가 달라진 전쟁 개념에 의한 것이라는 것을 알고 있다. 말하자면 화약의 발명 이래로 병사들의 전쟁 수행 방식에서 완전한 혁명이 있었고 이는 다시금 경제적, 사회적 변화에도 영향을 끼쳤던 것이다.[16] 마찬가지로 베가르트파 및 이들과 협력한 집단들의 민족적 경건주의 운동에 관한 장도 독자들에게는 특별히 자극적으로 느껴질 것이다(제2부 제3장). 왜냐하면 여기서 그려진 그 관계들은 후일의 연구를 통해 입증된 것들이기 때문이다. '공산주의적'이라는 형용사에 지레 겁을 먹지 않고 1945년 이후 서독의 선전을 근심 많은 시민사회를 정서적 순응주의로 몰아가는 수단으로 여기는 자라면, 카우츠키가 이 표제어를 자유로운 형제 공동체들에 사용한 것에 대해 동의할 수밖에 없을 것이다. 어쨌든 신학적 토대만으로는 당시에 널리 퍼져 있던 기독교 수공업자 조합들의 이데올로기적 상부구조에 도달할 뿐이지만, 상업과 수공업 등의 여러 가지 직업과 사회적 '공산주의'의 구

---

ibrer Geschichte. Ein Handbuch, hrsg. von K. D. Schmidt und E. Wolf, Bd. 2, Liefg. G, 1. Teil) 1963; 이는 물론 종교적 측면만을 고려한 빈약한 개관이지만, 풍부한 문헌소개로 특별히 가치가 높다.

16 다음을 참조. Hans Delbrück, *Geschichte der Kriegskunst im Rahmen der politischen Geschichte*, III, 2. A. 1923, S. 571ff; IV, 1920, S. 26ff; 수필가 Peter Bamm은 다음과 같은 기지 넘치는 언급을 한다. 13세기에 프란체스코 수도사에 의해 발명된 화약이 기독교 지역인 유럽에서는 곧바로 사람을 죽이는 데 사용된 반면에 백년 앞서 중국의 유학자에 의해 이루어진 같은 발명은 "황실 연회를 불꽃놀이로 풍성하게 하는 데" 사용되었다는 것이다. "프란체스코 수도사의 화약과 유학자의 화약은 화학적으로는 완전히 동일했다. 다만 그 용도에 있어서 동양과 서양이 서로 달랐을 뿐이다." Peter Bamm, *Werke*, II, S. 785f.

상을 향한 (원시) 독교적 동기 사이의 밀접한 관련성은 그 시대의 몇몇 민족과 계층에 침투했던 이단 운동의 특징이었다. 그러나 카우츠키는 이에 관해 어떤 일반화도 시도하지 않았으며 여러 집단 사이의 차이를 구별할 줄 알았다. 특히 그가 이런 사태의 전개와 정치적 발전이 긴밀히 엮여 있음을 지적한 것은 의미심장하다.[17]

III.

마지막 3개 장(제2부 제4-6장)은 후스파 운동에서 정점을 이룬 종교개혁의 전야를 직접 다룬다. 카우츠키는 후스파 운동이 그 가장 중요한 주장과 요구를 영국의 종교개혁자 존 위클리프에게서 빌려왔다는 것을 알았다. 그래서 그는 위클리프와 롤라드파 운동에 특별히 두 개의 장(章)을 할애했고, 거기서 다시 영국과 프랑스에 퍼져가던 농민봉기를 특별히 다루고 있다.[18]

부계 쪽으로 체코인 혈통이고 프라하에서 출생한[19] 카우츠키는 후스

---

[17] 베가르텐의 역사로는 카우츠키는 아직도 기본 자료가 되는 다음의 원천적 저작을 활용했다: J. L. Mosheim, *De beghardis et Beguinabus commentarius*, hrsg. von G. H. Martini, 1790. 일반적인 정치적 사건들에 대해서는 마찬가지로 여전히 활용이 가능한 H. Prutz의 책 *Staatengeschichte des Abendlandes im Mittelalter*, 2 Bände, 1887. 그 외에도 그는 종교개혁 이전의 교회 내 개혁들에 대한 일련의 단행본들을 열람했다. 오늘날의 독자도 다음의 책들을 참고할 수 있다: Karl Müller, *Der Kampf Ludwigs d. Bayern mit der römischen Kurie*, 2 Bände 1897/80; A. Hauck, *Kirchengeschichte Deutschlands*, a. a. O., Bd. V, Teil 1, 1911; E. Werunsky, *Geschichte Kaiser Karls IV. und seiner Zeit*, 3 Bände, 1890/92; Fritz Vigener, Karl IV. in: *Meister der Politik*, Bd. 2; Karl Hampe, *Herrschergestalten des dt. Mittelalters*, 1927.
[18] 카우츠키는 여기서도 신학적 영향보다는 사회적 영향을 더 관심 있게 다룬다. 좀더 최근의 문헌으로는 다음을 참조하라. H. Grundmann, a. a. O., S. 60ff.
[19] 카우츠키는 자신의 출신을 "오스트리아 제국의 민족적 융합의 영상"으로 표현했다. 그의 부친과 조부는 체코인이고, 조모는 폴란드 혈통이다. 그의 모친과 외조부는 빈 출신이고,

파 운동을 다룰 때 민족적 정서에 영향을 받는 것을 피했다. 그것이 민족적 봉기일 뿐 아니라 민중적 봉기이기도 했다는 것에 논란의 여지가 없음에도 그렇게 했던 것이다. 물론 이들은 종교개혁과 반(反)종교개혁의 시대 깊숙이까지 동시대의 다른 많은 종교적, 사회적 흐름들과도 접촉했다.[20] 그러나 카우츠키의 노력은 오직 종교-사회 운동들의 집단적 힘, 유럽 도처에서 서로 유사한 성격을 드러내며 그 운동의 발생과 진행의 동기가 원시 기독교로 소급되는 그 집단적 힘을 드러내는 데만 기울여졌다. 따라서 얀 후스에 대한 인물 묘사도 간략하게 이루어졌으며,[21] 오히려 후스를 몰고 간 동력, 그의 순교 후에 완전한 성취에 도달한 추진력을 드러내려고 한다. 위클리프의 가르침이 후스파 운동에 영향을 미치기는 했지만 그것을 일으킨 것은 아니라는 것이다. "기껏해야 이에 이용할 수 있는 논리들을 전해주었으나 … 운동의 근거, 힘, 목표는 관련 상황들에 깊은 뿌리를 둔다. 후스파 운동의 이념은 결코 수입된 것이 아니며 완전히 자생적인 것이다." 카우츠키에게 있어 이는 주장이 아니고 운동의 역사적 진행 경과를 통해 입증된다. 평신도에 의한 성혈배령(Laienkelch)에 대한 싸움은 (교회가 혁명적 프라하에 대하여 파문을 선고했을 때) 결국 구교회로부터의 이탈에서 절정에 도달했는데,

---

외조모는 남오스트리아 출신의 독일 여성이다. 조부의 가계는 헝가리에서(크로아티아일 개연성이 있다) 나왔지만, 프라하에서 20년을 살기도 한 조부는 체코어를 한 마디도 배우지 않았다. 프라하에서는 당시에 독일어가 공용어였다. 다음을 참조하라. *Ein Leben für den Sozialismus. Erinnerungen an Karl Kautsky*, 1954, S. 11.

20 다음을 참조하라. Eduard Winter, Tausend Jahre Geisteskampf im Sudetenraum (1938), Neudruck 1955, S. 101ff.

21 Jan Hus에 관해서는: F. Strunz, *Johannes Hus*, 1927; Melchior Vischer, *Jan Hus*, 2. A. 1955; Walter Nigg, *Das Buch der Ketzer*, 1949, S. 289ff; P. de Vooght, *L'hérésie de Jean Huss*, 1960; 체코어로 된 후스 관련 문헌은 다른 것들 중에서도 Erich Hassinger의 다음 자료를 들 수 있다. *Das Wesen des neuzeitlichen Europa 1300-1600*, 1959, S. 409 ff; Grundmann, a. a. O., S. 62ff.

그는 이 싸움에서 성직 계층에 반대하는 봉기의 사회적 동인을 발견했다. 투쟁하는 체코인들에게 그것은 '신학적' 문제일 뿐 아니라 전체 투쟁의 상징이었으며, 평신도 성체배령의 쟁취와 함께 사제지배 특권과의 결별이 이루어졌다. 이 결별에는 강력한 사회학적 계기가 있었다.[22] 그 당시에 황제와 로마교회에 충실했던 보헤미아 내의 독일인들은 이를 잘 알고 있었으며, 그래서 그들은 체코인들의 후스파 운동에 격렬하게 저항했다. 후스파 전쟁은 대부분 독일인들의 민족적 관점에서만 관찰되고 평가되었기에 전쟁이라는 사회적 혼란기에 있기 마련인 일부의 유혈적 약탈 행위들은 혁명적 봉기에 대한 비난의 주된 근거가 되었다.[23] 더욱이 사람들은 교회와 제국이 약속을 파기하고 후스의 화형을

---

[22] 나는 카우츠키가 이후의 혁명운동들을 유사한 것으로 언급한 것을 특히 유감스럽게 여긴다. 그는 그럼으로써—물론 의도하지 않은 채로—평신도성작 투쟁의 더 깊은 의미를 현저하게 약화시킨다. 루터가 백년 후에 독일에서 복음적 성찬에서 전체 공동체에게 똑같은 방식으로 빵과 포도주를 나누게 했을 때 이는 그의 교회에서 별로 혁명적으로 작용하지 못했다. 몰락한 사제 대신에 세속적 당국에게 보호를 받는 복음적 목사들의 제도화된 관직이 등장했기 때문이다. 나중에 제국 법률로 승격된 *Cofessio Augustana*에 따르면, 오직 이들에게만 합법적인 성례집전권이 존재했던 것이다. 이런 조건 아래에서 비로소 복음적 당국이 지주적 교회 체제의 담당자로서 개혁적인 새로울 질서에 동의할 준비를 갖추었다. 이는 1529년의 유명한 Marburg 종교담화의 정치적 배경이기도 했다. 루터의 고유한 성찬 문제의 출발점은 원래 후스파의 요청과 그리 멀지 않았다. 그러나 그는 1521년 후에 어떤 전개방향으로 기울었으며 이에 신학적 근거확립이 뒤따랐다. K. Kupisch, *Reformation und Revolution*, 1967 참조.

[23] 1938년 여름까지도 고백교회 전국형제회는 격앙하여 칼 바르트와 결별했다. (그를 더 이상 교회의 선생으로 볼 수 없다는 것이다) 그가 체코 위기의 정점에서 프라하의 신학자 Josef Hromadka에게 다음과 같은 희망을 피력한 편지를 썼기 때문이다. 즉 "히틀러가 체코슬로바키아를 집어삼키면 옛 후스파의 아들들이 오늘날에도 아직 사나이들이 있다는 것을 지나치게 허약해진 유럽에 보여주게 되기를 바랍니다. 이때 투쟁하고 고생하는 각 사람의 체코 병사는 또한 우리를 위해서—그리고 이를 오늘 아무런 전제조건 없이 말하건대—또한 예수 그리스도의 교회를 위해서 하는 것일 것입니다." 다음을 참조하라. K. Barth, *Eine Schweizer Stimme*, 1930-45, 1945, S. 58ff; K. Kupisch, *Durch den Zaun der Geschichte*, 1964, S. 509ff.

집행함으로써 체코인들의 저항을 고조시켜 전쟁이 시작되었다는 것을 간과했다.

그러나 카우츠키는 결코 후스파의 대변인을 자처하지 않았으며, 이미 그 운동이 분열되면서 시작된 전쟁의 비극을 객관적으로 개괄한다.[24] 후스파 운동에는 유럽 곳곳의 수많은 기독교 종파들도 참여했으며, 그중에는 제국과 황제에게 충성하는 가톨릭 당파인 독일인들도 있었다. 한편 후스파 운동은 온건한 칼리슈니치 혹은 우트라크파와 급진적이고 '공산주의적'인 타보르파로 나뉘었으며, 체코의 귀족계층이 중심인 우트라크파는 몰수한 교회재산을 통해 경제적 잠재력을 키웠다. 이에 반해 타보르파는 원시 기독교의 모범에 따라 공산주의를 실천했는데, 이때 이들은 열광적인 천년왕국설에 사로잡혀 보헤미아에 하느님의 왕국을 세우고자 했다. 타보르파를 향해 행해졌던 교회와 제국(부분적으로는 프라하의 우트라크파의 지원을 받아)의 십자군 전쟁은 옛 신앙의 제국(기독교 세계)의 힘겨운 몰락과 함께 모두 끝났다. 그 당시 타보르파는 얀 시슈카라는 유능한 군사 지도자를 갖고 있었다. 그는 정치적 자

---

24 일련의 단행본들과 함께 카우츠키는 다음의 책들을 활용했다: Frantisek Palacky, *Geschichte Böhmens*, 3 Bände, 1836ff. Palacky는 루터 교도인 부모를 두었고 보헤미아 형제단의 전통에서 성장했다. 그는 가장 저명한 슬라브 역사가이자 체코 민족의식을 일깨운 자이다. Palacky는 헤르더와 낭만주의 운동의 영향 아래 예나에서도 공부를 했고 거기서 정치적 민족적 충동의 집약을 받아들였다.(이에 관해서는 다음을 참조: Hermann Oncken, *Nation und Geschichte*, 1935, S. 312ff) 카우츠키는 Anton Gindely(2 Bände, 1857)의 책을 통해 보헤미아 형제단에 관해 배웠는데, Gindely는 일체의 민족적 편견으로부터 자유로웠다. 가톨릭 신자였지만 그의 학문적 입장에서 종교적 신념의 흔적은 드러나지 않는다. 카우츠키는 다음의 원저서도 열심히 인용했다(필시 Palacky의 저작일 듯하다): Enea Silvio Piccolomini, *De Ortu et Historia Bohemorum* (Basel 1551). Enea Silvio Piccolomini는 Siena 출신으로서 비오 2세(1458-1464)로 베드로의 자리에 등극하기 전에는 황제 프리드리히 3세의 비서관이었다. 그는 전형적인 르네상스 정신의 구현자였으나 그의 보고문들은 항상 관용적인 것은 아니었다.

질은 별로 없었지만 열광적인 검객이었으며, 시민과 농민으로 이루어진 오합지졸의 의용군을 새로운 전술을 통해 무적의 전투 단으로 만드는 데 성공했다. 적들은 전투가 시작되기도 전에 그들에게 겁을 먹고 줄행랑을 친 일도 많았다.[25] 1424년에 시슈카가 죽자 그의 추종세력은 고아의 처지가 되었다. 그는 죽을 때도 자기 목을 베어 북을 만드는 가죽으로 쓰라고 말했는데, 이는 아마도 전투에서 보헤미아 군대의 사기를 높이기 위한 의도였던 것 같다. 과거에 사제였던 그의 후계자 프로콥은 타보르파의 새로운 야전사령관이 되었으며, 모라바와 슐레지엔을 정복한 후 폴란드인들과 강화조약을 맺고 단치히까지 진격했다.[26] 후스파 군을 무력으로 진압할 수 없다는 것을 인정한 황제와 주교회의는 몇 가지 요구사항을 놓고 협상을 시도했으며, 우트라크파 귀족들은 이를 받아들이고자 했다. 그러나 프로콥은 협상을 거부하고 여전히 완강한 태도를 보였으나 그에 걸맞은 힘을 갖고 있지 못했다. 이미 언급한 바처럼 몰수한 교회재산 등을 통해 경제적으로 부유해지자 그렇지 않아도 잠재해 있던 타보르파 내부의 갈등은 더욱 첨예화했으며, 카우츠키도 결국 다음과 같이 인정해야 했다: "이런 식의 공산주의는 오랫동안 지속될 수 없는 것이었다." 또한 그들의 군사적 우세도 우트라크

25 다음을 참조하라. Delbrück, *Geschichte der Kriegskunst*, a. a. O. III. S. 503ff.—시슈카에 관해서는 die Literaturangaben bei Winter, a. a. O. S. 408을 참조. Lenau Nikolaus의 서사시 Johannes Zizka, *Bilder aus dem Hussitenkriege*를 추천할 만하다. 그리고 Franz Werfel의 희곡 (um Prokop) *Das Reich Gottes in Böhmen. Tragödie eines Führers*, 1930이 있다.
26 이 진격에서 후스파 군대는 브란덴부르크와 마르크에도 들이닥쳤으며, 베르나우 성벽 앞에서 비로소 멈추었다. 용감한 베르나우 여성들이 성벽 위에서 뜨거운 기름이나 끓는 물을 들이부어 그들을 격퇴했다는 많은 교과서의 설명은 지어낸 이야기에 불과하며, 새로이 마르크를 위탁받은 호헨쫄레른 선제후 프리드리히 1세의 영지에 들이닥친 후스파 군대가 프로콥의 지도하에 풍성한 전리품을 가지고서 물러난 것이 실제 기록이다. 다음을 참조하라. Otto Hintze, *Die Hohenzollern und ihre Werk*, 9. A. 116, 82.

파(또한 귀족과 시민계층의 상층부)가 교회에 굴복한 후에는 더 이상 위협이 되지 못했다. 1434년 5월 30일, 타보르파는 리판 마을 옆의 뵈미쉬-브로트 전투에서 우트라크파와 (가톨릭) 독일인들에게 섬멸당했으며, 프로콥은 전사하고 처음이자 마지막 주교였던 니콜라우스 폰 필그람(Nikolaus von Pilgram)은 옥사했다. 이로써 정치세력으로서의 타보르인들의 힘은 소멸했고 잔당들은 1453년에 해산되었다. 물론 우트라크파의 체코 민족교회의 운명도 반전을 거듭했으며 요한 로키차나(Johann Rokyzana)를 그들의 대주교로 삼았다. 프라하 (내지 바젤) 교구들에서는 그들의 요구사항 일부(평신도 성혈배령, 자유설교)가 허락되었다. 그러나 교황 비오 2세는 1462년에 이를 다시 철회했으며, 그것은 보헤미아를 향한 새로운 십자군의 진격을 가져왔다. 그 결과 1485년에 비로소 구텐베르크 국회는 프라하 흐라드스힌(Hradschin)의 비토대성당(Vietsdom)에 중심지를 둔 로마 가톨릭교회와 함께 토착 교회인 체코 민족교회의 존재를 공식적으로 인정했으며, 두 교회 간의 관계는 30년 전쟁 때까지 논란이 지속되었다.[27]

이렇게 해서 정치적 후스주의는 소멸되었어도 정신적 후스주의는 연면히 살아남아 새로운 공동체의 형성으로 이어졌다. 물론 그 공동체가 하나의 완성된 교리로 통일된 것은 아니었지만 근본적인 기조는 발도-위클리프의 사상체계 내지는—카우츠키의 표현대로 하면—원시 기독교적 의미에서의 공산주의였다. 이 새로운 종교운동의 정신적 아버지는 평신도 신학자인 페트르 헬치스키(Peter Cheltschicky)로 그의

---

27 보헤미아의 형제들에 관해서는 오늘날 J. Th. Müller의 다음 저작이 안내를 해준다. *Geschichte der Böhmischen Brüder*, 3 Bände, 1922/23: 그리고 R. Rican, *Die Böhmischen Brüder, ihr Ursprung und ihre Geschichte*, 1957 — Cheltschicky에 관해서는 Ch. Vogt의 *Ein Prophet an der Wende der Zeiten*, 1926.

주변에 모여든 그룹으로부터 보헤미아 형제단이 나왔으며, 그 지도자는 우트라크파인 로키차나(Rokyzana)의 조카 그레고르였다. 일종의 비폭력 지하 운동으로 세속적 권력에 대한 집착이 없었음에도 박해의 위협을 받았지만 그럼에도 불구하고 비범한 힘의 공동체였으며, 카우츠키가 부각시킨 것처럼 "엄청난 문헌 생산력을 지닌 공동체였다." 그에게는 여기서도 사회적 요소들의 발굴이 중요하다. 그러나 그는 이 공동체로부터 코멘스키라는 사람이 등장했고, 형제단의 이주자들이 옛날에 독일로 왔으며, 친첸도르프 백작의 영지에 헤른후트파 형제단의 본거지를 세우게 된다는 언급을 잊지 않았다. 보헤미아의 추방자들은 대략 이 시대에 오베르라우지츠에 도피처를 마련했었는데, 1732년에는 베를린에서도 받아들여져서 궁정 설교인인 다니엘 에른스트 야블론스키(Jablonski)의 특별한 배려 하에 고유한 공동체를 이룰 수 있었다.[28] 아모스 코멘스키의 후손인 야블론스키는 그 자신이 보헤미아-모라바의 형제공동체 출신으로 단치히에서 태어났고 프랑크푸르트 오데르(그리고 옥스퍼드)에서 공부를 마친 후 곧장 쾨니히스베르크로 갔다가 베를린으로 청빙을 받았다. 물론 그 당시의 형제공동체에게 있어 공산주의는 더 이상 말할 계제가 못되었지만 성서에 방향을 맞춘 그들의 신앙과 생활방식은 여전히 남아있었다.

　카우츠키는《선구자들》의 제1권을 보헤미아 형제단으로 끝맺었다. 그들이 끝까지 희망과 신념을 포기하지 않았던 것은 종교개혁에서의 다양한 반체제 운동에도 영향을 끼쳤다. 그들에 대해서는 제2권에서 다루며, 그 신판이 본 권에 이어 나올 예정이다. 바로 그 주제가 지니는 특별한 현실적 의미는 잘 알려져 있다. 카우츠키는《선구자들》에서 학

---

[28] Irmgard Hort, Die böhmischen Ansiedlungen in und um Berlin, in: *Herbergen der Christenheit. Jahrbuch für deutsche Kirchengeschichte*, 1959, S. 20-54.

문적인 저작물을 내놓으려고 했던 것이 아니다. 당시 노동자 집단의 지도자들에게는 역사적인 차원에서 그들이 사회주의의 문제를 노동자들에게 숙지시킬 수 있는 대중적이면서도 진지한 책이 필요했다. 당시의 역사 문헌 중에서는 읽을 만한 것이 없었던 것이다. 완전히 자립해야 했던 상황에 처한 독일 사민당에게는 자신들의 교육 자료가 일상적인 투쟁 속에서 노동자들을 이념적으로 강화할 수만 있다면 더 바랄 나위가 없었다. 카우츠키는 자신의 역사적 관점에 확고한 신념을 가졌으며 부르주아 그룹으로부터의 비판은 그를 흔들지 못했다. 비록 스스로는 항상 다른 입장이나 의견들에 대해 배울 준비가 되어 있었지만 말이다. 오늘날에는 그 누구도 인용 자료의 빈약함과 해석의 관점 등, 여러 가지 문제점이 제기되고 있는 카우츠키의 저술들을 독일 사회주의자들을 위한 불가결한 교양 교재로 선택하려는 생각은 하지 않을 것이다. 우리 시대에는 사실들과 이 사실들의 전체적 연관성에 대한 학문적 연구가 더욱 진전되었으며 마르크스주의적 해석학에서의 커다란 전환도 이루어졌다. 우리가 이를 간과해서는 안 되지만, 오히려 그래서 여기서 소개하는 《선구자들》의 이 판본은 마르크스주의 역사 기술의 기원에 대한 1차적 자료로서의 가치가 있다. 이 서문도 그에 속한 주석들과 함께 이런 의미에서 이해해야 할 것이다.

카를 쿠피쉬

제1부

중세와 종교개혁 시대 공산주의의 기초

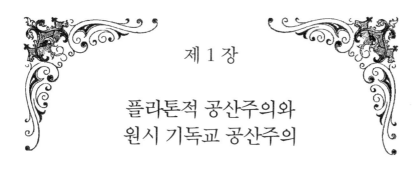

제 1 장

플라톤적 공산주의와
원시 기독교 공산주의

1. 플라톤과 그의 시대

자연과학과 기계체제의 사용에 의존하는 현대의 생산양식과 더불어 현대사회의 두드러진 특징은 새로운 발견과 발명을 향한 쉴 틈 없는 재촉이다. 상시적인 전환과정으로 보건대 이 생산양식은 오늘 달성된 것을 내일이면 벌써 뒤처진 것, '낡은 것'으로 보이게 하며 이 생산양식에게는 오래된 것은 모두가 불필요한 것, 나쁜 것에 해당한다. 오직 최신의 것만이 받아들일 수 있는 것이 되며, 그러나 오래가지는 못하고 장차 더 나은 것이 등장하기를 기다리는 동안 그렇다는 것이다.

예전의 생산양식은 달랐다. 그것은 천천히 발달했을 뿐이다. 특히나 모든 경제의 기초인 농업은 흔히 수백 년, 수천 년까지도 같은 방식에 머물러 있었다. 거기서 옛것은 검증된 것, 증명된 것, 명예로운 것이었다. 새것은 경박한 모험이며, 심각한 의혹에 부딪쳤다. 이는 당연히 무엇보다도 생산분야에, 그리고 그중에서도 농업분야에 가장 크게 해당하는 것이었다. 그러나 같은 태도가 전체 사회를 관통했고, 기술과 학문, 정치에도 관통했다.

오늘날 예술작품, 이론, 당파의 성립에 대하여 그것들은 아주 새로운 완전히 들어보지 못한 길을 터야 한다고 우리가 말할 수 있다면 이는 그 분야들에 특별한 명령에 해당한다. 그와 달리 옛날에는 누구나 자신의 노력을 위해서 모범으로 삼을 수 있는 선행자들을 뒤쫓았다. 그의 작업이 특별하고 완전히 새로운 상황을 통해 크게 부각될 수도 있지만 이에 대한 언급보다는 이전 시대의 인정된 권위에 의존하는 것이 더 중요해 보였다.

이는 종교개혁 시대의 재세례파와 기타 사회주의자들에게도 해당한다. 그들은 스스로를 대담한 혁신자라고 느끼기보다는 그들에게 사도행전에서 알려진 바와 같은 옛 원시 기독교 수백 년을 다시 일깨우는 자들이라고 느꼈다. 그리고 그와 곁들여 그들이 때때로 근거로 끌어댄 것은 더욱 오래된 플라톤의 권위였다.

그들이 생활하던 생산양식이 그리스-로마 세계의 정점 시기의 생산양식과 그다지 다르지 않았기 때문에 그러기가 더욱 쉬웠다. 두 시대의 농업, 수공업, 상업은 서로 많은 공통점이 있었다. 플라톤과 기독교 초창기 사이의 시대에 고대사회가 도달했던 높은 수준으로부터 점점 내리막길을 달려 민족 대이동의 시대에 거의 완전히 야만 상태에 이르기까지 계속했으며, 거기서부터 유럽사회가 서서히 발전해갔을 뿐이다. 종교개혁 시대에 비로소 유럽은 다시 옛 수준에 도달했고, 그것을 넘어설 태세에 이르렀다.

물론 15, 16세기의 상황들이 단순히 페리클레스 때의 아테네와 카이사르 때의 로마 상황의 반복을 나타내는 것으로 상상해서는 안 된다.

이때와 그때 사이에는 무엇보다도 깊은 차이가 있다. 고대에서는 노예제도가 존재했으며 이는 민족 대이동 때 유럽에서 점차 근절되었다. 그런데 노예제도는 대체로 생산력의 발전을 가로막았으며, 사회를 거기서 빠져나올 수 없는 막다른 골목으로 몰고 간다. 그래서 고대사회는 보편적 빈곤화와 예술과 학문의 전적인 퇴락으로 끝났다. 이와 달리 종교개혁 시대는 강력한 경제 부흥의 시대를 뜻했고 이때 오늘날의 거대한 자본주의의 토대가 놓였다.

그러나 이러한 발전은 15, 16세기에는 이제 막 초창기였다. 예술, 학문, 정치, 사회생활의 모든 영역에서 고대의 위대한 문화 인물들이 당시대의 스승으로 등장했으며, 기독교의 영향력은 끊이지 않았고 그리스와 로마의 철학자들이나 시인들보다도 훨씬 더 정신생활 전체를 지배했다. 그 시대의 공산주의자들은 옛 시대의 기독교 및 이교도의 문헌에서 권위를 이끌어내고 그 위에 자신들의 요구하는 바를 기초하려고 했을 때 이는 온 세상의 보편적 관습을 따른 것일 뿐이었다. 플라톤도 원시 기독교도 중세와 종교개혁 시대의 이런 요구들을 불러일으키지 않았다. 그것들은 이 시대의 사회적 필요에서 생겨난 것이다. 그러나 중세의 공산주의자들은 원시 기독교에서, 종교개혁기의 공산주의자들은 원시 기독교와 아울러 플라톤에게서도 강력한 버팀목을 발견하여 그에 의지했고 그 버팀목이 그들의 자존감을 높여주었으며, 그들에게 여러 가지 점에서 또한 증명의 근거 발견과 요구의 제기를 용이하게 해주었다.

중세와 종교개혁기의 공산주의 종파들을 완벽하게 이해하는 데 플라톤적 공산주의와 기독교적 공산주의를 끌어오는 것은 또한 불가결하다.

고대사회의 이 두 종류의 공산주의만이 종교개혁기의 공산주의자들에게 문헌상의 영향력을 행사했으므로 여기서 우리의 관찰 대상이 된다. 그러나 그것들이 그들 시대의 공산주의 현상 형태의 전모는 결코 아니었다.

공산주의가 인간의 본질, 인간성에 모순된다는 견해보다 더 틀린 것도 없다. 인간은 오히려 사회적 존재이며, 공산주의가 다소간에 생산의 제 관계를 통해 가능해지게 되면 공산주의에 쉽게 이끌리는 것을 스스로 느낀다. 실제의 공산주의 혹은 노력의 목표가 되는 공산주의의 형태들이 없는 시대는 좀처럼 없다. 인류의 요람기에 공산주의가 있었고 공산주의는 우리 시대에까지도 지구상 대부분 민족의 사회적 기초였다.

생존을 위한 투쟁의 법칙과는 한참 거리가 멀고 융합이 가능하지 않으면서도 공산주의는 오히려 이 투쟁에서 인간의 가장 중요한 무기가 되었다. 크고 작은 공동체들에 긴밀하게 뭉침으로써만 옛 시대의 벌거벗은, 무기가 없는 인간은 야생 상태에서 가공할 적들에 맞서 자신을 내세울 수 있었다. 원시인은 오로지 자신의 공동생활체 안에서 그리고 그와 함께 살았다. 그의 인격은 아직 그를 거기에 붙들어 매어준 탯줄을 끊지 못했다. 공동체 안에서 인간은 생계수단을 벌고—공동으로 사냥하고, 공동으로 어로작업을 한다—공동체 안에서 거주하며 공동으로 공동의 대지, 공동의 토지를 지켰다.

물론 이는 생산의 진보와 함께 달라졌다. 그들은 공유재산과 더불어 사유재산도 만들었다. 원래 이것은 몇 가지의 개인 용도의 미미한 물건들만을 포함했으며, 대부분은 그 소지자 자신이 만들었던 장신구, 무기 같은 물건들로서 그 제작자, 소지자와 뗄 수 없는 관계가 되어 그 사람이 죽은 후에 그의 무덤에 같이 집어넣는 것이었다.

그러나 점차 사유재산은 범위와 의미가 커졌다. 자신의 사용을 위한 생산과 더불어 생산물들의 교환이 발달했다. 처음에는 상이한 것들을 만드는 다른 부족들 간에, 그리고 나중에는 개별 생산자들 간에도 교환이 생겨났다. 그래서 상품생산, 즉 판매를 위한 생산이 생겨났다. 오랫동안은 물론 각 경제사업체가 우선적으로 자신을 위한 용도로 생산을 하고 그 잉여만을 판매하는 형태로만 이루어졌다. 농민 경제에서는 오늘날까지도 그러하다. 이 상품생산은 생산자가 자기의 생산수단과 제품을 자유롭게 처리할 수 있는 것, 이것들이 그의 사유재산을 이루는 것을 전제로 한다. 상품생산은 사유재산이 일정한 수준에 도달했을 때 비로소 생겨난다. 다른 한편으로 상품생산은 생산수단과 제품을 사유재산으로 더욱 많이 전환하도록 몰고 간다. 결국 사유재산은 가장 중요한 생산수단이고 모든 존재의 기초이며, 가장 오랫동안 공동소유로 남아 있던 토지를 장악했다.

도시의 공업과 상업의 발달은 처음부터 생산수단과 제품에 대한 사유재산권을 생겨나게 한 조건이 된다.

그러나 사유재산의 영역이 끊임없이 확장되기만 한 것이 아니라 상업교류와 사유재산을 필요로 하는 생산양식이 발달할수록 더욱 부담스러워지는 자신의 제약들을 하나씩 하나씩 상실해가기도 한다.

그것은 소유자의 사후에 그와 함께 소멸되거나 공동체로 귀속되던 순수하게 개인적인 재산으로부터 다른 사람에게 상속되는 재산이 되었다.

원래의 평등은 사라졌으며, 사유재산은 사회의 권력이 되었고, 사회는 지배하는 소유자와 종속된 무산자로 분열했고, 사유재산의 취득은 사회적 필수사항이 되었다. 돈의 발생은 결국 획득욕을 한도 없는 충동으로 바꾸었다.

일용품에 대한 필요는 항상 제한적이다. 부가 일용품으로만 이루어지는 동안에는 사람은 이것에서부터 편안하고 쾌적한 생활에 필요한 것 이상을 추구하지 않는다. 이와 달리 돈은 아무리 가져도 충분할 수가 없다. 왜냐하면 돈은 그것으로 다른 모든 것을 살 수 있는 상품, 부패하지 않고 항상 활용할 수 있는 상품이기 때문이다. 자신의 고유한 필요를 훨씬 넘어서 보화, 대재산을 쌓아올리는 것은 이제 소유자들의 삶의 과제가 된다. 부자와 빈자의 대립은 이제부터 헤아릴 수도 없는 것이 될 수 있으며, 그런 조건이 형성된 곳에서는 어디서나 격한 대립이 벌어진다.

인간의 서로에 대한 관계와 이들의 전체적 사고와 존재도 그와 함께 달라진다. 공동생활체에 대한 헌신, 자기희생은 옛날에는 인간의 중심 도덕이었다. 그것은 이제 점점 더 사라져 간다. 제 몸보다 소중한 것은 없다(Jeder ist sich selbst der Nächste). 공동생활체는 서로 극렬하게 싸우는 계급들로 갈라지고, 개인들로 갈라져서 각자는 자기 이익만을 바라보며 각자는 공동생활체에 대하여 가능한 한 적게 내놓고 가능한 한 많은 것을 취한다. 개인들을 공동생활체에 매어주고 공동생활체를 결속해준 유대는 점차 느슨해진다. 그 공동생활체는 쇠퇴하거나 발전에서 뒤쳐졌으나 아직 공산주의적 도덕과 공산주의적 힘을 보유하는 민족의 전리품으로 된다.

이는 고대의 모든 민족과 국가의 역사이다.

필시 이런 발전경로는 아테네에서 가장 신속하고 가장 괄목할 만하게 진행되었다. 페르시아 전쟁의 종결로부터 마케도니아의 필립에 의한 그리스 땅의 예속 때까지의 시간은 한 세기 반이 채 못 되었다(서력기원의 시작 전 479년부터 338년까지). 그 초기에 우리는 벌써 (공동체에 속하지 않았던 노예들 또한 제외하고) 계급차별과 계급대립, 특권적 귀족들과 법의 보호를 못 받는 민중계층, 부자와 빈자를 발견하게 된다. 그러나 이 대립은 아직 자유시민 계층에서 국가공동체에 대한 공동의 관심을 질식시킬 정도로 널리 진전되지는 않았다. 이 시기의 마지막 1/3 기간에 아티카에서는 다수의 노예들 외에는 아주 부유한 자들과 아주 가난한 자들만이 있었다.

당시에 살았던 웅변가 데모스테네스는 한 법정발언에서 이렇게 외친다: "옛날에는 지금과 달랐다. 당시에는 국가에 속한 것은 모든 것이 화려하고 훌륭했으며, 개별 시민들 중에서는 아무도 다른 이들보다 외관상으로 특출한 자가 없었다. 지금도 누구나 자기 눈으로 보고 알 수 있는 것은 테미스토클레스, 밀티아데스, 그 외의 모든 옛 시대의 위인들의 주택은 동료시민들의 집보다 결코 더 아름답거나 볼품 있지 않았다는 것이다. 이와 달리 그 시대에 세워진 공공건물과 기념물은 아주 거대하고 웅장해서 영원히 그것을 능가하는 것이 없을 것이다. 프로필레움, 병기창, 주랑, 피레우스의 항만건축물 기타 우리 도시의 공공 건축물을 말하는 것이다. 그러나 지금은 그 사저의 위용이 허다한 공공건물을 능가하고 대토지를 사 모아서 여기에 판관으로 소집된 여러분 모두의 전답을 그 면적에서 능가하는 땅을 가진 그런 정치인들이 있다.[1] 반면에 지금 국가를 위해 건립되는 것은 아주 볼품없고 빈약해서 말하기가 창피할 정도이다."

그리스 전역에서 이런 현상을 관찰할 수 있었다. 그러나 아테네에서 그것은 가장 두드러졌다. 왜냐하면 이곳은 페르시아 전쟁을 통해서 그리스에서 가장 강한 국가가 되었기 때문이다. 그리고 페르시아의 멍에 앞에서 그리스의 자유를 구원한 것은 오직 그리스인들에게 자신의 멍에를 씌우기 위한 것이었다. 에게 해의 섬과 연안의 거의 전체 인구가

---

[1] 아테네의 법정 (디카스테리아)은 배심재판소였다. 각 법정은 500명의 배심원(헬리아스텐)으로 이루어졌다.

(그리고 에게 해 밖의 많은 연안도시 및 섬들도) 아테네에 굴복했고 공납 의무를 졌으며, 노예 노동과 힘차게 융성하는 상업의 이윤과 더불어 피점령지의 전리품과 공물은 아테네 인구의 상시적 수입원이 되었으며 이는 부자를 더욱 부자로 만들어주는 수단, 국가의 거대한 수입에서 이익을 취하는 나머지 자유민을 노동에서 벗어나게 하고 그들을 룸펜 프롤레타리아트로 전락시켜 전체 인구를 타락시키고, 나태하게 만드는 수단이 되었다. 그것들은 또한 그리스 전체에서 아테네를 극도로 증오하게 만드는 수단이 되었다.

결국에는 끊임없이 확장해가는 아테네와 아직 아테네에 굴복하지 않은 나라, 스파르타 지도하의 펠로폰네소스 간에 사활을 건 싸움이 일어났다. 그런데 이 싸움은 아테네의 지배권에 대항한 전쟁일 뿐 아니라 민주주의에 대항한 귀족층의 전쟁이기도 했다. 아테네는 그리스의 민주국가였고 스파르타는 귀족정의 성격이 가장 강한 국가였다. 아테네에 굴복한 모든 국가에서 주로 귀족들이 비용을 부담해야 했다. 그들이 먼저 약탈당했으며, 민중은 그렇지 않았다. 아테네 자체에서도 민중은 국가의 부담을 가능한 대로 많이 귀족들과 부자들에게 전가했다. 그래서 아테네는 곳곳에서 귀족들과 부자들에게 특히 심한 증오의 대상이 되었다. 이 나라에서도 사회적 분열이 있었다. 빈부간의 대립은 널리 퍼져나가 아테네의 귀족과 부자들은 스파르타, 적국에 추파를 보내고 공모했다. 스파르타의 승리가 그들에게는 민의 지배를 뒤엎을 가장 좋은 수단으로 보였다.

아테네와 스파르타 간의 결판은 이른바 펠로폰네소스 전쟁이라는 것인데 이는 거의 30년(431년부터 404년)을 끌다가 아테네 세력의 완전한 파멸로 끝났다. 아테네는 아티카로 한정이 되었고 스파르타에 예속되었다. 민주주의 대신에 스파르타의 몰개성적 무뢰한들의 통치가 시작되었다.

이는 특별히 심사숙고를 하고 국가의 번영과 몰락의 원인에 관하여 성찰할 것을 요하는 상황이었다. 최선의 국가체제에 대한 질문은 당시에 보편적이었다.

이러한 역사적 상황 아래서 플라톤이 성장했다.

그는 펠로폰네소스 전쟁 발발 몇 년 후 기원전 429년에서 427년 사이에 옛 귀족 가문의 아들로 아테네에서 태어났다. 그 역시 자신의 귀족 혈통을 부인하지 않았고 항상 민주주의에 대한 반감을 지녔다. 상당한 재산이 있었기 때문에 그는 전적으로 자기 정신의 계발을 위해 생활할 수 있었고 일찍이 시 짓기와 철학에 몰두했다. 소크라테스와의 인연은—그가 20세 때였을 개연성이 있다—그에게는 결정적인 것이 되었다. 그는 그때부터 완전히 철학에 헌신했으며, 소크라테스의 수제자가 되었다. 그러나 그는 소크라테스의 관념범위를 독자적인 연구와 일련의 여행을 통해 넓혔다. 그의 벗이자 스승의 죽음 후에 그는 이집트, 키레네, 남부 이탈리아, 시칠리아를 여행했던 것이다.

여행에서 돌아온 그는 아테네에서 공식적으로 교사로 등장했다. 그러나 시칠리아로 더 긴 여행을 하기 위해 그는 두 번 더 가르치는 일을 중단했다.

그 원인은 플라톤 시대에 정치 생활의 몰락을 말해준다. 플라톤은 특별한 정치적 기본명제들로 된 체계를 발전시켰으며, 이에 대해서 우리는 이야기하게 될 것이다. 그러나 자신의 신념과 견해를 정치생활에의 참여를 통해 펼치기 위하여 조금이라도 뭔가를 할 생각은 떠오르지 않았다.

그렇다고 해서 국가와 사회에 대한 그의 관념이 실천적으로 생각된 것이 아니라고, 이는 순전한 환상에 머문 것이었을 것이라고는 말할 수 없다.

368년에 시라쿠스의 폭군(독재자) 디오니시우스 1세가 죽었다. 그의 아들 디오니시우스 2세는 약간의 철학적인 면모를 드러냈으며 고래로부터 황태자들은 관습적으로 그렇게 보였던 것처럼 개혁자로 통했다. 플라톤의 친구이고 디오니시우스의 인척인 디온은 그들의 공동의 과업을 위해 그의 마음을 얻기를 희망했으며 플라톤 자신도 이런 의도로 폭군을 통해 자신의 정치적 이상의 실현을 성취하기 위해 시라쿠스로 여행을 떠났다. 그래서 그는 민주주의에는 전혀 손을 대지 않았다.

당연히 그는 뼈아픈 환멸을 맛보았다. 디오니시우스는 철학자들이 자기 궁정에 몰려들어 자기의 위신을 높여주는 것을 아주 좋아했지만, 철학자들은 그가 술과 여자와 노래가 맛보게 해줄 수 있었던 쾌락을 누리는 것을 방해해서는 안 되었다. 철학자들이 그에게 불편하게 되자 '왕좌의 철학자'는 그들을 그냥 내보냈다. 추방한 것이다. 그래도 깨닫지 못한 플라톤이 몇 년 후에 시라쿠스의 궁전으로 두 번째 여행을 갔을 때 그는 그 폭군의 호된 진노를 사서 자기 목숨을 건지고 별 탈 없이 돌아온 것을 다행으로 생각해야 했다.

그것으로 우리 철학자의 정치활동은 막을 내렸다. 그러나 그의 교수 활동은 81세에 죽을 때까지 계속했다.

2. 국가론

플라톤의 글 중에 여기서 우리에게 관찰 대상이 되는 것은 단 하나, 최초의 철학적, 체계적 공산주의 옹호론으로 우리에게 전해지는 "폴리테이아", 국가론이다.

플라톤의 논저들이 대체로 그러하듯이 이것도 대화의 형태를 취한다. 여기서 소크라테스는 플라톤 사상의 주된 화자요 대표자로 등장한다.

이 책의 핵심 내용을 이루는 것은 다음의 질문에 대한 탐구이다. 어떤 것이 최선의 국가 및 사회 체제인가?

기존의 국가 및 사회 형태가 나쁘다는 것은 플라톤에게는 아무런 의문도 없었다.

사유재산, 부자와 빈자 간의 대립은 국가의 몰락을 가져온다고 말한다. "도덕과 부는 서로 간에 저울의 접시 위에 올려놓았을 때 하나가 올라가면 다른 하나는 내려가야 하는 그런 관계가 아닌가? … 그래서 어느 한 나라에서 부와 부자가 존경을 받으면 도덕과 선한 이들은 덜 존중받는다. … 그러한 국가는 필연적으로 둘로 나뉜다. 가난한 자들이 나라와 부자들의 나라. 이 둘은 서로가 서로에게 악을 행하려고 궁리하면서 함께 살아간다(ἐπιβουλεύοντες).[2] … 그리고 결국 그들(지배하는 부자들)은 전쟁을 수행할 능력이 없다. 왜냐하면 군중이 무장을 했을 경우 적보다 그들이 더 두려운데도 그들의 시중을 받아야 하든지, 아니면 그들의 시중을 받지 못하는 경우에는 전투에서 오직 미약한 전력을 가진 자들로 나서게 되며 게다가 그들은 돈을 아주 좋아해서 세금을 내려고 하지 않기 때문이다."

그러나 가난한 자들, 프롤레타리아를 플라톤은 수벌과 비교한다. 이는 우리에게 고대의 프롤레타리아 계층과 현대의 프롤레타리아 계층 간의 차이를 명확히 보여주는 독특한 비교이다. 자유로운 무산자들은 다분히 룸펜 프롤레타리아들이다. 오늘날 사회는 프롤레타리아들

---

[2] 나라에 사는 두 국민이란 말은 사람들이 알고 있듯이 디즈레일리가 만든 것이 아니다. 그것은 2천 년 이상이나 된 것이다.

에 의해 살아간다. 당시에는 프롤레타리아들 대다수가 사회에 의존하여 살았다. 그들은 국가와 부자를 착취하여 살았으며, 국가와 부자들은 노예노동과 피정복자의 갈취에서 수입을 올렸다. 그러나 플라톤은 나아가서 다리가 둘 달린 수벌은 날개가 달린 수벌과 구분된다고 생각한다. 그들 모두가 침이 없는 것은 아니다. "침이 없는 것들은 나이가 들어서 거지가 된다. 침으로 무장한 것들은 모두 악당이 된다. … 도둑, 소매치기, 신전 약탈자, 비슷한 범죄를 저지르는 범죄자가 되는 것이다."(제8권 제 6, 7장)

그런 식의 두 국가가 불화하면서 같이 사는 나라는 지금 부자가 지배하든(과두제) 아니면 빈자가 지배하든(민주주의) 몰락하기 마련이다.

그렇다면 플라톤은 이런 '나쁜 체제들' 대신에 어떤 국가체제를 추천하는가?

오직 공산주의가 불화를 몰아낼 수 있다고 그는 생각한다.

그러나 그는 계급차별의 폐지를 원하기에는 너무나도 귀족이었다. 공산주의는 국가를 보전하는 보수적 요소로 실현되어야 하지만 오직 지배계급의 공산주의로서 그래야 한다는 것이다. 지배계급에게 사유재산이 폐지된다면 이 계급이 근로하는 민중을 착취하고 억압하려는 시도는 중단되고 지배자들은 더 이상 늑대가 되지 않고 오직 인민을 보호하고 최선의 길로 인도하는 충직한 경비견이 될 것이라고 그는 말한다.

근로계급과 농민, 수공업자에게는 플라톤의 국가에서 사유재산은 계속 존속한다. 소상인과 대상인에게도 마찬가지이다. 그리고 사실상 그들에게 사유재산의 폐지는 당시의 생산양식의 필요에 모순되었다. 왜냐하면 생산의 기초는 아직 토지경작과 수공업을 하는 작은 사업체였기 때문이다. 그런데 이런 사업체는 필연적으로 생산수단의 사유를 낳는다. 물론 당시에도 더 큰 사업체들이 있었지만 이는 노예를 써서 한 것이었다. 경작과 공업에서의 기술은 아직 사회적 생산을 필요로 할 정도로는 발달하지 않았다. 외적인 강제가 노동자들을 한데 모으지 않고 이들이 자유민인 경우에 그들은 각자 일했다. 자유노동자들의 생산수단에 대한 사적 소유를 폐지하는 것은 플라톤의 시대에는 난센스였을 것이다. 따라서 그의 사회주의는 현대의 사회주의와는 근본적으로 차이가 있었다.

플라톤의 이상국가에서 지배계급은 생산을 하지 않는다. 그들은 노동하는 계급의 기여로 부양을 받는다. 그들의 공산주의는 생산수단이 아닌 향유수단의 공산주의이며, 이 말을 가장 넓은 의미로 해석하면 소비의 공산주의이다.

지배계급, 이는 국가의 파수꾼들이다. 그들은 가장 선하고 가장 덕이 높은 자들 중에서 세심하게 선발된다. 파수꾼들의 자녀는 나라 안에서 다른 자녀들보다 이 계급으로 들어갈 가망이 더 크다. 사과는 줄기에서 먼 곳에 떨어지지 않기 때문이다.[3] 그러나 파수꾼의 후손 중에서 그 위치에 맞게 성장하지 않은 자가 있으면, 그는 미련 없이 그 계급에서 배제되어야 한다. 거꾸로 수공업자와 경작자 중에 어떤 고귀한 품성들을 보이는 자가 성장했다면 "그런 자는 존경하고 지배자들 가운데로 올려주어야 한다."

플라톤의 국가에서 귀족정치는 이처럼 혈통상의 귀족을 기반으로 하지 않는다.

파수꾼 계급으로의 편입이 결정된 후손은 특별한 세심한 훈육을 받으며 플라톤은 이를 상세하게 서술하지만 이에 대해서는 여기서 자세

---

[3] 한국식으로 하면 콩 심은 데 콩 나고 팥 심은 데 팥 난다.—옮긴이

히 이야기할 자리는 못 된다.

플라톤, 아니 소크라테스는 계속 말한다. "이제 이런 훈육 외에 현자가 말하고 싶은 것은, 그들의 주택과 나머지 소유물 전체도 파수꾼이 가장 선한 자로 사는 것을 외면하지 못하도록 그리고 다른 시민들에게 죄를 범할 충동을 갖지 못하도록 배치되어야 한다는 것이다."

"정말 그렇습니다." 그는 말한다.(글라우콘)

나(소크라테스)는 대답했다. "그들이 그렇게 되려면, 가령 다음과 같은 방식으로 생활하고 거주해야 하는지 살펴보라." "우선 아무튼 피해야 할 것이면 자기 소유로 해서는 안 된다. 특별한 주택을 가져서는 안 되며 탐난다고 해서 누구나 가질 수 없는 저장창고도 안 된다. 그러나 용감하고도 절도 있는 군인이 필요로 하는 필수품은 그들이 순서대로 부족함이 없을 만큼 다른 시민들에게 지켜주는 데 대한 급료로 받아야 한다. 그러나 그들에게 다음 해에 남는 것이 있을 만큼은 안 된다. 그들은 공동생활을 해야 하며, 전쟁터에 있는 것처럼 공동식사(시시티아)를 해야 한다. 그러나 금과 은에 대해서는 그들에게 이렇게 말해주어야 한다. '당신들은 신들에게 정신에 신적인 것을 받아서 항상 지니고 있으니 인간의 금과 은은 필요하지 않다. 신적인 금의 소유를 유한한 인간 존재의 금으로 불순하게 하는 것은 당신들에게 허락되지 않는다'고 말해주어야 한다. '왜냐하면 당신들의 정신 속의 금은 순수한데 이 천한 주화로는 여러 가지 신성하지 못한 일들이 일어났기 때문이다.' 국가 안에서 오직 그들에게는 금과 은을 취급하는 것, 그것을 손대는 것, 그것을 집이나 옷에 지니는 것 혹은 금잔이나 은잔으로 술을 마시는 것이 금지된다는 것이다. 그들 스스로가 땅과 집과 금을 소유한다면 그들은 집주인이고 지주가 될 것이며, 파수꾼은 못 될 것이다. 무서운 지배자가 되지 다른 시민들의 동료는 되지 못할 것이다. 그러면 그들은 증오하고 증오를 받으며 숨어 엿보고 또 다른 사람들이 몰래 보는 바가 되는 가운데 평생을 보내게 되며 외부의 적보다는 내부의 적을 더 두려워하고 그와 도시 전체가 파멸을 향해 돌진하게 될 것이다."(제 3권 제22장)

그러나 플라톤은 그의 '파수꾼들'을 위해 재화의 공유만 요구한 것은 아니다. 그들에게서 사적 이익을 낳고, 그들 사이의 언쟁과 불화의 씨를 뿌릴 수 있을 모든 것은 배제되어야 한다. 그래서 그는 그들을 위해 개별 가족의 지양, 부인과 자녀의 공유를 요청한다.

오늘날 우리의 사회주의자를 헐뜯는 자들이 사회민주주의자들의 짐승과 같은 타락의 증거로 내놓는 것은 가족과 결혼의 폐지 요구이다. 이것을 그들은 오늘날 정절과 도덕의 공식적 수호자들, 특히 우리의 성직자들이 특별히 그의 "거의 기독교적인 윤리" 때문에 가장 많이 추앙하는 고대의 그 철학자에게서 발견할 수 있다.

플라톤은 소크라테스에게 이렇게 말하게 한다. "내 생각으로는 다음의 제도는 앞서 있던 것 전체와 관계가 있습니다." "어떤 것이죠?"

"부인들은 모든 남자에게 공유이며, 아무도 어느 한 남자와 개별적으로 동거하지 않는다는 것입니다. 그리고 자녀도 공유이어서 아버지가 자기 아이를 알아보아서도 안 되고 자식이 자기 아버지를 알아보아서도 안 된다는 것입니다."(제5권 제7장)

그렇다고 해서 플라톤이 완전히 무규율의 성교를 생각하는 것은 아니다. 오히려 성교는 오직 하나의 원칙에 의해 지배를 받아야 한다는 것이다. 그것은 종의 선별이다. 여자는 20세에서 40세까지만 "국가에게 출산을" 해줄 수 있으며 남자는 오직 30세에서 55세까지만 "국가에게 생식을" 해줄 수 있다. 이 연령 전이나 후에 자녀를 생식하거나 출산하는 자는 범죄를 저지르는 것이다. 그런 자녀는 인공유산이나 기아(棄

兒)로 제거해야 한다. 그들은 양육되어서는 안 된다. 이 연령한계 내에 있는 자들은 통치자에 의해 "가장 덕성이 뛰어난 여자가 가장 덕성이 뛰어난 남자와 가장 많이 같이 살고, 가장 무능한 여자는 가장 무능한 남자와 같이 살도록 가능한 한 짝짓기가 되어야 한다. 그리고 백성의 무리가 흠이 없으려면 전자의 경우의 자녀는 양육이 되고 후자의 경우의 자녀는 양육이 되어서는 안 된다. 그리고 이 모두(짝짓기의 규칙)는 우두머리에게 외에는 완전히 비밀에 부쳐져야 한다. 그래야 파수꾼의 부대는 항상 가능한 한 불화에서 자유로울 수가 있는 것이다."

그러나 앞서 서술된 생산연령을 넘은 자들은 마음껏 자기 연령층 안에서 교접을 할 수가 있다.

"신생아는 남자나 여자 혹은 양성으로 이루어진 관할 관청에서 맡는다. 관직은 남성과 여성에게 똑같이 개방되기 때문입니다."

"좋습니다."

"유능한 자들의 자녀는 도시의 특정 지역에 거주하는 보모들이 있는 수유소로 데려가야 한다고 생각합니다. 무능한 자들의 자녀, 그리고 또한 기형아들은 적당히 접근할 수 없고 알려지지 않은 장소에 숨길 것입니다."

"파수꾼의 종자가 고귀한 상태로 보존되려면 물론 그래야지요"라고 그는 말했다.

"이 관리당국은 또한 젖먹이들의 급양을 관리할 것입니다. … 젖이 불은 어머니들을 수유소로 데려가며 그곳에서 어떤 어머니도 자기 자식을 알아보지 못하도록 최대한 유의합니다. 그리고 이 어머니들로 충분하지 않으면 다른 유모들도 조달합니다."(제5권 제19장)

이 모두는 우리의 정서에는 기이하게, 아니 역겹게 들린다. 플라톤 시대의 그리스인들에게는 그렇지 않았다. 물론 그들에게는 일부일처제가 지배적이었다. 그러나 이 일부일처제는 그들 스스로 공공연하게 밝혔듯이 오직 합법적인 자녀를 얻어서 상속을 보장하기 위한 장치였다. 결혼은 연인들의 하늘에서 맺어진 것이 아니라 가장들에 의해 체결되어 당사자들의 취향이 아닌 그들의 재산관계가 고려 대상이 되었다. 젊은 남자는 보통 좋은 가문 출신의 처녀를 그녀와 약혼하기 전에는 알고 지낼 기회가 없었다.

결혼이 돈벌이 하는 사업으로 된 것에 대한 책임을 자본주의적 생산양식 탓으로 돌린다면 이는 틀린 것이라는 것을 알 수 있다. 법적으로 보호되는 일부일처제는 옛날부터 있었다. 그것은 사유재산과 상속권의 소산이다. 자본주의적 생산양식은 오히려 개인적 성애—다른 성을 가진 어떤 특정한 사람에게 속하려는, 그 사람에게만 영속적으로 속하고 다른 어떤 사람에게도 속하지 않으려는 열렬한 욕구가 사회생활에서 인정되는 요소로 될 수 있었던 상황들을 창출했다. 그래서 오늘날의 사회도덕에서는 단순한 돈벌이인 결혼은 부도덕한 관계로 되었다. 그러나 자본주의적 생산양식은 결혼 사업의 경제적 뿌리를 존재하게 하고 강화하므로 그런 도덕적 관념은 결혼이 돈벌이가 되는 것을 중단하게 작용하지 않고 단지 이런 성격을 애써 숨기도록, 결혼 당사자들이 그들을 결속해주는 것이 마치 정말로 사랑인 것처럼 행동할 수밖에 없도록 작용한다. 이교도적 솔직함 대신에 기독교적 위선이 들어온다. 당연히 이는 주로 유산자들의 결혼에 해당한다.

재산을 증식시키고 상속하는 데 대한 주의와 아울러 결혼 당사자들에게는 능력 있는 후세를 얻는 것도 결정적으로 중요했다. 재산관계가 했던 역할이 더 작았던 스파르타에서는 이와 달리 스파르타인들의 전투능력이 가장 우선시되었고, 결혼에서는 종의 선별에 대한 고려가 가장 중요했다. 이 고려가 아주 강하여 상황에 따라서는 어떤 남편이 다른 사람이 더 강하여 더 나은 자녀를 생식해줄 가망이 있다고 해서 그에게 혼인상의 권리를 양도하는 일도 있었다. 플루타르크는 스파르타식 결혼을 사실상, 가능한 한 고귀한 씨를 생산하는 것만이 중요한 종마소(種馬所)에 비유했다.

이를 본다면, 상층부에서 종의 선별 규칙에 따라 짝짓기를 규율하는 것은 플라톤의 동시대인들에게는 불합리한 것도 불유쾌한 것도 아니었다.

가족의 지양, 성적인 공산주의는 향유의 공산주의의 논리적 결과였다. 사실, 일체의 향유물이 공동 소유가 되는 경우에 성적 향유와 같은 강력하고 사회생활에 깊은 영향을 미치는 향유 행위가 공유의 영역에서 빠진다는 것은 더할 나위 없이 이치에 맞지 않았다.

그러나 부인 공유제, 성적 공산주의는 현대 사회주의가 찬양하는 생산수단 공동소유의 요구와는 조금도 논리적 관계가 없다. 그랬다면 부인을 생산수단으로 생각하는 것이었을 것이다. 공산당 선언도 이렇게 말한다. "부르주아는 자기 아내를 단순한 생산수단으로 생각한다. 그는 생산수단이 공동으로 활용되어야 한다는 이야기를 듣고, 공유의 운명은 부인들에게도 마찬가지로 적용되어야 한다는 이야기 말고 다른 것이라고는 당연히 생각하지 못한다."

그러나 다른 한 가지 점에서 플라톤의 이상은 오늘날의 사회민주주의의 요구와 만난다. 사회민주주의처럼 플라톤은 남녀평등, 여성에게 모든 관직을 허용할 것(물론 파수꾼의 계급 내부에서만)을 갈망한다. 전쟁에조차 부인들이 나가야 한다. 그들은 또한 남성 파수꾼과 같은 교육을 받아야 한다.

"국가를 유지시켜 주는 업무 가운데 여성에게 여성으로서 맡겨지는 일도, 남성에게 남성으로서 맡겨지는 일도 없다. 천부의 재능은 양성에 비슷하게 배분되며 여자도 본성상 남자와 같이 모든 업무에 참여할 수 있다. 그러나 이 모든 것에서 여성은 남성보다 약하다. … 이처럼 우리의 파수꾼 여성들은 (남자들처럼 운동을 하기 위해) 옷을 벗을 수도 있다. 옷 대신 능력을 입는 것이다. 그들은 전쟁과 국가행정에 참여할 수 있고, 다른 일은 하지 않을 수도 있다. 그러나 우리는 이 중에서 쉬운 일을 남성보다는 여성에게 맡기려고 한다. 여성이 더 약하기 때문이다."(제5권 제5, 6장)

여성과 남성의 사회적 정치적 평등의 기초를 이루는 것은 가사노동으로부터의 해방이다. 플라톤의 국가에서는 이 노동이 근로하는 계급에게 배당되어서 이것이 가능하다. 최소한 이 노동 중에서 가장 힘든 일을 기계에게 맡기는 것이 불가능하던 동안에는 다른 기초에 의존한 여성의 해방은 달성될 수 없었다.

플라톤의 이러한 모든 관념이 대담하기는 하지만 그것은 뜬구름을 잡는 것이 아니라 진정한 기초를 가진다. 우리는 그의 가장 대담한 관념 중의 하나, 성교에서의 계획적인 종자선별의 도입에서 이미 이것을 보았다. 그를 그리로 이끈 모범은 그의 사고전개 전체에 영향을 미쳤다. 이 모범은 스파르타라는 그리스의 가장 귀족적인 국가로서, 그 때문에 이 나라는 항상 아테네의 귀족계층의 각별한 동정심을 누렸다. 이 동정심은 아주 강해서 이는 펠로폰네소스 전쟁에서 아테네가 스파르타에게 패배하는 데 기여했다. 그것은 공모와 반역, 탁월한 민주지도자와 장군들의 암살을 통해 표출되었다.

플라톤이 귀족으로서 품던 스파르타에 대한 동정심은 소크라테스의 반민주적 경향이 그에게 행사한 영향력도 있어서 아무튼 줄어들 줄 몰랐다.

소크라테스의 제자들 중 가장 탁월하고 유명한 몇몇이 스파르타에 우호적 감정을 보였다. 스파르타 왕 아게실라오의 친구인 크세노폰은 스파르타를 위해 여러 번 출정에 참가했다. 그는 아예 코로네아 전투 (394년)에서 스파르타 장군을 따라 자기 동료시민인 아테네인들에 맞서 싸우는 것조차 망설이지 않았다. 이는 그가 조국에서 추방당한 데 대한 충분한 이유였다. 알키비아데스는 펠로폰네소스 전쟁에서 한술 더 떴다. 그는 아테네의 장군으로서 스파르타인들에게 귀순하여 말하자면 그들의 참모총장이 되어 그들에게 아테네 편의 모든 약점을 말해주어 아테네에 일련의 큰 패배를 가져다주었다. 그래서 전쟁이 오래 질질 끌기는 했어도 사실상 그 전쟁의 결판을 내주었다. 그리고 아테네가 패망하자 아테네는 '30명의 폭군', 절개가 없는 귀족 무리의 노획물이 되었다. 승전한 스파르타가 이들을 아테네 민중의 통치자로 강제로 세웠던 것이다. 더러운 공포정치로 치부를 하고 패배한 아테네를 완전히 파멸시킨 이 무리의 선두에는 역시 소크라테스의 제자인 크리티아스가 있었다.

소크라테스의 재판을 제대로 이해하고자 한다면 이 점을 도외시하면 안 된다.

이 모든 것을 감안한다면 스파르타 국가가 플라톤이 자신의 이상국가 수립에서 근거로 삼았던 기초였다는 것에 대해 우리는 놀라워 할 것이 없다. 이는 일련의 사항들에서 증명이 되지만, 여기에 이 증명을 전개할 계제는 안 된다.

그렇다고 해서 플라톤이 스파르타 국가를 그냥 베끼기만 했다고 할 수는 없다. 그러기에는 그는 명색이 철학자였다. 그리고 이 나라가 그의 시대에 이미 앓던 질환을 정확히 알았다. 스파르타가 펠로폰네소스 전쟁을 통해서 그리고 그 후에 달성한 권력과 부는 아테네가 페르시아 전쟁에서 승전한 것과 그 결과를 통해서 부패한 것처럼 마찬가지로 빠르게 스파르타를 부패하게 했다. 스파르타에서 아직 유지되던 맹아적인 공산주의의 유산은 폐허가 된 기사의 성채가 현대의 포격으로부터 보호를 해주지 못하는 것처럼 이에 대한 보호를 해주지 못했다. 그 유산은 단지 형식으로 전락했다. 플라톤 시대에 그 유산들의 가장 큰 중요성은 필시 연구자와 사상가의 정신에 준 자극, 공산주의의 형편을 가능한 한 그리고 원하는 방향으로 지키고, 그것이 제공하는 사상적 싹으로부터 일관되게 관철되는 공산주의의 체계를 발전시키려는 자극에 있었을 것이다. 이 공산주의는 그의 시대에는 최소한 이념적으로 가능했다.

물론 이념에 그쳤다. 플라톤은 귀족이었다. 그런데 그의 귀족적 성향은 그의 같은 계층 사람들에 대한 신뢰가 아니라 하층 민중에 대한 혐오에서만 활성화되었다. 그는 하층 민중만이 아니라 귀족계층도 불신했다. 야만적인 스파르타식 군사주의와 사려분별 없는 스파르타식 착취경제는 아테네의 민중지배만큼이나 그의 마음에 들지 않았다.

그래서 그는 그의 이상 국가에서 상층계급인 파수꾼 계급을 전사와 통치자의 두 부류로 나누었다. 오직 후자만이 국가를 다스려야 하지만, 그들은 철학자가 되어야 한다. 전쟁귀족들의 지배는 그의 눈에는 민중의 지배처럼 해롭다. 그의 시대에 민중은 이미 대부분 룸펜 프롤레타리아로 구성되었다. 철학자들의 지배만이 이성적인 국가 운영을 보증해줄 수 있다. "철학자들의 종자가 국가에서 주인이 되기 전에는(ἐγκρατὲς γένηται) 국가에게도 시민에게도 불행의 끝이 없을 것이며, 우리가 뜻했던 체제는 실현되지 못할 것이다."(제6권 제13장, 제5권 제18장을 참조)

그렇다면 철학자들은 국가에서 어떻게 통치자의 자리에 올라갈 것인가? 민중의 정치투쟁에 참여함으로써가 아니라 독재자의 마음을 확보함으로써 가능하다.(제6권 제14장)[4]

우리는 이미 플라톤이 그의 이념을 위해 독재자의 관심을 끌려는 시도에서 했던 경험을 알고 있다.

그의 운명은 그 이후의 모든 이상주의자(Utopist)들, 즉 국가와 사회의 혁신을 위해 분투하면서도 국가와 사회 안에서 그에 필요한 요소들을 발견하지 못하는 모든 이의 운명이었다. 그들은 정치적 혹은 금융적 독재자, 즉 철학적 군주 혹은 철학적인 백만장자의 대범한 의지의 발로에 희망을 두어야 했다.

플라톤의 시대에 그가 알던 국가들에서는 국가의 재생을 기대할 수 있을 만한 민중계층이 없었다. 모든 것이 썩었고 침식되었으며 독재의 관념이 공화주의자들의 머릿속에서도 국가를 구제해줄 마지막 수단으로 벌써 떠올랐다. 플라톤과 동창인 크세노폰은 《키로패디》(*Kyropädie*)라는 국가소설을 썼는데 거기에서 그는 교육을 잘 받은 군주 통치의 축복을 찬양하고 있다.

---

4 신예 연구자 로버트 푈만(Robert Pöhlmann) 교수는 플라톤의 공산주의에 관하여 놀라운 발견을 했다. 플라톤이 요청한 철학적 절대주의를 그는 독일제국(Deutsches Reich)에서 실현된 것으로 설명한다: "이 요청은 무엇보다도 독일국가가 실현한 것과 같이 참으로 국가적인 군주제에 대한 예언적인 언급으로 여겨지지 않는가?" 그런데 무산자들과 유산자들의 계급적 이해관계를 초월해 있는 국가 철학자들은 누구인가? "오늘날의 국가관리와 자치단체 관리, 성직자, 교사, 장교 등 대부분 재산이 없이, 아니 큰 재산이 없이 최고의 교양을 쌓을 수 있는 사람들이다." "그런 위치를 지니도록 의도된 사회계층의 창출 바로 이것이 현대의 국가는 가지고 있고 그 당시의 국가는 결여하던 것인데, 이는 플라톤에 의해 모든 정치의 중심 문제이며 기본 문제인 것으로서 타고난 예리한 통찰력으로 인식되었다."(*Geschichte des antiken Kommunismus und Sozialismus*, I, S. 427ff) 중세 이후의 세계 역사의 발전이 호헨쫄레논 왕조와 그 나라의 모든 것을 비추는 통치권을 드러내는 것 외에 다른 목적을 갖지 않았다는 인식은 독일의 역사학 교수들에게는 자명한 것이다. 그러나 이 목적을 아득한 고대에까지 소급해 가서 플라톤을 프로이센의 융커와 관료계층의 통치권의 선구자로 만드는 것은 푈만 씨 이전에는 감히 아무도 한 적이 없다.

독일의 지식인이 세상에서 가장 엄숙한 표정으로 그리스 철학자에게 조롱의 폭우에 휩쓸리지 않고 뿔 달린 투구를 씌울 수 있다는 것은 오늘날 독일의 역사학과 그 청중에게 특징적인 것이다.

플라톤 후에 곧바로 철학자들은 독재를 더 이상 국가에서 그들로 하여금 통치하는 자리에 이르게 할 수단으로 보지 않고 단지 국가 업무에 대한 과중한 염려에서 벗어나게 할 하나의 수단으로 보기 시작했다. 국가의 해체는 일반의 의식 속에서도 완성된다. 철학자들이 몰두하는 것은 더 이상 공동생활체가 아니라 자아이다. 그들은 더 이상 최선의 국가체제를 추구하지 않고 개인들이 스스로의 힘으로 행복해질 최선의 방법을 추구한다.

점차 기독교가 생겨날 분위기가 조성된 것이다.

3. 원시 기독교 공산주의의 뿌리

우리는 앞의 장 도입부에서 서술한, 아테네의 예를 통하여 입증된 사태 전개가 고대의 모든 민족과 국가들의 운명이었다는 것을 이미 말한 바 있다.

세계를 지배하는 로마도 거기서 예외가 아니었다. 로마는 그 외적인 힘의 정점에 도달했을 때는 이미 내적으로 상당히 내리막길을 가고 있었다. 지중해를 둘러싼 모든 강역을 포함한 로마제국은 모두가 같은 길을 가고 있는 국가들의 혼합체를 이루었다. 지중해의 동쪽과 남쪽에 있던 나라들은 로마보다 앞서 있었고 서쪽과 북쪽에 있는 다른 나라들은 로마보다 뒤처져 있었다. 그러나 그들은 수도와 같은 수준에 도달하려고 열심히 노력했고 수도와 함께 그리스와 동방의 나라들이 이미 도달해 있던 곳인 완전한 사회적 해체에 도달하려고 애썼다.

우리는 아테네 인민의 자유가 어떻게 무너졌고 공화정이 무르익은 다음 독재로의 어떻게 이행해 갔는지 살펴보았다. 다른 민주정들에서도 그랬고, 마찬가지로 로마에서도 그와 같았다. 그리스도의 탄생이 있었다고 보는 이 시기에 로마 공화정의 마지막 몸부림과 절대군주제 (카이사르 체제)의 시작이 있었다.

귀족정과 민주정은 당시에 똑같이 파산한 것으로 드러났다. 인민의 핵심인 자유 농민층은 로마제국에서 위축되었으며, 많은 지역에서 완전히 소멸했고 다른 지역들에서는 대토지 소유자의 소작농으로 전락했다. 국가의 위세와 명성은 농민의 몰락으로 커졌다. 농민 민병대를 통해 수행된 영구적 전쟁 상태는 농민경제를 몰락하게 하는 한편 노예들로 운영되는 대토지 소유자들의 경제는 피해를 입지 않게 했다. 오히려 바로 그런 전쟁이 대토지 소유자에게 이례적으로 저렴한 노예자원을 가져다주었다. 노예경제가 급속히 증대했고 자유농민 신분 경제를 몰아낸 것은 놀랄 일이 아니다. 눈이 햇빛에 녹듯이 자유롭고 활기 있는 농민층은 녹아나서 일부는 불구가 되었고, 대부분은 짐꾼이나 행상인, 가내수공업자, 거지 등 도시 프롤레타리아 계층으로 전락했다. 재산 없는 농민들은 대도시로 몰려들어 그곳에서 면천된 노예들과 함께 자유 신분 인구의 최하층을 이루었다.

그러나 아직 민주공화정이 명맥을 유지하던 동안에서는 대중의 빈곤이 반드시 대중의 비참함을 뜻하지는 않았다. 자유시민 대중은 다른 것은 없어도 정치적 힘을 소유했으며 이를 통해서 잘 살 줄 알았고 부자들과 조공을 바쳐야 하는 정복된 지역을 쥐어짜내는 데 극히 다채로운 모양으로 정치적 힘을 이용할 줄 알았다.

그들의 정치적 힘이 창출해준 것은 빵과 오락만이 아니었으며, 여러 가지 것 중에 생산수단인 토지소유권의 분배도 가져다주었다. 로마 공화정의 마지막 몇 세기에 걸쳐 농민 소유지를 프롤레타리아에게 분배함으로써 새로운 농민층을 만들려는 시도가 끊임없이 행해졌다. 그러나 경제발전의 바퀴를 뒤로 돌리려는 이 모든 시도는 헛수고로 돌아갔다. 이는 대토지 소유자들의 정치적·경제적 우세함에 좌절했다. 대토지 소유자들은 할 수 있었던 경우에는 이런 시도들의 실행을 방해했고 그럼에도 불구하고 자유농민을 창출하기에 성공한 경우에는 그들을 속히 다시금 억누르고 다시 그들의 땅을 사들였다. 이런 시도들은 또한 룸펜 프롤레타리아 층의 타락에 의해서도 좌초했다. 이들은 많은 경우에 더 이상 일하기를 원치 않고 시골에서 고단하고 노동과 근심으로 가득한 소농민의 생활을 이어가는 대신에 대도시에서 즐기며 지내기를 좋아했다. 프롤레타리아들은 종종 그들에게 배당된 물자를 곧바로 다시 낭비함으로써 그들에게 도움이 되었을 사회개혁을 방해했다. 그들은 또한 그들의 정치적 힘을 부유한 대지주에게 팔고 이를 사회개혁가들을 반대하는 데 사용함으로써도 사회개혁을 방해했다. 사회개혁의 이러한 시도들 중 가장 규모가 큰 것은 그락쿠스 형제가 일으키고 주도한 것이다. 형은 티베리우스 셈프로니우스 그락쿠스(기원전 163년에 태어나 귀족계층에 속한 적들에게 133년 피살됨)이고 동생은 더 결단력 있고 추진력 있는 가이우스 셈프로니우스 그락쿠스로서 153년에 태어났으며, 그의 형의 과업을 계속 이어갔지만, 형처럼 라티푼디움 소유자들의 광기에 의해 죽음을 당했다(121년). 흔히 이 그락쿠스 형제를 공산주의자라고 불러왔지만, 그들은 결코 공산주의자가 아니었다. 그들이 열망했던 것은 사유재산의 폐지가 아닌 새로운 재산의 창출, 사유재산의 더없이 굳건한 토대인 강력한 농민층의 재기였다.

그들은 온전히 그 시대의 경제적 관계를 염두에 두고 이 문제를 다루었다. 물론 그 당시에 대지주가 소지주를 핍박한 것만이 아니라 대기업도 소기업을 핍박했다. 그러나 이는 전자가 후자보다 기술적, 경제적으로 우수했기 때문이 아니라 노예노동력이 저렴했기 때문이었다.

영구적인 전쟁은 수많은 전쟁포로를 노예로 시장에 제공해주었다. 로마인들의 많은 전쟁은 단지 저렴한 노예에 대한 대지주들의 필요를 충족하기 위해 벌어졌다. 순전히 노예사냥이었던 것이다.

엄청난 수의 노예 무리가 모여들었다. 그들의 값이 비상하게 떨어진 것도 놀랄 일이 아니다. 이미 아테네에서는 유사한 상황의 결과로 노예제가 크게 발달했다. 로마의 세계제국에서는 노예제의 악행이 더욱 심해졌다. 로마의 장군 룰루쿠스는 (기원전 1세기 후반에) 전쟁포로들을 두당 (우리의 화폐단위로 계산해서) 3마르크에 노예로 팔았다!

이제 형편에 따라서 많은 수의 노예떼를 한꺼번에 사들여서—부유한 로마인들은 노예 수천 명을 소유했다—함께 노동에 투입하는 것이 이익이 되었다. 그러나 이 대기업은 소기업보다 기술적으로 결코 우월하지 못했다. 노예노동은 특히 농업에서는 겨우 가능하기는 했지만 그만큼 비경제적이고 거칠다는 것이 드러났다. 이 대기업에서 일하는 노예 한 사람이 소기업에서 일하는 자유노동자보다 훨씬 적은 일을 수행했다.

마르크스는 그의 자본론의 노예노동에 관한 주석에서 다음과 같이 언급한다. "노동자는 여기서(노예제에서) 옛 시대의 기가 막힌 표현에 따르면, 오직 인스투루멘툼 보칼레(*instrumentum vocale*: 말할 능력을 타고난 기계)로서, 인스투루멘툼 세미보칼레(*instrumentum semivocale*: 음성을 타고난 기계)로서 짐승과 인스투루멘툼 무툼(*instrumentum mutum*: 벙어리인 기계)으로서 작업도구와 구분되어야 한다. 그러나 그 자신은 짐승과 작업도구에게 자기는 그들과 동격이 아니라 사람이라는 것을 느끼게 만든다. 그는 그것들을 푸대접하고 또 애정을 가지고서 망쳐 놓으면서 자기가 그들과 구분된다는 자아감정을 품는다. 오직 가장 거칠고 가장 답답한, 그러나 도움이 되지 않는 투박함 때문에 망가뜨리기 어려운 노동수단을 이용한다는 것이 그래서 이 생산양식에서는 경제원리로 통한다.(K. Marx, *Das Kapital*, I, 제2판, 185)

그것과 시스몽디의 《경제학 연구》(*Études sur l'économie politique*, 빠리, 1837)에서 우리가 발견한 다음의 상론을 비교해보라. 그는 거기서 노예제에 관한 샤를 꽁뜨의 저작으로부터 더 긴 인용을 하며, 그중에는 다음과 같은 말도 있다. "우리 시대의 노예들은 지성과 미각, 면밀함이 필요한 모든 일을 할 능력은 없다. 로마의 아름다운 작품들은 자유민으로서 산업적 숙련 상태에 도달했으나 전쟁 때문에 비로소 노예가 된 사람들에 의해 만들어졌을 개연성이 있다. 왜냐하면 로마인들이 일단 모든 근면한 민족을 복속시켜 오직 야만인들 중에서만 노예를 삼을 수 있게 되자 예술작품과 제반 산업기술들이 이례적으로 빠르게 타락하여 로마인들 자신이 야만상태에 빠졌기 때문이다.

그런데 노예제는 노예화된 자들만 썩게 하는 것이 아니라 자유민도 썩게 만든다. 왜냐하면 산업노동의 멸시를 키워서 이는 가난한 자유민들의 산업 활동 종사를 점점 억눌렀기 때문이다. 로마공화국에서 더러는 노동의 경멸로 더러는 노예들과의 경쟁으로 노동에서 손을 뗀 프롤레타리아의 처지는 주인에도 종에도 속하지 않는 인민계층이 노예제 때문에 빠져드는 퇴화와 비참함의 주목할 만한 전율스러운 예이다."(I. 382-393)

그럼에도 불구하고 노예가 대기업에서 더 저렴한 비용으로 생산을 했다면, 이는 오직 노예에게 거의 아무런 비용도 들지 않았으며 또 노예자원의 저렴함과 많은 수효 때문에 아낄 필요도 없고 충분히 먹이고 입힐 필요도 없었기 때문이다. 그들이 쓰러지게 되더라도 그들을 대신할 다른 노예들이 충분히 있었다.

로마제국에서 소기업이 대기업에 밀려난 것은 오늘날의 유사한 종류의 현상과는 전혀 다른 조건에 토대를 두었다. (농경에서 그리고 또한 수공업에서) 소기업이 의미하는 것보다 더 고도의 생산양식을 위한, 협동조합적 생산을 위한 전제조건은 주어져 있지 않았다.

그락쿠스 형제도 프롤레타리아 계층 이해의 대표자로서 결코 공산주의자가 아니었다면, 이는 그들이 목전에 둔 경제적 제 관계에 완전히 부합했다.

그락쿠스 형제에게 해당하는 것은 카틸리나(기원전 108년 출생)에 대해서도 말할 수가 있다. 그는 로마의 지주 지배체제를 반대하는 모의의 지도자로서 그의 당파의 정치권력을 획득하려는 모든 시도가 좌절된 후에 동지들과 무장봉기를 일으키게 되었으며, 영웅적인 전투에서 적들의 우세한 무력에 희생되었다(기원전 62년). 그 역시 공산주의자라고 낙인찍혔지만—몸젠은 그를 '무정부주의자'라고 낙인찍는다—그 어느 것도 정당성이 없다. 그락쿠스 형제처럼 카틸리나에게 있어서도 사유재산의 폐지, 공산주의적 사회질서의 도입이 관심사가 아니었다. 그는 무산자로 하여금 정치권력을 획득하게 하여 그들을 유산자로 만들려고 노력했다.

정치생활이 사멸하고 무산자들이 도덕적·정치적으로 유산자들처럼 쇠퇴하고 민주정이 귀족정처럼 불안정하게 되고, 독재자와 카이사르, 용병부대의 대장의 등장과 관료제의 단초의 등장을 위한 기반이 조성되면서 프롤레타리아와 그 친구들의 사고는 다른 방향을 취한다.

정치권력과 함께 고대 프롤레타리아의 가장 비중이 큰, 아니 거의 유일한 수입원이 고갈되었다. 가난한 것은 이제 비참한 것을 뜻했다. 대중의 무산 상태는 로마사회에서 전에 들어본 적 없는 끔찍한 상황을 전개시켰다. 빈궁, 대중의 빈곤과 대중의 참상은 이제 가장 무거운 사회문제, 점점 더 절박하게 그 해결을 요하는 문제가 되었다. 왜냐하면 사회가 발전하면서 중간층이 점점 더 몰락하고 부자들은 점점 더 부유해지고 무산자들의 수는 불어났기 때문이다.

그러나 이것이 로마 세계제국의 사회를 움직인 유일한 사회문제는 아니었다. 황제적 절대주의를 가져온 자유농민층의 몰락은 전체 사회의 경제적 몰락의 전조를 이루었다.

로마사회는 정치적으로 끝나기 전에 이미 군사적으로 끝이 났다. 농민들과 함께 민병대 전사들이 사라졌다. 그 대신에 독재체제의 막강한 버팀목인 용병부대가 등장했다. 그러나 이 용병부대는 내적으로는 막강했지만 외부의 적, 말하자면 갈수록 세차게 밀려드는 게르만인들을 쫓아내는 데 벌써 힘이 들었다. 한편 로마 군대는 순식간에 몰락했다.

이는 아주 중요한 경제적 결과를 초래했다. 정복전쟁은 더욱 드물어졌다. 국경선에서 요란했던 상시적 전쟁은 점점 더 순전히 방어전쟁의 형태를 띠어갔으며, 이는 전쟁포로를 가져다주는 것보다 더 많은 전사들의 손실을 입혔다. 노예의 유입은 점점 더 희소해졌다. 풍부한 노예 유입의 중단과 함께 특히 농업에서 노예제의 기반이 붕괴했다. 노예제 자체는 완전히 근절되지 않았지만 점차 단순한 사치노예제가 되었다.

그러나 이는 자유농민층과 자유수공업의 흥기를 뜻하지 않았다. 노예 유입의 감소와 함께 자유롭고 강력한 수공업의 부상보다는 공업의 후퇴와 몰락이 진행된다. 농업에서도 사정은 별로 나을 것이 없었다. 자유농민들은 노예경제에 의해 불구가 되고 박살이 났으며, 이들이 일단 로마제국에서 소멸한 곳에서는 농민경제가 다시는 뿌리를 내릴 수가 없었다. 왜냐하면 노예경제가 점점 더 이익이 적어졌어도, 황실 관리들의 가렴주구와 특히 여러 지역에 대한 실패한 전쟁이 촉발한 황폐화에 대토지 소유가 소지주들보다 여전히 더 잘 대처할 수 있었기 때문에 대토지 소유는 유지되었고 이제는 오히려 더 확장되기까지 했던 것이다.

그러나 대지주는 노예에 의한 농업경영을 결국은 더 이상 유지할 수 없었다. 노예농업은 갈수록 제한되었고, 그와 더불어 대토지의 전체 혹은 일부를 잘게 구획하여 만든 소토지들을 정해진 도조와 부역을 대가로 이른바 콜로누스들에게 소작을 주는 체제가 발달했다. 주로 카이사르 시대의 나중 세기들에서는 콜로누스들을 가능한 한 흙에 긴밀하게 묶어두려는 시도가 있었다. 이들은 중세 농노들의 선조였다.

이런 속박의 원인은 제국 내의 노동력의 급격한 감소였으며, 이는 보편적 빈곤화에서 나온 것이다. 수많은 실패한 전쟁이 사람의 적자를 증대시켰다. 인구는 급격하게 감소했다. 콜로누스와 군사 들을 확보하기 위해 로마의 지배계급은 외국인, 야만족을 제국 내로 더 많이 들여와야 했다. 제국의 군대와 생산계급은 주로 이들 이주해 들어온 외국인들과 그들의 후손들로 이루어졌다.

그러나 인구 감소를 보충하기에는 그것으로 충분하지 못했으며, 점점 더 거칠고 저열한 분자들을 들여와야 했다.

로마의 문화는 그들에게 제공된, 그들이 사려분별 없이 낭비할 수 있었던 노동력의 과잉을 통해서 그 높은 수준에 비로소 도달할 수 있었다. 노동력의 과잉이 끝나는 것과 함께 생산물의 과잉도 끝이 났고 농업과 공업은 퇴보했으며, 점점 더 조잡해지고 야만적으로 되었다. 그리고 그것들과 함께 예술도 학문도 퇴락했다.

이러한 사회의 몰락에는 긴 시간이 필요했다. 로마 세계제국이 아우구스투스와 그의 최초 후계자 아래에서 성취한 우쭐한 높이로부터 가련한 밑바닥으로 곤두박질하는 데는 여러 세기가 걸렸다. 민족 대이동의 초기에 그 밑바닥에 도달했던 것이다. 그러나 이러한 몰락의 방향은 이미 서기 1세기에 주어졌으며, 여러 가지 점에서 명확히 인식할 수 있는 것이었다. 그 몰락과 함께, 그리고 몰락을 통하여 저 새로운 사회세력이 자라났다. 이는 보편적 멸망 중에서 구원해야 할 것을 구원했고 마침내 로마문화의 유산을 게르만인들에게 전수해주었으며 그들에게서 새로운 더 높은 문화의 길을 열어주었다. 이 세력은 기독교였다.

4. 원시 기독교 공산주의의 본질

그리스의 멸망시기처럼 이제 로마의 제정시대에도 모든 사고하는 그리고 그들의 고생하는 형제들과 같은 감정을 갖는 인간들은 가공할 사태로부터의 탈출구를 찾지 않으면 안 된다는 것을 느꼈다.

이 탈출구의 문제에 대하여 극히 다양한 해답이 제시되었다. 플라톤의 이상도 다시금 새로이 각광을 받았다. 그러나 이제는 그 발생 때보다 발휘하는 영향력은 작았다. 신플라톤학파 플로티누스(서기 3세기)는 상류층, 갈리에누스 황제와 살로니나 황후의 총애를 크게 얻어서 그들의 지원으로 플라톤의 공동생활체를 모델로 한 도시를 세울 생각까지 할 수가 있었다. 그러나 이 인기 철학자의 살롱공산주의는 단지 수많은 놀이를 만들었고 무위도식하는 최상류층은 이로써 세월을 보냈다.

식민지에 대한 명칭을 플라토노폴리스(플라톤 시) 등으로 붙인 것을 그런 시도로 보지 않을 것이라면, 그런 계획을 실행하려는 시도는 한 번도 없었다.

국가권력은 보편적인 불신과 보편적인 냉담함에 부딪쳤으며, 사회적 몸의 부패는 그 정도가 심하여 유한한 인간에게는 비록 그가 막강한 카이사르일지라도 그 사회적 몸체에 새 생명을 불어넣는 데 성공하리라고 기대해서는 안 되었다. 오직 초인적인 힘, 기적만이 이를 실현할 수 있었다.

기적이 일어나는 것이 가능하지 않다고 믿는 자는 우울한 비관주의에 빠지거나 생각 없는 향락에 취했다. 이것도 저것도 모두 가능하지 않았던 다혈질의 열심주의자들 중에 다수가 기적을 믿기 시작했다. 특히 이는 인민 최하층의 열심주의자들의 경우에 해당한다. 이들은 보편적 몰락을 가장 고통스럽게 느낀 자들로서 오락에 도취할 수단도 없고 그런 오락 후에 늘 뒤따르는 그래서 비관주의를 쉽게 일으키는 숙취의 두통을 느끼지도 않은 자들이다. 그들 계열에서 주로 싹이 튼 관념은, 구세주가 하늘에서 곧 내려와서 땅 위에 하늘나라를 세울 것이며, 그 나라에는 전쟁도 가난도 없고, 기쁨과 평화, 풍요가 지배하고 끝없는 복락이 있을 것이라는 것이다. 이 구세주는 주님의 기름부음을 받은 자 그리스도였다.[5]

기적이 가능하다고 여길 정도로 일단 마음이 넓어지면, 환상의 일체의 제한은 무너지며, 각 사람의 신자는 그 도래하는 나라를 가능한 한 열광적으로 상상할 수 있었다. 사회뿐만 아니라 자연 전체가 변모할 것이고, 일체의 해악들은 그로부터 사라질 것이며, 자연이 주는 일체의 향락은 한도 없이 늘어날 것이고, 인간들에게 기쁨을 주리란 것이다.[6]

그런 식의 희망이 표출된 유명한 기독교 문서가 되는 것이 이른바 '요한의 계시'라는 묵시록이며, 이는 네로의 죽음 직후에 쓰였을 개연성이 있다. 여기서 예고하는 것은 곧 가공할 만한 싸움이 되돌아온 네

---

5 christos는 그리스어로 기름부음을 받은 자.

6 Corrobi는 그의 천년왕국주의의 비판적 역사(*Kritischen Geschichte des Chiliasmus*, Frankfurt, 1781)에서 이런 환상들이 던진 특이한 허풍을 자세히 묘사할 뿐 아니라 비판했다!

로, 적(敵)그리스도와 되돌아온 그리스도 간에 일어난다는 것이다. 이 싸움에는 전체 자연이 함께 싸운다는 것이다. 그리스도는 이 싸움에서 승자로 등장하여 천년왕국을 세우고, 이 왕국에서 신자들이 그리스도와 함께 통치할 것이며 죽음은 그들에 대한 권세를 갖지 못하리란 것이다. 그러나 그것이 다가 아니고 이 왕국이 지나간 후에는 새 하늘과 새 땅이 생겨나서 새 예루살렘이 이 땅 위에 세워지리란 것이다. 이는 축복의 장소가 된다.

천년왕국, 이는 원시 기독교의 미래국가이다. 이에 따라 기독교의 여러 종파에서 부상하는 새로운 사회의 도래에 대한 모든 열정적 희망은 킬리아스(Chilias)적[7]이라고 표현되었다.

묵시록과 관련하여 기독교의 처음 몇 세기에 수많은 기독교인 교사가 천년왕국적 희망을 표출했으며, 그중에서도 (2세기의) 이레네우스 그리고 또 (서기 320년경의) 락탄티우스처럼 땅 위에 도래할 천국을 아주 상세히 그리고 화사하고 감각적인 색채로 묘사하기도 했다.[8] 그러나 기독교가 단지 불행하고 억압받는 자들, 프롤레타리아와 노예들, 그리고 그들의 친구들만의 신앙이기를 그치고, 또한 권세와 부가 있는 자들의 신앙으로도 됨에 따라 천년왕국 사상은 공식 교회에서는 점점 배척

[7] chilias는 그리스어로 숫자 1천과 같다.
[8] 장차 올 그리스도의 왕국에서는 포도주와 사랑이 큰 역할을 한다. 이레네우스는 이렇게 가르친다: "포도나무들이 자라고 각 그루는 1만 개의 넝쿨이 있고, 각 넝쿨에는 1만 개의 큰 가지가 있으며, 각각의 큰 가지에는 1만 개의 작은 가지가 있고, 각각의 작은 가지에는 1만 개의 포도송이가 달리고, 각 포도송이에는 1만 개의 포도알이 달리며, 각 포도알은 20마스(1마스는 1~2리터)의 포도주를 낼 진액이 있을 때가 올 것이다." 그와 같은 이유로 천년왕국에 대한 목마름이 자라나기를 희망한 것이다. 그런데 이레네우스는 더욱 짜릿한 즐거움을 보여준다: "젊은 처녀들은 젊은이들과 사귀며 즐거이 지낼 것이다. 노인들은 똑같은 특권을 누릴 것이며, 그들의 시름은 만족함 가운데 해소될 것이다." 특히 마지막의 전망은 로마의 세기말 사회의 젊은이들과 노인들에게는 아주 매혹적이었을 것이다.

되어갔다. 그것은 항상 혁명적인 냄새를 풍겼으며, 기존 사회가 장차 뒤집힐 것이라는 예언을 항상 하는 것이었기 때문이다.

천년왕국적 대망은 원시 기독교의 정신생활에서는 가장 두드러진 특징 중 하나였다. 그러나 그에 못지않게 중요한 것이 그 실천적 공산주의의 경향이었다.

사회민주주의와 마찬가지로 원시 기독교가 그 시대의 권세자들에게 굴복시킬 수 없는 존재로 된 것은 그것이 인구 다수에게 불가결하게 되었기 때문이다. 그 신실한 열광만이 아니라 그 실천적 영향도 원시 기독교가 승리를 달성하게 해주었다.

이 실천적 영향을 우리는 지금 고찰하려고 한다.

빈곤은 우리가 살펴본 것처럼 카이사르 시대의 큰 사회문제였다. 이에 대처하려는 국가의 모든 시도는 헛수고임이 드러났다. 여러 황제들과 민간인들도 자선재단에 의해 이를 다스리려고 시도했다. 그러나 자선은 극히 불충분한 정도로만 이루어졌다. 그것은 뜨거운 돌에 떨어지는 물방울과 같았으며, 탐욕스러운 로마 관료계층은 그런 제도들에 대한 최선의 행정가는 못 되었다.

비관주의자들과 향락주의자들은 빈곤에 대하여 국가와 사회 내의 다른 악에 대해서 행한 것과 같은 대응을 했다. 즉 아무것도 하지 않은 것이다. 그들은 그런 식의 상황이 존재하는 것은 아주 슬픈 일이지만, 어쩔 수 없는 일이라고 공언했다. 그리고 철학자들은 어쩔 수 없는 일에 대해서는 맞서 분투할 필요가 없다는 것이다.

비참한 상황을 직접 당한 프롤레타리아들과 다혈질적인 열심주의자들은 달랐다. 그들은 그것을 조용히 지켜보고 있을 수 없었으며, 그것을 종식시킬 것을 모색했다. 메시아가 구름을 타고서 가지고 내려올 축복에 대한 열광적인 꿈으로는 헐벗은 자들에게 도움이 되지 못했다.

천년왕국 사상을 태동시킨 그 집단에게서 현존하는 비참함을 몰아내려는 적극적인 시도도 터져 나왔다.

이런 시도들은 그락쿠스 형제의 시도와는 완전히 다른 종류의 것이었을 것이다. 그락쿠스 형제는 국가에 호소했었다. 그들은 프롤레타리아계층이 정치적 힘을 획득하고 그 주인노릇을 하기를 원했다. 지금은 일체의 정치적 운동이 중단되었고 국가권력은 보편적인 불신을 받았다. 국가를 통해서가 아니라 국가의 등 뒤에서 특별한, 국가에서 완전히 독립한 조직체들을 통해서 사회를 변화시키는 것을 새로운 사회개혁자들은 원했다.

더 중요한 다른 차이점이 드러났다. 그락쿠스의 운동은 반은 농촌적인 것이었다. 그 운동은 도시 프롤레타리아만을 근거로 한 것이 아니라 몰락해가는 농민도 근거로 삼았다. 그리고 그들은 도시 프롤레타리아들도 농민으로 만들고자 했다. 도시 프롤레타리아 계층은 한쪽 발로는 여전히 농민계층에 뿌리를 두었다.

카이사르 시대에 도시와 농촌은 이미 완전히 분리되었다. 도시 인구와 농촌 인구는 서로를 더 이상 이해하지 못하는 두 민족을 이루었다. 기독교 운동은 그 초기에는 순전히 대도시의 운동이었다. 오죽하면 촌사람과 비기독교인은 같은 것을 뜻하는 개념이 되었다. (라틴어로 촌사람을 뜻하는) 파가누스(*Paganus*)라는 낱말을 훗날 기독교인들은 '이교도'(Heiden)의 뜻으로 사용했다.

그락쿠스파의 사회개혁과 기독교적 사회개혁 간의 결정적 차이는 이것과 밀접히 관련된다. 그락쿠스의 사회개혁은 플랜테이션과 방목업을 농민경제를 통해 몰아내고자 했다. 그들이 기존의 소유권 배분을 공격했다면, 이는 생산양식의 개혁을 위한 길을 내주기 위해 행해진 것이었다. 그러나 마찬가지로 그랬기 때문에 그들은 불가피하게 우리가 살펴본 바처럼 (생산수단에 대한) 사유재산권을 인정해야 했다.

초기의 기독교에 있어서 결정적인 계급은 대도시의 프롤레타리아 계층이었다. 그들은 대부분 노동하는 습관을 잃어버렸다. 생산활동은 이런 분자들에게는 어지간히 무관심한 일이었다. 그들의 표준은 씨도 뿌리지 않고 길쌈도 하지 않는데도 잘 자라는 들의 백합화였다. 그들이 재산의 다른 식의 분배를 추구했어도 그들에게는 생산수단은 안중에 없었고 향유수단만이 중요했다. 그런데 소비활동의 공산주의는 그 시대의 프롤레타리아에게는 전례(前例)가 없는 것이 아니었다. 이따금 빈궁한 대중에게 공적으로 식사를 제공하는 일이나 그들에게 양식을 나누어주는 일은 로마 공화정 말기에는 정례화되어 있었으며, 카이사르 시대 초기에도 존속했다. 이 급식과 배급을 한 시스템 안에 도입하는 것, 존재하는 양식에 대한 규칙적인 공산주의를 때로는 공평한 배급을 통해서 때로는 그것의 공동소비를 통해서 추구하는 것보다 더 쉬운 일이 어디 있는가?

공산주의적 관념이 생겨났고, 또한 곧이어 이를 실천하려는 공산주의적 공동체도 생겨났다. 처음에는 경제적으로 훨씬 앞서 있던 동방, 특히 유태인들 중에서 생겨났다. 이들은 그리스도 이전에도 이미 묵시론적 대망을 발전시켰다. 우리는 벌써 기원전 100년경에 그들 중에서 하나의 공산주의적 결사체, 에세네인들의 결사체를 발견한다.

요세푸스는 이들에 대해 이렇게 보도한다: "부를 그들은 아무것도 아닌 것으로 여긴다. 반대로 그들은 재물의 공유를 찬양한다. 그들 중에는 남보다 부자인 사람은 없다. 그들의 집단에 들어오고자 하는 사람은 자기 재물을 공동으로 사용하도록 내놓아야 한다는 규칙을 그들은 가지고 있다. 그래서 그들에게는 부족함도 넘침도 눈에 띄지 않으며, 그들은 형제들처럼 모든 것을 공유한다. … 그들은 한 도시에서 함께 거주하지 않고, 모든 도시에 그들의 특별 가옥이 있어서 그들의 집단에 속한 사람들이 다른 곳에서 오면 이들과 가진 것을 나누고, 이들은 이를 마치 자기 물건처럼 사용할 수가 있다. 그들은 서로 전에 본 적이 없더라도 서슴없이 서로의 집을 방문한다. 그리고 평생 동안 친밀한 교류가 있었던 것처럼 행동한다. 그들이 시골을 여행할 때는 강도 만날 것을 대비하여 지니는 무기 말고는 아무것도 휴대하지 않는다. 가는 도시마다 그들을 초청해주는 사람이 있어서 그 사람이 외지인에게 의복과 양식을 나누어준다. … 그들은 서로 거래를 하지 않는다. 누군가가 궁핍한 자에게 뭔가를 준다면, 그는 자기가 필요로 하는 것을 상대에게서 받는다. 그리고 그가 그 대가로 아무것도 줄 수 없더라도 그는 부끄러움 없이 그가 필요로 하는 것을 그가 원하는 누구에게든지 요청할 수가 있다."[9]

처음에는 기독교인들도 완전한 공산주의의 도입을 때때로 추구했다. 예수는 마태복음(19장 21절)에서 부유한 제자에게 이렇게 말한다: "네가 완전하게 되기를 원한다면 가서 가진 것을 팔아 그것을 가난한 이들에게 주어라."[10] 사도행전(4장 32절-34절)에서는 예루살렘 최초의 공동체는 다음과 같이 묘사된다: "아무도 자기 소유를 자기 것이라고 하지 않고, 모든 것을 공동으로 사용하였다. … 그들 가운데는 가난한 사람이 한 사람도 없었다. 땅이나 집을 가진 사람들은 그것을 팔아서, 그 판 돈을 가져다가 사도들의 발 앞에 놓았고, 사도들은 각 사람에게 필요에 따라 나누어주었다." 자기들의 돈의 일부를 공동체에 내지 않고 챙긴 아나니아와 삽비라는 그 때문에 하느님에게 죽음의 벌을 받은 것으로 유명하다.[11]

---

[9] Josephus, *Geschichte des jüdischen Krieges*, 2. Buch, 8, 3, 4.
[10] 마가복음 10장 21절, 누가복음 12장 33절, 18장 21절 참조.

그런데 사실상 이런 식의 공산주의는 모든 생산수단이 향유수단으로 전환하고 이는 가난한 이들에게 나누어주는 것으로 귀결된다. 이는 보편적으로 실시되는 경우에는 일체의 생산의 종말을 뜻했다. 초기 기독교인들이 신실한 거지철학자들로서 생산 활동에 대한 염려를 별로 하지 않았다고 해도 지속하는 거대 사회는 이런 기초 위에는 세워질 수가 없었다.

그 당시의 생산의 상태는 생산수단의 사적 소유를 필요로 했으며, 기독교인들은 이를 넘어설 수 없었다. 그래서 그들은 사유재산과 공산주의를 서로 통일하려고 시도해야 했다. 그러나 공산주의를 귀족계층의 특권으로 만들고 민중에게는 사유재산을 존치하도록 한 플라톤의 방식으로 할 수는 없었다. 바로 이 민중이 지금 공산주의를 필요로 했던 것이다.

사유재산과 공산주의의 통일은 각자에게 그의 소유, 특히 생산수단의 소유를 맡기고 향유와 사용, 특히 양식의 공산주의만을 요구하는 방식으로 일어났다.

물론 이런 구분은 이론에서는 이루어지지 않았다. 그 당시에는 경제 문제에서 그렇게 예리한 구분을 하지는 않았던 것이다. 그러나 실천은 점점 더 그런 결과로 되어갔다.

소유주들은 그들의 생산수단을 보유하고 활용해야 했다. 특히 그들의 땅을 그렇게 했다. 그러나 그들이 소비수단으로 소유하고 획득한 것―식량, 의복, 주거, 그리고 그런 것을 구입할 돈―은 기독교 공동체에 바쳐야 했다. "재화의 공동체 그것은 그래서 사용의 공동체일 뿐이었다. 각 사람의 기독교인은 형제적 약속에 따라 전체 공동체 모든 구

---

11 사도행전 2장 44-45절도 중요하다.

성원의 재화에 대한 권리를 가졌으며 곤궁할 경우에는 유복한 구성원이 그에게 그의 궁핍을 해결하는 데 필요한 만큼 재산을 나누어주도록 요청할 수 있었다. 각 사람의 기독교인은 그의 형제들의 재화를 사용할 수 있었고 뭔가를 가진 기독교인은 궁핍한 형제들에게 그 사용과 활용을 거절할 수 없었다. 예를 들어 어떤 기독교인이 집이 없다면, 집을 두세 채 가진 다른 기독교인에게 하나를 달라고 요청할 수 있었다. 그런데 그는 여전히 집 주인으로 남아 있었다. 그러나 사용의 공동체이기 때문에 주택은 다른 사람에게 사용하도록 넘겨져야 했다."[12]

운반이 가능한 양식과 돈은 한데 모아졌고 자체의 공동체 관리가 선출되어 그 사람들이 희사품의 분배를 지도해야 했다.

기독교가 그 초창기에 추구했던 완전한 공산주의는 비록 부분적이기는 하지만 사유재산의 인정과 함께 무산되었다. 그러나 이는 더욱 철저한 약화를 겪어야 했다.

소비활동의 공산주의는 우리가 이미 플라톤적 국가의 관찰에서 살펴본 것처럼, 가족과 일부일처제의 폐지와 긴밀하게 관련된다. 이에는 두 가지 길로 도달할 수가 있다. 아내와 자녀의 공유를 통해서 혹은 독신에 의해 성적 교접을 포기함을 통해서이다. 플라톤은 앞의 것을 택했고, 에세네인들은 뒤의 것을 택했다. 그들은 독신을 맹세했다. 그 급진적 공산주의적 초창기에 기독교도 마찬가지로 가족과 결혼을 공격했으며, 이는 대체로 금욕적 형태를 취했다. 그 시대의 숙취의 두통을 앓던 분위기와 아주 잘 맞아떨어졌다. 그러나 또한 가족과 결혼을 생을 향락하는 형태로 지양할 것을 가르치고 그렇게 실천한 기독교 종파도 있었다. 예를 들어서 2세기에 나온 영지 종파인 아담파가 그러하다.

---

[12] I. L. Vogel, *Altertümer der ersten und ältesten Christen*, S. 47. Hamburg 1780.

마태복음에서 그리스도는 이렇게 말하게 한다(19장 29절). "내 이름을 위하여 집이나 형제나 자매나 아버지나 어머니나 자식이나 땅을 버린 사람은 백 배나 받을 것이요, 또 영원한 생명을 물려받을 것이다." 그리고 누가복음에서 그리스도는 이렇게 외친다: "누구든지 내게로 오면서 부모, 아내와 자녀, 형제와 자매, 그리고 자기의 목숨까지도 미워하지 않는 사람은 내 제자가 될 수 없다."[13]

전체의 원시 기독교 공동체에게 그 노력은 원래 가정생활을 최소한 일정한 정도로 지양하려는 것이었다. 그래서 우리는 그들에게서 일상적인 식사시간을 공동으로 하는 제도를 발견한다(사도행전 2장 46절 참조). 이 애찬, 아가페는 스파르타와 플라톤적 국가의 시시티아라는 공동 식사시간에 상응한다.[14] 그것들은 향유수단의 공산주의의 자연스러운 결과였다.

한편, 우리가 이미 말한 것처럼 기독교는 소기업과 생산수단의 사적 소유를 극복할 수 없었다. 그런데 이것과 개별가족은 필연적으로 결부되었다. 이는 남자와 여자, 부모와 자녀가 함께 사는 형태로서만이 아니라 경제적 단위로서의 개별가족이기도 했다. 기독교는 새로운 생산양식을 가져올 수 없었기 때문에, 또한 전해오는 가족 형태가 소비의 공산주의에 아주 상반되었더라도 그것을 그냥 두어야 했다. 사람들이 향유하는 기술과 방식이 아니라 사람들이 생산하는 기술과 방식이 결국에는 사회의 성격을 결정짓는다. 완전한 공산주의와 같이 가족과 결혼을 지양하려는 노력은 사회에 기독교가 전파되는 데 걸림돌이 되었

---

13 또한 마태 10장 37절, 12장 46절 이하, 마가 3장 31절 이하, 10장 29절, 누가 8장 20절, 18장 29절 참조.

14 물론 우리가 Daumer(*Die Geheimnisse des christlichen Altertums*, 1847)를 믿을 수 있다면, 이 공동식사 시간은 애찬의 시간이 아니라 식인행위였다.

다. 그런 노력은 항상 몇몇 종파와 단체에 국한된 것으로 머물렀다. 보편적 타당성에 도달하는 데는 성공하지 못했다.

물적 관계가 관념보다 강하며, 관념은 물적 관계에 지배를 받는다는 것이 다시금 드러났다. 교회는 그 확장을 통해 달라진 상황에 그 가르침을 어쩔 수 없이 적응시킬 수밖에 없게 되었다. 공산주의적 전통을 폐기할 수는 없었기 때문에 탈색하려고 했고 당시의 탐구적이라기보다는 궤변을 늘어놓는 철학들이 흔히 그랬던 것처럼 일련의 궤변을 동원하여 현실과 화해시키려고 노력했다.

차후의 발전과정에서 기독교는 빈곤의 문제를 푸는 것, 빈부의 차이를 지양하는 것을 포기한다. 초기 기독교인들이 모든 소유와 재물을 가난한 자들에게 나누어주고 스스로 가난해지지 않은 어떤 부자도 하늘나라에 들어갈 수 없다고, 즉 그들의 공동체에 받아들여질 수 없으며, 가난한 자들만 복을 받을 수 있다고 주장했다면, 이제 이런 순전한 물적 관계는 정신적인 관계로 재해석되었다.

라칭거(Ratzinger)는 《교회의 빈곤구제 역사》(Freiburg i. B. 1860)에서 초기 기독교 교사들의 재산소유에 관한 사고전개의 특징을 서술할 때 이렇게 말한다: "교회는 단지 가난한 자들을 위한 것으로 정해져 있었으며, 부자들은 그로부터 배제되었다. 이 소유의 포기는 소유에 대한 완전한 단념이 될 필요는 없으며, 그(부자)가 소유물의 과도한 향유와 그에 대한 탐욕, 간단히 말해 소유욕에서 벗어나는 것으로 족하다. … 또한 부자도 일체의 세속적 소유에서 마음을 분리해내야 했다. 그는 스스로를 하느님의 가사 관리인으로 여기고, 전과 같지 못한 수준만을 소유하면 되었고, 자신의 유지를 위해 필수품만을 소비해야 하고 남는 것은 모두 하느님의 신실한 행정가로서 가난한 자들을 위해 사용해야 했다." 그러나 부자들처럼 가난한 자들도 세속적인 소유를 추구해서는 안 된다. 그는 자기 몫에 만족해야 하며, 부자가 그에게 던져준 빵부스러기를 감사하는 마음으로 취하여야 한다.(S. 9, 10)

얼마나 비굴한 달걀춤[15]인가! 부자는 더 이상 자기 자신이 아닌 자기 마음만 소유로부터 분리하면 된다. 그는 소유하지 않은 듯이 소유해야 한다! 그래서 기독교는 자신의 공산주의적 기원과 타협할 줄을 알았다.

그러나 이런 약화된 행태에서도 기독교는 여전히 수백 년간 빈곤에 대한 투쟁에서 큰일을 해냈다. 빈곤을 제거하지는 못했으나 기독교는 그 관할지역에서 대중의 빈곤에서 자라난 비참함을 누그러뜨리는 데 월등하게 가장 활동적인 모습을 보여준 조직이었다. 그리고 필시 거기에 기독교의 성공의 가장 큰 지렛대가 있었을 것이다.

한편 기독교가 강해짐에 따라 자신의 힘을 키운 계기였던 그 시대의 사회문제에 대하여 점점 더 무능하게 되었다. 기독교가 존재하던 계급차별을 종식하는 데 무력함을 보여주었을 뿐 아니라 기독교 스스로 그 권력과 부가 증대함에 따라 새로운 계급대립을 만들었던 것이다. 교회 안에는 성직자 계급이라는 지배계급이 생겨나서 민중 즉 평신도계층(Laientum)[16]은 이에 복종을 하는 관계가 되었다.

원래 기독교 공동체에서는 완전한 자치행정이 주를 이루었다. 선두에 있는 수탁자들인 주교와 장로는 공동체 동지들에 의해 그들 집단에서 선출되며 그들에 대하여 설명 책임을 졌다. 이들은 그 직무에서 아무런 이득도 취하지 않았다.

개별 공동체들이 커지고 부유해지자마자 책임자들에게 닥치는 과제들이 커져서 평민으로서의 직업과 병행하여 수행할 수 없을 정도가

---

15 벌여놓은 달걀들 사이를 조심스럽게 진행하며 추는 춤.―옮긴이
16 그리스어 Laos는 민중에서 유래.

되었다. 분업이 도입되었고 기독교 공동체에서의 관직들은 모든 사람이 요구한 특수한 직업이 되었다. 교회재산은 이제 더 이상 빈민의 구제에만 전적으로 돌려질 수가 없었다. 교회의 행정비용, 집회 건물과 공동체 관리(官吏)의 부양을 위한 비용도 거기서 지출해야 했다.

그런데 공동체 대중을 이룬 것은 누구였는가? 룸펜 프롤레타리아 혹은 일하는 프롤레타리아로서 그 사회적 처지에 의해 따라서 정신적 구조 면에서도 룸펜 프롤레타리아 계층에 아주 가까운 자들이다. 그런 분자들은 그들에게 민주적 정체를 가져다준 권력을 보전할 수가 없었다. 공화국에서나 마찬가지로 교회 안에서도 그럴 수가 없었다. 그들은 공화국 안에서 카이사르에게 권력을 넘겨서 잃어버린 것처럼 교회 안에서 주교에게 권력을 팔아서 잃어버렸다.

주교는 자기 교회의 재산, 즉 자기 공동체의 재산을 관리하고 교회의 수입을 어떤 식으로 지출해야 할지를 정해야 했다. 이를 통해서 룸펜 프롤레타리아 층에 비하여 그의 손에 엄청난 권력이 놓이게 되었으며, 이는 교회가 점점 더 큰 부를 모아들임에 따라 계속 커져갔다. 주교들은 그 선출자들로부터 점점 더 독립적이 되어갔고, 선출자들은 주교에게 갈수록 의존적으로 되어갔다.

이러한 사태의 전개와 병행하여 원래는 완전히 독립적이던 개별 공동체들의 점점 더 긴밀한 결합이 더 큰 연합체, 전체 교회로 나아갔다. 동일한 견해, 동일한 목표, 동일한 지향은 이미 일찍이 개별 공동체들을 공개장(公開狀)과 대의원들을 통해 서로 교류하도록 동기를 부여했다. 2세기 말경에는 그리스와 아시아의 여러 교회의 연합이 아주 밀접해서 여러 주의 교회는 더 견고한 연합체를 만들었다. 그 최상위급은 위탁받은 자들의 대회인 주교들의 시노드였다. 그에 비하여 개별 공동체들의 자치는 매우 위축되었고 이를 통해서 주교들은 그들 공동체의 동지들보다 높은 위치로 올라가기가 수월해졌다.

결국 제국 안의 모든 기독교 공동체가 단일한 연합체로 뭉치게 되었으며, 서기 4세기에는 이미 제국 시노드가 등장하는 것을 보게 된다(최초의 것은 325년 니케아에서 만들어진다).

시노드 자체 안에서도 가장 부유하고 가장 권세 있는 공동체를 대표하는 주교들이 세를 떨쳤다. 그래서 결국 로마의 주교가 서양 기독교 세계의 수장이 되었다.

이런 전체적 사태 전개는 큰 투쟁 없이 진행되지 않았다. 국가 안에 새로운 국가의 등장을 내버려두려고 하지 않는 국가권력에 대한 투쟁, 여러 조직 간의 그리고 조직들 내부에서의 투쟁, 보통은 민중이 패하게 되는 민중과 성직계층 간의 투쟁이 있었다. 이미 3세기에 거의 모든 곳에서 민중은 교회관리에 대한 비준권만을 보유했다. 교회관리들은 폐쇄적인 집단으로 조직되었고 그들 스스로 충원하였으며, 자신들의 재량에 따라 교회재산을 사용했다.

이제부터 교회는 로마제국에서 노력하는 두뇌에게 최선의 경력을 제공하는 조직체였다. 정치생활이 해소된 이후로 정치적 경력은 없어졌다. 군역(軍役)은 고용된 야만족에게 거의 완전히 넘어갔고, 예술과 학문은 오직 힘겹게 그 명맥을 이어갔으며, 국가행정은 화석화되고 점차 더욱 몰락해갔다. 오직 교회 안에서만 아직도 생명과 운동이 지배했다. 거기에서 사회적 세력으로 부상하기가 가장 수월했다. 이교도 세계가 활동력과 지력의 면에서 내보일 만했던 거의 모든 것이 이제 기독교에게로 갔으며, 기독교 안에서 교회의 직업경력으로 되었다. 국가권력과의 투쟁에서 정복할 수 없는 존재로 드러난 교회는 국가권력조차 지배하에 두기 시작했다.

4세기 초엽에 이미 영리한 왕위계승 요구자인 콘스탄티누스는 그리스도의 신에게 호의를 입은 자, 즉 기독교 성직자계층과 잘 지내는 자에게 승리의 여신이 윙크를 한다는 것을 알아냈다. 그를 통해서 기독교는 지배적인, 그리고 곧이어 로마제국에서 유일한 종교로 되었다.

그때부터 교회재산의 증식은 비로소 속도가 붙었다. 카이사르와 민간인이 새로운 세력의 호의를 선물을 통해 사들이려고 서로 경쟁했다. 다른 한편으로 카이사르들은 교회 관료기구에 국가와 자치단체의 일련의 업무들의 돌봄을 맡기고자 하는 동기를 점점 더 강하게 느꼈다. 이런 일들을 부패해가는 국가관료 기구는 감당할 수가 없었던 것이다. 또한 그들은 교회에 정해진 수입원을 열어주어야 했다.

이전에는 공동체 동지들의 교회에 대한 기부는 순전히 자유의사에 따른 것이었다. 교회가 국가권력의 보호를 즐기게 되면서부터 교회는 규칙적인 공과금의 징수를 계획하기 시작했다. 십일조는 처음에는 도덕적 수단을 통해서만 도입되었으나 결국에는 강제로 시행되기도 했다.[17]

교회는 이제 엄청난 부자가 되었고 동시에 그 성직자계층은 평신도계층으로부터 완전히 독립했다. 그들의 부가 증대하는 정도만큼 그들의 재산을 가난한 자들을 위해 쓰이도록 관리하기를 점점 중단한 것도 놀랄 일이 아니다! 성직자계층은 자신을 위해 교회재산을 사용했으며 소유욕과 낭비가 교회 안에서, 특히 로마, 콘스탄티노플, 알렉산드리아 등의 부유한 공동체들에서 만연했다. 공산주의적 조직에서 출발한 교회는 세계가 보아온 것 중 가장 거대한 착취기구가 되었다. 이미 5세기에 교회의 수입을 네 부분으로 나누는 것이 로마교회의 정착된 제도로 되어 있는 것을 알 수가 있다. 한 부분은 주교에게 속하고 또 한 부분

---

17 뚜르의 제2차 공의회(567년)는 농노와 노예 신자들에게까지도 십일조를 낼 것을 요구한다.

은 성직자계층에 속하며, 또 한 부분은 예배의 필요에 쓰이고(건축과 교회의 유지 같은 것) 오직 한 부분만이 가난한 자들에게 돌아갔다. 세 부분을 합치면 주교 혼자 갖는 것만큼밖에 안 되었다!

그리고 여기서 이런 4분 제도는 가난한 자들에게 불이익을 주기 위해서가 아니라 그들을 보호하기 위해서 도입되었을 개연성이 높고, 이에 의해 영혼의 목자님들이 교회재산 전체를 자기 자신만을 위해 탕진하지 못하게 하려는 것이었을 것이다.

그럼에도 불구하고 기독교의 공산주의적 사상 내용은 기독교를 낳았던 사회적 정황이 유지되었던 한에서는 질식당하지 않았다. 로마제국이 지속한 동안, 그리고 민족 대이동 시대에 이르기까지 교회재산은 가난한 자들의 소유(*patrimonium pauperum*)로 통했고, 어떠한 교회 교사에게도 어떠한 공의회에서도 이를 부정하려는 생각은 있을 수 없었다. 물론 이 재산의 관리비용은 참으로 높아져서 때에 따라서는 전체 수입을 집어삼켰지만 이는 대부분의 복지기관의 특성이다. 그렇다고 해서 아무도 행정가들이 재산의 소유자라고 감히 주장하지는 못했을 것이다.

교회의 공산주의적 기원을 완전히 지운 이 마지막 발걸음은 침입해 들어온 게르만인들이 로마 세계 그리고 그와 아울러 교회까지도 완전히 새로운 사회적 토대 위에 올려놓은 뒤에야 비로소 내딛을 수 있었다.

5. 중세의 교회재산

기독교는 새로운 생산양식을 기초하고 사회혁명을 일으킬 능력이 없었고, 능력이 있을 수도 없었다. 그래서 기독교는 로마제국을 몰락의 길에서 구원할 능력이 없었다. 로마제국이 그 모든 사회적 부패에도 불구하고 수세기 동안을 그 명맥을 이어갈 수 있었다면, 이는 기독교 덕분이 아니라 이교도 야만인들, 게르만인들 덕분이었다. 그들은 용병과 국외이주 농민으로서 침몰하는 사회의 버팀목이 되었다.

그러나 용병생활과 식민지 개척은 밀려드는 게르만인을 만족시키기에 충분하지 못했다. 이런 제도들은 그들에게 제국의 취약성을 보여줄 뿐이었으며, 그들에게 로마제국 안에서만 충족될 수 있는 향락을 알려주었다. 그들은 남쪽을 향한 진출을 강화했다. 결국 게르만인 집단은 제국에 넘쳐 들어왔고 제국을 차지했다. 게르만인의 한 집단이 다른 집단을 밀쳐내면서 점차 혼돈 속에 평온이 찾아오고 몇 개 민족이 정착하게 되고 새로운 국가들이 세워지고 새로운 사회질서가 발달하기까지 밀고 들어왔다.

게르만인들은 민족 대이동 시대에 순박한 농촌 공산주의의 단계에 아직 놓여 있었다. 여러 부족과 마을, 공동체들이 협동조합, 땅에 대한 공동소유를 하는 마르크 조합을 결성했다. 주택과 안뜰은 물론 이미 여러 가족의 사유재산이 되어 있었다. 경작지는 이 가족들 간에 개별적으로 사용하도록 분배되었다. 그러나 그에 대한 소유권은 조합에게 있었다. 초지, 숲, 물은 공동 이용 대상으로 되었다.

빈곤, 무산 상태는 로마 카이사르 시대의 몰락해가는 사회에서는 대중현상이 되어 있었으나 민족 대이동 때부터는 그런 현상으로서는 중단되었다. 물론 중세 때 대중적인 비참한 곤경이 드물지 않게 생겨났지만, 그것은 흉작 때문이거나 전쟁의 참화 혹은 전염병 때문에 생겨난 것이며, 무산 상태 때문은 아니었다. 그리고 그것은 언제나 지나가는 참상이었고 평생에 걸친 참상은 아니었다. 그러나 빈궁한 자가 생겨난 경우에는 그냥 방치되지 않았다. 그들이 속한 조합이 그들에게 보호와 원조를 제공했다.

교회의 자선은 사회의 존속에 필수불가결한 인자이기를 중단했다. 교회의 조직 자체는 그 시대의 폭풍 속에서 유지되었으나 이는 오직 교회가 새로운 상황에 적응하여 그 성격을 완전히 바꾼 것을 통해서만 가능했다. 자선기관이었던 교회는 정치기구가 되었다. 교회의 정치적 기능은 그들의 부와 더불어 중세에 그들의 힘의 주요 원천이었다. 교회는 옛 사회로부터 새로운 사회로 들어가는 민족 대이동의 격랑 속에서 자기의 부를 구원했다. 교회는 그 부를 아무리 많이 잃었더라도 그만큼 또는 그 이상을 새로 취득할 줄 알았다. 교회는 모든 기독교-게르만 국가에서 최대 지주가 되었다. 토지의 1/3이 보통 교회에 속했고, 많은 지역에서는 그 이상이었다.

이 부유한 교회재산은 이제 가난한 자들의 재산이기를 완전히 중단했다. 카를 대제는 로마제국의 다른 많은 제도처럼 교회재산의 4분 제도도 프랑크국에서 전수받기를 원했다. 그러나 그의 대부분의 다른 '개혁' 조치들처럼 이것 역시 서류상 혹은 양피지상에 머물렀다. 칼이 사망하고 몇 년이 안 가서 이시도르 교령집(Isidorischen Dekretalien)이 나왔다. 이는 부끄러운 줄도 모르고 날조하고 왜곡한 문서집으로서 교황의 청구권들을 합법화하고 교황정치의 법적 토대가 되었다. 교회의 재산과 관련하여 이 교령집은 그 재산의 주인이 되는 가난한 자들에는 가난의 서약을 한 성직자들만 들어간다고 주장한다. 이 이론은 보편적으로 통했고 그때부터 교회재산은 성직자계층의 재산으로 간주되었다. 12세기에 이 이론은 모든 교회재산이 교황에게 속하고 그는 이를 마음대로 처리할 수 있다는 주장을 통해 그 논리적으로 일관된 성숙을 보았다.

이는 사실관계, 곧 국가와 사회 안에서 교회가, 그리고 교회 안에서 교황권이 행사한 지배권에 완전히 부합한 견해였다.

교회재산이 이렇게 성격이 변화한 것은 중대한 결과를 가져왔다. 이는 성직자가 결혼을 하지 않는 독신제도의 실행을 불가피하게 했다. 이념적인 이유에서 교회 안의 다양한 흐름이 예전부터 성직자의 독신 상태를 원했고 개중에는 그것을 명령한 적도 있으나 이를 관철하는 데 성공하지는 못했었다. 이러한 노력은 물적 이해관계, 교회재산에 대한 염려가 그와 결부되면서 비로소 성공했다. 이것이 공동체의 재산으로 인정되고 주교들은 단지 관리만 해야 했던 동안에는 그것은 그 존재형태로는 성직자들의 가족에 의해 별로 위협받지 않았다. 교회재산이 성직자계층 자체의 재산이 되면서 이는 달라졌다. 이제 자녀를 둔 성직자는 누구나 교회재산에서 자녀들에게 가능한 한 많이 떼어주려고 했다. "날마다 겪는 일은, 사제의 아들들이 그들 부친의 상속재산만 물려받는 것이 아니라 그 부친이 향유하던 교회재산도 상속 몫으로 취한다는 것이다!"(Giesebrecht, *Geschichte der deutschen Kaiserzeit*, II, S. 406) 예를 들어서 베네딕토 8세가 티치노 공의회(1014년에서 1024년 사이)에서 표명한 탄식은 상당히 가슴을 울린다. "큰 땅이든 큰 재산이든 할 수 있는 것이라면 무엇이든 못난 아비들(결혼한 성직자들)이 못난 자식들에게 교회 금고에서 빼어다가 상속을 한다.—다른 것은 가진 것이 없기 때문이다." 운운.(Bei Gieseler, *Lehrbuch der Kirchengeschichte*, Bonn 1831, I, S. 282. 기젤러Gieseler를 통해서 우리는 교회재산과 성직자의 독신제도에 관하여 주목하게 되었다.) 그러나 교회재산을 성직자의 자녀들에게 탕진하는 것은 교회 내에서 교황의 전제가 확립되면서 비로소 종식되었다. 교황권력의 최초의 과제들 중 하나가 이제는 사제가 결혼을 못하게 하는 싸움이었다. 레오 9세(1048~1054년)는 그 일로 임기를 시작했고, 정력적인 그레고리오 7세(1073~1085년)는 사제의 결혼 금지를 결연하게 시행했다. 그렇지만 그것은 알프스 산맥 북쪽에서는 보편적으로 인정되기까지 오랫동안 지속했다. 뤼티히(Lüttich)에서는 1220년경에, 그리고 취리히에서는 1230년경에 결혼한 성직자들이 관직과 직함을 가지고 있는 것을 보게 된다.(Gieseler, a. a. O., S. 290)

종교개혁시에 교회재산이 세속화되고 군주들에 의해 강탈되고 성직자들은 봉급을 받아 살아가는 국가의 관리로 전환함에 따라 성직자 계층 독신제도의 유지에 대한 일체의 관심은 자연스럽게 사라졌다. 프로테스탄트 성직자는 원하는 대로 자녀를 둘 수 있고, 그들에게 넘겨줄 수 있을 만한 교회재산은 없었다.

중세시대에 교회재산은 우리가 살펴본 바처럼 더 이상 가난한 자들의 재산이 아니었다. 그렇다고 해서 중세시대에 가난한 자들이 대체로 존재하던 한에서 교회기구들 쪽으로부터 가난한 자들을 위해 아무 일도 한 것이 없었다는 말은 아니다. 중세시대의 처음 몇 세기에는 우리가 아는 프롤레타리아 계층은—필시 몇몇 도시를 제외하면—존재하지 않았지만, 우리가 위에서 언급한 것같이 때에 따라서 적지 않은 곤궁한 자들이 있었다. 흉년이 들었을 때는 굶주린 자들, 역병이 돌던 때에는 병든 자들, 거두어줄 가족이 없는 과부와 고아들, 전란시에는 침략해 들어오는 적들에게 쫓겨난 원근각처의 땅을 잃은 사람들이 그들이었다.

그런 곤궁한 자들을 구제하는 것이 중세시대에는 모든 가진 자들, 특히 지주들, 그리고 또한 최대지주인 교회의 의무로 통했다. 교회가 이 의무를 완수한 것은 특별한 자선기관이었기 때문이 아니라 가진 자축에 들었기 때문이었다. 이런 의무이행은 특별한 기독교적 원칙이 아닌, 말하자면 이교도적 원칙, 낮은 문화단계에 있는 모든 민족에게 공통인 환대(Gastfreundschaft) 원칙의 발로였다.

친구들과 몫을 나누고 이들에게 나누어주는 것은 원초적 공산주의 혹은 적어도 그 전통이 지배하는 모든 민족에게 고유한 것이다. 그리고 이방인은 거기서도 아주 드물고 두드러진 현상이므로 그에 대하여 개의치 않는 채로 있는 것은 불가능했다. 그의 출신과 행실에 따라 그를 적으로 삼아 싸우기도 하고 그를 손님(Gastfreund)으로, 가족의 귀중한 구성원으로 대접하기도 한다. 그의 골통을 쪼개기도 하고, 아니면 그에게 집과 안뜰, 부엌과 곳간을 이용하도록 제공하고, 때로는 여자와의 잠자리를 제공하는 일도 있다.

자신의 경제단위(Wirtschaft)가 가족의 필요량을 넘겨 생산한 잉여를 나누어주는 데서 얻는 기쁨은 이른바 자연경제가 존속하는 동안, 시장이나 고객을 위해서나 판매를 위해서가 아니고 자기 사용을 위해 생산이 이루어지는 동안에는 유지된다. 이런 생산양식은 중세기 동안에는 적어도 농업에서는 지배적이었으며, 이 생산분야는 당시에 사회생활에 월등하게 결정적이었다.

생산이 발달함에 따라 각 토지가 달성한 잉여는 점점 더 커졌다. 특히 대지주, 군왕, 고급귀족, 주교, 수도원의 손에 엄청난 양의 잉여식량이 쌓였으며, 그들은 이를 판매할 수가 없었다. 그들은 그것으로 먹일 수밖에 없었다. 수많은 전사를 유지하고 수공업자와 예술가 들을 먹여 살리며 융숭한 손님접대를 위해 그것을 사용했다. 유복한 사람이 우호적인 외부의 가족 방문객에게 그 방문객이 요청을 한 즉시 먹을 것과 마실 것, 숙소의 제공을 거절했다면, 그 당시에 이는 대단히 경우에 어굿난 일로 여겨졌을 것이다.

주교와 수도원이 배고픈 자들을 먹이고, 헐벗은 자들을 입히고, 잘 데 없는 자들을 유숙시켰다고 해도 그들은 중세에 다른 가진 자들 모두가 하지 않은 일을 한 것은 아무것도 없다. 차이는 기껏해야 그들이 최고의 부자들로서 다른 가진 자들보다 그 일에서 앞설 수 있었다는 것이다.

그러나 환대의 풍습은 상품생산, 판매를 위한 생산이 시작되자마자, 다양한 제품을 위한 시장이 등장하자마자 급속히 없어졌다. 개별 경제단위들은 이제 그들의 잉여생산물을 돈으로 바꿀 입장에 서며, 그 돈은 권세의 거대한 생산자로서 아무도 너무 많이 가졌다고 할 수 없고 썩지 않고 축적되는 것이다. 잉여생산물을 함께 나누는 기쁨 대신에 보물을 쌓아두는 기쁨이 등장했고, 선심 쓰기는 소유욕에 의해 말살된다.

이른바 화폐경제가 자연경제를 몰아내는 진행과정은 이탈리아와 남프랑스에서부터 13세기 이래로 나머지 유럽지역으로 확장되었는데 이것이 진행됨에 따라 가진 자들은 환대와 선심 쓰기를 점차 제한한다.

그러나 선심 쓰기가 사라진 것과 같은 정도로 가난한 자들의 수는 늘어났다. 상품생산의 발전은 프롤레타리아 계층을 만들었고, 이 계층은 급속히 성장했고 여러 지역에서 상당한 규모에 도달했다.

고대에서 아주 많은 나라를 처음에는 높이 상승시키고 그 다음에는 분열시키고 몰락으로 이끌던 발전이 반복되는 듯했다.

중세사회가 그렇게 되지 않은 것은 생산과정에서 노예제가 사라진 것 덕택이었다.

6. 노예제의 소멸

기독교가 노예제를 종식시켰다는 것이 널리 유포된 견해이다. 이처럼 틀린 생각도 없다. 기독교가 공산주의를 행하던 초창기에 노예제를 주로 정죄했을 가능성은 있다. 그에 대한 증거는 우리에게 전해오지 않는다. 우리에게 전해오는 기독교의 가장 오래된 문헌 유산에서는 노예제에 대한 언급이 있는 한 노예제가 인정된다. 아니 노예는 그의 주인에게 순종하고 상냥하게 복종할 것을 권고 받는다.

기독교가 노예제를 없앴다는 착각은 로마제국에서 기독교의 가르침이 기반을 얻은 것과 같은 정도로 노예제가 쇠퇴한 데 기인한다. 그러나 노예제 쇠퇴의 원인을 우리는 이미 알아보았다. 전쟁 승리와 함께 전쟁포로의 수도, 그리고 그와 함께 노예의 유입도 소멸되게 만든 것은 제국의 빈곤화와 인구감소의 결과인 군사력의 쇠약이었다. 이 자체는 또 노예경제에 기인한 것이었다. 그래서 노예는 점점 더 비싼 사치품이 되었고, 이득이 되는 착취대상이기를 그쳤다.

민족 대이동기에 게르만인들이 제국에 범람하고 제국을 차지하면서 노예제는 로마제국에서 어지간히 없어졌다. 게르만인들은 정복한 땅의 일부분을 취하여 정착생활을 하게 되었고 그들의 꺾이지 않는 농민세력이 그 나라를, 아니 로마 세계제국의 폐허에서 일어난 나라들을 젊어지게 했다.

이 새로운 세력은 이번에는 결코 다시 새로운 노예경제를 수립하지 못했다. 게르만 종족들이 정착하고 기독교화되자마자, 즉 로마문화와 그 생산양식의 유산을 어지간히 떠맡게 되자마자 사방에서 불안정하고 쉽게 이동하는 민족들의 무리가 기마민족, 해양민족 할 것 없이 밀려들었다. 동방에서는 아바르인과 마자르인이, 북방에서는 노르만인이, 동남방에서는 아라비아인과 사라센인이 몰려들었다. 8세기부터 11세기까지 서양의 기독교 세계는 이런 침입자들의 끊임없는 약탈 행각에 의해 타격을 입었고 많은 경우에 존립의 위협을 받았다. 노예를 획득하기는커녕 기독교 세계 자체가 노예사냥꾼과 노예상인에게 이문이 좋은 물건이 되었다. '이교도' 중에 기독교인 노예들은 많이 있었지만 반대로 이방인 노예들은 기독교인들 중에서 점점 더 희귀하고 비싸졌다.

기독교 세계의 시장에서 노예들이 완전히 사라지지는 않았다. 13세기, 14세기에도 이탈리아에 노예상업이 있었던 예가 보고된다. 사부아의 아마데우스 6세는 1307년에 콘스탄티노플에서 두 명의 여자노예를 샀다. 제노아에서 1384년에 "비밀스런 질병이 일체 없는(magagnis)" 타타르인 여자노예는 값이 1049리라 나갔고, 다른 여자노예는 1389년에 1312리라가 나갔다. 노예상인들은 물건을 대부분 카파(Kaffa)에서 들여왔다. 이 시대의 도시 법전에는 노예에 관한 규정들이 상당히 많았다.(Jul. Krone, *Fra Dolcino und die Patarener, historische Episode aus den piemontesischen Religionskriegen*, Leipzig 1844 S. 16)

이 노예들은 단지 사치노예일 뿐이었다. 반면에 생산을 노예제 위에 기초를 두게 하는 것은 불가능해졌다. 전통적 로마국가에서 출발하여 게르만 국가들에서 발달한 새로운 생산양식은 애초부터 노예 없이 잘 해나갈 준비가 되어 있었던 것이다.

노예제를 끝낸 것은 기독교를 통해 생겨난 양심의 가책이 아니라 궁핍과 노예자원의 부족일 뿐이었다는 것은 기독교 세계가 "믿지 않는 자들"에 대한 공세를 취할 만큼 크게 강화되면서 노예를 붙잡아서 싸게 파는 일을 시작한 최초의 사람들이 기독교 세계의 전사들이었다는 것에서 알 수 있다. 십자군들과 또한 나중에는 스페인 사람, 포르투갈 사람 모두 아프리카에서 노예들을 붙잡아서 파는 일을 아주 열심히 했다. 교황 니콜라오 5세의 1454년 1월 8일자 칙서는 "모든 사라센인, 이교도, 그밖의 기독교의 적들을 영원한 노예신분으로 두는 것"을 허락한다고 인상적으로 선포했으며 클레멘스 5세(1523~1534년)는 이 "권리"를 모든 이단자들에게도 확장했다.(Ludwig Keller, *Die Reformation und die älteren Reformparteien*, Leipzig, 1885, S. 480) 그러나 생산양식의 발전은 당시에 노예노동을 유럽에 대하여 쓸데없는 것으로 만드는 방향을 취했었다.

노예는 사치품에 머물렀다. 이는 유럽 열강들이 해외 식민지를 점령하고 수립하면서 달라졌다. 그곳에서는 유럽적 생산양식을 위한 전제조건을 찾아볼 수가 없었다. 그곳에서는 노예노동을 활용하는 것이 이익이 된다. 거기서부터 노예사냥과 노예상업, 노예착취는 유럽 기독교 세계의 영리생활에서 중요한 역할을 다시 담당했으며 로마교회도 위대한 프로테스탄트 교회들 중 하나도 이에 분개하지 않았다.

민족 대이동 후에 세워진 기독교 게르만 제국에서 노예에 의한 생산은 로마제국에서 불가능했던 것처럼 마찬가지로 불가능했다. 그리고 로마제국에서처럼 농업에서는 그 대신에 소작제가 등장했다. 그래서 이제 비슷한 제도들도 생겨났으며 그중에는 로마의 모범에 직접 의존하여 만들어진 것도 있었다.

그 당시에 농민을 그들의 터전에서 쫓아낸다는 것은 크게 어리석은 일이었을 것이다. 땅이 부족한 것이 아니라 사람이 부족했던 것이다. 기독교 게르만 국가들에서 부자와 귀족, 주교와 수도원장들, 군왕과 공작들은 그들의 신하와 측근들과 함께 농민경제 대신 노예경제를 도입하려고 하지 않았다. 그들은 농민을 자신에게 종속시키고 채무와 노역의 의무를 지게 만들어서 농민의 궁핍한 처지를 이용하려고 했다.

이를 위해서 그들은 농민을 시달리게 하던 부담, 정상적인 농민경제를 불가능하게 만들던 부담, 특히 군역을 농민에게서 벗겨주어야 했다.

농민이 한 사람씩 세도가의 보호 아래에 몸을 의탁했고 해마다 자기 농사의 일정량의 소출을 납부하고 일정한 노동일수를 일해줄 의무를 졌다. 그래서 그에게는 군역이 면제되었으며 그 대신에 그의 보호자, 지주가 자기 신하와 종들을 거느리고 그 일을 수행했다.

채무 농민을 만드는 또 다른 형태는 다음과 같았다. 기독교 게르만 제국에는 로마시대부터 전해오는 수많은 라티푼디움(대토지 재산)이 유지되어오고 있었다. 특히 항상 자신의 이익을 적절하게 지킬 줄 알았던 교회의 라티푼디움이 많았다. 새로운 대토지 재산은 군왕의 하사를 통해 창출되었다. 끊임없는 전쟁이 주인 없는 땅을 많이 창출했던 것이다. 농업의 발전도 많은 땅을 내놓을 수 있게 해주었다. 일정한 수의 인구가 경작으로 생계를 유지한다면 목축이나 사냥으로 살아가는 경우보다 양식을 얻는 데 훨씬 작은 면적의 땅만을 필요로 했다. 예전에 민중에게 양식을 제공하던 엄청난 크기의 삼림은 특정한 마르크 조합의 공동소유였다. 이제 그 삼림은 마르크 조합들에게는 가치를 상실했으며 다른 황무지들처럼 왕들에게 접수되어 측근과 귀족들, 특히 주교와 수도원에 하사되거나 대여되었다. 그러면 새로운 지주는 자기 소유지를 활용 가능한 땅으로 만들기 위해 농민을 개척자로 끌어들이려 노력했으며, 그들에게 일정한 도조와 노역을 조건으로 농사지을 땅을 대여한다—당연히 공유인 초지와 숲도 곁들인다. 그렇게 하지 않으면 농민경제는 불가능했을 것이다.

각 지주가 가능한 한 많은 새로운 농민을 끌어들이고자 시도했다면 그들은 자신들의 농민을 빼앗기지 않도록 더욱더 노력했다. 자신들에게 주어진 모든 수단, 도덕적이고 비도덕적 수단, 합법적이고 불법적

수단을 다 동원하여 그들을 땅에 묶어두려고 했다. 그때까지 자유로웠던 농민은 채무를 지게 되었을 뿐 아니라 예속이 되었다.

그러나 농민이 아무리 심하게 내리눌렸어도 그들은 언제나 노예보다는 높은 위치에 있었다. 촌에서 이방인이고 동료노예에 대해서도 이방인인 노예는 권리가 없고 그냥 물건이다. 자기 계급의 해방을 위한 끈질긴 계급투쟁을 이끌기 위해 발을 딛고 설 수 있을 조금의 토대도 없었다. 우리는 물론 노예들의 봉기에 관해 알고 있지만 그런 일시적 폭발은 잘 해야 그 가담자들에게 자유를 가져다줄 수 있었을 뿐으로 노예제도 자체에는 영향을 미치지 못했다. 그 봉기들은 노예제를 폐지하려는 시도가 아니라 노예제에서 도망치려는 시도였다. 노예제의 폐지는 결코 노예들의 끈질긴 계급투쟁의 작품이 아니었다.

중세 농노들의 처지는 노예와는 달랐다. 그들은 권리가 없지 않았고 그들의 도조와 노역은 명확히 한정이 되었고 많고 적고는 그들에게 임의대로 부과될 수 있는 것이 아니라 인상이나 인하가 이루어진 것이었을 것이다. 그리고 농노는 영주를 개별적으로 상대하지 않았다. 농민 각 사람은 농노이건 자유 신분이건 하나의 마르크 조합에 속했고, 그가 조합과 연대한 것처럼 조합은 그와 연대했다. 이 조직은 그에게 언제나 든든한 뒷받침이 되어주었다. 이런 토대 위에서 농민은 영주에게 완전히 적절한 항거를 할 수 있었으며, 많은 경우에 충분히 이를 행했다. 전체 중세시대는 지주와 농민 간의 계급투쟁의 시대였고 이 투쟁은 결국 유리한 상황 가운데서 흔히 다시금 농민의 해방으로, 예종 상태로부터의 해방뿐만 아니라 공물납부 의무로부터의 해방으로, 영주제도의 극복으로 이어졌다.

그리고 도시의 수공업자들은 농민보다 나았다. 그들은 결국 도처에서 예종 상태와 영주제도를 청산했다.

기독교 문화권의 수공업자들은 그들의 자유 덕택으로 자신의 적에게서 몸을 지켜내자마자 12세기부터 급속하게 기술을 발달시켰다. 이는 고대의 기술을 능가하는 것이었고 그들에게 복리와 명성을 가져다주었다. 이로부터 그들은 다시금 부자유를 막아낼 새로운 힘을 창출했다.

그리하여 유럽의 기독교 국가들에서는 노예제가 힘이 없었다. 노예제는 옛 사회의 진보를 일정 지점까지 허락했으나 거기서부터는 퇴보로 전환했던 요소였다.

이와 함께 프롤레타리아 운동과 공산주의 운동도 고대와는 다른 성격을 띠었다. 고대에 프롤레타리아 계층은 모든 계급 중에서 가장 낮은 계급은 아니었다. 그 아래에는 노예들이 있었으며, 흔히 노예들의 수고로, 즉 스스로의 노동에 의해서가 아니라 노예의 노동에 의해서 살아가기를 구했다. 또한 고대의 프롤레타리아들이 룸펜 프롤레타리아가 아니고 노동자나 수공업자인 경우에서도, 그들은 이런 룸펜 프롤레타리아적 근성에 젖어 있었다. 룸펜 프롤레타리아 계층은 사회에서 기생적 존재를 유지하고, 사회에 얹혀살던 계층으로서 고대에 전체 프롤레타리아 계층의 성격을 규정한다.

중세에는 이와 달랐다. 프롤레타리아 계층은 이제 모든 계급 중 최하층이 되었다. 그 밑에 다른 계급이 있어서 그들에 대한 착취로 살아갈 수 있었던 것이 아니었다. 벌써 이는 그 기생적인 부분인 룸펜 프롤레타리아 계층이 고대의 여러 시기 여러 도시 중심지에서 달성했던 것과 비교될 수 있는 규모에는 이르지 못하도록 작용했다. 프롤레타리아 계층은 고대 로마에서 룸펜 프롤레타리아 계층처럼 국가 내의 한 세력이 될 전망도 없고 이 프롤레타리아 계층의 상당 부분이 때에 따라 그랬듯이 자신의 세력을 통해 근심 걱정 없는 삶을 달성할 전망도 없었다. 이 계층이 이런 상황에서 달성할 수 있는 것은 불쌍한 거지신세가 전부이다.

중세시대에 룸펜 프롤레타리아 계층이 고대 로마에서보다 훨씬 수가 적고 훨씬 더 약하고 비참했으나, 그 위로 자유수공업자와 임금노동자 층이 생겨났고 그들은 고대에서의 그들의 선행자들보다 사회 내에서 훨씬 더 많은 힘과 영향력을 지녔다. 그들은 노동을 통해 힘과 명성을 끌어내었고, 노동은 그들의 생계요소였다. 다른 이의 노동이 아닌 자신의 노동으로 자신의 번영을 얻으려고 했다. 이런 집단 중에 여럿의 완전히 프롤레타리아적인 계층이 들어 있었던 것 같으며, 그들의 경제적 처지가 그들을 공산주의로 기울게 했다. 이는 원시 기독교의 공산주의와 비슷하게 향유의 공산주의였고 생산의 공산주의는 아니었다. 그러나 이 공산주의가 원시 기독교에 아무리 근거를 두었어도 그리고 외적으로 이를 아무리 닮았어도, 중세시대가 발전해감에 따라, 수공업이 더욱 발전하고 임금노동자 층도 힘이 커짐에 따라, 프롤레타리아 분자들의 공산주의는 비록 아직은 향유의 공산주의이기는 했으나, 그래도 수입을 노동, 동지들의 노동에서 이끌어내는 공산주의가 되었다. 수공업을 하는 소기업이 지배적이던 도시들에서 이 향유의 공산주의는 아직은 공산주의적 생산을 받아들일 수 없었다. 물론 평야에서, 농업에서는 그럴 수 있었다. 그곳에서는 가계와 생산이 아직 분리되지 않았고, 가계운영의 공산주의는 기업경영의 공산주의도 받아들였고 농업과 공업이 결합한 대기업은 오래전부터 크게 확장된 생산형태였다.

이는 수도원 공산주의가 생겨난 토대였다.

원시 기독교 공산주의가 대도시의 현상이었다면, 수도원 공산주의는 옛날 고대 유대인들에게서 에세네 공산주의가 그랬던 것처럼 단연 평야 위에서 형성되었다.

그러나 도시와 농촌에서의 중세 공산주의의 차이가 아무리 컸다고 해도 그것은 노동에 기초를 둔 공산주의였다. 이로 인해 원시 기독교 공산주의와 구분이 된다. 현대의 공산주의와 다른 점은 원시 기독교 공산주의처럼 생산수단이 아닌 소비수단의 공동소유와 공동사용을 출발점으로 삼았다는 점이다.

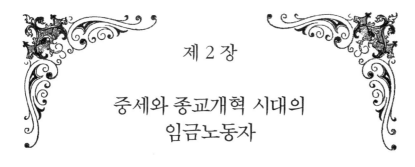

제 2 장

중세와 종교개혁 시대의 임금노동자

1. 수공업의 발단

중세시대에 공업은 원래 어떻게 운영되었는가? 각 경제단위(Wirt-schaft)는 자기가 필요로 하는 것을 스스로 생산했다. 각 농민 경제단위 (Bauernwirtschaft)는—우리는 이를 미니 경제단위로 상상해서는 안 되며, 아버지와 자녀, 아들의 아내과 자식들, 그 손자들까지도 그 안에 같이 사는 대가족인 주거조합(Hausgenossenschaft)으로 볼 수 있다—농업생산물만이 아니라 그것을 가공하여 곡식가루와 빵, 실과 옷감, 베틀과 기계 등으로까지 만들었다. 농민은 자신의 건축기사이자 목수였고 자신의 가구장이이자 대장장이였다.

지주의 필요물은 보통 농민의 그것보다 훨씬 범위가 넓었다. 그러나 지주도 필요로 하는 모든 것을 자신의 저택, 부역농장에서 혹은 그에 종속된 농민 경제단위들에서 생산하게 해야 했다. 하지만 그는 농민보다 많은 노동력을 동원할 수 있었다. 농민이 납부한 식량으로 그는 수많은, 대부분 부자유한 종들을 먹여 살릴 수 있었다. 그와 함께 그는 자기에게 딸린 농민 각 사람을 연중 일정 수의 날(부역일) 동안 부릴 수 있었다. 그래서 그는 일정한 분업을 도입하도록 하여, 어떤 사람은 순전히 혹은 주로 집짓는 일이나 목수일만 시키고 다른 사람은 피혁 다루는 일을 시키고 또 다른 사람은 무기 등을 만드는 대장장이의 일을 시킬 수 있었다.

그래서 부역농장에서는 중세시대의 수공업이 시작되었다.

로마시대의 도시들이 유지되었던 곳, 특히 이탈리아와 남프랑스에서는 도시적 자유수공업의 흔적도 유지되었다. 그러나 독일에서는 부역농장에서의 수공업에 비하여 그런 것은 거의 관찰되지 않는다.

그런데 어떤 노동자가 어떤 수공업에서 특정한 숙련에 일단 도달했다면 그에게 다른 일을 시킨다는 것은 불합리했다. 부역농장이 그의 전체 노동력을 그 수공예에서 차지하지 않은 경우에 수공업 노동자는 다른 이들, 이웃에 있는 농민 경제단위들을 위해서, 혹은 부역농장을 위해서 일하기 시작했다. 그런 곳들은 그런 마이스터를 두거나 키워내기에는 너무 작았던 것이다. 당연히 그는 자기 영주의 허락 없이는, 그리고 영주에게 공물을 바쳐 보상하지 않고서는 그렇게 할 수 없었다.

그래서 우리는 고객대상 노동(Kundenarbeit)의 초기 형태가 발달하는 것을 보게 된다.

그와 함께 벌써 다른 활동, 곧 시장을 위한 활동도 등장했다.

많은 부역농장들이 원근의 외과 인구에 대한 특별한 유입지점이 되었다. 특히 황제나 군왕의 대저택(Pfalzen)과 주교좌(Bischopssitze)가 그러했다. 군인들이 거기로 모였고, 시종과 관리 그리고 때로는 많은 다른 사람이 축제나 오락, 재판이나 온갖 시위를 보려고 모여들었다.

그 당시에 땅이 산출할 수 있었던 모든 부는 특히 이런 장소에 쌓였다. 그런 곳들은 성질상 상인들에게 최초의 집중 지점도 되었다. 독일에서는 처음에는 대부분 외국인들, 이탈리아 사람들과 유태인들이 그런 상인들이었다. 그곳에서 상인들은 상품의 판로를 아주 쉽게 발견했고, 수공업자들은 그들의 제품을 다른 제품과 금세 교환할 수 있을 것으로 가장 크게 기대할 수 있었다.

그러한 부역농장과 결부된 마을이 시장으로 되었다. 그런 곳은 인구와 부가 성장했으며, 이를 통해서 일찍이 요새화될 수 있는 위치에 놓였고 일찍이 요새화되지 않을 수 없었던 것은 이런 곳이 약탈욕을 가장 많이 부추겼기 때문이다. 요새화를 통해서 마을은 도시가 되었다.

많은 인구와 부가 한 장소를 요새화하는 원인이었다면 요새화와 그것이 제공하는 안보는 당시의 불안정한 시대에는 다시금 도시의 인구와 부를 증대한 토대를 이루었다.

이런 식으로 독일은 8세기부터 그리고 마찬가지로 서양 기독교 세계의 다른 모든 나라도 앞서거니 뒤서거니 도시들의 망으로 뒤덮였다.

몇 안 되는 도시들만이 처음부터 자유도시였다. 대부분은 영주의 마을에서 떠오른 것이고 그 주민은 한 명 이상의 영주에게 속해 있었다. 그러나 도시들의 부와 인구가 증가함에 따라 주민들은 영주의 보호 없이도 지낼 수 있었고, 주민들에게 공조와 부역농장에서의 노력은 쓸데없는 부담이 되었으며, 이로부터 벗어날 그들의 힘은 더욱 커졌다. 시민은 결국 도처에서 자유를 쟁취하는 데 성공할 때까지 점점 더 결연하게 영주에게 맞섰다.

이런 사태 전개에서 수공업자들도 당연히 영향을 받지 않을 수 없었다. 그들은 도시 인구의 아주 핵심적인 구성부분이 되었으며 영주에 대항하는 투쟁에 활발히 참가하여 도시의 승리에 기여했다.

이 도시들이 시장을 이루었을 뿐 아니라 수공업자들에게는 보루가 되기도 했다. 부역농장의 수공업자들과 함께 곧이어 다른 수공업자들도 도시에 정착했다. 다른 부역농장에서 도망친 노예나 농노, 이미 수공업을 영위하고 있었거나 수공업으로 직종을 전환한 자유민이 그들이었다. 당시에는 아직 수공업자가 남아돌지 않았다. 오히려 도시는 인구가 증가하면, 이를 통해서 번영과 힘이 증가했으므로 기뻐했다. 그들은 도망친 노예와 농노들을 보호했다. 그들이 1년간 도시에서 방해받지 않고 머물면 자유의 몸이 되었다. 수공업자들도 새롭게 이주해 오는 동업자들을 경쟁자가 아니라 투쟁의 동지로 여겼으며, 그들을 친근하게 환영했다. 농노 신분, 노예 신분의 수공업자들과 함께 자유수공업자들의 수도 증가했다. 농노와 노예 신분의 수공업자들이 자유수공업자들과 합세했고 도시 수공업자들의 명성과 권세가 커졌으며, 그들 중에 예속된 사람들은 차츰 더 독립적으로 되었다. 부역과 현물 공납 대신에 화폐 납부가 등장했다. 그들은 시장의 자유, 자유롭게 방해받지 않고 팔고 살 권리를 얻어냈다. 결국 모든 곳에서 다음과 같은 원칙이 통했다: 도시에 정착한 자들은 모두가 이미 이로써 처음부터 신상이 자유롭다는 것이다.

수공업은 하나씩 하나씩 부역농장에서 사라졌으며, 하나씩 하나씩 전적으로 도시의 일이 되었다. 과거에 지주가 자신의 장원에서 생산하게 했던 것을 이제는 도시에서 상품으로 사야 했다.

그리고 수공업이 부자유한 사람들 손에 영위되는 것은 완전히 중단되었다. 이러한 사태 전개의 끝에 우리는 수공업자들 중에 자유로운 사람들만이 있는 것을 보게 되며, 수공업 자체도 번창하고 높이 존중을 받는 것을 보게 된다.

이러한 발전의 시대는 각각의 특정한 수공업마다, 각각의 특정한 지역마다 달랐다. 그러한 시대는 일반적으로 11세기에 시작하여 14세기에 끝났다.

장원에 속한 금세공인은 이미 11세기 말경에 부역농장을 위한 노역 외에 시장을 위한 노동을 시작했다. 그리고 이러한 노동은 이미 그 당시에 노예적인 성격을 상당히 잃어서 자유인들이 그 일에 종사했다. (Hans Meyer, *Die Straßburger Goldschmiedezunft von ihrem Entstehen bis 1681*, Leipzig 1881, S. 154) 다른 한편 본(Bonn)에서는 14세기에도 여전히 직조권은 공무에 속했다. 그것은 부역농장에 종속되었다.(Maurer, *Geschichte der Städteverfassung in Deutschland*, Erlagen 1890, II, S. 323)

2. 동업조합

도시의 영주에 대항한 투쟁은 야심적인 수공업자 집단이 이끌어야 했던 유일한 싸움은 아니었다. 도시의 명문거족들에 대한 투쟁도 마찬가지로 중요하게 되었다.

도시들이 원래는 성벽으로 둘러싸인 마을에 불과했다는 것을 우리는 살펴보았다. 마을의 체제는 마르크체제였다. 이는 또한 도시의 체제로도 남았다. 마을의 영역인 마을 마르크(Dorfmark)처럼 도시의 영역인 도시 마르크(Stadtmark)는 두 부분, 구획된 마르크와 구획되지 않은 마르크(초지, 숲, 물)로 나뉘었다. 마을에 정주하면서 자기 살림을 이끌어가던 모든 사람이 그에 몫을 가졌다. 그들은 자치적으로 운영되고 고유의 법에 따라 존속하는 조합을 결성했다. 영주의 지배권이 마르크에 형성된 곳에서는 영주는 여러 가지로 우선권을 지녔다. 그들은 상임 마르크 지배인이 되었고 마르크 집회의 결정사항은 그들의 동의를 받아야 했다. 이것이 말하자면 헌정체제였다.

　원래 보통은 새로 이주해온 사람은 마르크 조합원으로 받아들여졌다. 토지는 남아돌았고 반면에 이를 경작할 사람이 모자랐다. 이는 맨 먼저 도시에서는 달라졌다. 그곳에서 인구는 급속히 증가했다. 여기서는 토지가 남아도는 것은 금세 사라졌으며, 오랫동안 정주해온 가계들은 결국 새로 이주해 들어오는 사람들이 마르크에 참여하도록 할 경우에 손해를 볼 것을 두려워했다. 마르크 조합은 이제 닫힌 사회로 전환했다. 이는 신규 구성원을 더는 받아들이지 않거나 받아들일 경우에는 잘 해야 그 조합에 특별한 이익이 생기는 예외적인 경우에만 받아들였다.

　구 정착민들과 함께 도시 자치공동체에는 제2의 주민 계층이 생겨났다. 이들은 나중에 이주해온 주민 계층으로서 공동의 도시 마르크에 전혀 지분이 없거나 아주 작은 지분만을 가졌으며 마르크 조합에 속하지 않았으므로 도시의 행정에도 관여할 일이 없었다. 그런데 마르크 행정은 도시행정과 같은 것을 의미했다. 그래서 새로운 시민은 도시에서 정치적으로 권리가 없었다. 구시민은 귀족이 되었다.

　처음에 신시민은 피보호시민(Schutzbürger)으로서만 도시에서 용인되었다. 그러나 시일이 지나면서 그들은 수효와 부가 성장했다. 아주 많은 상인과 대부분의 수공업자가 그들에게 속했다. 그들은 자신감을 갖기 시작했고 도시행정에의 참여를 갈망하기 시작했다. 조만간 많은 도시에서 13세기에, 다른 도시들에서는 14세기에 그들은 족벌행정에 대한 투쟁을 시작했고 결국에는 거의 모든 곳에서 14세기 혹은 15세기에는 족벌행정을 타도하고 행정에 참여하게 되었다.

　공동의 마르크는 문벌들에게서 빼앗아지지 않았다. 그러한 마르크가 유지되고 분배되지 않은 경우에는 마르크 조합도 도시 자치공동체

내에서 닫힌 조합으로 존속했다. 그러나 도시 자치공동체는 더 이상 마르크 자치공동체가 아니었다. 도시의 정치적 토대를 이루는 것은 더 이상 마르크 체제가 아니라 최소한 독일에서는 동업조합 체제(Zunft-verfassung)였다.

더 많은 사람의 군집은 스스로 조직화하지 않고서는 장기간 투쟁할 수 없었다. 수공업자들도 조직을 만들어야 했다. 그 모범을 그들은 마르크 조합에서 발견했다. 많은 노동자가 고용되어 있는 부유한 부역농장에서는 이미 각 직종의 노동자들이 한 사람의 마이스터 밑에 조합으로 조직되어 있었다. 물론 이는 투쟁의 목적에서가 아니라 생산과 행정의 목적에서였다. 그런데 영주들에 대항한 예속 노동자들의 투쟁이 있던 경우에는 이런 조합들은 투쟁의 목적에도 활용되어야 했다. 수공업자들이 자유를 쟁취했으므로 이런 조합들이 유지되었다. 예속 수공업직이던 것이 하나의 자유로운 직종조합(Innung)으로 바뀌었다.

이런 조합들과 아울러 많은 경우에 도시의 자유수공업자들은 자신을 보호하기 위해 처음부터 자유롭고 자치를 하는 조직을 결성했다. 이런 자유조합들은 거꾸로 예속 조합들에게 영향을 미쳐 투쟁에서 그들을 지원해주었다. 결국 두 종류의 조합은 동일한 것이 되었고 도시에서 예속 신분이 폐지된 후에 우리는 자유로운 조합(Innung)이나 동업조합(Zunft)만을 발견하게 된다.

대부분의 도시에서 자유 동업조합들이 이미 12, 13세기에 형성되었다. 나머지 도시들에서는 나중에 가서야 비로소 그리 되었다. 그리고 모든 직종이 동시에 동업조합으로 조직화된 것은 아니었다. 가장 부유하고 구성원 수가 많은 직종이 가장 먼저 이에 이르렀다. 가장 오래된 동업조합은 상인조합과 함께 모직업자 및 양복업자 조합이었다. 그 다음으로는 구둣방, 제과점, 푸줏간 조합 등이 생겨났다. 몇몇 직종은 스스로 동업조합을 이루기에는 너무 수가 적은 경우도 있었다. 그런 직종은 조직의 보호를 공유하고자 한다면 다른 직종의 동업조합에 가입해야 했다. 그래서 예컨대 로이틀링겐(Reutlingen)에서 이발사 겸 외과의사 바더(Bader)는 푸줏간 조합에 속했고, 에스링겐(Eßlingen)에서는 모피업자 조합에 속했다.

도시인구 중에서 누구나 할 수 있기만 하면 동업조합에 가입했다. 심지어는 창녀들까지도 예를 들어 성 막달레나의 보호 아래 "매춘업"을 영위하던 프랑크푸르트, 제네바, 빠리에서 동업조합을 결성했다.(Maurer, a. a. O., II, S. 471) 그러나 모든 직업이 동업조합을 조직할 수 있는 행복한 처지에 있지 않았다. 이는 마치 오늘날에도 모든 프롤레타리아가 노동조합을 결성할 수 있는 상황이 못 되는 것과 같다. 수많은 직업이 동업조합을 결성하기에는, 또는 기존의 동업조합에 들어가기를 바라기에는 그들의 사람을 너무 빈약하게 먹여 살리거나 너무 멸시를 받아서 그냥 남아 있었다. 이런 가련한 '민초'(Pöbel)를 조합을 이룬 수공업자들은 귀족이 자기들을 천시하듯이 거만하게 천시했으며, 이 인구의 최하층을 편들어주려는 생각이 그들에게는 떠오르지 않았다.

구 시민계층과 함께 동업조합으로 조직된 수공업자들에게서 도시의 제2의 특권층이 자라났다.

그런데 동업조합이 점차 특권으로 되어 갈수록 수공업계 내부에는 새로운 계급대립이 전개되었다. 이는 마이스터와 직인(Geselle) 간의 대립이었다.

3. 직인제도의 시작

　도시에서 임금노동자의 무리는 수공업 직인들을 이루었다. "생활에서 높은 위치에 있는 자들을 못마땅하게 쳐다보는 저 음침한 질투도 없이 자족하고 만족하면서" 자신들의 위치에 자부심을 가지고 "노동의 수확물에 대한 정당한 몫"을 누리며 "화려한 풍요" 속에서 살아갔다. 그들이 더 무엇을 바랐을까? 마이스터들처럼 그들도 "동업조합의 보호" 아래 있었고 동업조합은 그들과 마이스터 간에 발발하는 분쟁에서 판결을 했고 그들의 모든 권리를 지켜 주었다. 그들은 마이스터의 가정에 속했으며 마이스터의 식탁에서 식사를 했고 마이스터에 의해 자녀처럼 대접을 받아서 예의바르고 도덕적인 처신을 하도록, 그래서 "하느님으로부터 주어진 직분"으로 간주되는 마이스터 직위의 명예에 합당한 자가 되도록 권유를 받았다. 이는 성직자가 성직 수여에, 그리고 귀족이 기사작위 수여에 경외하는 마음으로 다가선 것처럼 직인이 외경심을 가지고 다가선 명예였다. 여전히 "수공업자들은 동업조합 안에서 서로 간에 형제의 사랑과 진실성을 가지고" 살았고, "그저 이익을 위해서만이 아니라 하느님의 계명에 따라서" 노동했다. 여전히 동업조합에서는 "평등과 우애"의 기본명제가 통용되었다.

　동업조합 제도에 우호적인 사람들과 중세시대의 열광자들은 동업조합 수공업의 융성기에 직인들의 처지를 그렇게 묘사하며, 이러한 묘사로부터 오늘날 이렇게 주장하는 특정한 동아리가 규합된다. 노동자와 경영자 간의 계급 대립을 제거하고 사회적 조화를 일으키려면 오직 조합제도의 부흥만이 필요할 뿐이라는 것이다. 조합은 마이스터만이 아니라 직인들의 이익도 지켜주는 데 적합한 제도라는 것이다.

　탁월한 독일 역사가들 중 중세 초기 수공업 직인들의 처지를 그렇게 목가적으로 묘사한 가장 젊은 학자는 요한네스 얀센(Johannes Janssen)이며, 그의 말을 우리는 위에서 일부 사용했다.[1] 한편 이 역사가가 직인들의 행복한 위치에 대한 증거로 다른 여러 가지 중에 특히 당국, 마이스터와 부르주아 문필가 들이 직인들의 못 봐줄 정도의 사치와 교만에 대해서 한 탄식을 들고 있는데 이는 의심스러운 것이 분명하다. 그러한 탄식이 증거능력이 있다면, 모든 시대의 임금노동자들이 최고로 좋은 형편을 누려왔다는 것을 별로 힘들이지 않고 설명할 수 있을 것이다.

사실에 좀더 가까이 다가간다면 얀센이 우리에게 그려준 저 목가적인 상황과는 완전히 다른 상황도 발견하게 된다.[2]

---

[1] Johannes Janssen, *Geschichte des deutschen Volkes seit dem Ausgang des Mittelalters*, I, S. 315-342.

[2] 더 새로운 역사 저작물로서 얀센의 것만큼 주목을 끈 것도 별로 없으며, 어느 정도까지는 이는 완전히 정당하기까지 하다. 얀센은 자유주의적 프로테스탄트 개혁 전설에 따끔한 일침을 놓았으며 개혁의 종교적 문구 뒤에는 어떤 물질적인 이해관계가 숨어 있었다고 밝혔다. 물론 과학적 사회주의가 얀센 이전에 이를 언급했다. 그리고 그는 과학적 사회주의처럼 일면적으로 단지 프로테스탄트 쪽만이 아니라 가톨릭 쪽에서도 그런 이해관계가 작용하는 것을 발견했다. 그러나 루터와 그의 동지들처럼 오늘날 질서의 중추에 의해 높이 추앙받는 사람들이 혁명적 수단으로 혁명적 목표를 추구한 혁명가들이었다는 것이 보여졌다면 이는 대중에게는 새롭고 또한 놀라운 일이었다. 종교개혁 시대를 이미 알고 있는 연구자는 얀센의 저작에서 많은 자극을 받고 많은 새로운 해명을 발견할 것이다. 그런 한에서 그것은 도움이 된다. 그러나 우리는 그것을 대중에게 진실에 충실한 서술로 추천하는 것은 극히 경계하는 편이 좋을 것이다. 우리는 비진실이란 면에서 얀센의 저작과 비견될 수 있는 어떠한 현대의 역사저작도 알지 못한다. 종교개혁 초기의 사회적 상황에 관하여 그는 두 가지 서술을 하고 있다. 그는 먼저 이 상황의 실제적인 혹은 상상된 좋은 측면들만 보여준다. 독일은 구교의 지배 아래서 아주 행복했다는 것이다. 그리고 16세기 초 사회적 상황의 나쁜 측면들을 부각한다. 젊은 인문주의자들의 불신앙이 로마법과 프로테스탄티즘과 아울러 독일을 어디로 데려갔는지를 보라고 그는 외친다!

'사료를 바탕으로 한 서술'이라는 독특한 방식도 한몫했다. 얀센은 사료에서 특징적인 것을 추려내는 것이 아니라 자기 마음에 드는 것을 뽑아냈다. 그는 이로부터 사실만 이야기하는 것이 아니라 주로 판단과 바람을 표명하며, 그것이 그의 목적에 부합하는 경우에는 곧장 이를 사실로 둔갑시킨다. 가톨릭의 동업조합 체제는 '조합원'들에게 '형제의 사랑과 진실성'을 가지고서 함께 생활할 것을 권유한다. 가톨릭의 소책자는 수공업자가 이익을 위해서가 수공업 직인 혹은 예전에 부르던 방식대로 '머슴'(Knechte)에 대한 최초의 보도는 독일에서 13세기에 나오는 것을 우리는 보게 된다. 장인들 측에서 머슴을 두는 것은 예전에는 드물게만 있었던 일이었을 것이며 그래서 사람들이 이를 언급할 이유가 없었다.

스트라스부르의 모직업자들에게는 13세기에도 직인의 권리에 대한 언급이 없으며, 14세기에도 마이스터와 머슴은 별로 구분되지 않았다.(G. Schmoller, *Die Straßburger, Tucher= und Weberzunft, Straßburg 1879*, S. 389. S. 451 참조)

14세기 이전에 특별한 머슴 혹은 직인 직위의 형성 조건은 극히 불리했다. 장인들은 우리가 이미 알고 있듯이, 일부는 대지주 저택의 농노들이고 일부는 자유인들이지만 완전한 시민은 아니었다. 지주, 마르

아니라 하느님을 위해서 일한다고 설명한다. 이는 가톨릭교도의 신실함과 진실성에 대한 '사료에 의한 증명'이 아닌가? 어느 가톨릭 신부는 교회 개혁이 필수적이라고 썼다. 이는 교회가 물리력에 의한 전복 없이, 교황권으로부터의 이탈 없이 독일이 단일하고 행복한 상태로 남아 있는 방식으로 개혁될 수 있다는 데 대한 중요한 증명이 아닌가? 반면에 프로테스탄트교는 무엇을 가져왔는가? 프로테스탄트 목사들은 그들의 하는 식대로 설교와 글에서 세상이 나날이 불경해져 간다고 통탄한다. 종교개혁이 사람들을 얼마나 나쁘게 만들었는지를 그것에서 분명히 알 수 있지 않은가? 바로 가장 신뢰할 만한 것, 프로테스탄트파 '사료들'이 이를 말해준다.

얀센의 인용문이 모두 옳을 수 있더라도 이를 집대성하고 활용하는 방식 때문에 그에 근거한 서술은 허위가 된다. 몸젠 이래로 독일 역사가들 사이에 유행이 되었던 방식, 옛날의 상황들을 현대적인 명칭으로 표기하고 독자들을 확실히 옛 시대의 역사적 특징들을 도외시하고 옛 시대를 우리의 잣대로 재도록 몰고 가는 방식에 의해 이는 더 나아지지 않는다. 몸젠이 현대의 자본주의적 생산양식의 말과 개념을 가지고서 옛 로마인들을 다루듯이 얀센은 중세시대와 종교개혁시대를 그렇게 다룬다. 그는 어떤 곳에서는 이렇게 말한다.(I, S. 412) "교회법은 노동이 유일하게 가치를 창출하는 것이라고 선언했다." 그러나 이 문장은 얀센이 그 의미를 완전히 도저히 모르겠다고 자기 생각을 밝힌 것만으로 참인 것으로 증명된다. 마찬가지로 그는 동업조합들이 보장해준 "노동에 대한 권리"에 관해서도 말하고 싶어 한다. '누구에게', '어떻게'에 대해서 우리는 살펴볼 것이다.

대체적으로 얀센의 저작은 초연한 설명을 추구하는 사람에게는 권할 것이 못 된다.

크조 합원만이 정치적 권리를 보유했으며 장인들의 조직은 좀처럼 합법적인 존재를 얻지 못했다. 그것들은 무엇보다도 투쟁조직이었다. 이주해오거나 새로 가입자격을 얻은 장인은 투쟁의 동지로서, 동업조합의 강화 요인으로서 환영받았다. 그를 동업조합에서 배제할 이유가 없었을 뿐 아니라 오히려 그를 영입하기 위해 모든 것을 다해야 했다. 이것이 조합 강제가입의 의미였으며, 이는 결코 독점을 창설한 것이 아닌 것 같다.(G. L. v. Maurer, a. a. O., II, S. 399 참조) 1400년에도 스트라스부르의 직조업자들은 누구나 할 것 없이 5인 판관의 판단에 의해 신뢰할 수 있는 출신배경을 가진 자는 도제기간 없이 무조건 조합에 받아들이기로 결정했다.(Schmoller, a. a. O., S. 402) 수공업 기술은 아직 극히 원시적이었고 많은 이들의 협동, 협업을 필요로 하지 않았다. 각 사람의 장인은 스스로 작업도구와 다른 생산수단을 만들 수 있었다. 그 당시에 여러 직종에서 아직도 고객이 원재료를 제공했으며, 장인은 대체로 자기 집에서 삯을 받고 그것을 가공했다. 대부분의 장인은 머슴을 두기에는 너무 가난했다. 어떤 장인도 보통은 머슴으로 고용살이를 강요당하지 않았다. 기술적 관계나 경제적 법적 관계들이 그가 독립적으로 일하는 것을 방해하지 않았기 때문이다. 그렇다면 수공업의 머슴들은 어디서 왔던 것일까?

14세기부터 사정은 달라졌다. 고유한 권리를 지닌 특별한 직인의 지위가 발생했고, 도제제도가 확정된 형태를 취했다. 마우러(Maurer)는 수공업의 이 새로운 질서가 기사단의 모범을 따라 생겨난 것이라고 가정한다.(a. a. O., II, S. 367) 기사단이 시동, 종자, 기사들을 구분하듯이 조합의 수공업은 도제, 직인, 마이스터로 나뉜다. 그러나 물론 또 다른 상황들이 그것에 확정적으로 작용했다.

14세기에 수공업은 여러 도시에서 가장 중요한 직종이 되었다. 그것은 농업뿐 아니라 흔히는 상업을 중요성 면에서 능가했다. 장인들은 나날이 풍족하게 되었고 동업조합들은 갈수록 세력이 강해지고 명성이 높아졌고 도시행정에 대한 영향력은 하루 다르게 커졌다.

어떤 수공업자들은 부유해져서 머슴을 둘 수 있는 처지가 되었다. 동업조합들은 '입법의 걸쇠'를 차지했고 이로써 공동생활체가 자신들의 특수 이해관계를 보호하게 해줄 가능성을 지녔다. 이러한 사태 전개가 몰고 온 상황은 수공업 마이스터가 그들의 머슴으로 충원할 수 있었던 분자들도 만들어냈다.

수공업과 상업의 진보는 농촌의 상황도 변혁시켰다. 우리는 농민전쟁의 원인에 대해 이야기하면서 이를 더 자세히 다룰 것이다. 여기서는 다만 이러한 변혁이 결국 농민전쟁을 일으켰을 뿐 아니라 프롤레타리아화된 농촌 거주자들이 보호와 자유와 풍요로운 삶을 약속한 번창하는 도시로 끊임없이 밀려들게 했다는 것만 언급하기로 한다.

외부에서, 즉 촌락, 읍, 작은 농촌도시에서 (비교적) 대도시로의 이주가 얼마나 강렬했는지는 14, 15세기의 프랑크푸르트-암-마인의 인구에 관한 탁월한 저작에서 뷔허(Bücher)의 연구가 명확하게 보여준다.[3]

그래서 프랑크푸르트 원주민인 시민의 자녀들은 제외하고, 기독교 신앙을 가진 남자 신시민으로 따진 프랑크푸르트 시민권자의 증가는 다음에 달했다:

1311년부터	1350년까지	1293명	연평균 32
1351	1400	1535	31
1401	1450	2506	50
1451	1500	2537	51

---

3 이것과 카를 람프레히트(Karl Lamprecht)가 쓴 그 책에 관한 재미있는 비평을 비교해보라. "Archiv für soziale Gesetzgebung und Statistik", Tübingen 1888, I. 485ff.

이주는 16세기가 되면서 점점 더 그 세가 커진다.

타지역에서 새 시민이 충원되던 지역 범위도 더욱 넓어졌다. 100명의 프랑크푸르트 시민 중에 거리별로 출신지의 인원수는 다음과 같다:

	2마일[4]까지	2마일에서 10마일	10마일에서 20마일	20마일 초과
1311~1350년	54.8	35.5	6.5	3.2
1351~1400년	39.4	42.9	11.1	6.6
1401~1450년	22.9	54.2	12.6	10.1
1451~1500년	23.2	51.2	11.3	14.3

외부에서 이주해온 인구 전체가 시민으로 받아들여진 것은 아니다. 도시로 몰려들어온 사람들이 프롤레타리아화된 분자들일수록 그곳의 불안정한 인구의 대열을 더욱 늘어나게 했을 수 있을 것이다. 그러나 이를 통계적으로 확인하기에는 우리에게 어떠한 근거도 결여되어 있다. 우리는 이렇게 언급하는 것으로 만족해야 한다. 15세기 말 16세기 초 독일 도시들에서 빈민의 수는 아주 믿을 수 없을 정도로 높은 수치에 도달했다고. 함부르크에서는 1451년부터 1538년까지 인구의 16에서 24%가 빈민이었으며 아우크스부르크(Augsburg)에서는 1520년의 보고에 따르면 2,000명의 무산자가 있었다. 이런 분자들의 출신에 대해서 우리는 추측할 수 있을 뿐이다. 그러나 전체적인 사정은 시골에서 프롤레타리아 분자들의 이주가 이런 도시 룸펜 프롤레타리아 계층의 놀라운 수치 상승에 큰 몫을 차지한다는 것을 시사해준다.

새로운 유입자들은 대부분 수공업에 취업하려고 했고 적어도 자녀들은 그런 일을 배우게 하려고 했다. 수공업 마이스터들은 이제 머슴과

---

4 여기서 1마일은 독일의 구시대 거리단위로 7.5km에 해당함.

도제들을 충분히 두었고, 곧 그 수가 넘칠 수준이 되었다. 그러면 당연히 머슴들은 가능한 한 빨리 독립하여 마이스터가 되려고 했다. 장인의 수는 그들 제품에 대한 수요보다 더 빨리 늘어났다. 예전에는 동업조합이 새로운 장인조합원이 가입할 때마다 세력이 커진다고 해서 두 팔을 벌려 맞아들였다면 이제는 새로 신참자가 들어올 때마다 그렇지 않아도 이미 수가 많은 조합원들에 대하여 달갑지 않은 경쟁자들이 되는 것으로 여겼다. 그들의 힘은 이제 더 이상 손재주가 아니라 그 회원들의 돈주머니에 의존했다. 그 돈주머니는 그 직종 내에서 경쟁이 적으면 적을수록 더욱 팽팽하게 불어났다. 동업조합들은 그래서 점점 배타적으로 되어 외부, 특히 시골의 분자들에게 수공업으로의 진입을 어렵게 만들고, 수공업 내에서 마이스터의 권리를 더욱 쉽게 얻을 수 없는 특권으로 만들기 위하여 그들의 정치적·경제적 힘을 점점 더 많이 사용했다. 그것을 목표로 하는 제도들이 동업조합 제도의 '화석화' 시대에 비로소 생겨난 것은 아니다. 제도들의 형성은 14세기에 시작되며 16세기에는 대체로 완료되었다. 그후의 세기들은 아무런 두드러진 것도 추가하지 못했다. 그것은 동업조합 제도의 전성기 때의 산물로서 오늘날 수많은 조합 열성분자들의 눈에는 이상적인 것으로 아른거리는 모습과 같다.

4. 도제, 직인, 마이스터

도제를 받아들이던 때에 이미 배타성이 드러났다. 여성을 수공업에서 배제하는 것으로 시작했다. 도제는 남성이어야 했다.

남자들이 처음부터 수공업에 대한 독점권을 지닌 것은 결코 아니었다. 독일에서는 그에 관한 명확한 문서자료가 보전되어 있지 않다. 반면에 프랑스에서 그 사안은 명확하다. 그곳에서 13세기에도 여자들은 기본적으로 수공업에서 배제되지 않았다. 브왈로(Boileau: 에띠엔 브왈로 -옮긴이)의 저서[5]가 그 규정들을 포함하는 100가지 수공업 중에서 여성 노동이 완전히 배제된 직종은 둘뿐이고 다른 한 직종에서는 특정한 작업들만이 여성을 배제했다. 이 세 직종에서 모두 앞의 규정과 결의 자체에서 알 수 있는 것은 이전 시기에 여성 노동과 여성에 의한 사업운영이 허락되었다는 것이다. 반면에 8개 수공업에서는 여성은 정말 합법적인 것으로 언급되었고 여성의 자격은 남성의 자격과 완전히 똑같았다. 또 6개의 수공업 직종들은 전적으로 혹은 아주 높은 비중으로 여성에 의해 운영되던 것으로서 다른 모든 수공업처럼 여성 도제, 여성 노동자, 여성 마이스터의 세 등급을 수공업의 모든 나머지 특정적인 표지와 나란히 가지고 있었고 일부는 여성 관리인 그리고 일부는 여성과 남성 관리인에 의해 지도와 감독을 받았다. 나머지 직종들은 마이스터의 아내와 딸 이외에 다른 여자들도 노동을 하도록 허가했다는 것을 직접적으로 알려주지는 않지만 그들의 규정에서 그에 대한 금지 또한 직접적으로 도출될 수 없다.[6]

한편 독일에서도 14세기에 여성이, 예컨대 쾰른에서 방적업자들처럼 독자적인 동업조합을 결성하거나 남자들과 함께 동업조합에 있고 독립적으로 수공업을 운영하는 예들이 전해온다.

1377년부터의 프랑크푸르트-암-마인의 재단사 회칙에는 이렇게 되어 있다. "수공업을 영위하고자 하는 남편이 없는 여자도 앞으로는 여자 시민이어야 하며 이사회와 협의하여 이 회무를 처리해야 한다.

---

[5] *Réglements sur les arts et métiers de Paris.*
[6] Fr. W. Stahl, *Das deutsche Handwerk*, Gießen 1874, S. 68.

그런 일이 있으면, 그녀는 조합에 30실링을 내어서 공동으로 사용하도록 해야 하고, 1/4파운드의 포도주를 내놓아서 조합 사람들이 이를 마셔야 한다. 그렇게 되면 그녀는 자녀들과 함께 조합에 대한 권리를 가진다."(동일한 요건이 남자들에게도 적용되었다.)(Stahl, a. a. O., S. 80)

다른 수공업 조합들도 여러 곳에서 14세기까지도 여성에게 개방되어 있었다. 예를 들어서 퀼른에서는 도축업자, 가죽지갑 제조자, 문장(紋章) 자수업자, 허리띠 제조자들이 여성을 그들의 동업조합에 동등한 권리를 가진 자들로 받아들였다. 그러나 일반적으로 외래의 여성들은 14세기에 이미 수공업 운영에서 제외되었다. 마이스터의 아내와 딸들이 공방에서 같이 일할 권리만이 16세기까지도 대부분의 직종에서 유지되었다. 그러고 나서 이것도 사라졌다. 수공업 노동에서 여성의 배제는 그때부터 기본적이고 온전한 조항이 되었다.

그러나 남성 도제들 가운데서도 취사선택을 하기 시작했으며, 인구계층이 하나씩 그 자식들을 수공업에 종사시킬 권리를 박탈당했다. 결국에는 다양한 수공업에서 도제들에게 족보의 증명(Ahnenprobe)을 요구하는 데까지 이르렀다. 적법한 혼인관계에서 난 자유 신분의 명망 있는 출생배경을 가진 명확한 혈통을 증명할 수 있었던 소년들만이 마이스터에 의해 도제로 받아들여졌다. 참으로 여러 도시들에서 혼인관계에 의한 출산 증명이 요구되었다.

이런 요구가 미운 사람들을 지나치게 괴롭힐 가능성을 주었다는 것은 명확하다. 여러 세대에 걸친 혼인관계에 의한 혈통계승의 요구는 대부분의 프롤레타리아를 배제했다. 자유 신분 출생의 요건은 농노신분 농민 출신에게 어떤 조합식 수공업에도 들어가는 것을 가로막았다. 끝으로 "명예롭지 못한" 것으로 통한 것은 특히 도시로 몰려드는 농민이 가장 먼저 생계를 위해 종사하던 직업들로서 시골에서 비조합 형태로 영위되던 수공업들과 결국에는 도시인구 중에 영락한 계층의 분자들로 주로 충원되던 그런 직업들이었다. 마우러(a. a. O., II, S. 447)는 그런 "불명예스런" 직업들로 양치기, 제분업자, 아마포 직조업자, 그 다음으로 정리(廷吏), 시청의 아전, 논밭 경비원, 무덤 파는 사람, 야간 순찰, 거지 단속 경찰, 거리 청소부, 개천 청소부, 가죽 벗기는 사람과 사형집행인, 그리고 세관원, 피리 부는 사람과 나팔수, 경우에 따라서는 이발사와 목욕탕 주인을 들었다.

아마포 직조업은 대체로 농촌의 가내공업이었다. 15세기에 아마포 직조업자는 도시로 대량 이주했다. 1488년도에 예를 들어서 400명의 농촌 직조업자가 슈바벤에서 울름으로 이주해 들어왔다. 이러한 인구 유입으로부터 자신을 지키려고 한 것은 놀랄 일이 아니다.

그러한 분자들을 수공업조합에서 따돌릴 것을 명령한 가장 오래된 증거는 1300년의 브레멘 제화업사무소의 두루마리 문서일 것이다(물론 17세기의 필사본으로서만 보전되어 오며, 아마도 그때의 필요에 대한 고려를 담고 있을 것이다). 이 문서들에는 아마포 직조인이나 짐꾼의 자식들을 수공업 조합에서 교육하는 것이 금지되었다.[7]

도제기간은 가능한 한 최대로 연장되었다.

원래는 그에 대한 아무런 규정도 없었다. 대개는 아무런 수업의 강제도 없었다. 그런 내용을 제공하는, 우리에게 전해오는 최초의 규정은 1304년의 것이다. 그해에 취리히에서는 제분업자, 목동, 피혁업자에게 수업강제가 도입되었다. 그러나 15세기가 되어서 비로소 그것은 일반적인 것으로 되었다.

수업기간 자체도 다양했다. 우리는 1년의 수업기간(예컨대 14세기 쾰

---

7 B. Böhmert, *Beiträge zur Geschichte des Zunftwesens*, Leipzig 1862, S. 16, 68.

른에서 재단사의 경우)과 8년(같은 시대에 바로 그곳에서의 금세공인)의 수업기간이 있었던 것을 안다. 대부분은 3년이었다. 영국에서는 수업기간이 아주 길어서 12년까지 되었다(결국 7년이 보통으로 되었다). 그 때문에 그곳에서 도제는 마이스터가 되는 데 수업기간을 버텨낸 뒤에는 더 이상 아무런 법적 장애물도 없었다. 이는 독일에서 존재하는 것과 같은 직인 조직들을 영국에서 발견할 수 없는 이유가 될 것이다.

독일에서 수업기간은 그렇게까지 길지 않았다. 그 때문에 수업기간과 마이스터 신분 사이에 직인 기간이 끼워 넣어졌고 가능한 한 최대로, 특히 편력시대(Wanderjahre)를 통해서 연장되었다.

직인의 방랑은 이미 14세기에 풍습으로 언급된다. 그러나 당시에는 어디에도 방랑의 강제는 없었고 오히려 방랑의 금지가 있었다. 방랑의 강제에 대한 최초의 언급을 우리는 1477년 뤼벡의 모직업자들에게서 발견한다. 이들은 마이스터의 아들이 오랫동안 방랑생활을 거쳐야 마이스터가 된다고 요구하는 것이다. 직인들에 대해서는 거기에서 아직 언급이 없다. 16세기에는 방랑의 강제가 빈번해지기 시작했다. 영국에서는 그런 것은 존재한 적이 없다.

규정된 편력 시기는 1년에서 6년에 달했다. 대부분은 3~4년으로 고정되었다.

수공업의 과잉을 회피하기 위한 또 하나의 수단은 한 사람의 마이스터가 둘 수 있는 도제와 직인의 수를 제한하는 것이었다. 이로써 그밖에 또 다른 목표에도 도달했다. 부유한 마이스터들이 순수한 자본가가 되어 작은 마이스터들에게 강력한 경쟁을 가하는 것을 저지했다.

이미 14세기에도 도제와 직인의 수를 제한하는 그런 규정들이 등장한다.

예를 들어 1386년에 콘스탄쯔 시장과 재단업의 조합장은 한 명령을 반포했는데 거기에서는 "몇몇 마이스터가 여러 명의 하인을 두어서 이는 다른 사람들에게 손해를 끼치고 위험하다"는 탄식을 하고 있다. "이제부터는 각 사람은 머슴을 다섯 명 이상, 도제를 두 명 이상 두는 것이 금지"되었다.[8]

15세기에는 이런 제한들이 일반적이었다.[9]

모든 직인이 독립하는 것은 더 이상 가능하지 않았다. 부역농장에서의 예속 장인들의 노동은 사라졌으며, 고객의 집에서의 자유 신분 장인의 노동도 완전히 근절되었거나 사라지고 있었다. 장인들은 이제 자신의 작업장에서 자신의 원재료를 가공했으며, 집을 소유하고 재고를 쌓아놓을 수 있어야 했다. 수완 좋은 수공업 기업은 이미 여러 직종에서 일정한 재산을 필요로 했다. 부유함은 점점 더 독립적 수공업 기업의 결과만이 아니라 그 전제조건으로 되었다. 수공업을 독립적으로 하려고 추진하지 못하고 평생토록 머슴으로 머물러야 할 운명에 처한 머슴들의 수가 갈수록 늘어난 것도 놀랄 일은 아니다.

그러나 이 모든 사정에도 불구하고 마이스터가 되는 직인들의 수는 이미 독립한 자들이 원하는 것보다 훨씬 더 빨리 증가했다. 그래서 경제발전의 경향은 법적 수단에 의해 지원을 받았으며, 13세기에는 어떠한 부담스러운 조건과도 결부되지 않던 마이스터 자격의 취득은 점점 더 어려워졌다. 이런 조건들 대부분은 15세기에 생겨난 것이다.

직인이 마이스터가 되기 전에 그는 도시의 시민권을 취득해야 했다. 그것이 성공하면 그는 흔히 수년간 마이스터 자격의 취득을 기다려야 했다.

---

[8] G. Schanz, *Zur Geschichte der deutschen Gesellenverbände*, Leipzig 1877, S. 9.
[9] Schmoller, a. a. O., S. 453; Karl Bücher, *Die Bevölkerung von Frankfurt a. M. im vierzehnten und fünfzehnten Jahrhundert*, I. S. 607.

예를 들어 1403년 울름의 직조업자 조례에는 다음과 같은 말이 있다: "5년간 울름에서 주택을 보유하고 정착한 시민은 당연히 자녀에게 직조 수공업을 배우게 할 수 있다. 그리고 수업기간이 끝나면 이들에게 동업조합 회원권을 사줄 수 있다. 그러나 외지의 직조업자가 시골 출신이든 다른 도시 출신이든 시민권을 받고자 한다면, 그는 5년 동안 직조업을 운영해서는 안 되며 그 전에 그에게 동업조합 회원권이 주어져서는 안 된다. 직조 수공업의 도제들이나 머슴들은 이곳에 5년간 있었다는 것만으로는 아무 소용이 없다. 그들이 그 전에 시민권을 취득하고 5년이 지나기까지 동업조합 회원권이 그들에게 수여되어서는 안 된다."(Schanz, a. a. O., Seite 8)

또 하나의 조건은 시작품(試作品)의 제작이었다. 당연히 동업조합의 마이스터들, 따라서 미래의 경쟁자들이 그것의 통과 여부를 판정해야 했다. 혈통 검증은 아마도 도제에게보다 더 고통스러웠을 것이다. 높은 가입비를 납부해야 했고 비용이 많이 드는 마이스터 식사와 연회를 동업조합원들에게 베풀어야 했다.

직인이 이 모든 조건을 충족시키기는 그리 녹록치 않았다. 낭만적인 열광자들은 이를 통해서 당시 고객의 이익을 지켜주었고 고객에게 확고하고 충실한 작업을 보장해주고자 했다고 우리에게 믿게 하려고 한다. 그것이 얼마나 언급된 제한조치들의 원인이었다고 하기 어려운지는 이해당사자들 자신의 다양한 설명에서 이미 해명된다. 예를 들면 이흘라바(Iglau)의 재단사 조합은 시청당국에 낸 청원서(1510)에서 이렇게 명시적으로 말한다: "수업기간을 4년으로 연장하여 수공업 조합에 그리 쉽게 들어오지 못하도록" 하기를 바란다.(Karl Werner, a. a. O., S. 30) 마인쯔의 대주교는 1597년 여러 도시의 피혁업자와 안장업자에게 긴 수업기간과 방랑과정을 권했다. 이는 "이들 피혁업자와 안장업자를 성공적인 입회를 거쳐 지켜주고 그들이 다른 무경험한 초보자들에 의해 입에 문 빵을 빼앗기지 않도록 하기 위한" 것이다.(Stahl, a. a. O., S. 40, 41) 주목해야 할 것은 또한 이런 제한조치들이 마이스터의 자식들, 그리고 많은 경우 마이스터의 딸이나 과부와 결혼한 자들에게는 완전히 제거되었든지 아니면 아주 많이 축소되어 순전히 형식적이었다는 것이다. 이들에 대해서는 "신분의 명예수호"를 위한 근심어린 배려가 아주 중지되었다는 것이 주목할 만하다. 그것은 사람들이 우리에게 즐겨 설명하듯이 조합제도의 "타락" 시대에 비로소 시작된 것은 아니다. 이미 14세기에 프랑크푸르트에서는 도축업자의 조합이, 브레멘에서는 제화업 조합이 마이스터의 아들과 딸들을 봐주었다.(Schanz, a. a. O., S. 14) 아니 15세기에 우리는 이미 조합의 문호를 폐쇄하려는 시도, 마이스터 수를 처음부터 고정하려는 시도를 만나게 된다. 함부르크에서는 1468년에 어부들이 그들의 수를 50명에서 40명으로 낮추어 줄 것을 관청에 간청한다. 1469년에 그곳에서 금세공인 수는 12명으로 한정된다. 1463년 보름스에서 포도주 술통 운반인 수는 44명으로 한정된다. 또한 우리는 마이스터 자격의 상속도 이 시기에 벌써 보게 된다.

제한조치들은 무엇보다도 두 가지 중대한 결과를 가져왔다. 한편으로 이는 농촌 민중의 증가해가는 프롤레타리아화의 영향을 첨예화했고, 모든 조합조직의 바깥에 있던 도시 프롤레타리아 계층을 창출하는 데 실질적으로 기여했다. 또 한편으로 조합의 수공업에도 마이스터와 직인 간의 대립을 초래했다. 직인의 수에 비하여 마이스터의 수는 점점 더 줄어들었고 조합을 피하여 독립하려고 시도하는 모든 자를 '돌팔이'(Pfuscher), 무허가업자(Bönhaser) 등으로서 더 엄격하게 단속했다. 곧이어 도시 외곽에서, 주변도시에서 아니 멀리 떨어져 있는 마을에서도, 개중에는 수 마일인 경우도 있지만 대부분 1마일의 범위(이른바 'Bannmeile')에서 수공업의 영업이 금지되었다. 그래서 예를 들어 1500 년에 츠비카우에서는 단속반경(Bannmeile) 내의 촌락들에서는 큰 마을에 한 명씩 외에는 어떠한 아마포 직조업자도 정착하는 것이 허락되지 않았다. 유사한 제한조치들이 마을의 다른 장인들과 관련해서 그곳에서 1421년과 1492년에 이미 포고되었고, 이에 대한 항거가 없지 않았다.(G. Herzog, *Chronik der Kreisstadt Zwickau*, Zwickau 1845, II, S. 154, 162) 그러한 조치들은 조합의 도시 마이스터들과 비조합 형태의 촌락 및 외곽도시 장인들 간의 치열한 투쟁을 부추겼다. 이는 농민전쟁에서도 재연된 투쟁이다. 농촌인구가 다수 도시로 몰려들고 머슴살이와 직인살이에 나서는 자들이 점차 증가함에 따라 직인들은 조합의 마이스터 자격을 취득하기가 점점 더 어려워졌고 조합 밖에서 독립하기가 점점 더 어려워졌다. 이 때문에 평생 동안 공방의 머슴으로 살아갈 처지라고 스스로를 바라본 자들의 수가 증가했다. 직인 신분은 도제 신분에서 마이스터 신분으로 가는 단순한 징검다리인 대신에 수많은 수공업 노동자에게 항구적인 지위가 되기 시작했다. 직인은 곧 장래의 마이스터라기보다는 마이스터의 피착취자라고 스스로를 느꼈으며, 그의 이해는 마이스터의 이해와 갈수록 충돌하는 관계에 빠져들었다.

5. 직인과 마이스터 간의 투쟁

마이스터와 직인 간의 대립은 중세가 끝나가면서 점차 험악해졌다. 마이스터가 기껏해야 때때로 조수와 어울린 우두머리 노동자였던 한에서 그는 노동시간을 과도하게 연장할 하등의 이유도 없었으며 만일 그랬다면 그가 가장 많이 시달렸을 것이다. 머슴이 그와 한 상에서 먹었다. 한 사람을 위해 특별히 요리를 하는 번거로움을 초래할 이유가 없었다. 마이스터에게 좋은 것이라면 머슴에게도 좋았다. 양자의 이해관계는 상당 정도로 일치했다. 화폐임금은 이와 병행하여 상품생산의 초창기에는 작은 역할만을 했다. 마이스터와 머슴이 노동에서 번 돈을 나누어 갖는 일이 드물지 않았다.

스트라스부르의 직조업자에게는 머슴이 마이스터와 1/3 혹은 반 페니히를 받고 일을 하고 공동노동의 보수 중 1/3 혹은 절반을 차지하는 관습이 지배했다.(Schmoller, a. a. O., S. 416) 이와 똑같은 것을 우리는 1364년 명령에 의거할 때 울름의 금세공인에게서 발견한다.(Stahl, a. a. O., S. 332)

순전한 인간성이 아닌 계급적대에서 생겨난 불화의 동기는 그런 상황하에서는 거의 생겨나지 않았다.

한 사업체에서 직인들의 수가 커지자 이 모든 것이 달라졌다. 노동을 하면서 4~5명의 직인을 감독한다는 것은 한 명을 감독하는 것만큼 단순하지 않았다. 마이스터는 점차 십장(什長)으로부터 독려자가 되어 직인에게서 가능한 많은 노동을 쥐어짜내려고 했다. 직인들의 노동 부담이 커지는 만큼 그의 노동 부담은 가벼워졌다. 머슴들이 많이 고용되면, 그들의 노동만으로 스스로를 부양할 뿐 아니라 마이스터에게도 상당한 소득을 보장해주기에 충분했다. 그 와중에 마이스터 자신에게 독려의 노동은 너무 부담이 되게 되었다. 14세기 말부터 발달한 성과불 임금의 도입으로 그는 그 부담에서 벗어났다. 특히 직조수공업에서는 성과불 임금의 점차적인 성숙이 추구되었다.[10] 그리고 이미 15세기에

---

[10] Schanz, *Gesellenverbände*, S. 109.

는 그러는 가운데서 마이스터가 직접 일하지 않는 것을 금지하는 것이 필요하다고 사람들은 생각했다.

마이스터가 함께 일하는 시간이 더 적을수록, 머슴들이 그를 위해 잉여가치를 만들어내게 하는 데 더 매달릴수록 머슴들의 노동시간을 연장하려는 그의 노력은 점점 더 커진다. 비록 매일의 노동시간이 뒤흔들린 것은 없었던 것으로 보이지만 휴식하는 월요일(Blau Montag)의 폐지, 수많은 휴일에, 심지어는 일요일에도 노동하는 것을 도입하려는 노력이 갈수록 효과를 나타냈다.

작센에서는 하인리히 공작이 1522년에 농민전쟁이 발발하기 직전에 날카로운 명령을 선포했다. 거기서 그는 휴일 노동을 금지했다. 그러나 그 대신 직인들은 "쉬는" 또는 "좋은 월요일"을 보내는 것이 허락되지 않는다고 선언했다.(G. W. Hering, *Geschichte des sächsischen Hochlandes*, Leipzig 1828, II, S. 31) 재단사 직인들이 베젤(Wesel)에서 1503년에 파업했을 때 동업조합 회의소에서 시장은 이렇게 확언했다: 재단사 직인들은 아주 시끄러운 사람들이지만 "마이스터들도 책임이 큰 것은, 직인들이 당연히 바랄 수 있는 것으로 하루에 세 끼의 식사를 규칙적으로 주려고 하지 않고 너무 많은 노동을 부과하기 때문"이다. 그는 마이스터들이 앞으로 "일요일과 휴일 아침에 성례(미사) 때까지" 일을 시키고 도제들을 "괴롭히거나 주먹으로 때리기까지 하면" 벌을 내리겠다고 위협했다. 이런 시장의 담화는 얀센의 저작물에도 묘사되어 있는 것을 알 수 있다.(a. a. O., I, S. 337) 그의 조합에 대한 목가적 생각과 그 담화는 어울리지 않는다.

노동 부담을 늘리려는 노력과 병행하여 머슴들의 식사를 형편없게 하고 임금을 낮추는 것이 진행되었다. 네 명에서 다섯 명의 직인과 두 명 이상의 도제를 하숙시켜야 했다면, 이들을 위해서 특별히 요리를 할 만했다. 이로써 그들의 식비를 '절약'하면서도 마이스터 가족의 후생에는 조금도 손해가 없도록 할 가능성이 주어졌다. 얀센과 그의 동지들에게 상당히 기분이 좋고 정겨워 보였던 것, 즉 직인이 마이스터의 가족에게 속한 것이 직인의 착취에 지렛대가 되었다.

당연히 '구두쇠' 마이스터는 식비보다는 임금을 떼어먹으려고 했다. 임금 인하의 동력은 같은 조건하에서는 종사하고 있는 임금노동자의 수가 많을수록 커진다. 한 명만 데리고 일할 때는 매일 몇 페니히를 더 주든 덜 주든 대수롭지 않다. 백 명을 쓴다면, 그 차이는 매일 수 마르크에 달하며 1년이면 수천 마르크로 늘어난다. 그보다 작은 규모로 이런 관계의 작용이 중세 말기에 이미 나타났다. 물론 기업가가 공업에서 수백 명을 고용하는 것과는 거리가 멀었다. 한 사람이 6, 7명의 직인을 둔다면 그는 통상적으로 정상적이고 허가된 규모를 상당히 넘어선 것이다. 어쨌든 그것은 수공업이 아직 '번창'하지 않고 소수의 장인들만이 대체로 단 한 명의 직인이라도 둘 형편이 되던 시대보다 임금인하의 동력이 훨씬 더 강하게 작용하게 하는 데 충분했다.

그러나 다른 한편으로 임금을 높이려는 머슴들의 노력이 독일에서는 특히 가격혁명의 결과로 커졌다. 이는 15세기 은광과 금광이 빠르게 풍부해닌 결과이자 16세기 중에 아메리카의 풍부한 귀금속의 개발을 통해 초래되고 유럽 문명 전체에 닥쳤던 훨씬 더 강한 가격혁명의 선구격인 가격혁명이었다. 귀금속 생산에서의 변혁과 아울러 무역회사들의 독점도 가격상승에 책임이 있었다. 그러나 동시에 사치도 증가했고, 모든 신분에서, 수공업 장인들에게 있어서도 욕구가 증가했다. 그들과 함께 생활하고 얼마 전까지만 해도 그들과 꽤 대등했던 머슴들도 마찬가지로 보편적 향상에 참여하려고 모색했던 것은 놀랄 일이 아니다.

그래서 바로 임금 문제와 관련하여 15세기와 16세기 초에 마이스터와 직인들 간의 대립이 계속 첨예화되었다.

이는 우리가 이미 언급한 다른 대립들과 결합하여 14세기에 이미 시작된 마이스터와 직인 간의 투쟁을 16세기로 다가갈수록 더욱 빈번해지고 치열해지도록 이끌어갔다.

우리의 조합 열광자들과 낭만주의자들은 기꺼이 자본주의적 공업에 대하여 조합 형태의 수공업을 노동자에게 낙원(Eldórado)을 의미하고 계급증오는 전혀 모르는 생산양식으로 대비시킨다. 자본주의 혹은 소아시아에서 그런 표현을 하는 경향이 있는 것처럼 '유태공동체'가 비로소 경제생활로부터 '윤리'를 몰아내고 계급증오의 씨앗(Drachensaat)을 뿌렸다는 것이다. 그러나 이미 14세기와 15세기의 조합 마이스터와 지주들은 자본주의 이전 시대의 유명한 낙원과 같은 무죄 상태와는 상당히 거리가 멀다는 것을 드러낸다. 자본주의적 타락이 이미 그 영향력을 떨쳤던 그 후의 세기들에 대해서는 말할 것도 없다. 조합 형태의 수공업의 '번성'은 이미 임금노동자의 착취에 의존했으며 극히 맹렬한 계급투쟁을 낳았다.

샨쯔가 '역사'학파의 직인제도에 관련한 '윤리적' 미화에 일침을 가하는 그의 탁월한 책에서 다음과 같이 말하는 것은 아주 정당하다: 14세기와 15세기의 직업 노동과 일반적 복지의 큰 향상에 관하여 쉰베르크처럼(*Zunftwesen*, S. 76) 말하는 경우에 이 사실(노동자 벗겨먹기)도 생각해야 했다. 왜냐하면 마이스터의 이 복락이 대부분 불충분한 보수를 받는 노동과 불안에 가득차서 미래를 바라보는 직인들의 땀 덕택이었다는 것도 거의 의심할 바가 없기 때문이다.(*Gesellenverbände*, S. 21)

조합들 또한 아무리 위력이 있고 자신들의 자율과 독립에 아무리 자부심이 있었다고 해도 그 조합들은 직인들을 내리 누르는 데 '국가의 지원'을 요구하는 것을 게을리 하지 않았다. 15세기에(영국에서는 이미 14세기에) 벌써 수많은 공정임금률(Lohntaxen)이 당국, 시의회에 의해, 또는 시가 군주 아래에 있던 경우에는 군주에 의해 공표되었다. 또한 장인에 대해서도 농촌 노동자에 대해서도 전체 농촌에 대한 공정임금률도 우리는 벌써 보게 된다. 여기에서는 그 도입이 아주 특징이 있는 한 가지만 소개하기로 한다. 그것은 에른스트와 알버트 공작이 1482년에 작센에 대하여 공포한 '국가명령'의 일부를 이룬다. 거기에서 이렇게 말한다: "종단 지도자들, 귀족들, 기사단, 시당국은 그 수하들이 얼마나 큰 몰락과 감소, 타락에 빠져 있는지에 대해 크게 탄식을 한다. 이는 고액의 화폐단위와 부적당한 고용자 및 수공임 그리고 모든 계층에 만연한 과도한 음식 및 의복비용 때문이지만 도시들에서는 주로 맥아, 양조, 맥주 판매 같은 그들의 생계수단의 대부분을 지탱해주는 도시 상업을 몇몇 종교 지도자, 그리고 이를 떠맡은 귀족에게,[11] 그리고 또한 촌락 지역의 장인들에게 빼앗긴(?) 데 기인하는 것이다. 이는 그렇게 되어서는 안 되는 일이었고 그들의 권한도 아니고 옛날부터의 관습도 아니었을 것이다. 무엇보다도 먼저 심사숙고를 거쳐서 고용자들의 임금과 공임을 치르는 데 함량이 적은 소액화폐를 제작하여 내주도록 할 것이다.[12] 나아가서 앞으로는 누구도 자기 머슴들에게 국산 옷 외에는 입혀서는 안 된다. 바지, 모자, 조끼 및 가슴받이 천 이외의 천은 각자가 원하는 대로 사서 주면 된다. 그런데 주인 혹은 귀족이 자기 머슴에게 신발이나 옷을 주지 않고 정해진 돈을 주는 경우에는 경작

---

[11] 작센의 귀족은 이처럼 당시에 이미 농촌공업을 통해서 소득을 올리기 시작했다. 감자로 만든 소주는 아직 알려지지 않았으므로 그는 맥주 양조에 종사했다.

[12] 이런 단순한 임금 지불시에 노동자를 속이는 군주의 절차는 현대의 많은 양본위제론자들의 선망과 놀라움을 자아낼 만했다.

일을 하는 머슴에게는 신화폐로 100그로셴을, 마부에게는 80그로셴을 줄 수 있다는 것이다." 이제 농촌 노동자에 대한 공정 임금률이 등장하여 다음과 같이 계속된다: "하숙을 하는 장인에게는 신화폐로 9그로셴을, 하숙을 하지 않는 장인에게는 16그로셴을 준다. 직공에게는 점심과 저녁식사로 네 가지 요리만 주어야 한다. 육식일에는 국 한 그릇, 고기 두 종류, 그리고 야채 한 종류를 주고, 금요일과 또 다른 날에는 고기를 먹지 않으므로 국 한 그릇, 생선이나 건어 요리 하나, 고기에 곁들이는 야채 두 가지를 준다. 육식을 금할 일이 있을 경우에는 국 한 그릇, 두 종류의 물고기, 두 종류의 야채 등 다섯 가지 요리를 주고 여기에 18그로셴을 준다. 그러나 일반 직공에게는 주급으로 14그로셴을 주어야 한다. 그런데 이 직공들이 식사를 스스로 해결하면서 일했다면 미장이에게는 27그로셴을 넘게, 그리고 일반 벽돌공 등에게는 1주일에 23그로셴을 넘게 주어서는 안 된다."[13]

증기와 전기의 세기의 어떤 노동자에게 어두침침하고 끝나가는 중세의 강제로 명령된 '금육(禁肉) 식단'이 구미가 당기지 않겠는가! 임금과 식사에 대한 당국의 제한조치는 또한 얀센과 그의 동료들이 의기양양하게 자본주의 이전 시대의 노동자들이 얼마나 행복하고 안락하게 살았는지를 도출해낸 출처가 된 사실에 속한다.

이런 규정들은 물론 현대 문명이 프롤레타리아들에게 퍼붓는 축복이라는 자유주의의 전설을 파괴하는 것이다. 그렇지만 그것은 그 시대의 임금노동자들이 특별히 만족을 느꼈다는 것을 결코 입증하지 않는다. 어떤 계급의 처지를 파악하려면 그 자체를 아는 것만으로 되는 것

---

13 Hunger, *Geschichte der Abgaben*, S. 22. Hering, *Geschichte der sächsischen Hoch-landes*, II, S. 17에 나오는 프라이베르크(1475)의 일용품 제작 장인의 공정임금률을 비교해보라.

은 아니다. 다른 계급의 처지, 시대의 보편적 필요와 비교해보아야 한다. 오늘날에는 일반적으로 복식의 사치가 덜 추구된다. 특히 남성들에게는 그러하다. 또한 오늘날에는 일반적으로 덜 먹는다. 작센의 1482년 왕명에 규정된 것 같은 점심과 저녁식사는 우리에게는 최고로 풍성한 것으로 여겨진다. 사람들이 당시에 누리는 습관이 들어 있던 엄청난 식사량을 본다면 그것은 오히려 빈약해 보인다.

중세 전체는 훌륭하고 풍성한 음식과 음료를 중요시했다. 우리에게 입수된 무수한 예들 중 몇 가지만 들어본다. 오토카르(Ottokar) 프레미슬(Premysl) 2세의 조카딸 쿠니군데(Kunigunde)와 헝가리 왕자 벨라(Bela)와의 혼인이 1246년 빈의 도나우에서 거행되었는데 "오스트리아, 슈타이어마르크(Steiermark), 메렌(Mähren: 모라바)으로부터 온갖 물품이 엄청난 양으로 실려 왔다. 다섯 개의 사료(飼料) 더미를 원뿔형으로 쌓아올렸는데 그 각각이 교회당만큼 크다. 크고 작은 종류의 살찐 짐승들이 도나우 섬 전체와 인근의 목초지를 뒤덮었다. 사냥한 짐승과 새들의 고기가 참으로 수 없이 있었다. 빵과 술을 만들 1,000무트(700m³에 해당함)의 밀은 두 나라의 인구를 여러 날 동안 배불리 먹일 만큼 많은 양이다.(F. Palacky, *Geschichte von Böhmen*, Prag 1866, II, I, S. 188) 이것은 흡사 라블레식의 묘사를 상기하게 한다. 1561년 오라니엔(Oranien)의 빌헬름의 결혼식에서는 4,000셰펠(700m³)의 밀, 8,000셰펠의 호밀, 13,000셰펠의 메귀리, 3,600아이머(1아이머는 약 60리터)의 포도주, 1,600통의 맥주가 나누어졌다. 1509년 바이에른의 알브레히트 사망 후 성대한 장례 식사에는 자그마치 23종의 코스요리가 나왔다. 1569년 (헬름슈테트에서) 개신교로 개종한 수도원장의 특별히 검소한 것으로 암시된 결혼식 피로연에서는 110명의 하객이 황소 두 마리, 돼지 세 마리, 송아지 10마리, 새끼 양 10마리, 닭 60마리, 잉어 120마리, 가물치 10마리, 플레임피쉬 한 통 가득, 1/4톤의 버터, 600개의 달걀, 단 밀크치즈 두 개를 먹어치웠다.(A. Schlossar, *Speise und Trank vergangener Zeiten in Deutschland*, Wien 1877, S. 33, 35)

그러나 어떤 계급의 처지를 파악하고자 한다면 그들을 그 시대의 다른 계급들과 비교하는 것만으로는 충분하지 않다. 한 사회의 성격은 순간적인 상태보다는 그 발전의 방향을 통해서 정해진다. 곤경 그 자체가 불행하게 만든다기보다는 다른 사람들은 그 곁에서 행복한 삶으로 향상하는 반면에 자신은 곤경에 빠져들거나 그 곤경에 어쩔 수 없이 머물러 있어야 하는 것이 불행하게 만드는 것이다. 그리고 사태의 전개가 빠르면 빠를수록 그 전개의 경향은 더욱 예리하게 느껴지고, 반면에 그에 의해 침해를 받는 이해당사자들은 더욱 격렬하게 반응하며, 사회적 투쟁은 더욱 치열하게 된다. 프랑스혁명 이전에 곤경은 프랑스에서보다 독일에서 더 컸으면서도 세상을 뒤집어엎기가 프랑스에서 출발점을 둔 것은 경제발전이 거기에서 더 빠르게 진행되었기 때문이다. 1870년부터 독일은 경제발전이 가장 빠르게 진행되는 유럽 국가이다. 영국이 아닌 그곳에 사회민주주의 운동의 본거지가 있다. 물론 영국 땅에서 사회적 대립이 훨씬 더 크지만 수십 년 전부터 그 대립의 증가 추세는 비교적 느리다. 오늘날 경제발전이 가장 빨리 진전되는 나라는 미합중국이다. 아메리카에서 노동자들의 처지는 평균적으로 다른 곳보다 낫지만 10년에서 20년 내에 사회주의 운동의 무게중심이 그곳으로 쏠리는 것이 불가능한 것은 아니다.

우리의 문화사가들에게서 지금 우리는 그다지 발전이란 것에 관해 듣고 배우는 바가 없다. 우리의 자유주의 역사가들은 노동자들에게 그들이 얼마나 행복해 할 이유가 있는지를 섬세하게 증명해준다. 그들은 기계 덕분에 옛날에는 막강한 제왕이라도 단념했던 양말과 손수건의 사치를 맛볼 수 있기 때문이라는 것이다. 보수주의자들은 15, 16세기의 몇 가지 식단과 공정임금률, 복식규정을 우리에게 내밀면서 이렇게 말한다: 옛날, 조합들이 번성하고 교회가 사회생활을 지배하던 좋은 시대에는 농민과 노동자들이 아주 행복했다는 것이다. 오늘날 발전이 어떤 방향으로 진행되며 400년 전에는 어떤 방향으로 진행되었는지를 이 사람 저 사람들이 우리에게 보여주려고 했다면 다른 그림이 나왔을 것이다. 그들은 그 당시에나 오늘날이나 착취계급의 노력이 근로계급을 점점 더 곤경에 빠뜨리는 쪽으로 경주된다는 것을 우리에게 이야기했을 것이다. 물론 그 당시에나 오늘날에나 근로계급의 특별히 혜택받는 부분 여럿이 내리눌리는 신세를 피할 뿐 아니라 자기들의 생활과 노동 조건의 개선을 여러 차례 쟁취하는 데 일시적으로 성공한다. 그러나 그들의 생계수준이 향상되었다고 해도 아주 오랫동안 착취계급인 성직자, 고위 귀족, 상인, 마이스터 등의 생활수준과 같은 정도는 아니었다. 그들의 노동의 산물과 문화의 성과물에 대한 그들의 몫은 점점 작아졌다.

수공업 직인들이 구운 고기를 먹고 우단 상의를 입었음에도 우리는 그들의 대열에서 '번성하는 부유함', '안락', '높은 사람들에 대한 질시와 악감정의 부재', 즐거운 만족감은 전혀 찾아볼 수 없다. 얀센이 그에 대해 열변을 토하는데도 말이다. 오히려 그 정반대의 것을 발견한다.

6. 직인 단체

계급투쟁과 마찬가지로 다수 민중의 투쟁을 조직 없이는 이끌 수는 없다. 직인들도 그런 조직을 필요하게 되었다.

그들은 계급투쟁이 더욱 치열해질수록 그 투쟁을 이끌 조직을 더욱 절실히 필요로 했다. 단찌히에서는 1385년에도 파업하는 직인들은 귀를 잘렸다.(Schmoller, a. a. O., S. 453) 그런 일에 대해서 얀센은 아무런 설명도 하지 않는다. 그것은 역시 그의 목가(牧歌)에는 어울리지 않았을 것이다. 그러나 그것은 조합들이 아직 선한 가톨릭이고 '기독교적 형제애'의 정신으로 온통 가득하던 시대에 일어난 일이다.

처음에 직인들의 단결은 단지 일시적인 성격을 띠었고 임시적 목적을 위한 단결이었다. 독일에서 최초의 그런 직인 단체는 1329년 브레슬라우에 있었던 것으로 입증된다. 브레슬라우에서는 혁대제조업 직인들이 1년 동안 모든 노동을 중단하기 위해 단결했다.(Stuhl, a. a. O., S. 390)

그러나 곧이어 우리는 또한 더 공고한 직인단체들을 발견한다.

한 도시의 어떤 수공업 직인들을 모이게 한 기회들이 또한 그들이 단체를 만들도록 자극을 주었고 그 단체의 성격에도 영향을 미친 것은 당연하다. 그렇게 한데 모일 기회를 중세에는 교회와 주점이 제공했으며, 때로는 전쟁이 제공하기도 했다. 세속의 협회들 다수가 생겨나게 된 것은 수공업 마이스터들이 군역에서 벗어나는 대신 직인들을 내보내고 그들에게 동업조합의 재정으로 보수를 지급받게 한 데서 비롯되었을 것이다. 직인들은 그래서 평화 시에도 그들의 전시조직을 기꺼이 유지했다. 그렇게 해서 생겨난 단체의 한 예도 우리에게 알려져 있지 않다.

직인조직의 우세한 형태는 교회 신도회 형태와 주점 형태였다. 신도회 조직은 주로 상호부조의 목적에 봉사했고 주점은 마이스터와 정부 당국에 대항하는 저항의 중심지였으나 두 종류의 단결 기능은 엄밀히 나뉘지는 않았다. 교회의 신도회들도 흔히 저항의 산실이 되었다.

최초의 직인공제회는 독일에서는 15세기 초에 발견되며, 직조공들의 경우에는 필시 14세기 말에 벌써 공조회를 조직했던 것 같다. 이미 1389년에 슈파이어(Speier)에서 직조공들의 회계책임자(Büchsen-meister)에 대한 언급이 있으며, 이는 공제기금의 존재를 전제로 하는 것이다. 울름에서 직조공들은 이미 1402년에 공제회가 있어서 가난한 직인들을 위해 병원에 병상 두 자리를 유지했고 그 외에도 장의기금을 설치했다.

　　그런 공제회의 특징을 보여주기 위해서 공제회의 어떤 조항들을 여기에 재수록한다. 이는 1479년 스트라스부르의 아마포 직조공들이 인가받은 공제회의 조항들이다. 그 조항들은 다음과 같다.(현대 독일어로 번역됨 - Schmoller, a. a. O., S. 93에는 원문 그대로 수록되어 있다.)

　　"스트라스부르의 직조조합의 마이스터 한스 게르보트와 5인 이사인 우리는 이 편지를 보거나 읽는 것을 듣는 모든 이에게 다음과 같이 알린다. 존경하는 한스 블레징과 마르틴 슈스터가 한때 아마포 직조공들의 회계(Kassierer)였는데, 비스호른에서 스트라스부르로 왔으며 그들이 청원하고 갈망하는 바에 따라 우리는 그들을 축복하고 여기 적힌 사항, 문장, 조항을 확인해야 했다. … 이들은 스트라스부르의 대구빈원에 영구적으로 공제회를 두어야 하며, 다른 어느 곳에 두어서도 안 된다. 그리고 그곳에 지금부터 계속 머물러야 한다. 이들은 반년마다 회계를 두 명 선출해야 한다. 성탄재일(제4계절의 시작일: Quatember)에 두 명을 새로 뽑고 오순절 재일에 다른 두 명을 새로 뽑는다. 그리고 이 회계들이 임기를 시작할 때 그들은 위험을 초래하는 일 없이 능력이 되거나 허락이 되는 한 우리의 사랑스러운 부인의 금고에(단체의 재산에) 이익을 창출하고 손해를 방지할 것을 맹세해야 한다. 회계로 선출되고서 수락을 거절하는 자는 반 파운드의 밀랍을 벌금으로 내야 한다.

그가 아무리 반발할지라도 선거 결과는 준수해야 하며, 단 마이스터직의 동의를 전제로 한다. 회계가 14일을 꼬박 주 회비를 걷으러 돌아다닌다고 해서 그 기회에 금고에서 아무것도 꺼내어 써서는 안 된다. 공제회의 어떤 직인이 2페니히를 빚진 상태로 아직 지불하지 않은 경우에 회계가 순회를 하는 중에 이를 요구하면 그는 2페니히의 벌금을 내야 한다. 또한 앞으로 누가 병이 들 경우 외에는 공제회의 금고에서 대출을 받아서는 안 되며, 그럴 경우에도 회계의 동의를 받아야만 하고 대출해가는 돈보다 더 나은 담보가 있어야 한다. 각 사람의 직인은 재일(齋日) 때마다 1페니히씩을 공제회 금고에 내고 또 질 좋은 스트라스부르 페니히도 한 닢씩 바쳐야 한다. 직인이 그 시기에 도시에 있지 않은 경우에 그는 도시로 돌아오자마자 자기 몫의 페니히를 내야 한다."

이후로 예배 참석과 봉헌된 양초 등에 관한 규정이 이어지며, 그러고 나서 정관은 다음과 같이 계속된다.

"어떤 직인이든지 외부에서 들어온 자로서 전에 한 번도 이곳에서 일한 적이 없는 자는 8일 내지 14일을 방해받지 않고 일해도 좋다. 그가 더 오래 머문다면 그는 2페니히의 입회금(출자금)을 내고 그 후에 공제회와 함께 정당하게 일해야 한다. 직인이 마이스터를 상대로 재판을 걸려고 한다면 그는 그 비용을 자기 주머니에서 내야 하고 공제회 금고에서 내서는 안 된다."

그리고 다시 봉헌된 초에 관한 규정, 벌칙 규정이 나온다.

"어떤 직인이든지 입회금이나 주(週) 회비를 내지 않고 떼어먹는 자는 그것을 지불하거나 어떤 선한 직인이 그 대신에 지불을 이행한 경우가 아니면 더 이상 여기서 일해서는 안 된다. 그렇지 않으면 그의 이름을 적어서 재일(齋日)마다 직인대회에 통보해야 한다."

"회계는 직인 집회 때 회계 결산을 제출해야 하며, 선서를 통해서 금고에서 1실링보다 많은 돈을 취해서는 안 된다. 또한 회계는 선서를 통해서 주 회비와 재일 납부금을 모든 회원에게서 똑같이 받아야 한다. 또한 재일 때마다 모든 형제자매에게 미사를 알리고 그들이 죽었든지 살았든지 그들을 위해 기도해야 한다. 그런 일이 부디 없기를 바라지만 한 형제가 병이 들어 구빈소에 오면, 그에게 매일 공제회 금고에서 1페니히를 지급해야 한다. 그런 일은 없어야겠지만, 직인이 죽어서 마이스터의 집이나 도시 안의 다른 곳에서, 그리고 구빈소 밖에서 죽으면 회계는 모든 직인에게 그를 무덤에 장사지낼 것을 명해야 하며, 참여하지 않을 경우 2페니히를 벌금으로 내야 한다." "일이 없는 아마포 직조공은 앞으로 모두 공제회에서 봉사해야 한다."

이처럼 공제회에는 본질상 의무적인 질병 및 장의기금이었다.

동업조합과 시 당국에게 공제회는 눈엣가시였다. 그 교회적 성격 때문에 제대로 압력을 가할 수도 없었다. 또한 공제회들은 직인의 수가 증가하고 그들의 질병 및 장의 보험의 중요성이 커짐에 따라 점점 더 필요불가결하게 되었다. 그러한 보험을 동업조합에 떠넘겼다면 이 조합들에 무거운 부담이 되었을 것이다. 그 때문에 공제회에 반대하는 투쟁은 대부분 공제회를 단순한 상호부조 제도로 한정하고 그것을 동업조합과 정부 당국의 통제 아래 두려고 시도하는 형태를 취했다.

공제회와 아울러 주점들이 발달했다. 이 기관은 마이스터들로부터 직인들을 떠맡았다. 각각의 동업조합마다 주점이 있었다. "이 주점들은 동업조합들과 세습귀족들 간의 투쟁을 불러일으켰다. 이 주점들은 민주주의적 활동의 은신처였다."(Stahl.) 직인들은 원래 마이스터들과 함께 술을 마셨다. 그러나 양쪽 편에서 대립이 첨예화되고 또한 마이스터 측에서 직인들에 대한 거만함이 증대됨에 따라 직인들은 반은 자유의사로, 반은 상황에 밀려 점점 고립되었고 자신들의 주점을 만들었다.

그리고 동업조합의 주점들이 세습귀족에 대한 투쟁에서 한 역할, 바로 그 역할을 이제는 직인들의 주점이 동업조합에 맞서서 하기 시작했다. 중세가 끝나가던 시기에 도시에서 주점을 중심으로 치열한 투쟁이 벌어진 것은 놀랄 일이 아니다. 시 당국은 그 투쟁을 완전히 억누르려고 했다. 그중에서 동업조합과 시행정, 시의회 간의 대립이 존재하고 이 시행정 당국에서 세습귀족이 결정권을 가진 곳에서는 주점은 수공업 마이스터들에게도 금지되었다. 그중에서도 모든 장인의 주점이 아니라 단지 조합 조직을 결성하지 못한 장인들의 주점만 금지된 것이다. 그런데 도처에서 우리는 14세기, 15세기에 직인들의 주점이 금지되는 것을 보게 된다. 이 금지는 거듭 되풀이된다.

이미 여러 번 언급된 슈몰러와 뷔허의 저작은 스트라스부르에서 그리고 프랑크푸르트와 다른 곳에서도 주점에 대한 군사작전의 풍부한 증거들을 보여준다. "마인쯔와 보름스, 슈파이어, 프랑크푸르트에서 1421년에 모든 직인의 술집을 금지하려는 시도를 했고 그들에게 교회적인 목적으로만 모일 것을 맹세하게 한 것처럼, 1390년과 1423년에 콘스탄쯔에서 직인들의 모든 조합 결성을 금지했던 것처럼 모든 곳에서 그런 일이 벌어졌다. 그리고 이 전체 움직임의 정점을 우리는 스트라스부르의 1465년 직인조례(Knechteordnung)에서 발견한다. 다양한 도시들의 상의를 통해서 성취되고 스트라스부르에서만 아니라 친선관계에 있는 여러 도시에서도 선포된 것으로서 그 조례는 항구적으로 소요사태를 종식시킨 것 같다.[14]

400년 전 우리 조상들의 '사회주의자 단속법'인 이 '직인조례'는 그

---

[14] Schmoller, a. a. O., S. 515. 뉘른베르크의 협회들에 대한 투쟁에 관해서는 브로노 쇤랑크(Bruno Schönlank)가 "Soziale Kämpfe vor dreihundert Jahren", Leipzig 1894라는 글에서 상세하게 다룬다.

핵심 규정들에서 다시 수록할 만한 가치가 있다. 그 내용은 다음과 같다:

"이것은 고지대와 저지대 도시 사절(使節)들의 의견으로서, 이는 부활절 후 제3일요일 다음 날 월요일에 스트라스부르에서 수공업 직인들과 그 외의 복무하는 직인들 쪽이 합의한 의견이며, 사람들은 이것이 다음에 적혀 있는 바와 같이 준수되어야 한다는 데 동의했다.

첫째, 앞으로 더 이상 수공업 마이스터나 직인은 마이스터 그리고 마이스터가 그 당시 자리 잡은 각 도시의 시의회의 승낙과 허가 없이 서로 결합하거나 연합 혹은 연결이나 결속을 해서도 안 되며 명령이나 금지를 그들 간에 지켜서도 안 된다.

그리고 앞으로 도시에 정착해 있어서 사람들의 지시를 받아야 하는 모든 섬기는 머슴은 그들이 기사나 직인, 혹은 시민 누구를 섬길지 모르지만, 그리고 또한 도시에서 일하는 모든 수공업 직인은 그 도시의 시장과 시정부 당국에게 순종하고 이들의 판결에 복종하고 다른 어디에서도 권리를 찾으려고 하지 않겠다는 맹세와 선서를 해야 한다.

또한 수공업 직인은 앞으로 그의 수공업 마이스터에게 머슴이 가서 일하는 것을 금지해서는 안 되며, 어떤 일도 술로 망쳐서는 안 되고, 어떤 종에게도 술을 먹여 일을 망치게 해서는 안 된다." 즉, 파업, 동맹 보이코트, 혹은 마이스터에 대한 '배척', 파업을 깨는 자에 대한 추방은 금지된다. 같은 문단은 나아가서 직인이 마이스터나 다른 직인들과의 분쟁을 그 도시의 마이스터 기구 앞에 가져가서 해결을 맡겨야 하며, 그 일이 시 참사회 소관일 경우 외에는 그들의 판결에 복종해야 한다고 규정한다. 마이스터가 직인을 받아들일 때에는 그를 8일 안에 조합장에게 신고하여 조합장이 그에게서 항상 마이스터의 판결에 복종하겠다는 맹세를 받아내게 해야 한다. 그러면 새로운 직인의 이름이 특별

장부에 기입된다. 위에서 기술한 신고를 8일 안에 하지 못한 마이스터는 매일 지체금 5실링을 낸다. 직인들에 대한 경찰 감시의 감쪽같은 시작이다!

이어지는 문단은 수공업 직인들과 그밖의 섬기는 머슴들이 시골에 갈 때 외에는 칼을 지녀서는 안 된다고 규정한다.

"그리고 위에 적혀 있는 문장, 사항, 조항 들에 반대하고 이를 따르려고 하지 않는 직인은 그 내용이 통보되었으면, 이 영역 안의 다른 모든 마이스터가 직인으로 받아들여서는 안 되며, 집이나 농장에 받아들여서는 안 된다. 이를 어기는 마이스터는 4굴덴을 벌금으로 내야 한다." 벌금액의 절반은 시 당국에, 나머지 절반은 조합에 돌아간다.

동맹 관계에 있는 도시들 중 어느 도시도 다른 도시의 동의 없이 이 조례를 변경해서는 안 된다.

모든 시종과 스트라스부르 시민이 아닌 자들은 "야간에 우리 도시에서 뒷길로 다녀서는 안 된다." 부활절부터 마카엘제(9월 29일)까지는 밤 10시 이후, 마카엘제부터 부활절까지는 밤 9시 이후에 주인이나 마이스터의 심부름을 하는 종 외에는 길거리에 있어서는 안 된다. 위반자는 30실링의 벌금이나 4주간 물과 빵만 먹으면서 '옥'(Turm)에 갇혀 있는 것으로 죄를 씻는다.

모든 시종은 위에 제시된 시간 이후에는 음식점이나 공원에 모여서는 안 된다. 이를 단속하기 위한 벌금은 다음과 같다.

업소 주인은 가게 단속을 허술하게 하여 언급된 시간이 지나서 머슴들을 받아들여서는 안 되며, 이를 어기면 5파운드를 내야 한다. "그러나 이는 주인들, 기사의 시종들, 상인들, 순례자들에게는 해당하지 않는다. 이들은 신뢰할 수 있고 성실한 사람들이기 때문이다."

"그리고 여기에 적시된 것을 행할 의사가 없는 불손한 직인은 마이스터와 시 당국의 허가 없이는 더 이상 스트라스부르에서 직무를 수행할 수 없다."

그밖에 직인조례는 다음 네 가지 사항을 포함한다. "첫째, 모든 수공업 직인과 그밖의 섬기는 종들은 앞으로 그들이 모일 어떤 주점이나 셋집이나 정원, 어떤 협회도 갖지 못한다. 그것이 누구를 축하하는 등 전혀 위협적이지 않은 경우에도 그렇다. 둘째, 그들은 매번의 재일 후 격주 일요일에도 초 봉헌의 일로 호출을 받을 수 있다. 그러나 그들이 그것을 조합장에게 보고하지 않았다면 그런 호출을 받아서는 안 된다. 보고를 받은 경우에는 조합장(조합대표)은 이 직인들이 종사하는 수공업의 마이스터들 한두 사람이 그 자리에 참석하도록 명하여 보내야 한다. 셋째, 또한 수공업 직인들은 근무일이 아닌 휴일에 장례식을 하도록 연기해야 한다. 넷째, 또한 세 명이 넘는 시종이나 수공업 직인이 똑같은 둥근 모자, 저고리, 바지, 그밖의 휘장을 벌금 없이 착용할 수 없다."

주점과 그밖의 직인 결사는 이처럼 결정적으로 금지되었다. 그들의 교회적 결사만이 (물론 '초를 봉헌하기 위한 것'만이 아니라 상호부조의 목적에서도) 허락된 상태로 남았지만 마이스터의 통제하에 놓였다.

방금 열거한 네 가지의 규정은 1473년의 직인조례에서는 발견되지 않는다. 1473년의 조례는 다른 점에서는 1465년의 조례와 일치한다. 우리가 위에서 수록한 것은 1551년의 직물업자 책에 전해진 1473년의 판본이다.(슈몰러가 인용한 원문 a. a. O., S. 208 이하에 따라 현대 독일어로 번역한 것.)

이처럼 이미 8년 안에 이 "사회주의자 단속법령"의 혹독한 규정은 삭제되어야 했고, 다른 규정들도 효력이 없는 것으로 입증되었다.

그리고 도처에서 그와 같이 일이 진행되었다. 1400년 직후에 프랑크푸르트 시의회는 일용노동자와 직인 들이 주점을 두는 것을 금지했다. 금지에도 불구하고 이들에게 집이나 방을 주점으로 빌려주는 자는 매일 1굴덴이라는 큰 액수의 벌금에 처해져야 한다. 이 엄격한 금지령의 한 사본에는 그후로 허가된 11개소의 집회소가 기입되어 있으며, 그중에는 정원사들과 작센 가사관리인 머슴들의 집회소도 있었다.[15]

사실상 금지조항들은 실효성이 없는 것으로 드러났다. 도처에서 우리는 15세기에 직인들이 앞으로 밀고 나오는 것을 보게 되며, 그들을 대상으로 설치된 제한조치들은 하나씩 무너진다. 그들은 자기들의 단체들에 대한 인정을 쟁취하고 거기에 가입하는 것을 의무화하였다. 그들은 하나의 세력이 되었다. 세기말의 직인들은 당당한 입지를 차지했고, 그들의 조직은 명성을 얻었다. 그런데 그들이 중세의 '정신'에서 자라났고 중세 전체 기간 동안 고유한 상태라고 생각하기보다 이런 결과물이 쟁취되는 과정을 주목해 본다면, 중세 말기의 조합제도의 성격에 관하여 전혀 다른 파악을 하게 된다. 그러나 대부분의 문화사가들은 중세의 고유한 상태라고 여긴다. 한 시대의 끝에 길고 혹독한 투쟁의 결과로 나오게 된 것을 그들은 이 전체 시대 동안의 상태인 것으로 묘사하는 것이다.

직인들의 조직을 탄압하려는 모든 시도가 실패한 것은 무엇보다도 직인들의 필요불가결성, 도시적 생산양식에서 그들의 중요성이 커져가는 것에 기인했다. 수공업이 대부분의 도시에서 중심적 생계수단이 되었을 뿐 아니라 공업 자체에서도 직인들은 마이스터에 비하여 그 수와 중요성에서 당당한 세력으로 되었다. 도시의 번영은 점점 더 수공업의 임금노동자들에게 의존하게 되었다. 이들이 어디에서든 노동을 중

---

[15] Bücher, a. a. O., S. 135. das Verbot von 1421의 S. 603과 609를 참조하라.

단하고 떠나면, 그때에는 해당하는 수공업은 몰락의 위협을 받고, 해당하는 도시는 심각한 피해의 위협을 받는다. 그 결과로 이런 상황이 직인들의 강고한 단결을 아주 유리하게 만들었다. 아직 도시들은 크지 않았다. 뷔허는 1440년 프랑크푸르트 인구를 8천 명이라고 추산하며, 1449년 뉘른베르크의 인구를 2만 명에 달했다고 밝힌다.[16] 직인들의 수는 전체 인구의 10%에 도달하기도 어려웠을 것이다.[17]

그렇게 수가 적을 때는 한 도시 안의 수공업 직인들이 서로 개인적으로 아는 것은 당연했다. 그들의 교류는 같은 수공업에 종사하는 자들이 흔히 직종에 따라서 지어진 이름을 지닌, 오늘날까지도 그 이름을 유지하고 있는 같은 거리에 거주하기를 좋아했다는 것을 통해 더욱 용이하게 되었다. 또한 15, 16세기에는 노동자들을 작업장 내에서 교도소 식으로 격자창살이 쳐지고 흰색 칠을 해서 보이지 않는 창문으로 외부세계와 격리하는 우아한 관습은 아직 수용되지 않았다. 날씨가 허락할 때마다 사람들은 집 앞의 길거리에서 일하거나 혹은 최소한 대문과 창문을 열어놓고 일했다. 실행할 조치에 관하여 의견을 교환하는 데는 신문도 집회도 필요 없었다. 그리고 다른 사람과 연대하여 지내지 않는 자는 불행하리라! 그는 한평생 다시 즐거워지는 일이 없었을 것이다. 개별 노동자는 노동에서만이 아니라 사교적인 관계에서도 동료 노동자들에게 의존했다.

직인들의 방랑은 그들을 답답한 마이스터들에 비해 활동적으로 만들었고, 개별도시들에서 아주 굳건하게 연대하는 협회들의 내적 결합을 가져왔다. 그곳에서 파업을 할 때에는 외부에서 대체노동자의 유입은 없었다! 슈몰러는 그에 관하여 다음과 같이 탄식한다: "직인협회의

---

[16] Bücher, a. a. O., S. 196, 34.
[17] Lamprecht, a. a. O., S. 497.

도덕적(!), 사무적 행동태도를 위해서라면 대다수가 특정 지방에 정주하지 않았다는 사실이 불리하게 작용할 수밖에 없었다. 이는 경솔함, 무책임, 교만, 마이스터에 대한 위세감을 높였다. 마이스터들은 장소에 얽매였다. 그들은 주요 점포들의 연합이 존재하는 경우에도 다른 도시의 동료들과 의견교환을 하는 것이 여전히 어렵고 느리기만 했다. 직인들은 언제든지 어디서나 연결이 되고 소식을 나누었다. 그들은 자기가 일하는 도시의 시민이라고 느끼지 않았다. 수년간을 이동하면서 그들에게는 여행 가방을 싸고 길을 떠나는 것은 별일도 아니었다. 그들은 피리와 나팔을 들고 무리를 지어 파업현장에 쉽게 나가고 이웃도시에서 허송세월을 하면서 사람들이 자기들과 평화를 맺으려고 하면, 통상적으로 그곳에서의 체재비용을 요구했다. 더 나은 단결력과 더 강한 단체정신으로 그들은 외부 노동자의 유입을 막아냈고 투쟁에서 승자가 되는 경우가 많았다."[18]

게다가 아내와 자식이 있어서 그들에게 거추장스러운 일도 드물었다. 결혼한 직인은 예외였으며, 많은 직종에서는 전혀 생겨나지 않았다. 그들은 마이스터의 '가족'에 속했으며, 이 가족은 그들을 집에 같이 살게 하고 결혼은 허락하지 않는다면 그들을 '아버지'의 훈육을 더 잘 받게 하고 주점을 멀리하도록 만들고, 그들을 더 잘 감시하고 (비교적) 빈약한 식사와 온갖 종류의 술수를 통해서 착취할 수가 있다고 생각했다. 결혼한 직인은 또한 조합 마이스터로서의 합법적인 방식으로는 아닐지라도 교외 혹은 시골의 '돌팔이'(Pfuscher) 혹은 '행상'(Störer)으로서 비합법적 방식으로 독립하려는 충동에 크게 지배를 받았다.

그러나 바로 미혼의 자유로운 처지를 기반으로 직인들은 완전히 예

---

18 G. Schmoller, *Das brandenburgerisch-preußische Innungswesen* (*Forschungen zur brandenburgerischen und preußischen Geschichte*, 1 Band, S. 79).

외적인 저항의 힘을 달성했다. 방랑보다도 결혼하지 않은 상태가 훨씬 더 슈몰러가 위에서 인용한 서술에서 묘사된 직인의 특성과 장점, 그들의 대담성, 그들의 낙관성, 그들의 의식을 조장할 수 있었을 것이다.

오늘날 프롤레타리아에게는 투쟁이 얼마나 더 어려워졌는지! 파업마다 선거마다 그가 자기 인격을 가지고서 자신의 주의주장을 대변해야 하는 경우 어디서나 아내와 자식은 그의 처신의 결과를 함께 감당해야 한다. 노동자들이 쉽게, 또한 신문이나 집회 없이도 서로 의사소통을 하고 지내는 소도시에서는 노동자를 경영자에게 순종하게 만드는 것은 가족에 대한 고려이다. 대도시에서 노동자들은 서로를 모른다. 서로 의견교환을 하기 위해서 신문과 대규모 집회와 협회들을 필요로 한다. 입에서 입으로 의견교환을 하는 것은 작은 수공업 마이스터를 상대하는 것과는 전혀 다른 방식으로, 집중화된 압도적인 자본을 상대할 때 필요한 단합과 협동을 창출하는 데 충분하지 않다. 오늘날 노동자들의 경제적 투쟁이 점점 더 정치적 투쟁으로 되어가는 것, 자유는 그들에게 빵을 의미한다는 것, 그들에게서 정치적 권리들을 빼앗는 자들은 그들의 빵도 빼앗는다는 것, 상황은 모든 곳에서 임금 인상과 노동시간 단축을 둘러싼 투쟁을 정치권력을 위한 투쟁으로 확장하도록 그들을 강제한다는 것은 놀랄 일이 아니다.

이에 반해 우리는 끝나가는 중세의 수공업 직인들에게서는 새 시대에 한참 들어와서까지도 그들에게 고유한 정치적 경향을 발견하지 못한다. 그런 정치적 경향은 오늘날 상당히 진전된 정치적 권리를 보유하고서도 예외적으로 유리한 상황하에서, 그리고 그것도 일시적으로 소수의 노동조직에만 성취된 바와 같이 그들의 성공을 쟁취하고 입지를 얻어내게 한 그들의 직업조직들에서 전적으로 생겨났다.

자명한 것은 모든 직업에서 직인들이 똑같이 유리한 상황에 처하지는 않았다는 것이다. 허약한 조직도 있고 강력한 조직도 있으며, 영향력이 없는 조직도 있고 위력 있는 조직도 있다. 수많은 프롤레타리아 계층들, 쉽게 대체될 수 있는 그런 계층들은 어떤 조직도 이루지 못했고, 착취자가 하고 싶은 대로 내맡겨졌다. 그들에게는 중세 때 도처에서 번성했다고 하는 그런 '조합정신'도, '이웃사랑의 관념'도 나타나지 않았다.

13세기나 14세기에 조직을 이루었던 노동자들은 이 조직이 다시 쇠망하는 것을 지켜보아야 하는 일이 생겨났다. 비조합 형태의 경쟁자들이 농촌에서 들이닥침에 따라 쓸려나간 것은 배우지 못한 노동자들, 일용노동자들의 조직이었다. 도시에서 농업이 쇠퇴한 것도 이에 한몫했다. 그러나 비농업 부문 일용노동자들도 같은 운명을 맞이했다. 예를 들어서 프랑크푸르트에서 벽돌공 조수(보조목수)와 포도주 양조업 직인, 짐꾼은 14세기 말엽(1387년) 여전히 조합을 이루었다. 그러나 그들과 아울러 우리는 이미 약간의 비조합 형태의 일용노동자, 16명의 포도주 양조업 직인, 4명의 짐꾼, 10명의 톱장이, 6명의 파이프 인부를 발견한다. 1440년에 벽돌공 조수들은 조합으로서는 더 이상 존재하지 않는다. 포도주 양조업 직인 조합은 15세기까지 근근이 연명하고, 짐꾼 조합은 16세기 초반까지 버텼다. 그러나 비조합적 분자들이 그들과 병행하여 점점 더 유력해진다.

조직화를 달성하지 못하거나 조직을 잃은 도시 프롤레타리아들은 갈수록 깊은 수렁에 빠졌다. 흔히 절대적으로 그러했고, 언제나 조직화된 직인들에 비하여 상대적으로 그러했다. 두 분자 간의 격차는 나날이 커졌다.

7. 도시의 노동자 귀족계층

조직화된 수공업 직인의 성공이 클수록 그 직인들은 더욱더 스스로를 특권층이라고 느꼈다. 즉 그들의 마이스터처럼 그들 밑에 있는 프롤레타리아들을 '비열한 사람들'이라고 경멸적으로 얕보는 귀족들과 똑같았다. '비열한 사람들'과 주점에 함께 간 직인은 처벌을 받았다. 그런 자들 중에 누가 들어가는지는 우리가 이미 위에서 가리킨 바 있다. 곧이어 조직화된 노동자들의 의중은 다른 프롤레타리아들과 같은 이름을 쓰는 것에 이의를 제기했다. 15세기 후반에 우리는 도처에서 그들이 '머슴'(Knecht)이란 이름을 분노하여 거부하고 '직인'(Geselle)이란 이름을 요구하는 것을 보게 된다. 거기에서 '민주적 정신'이 깨어남, 마이스터들과 사회적으로 동등하거나 최소한 비슷한 위치에 서려고 하는 시도를 보는 것이다. 우리는 이런 파악에 수긍할 수 없다. 임금노동자들이 머슴이라고 불렸던 동안에 그들은 '직인'보다 사회적으로 마이스터에게 훨씬 더 가까이에 있었다. 이제 그들은 물론 농민과 프롤레타리아 위로 올라섰지만 그들의 착취자이고 주인이 된 마이스터만큼 빠르게 올라간 것은 아니다. 14세기에는 아직 머슴들이 마이스터와 함께 같은 주점에서 술을 마셨다. 15세기에 벌써 마이스터들은 머슴들과 한 상에 앉는 것이 그들의 위신에 맞지 않는 일이라고 생각했다. 머슴들은 마이스터들의 주점에서 축출되었으며, 자신들의 주점을 확보하려는 기나긴 투쟁을 전개해야 했다. 그리고 그들에게는 스스로를 마이스터들과 이전보다 더 동등하게 느끼는 관념이 생겨난 것 같다!

아니 그들은 일반적인 상승기류를 함께 타지 않았을 뿐 아니라 다분히 더 깊은 수렁에 빠진 다른 머슴들과 한 부류로 취급받는 것을 수치스러워했다. 오늘날 우리는 노동자들이 노동조합 조직을 통해 특별한

장점을 쟁취한 직업들에서 대부분 자격을 갖춘 노동자들을 보게 되는
일도 있다. 이들에게는 지금까지 기계도 여성노동도 별로 경쟁 상대가
되지 못한다. 거기에서 우리는 직인들이 머슴의 호칭을 집어던지게 한
것과 비슷한 의중을 발견한다. 예를 들어 식자공들 다수가 사람들이
그들을 '노동자'라고 단언하는 경우에 마음이 상한 것은 그리 오래전
일이 아니다. 그들은 '예술가'였다.

직인들의 직업협동조합들이 다양한 직종에서 더 많은 것을 이룰수
록 그 안에 조직된 노동자들의 지평은 더욱 좁아졌다. 자기들의 조합을
모든 조합 중에 가장 강하고 위력 있는 것으로, 마이스터에 대해서만이
아니라 다른 직업의 직인들에 대해서도 그렇게 보는 것은 이제 그들의
유일한 노력이 되었다. 그들의 조직은 계급의식을 발달시키는 것이 아
니라 질투와 하찮은 허영심으로 가득 찬 속 좁은 카스트 정신을 발달시
킨다.

처음에 한 직종의 직인연합에는 그 직인들과 공감하는 다른 직종의
노동자들, 아니 다른 신분에 속한 자들도 받아들여졌다. 이는 나중에
중단되었다. 프랑크푸르트에서 자물쇠공 직인들의 공제회에는 예를
들어 다음과 같은 사람들이 받아들여졌다:

기간	회원수	비직인 회원수
1402~1471	1096	27
1472~1524	1794	6
기간	금속노동자가 아닌 직인수	
1402~1471	35	
1472~1524	6	

1496년부터 대체로 비금속노동자 직인은 더는 받아들여지지 않았
다.[19]

이 숫자는 필시 자물쇠공 공제회와 병행하여 다른 단체들도 형성되어 외래의 직인들이 자물쇠공 조직에서 보호받으려 할 필요가 더 이상 없었다는 것으로도 설명할 수 있을 것이다. 그런데 다양한 협회들의 서로 간의 질서가 어느 정도에 도달했는지에 대해서는 무수한 다툼이 증거해준다. 곧이어 직인들의 '신분상의 체면'보다 더 가혹한 것은 좀처럼 없게 되었다. 그들은 거의 오늘날 장교나 학생조합원의 체면만큼이나 예민하고 약했다. 고도의 명예감정이 아닌 고도의 망상이 이 민감성의 이유였다.

라이프찌히 제화공 직인들의 도전장이 알려져 있는데 이는 1471년에 그들이 그곳 대학의 훼손된 체면을 지키려고 보낸 것이다. 변방의 야콥 폰 바덴 백작령의 제빵사들과 시종 들도 역시 자부심이 강했다. 이들은 1470년에 제국 도시 에스링겐(Eßlingen)과 로이틀링겐(Reutlingen)에 도전장을 보냈다. 1477년에는 뮌쩬베르크의 에펜슈타인공의 요리사가 주방의 조수와 함께 졸름스의 백작에게 도전을 통고했다.[20] 그런가 하면 노동자들 서로 간의 투쟁을 우리는 이미 14세기에 발견한다. 이처럼 스트라스부르에서는 1350년에 직조직인들과 양모 트는 직인들 간의 투쟁이 벌어졌고 1360년에는 직조직인들과 아마포 직조 직인들 간의 투쟁이 발생했다. 그런데 가장 센 고집을 보여준 것은 콜마르의 제빵 직인들이었다. 이들은 1495년 시의회가 그들과 마찬가지로 비싼 초를 조달한 다른 협회들에게도 그들과 동등하게 성례전과 아울러 성체축일에도 들어오는 것을 허가했다고 해서 파업을 시작했다. 그들은 그 도시와 동료 직인들에 대한 승리를 쟁취하기까지 장장 10년간 파업했다. 비슷한 경우가 수도 없이 많다.

19 Bücher, a. a. O., S. 619.

20 C. W. Hering, *Geschichte des sächsischen Hochlandes*, S. 176.

그러한 편협성을 감안할 때 마이스터와 직인 간의 대립, 그리고 그 결과로 생겨난 투쟁들은 아무리 여러 번 일어났고 또한 치열했어도 통일된 노동운동을 발생시키지 못했고 사회변혁을 향한 경향도 마찬가지로 일으키지 못했다. 바로 가장 힘이 세고 가장 성공적인 노동자 조직에서 다른 노동자들과의 연대의식, 계급의식이 발달하지 못했을 뿐 아니라 오히려 한편으로 신분상승을 꾀하는 조직을 가진 다른 노동자들, 사람들이 그들의 성공을 질투하는 눈으로 바라보던 그런 노동자들에 대한 대립, 또 한편으로는 조직을 만들기에 성공하지 못했고 점점 더 깊이 곤궁과 비참한 상태로 빠진 늘어나는 다수의 프롤레타리아 계층에 대한 대립이 발달했다. 자본주의적 산업이 비로소 직인들의 조직을 깨뜨렸으며, 그 직인들을 사회적으로 퇴보시켜 다른 프롤레타리아들과 같은 계층으로 떨어뜨렸다. 그렇게 자본주의적 생산양식이 비로소 전체 노동자 계급의 통일적인 계급의식의 전제조건을 창출한 것이다. 자본주의적 생산양식은 또한 이곳저곳에서 새로운 노동자 귀족계층들을 융기시켰지만 별로 오랜 기간은 아니었다. 그것의 경향은 전체 노동자계층을 평준화하는 쪽이다. 자본주의적 생산양식이 이제 조장하는 거대한 변혁들 중의 하나는 두뇌 노동자, 새로운 중간계층의 특권적 지위를 없애고 그들을 육체노동자와 사회적으로 동등한 위치에 두는 방향이었다. 이는 전례 없고 위력적인 성격을 띤 평준화여서 오늘날의 여러 현명한 사람에게는 비록 그것이 그들의 눈앞에서 이미 시작되었어도 허황된 유토피아로 보일 정도이다.

중세의 수공업적 생산은 별로 혁명적인 작용을 하지 않았다. 조직화된 직인들은 시끄럽고 대담한 무리들로서 무기를 다루는 데 익숙했고 자신들의 권리와 신분적 위신을 찾는 데 질투심이 컸다. 현대의 노동자들보다 훨씬 더 쉽게 그들은 일손 놓기와 소요를 통해서, 또 필요한 경우에는 무장폭동을 통해서 스스로의 권리를 확보하는 성향을 띠었다. 그들의 행동은 오늘날의 프롤레타리아 계층의 행동보다 더욱더 '급진적'이었다. 우리의 무정부주의자 대다수는 배짱이 좋고 자유분방한 중세 말의 직인들에 비하면 신실해 보인다. 그러나 그것은 외적인 행동에만 해당한다. 그들의 성향은 지극히 온순한 성격이었다. '파란 월요일'(쉬는 월요일)은 물론 그들의 요구 중에 가장 급진적인 것이었다. 비록 마이스터나 상인, 영주만큼은 아니었지만 그들이 그 안에서 특권층에 속하여 그 이익을 나누어가지던 사회의 전복을 왜 기도했겠는가? 물론 이 이익에서 그들의 몫은 상대적으로 점점 작아졌고 그들의 몫의 증대를 위한 치열한 투쟁을 일으켰지만, 그들은 그러면서도 자기들이 살던 사회에 의문을 품은 적은 없다. 물론 그들은 혁명의 시대에는 다른 전진하는 혁명적 분자들과 함께 갈 수 있었다. 동업조합의 조합장 마이스터들도 '명예의식'을 가지고서 도시의 마르크 조합원들, 상인들과 다투던 경우에 비슷한 일을 했다. 그러나 직인들과 마이스터들도 똑같이 신뢰할 수 없었으며, 어떠한 끈기도 없었다. 봉기의 목표들이 애초에 그들의 마음에 와 닿지 않았고 그들의 순간적인 개별 이익을 촉진하는 데 그 목표들을 이용하려고만 했던 터라 그들이 봉기를 그만두는 데는 첫 번의 저항과 첫 번의 패배로 충분했다. 이는 1525년의 혁명적 봉기가 왜 그렇게 신속히 좌절했는가에 대한 한 이유가 되었다.

새로운 사회의 목표, 사회적 이상을 중세 말기의 사회들은 세우지 못했다.

8. 마르크 조합과 광업권

광산노동자들은 도시의 수공업 직인들과는 다른 특성을 발달시켰다. 고대에 광산노동자들은, 우리가 알 수 있는 한에서는 노예나 기결수로 완전히 부자유했다. 중세에 그들은 자유인이었다. 본래 그들은 마르크 조합원이기도 했다.

각각의 마르크 조합의 영지는 구획된 마르크와 구획되지 않은 마르크의 두 부분으로 나뉜다는 것을 우리는 이미 언급한 바 있다.

마르크 조합 안에서 각 가정은 고유재산으로서 촌락에 한 뙈기 땅을 소유하며 그 위에 그 가정의 농장이 있다(주택과 농막, 정원). 그밖에 경작지와 전답 마르크가 공동의 마르크에서 분리되어 정해진 규칙에 따라 가족들에게 분배되었다. 초지와 숲, 하천과 길은 공동소유로 남았고 분배되지 않은 전답 마르크를 이루었다. 그러나 그 영역은 시일이 갈수록 제한되었다. 부분적으로는 인구의 증가로 새로운 마을들이 조성되었고 이를 위해 공동의 마르크에서 새로운 전답 마르크가 할애되었기 때문이고 또 부분적으로는 수렵과 목축이 경작에 의해 밀려나 분배되지 않은 마르크의 희생으로 분배된 전답 마르크가 확장되었기 때문이다.

분배된 마르크에 대한 각 조합원의 몫이 원래 같은 크기였던 것처럼 공동의 마르크 사용에 대한 각자의 몫도 같았다. 하지만 그것을 사용하는 방식은 전체가 정했다. 전체가 목초지의 활용과 숲에서 낙엽토, 목재, 땔감, 석재를 채취하는 것도 규율했다. 마르크 조합원 각자는 공동의 마르크 내에서 조합이 정한 일정한 조건에 따라 채석장에서 돌을 깨어 사용할 권리를 지녔다.

대부분의 마르크 조합에서 석재 채취는 부차적인 활동이었으며, 예외적인 경우에만 추진되었다. 소금, 철, 구리 혹은 은이나 금의 광맥이 노출되어 발견된 곳, 또는 아마 훨씬 더 흔한 경우이겠지만 침략해온 게르만인들이 예전에 켈트인들이나 로마인들이 시작한 광산업을 재개한 지역에서는 완전히 달랐다. 그런 곳에서는 광물의 보고를 찾아 굴착을 하고 비싼 광석을 꺼내어 실어내는 노동이 곧바로 전면에 등장했을 것이다. 방금 언급한 광물들은 도처에서 필요했고 요구됐지만 일부에서만 발견되었다. 옛날에는 그래서 그런 광산지역을 보유한 공동체들이 자기들의 잉여를 이웃 공동체 상품과 교환하는 대가로 지불하기 위해 자신들의 고유한 필요를 넘어서 광산을 개발하기 시작했다. 그래서 그러한 광물은 상품생산과 상품거래의 최초 대상물에 속했다.

광산지역은 대부분 산간지대에 있었으며, 그런 곳에서는 경작농업이 애초부터 미미한 역할을 했다. 광산경영이 발달함에 따라 경작농업은 점차 후퇴했다. 사람들은 예전만큼 많은 경작지를 필요로 하지 않았다. 광업노동의 산물로 식량을 살 수 있었기 때문이다. 그러나 또한 농경과 목축에서 점점 더 많은 일손이 빠져나갔다. 왜냐하면 광업 이익이 커지면서 마르크 조합원들이 갈수록 더 많이 광업에 종사했기 때문이다. 자기의 필요를 위한 생산은 고유한 필요에서 그 자연적 한계를 발견한다. 상품생산은 시장의 필요에서 그 한계를 발견하며 시장의 필요는 광업생산물에 대해서는 사실상 한계가 없다. 왜냐하면 소금과 금속이 발견되고 채취되는 얼마 안 되는 장소들이 시장의 필요를 넘도록 생산할 수는 없었으며, 시장은 사람들이 생각할 만한 정도보다 더 넓은 것이었기 때문이다. 손에서 손으로, 마을에서 마을로 가치 높은 광물은 엄청난 거리를 이동했다. 특히 금속은 그것이 무기나 공구 혹은 장신구로 가공되기만 하면 비교적 운반하기가 쉬웠다.

우리는 이미 석기시대에 무기와 장신구, 혹은 그것들의 생산에 쓰이는 원료를 바탕으로 하는 집단과 집단 사이의 광범위한 거래가 있었던 것을 발견하게 된다. 프랑스에서 뚜르(Tours)와 쁘와띠에(Poitier) 중간쯤에서 벌꿀 같은 색상과 고른 심을 가진 좋은 부싯돌이 대량으로 발견되었다. 프레시니르그랑(Pressigny le Grand)에서는 르베이예(Leveillé) 박사가 한 작업장의 유적을 발견했다. 그곳으로부터 넓은 지역이 이 부싯돌로 만든 공구들을 공급받았던 것이다. 프랑스와 벨기에 전역에 걸쳐서, 스위스에서도 이 지역에서 나는 부싯돌로 된 공구가 발견된다. 이는 그 독특한 색상 때문에 쉽게 알아볼 수 있다. 아메리카에서는 미시시피 강가 원주민의 무덤에서 부장품으로 오베르제 호수(캘리포니아의 Upper Lake - 옮긴이)의 구리와 알레가니(Alleghanie)의 운모, 멕시코 만에서 온 조개, 멕시코에서 온 흑요석이 발견된다.(Lubbock, *Die Vorhistorische Zeit*, Jena 1874, I, S. 74, 77, 187)

오늘날 단지 귀금속에만 해당하는 것, 아니 많은 경우에 오로지 금에만 해당하는 것, 누구나 취하며 누구나 갈망하며 아무리 가져도 지나치다고 할 수 없는 상품이라는 것은 상품생산의 초기에는 철, 구리에도 해당되었으며, 심지어 소금에 해당되기도 했다. 그래서 그런 것들을 생산하려는 충동은 한이 없었다. 이용 가능한 광물에 관한 땅 속의 부가 광업을 유리하게 한 곳에서는 광업이 도처에서 주된 활동이 된 것도 놀랄 일은 아니다. 오랫동안 자신의 필요를 충족하기 위해서만 영위되고, 상품생산을 위한 것은 아니었던 농경은 그런 곳에서 광업 뒤로 물러났다.

원래 광갱은 공동의 마르크 영역에서만 설치되었다. 그러나 광업이 확장되고 분배된 전답 마르크에서 가치가 높은 광물이 발견된다면 이제 어찌할 것인가? 전답 마르크는 전답의 경작 목적에서만 분배되었던 것이다. 농경지가 이 목적을 상실하고 정상적으로 경작되지 않으면 그에 대한 처리권은 다시 마르크 조합에 귀속했다. 사람들이 자기 땅에서 광맥을 찾아 채굴을 시작하자마자 이런 일이 벌어졌다. 그러나 곧바로, 광업이 발달한 곳에서는 어디에서나 농경보다 우세하게 되었기 때문에 해당하는 농경지와 목초지를 다시 공동의 마르크로 환원하는 데는 분배된 전담 마르크에서 풍부한 광물이 발견되었다는 것으로 충분했다. 아니, 광물 보고의 발견을 온 힘을 다해 촉진하기 위해서 결국 어떤 들판이 금속광을 포함할 개연성이 바로 그 들판을 공동의 마르크의 일부로 전환시켰다. 이는 필경 가치 높은 광물에 대한 갈망이 농장의 개별 소유마저 폐지하기까지 계속되었다. 각 사람의 마르크 조합원은 마르크 곳곳에서 광맥이 조금이라도 있을 만한 곳에서는 금속광으로 유도하는 광맥을 찾고 시굴할 권리를 보유한다. 누군가가 그것 때문에 피해를 입었다면, 그는 그에 대한 배상을 요구할 수는 있었지만 그것을 막지는 못했다.

"왜냐하면 광산권은 강했고 군주, 공작, 백작이 쾨엘가르텐에서 굴착하여 거기서 어떤 사람의 침실 밑까지 파고 나가려고 한다면 제지를 받지 않고 할 수 있기 때문이다." 대수도원 관할 채석장의 고문서에 그와 같이 적혀 있다.[21]

일반적으로 농경이 목축과 수렵에 비하여 점차 중요성이 높아짐에 따라 마르크 체제의 발달은 개별 소유의 권리와 영역을 공동 마르크를 희생하여 더 확장하려는 경향을 보였다. 반면에 농경이 광산에 의해 중요성을 잃었던 광산지역에서는 우리는 그와 반대의 경향을 보게 된다. 광업권은 개별 소유의 권리를 제한했고, 개별 소유를 일정 지점들에서 다시 곧바로 공동의 마르크로 되돌렸다.

채광지는 공동의 마르크 영역에 속했지만, 곧바로 다시 그로부터 분

---

21 H. Achenbach, *Das gemeine deutsche Bergrecht in Verbindung mit dem preußischen Bergrecht usw. dargestellt*, Bonn 1871, I. S. 71.

리되었다. 최초의 광산은 아주 원시적인 성질을 띠었고 단순한 노천광산, 단순한 광갱에서 금속광을 꺼내는 것이었다. 그러한 광갱을 다루는 데는 한 명 혹은 소수 노동자로 충분했다. 공동의 초지처럼 그것을 공동으로 이용한다는 것은 맞지 않았다. 구분되는 전담에서 개별 필지들처럼 구분되는 채광지도 몇 명의 개별 마르크 조합원이 사용하도록 양도되어야 했다. 그런데 서로 다른 광갱은 수확량이 달랐고, 광갱의 수는 경작지 필지의 수처럼 마음대로 늘릴 수 있는 것이 아니었으므로 전체 이익을 지키기 위해서는 수확물의 일정한 몫을 조합에게 양도한다는 조건에서만 광갱의 양도가 이루어졌다. 그리고 분배된 전담의 경작처럼 광갱의 채굴도 조합의 감독과 지도를 받았으며, 경작이 안 된 필지가 조합에 환수된 것처럼 방치된 광갱도 환수되었다. 한 광갱의 용익권자가 광갱 채굴을 중단하자마자 그는 그에 대한 모든 청구권을 상실했다.

어느 금속광산을 분양받을 최초의 권리는 당연히 그것을 발견한 자가 소유했고, 해당하는 장소가 이미 개별 소유지로 넘어간 경우에 그 땅의 주인이던 자에게 귀속되지 않았다. 이 발견자의 우선권은 오늘날까지 유지되어온다.

가치가 별로 높지 않은 광물들의 광산은 오랫동안 원시적인 단계에 머물렀다. 예를 들어 철광석이나 석탄광은 그중에서도 19세기까지 원시적인 상태였다. 그러나 귀금속광업은 우리가 앞으로 살펴보겠지만 이른 시기에 높은 기술 단계에 올랐다. 광업은 점점 더 규모가 커지면서 점차 더 복잡해지고 더 위험해졌다. 분양받은 조합원, '광산조합원' 각 사람이 광산경영을 자기 손에 틀어쥐는 것은 점점 불가능해졌다. 서로 다른 광갱들이 점차 상호의존하게 되었고 갈수록 통일된 전체를 이루었다. 여러 조합원이 그들의 광갱 혹은 '광산'(Zechen)이 분리된 상태로 있고, 각자에게 자신의 영역에 대한 몫이 보장되도록 세심하게 감시했지만, 그것의 경영은 점점 더 기술적 필연성 때문에 공동의 것으로 되었다. 처음에는 광갱의 채굴을 단지 감독하기만 해도 되었던 마르크 조합의 관리, 광산 마이스터는 전체 경영의 지도자가 되어 경영을 계획적으로 조직했다.

그 정도로 일이 진전된 광산은 또한 아주 부유해서 그 수확물은 해당되는 구역에서 처음에 어떤 개념이 통했든지 노동조합원, 마르크 조합원들을 점점 더 광산노동에서 벗어나게 해주었다. 광업노동은 결국에는 완전히 조합원들의 머슴들 혹은 광부들에게 돌아갔다. 광산조합원들은 더욱더 자본가가 되었다.

광물이 풍부한 광산에서는 머슴들의 수가 점점 더 늘어났다. 게다가 금속을 금속광에서 추출하는 작업장인 움막으로 노동자들이 유입되었다. 그와 아울러 나날이 더 많은 장인이 광업 장비를 생산하고, 얻어진 금속을 가공하거나 인구의 증대해가는 필요에 맞추기 위해 광산지역에 이주해 들어왔다. 상인들도 바로 그곳에서 얻어진 땅 속의 보물 거래업을 통하여 풍성한 벌잇거리를 발견했으며 그래서 그들의 수는 빠르게 증가했다. 그래서 광산 주변에는 도시가 형성되었다. 그것은 '광산도시'(Bergstadt)로서 그곳에서 마르크 조합원들이나 '광산주와 선광업소 업주들'은 소수를 이루었다. 이들은 부분적으로 그들에게서 배출(輩出)된 상인들과 함께 귀족층을 이룬 것이다.

아주 독특하게 이 산지조합들도 형성되었지만, 그래도 틀림없이 마르크 조합인 것에는 변함없었다. 경작과 목축은 당연히 이들에게 의미를 잃었다. 그러나 광산 다음으로 그들에게 중요했던 것은 삼림이었다. 왜냐하면 삼림이 선광업소들에 금속광을 녹여 금속을 얻도록 땔감을 공급해주었기 때문이다. 그런 이유로, 광산조합원들의 옛날 마르크 조합적 체제가 유지되어오던 경우에 이 조합원들은 삼림조합으로 등장했다.

옛 산지 자치공동체 체제가 이루어지는 과정은 기에르케(Gierke)가 "하르츠(Harz)의 거대 산지공동체에 관하여, 고슬라르(Goslar)를 중심으로" 행한 서술이 명백하게 보여준다.[22]

"도시체제에서 산주들과 선광업주들(광산업자들montani과 삼림조합원들silvani)의 조합은 상인과 길드(화폐주조자, 소매상인, 장인)의 중간에 있는 부르주아 단체였다. 그런 단체로서 도시행정에 참여했고, 정관을 기초하는 작업에 대표를 파견했으며, 법령 개정 때마다 시의회의 자문에 응해야 했다. 또한 그 조합은 도시의 법에 따라 압류권 면제 혜택을 누렸으며, 시 공무원들에 대립한 폭넓은 자율의 권리를 누렸다. 하르츠 숲에 관련하여 삼림조합원들은 동시에 마르크 공동체를 이루었으며, 이 공동체는 세 가지 기본적 숲에 관한 일에 공조했고, 광산업, 광물제련업과 아울러 목재 활용, 수렵, 어로 활동을 수행했다. 그러나 전체적인 광업과 광물제련업을 위해 모든 광부와 산림조합원 전체는 독립적인 자율조합을 결성했다. 원래는 제국 감독관에게, 그리고 나중에는 고슬라르(Goslar) 시에, 특별히 시의회 6인 이사의 결정에 속한 최고위 감독과 최고위 재판권의 통제를 받는 조건이었다. 그래서 조합원들 스스로 자신들이 선출한 광업 판관이나 광산 감독관 밑에서 광산을 경영했다. 그들은 고슬라르에 자신들의 총회로 모여서 비록 시의회의 영향 아래에서이긴 하지만 광산조례, 광산평화, 광산권을 처리했다. 그들은 채무관계 소송과 고유한 광산관계 소송에서 제1심인 광산 감독관의 법정에서 배석판사로 발언했다. 그러나 모든 사건에서 맨 먼저 몬타

---

22 Otto Gierke, *Das deutsche Genossenschaftsrecht*, Berlin 1868, I. S. 443.

누스(광산업자)가 제기한 소송이어야 했다."

그러나 마르크 체제의 독립성과 순수성은 광산 자치공동체에서는 거의 어디에서도 오랫동안 유지되지 못했다. 대토지 소유권의 등장은 그것들을 농민의 경우에서처럼 곤경에 빠뜨렸다.

물론 부유한 광산조합들은 그들의 압제자로부터 자신을 지키기 위한, 가련한 농민 자치공동체와는 완전히 다른 수단을 지녔다. 우리는 또한 중세시대에 광부들이 어느 곳에서도 농노나 노예 신분으로 추락한 어떠한 예도 발견하지 못했다. 그러나 바로 광산의 풍부한 소득 때문에 지주들은 광부들에게 지대를 납부할 의무를 지우려는 쪽으로 마음이 이끌렸다. 이 지주들은 사냥과 마찬가지로 광산업을 그들의 우선권으로 선포했다. 라인 강 왼쪽 기슭의 여러 판례들에서 광산업은 명확히 수렵포획물과 등치되며, 땅 위와 땅 속에서 발생하는 수렵포획물은 '자비로운 나리'에게 돌아간다. 그런데 나라 안에서 가장 큰 지주는 군주이다. 애초에 그는 일련의 광산을 잡아채는 데 성공했다. 곧이어 그는 귀족과 수도원 혹은 주교 들이 차지한 광산에 대해서도 권리를 주장했다. 독일에서 왕 혹은 황제는 결국 자기들에게 분양을 받지 않은 누구도 광산을 경영해서는 안 된다고 선포했다. 우선 금과 은 및 소금 광산을 왕실에 속하는 것으로 선언하였다.

초기에는 황제들도 자신들의 청구권을 적어도 부분적으로 효력 있게 만드는 데 성공했다. 아헨바흐(Achenbach)는 위에서 언급한 저서에서 그에 관한 더 많은 예를 제시한다. 이처럼 예를 들어 프리드리히 1세는 12세기에 여러 주교에게 광산을 봉토로 받도록 했다. 그러나 벌써 그 다음 세기에 황제 권력의 퇴조가 시작된 반면에 대지주의 권세는 군주의 권력으로 발전했다. 봉건영주의 광산지배권은 이제 군주들에게 귀속되었으며, 군주들은 곧 소지주들과 개별 자치공동체 및 조합에 대하여 이 수익권도 완전히 관철할 만큼 충분히 강해졌다.

이미 카를 4세는 선제후들의 광산지배권을 그의 금인칙서(金印勅書)에서 승인하지 않을 수 없었다(1356년). 카를 5세는 결국 그의 선거투항(1519년)에서 제국 직속 의원들에게 보편적으로 수익권을 보장했다.

마르크 조합 체제는 그 당시에 광산업에서 이미 보편적으로 해체되었다. 적어도 대형광산이 관찰되는 한에서는 그러했다. 자유로이 선출된 협동조합 관리 대신에 군주의 관리가 등장하여 마르크 조합원들과 광산조합원들과는 독립적으로 광산경영을 이끌고 판결을 내리며, 광갱 분양까지 좌우했다. 이처럼 광산에 관련한 마르크 체제의 배타성이 종말을 맞이했다. 광산경영은 제한조치들과 점점 더 충돌했다. 그것은 갈수록 노동자들을 더 많이 필요로 했고 그들을 멀리에서 끌어들여야 했다. 광산이 대부분 위치한 황량한 산간지대에는 인구가 희박했기 때문이다. 그런데 광산업이 비용이 많이 들게 되고, 확장됨에 따라 더욱 더 큰 자본의 유입도 필요했다. 그래서 광산 소유를 도시의 대상인에게도 취득할 수 있게 하려고 노력했다. 이 대상인들이 보통 영주들이 흔히 곤경에 처한 경우에 자금대부로 도와주어야 했으므로 영주들과 최선의 관계를 맺었다는 사정은 또한 군주들이 마르크 조합원들의 광산개발에 대한 특권을 깨뜨리도록 권력을 행사하게 하는 데도 기여했을 수 있다. 광산업은 마르크에서 분리되었으며, 광산이 위치한 산지는 '주인 없는 땅'으로 선포되었다. 주인 없는 땅인 산지 위에서 광산업은 누구나 군주의 허가만 받으면 운영할 수 있었다. 이처럼 외부 분자들의 침투에 대한 제한이 제거된 후에 곧 특히 은광과 금광에 상인, 대부업자, 모험가, 노동자, 거지 등 각양각색의 군중이 행운을 잡기 위해 몰려들었다. 이를 통해 비로소 큰 광산업의 빠른 융성이 가능해졌다.

광산과 마르크의 관계는 모두 해소되었다. 그래서 그렇지 않아도 마르크 체제에 대해 아무런 이해도 하지 못한 로마의 법률가들이 그 체제에서 생겨난 독일의 광업권을 어찌할 줄 몰랐던 것은 놀랄 일이 아니다. 마우러(G. L. v. Maurer)의 마르크 체제에 관한 획기적인 연구가 비로소 다른 많은 사회적 구조물들에 대해서와 같이 독일의 광업권에 대해서도 열쇠를 제공했다.

9. 광산에서 자본주의적 대기업

로마의 법률가에게 16세기 초 독일의 광산은 특별한 광경을 보여주었다.

한 광갱의 개발 이용자는 완전한 소유권이 아닌 이용권만을 보유했다. 그 이용권을 군주의 관리인 광산주가 대여해주었다. 분양받은 자, 무터(광산채굴 특허청원자)는 이제 네 개, 나중에는 더 많은 몫 또는 쿡세(체코어 Kus, 지분에서 유래)를 가진 조합을 만들었다. 이 쿡세(광산주鑛山株)의 일정한 수가 군주에게 돌아갔다. 쿡세는 판매가 가능했다.

광산에 대한 이 이념적 지분에서 숫자 4는 큰 역할을 한다. 쿠트나호라의 광산조례에 따르면, 광산권은 비록 더 많은 사람이 그 개발에 참여했더라도 원래 네 개의 이념적 지분으로 나뉘었다는 것은 의심할바 없는 듯하다. 나중에는 이로부터 8개, 16개, 32개 결국에는 4×32=128개의 쿡세를 만들어냈고, 그 수가 이제 통례로 되었다. 우리는 그것이 1327년 문서에 최초로 지시된 것을 발견한다. 그러나 프라이베르크에서 광산개발권은 1698년부터 비로소 128개로 나뉘었다.(Achenbach, a. a. O., S. 291 참조)

하나 이상의 쿡세의 소유자는 '광산조합원'(Gewerke)이었다. 이렇게 광산업은 주식회사에 의해 운영되었다. 그러나 쿡세가 광산업에 대한 권리를 주지는 않았으며, 순이익에 대한 권리만을 주었다. 순이익은 광산주 보유자들끼리 나누었다. 또한 이처럼 광산업의 비용도 그들 간에 나누어냈다. 그 비용이 오랫동안 소득을 초과하여 한 조합원이 그에게 할당된 추가 출자를 이행할 능력이 없으면, 그는 자기의 광산주를 상실하고 그 주권을 동료 조합원들이 다른 사람에게 넘길 수 있었다. 하나의 광갱이 더 이상 채굴되지 않는다면, 그 광산조합은 그에 대한 권리를 상실했고, 군주는 그것을 더 임대해줄지 자유롭게 결정했다.

그러나 이런 로마법의 소유권 개념을 조롱하는 규정들만으로 충분하지 않았다. 광산업의 경영은 군주의 관리들에 의해 이루어졌고, 군주는 마르크 조합의 모든 권리를 찬탈했으며, 광산조합원들은 이에 간섭할 일이 극히 적었다.

공작이자 선제후인 아우구스트 폰 작센의 (1574년 인쇄된) 광산명령은 제3조에서 다음과 같이 군주에 의해 배치되는 광산감독자를 명명(命名)한다: 반년 동안 단장, 상급 광산감독관, 광산관리인과 함께 광산을 방문할 광무감독(Bergräte) 두 명. "그 외에 우리는 각 광산도시에 그 형편과 광산의 크기에 따라 광산감독관 한 명과 선서한 관리(Geschworene) 상당수 , 광산전문가, 십일조 징수관(Zehender), 분배자, 감사관, 광산서기, 제련소 관리인, 제련소 기사(Hüttenreuter), 조정 서기 및 제련소 회계(Rezeß=und Hüttenschreiber), 은 정련인(Silberbrenner), 광구측량사(Markscheider)를 두었고 임명했다."

조합원들은 갱부장과 갱부감독을 임명하지만(제42조), 단장과 상급 광산감독, 광산관리인 및 각지의 광산감독의 의향과 인가가 있어야만 했다. 제44조에 따르면 이 관리들은 갱부장과 갱부감독을 면직할 권리를 가진다. 갱부감독은 노동자들을 받아들이고 내보내지만, 광산감독과 선서한 관리 두 명의 동의를 받아야만 했다.

우리는 아그리콜라의 책에서 바로 위의 보고내용을 취했는데[23] 그는 우리에게 또한 각각의 관리들의 기능을 더 상세히 전해준다.

단장을 누구나 두려워해야 한다. 그는 최고의 심판자이다. 그 바로 다음에는 광산감독관이 있다. 수요일에 그는 선서한 관리들과 법을 이야기한다. 다른 날들에는 광갱을 시찰하고 그 안에서 해야 할 일을 지시한다. 토요일에는 갱부장이 그에게 보고해야 한다.

광산서기는 '광갱을 수요하는 자들을 위한 표'를 작성하고, 4분기마다 조합원들을 위해 수입과 지출에 관한 회계를 준비하고 그에 관한 장부를 운용한다. 십일조 징수관(Zehender)은 광갱채굴의 화폐수입을 취하여 그중에서 광부장에게 광갱의 운영에 필요한 돈을 지불한다. 순수입은 분배자가 조합원들에게 나누어준다. 그 대신에 적자가 발생하면 각자에게 돌아가는 추가 출자액을 광산 서기가 표에 적어서 광산감독관과 두 명의 선서한 광산관리가 승인한 후에 해당되는 조합원(혹은 그의 대리자)의 집 문에 갖다 붙인다.

갱부장은 광갱을 관리하며 임금을 지불한다. 임금수준은 선서한 광산관리들과 함께 확정한다. "가끔 그들은 (선서한 관리들은) 갱부장과 함께 갱도의 몇 라흐터(약 2m: 길이의 단위)를 광석이 단단하냐 무르냐에 따라 높은 임금 혹은 낮은 임금에 캐가도록 갱부를 고용한다."(S. 71)

---

[23] 우리는 탁월하게 도해된 독일어 판본을 활용했다. "모든 구매자가 계기와 도구 및 이 업무에 속하는 일체의 것을 아름다운 그림으로 도시하고 명쾌하게 서술한 것을 볼 수 있는 광산책 제12권, 처음에는 쿠르퓌르스트(Churfürst)의 도시인 켐프니츠(Kempnitz)의 박사이자 광산감독관이고 라틴어로 학식이 높고 저명한 게오르기움 아그리콜라(Georgium Agricola) 선생이 저술했고, 이제는 철학자이자 의사이고 바젤의 유명대학교 교수인 존경할 만하고 학식이 높은 필리품 베치움(Philippum Bechium) 선생이 독일어로 옮긴 그 책이다." Basel 1557.

예기치 않은 단단한 암석을 노동자들이 만나면 임금은 그에 상응하여 오른다. 반대로 암석이 예상했던 것보다 무른 것으로 드러나면 임금은 오히려 적어진다.

갱부감독이 궁극적으로 광갱 안에서 노동을 지도하고 감독한다.

광산조합원들은 보다시피 상업적인 지분을 제외하면 사업이 잘 안 될 때는 돈을 지불하고 사업이 잘될 때는 돈을 챙기는 것 외에는 광산 경영에서 다른 할 일이 없었다. 상업적 지분은 그 수확물이 화폐주조에 들어가는 은광에서는 역시 별로 대단한 것이 아니었다. 물론 아그리콜라(S. 31)는 이렇게 생각한다. 조합원들은 노동자들을 감시하기 위해서 광산 위에 살아야 하고 갱부장을 믿어서는 안 된다는 것이다. "주인의 눈이 말을 살찌운다." 그러나 아그리콜라의 권고는 우리에게 다음의 사실을 증명해주는 것일 뿐이다: 그 시대의 조합원들은 자신들의 부가 생산되던 곳에서 멀리 떨어진 곳에 살기를 선호했다. 그들은 생산과정에서 있으나마나 한 존재가 되어 있었다. 생산과정의 지도는 군주의 관료기구가 장악했다.

조합원이란 인물이 광산경영에 점차 거추장스럽게 되어가는 것과 같은 정도로 그들의 자본에 대한 요구도 커졌다. 광산을 성공적으로 이익이 되게 개발하는 것은 곧 도시의 대자본가와 대상인, 은행가 들의 특권이 되었다.

광산기술은 중세 말과 근대 초에 괄목할 만큼 발달했다. 특히 그 당시에 '유럽의 페루'였던, 우리 대륙에서 은과 금이 가장 풍부한 독일에서 그러했다.

고달픔과 위험, 그와 함께 채광 비용도 깊이 파고들어 가면서 급속히 커진다. 가장 흔한 물질, 예를 들어서 철과 석탄의 채굴은 그래서 이미 언급한 것처럼 오랫동안 아주 원시적인 상태로 남아 있었다. 이처럼 예컨대 광산 밑의 갈탄 광업은 지난 세기의 중반까지도 대기업을 가능하게 하기에는 수익이 너무 적었다. 소형 광산만이, 많은 경우에 노천광산으로 조합원이 아내와 자녀와 함께 석탄을 운반하던 광산만이 존재했다. 갱내 작업은 보통 농사일을 쉬는 겨울철에만 있었다. 조합원들은 대부분 농민이었다.(Braf, *Studien über nordböhmische Arbeiterverhältnisse*, Prag 1881, S. 4 참조) 마이닝거 고지의 석필석은 오늘날에도 극히 원시적인 방식으로 채굴된다. "… 도처에서 지표면에 가능한 한 가장 가까이에서 가장 품질이 좋고 가장 쉽게 가공할 수 있는 석필석을 얻을 수 있는 지점들에 수많은 구멍을 뚫는 것이 그 사업이었다. 그곳에서 최상급의 광석기둥에 다가가서 채취 장소에서 가능한 한 가까운 곳에 광미를 쌓아두고는 석필석이 수많은 퇴적물에 가로막혀 포기되거나 아니면 구멍이 아주 불완전하거나 완전히 잘못된 배수로 물이 차게 되자마자 작업을 다시 중단된다." 그 사업은 석필석 채취 노동자들의 작은 소작회사들을 통해 영위되며, 채석장에서 석필석 채취 노동자들은 원료를 직접 날랐다.(E. Sax, *Die Hausindustrie in Türingen*, Jena 1882, I, S. 70) 비슷한 방식으로 우리는 원래의 모든 광산사업에 대해서 상상해야 한다.

깊이 파고들어가자마자 단순한 도구로는 일정한 한계를 넘어갈 수 없었다. 광석더미의 운반이 너무 고되게 된 것이다. 광갱으로 공기를 유입하는 일이 실패했고, 이를 통해서 더 파고들어가는 것이 불가능하게 되었으며, 지하수로 광갱이 잠겼다.

그러나 귀금속에 대한 갈망은 이런 모든 장애물을 극복할 힘이 있었다. 실무자들, 그리고 그들에게 봉사하는 학자들의 탐구정신을 강제했다. 그리하여 초기에 파악된 과학적 기술에 항상 새롭고 점점 더 큰 과제를 부여하여 이런저런 발명을 하도록 몰아쳐서 자연의 힘에 굴레를 씌우고 더욱 효능 있는 작업도구를 고안해내고 더욱더 큰 이익을 가능하게 하도록 했다.

이처럼 우리는 16세기에 이미 독일의 광업이 그 은광, 금광과 함께 놀라운 기술수준에 오르는 것을 보게 된다.

이에 관해 상세히 알고자 하는 자는 이미 언급한 켐니츠(Chemnitz) 사람 게오르크 아그리콜라의 책에서 그것에 관한 탁월한 안내서를 발견한다.

그러나 우리의 지금 목적에 더 잘 맞아떨어지는 것은 요아킴스탈의 마테시우스(Matthesius) 목사가 "자렙타"(Sarepta)에서 기술적 예방수단에 관하여 그린 덜 상세하고 전문적인, 그러나 더 생생하고 더 포괄적이고 더 간단한 그림을 재현하는 것이다. 그 시대의 은광 경영이 그런 기술적 예방수단을 필요로 했다.[24]

과학이 이미 광업에 응용되었다. 이론적으로 양성된 기술자가 광산을 설립하고 이끌어야 했다. 그 노동이 이미 단순하고 배우지 못한 광부들의 능력을 훨씬 넘어섰다.

이들은 물론 나침반 사용하는 법도 알아야 했다. "그것은 아름다운 계기(計器)이며 감사와 칭찬을 받을 만하다. 왜냐하면 나침반은 땅 위의 방랑객과 공해상의 뱃사람에게만 행로를 가리켜주는 것이 아니라 여러분 광부들에게도 여러분이 땅 속에 있는 경우에 길을 인도해주고 몇 시에 (어떤 하늘의 위치에 따라) 갱도를 파나가야 하며, 어느 쪽으로 나아가야 하는지를 가르쳐주기 때문이다." 광부가 길을 찾기 위해 나침반을 필요로 했다면 이로부터 그 당시에 이미 광산업이 얼마나 복잡하

---

[24] Johann Matthesius, *Bergpostilla oder Sarepta ⋯ Sampt der Joachimsthalischen Kurtzen Chroniken biß auffs 1578 Jar*, Nürnberg 1578. 이 책은 1553년부터 1562년까지 행해진 설교집이다.

고 가지가 많은 사업인지를 사람들은 알게 된다. 특히 광부는 여러 광갱의 경계를 정하고(광구경계획정) 통기구를 뽑는 등의 일을 위한 삼각함수 측량에서 기술자의 시중을 들었다. "그런데 특별히 그는 광구경계획정이라는 고귀한 예술을 섬긴다. 다른 식으로 조합원(갱주)에게 손해가 나지 않게 광산운영을 하려고 하거나 이미 갱도의 교차점에 이르러 배수를 하고, 가스(공기)를 주입하고 각자의 권리를 보호하고 관리하려 한다면 광업에서 그런 예술에 빠져들 수는 없다. … 문외한들이 유클리드와 기초 기하학 수업을 받는다면, 페펠(Pfeffel)과 룔휠첼(Lölhölzel)[25] 외에 많은 계기와 줄자, 측정도구를 가져야 하며, 그런 것들은 옛날식 계기인 자나 줄자 이상의 것이어야 한다. 그런데 삼각자를 이용해 비율을 재는 사람은 이 경우에 그 일에 적응할 수 있는 마이스터이다."(S. 143)

우리는 거기서 벌써 자본주의적 거대산업의 특성이 발달하는 것을 보게 된다. 그것은 노동자들이 두 계급으로 분화되는 것이다. 한편에는 교육을 받지 못한 육체노동자, 또 한편에는 교육을 받은 두뇌노동자가 있어서 육체노동자에게는 신체적인 능력이, 두뇌노동자에게는 정신적인 능력이 가장 높게 요구되는 것이다.

그러나 '지력에서의 과잉생산'(Überproduktion an Intelligenz)은 신학을 제외한, 적어도 기술 영역에서는 16세기 초까지도 없었다. 기술자는 아직 오늘날처럼 그렇게 많지 않았고, 그래서 아주 귀하게 대접받았다. 그래서 마테시우스도 이렇게 외친다: 사람은 "예술가의 노고와 일을 찬양해야 하며, 진리를 다루는 그런 천재들을 낡은 수직갱도나 붙들고 목수일이나 할 줄 아는 다른 광부보다 높이 대우할 줄 알아야 한다. 군주들과 영주들이 하느님과 자연이 남들보다 더 사랑한 그런 재간꾼

---

[25] 페펠과 룔휠첼은 고어사전에 같은 측정도구로 나오는데 실물은 확인이 안 됨.(Johann Leohard Frisch, *Teutsch-Lateinsches Wörter-Buch*)—옮긴이

을 또한 그들의 가치에 따라 대접할 줄 아는 것처럼 말이다. 막시밀리안 황제는 그의 예술가들을 아주 잘 대접했다. 왜냐하면 그런 예술가가 인스부르크에서 공사에 착수하여 분수(펌프시설)를 쿠트나호라에 설치하고 거대한 호수를 사이펀과 코스터 같은 기기로 완전히 고갈시켰는데도 몇몇 사람에게 박대를 당하고 억울한 마음으로 황제폐하에게로 왔을 때, 진실된 황제는 이렇게 말했던 것이다. '사람들은 예술가를 대접하는 방법을 모른다.'"

"그러나 하늘이 도우사 이런저런 자유로운 기예가 이 시대에 복음과 아울러 학교로 돌아오고, 또 여러 훌륭한 사람들이 그런 기예가 어디에 쓰이는지, 그리고 사각형과 삼각형을 땅을 측량하는 데 어떻게 활용할 수 있는지를 알고 있다. 광산주와 광산도시는 이런 일에 천성이 맞고 흥미를 느끼며 수학과 여러 기예들에 취미가 있는 두뇌들에게 도움을 주고 그들을 장려하여, 그들이 광구경계획정 작업을 올바른 근거에서 장악하고 쓸모 있고 영속적인 기기들을 물색하고 그로써 매일 물과 광석을 저렴한 비용으로 퍼올릴 수 있게 해야 한다."

이처럼 과학을 광업에서 이미 16세기 초에 생산에 응용할 수 있게 되었다. 수공업에서는 조상들의 전통과 관습이 그런 역할을 하지만 이는 추방되고 그 대신 체계적·과학적 탐구가 혁명적인 인자로서 등장했다. 그 목적은 끊임없는 생산혁신, 항상 더 나은 기기의 발명, 즉 더 낮은 비용이 들고 더 많은 노동을 절약하는 기기의 발명이다. 이 모든 것은 현대의 자본주의적 대기업에게는 특징적인 모습이다.

이런 상황 가운데 그 당시에 광산업에서 기계 체계가 얼마나 번창했는지는 마테시우스의 다음과 같은 묘사에서 알 수 있다: "광산노동은 말의 노동이고, 많은 이가 무거운 광석과 지하수를 퍼올리다 피를 내뱉을 뿐 아니라 흔히 목숨도 단축된다. 왜냐하면 벗은 몸으로 하루 종일서 있어서 물을 막고 자기에게 맡겨진 광석층을 파 올려야 하기 때문이다. 이제 하느님이 당신들에게 고된 땀이 코에서 흐르게 하는 것, 죄 때문에 당신들을 인류에게 매어 놓은 것은 하느님의 은혜이자 선물이기도 하다. 그러면서도 유용한 기계와 기술로 말이 사람 대신에 완급을 조정하면서 물과 바람, 불을 통하여 지하수와 광석을 깊디깊은 곳에서 훌륭한 기술로 끌어올리고 추진하여 비용도 줄어들고 숨겨진 보물들도 더 잘 발굴되고 드러나는 것이다."

"가축과 자연의 원소가 부역을 하고 그들의 광석층도 져 나르며 많은 기술두뇌들이 그들의 발명으로 광산에 유익하게 복무하는 은혜는 하느님께는 감사할 일이고, 세상적으로는 자랑할 만하며 갚아 줄 만한 일이다. 고된 도르래에 하루 종일 매달려 서 있고, 한 푼을 벌기 위해 여러 번 옮겨 싣기를 해야 하고, 흔히 도르래에 밀침을 당하고 그 손잡이에 얻어맞는 것은 고달픈 생계유지 방법이다. 마찬가지로 두 번의 교대순번 중 한 번은 여러 쇼크(1쇼크=60)의 물을 퍼내야 하고, 한 통은 1아이머(=약 60리터)를 담기 때문에 여러 사람의 몸도 망치고 팔과 다리에서 뼈의 골수를 빼간다. 이제 하느님이 상당한 장점과 도움이 되는 것을 고안하는 예술가를 내어서 도르래에 핸들바퀴과 얼레, 손잡이를 만들어 붙여서 더 쉽고 능률적으로 작동하게 한다. 게다가 둥근 원판과 바퀴를 원판축과 톱니바퀴, 가속기(Fürgelegen) 혹은 기어와 테두리 장식과 함께 설치하여 팔과 옆구리만이 아니라 발과 몸 전체로 광석과 물을 퍼내고 끌어올리는 것 역시 감사할 만한 일이다. 마찬가지로 양광 활차(Göpel)도 아름다운 작품이다. 왜냐하면 말을 부려서 광석과 물을 퍼내고 한 번의 교대순서에 12개의 도르래보다 더 많은 양을 끌어올릴 수 있기 때문이다. 이 또한 제동기 부착 원판(Premscheibe)[26]으로 말을 다루는 기술이다. 굴대와 분쇄기를 광갱 안으로 달아 내려서 흉상부

나선 거중기와 활차, 통풍 기둥을 두는 방식으로 더 쉽게, 그리고 기술적으로 유리하게 작동한다. 산골 사람이나 고지의 주민은 또한 그들의 가죽주머니(Utres, 아그리콜라에게서는 가죽자루)와 가죽부대를 가지고서 겨울에 높은 알프스 산맥에서 제련작업장으로 금속광을 담아오며, 그들의 개가 (빈) 자루를 다시 산간지역으로 가져가야 한다."

"오래 된, 보호시설이 된 수평갱이 수로와 화장실을 갖추고 있는 것은 물론 광산에서 가장 아름다운 작품이다. 왜냐하면 물과 나쁜 공기를 취하고 좋은 공기를 실어오며, 수레와 개로 쉽게 운반하게 해주기 때문이다. 그 때문에 광부들은 우리 하느님께 또한 감사해야 하며, 그들의 세금 1/4페니히와 1/9페니히를 기꺼이, 신속히 그리고 정성껏 바쳐야 한다. 하지만 수평갱을 설치할 수 없는 경우에는 양수장치는 물통을 도르래나 사람들이 밟는 바퀴로 끌어올리는 경우에, 혹은 물과 바람으로 물을 위로 보내기 때문에, 값을 요구한다. 물이 바닥에서 흐르는 경우에는 기구에 의해 물을 위로 보내고 이렇게 해서 누각과 고지대로 보낸다. 그런 양수장치가 여러 장소에 설치되어 있기 때문이다. 그런데 땅 밑의 물을 위로 운반해야 하므로 물을 지표면에서 갱내로 끌어들여야 한다. 이는 피티(Pithii) 광산에서 그러한 양수기관이 고안된 방식이다. 그곳에서 이 부유한 광갱개발자가 수차실에서 괴로워하며 죽었기 때문이다. 이제 예술가들은 이 안에서 여러 아름답고 실용적인 기계, 특히 파이프와 펌프장치를 가진 기계를 고안해냈다. 왜냐하면 인력과 물과 바람으로 갱도를 파서 발견한 물을 수평갱으로 혹은 지표면으로 퍼올리기 때문이다.[27]

---

26 제동기 부착 원판. 아그리콜라 참조.
27 Pumpenberg(양수기)는 아그리콜라에게 있어서는 라틴어로 Fibulae, 화살(?)이라고 한다. 아그리콜라는 그의 저작 제6권에서 통으로 물을 푸는 기구 세 종류와 펌프 일곱 가지,

광부 여러분은 또한 여러분의 광산소유지에서 지금 광석과 물을 풍력으로 지표면에 끌어올리는 장치를 하는 홀륭한 사나이를 찬양해야 한다. 이는 지금 또한 명백하게 물을 화력으로 끌어올리는 것과도 같은 것이다.…[28]”

“결론적으로 나는 위에서 예술작품에 관하여 말하는 것이므로, 나는 또한 광산설교자로서 좋은 공기를 통풍기, 통기관(아그니콜라에게서는 Lotten, 라틴어로는 *canalis longus*, 긴 관), 송풍기, 풀무를 통해 수평갱으로 끌어들이거나 추진할 수 있고 나쁜 공기는 그것에서 뽑아내거나 밀어낼 수 있는 아름다운 작품에 대해 하느님께 감사해야 한다. 수평갱 꼭대기에 널빤지로 통기관을 내고, 점토나 진흙으로 발라서 덮어 좋은 공기 또는 신선한 바람을 광산에 끌어들이고 화장실 밑의 나쁜 공기는 다시 뽑아낼 수 있는 것이 물론 효과적이다. 그리고 특히 풀무로 나쁜 공기를 밀어내는 경우에는 곧 좋은 공기가 그 자리로 들어온다. 자연은 어느 장소가 공기 없이 텅 빈 채로 있는 것을 견디지 못하기 때문이다.”

“쿠트나호라에서는 특히 막장에서 선광 작업을 할 경우에[29] 굴뚝과도 같은 큰 통기관으로 나쁜 공기를 빼내고 반대로 500라흐터[30] 이상까지 수직갱도에 좋은 공기를 집어넣어야 한다. 이는 우리가 있는 요아힘스탈에서 요즘에도 그런 기구를 설치하여 송풍기로 좋은 공기를 관을 통하여 수백 라흐터까지 보내고 큰 비용을 들여서 대체로 두 수평갱

사슬펌프 등과 같은 봉으로 물을 푸는 도구 여섯 종류와 자그마치 수력기관 16종을 묘사한다.
[28] 여기서는 그 이후로 다시 망각 속에 묻힌 일종의 증기기관을 말한 것일까?
[29] 여기서는 화기작업을 말한 것이다. 광석에 불을 붙이면, 이를 통해서 물러지게 되고 분쇄된다. 좋은 통풍장치가 없이는 이는 당연히 할 수 없다.
[30] 1라흐터는 대략 2미터이다. 이와 같이 당시에 이미 1킬로미터가 넘게 땅 속으로 파고 들어갔다.

도를 포개어서 뚫어야 했던 경우에 그랬던 것이다."(S. 154 이하)

마테시우스는 여기서 단지 광산업에 대해서만 말한다. 아그리콜라의 저작에서 엿볼 수 있는 것은 그 당시에 도쇄기와 용광로, 금속선광 및 소금, 유리 등의 '딱딱한 액체'의 가공장치 등 얼마나 대단한 장치들이 광석 가공에 쓰였는가 하는 것이다. 광산노동은 최소한 귀금속에 대해서는 16세기에 이미 수공업적 성격을 상실한 지 오래되었다는 것을 보도내용이 알려주는 데 충분할 것이다. 그것은 더 이상 광부가 견습과정에서 그 과정을 마치면 전체적인 사업운영을 이해하도록 습득한 단순한 요령들의 총합으로 이루어지지 않았다. 광산업은 단순노동자의 이해력이 미치는 범위 이상으로 커졌다. 광업은 광범위하고 정교한, 극히 비용이 많이 드는 장치를 요하는 거대하고 복잡한 유기체, 그 작동은 오직 과학교육을 받은 기술자, '예술가'만이 감독하고 이끌 수 있고, 인력보다 강한 동력만이 작동시킬 수 있는 유기체로서 소유와 유지에 자본을 필요로 하는 유기체가 되었다.

이런 상황에서 프롤레타리아는 그러한 광산에서 광갱 하나를 주인으로서 독자적으로 개채(開採)할 전망을 지니지 못했다. 소규모 자본가들도 개별적으로는 정식 광산시설의 비용을 조달할 힘이 없었다.

물론 여럿이 힘을 합쳐 하나의 회사, 조합을 결성할 수 있었으며 또한 그렇게 되는 경우가 많았다. 그러나 서민에게 지분(광산주)은 언제나 융통할 수 있는 것이 아니었다. 요아힘스탈의 많은 광산 사무소에서 광산주는 1,000요아힘스탈러에 판매되었다. 당시에는 상당한 액수였다.(Matthesius, S. 18) 그리고 성과는 항상 좋지만은 않았다.

지질학은 당시에는 아직 초창기였으며, 그래서 광산업은 오늘날 흔히 그런 것보다 훨씬 더 도박이었다. 광갱의 수확물은 완전히 믿을 수 없는 비율로 변했다. 때에 따라서 단지 몇 개의 광갱만이 아니라 전체의 큰 광산도 방치되어 나중에 다행히 다시 채굴되기도 한다.

10세기에는 하르츠(Harz: 고슬라르에 있다)의 은광이 경영되기 시작했다. 그 첫 100년간에는 수확물이 엄청나게 풍부했다. 그러고 나서 우리는 1205년에 그 영업이 오랫동안 중단된 후에 재개되었다는 것을 알게 될 때까지 별로 그에 관한 소식을 듣지 못한다.

12세기에는 작센의 은광개발이 시작되었고, 13세기에는 보헤미아의 은광개발이 시작되었다. 보헤미아의 벤첼(Wenzel: 바츨라프) 2세는 1295년 반포한 광산조칙에서 금과 은의 광갱들이 도처에서 고갈되었지만 보헤미아만이 금과 은으로 넘쳐흐른다고 주장했다. 고슬라르 광산은 14세기 중에 또다시 폐쇄되었고 1419년에 재개되어 그 세기를 넘어서까지 채굴상태로 있었다.

마이센(Meißen) 광산은 더 상시적으로 영업을 유지했다. 그러나 채굴량은 어찌나 변동이 심하던지!

마리엔베르크 갱의 소득은 1520년에 258굴덴에 달했고, 1521년에는 772굴덴이었다. 1522년에는 1,806굴덴, 1523년에는 1,161굴덴, 1529년에는 2,562굴덴, 1530년에는 6,572굴덴이었다. 이제 이 생산고는 급상승하여 1540년에 270,384굴덴으로 정점에 도달했고 다시 1552년까지 22,749굴덴으로 떨어졌다.

슈네베르크의 활기 있는 광업소에서 (영업비용을 제한 잉여) 수입으로 분배된 것은 다음과 같다:

연도	순은 마르크	연도	순은 마르크
1511	6,192	1519	6,779
1512	59,340	1520	10,787
1513	17,673	1521	774
1514	8,127	1522	6,321
1515	14,214	1523	1,935
1516	21,156	1524	253
1517	25,324	1525	2,515
1518	9,675		

활동 중인 광업소에서 분배되는 수익은 이처럼 59,000마르크에서 250마르크까지 등락했다. 적자가 난 경우에 얼마를 보충해주어야 했는지 우리는 알지 못한다. 아무튼 여러 광업소에 크게 적자가 생긴 해들이 있었고 그런 해에는 큰 액수의 추가출자를 하거나 영업을 (혹은 그에 대한 관심을) 중단하고 이로써 그의 영업소에서 투자된 자본을 완전히 잃어버려야 한다.

그것을 유지하는 대자본가는 여러 해를 평균할 때 괜찮은 이익을 보았다. 소자본가는 거지가 되기 쉬웠다. 그러나 소자본가에게 운이 좋아서 사업 수익성이 좋은 것으로 나타나면 대금융가가 군주와 관리들에게 행사하는 영향력을 바탕으로 그 사업을 망쳐놓을 수단은 충분했다.

아그리콜라는 많은 이가 광산업을 다음과 같은 관습 때문에 부도덕한 것으로 간주한다고 설명한다. 그는 그 관습을 부인하지 못한다. "땅속에서 금속을 캐낼 희망이 조금이라도 보이면 군주 또는 관계 당국이 와서 그런 광갱의 조합원들을 그들의 소유지에서 내쫓는다.[31] 혹은 영

---

[31] 1574년 아우구스트 폰 작센(August von Sachsen)의 조례 제1조는 조합원들에게 그들의 몫이 다시는 몰수되어서는 안 된다고 약속한다. 이는 흔히 생겼던 일이다. 순전한 공식적인 승인이다.

리하고 고집 센 이웃이 와서 옛 조합원들과 권리의 거래를 부추기며, 이로써 그 이웃은 옛 조합원에게서 최소한 갱의 일부라도 빼앗는다. 혹은 광산감독국장이 조합원에게 무거운 추가출자를 요구하는데, 이는 이 조합원들이 추가출자를 감당하기를 원치 않거나 그럴 능력이 없는 경우에 그들은 자기 몫을 상실하고 광산감독국장이 헐값에 상실된 광갱들을 가로채어 사용하려고 하는 것이다. 혹은 마지막으로 갱부장이 갱로에 횡목(橫木)을 댄다. 그리고 몇 년이 지나 조합원들이 광갱이 완전히 고갈되고 방치되었다고 억측하면, 그는(갱부장은) 즉시 그렇게 방치된 광석을 채취하여 힘으로 차지할 수가 있다. 게다가 광부들 무리 전체는(임금노동자는 해당되지 않는다) 거짓되고 사기성이 있으며 말썽꾸러기인 자들 중에서 선발되었다. … 그는 광맥을 거짓으로 꾸며낸 찬사로 칭찬하여 광산주(쿡스)를 실제 가치보다 두 배나 비싸게 판매하거나 아니면 다시금 그것을 비난하여 저렴하게 구매할 수가 있다."(1. Buch)

광산이 오늘날 증권시장과 마찬가지로 비난을 받았지만 마찬가지로 자본가들에게 매력적이었던 것은 놀랄 일이 아니다. 증권시장처럼 광산도 기꺼이 신속하게 부유해지기를 원한 소액 화폐소유자를 대자본가를 위해 수탈할 수 있는 수단이었다. 대자본가에 대해서는 당연히 앞서 언급한 바와 같이 그런 관행은 슈바처의 금광을 임차했던[32] 푹거(Fugger) 가가 한 것처럼 혹은 슈네베르크의 은광에서 자기 쌍둥이 형제가 큰 몫을 거두고 그를 통해 자기의 부를 엄청나게 증대시킨 뢰머(Römer)가 츠비카우의 상인들에 대해서 한 것처럼 감행되지는 않았다.

---

[32] "아우크스부르크의 푹거 가는 슈바츠에 그들의 소유로 주어진 광산에서만 매년 20만 굴덴을 벌었다. 아우크스부르크의 회치스테터(Höchstetter) 회사는 1511년에서 1517년 사이에 이 광산에서 자그마치 149,770정은(正銀) 마르크와 52,915첸트너의 구리를 획득했다."(J. Janssen, *Geschichte des deutschen Volkes*, II, S. 390)

"광산을 경영하려는 자는 돈을 가지든지 아니면 부지런한 손을 가져야 한다. 왜냐하면 부자들이고 가난한 자들이고 할 것 없이 현장에 뛰어들어 파내고 해야 하기 때문이다"고 마테시우스는 말한다.(제6설교)

다른 말로 하면 광산에서는 대자본가와 프롤레타리아가 겨우 생계유지 수단을 발견할 수 있었다.

10. 광산노동자들

옛날의 광산업을 하는 마르크 조합원들이 자본주의적 광산조합원이 되어감에 따라 마르크 조합원들이 예전에 광산을 운영하던 때에 일했던 머슴 혹은 도제는 임금 프롤레타리아로 변신했다. 그들은 더 이상 주인과 함께 일하지 않았고, 주인집에서 주인과 함께 기쁨과 슬픔을 나누며 살지 않았다. 옛날의 가부장적 관계는 중단되어 있었다. 광부들은 그들이 위해서 고생하는 자본가의 인간 됨됨이를, 광산노동에 관해서는 전혀 감(感)이 없는 먼 도시의 부유한 상인의 인간됨을 좀처럼 알지 못하는 경우가 많았다.

물론 광산구역이 공유지인 마르크에서 분리되고 '자유'지로 선포된 곳에서는 각 사람에게, 가난한 자들에게도 이론적으로 광산조합원이 될 가능성이 주어졌다. 그러나 앞의 장에서 서술한 상황하에서는 이것은 재산이 적은 시민에게는 위태로웠고, 그래서 사실상 무산자들에게는 불가능했다. 기껏해야 여기저기서 갱부장에게 높이 올라갈 전망이 생겼다.

오늘날의 상황과 비교한다면, 16세기 초에 광부들의 처지는 물론 결코 불리하지 않았다. 매일의 노동시간, 교대근무 시간은 아그리콜라

(제4권)에 따르면 보통 7시간에 달했다. 첫 번의 교대순번은 새벽 4시경 시작해서 11시까지 계속된다. 두 번째 교대순번은 12시부터 7시까지 계속된다. 야간순번은(저녁 8시부터 새벽 3시까지) 절박한 필요가 있을 경우에만 허락되었다. 어떤 광산노동자도 두 순번을 연달아 근무해서는 안 된다. 그러지 않고 "많고 고된 노동으로 피곤해지게 되면" 일하다가 잠이 들 것이기 때문이다.

일요일과 휴일만이 아니라 토요일에도 놀았다. 토요일은 광부들이 주간의 생필품을 사들이는 데 사용해야 했다. 한 주일의 노동시간은 그래서 35시간 정도였다. 주중에 휴일이 있으면 노동시간은 더 짧았다. 그리고 그 당시에 휴일은 전혀 부족함이 없었다. 때로는 더 짧은 교대근무 시간도 있어서 쿠트나호라와 하르츠에서는 6시간 근무였다.[33]

광산노동자의 임금에 대해서 우리에게 입수 가능한 출처에서는 자세한 보도를 찾아내지 못했다. 한편 16세기 초에 노동자의 일반적인 처지가 물질적 복지와 관련하여 오늘날보다 양호했고 광산노동자들이 노동자 인구 가운데서 두드러진 입지를 획득했다는 것을 감안한다면 우리는 그들의 임금이 상대적으로 괜찮았다고 충분히 전제해도 좋다.

그러나 이미 임금노동자와 같이 광산노동자의 처지는 대체로 쇠락의 경향을 보였다. 우리는 위에서 16세기 광산업에서 이미 두뇌노동과 육체노동의 분리가 도입된 것을 살펴보았다. 이는 이제 일방적으로 육체노동을 하게 된 자들의 위신과 소득을 빈약하게 해주었다. 그들은 쉽게 대체 가능하게 되었고 배울 것이 더 적었으며 그들 노동력의 생산비용은 비교적 작았다. 분업은 계속 진전되어 광산노동자의 처지를 계

---

[33] H. Achenbach의 아주 교훈적인 다음 기사를 참조하라. "Die deutschen Bergleute der Vergangenheit" in der *"Zeitschrift für Bergrecht", herausgegeben von Brassert und Achenbach*, Bonn 1871, 12. Jahrgang, S. 110.

속 내리눌렀다.

　진정한 광부라면 아주 다양한 것들을 알아야 했다. 그러나 한 사람
이 그 전체의 기술을 이해하는 것은 이제 드물다고 아그리콜라(제1권)
는 탄식한다. "광산에 대해서 완벽한 지식을 가진 자는 아주 적다는 것
을 알게 될 것이다. 왜냐하면 어떤 사람은 관례상 경험을 파고들기만
하면 되고 다른 사람은 세척작업만 하면 되며, 또 다른 사람은 용융기
술에 의존하고 또 다른 사람은 광구경계획정 기술을 보유하며, 또 다른
사람은 정교한 갱도를 만든다. 이와 같이 또 다른 사람은 광산법에 대
해 통달해 있다."

　다양한 기계마다 일련의 사용법이 있어서 유능한 사람이면 오래 배
울 것 없이 조작할 수 있었다. 금속광의 가공작업에는 많은 경우에 벌
써 여성 노동이, 아예 어린이 노동까지도 활용되었다. 특히 아그리콜
라의 여덟 번째 책에서 보는 것처럼 금속광석의 선광과 세척작업에서
그랬다.

　광산에서는 일자리 수가 늘어났으며, 이는 누구든지 사전 준비 없이
도 쉽게 그리고 신속하게 습득했고, 건강한 팔다리를 가진 자라면 누구
에게나 접근이 가능한 것이었다.

　광산을 공동의 마르크에서 분리함으로써 법률적으로 길이 트이게
된 것이 기술발달에 의해 실현되어갔다. 그것은 모든 이를 광산노동에
받아들이는 것이었다. 이 허가를 활용한 사람들 중에, 파산하여 파멸
한 농민과 도시 프롤레타리아 중에, 부랑자나 시골머슴이 되지 않는
한에서는, 파산하고 재산을 빼앗긴 존재들이 1849년부터 캘리포니아
로 몰려든 것과 마찬가지로 기꺼이 작센, 보헤미아, 잘쯔부르크와 티
롤의 금광과 은광에 들어온 자들이 얼마든지 있었다. 대부분의 광부들
은 광산에 대해 아무것도 모른다고 아그리콜라는 생각한다. "왜냐하면

이들은 일반적으로 광산으로 도망쳐서 그곳에서는 많은 빚을 졌으면
서도 이를 갚지 않아도 되었기 때문이다. 혹은 반란을 일으킨 상인들,
혹은 노동의 멍에 때문에 노동을 버리려고 도망친 자들이었다."

루터의 아버지, 만스펠트 광산의 광부였던 그 역시 몰락한 농민이
었다.

은광 영업을 시작한 곳에는 엄청난 수의 사람들이 급속히 몰려들었
다. 이와 같이 1471년 작센의 슈네베르크에서 풍부한 은광맥이 발견되
자 그곳에 요술처럼 도시 하나가 통째로 생겨났다. 1516년에 요아힘스
탈 광산이 수확물을 내기 시작하자 8,000명 이상의 광부가 그곳에 몰
려든 것 같다.

이처럼 조달할 수 있는 노동력은 얼마든지 있었다. 임금이 낮아진
것, 혹은 최소한 16세기 초의 급격한 물가상승에도 불구하고 임금이
상승하지 않은 것은 놀랄 일이 아니다. 조합원들과 군주의 관리들은
그들이 할 수만 있으면 이런 경향을 촉진했다. 그들은 가능한 대로 화
폐임금을 억압했을 뿐 아니라 갱부들에게도 다양한 사기성 술책으로
임금 중 상당한 몫을 우려먹었다. 예를 들어 품위가 낮은 주화로 결제
하거나 현물 임금제도를 통해서 그렇게 했다.

15세기 말에 슈네베르크에서는 다음과 같은 말이 회자되었다. "슈
네베르크의 은 산출이 크게 증가하여 금속이 모두 주화로 주조될 수가
없어 은광 조합원들은 녹인 은괴를 외부로 반출하고 품위가 떨어지는
주화를 받고 매각하기 시작했다. 이 주화로 광부들에게 급료를 지급했
다. 아니 그보다는 기만했다."[34]

이미 자주 인용된 1574년 아우구스트 본 작센의 명령은 노동자들이

---

[34] F. Herzog, *Chronik der Kreisstadt Zwickau*, I, S. 201.

양질의 주화로 급료를 받아야 한다는 것을 독립조항(제47조)에서 명령하는 것을 필수적인 것으로 본다. 제43조는 갱부장(Steiger)과 갱부감독(Schichtmeister)에게 노동자를 하숙시키는 것을 금지한다.

현물 임금제도에 반대해서는 대체로 수많은 조례가 반포되었다. 그것이 얼마나 유행되었는지를 보여주는 표지이다. 물론 대부분은 상품의 강요만 금지되었다. 1510년의 티롤의 조례(위조된 문서)에서 그러했다. "어떠한 노동자도 임금(Liedlohn)을 펜베르트(상품)로 지급받도록 강요되거나 압박되어서는 안 되며, 각자에게 자유의지가 있어야 한다. 그리고 어떤 노동자가 현물을 받지 않고 임금을 내놓으라고 호소하면, 당신은 우리의 광산감독관으로서 광산법에 그렇게 되어 있는 것처럼 발견된 내용에 따라 신속하게 그 청원을 들어주고 권리가 선포되게 해야 한다."

그러나 이 조례들은 보통은 서류상으로 그친 듯하다. 왕실의 관리들이 광부의 임금 수준과 처우에 결정적인 영향력을 행사한다는 것, 그래서 임금 억제와 우려내기에 대해서도 그들의 동의가 없이는 벌어질 수 없었으리란 것을 잊지 말자.

노동자들은 또한 군주들과 그 관리들을 조합원들과 마찬가지로 큰 적으로 간주했다. 작은 조합원들과는 그래도 많은 접촉점이 있어서 이것이 그들을 단합하게 해주었다. 광산노동자의 이상(理想)은 스스로가 언젠가는 그런 조합원이 되는 데 있었다. 그러나 우리는 군주들과 그의 관리들과 대자본가들이 소조합원들을 어떻게 착취하고 속였는지, 그들이 풍부한 갱에 들어가는 것을 어떻게 어렵게 하고 많은 경우에는 불가능하게 만들었는지를 살펴보았다. 그렇게 해서 그들은 광부들이 언젠가는 프롤레타리아 계층으로부터 상승하겠다는, 그렇지 않아도 미미한 전망을 축소시켰다. 소조합원들과 노동자들은 오늘날 수공업자들과 프롤레타리아와 마찬가지로 같은 적수를 지녔다. 이는 그들이 서로 간에 공통의 적수인 군주와 대자본가에 맞서서 항거하게 유도했다. 특히 알프스의 광산에서는 이런 단합을 흔히 발견하게 된다.

이런 노동자와 조합원 간의 단합은 소기업이 유지되고 있던 광산, 예를 들어 철광석 광산에서 가장 긴밀했다. 조합원들은 그곳에서 자체적으로 협력하여 일했고, 많은 경우에 자신의 광갱에서 아무런 임금노동자도 고용하지 않고 가족구성원만을 썼다. 그러나 그러한 광산에서도 노동자와 자본가 사이의 대립이 흔히 발생했다. 예를 들어 철광석 갱에서는 소기업이 유지되었더라도 철 야금소는 자본주의적 특성을 지닌 거대한 시설이 되었고, 철광석 갱은 곧 야금소에 완전히 종속되어 표면상으로는 독립적인 자영 채광자(Eigenlehner)로 광갱 작업을 한다고 하는 자들은 마찬가지로 야금소 주인의 임금노예가 되었다. 이는 오늘날 마이닝거 고지대의 '독립적인' 펜 제조자들이 도매상인들의 임금노예가 된 것과 같다.

광산노동자와 조합원 간의 가장 첨예한 대립은 금광과 은광에서 있었다. 이 금광과 은광은 또한 제후의 관료집단의 압제를 가장 많이 받았다. 그런가 하면 바로 그러한 광산에서 노동자들도 가장 저항 성향이 강했다.

광부들은 이미 이른 시기에 무리를 지어 협동작업을 한 유일한 노동자들이었다. 다른 여러 가지 점에서도 그런 것처럼 이런 점에서도 현대의 대형산업 노동자들과 비교할 만하다. 중세에 이미 대형광산 하나에서 노동자의 수는 천 명을 넘었다. 특히 은광에서는 그러했는데 하르쯔, 프라이베르크, 이흘라바와 구텐베르크에서 그랬고 나중에는 만스펠트 등지의 은광에서도 그랬다.[35]

비링겐은 이렇게 말했다. "만스펠트 광산의 광부들은 14일에 한 번씩 거의 언제나 아이스레벤에 있는 광업사무소에서 정당한 급료지불을 받으려고 싸운다. 예전에는 14일에 한번 급료가 지급되었고, 그날 18,000탈러에서 2,000탈러가 그 광부들, 숯쟁이들, 광산잡부들에게 배분되었던 것이다.[36]

현대의 노동자들과는 달리 이 광산노동자들은 무장을 했다. 1530년만 해도 카를 5세는 5,600명의 무장을 갖춘 광부들에 의해 슈바쯔(티롤)에 맞아들여졌다. 이들은 그의 눈앞에서 열병식을 했다.

튀링겐 봉기에서 특별한 역할을 한 만스펠트 광부들에 대하여 슈팡엔베르크(Spangenberg)가 우리에게 설명해준다. 그들에 관하여 1519년에 다음의 내용이 조사되었다는 것이다. "만스펠트의 게바르트(Gebhart) 백작은 당시에 그의 형 알브레히트 백작이 브라운슈바이크의 하인리히 대공한테 가 있어서 부재중이었을 때 자기와 그의 형, 그리고 동시에 자기 사촌을 위해서 광부들에게 각자는 자신의 최선의 무기를 가지고서 요청이 있을 때는 숙달하고 준비를 갖추라고 통보하고 명령했다. 이에 그들은 우호적으로 기꺼이 응했고 아이스레벤의 광산감독(Bergvogt) 바스티안 메첼비츠(Bastian Metzelwitz)는 9월 21일에 이들을 빔멜부르크 평야지대에 검사를 위해 보냈고 그곳에서 그들에 대한 열병식을 거행했으며 그들이 괜찮게 무장을 갖춘 것을 확인했다.[37]

이 무장한 노동자 부대에는 대담하고 모험적인 정신이 지배했고 그들은 자기들에게 반대되는 모든 불의에 대하여 무력으로 항거할 채비가 되어 있었다. 그들과 광산을 지배한 자본가들, 군주들 간의 대립이

---

35 Achenbach, *Die deutschen Bergleute der Vergangenheit.*

36 Johann Alberti Bieringens, *S. S. Theol. Cultor. und Mannßfeldischen Landes Kindes Historische Beschreibung des sehr alten und löbischen Mannßfeldischen Bergwerks,* Leipzig und Gißleben 1743, S. 81.

37 Cyriacus Spangenberg, *Sächsische Chronica,* Frankfurt a. M. 1535.

첨예화될수록 그들의 봉기는 더욱 빈번해졌다.

원래의 광산노동자들과 아울러 특히 광산 대장장이들이 대담한 사람들이 된 듯하다. 옛날부터 중요한 광산지점 부근에는 광산 대장장이들이 정착하여 광부들이 쓰는 도구(Gezähe), 철물로 된 갱 용구들을 공급해야 했다. 이미 (1300년경에 공표된) 구텐베르크 광산조례(I. c. 16)는 광산 대장장이에 관하여 상세히 다루며, 그들을 광산에서 주요 소요 선동자로 지목하고 대장간 마이스터들에게 "집회나 당 결성에도 국가를 위태롭게 하는 활동에도(*contra nostram rempublicam aliquibus machinationibus*) 가담하지 않는" 그런 직인을 세심하게 선발할 것을 권고한다.(Achenbach, *Das deutsche Bergrecht*, I. S. 204)

그 시대의 기록에는 농민전쟁이 발발하기 전 마지막 수십 년 남짓한 시기에 비상하게 많은 광산노동자의 봉기가 보도된다. 이는 상황이 얼마나 긴장되었는지를 보여주는 표시이다.

그 예로 작센 광산에서 그 당시에 있었던 임금투쟁을 생각해보자. 1478년에 작센의 에른스트와 알브레히트 공작은 프라이베르크 시의회에 다음과 같은 편지를 써 보냈다: "친애하는 여러분, 슈네베르크와 우리나라와 영토 내의 광산이 설립되어 있는 모든 곳에서 어떻게 노동자들이 지금까지 통상적으로 받던 것보다 더 많은 임금을 요구하는지에 대한 소식이 우리에게 전해졌습니다. 그대로 들어주고 허락하고 용인해준다면, 우리와 우리에게 속한 이들에게 크나큰 손해가 앞으로 발생하고 커질 수가 있습니다. 우리는 이를 예방해야 하겠으며, 우리 영토 내의 광산 전문가들과 이에 관하여 상의하여 각 사람의 노동자에게 그의 봉사와 노동에 따라 얼마를 주어야 할지를 정하는 공통의 조항을 정하여 규정화되게 하려고 생각합니다. 그래서 여러분에게 청하는 것은 사순절 제3주일(Sonntag) 후 화요일에 드레스덴으로 우리한

테 오시되 노동자들의 직무와 임금에 대해 잘 아는 두세 명의 광산 전문가를 동반하여 오시라는 것입니다. 그날 우리는 또 다른 광산 전문가 여러 명에게 그러한 명령과 규정을 다루고 우리가 입회한 상태에서 결정하게 하려는 것입니다. … 1478년 사순절 제2주일 후(Reminiszere) 월요일에 드레스덴에서 드림."[38]

이 조치에는 노동자들을 불러들이지는 않았다. 이것이 어떤 성공을 거두었는지를 우리는 모른다. 어떤 경우에도 평화는 오래 가지 못했다. 이미 1496년에 다음과 같은 말이 있었다: "그들(광부들)은 1496년 그들의 노임에서 1그로셴을 깎으려고 했기 때문에 슈네베르크의 재판관들과 배석판사들을 몰아냈다. 그 와중에 일부는 광산을 떠나 일부는 슐레타우(Schlettau)나 뤼쓰니츠(Lüßnitz)로, 일부는 가이어(Geyer)로 이동했으며, 그 당시의 플라니츠(Planitz)의 대위는 지방민의 조력으로 슈네베르크를 완전히 점령했던 것이다. 그러나 일부는 겨우 나흘 뒤에 업무에 복귀했다. 그럼에도 불구하고 이 충돌은 2년 후에 되풀이되어 그들은 1498년에 감아올리는 작업을 하는 일꾼과 젊은이들에게, 갈가리 찢기고 싶지 않으면 자기들을 따르라고 명령했으며, 그들에 맞서서 동원되었던 츠비카우인들과 플라우인들에 맞서러 나가기로 결심했으나 결국에는 호의적인 담판으로 진정되었다."[39]

1496년에는 쿠트나호라의 광부들도 임금 차이 때문에 봉기했으며, 무장을 한 채로 빠져나가 깃발을 세우고 이웃 광산 위에 본거지를 두었다. 그러나 그들은 결국 패망해야 했다.

요아힘스탈에서 우리는 '농민소요'(Bauernlärm) 발발 직전 광산노동

---

[38] Abgedruckt bei Klotzsch, Ursprung der Bergwerke in Sachsen, S. 87.
[39] Benseler, *Geschichte Freibergs und seines Bergbaus*, Freiberg 1843, II, S. 389. Herzog, *Chronik von Zwickau*, II, S. 158. 참조.

자 운동에 관한 소식을 듣는다.

1516년에 광산이 호황을 맞이했다. "16년부터 78년까지 요아힘스탈의 자유광산도시 연대기"에서 마테시우스는 광산의 개점 다음 해에 벌써 발생한 봉기에 대해 보도한다. 1517년에는 "광부들의 첫 번째 봉기가 있었다. 그들은 마르가레테(Margarete) 축일에 부흐홀쓰에서 봉기를 일으켰던 것이다."

1522년에는 "또 다른 봉기가 있었다. 이때는 튀르크너에서 일어났다."

그리고 1524년에 "또다시 부활 후 제4주일 다음 안식일에 광부들의 봉기가 있었고 이를 라이쓰니크(Leißnick)의 알렉산더 백작이 진압하였다."

그러나 광부들의 이 모든 투쟁에서는 수공업 직인에게서와 마찬가지로 그 목적상 혁명적인 운동은 일어나지 않았다.

15, 16세기의 광산도 기술적·경제적으로 그 시대의 다른 어떤 생산분야보다 훨씬 더 발달했고, 자본주의적 대기업에 가장 근접했지만, 그 노동자들이 프롤레타리아 계층의 지도자요 투사가 되지는 못했다.

그 원인을 우리는 광업의 특성에서 찾을 수 있다. 광업은 그 노동자들을 세상의 교류에서, 상업 중심지의 자극에서 멀리 통행이 어려운 산골짜기로 격리시켰다. 타우에른(동알프스 고지대)의 옛 금광 중 여럿은 빙하지대에 있었다. 노동이 광부들을 다른 지역의 동일 직종 동료들과 격리시켰고, 나머지 착취당하고 억압 받는 민중계층으로부터 격리시켰으며 그들의 시야를 좁혔거나 최소한 그 확장을 가로막았고 그들의 관심을 지극히 작은 지방과 직업상의 사안들로 국한시켰다.

물론 그들은 착취를 당했고 불만족했으며, 손에 무기를 들고 자기권리를 주장하기를 꺼려하지 않았으며, 혁명운동에 가담할, 아니 이에 앞장설 태세를 보였지만 이는 오직 그들의 한정된 순간적 이해가 바로 전체 운동의 이해와 맞아떨어졌을 때만 그랬다. 그들은 특수한 순간의 이해가 충족되자마자, 임금과 노동관계에서 만족하자마자 전체 운동과 그 지도자들을 생각 없이 위태로운 처지에 빠뜨렸다.

그 격리성 덕분에 광산노동자들은 조합적 분파주의를 도시의 수공업 직인들보다 거의 더 날카롭게 발달시켰다. 그들은 이 성향을 우리 시대가 이를 끝맺음해주기까지 오랫동안 보전했다. 오늘날 광업의 무게중심은 더 이상 금과 은을 조달하는 데 있지 않고, 석탄과 철의 조달에 놓여 있다. 그 조달처는 더 이상 고립된 삼림 산악지대가 아니고, 철도망을 통해 전체 산업 및 세계시장과 극히 긴밀하게 연결된다. 그래서 광산노동자의 분파주의는 점점 더 퇴색할 수밖에 없다.

11. 직조업에서 자본과 노동

당연히 조직화되지 않은 프롤레타리아 대중은 수공업 직인 및 광산노동자보다 정말로 혁명적인 정치를 발달시키고 강인하고 철저하게 추진할 능력이 훨씬 떨어졌다. 그들은 스스로를 새로이 떠오르는 계급이라 느끼지 않았고 몰락하는 계급의 분해물로 여겼다. 그들은 이 계급과, 특히 농민과 공감했다. 농민들의 추종자 중에 우리는 그들을 자주 발견한다. 그들은 부당한 처우를 받았고, 위협을 받았는데도 변함없이 독자적인 목표를 세울 능력이 없었고 어떤 목표를 자기 손으로 추구하기에는 너무 약한 상태였고 지리멸렬했다. 물론 그들은 기득권층에 대한 깊은 불만을 품었지만 우리는 이를 그들이 모든 혁명적 봉기에 가담한 열정에서 추론할 수 있을 뿐이다. 그들은 항상 농민과 공조를 취할 준비가 되어 있었다. 농민이 봉기할 때 그들과 아주 가까이에 있었던 것이다. 또한 공산주의 운동이 어디서든지 떠오르면 거기에 가담했다. 그러나 그러한 것에 대한 구상, 사회변혁의 이념만이라도 그들에게서 도무지 나올 수 없었다.

광산노동자도 수공업 직인도 조직화되지 않은 도시 프롤레타리아도 공산주의적 노동운동의 초기 담당자로 부름을 받지 않았다. 오직 하나의 노동자 계층이 있었으며, 상황이 그들을 공산주의적 경향에 호의적으로 만들었을 뿐 아니라 동시에 그 경향으로부터 새로운 사회적 이상을 만들어내는 데 필요한 정신적 자극도 그들에게 주었고, 그 달성이 완전히 전망이 없어 보이던 시대에 그들에게 공산주의적 이상을 고수하는 데 필요한 에너지도 주었다. 이 노동자들은 직물산업의 노동자들, 특히 모직노동자들이었다.

당연히 이야기가 된 것은 적당히 새겨서 들어야 한다. 오늘날 산업 프롤레타리아 계층이 사회 민주주의의 담지자라고 사람들이 정당하게 주장한다면, 그렇다고 해서 그것이 다른 계급의 구성원들, 소시민이나 작가, 제조업자 등이 이에 참여하지 않는다거나, 흔히 아주 열정적으로 참여할 수가 없다는 말은 아니다. 이런 이들 다수가 제법 운동의 앞자리에 설 수 있다. 그러나 그렇다고 해서 산업 프롤레타리아가 모두 사회 민주주의자라는 말은 아니다.

직물산업 노동자들이 공산주의적 노동자 운동의 초기 담지자였다는 문장도 비슷한 한정을 두면서 파악해야 한다. 우리는 그 안에서 또다른 분자들이 활동하고 있는 것을 보게 될 것이다. 또한 직조공이 모두 공산주의자였다고 주장하려고 드는 것도 터무니없을 것이다. 그러나 우리가 이 운동을 소급하여 추적할 수 있는 범위에서, 그리고 우리가 그들에 관한 신뢰성 있는 보도를 얻는 범위에서 우리는 항상 직조공들이 두드러진 정도로 그 안에서 활동했고, 그에 가담한 것을 발견하며 이는 좀처럼 우연이라고 할 수 없는 것이었다.

우리의 짐작에 따를 때 이 현상은 모직공업의 초기를 관찰하면 큰 어려움 없이 설명된다.

다른 직물공업들, 마직, 면직, 견직공업은 여기서 도외시할 것이다. 중세에 국제적 중요성 면에서 모직공업과 견줄 수 없기 때문이다. 울름 및 아우크스부르크에서처럼 마직 및 능직업이 수출산업이 된 경우에 는 이 산업들은 본질상 모직공업과 동일한 자본주의적 특성들을 보여 준다. 마찬가지로 이탈리아의 견직업도 그랬다.[40]

"독일의 모든 직종 중에서 모직 제조업이 옛날부터 첫째 자리를 차 지한다. 중세에 독일 시민계층의 힘과 번영이 그것에 좌우되었다. 필 요한 원료의 유입과 제품의 반출에 한자의 해상세력과 예전의 독일 세 계무역이 의존했다. 그것을 통해 확충된 번영에서 중세의 마지막 세기 들에 독일제국은 부분적으로 그 세력과 세계적 지위를 얻게 되었다. … 독일 모직공업의 발전사는 그러므로 산업의 한 개별분야의 발전 이 상을 포괄한다. 그것은 동시에 독일의 경제문화의 역사이다. 그렇다. 그 안에는 우리 국민생활의 진행이 비추인다."

이와 같은 말로써 힐데브란트의 논문 "독일 모직산업의 역사에 대 하여"은 시작한다.[41] 하나의 확실한 제약은 있으나 거기서 말한 바는 결코 지나친 것은 아니다. 그 제약이란 말하자면 세계교역에서 독일의 위치가 오로지 모직공업만이 아니라 광산업에 의해서도 조건 지워졌 다는 것, 광산업은 때에 따라서는, 특히 16세기 초에는 독일의 경제생

---

40 이에 관하여 Romolo Graf Broglio d'Ajano의 *Die venetianische Seidenindustrie und ihre Organisation bis zum Ausgang des Mittelalters*, Stuttgart 1893 참조.
41 In *Hildebrand's Jahrbüchern*, Jena 1866, 6. Band, S. 186ff.

활에 모직공업보다 더 강한 경향을 주었다는 것이다.

사실 이 모직공업은 독일, 아니 서양 기독교 세계의 나라들에서 대체로 최초의 수출산업이 되었다.

가죽과 모피와 아울러 중세에는 아마포가 의복에 사용되었다. 양모는 사치품이었으며, 처음에는 귀족들만 입는 것이 허락되었다. 아마포 직조는 본래의 가내공업이었다. 가정과 부역농장에서 아낙들은 자가 사용에 필요한 아마포를 생산했다. 이와 달리 양모 가공은 다만 얼마만큼 발달하자 곧 가내공업이기를 중단해야 했다. 왜냐하면 더 큰 설비와 염색집, 마전공장, 전모방(剪毛房 Schergaden) 등을 필요로 했기 때문이다. 오직 거대한 조직체들, 수도원이나 도시 자치공동체 혹은 동업조합 들만이 이를 달성할 능력이 있었다.

최초의 남성 직조공을 우리는 수도원에서 발견한다. 이들은 물론 독일에서 모직업의 확장에 가장 크게 기여한 자들이다. 중세 초기에는 대체로 수도원들이 공업과 농업에서의 기술 진보의 담지자였던 것처럼 말이다. 수도승들이 기도와 복음서 베껴 쓰기를 통해 그들의 지배권을 얻어냈을 것이란 '개명한' 견해만큼 틀린 것도 없다.

콘스탄쯔의 수도원에서는 9세기에 이미 마전하는 사람과 재단사가 언급된다. 수도사들은 보덴제(Bodensee) 호수 주변의 주민에게 양모로 천을 짜고 모직 천으로 만든 옷을 입는 법을 가르쳤다.[42] 11세기에 직조 일은 수도원의 정관과 규정에서 아직 특별히 강조되지 않았다. 그러나 12세기에 그것은 수도원에서 이미 큰 의미를 차지하여 이 세기의 수도원 규정에는 양모교역과 양모 재고의 취급, 직조 자체가 수도원 형제들의 정규적인 일과로 등장하였다. 특히 12세기에 속하는 시토교

---

[42] C. G. Kehlen, *Geschichte der Handwerke und Gewerbe*, Leipzig 1856, S. 97.

단의 결정사항과 규정에서 그러했다."(Schmoller, *Die Straßburger Tucher=und Weberzunft*, S. 301)

시토교단 수도사들은 사실상 천짜기를 그들의 전문분야로 삼았다. "12세기 초에 독일제국의 서쪽 땅 끝에 넓고 유명한 직물공업의 근거지를 두었던 이 종단은 동쪽으로 빠르게 확장해갔다. 우리는 브라반트(Brabant)와 튀링엔(알텐첼레에 있는), 실레지엔에 있는 시토교단 수도원에서 판매용의 직물짜기를 보게 되며, 그들은 평신도도 도제와 직인으로 삼았으므로 브라반트 직조공들의 여러 이점이 독일 내륙에서도 유명하게 되기에 부족함이 없었다."[43]

수도원 밖에서는 여러 도시에서도 수공업형 모직업이 발달했다. 맨 처음에는 이미 10세기에 모직업이 융성하기 시작했던 네덜란드에서 그러했다.

그 새로운 공업은 사치품 공업이었다. 모직물은 오랫동안 지체 높고 부유한 인구 계층에게만 허락되었다. 15세기에 장인과 농민에게서도 모직물에 대한 수요가 생겨나자 이는 하층신분에 유포되는 큰 사치의 징조로 통했다.

얇은 옷감은 값비싼 사치품이었다. 사치품으로서 그것은 멀리 운반될 갈 가치가 있었고 그래서 수출대상 물품이 될 수 있었다. 시장은 유럽 전체였다. 필요한 전제조건이 들어맞는 곳, 특히 좋은 원료가 대량

---

[43] Hildebrand, *Zur Geschichte der deutschen Wollenindustrie*, S. 216. 교회가 그렇지 않아도 유익한 세상적 지식을 확산시키는 데 전념했다는 것을 성 보니파찌우스가 로마에 있는 교황에게 비계를 어떻게 하면 가장 유익하게 소비할 수 있는지를 묻는 질문이 보여준다. 자카리우스란 이름의 교황은 교부들에게서 죄 많은 인류의 안녕에 그토록 중요한 문제에 관하여 아무것도 발견하지 못했다고 대답했다. 그의 견해에 따르면 비곗살은 충분히 훈제하나 구울 때만 먹어야 한다는 것이다. 그러나 날것으로 먹고자 한다면, 이는 부활절 이후에 가능하다는 것이다.(A. Schlosser, *Speise und Trank vergangener Zeiten in Deutschland*, S. 9 참조)

으로 나고 동시에 기술이 필요한 수준에 도달한 곳에서 직물공업이 수출공업으로 쉽게 발달한 것은 놀랄 일이 아니다.

처음에는 플랑드르가 그랬다. 플랑드르의 직물은 이미 13세기에 유럽 전체에서 유명했다. 플랑드르에서는 일찍이 모직업이 발달했다. 플랑드르의 직조업자들에게는 자기 땅이 대량으로 산출한 양모만 있었던 것이 아니라 그 당시에 최고로 유명한 양모인 영국 양모도 있었다. 영국은 나중에 가서야 자국 내의 양모산업을 발달시켰다.[44]

여러 도시에서 모직산업은 다른 수공업들도 보통 그랬듯이 오직 지방 시장만을 위해 일하는 수공업인 채로 남아 있었다. 그러나 그곳에서도 모직산업은 세계시장에 대한 종속에 빠졌다. 왜냐하면 내부시장을 놓고 외부경쟁자들이 지방의 모직산업과 다투게 되었고 내부시장은 이를 통해 세계시장의 한 부분이 되었기 때문이다. 그래서 세계시장은 모직산업이 그 지방적 특색을 벗어버리고 수출산업으로 되는 데 성공하지 못한 경우에도 모직산업에 결정적인 것이 되었다. 이로써 그런 지역의 직물생산자들은 직물을 수입하여 자기들에게 경쟁을 거는 상

---

[44] 여기에 위의 주제에는 속하지 않지만 우리에게 사소하지 않아 보이는 한 가지 언급할 것이 있다. 힐데브란트는 이미 언급한 바 있는 그의 논문에서 시사하기를 양모제조업이 (나중에 자본주의 시대에) 특히 목축업에 적당한 고장인 북독일과 작센, 영국 등지에서 발달했다고 한다. 이에 반하여 포도 재배는 목축과 양모제조업의 발달을 남서독일에서처럼 저해한 것으로 보인다.(a. a. O., S. 232, 233) 필시 이에서 더 나아가 이렇게 말할 수도 있을 것이다. 목축은 방목의 형태를 띤 농업 대기업을 유리하게 한다. 그래서 목축이 유리한 고장에서는 자본주의적 모직산업의 융성과 함께 우선 농업에서의 자본주의적 대기업의 가능성도 발달했다. 이런 고장들에서는 지주들이 소농민을 수탈하고 대농기업을 세울 유인을 가장 많이 가졌다. 이와 반대로 포도 재배는 소기업에 유리했다. 포도 재배가 잘되는 곳에서는 농민을 정착시켜 자신의 기업을 확장하보다는 봉건적 부담의 증대를 통해 농민을 착취하는 편이 지주에게 더 이익이 되었다. 포도재배업을 영위하던 지역들, 남독일과 프랑스의 여러 지역 등지에서는 그래서 소농경영이 유지된다. 거명된 고장들에서 토지소유의 다양한 형태들은 그래서 그곳에서 발달한 다양한 생산형태들로 설명이 된다.

인들과의 대립에 들어갔다. 이는 소비자로서의 인구 대중의 상인에 대한 전통적 적대가 아니었고 생산자들과 상인들 간의 완전히 특별한 대립이었다. 상인이 가격을 높이 책정할수록 인구대중은 상인에게 적대감을 품게 되는 반면에, 상인이 그들의 상품인 외국의 직물을 시장에 값싸게 내놓을수록 모직노동자들의 원한이 그만큼 더 커갔다.

그러나 모직노동자의 상인에 대한 또 다른 적대가 생겨났다. 양 경쟁자 간의 대립과 아울러 피착취자의 착취자에 대한 적대가 생겨났다. 모직산업이 수출산업이 된 경우에, 이를 경영하는 데는 자본이 필요불가결했다. 사람들은 더 이상 구매자에게 직접 판매하지 않았다. 상품들은 처분되기 전에 긴 여행을 해야 했으며, 흔히 시장에서 시장으로 방랑해야 했다. 그러는 사이에 그것들은 여러 가지 위험을 견뎌야 했다. 상품 판 돈이 돌아오기까지는 오랜 시간이 걸렸다. 직물산업이 수출산업으로 된 경우에 사람들은 또한 원료인 양모를 먼 곳에서 사들여야 했다. 인근의 환경은 증대하는 양모 수요를 충족시키기에는 충분하지 못했다. 그 산업이 발달하고 경쟁이 커 가고 천의 섬세함과 질에 대한 요구가 커질수록 원료의 선택에서 더 세심하게 되었다. 몇 안 되는 지역만이 충분히 좋은 양모를 생산했다. 최상품은 이미 언급한 바처럼 영국에서 났다. 원료는 더 먼 곳에서 구입한 것일수록, 그리고 더 큰 재고를 만들어 두어야 했을수록 더욱 값이 비쌌다. 원료조달에 투입할 자본은 증가했고 그 이득은 수출이 확장된 것과 같은 정도로 실현이 늦추어졌다. 그리하여 직물생산자 자신이 자본가가 되어야 했거나 아니면 그에게 필요한 선대를 해준 상인에게 종속되었다. 두 방향으로 발달이 진행되었다. 모직노동자가 현대적 의미에서의 가내공업인으로, 직인 한 사람을 두거나 직인도 없는 가내노동자로 전락하여 상인에게서 원료를 확보하고 다시 상인에게 자기의 노동생산물을 상응하는 보수를 받고서 인도하든지, 아니면 직물생산자가 자본가가 되어 다수의 직인을 고용한 채로 생산만이 아니라 상업도 장악하든지 했다. 이런 위치로 올라서는 데 성공한 것은 언제나 직물 마이스터만이 아니었다. 많은 경우에 직물생산에 협력한 다른 장인도 그랬다. 직물이 완성되기 전에 양모는 극히 다양한 공정을 거쳐야 했다. 이는 점점 더 독립되고 다양한 수공업에 맡겨졌다. 예를 들어 스트라스부르에서는 14세기에 우선 양모 트는 직공이 직조공으로부터 분리되었다. 그들은 양모를 세탁하고 정돈하고 실을 자아야 했다. 그러고 나서 실이 직조공에게로 간다. 직물은 베틀로부터 마전공장으로 갔다. 마전작업도 14세기에는 고유한 직종이 되었다. 마전 일 다음에 직물을 가공해야 했던 직물재단사의 손작업도 그렇게 되었다. 양모 염색작업이 직조작업에서 가장 늦게 떨어져 나갔다. 15세기 후반에야 비로소 염색 일은 독립적인 직업으로 등장했으며, 16세기에 들어와서까지 여러 직물제조자들이 자기의 직물을 직접 물들였다.

이들 직종 각각은 기술적으로 다른 것들에 의존했고, 다른 직종들을 스스로에게 경제적으로 종속시키려고 했다. 특히 양모 트는 직공과 직조공 간에는 열띤 결투가 벌어졌다. 여기저기서, 예를 들어 실레지아에서는 직조공들이 양모 트는 직공을 자기에게 종속시키는 데 성공했지만 대부분의 경우에는 직조공을 자기 머슴으로 만든 것이 이 양모 트는 직공들이었다. 양모 트는 직공들에서 양모 거래자들로 성장한 귀족계층이 발생했다. 이들은 자영업을 하는 가난한 마이스터들에게 혹은 집안의 머슴들에게 양모를 정돈하고 실을 잣게 하고 그 다음에는 이를 역시 머슴들을 통하거나 독립적인 가내공업자들을 통해서 직조하도록 했다. 벌써 제조업 체계(Manufaktursystem)의 단초가 나타났다. 이는 처음에는 수도원들에서 형성되었다. 수도원은 직물 생산에 필요한 부분 작업들을 한 집 안에서 통합했다. 그러나 수공업에서도 우리는 15세기부터 이곳저곳에서 직물업자가 양모 트는 머슴과 아울러 직조 일 맡은 머슴도 자기 집에서 일을 시키는 것을 발견한다. 나아가 우리는 직조 작업에서 각 사람의 모직 직조공이 특수한 직물을 짜는 방식으로 분업이 진전된 것을 발견한다. 모직업은 5개에서 6개의 세부 분야로 분할되었다. 또 하나의 분업이 양모 트는 작업에 도입되었다. 그 다양한 잇따른 작업들은 다양한 노동자들에게 배정되었고 그 결과로 조합 형태의 양모 트는 직업은 폐지되었으며, 그 직업의 다양한 작업들이 비조합 형태로, 부분적으로 또한 교육받지 않은 임금노동자나 시골사람, 여자와 어린이 들에게 돌아갔다. 직물공업의 자본주의적 특성에는 또한 이 공업이 성과급을 일찍이 발달시켰다는 것이 상응한다. 또한 곳곳에서 성과임금이 부작용을 일으켜서 다시 폐지되는 일이 이미 벌어졌다. 울름에서는 1492년에 "제품생산을 서두르는 것이 수입을 떨어뜨린다"고 하여 시의회의 결의로 성과임금이 폐지되었다. 현대 자본가가 급속한 작업에서 가능한 한 최선의 품질을 강제하는 수단인 감봉(Strafabzüge)이라는 훌륭한 제도는 어두운 중세시대에는 아직 맹아 상태였다.

직물업의 자본주의적 성격을 증거해주는 것은 성과급 외에 직조공들이 대부분의 다른 수공업 직인들과 달리, 그러나 현대의 프롤레타리아나 마찬가지로 서로 결혼하는 일이 흔했다는 사정이다. 이럴 경우에 직조공은 더 이상 마이스터 집안에 속하지 않았다.

모직산업은 또한 기술진보가 가장 빠르게 진행된 도시공업이기도 하다. 직물산업이 일찍이 비교적 큰 기술적 장치를 필요로 했다는 것을 우리는 이미 언급한 바 있다. 이 장치는 수출을 위한 생산인 대량생산에 의해 크게 진전된 분업이 발달함에 따라 더욱 대규모로 형성되었다.

맨 먼저 원료상태의 양모를 세탁해야 했다. 그러려면 양모 세척장이 필요했다. 그곳에서 양모 트는 직공은 양모를 세탁하고 부드럽게 손질하였다. 그 다음에는 실을 잣도록 일정한 크기의 솜 덩어리로 나누어야 했다. 이 작업은 대부분 독립된 수공업자나 소모공, 여자 들이 수행했다. 흔히 그 일을 전문적 장소인 소모작업소에서 수행하기도 했다.

양모는 소모공으로부터 방적공에게로 갔다. 방적 일은 독자적인 동업조합에서 관할하거나 혹은 직조업자의 하인 아니면 조합 밖에 있는 사람들, 특히 여성들이 담당했다. 물레는 16세기에 이미 완전히 도입되었다.

방적공으로부터 실이 직조공에게로 갔고, 직조공은 그 실을 베틀에서 짰으며, 베틀에서 짠 직물은 마전작업소의 마전하는 사람에게로 갔다. 마전작업장은 중세에는 보편적이었다. 직물이 마전작업장에서 나오면 틀에 팽팽하게 걸어서 말린다. 여기에는 고유한 장소가 필요했다. 그 다음에 솔질하는 사람이 직물을 받아서 솔로 실을 부드럽게 만드는 작업을 하면, 직물재단사가 연화된 옷감을 자른다. 이를 위해 그들은 고유한 장치인 재단방을 필요로 했다. 그리고 나서 직물은 표백작업장으로 가서 표백이 되거나 염색방으로 간다. 직물 인쇄업자에게 가는 경우도 이미 흔했다(아우크스부르크의 조세등록부에는 1490년에 그런 작업장이 표기되어 있다).

끝으로 우리는 직물 다림방(Manghäuser)이 언급되는 것을 보게 된다. 그래서 이 직물들을 오늘날 아마포처럼 다리고 누르기도 했던 것 같다.[45]

이 장치들의 어떤 부분은 아주 규모가 크고 비용이 많이 들어서 개

[45] B. Hildebrand, Zur Geschichte der deutschen Wollenindustrie, *Hildebrandes Jahrbücher*, 1866, VII, S. 90-98.

인들은 입수할 수가 없었다. 그런 것은 시나 동업조합의 재산이었다. 노동자들의 작업도구에 대한 개별 경영자의 자본주의적 소유는 당시에는 아직 발달하지 않았다. 그러나 벌써 진전하는 분업의 결과로 발명정신은 바로 직물산업의 영역에서 생겨나기 시작했다. 언급된 장치들의 도입은 일련의 기술적 혁명, 그 이상의 계속되는 기술혁명에 대한 자극, 부단한 개선과 완성에 대한 자극을 의미했다. 예를 들어서 방적물레는 15세기 말에 등장했는데, 처음에는 손으로 돌리는 물레였다. 1530년에 브라운슈바이기센(Braunschweigischen)의 위르겐스 폰 바텐뮐(Jürgens von Wattenmüll)이 발로 밟는 물레를 발명했다. 마전작업은 원래는 발만 써서 했다. (아마도 12세기경에) 물로 작동되는 마전장치는 발로 하는 마전작업을 점차 고사시켰다. 우리는 마지막 발 마전장이를 14세기에 발견한다.

이 모든 진보의 여파로 노동력은 잉여상태로 되었다. 현대 산업체계(Industrialismus)의 이 측면은 어디에서도 모직산업의 노동자들에게서만큼 일찍 떠오르지 않았다.

광산업 같은 대공업적, 자본주의적 실체 가까이에는 종교개혁 전의 모직산업이 물론 도달하지 못했다. 모직산업은 여기서 광산업에 뒤처졌다. 그러나 광산업이 황야에서 전진하는 동안, 다른 사람들의 거주지에서 멀리 떨어져서 이들의 투쟁과 분투와는 아무런 연결도 없이 광산노동자들이 고립된 상태로 있는 동안, 모직산업은 여러 도시에서 가장 많이 자본주의적 성격을 띠게 되었다. 이 도시들을 통해서 세계와의 교류가 넘쳐났고, 이 도시들은 유럽의 발달된 나라들인 이탈리아나 네덜란드, 프랑스나 독일의 여러 고장의 자극에 노출되었다. 이런 도시들에서 모직물 산업은 18세기 말에 영국에서 직물산업이 산업혁명을 열었던 것과 마찬가지로 자본주의적 성격을 가장 일찍, 그리고 가장 첨예하게 발달시킨 바로 그 산업이었다. 마이스터들은 상인, 자본가가 되려고 노력했다. 이들이 어느 도시 수공업의 마이스터들보다 직인들을 더 착취자로 대했고, 더욱 깊은 심연을 사이에 두고 그들과 분리되었던 것이다. 이렇게 되는 데 성공하지 못한 경우에는 그들 자신이 상인의 임금 노예로 전락했다. 다른 수공업의 마이스터들보다 그들의 직인에 더 가까운 입장에 서고, 그들의 착취자에 맞서 직인들과 더 연대감을 느낀 가내공업자로 전락한 것이다. 그러나 직인들에게는 조합에 속하지 않은 프롤레타리아가 동료 노동자로서, 사회적으로 대등한 위치에 있는 자로서 점점 더 가까이 다가서게 되었다.

그리고 이처럼 모직노동자에게 조합적인 편협성이 점차 공허한 것으로 되었는가 하면, 그들의 지평은 세계시장이 그들에게 획득하게 해준 중요성을 통해 확장되었다. 다른 시민에게는 단지 일요일의 오락이던 것

"뒤에 저 멀리 터키에서 민족들이 서로 치고 받고 할 경우에,
전쟁과 함성에 관한 화제"

그것이 모직산업에 관여한 자들에게는 극히 절실한 세상사였다. 그들의 원료 도입과 상품의 출고는 가령 영국과 프랑스가 전쟁을 하느냐, 그리고 플랑드르가 거기서 어떻게 처신하느냐, 한자는 덴마크와 어떤 관계에 있느냐, 노보고로드로 가는 길은 열려 있느냐, 황제는 베네치아와 화친을 맺느냐 하는 것 등에 달렸다. 세계무역을 위해 일하는 자에게는 교회탑 정책[46]은 중단된다. 그러나 지인과 유명한 자들만을 위해서 일하는 장인의 태평함과 안정성도 중단된다. 모직노동자들이 참여하여 거기서 흔히 첫째가는 역할을 했던 도시의 투쟁, 위에서 암시한

---

[46] Kirchturmpolitik: [제국의 이익보다 사적인 일을 앞세우는 국회의원들을 규정하기 위한 독일제국의 재상 O. v. Bismarck의 조어] 편협하고 보수적인 정치 (이념).

사회적·기술적 변화에 의해 고삐가 풀린 조합투쟁에, 또한 외부세계의 변동과 상업위기의 반작용이 짝을 이루어 그 직종을 평안하게 놔두지 않고 상시적인 격변의 상태에 있게 했다. 모직산업은 끝나가는 중세의 혁명적인 도시 직종이었으며, 그 노동자들도 혁명적이었다. 그들에게 사회는 공고한 것, 변함없는 것이 아니었다. 그들은 사회를 변화시키려는 생각에 쉽게 다다를 수 있었다. 그들은 착취를 지극히 냉혹한 태도로 받아들였으며, 부자들에게 적대한 이유를 가장 많이 가졌다.

그러나 모직산업은 또한 모든 수공업 중에서 가장 힘이 넘쳤다. 모든 도시는 당시에 그 자체로 자립 공동생활체를 이루었으나 번영하는 도시들, 서양 공업의 세계시장을 위해 일한 도시들에서는—세계시장은 영국에서부터 노보고로드와 콘스탄티노플까지 펼쳐졌다—모직산업이 경제적으로 가장 중요한 업종이었다. 이 산업, 즉 이 산업의 노동자들에게 도시의 번영이 달려 있었다.

그러나 경제적 중요성만이 아니라 숫자상으로도 모직노동자들, 주로 직조공들이 모직산업이 번창하던 도시에서 세력을 이루었다. 이는 우리에게 작은 것으로 보일 수도 있으나 그 시대의 작은 도시들에서는 완전히 위력적이었다. 이 산업이 당시에 그 중심지에 모아들인 것은 상대적으로 볼 때 엄청난 무리의 사람들이었다.

브레슬라우에서 이미 1333년에 직조공들은 중무장한 사내들 900명과 함께 행진했다. 쾰른에서는 직조공들의 한 차례의 봉기가 진압된 후에 직조공 1,800명이 추방되었다. 네덜란드에서는 그들이 특히 많았다. 1350년에 뢰벤에는 베틀 4,000기가 있었으며, 이퍼른(Ypern)에도 그만큼이 있었고, 메헬렌에는 3,200기가 있었다. 1326년에는 직조공 3,000명이 동시에 헨트(Gent)에서 추방되었다. 플랑드르의 백작들에 대한 봉기에 휩쓸렸기 때문이다. 14세기 후반기에는 그곳에 직물제

조에 종사하는 사람 18,000명이 무장을 하고 있었다. 브뤼허(Brügge)
에는 수공업의 융성기에 5만 명이 양모가공으로 생계를 유지했다.[47]

몇몇 장소에 이렇게 몰려든 직조공들에게는 위력적인 혁명적 동력
이 커갔다. 트루도 수도원장이 연대기에서 그들에 대하여 말하기를 모
든 다른 조합원보다 그들이 더 대담하고 불손했다고 한 것도 놀랄 일이
아니다.

이 모든 상황을 종합해보면, 바로 양모산업이 종교개혁 시대 사회혁
명적 분투의 진원지가 되었다는 것, 직조공들은 기존의 도시 및 국가
공권력에 맞선 모든 투쟁에서 전위에서 싸웠다는 것, 그들은 지배적
사회질서 전체에 전쟁을 선포한 방향에 쉽게 끌렸다는 것, 끝나가던
중세와 종교개혁 시대의 공산주의 운동에서, 이 운동들이 대체로 일종
의 프롤레타리아 계급성을 띤 한에서는 통상적으로 직조공들이 이와
관련되어 있다는 것을 파악하게 된다. 슈몰러는 이렇게 말한다. "언어
가 직조공과 모반자의 개념을 동일시하여 오늘날까지도 베틀의 날실
(Zettel)에서 사람들이 비밀리에 천천히 정치적 소요를 어떻게 꾸미는
지(anzetteln)의 그림을 떠올리게 하는 것은 괜한 일이 아니다."[48]

힐데브란트는 이렇게 말한다. "여러 동시대인들이 보기에 직물제조
조합들은 1848년에 '노동자'라는 우대받은(!)계급에게 몇몇 분파가 부
여하려고 했던 것과 비슷한 위치를 받아들였다."[49]

---

[47] Hildebrand, a. a. O., S. 83. 또한 Dr. H. Grothe, *Bilder und Studien zur Geschichte
vom Spinnen, Weben, Nähen*, S. 215ff. Berlin 1875.

[48] Schmoller, a. a. O., S. 465.

[49] A. a. O., S. 115.

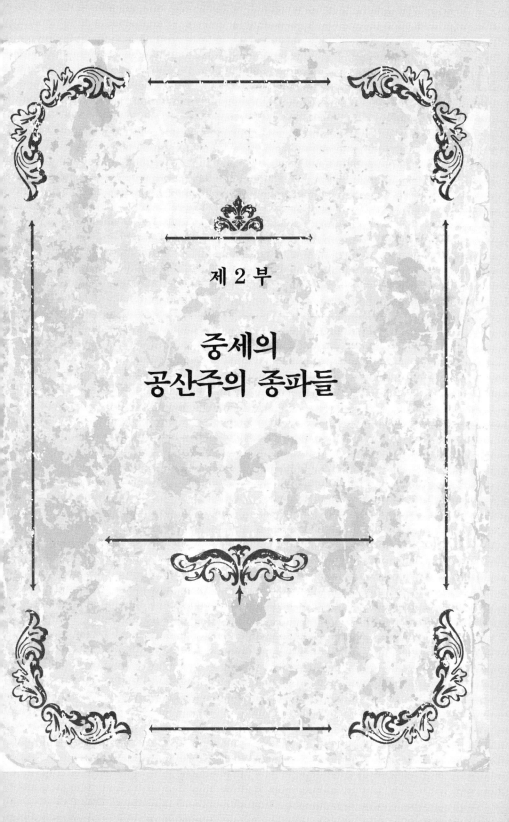

제 2 부

중세의
공산주의 종파들

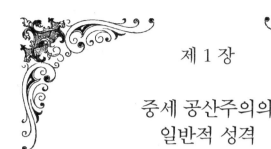

제 1 장

중세 공산주의의
일반적 성격

1. 수도원 공산주의

　이탈리아와 남프랑스는 로마 세계제국의 문명이 가장 깊숙이 뿌리를 내린 기독교-게르만 문화권의 나라들이었다. 이 문명의 전통은 그곳에서 민족 대이동에 의해 가장 적게 훼손되고 중단되었으며, 동방의 비교적 고도로 문명화된 나라들인 이집트와 시리아, 소아시아, 콘스탄티노플과의 교류도 그곳에서 가장 활발하게 지속되었다. 도시체제는 이탈리아와 남프랑스에서 민족 대이동에 뒤따른 암흑의 야만시대 중에도 완전히 중단되지 않았다. 도시들은 그곳에서 곧바로 다시 부와 권세를 달성했으며, 상품생산이 일으키는 사회적 대립은 중세에 그 나라들에서 먼저 진행되었다. 아니 오히려 그 대립은 고대에서 중세로 넘어온 것이다.

　프롤레타리아 계층도 그곳에서 완전히 없어진 적이 없다. 그 계층은 이탈리아와 남프랑스의 도시들에서 먼저 다시금 사회적 인자(因子)가 되었으며, 그 품 안에서 중세 최후의 공산주의적 지향이 생겨난 것은 전적으로 당연하다.

그런데 그 시대의 이탈리아와 남프랑스의 도시체제가 로마의 도시와 큰 친척관계를 보여주는 것 같이, 그리고 그곳에서 로마시대의 전통이 극히 활기 있게 살아남아 있는 것 같이, 그곳에서 성장한 프롤레타리아적 공산주의도 사멸해가는 로마제국에서 그에게 전승된 형태에 굳게 집착했다. 부르주아 사회에 대한 프롤레타리아적 반발은 처음에는 완전히 수도사적인 성격을 띠었으며, 이는 이탈리아와 남프랑스에서는 19세기가 되어서야 비로소 다음 단계로 넘어갔다.

그런데 수도사 조직의 성격을 규명하려면 우리는 또 한 번 기독교의 처음 세기들을 일별해야 한다. 공산주의를 실현하려는 원시 기독교의 지향은 당시의 사회관계에 부딪쳐 좌절했음을 우리는 살펴본 바 있다. 그러나 우리는 또한 공산주의가 사회의 일반적 상태가 되는 것을 당시에 배제한 바로 그 상황이 어떻게 거듭해서 새로운 프롤레타리아들과 또한 거듭하여 새롭게 공산주의적 제도에 대한 필요성을 창출했는지도 살펴보았다.

기독교가 확산됨에 따라 공산주의를 보편적으로 실천하는 것을 더욱 공공연하게 포기했다. 그러나 같은 정도로 기독교 내에서 개별 공산주의 단체들을 창설하려는 노력이 커졌다.

그 모범을 이들은 당시에 그 유제(遺制)가 아직 최소한으로 유지되고 있던 유일한 공산주의 조직에서 찾았다. 그것은 가족, 혹은 더 정확히 말해서 동숙인 조합이었다. 고대에는, 그리고 카이사르 시대에도 모든 농업 경제단위는 그 자체로 폐쇄된 일체를 이루었고, 그들이 사용하던 모든 필수품을 스스로 생산했으며, 그 잉여만을 상품으로 판매했다. 원래 이 단위는 전적으로 동숙인 조합이었다. 이는 완벽한 공산주의 안에서 살고, 생산수단과 소비수단을 공동으로 소유하고 사용한 약 4~50명으로 된 대가족이었다. 그보다 더 큰 농업경영체를 이룬 것은 거대한 노예경제 단위였다. 그중에 일부만이 플랜테이션이었으며, 이는 특정한 작물만을, 예컨대 밀을 시장에서 팔려고 생산했다. 대부분 그들은 경작과 목축의 산물, 그중에 자기 노동자를 위한 온갖 식량을 포함한 것만을 생산한 것이 아니라 또한 특히 겨울철에는 농촌의 원료를 가공하여 공산품도 생산했다.

들녘에서 공산주의적 지향이 떠오르자 공산주의자들은 그러한 자급자족적인 동숙인 조합의 모델을 따라 경영단위를 수립한 것 같다. 이는 그 구성원들이 가족의 혈연에 의해서도 아니고, 그렇다고 외적인 강제에 의해서 거기에 묶이는 것도 아니고 공통의 공산주의적 신념에 의해, 그리고 이해관계의 공유에 의해, 또한 특정한 규정과 기원(祈願)에 의해 결속된 단위였다.

그러한 인위적인 공산주의적 창조물은 에세네인들의 주거지로서 이는 유태 국가조직과 함께 몰락했다.

최초의 기독교인들은 대도시에 살았다. 그곳에서는 생산양식―갈가리 찢긴 수공업―도, 기독교인들에게 비밀결사를 강요한 정치상황도 그러한 동숙인 공동체의 형성을 허락하지 않았다. 동숙인 공동체는 기독교가 (4세기에) 국가종교로 되고 기독교인들이 로마제국 모든 곳에서 자유롭게 조직을 결성해도 되게 되면서 비로소 가능해졌다. 이제 수많은 기독교 동숙인 공동체들, 수도원이 빠르게 생겨났다.

최초의 기독교인들을 배출한 바로 그 인구계층이 새로운 동숙인 조합들 대부분의 구성원도 공급했다. 대부분은 수사와 수녀들이었다. 어떤 면에서는 그들은 자신들의 부에 염증을 느낀, 그리고 부가 그들을 데려다준 사회에 염증을 느낀 부유한 사람들이었다. 다른 면에서는 그들은—이들이 대다수를 이루었는데—수도원에서 '서양' 사회, 즉 부르주아 사회가 그들에게 허용하지 않은 도피처를 발견한 가련한 작자들이었다. "그러나 이제 하느님을 섬기는 일에(*servitutis dei*) 자신을 바치는 이들은 대부분 노예들이거나 면천인 혹은 그 일을 위하여 주인에게서 풀려났거나 풀려나야 할 사람들 혹은 농민이나 장인 혹은 그밖의 평민들이다"라고 성 아우구스티누스는 탄식했다.[1]

한 가족은 그들의 생계를 극히 다양한 방식으로 유지할 수가 있다. 노동을 통해서, 구걸을 통해서, 혹은 착취를 통해서도 할 수가 있다. 마찬가지로 수도원도 극히 다양한 방식으로 벌이를 찾았다. 어떤 수도원에서는 그 구성원이던 룸펜 프롤레타리아의 성향이 주를 이루었다. 그들은 주로 구걸에 전념했다. 다른 수도원은 그들에게 돈과 재물과 노예 혹은 콜로누스(소작인)를 선물한 부유한 구성원이나 후원자를 발견하는 행운이 있었다. 이들을 착취하여 신앙인들이 살아갈 수 있었다. 그런데 거의 대부분의 수도원들은 더 잘 살아갈 수 있기 위해 힘을 합친 가난한 사람들의 연합체였다. 이들은 최소한 초창기에는 그 구성원들의 육체노동에 의존하는 형편이었다.

우리가 아는 최초의 수도원들은 4세기에 육체노동을 할 것을 규정했다. 그 당시에 가장 중요한 수도원 창설자들이 이를 요구했다. 4세기의 안토니우스와 파코미우스(Pachomius), 바실리우스가 그랬고, 6세기 초 베네딕토 수도회를 창설한 누르시아의 베네딕토가 그랬다.

원래 각 구성원은 자기 동숙인 조합에서 임의로 벗어날 수 있었다. 이들은 또한 특별한 복장으로 나머지 인구와 그들의 구성원을 구분하

---

[1] De opere Monachorum, c. 22. Bei J. C. L. Gieseler, *Lehrbuch der Kirchengeschichte*, 3. Auflage, I. S. 545.

지도 않았다.

그 성격과 목적에 따라 이 단계의 수도원들을 우리 시대의 프롤레타리아 생산협동조합과 아주 잘 비교할 수 있다. 생산협동조합이나 수도원이나 그들 시대의 '사회문제'를 제한된 범위에서 참여자들의 고유한 힘으로 풀려는 시도였다.

그러나 그 모든 유사성이 있어도 두 조직은 오늘날의 사회와 로마 사회 간의 차이에 상응하여 중대한 차이도 보여준다.

자본주의적 생산양식은 거의 전체의 생산을 상품생산으로 변화시켰다. 자본주의적 생산양식에서는 노동자들의 생산협동조합도 상품생산을 해야 한다. 그들은 자신의 필요를 충족하기 위해서가 아니라 시장을 위해서 생산하며, 자유경쟁과 공황의 체계가 수반하는 모든 위험과 의기소침하게 만드는 영향과 싸워야 한다.

자본주의적 생산양식 이전에는 농업생산이 압도적으로 자신의 필요를 위한 필요품의 생산에 맞추어져 있었다. 모든 농가 혹은 모든 부역농장이 스스로 필요로 한 모든 것, 혹은 최소한 거의 모든 것을 생산하고 잉여물만을 상품으로 시장에 가져간 것처럼 수도원들에서도 그랬다. 그들을 시장, 세계와 결합시킨 잉여는 대부분 인간의 타락이 그 뒤를 따른 거대한 유혹을 이루었다. 잉여는 가난한 자들에게 속해야 했지만, 그것을 팔아서 자신을 위해 써버리는 것이 이익이 되었다.

중세 후기에는 도시공업이 발달함에 따라 시장을 위한 수도원의 생산은 장인들에게 혹독한 경쟁을 초래할 수 있었다. 그러나 자기 사용을 위한 생산이 항상 주조를 이루었다. 자가 사용을 위한 생산은 수도원에서 다른 곳보다 더 오랫동안, 떠오르는 자본주의의 영향에 저항했다. 수도원에서 자연경제는 가장 오래 유지되었다. 이 경제제도는 그들에게 보수주의를 가져다주었지만 또한 강인함과 저항능력도 가져다주었다. 이는 우리가 오늘날의 생산협동조합에서 찾아봐야 없는 것들이다.

두 번째 큰 차이는 우리 시대의 생산협동조합들이 생산수단의 공유에만 기초를 두고 소비수단의 공유는 기초로 삼지 않는다는 것이다. 이와 달리 수도원에서는 공동생활과 공동살림이 주였고 생산수단의 공유는 부차적인 것이었다. 그것은 공산주의적 살림살이를 지속적인 제도로 만들고자 했다면 덤으로 감수해야 했던 것이다. 왜냐하면 공동의 살림살이는 개인들의 생산수단에 대한 사적 소유와 모순된다는 것, 공동의 살림살이는 이 사적 소유가 존속하는 곳에서는 오래 유지되지 못한다는 것을 경험이 가르쳐주었기 때문이다. 그리고 평야지대에서 살림살이와 경제운영은 불가분리적으로 서로 결합되어 있다.

또 하나의 차이가 오늘날의 생산협동조합과 수도원 간에 존재한다. 생산협동조합은 개별 가족을 폐지하지 않는다. 생산수단에 대한 공동소유는 이 제도와 아주 친화적이지만, 소비수단의 공동소유는 그렇지 않았다. 수사나 수녀는 동숙인 조합 말고는 다른 어떤 가족도 두어서는 안 되었다. 그러나 수도원은 그 이상이어야 했다. 원래의 동숙인 조합은 개별 조합원들의 개별혼인을 배제하지 않는다. 그러나 이 조합은 1천 년의 관습을 통해 신성화된 혈연에 근거를 두었고 새롭게 발명한 인위적 구성물에 근거를 두지 않았다. 이는 개인들의 사유재산과 상속권이 최소한 가장 중요한 생산수단에 대해서는 아직 없던 사회에서 발생했다. 반면에 수도원은 이 사유재산과 상속권이 완전히 발달해 있던 시대에 생겨났다. 그리고 수도원들이 또한 광야로 도피하여 시민적 세계 바깥에서 살기를 원했지만, 그럼에도 불구하고 그 영역 안에 머물렀다. 수도원 안에 개별 혼인을 도입하는 것은 그것을 인정함이 원시 기독교 공동체의 공산주의를 이미 없앴던 것처럼 그 공산주의를 파멸시킬 위협이 되었다.

수도원이 그 공산주의, 그리고 그와 함께 스스로를 유지하고자 한다면, 결혼을 부정하는 것 말고는 수도원에 남은 길이 없었다. 자유주의적 거짓 계몽가(겉똑똑이)는 수사와 수녀의 무혼인에서 완전한 백치적 행동의 결과를 본다. 그러나 역사가는 그에게 어떤 역사적 군중현상이 이해가 안 가는 것으로 여겨질 경우에 그 이유를 경제적 관계에 대한 통찰의 부족에서 찾고 이를 탐구하기를 잘 하며, 대중의 어리석음에 그에 대한 책임이 있는 것으로 보지는 않는다. 물론 그렇게 보는 것이 더 마음 편하고 역사가에게 위신을 세워주기는 한다. 수도원 사람들이 혼인하지 않는 것은 그들이 백치였음을 증명해주는 것이 아니라 그 상황 아래에서의 경제적 제관계가 자연법칙보다 강해질 수 있음을 증명해준다.

게다가 결혼하지 않은 것이 반드시 순결을 의미하지는 않는다. 우리가 이미 한번 언급했듯이 비혼(非婚)은 혼외정사에서도 관철될 수 있다. 플라톤이 이런 출구를 찾았다. 그러나 로마사회에서 혼인은 아주 강하게 확립되어 수도원에 이런 출구가 열려 있을 수 없었다. 그들은 그 시대의 보편적 우수(憂愁)가 금욕의 경향을 크게 촉진했으므로 더욱더 순결의 요구에 순응했다.

수도원에서 혼인이 없는 것은 그들의 향유수단의 공산주의에서 비롯되었다는 우리의 가정이 단순한 사변이 아님은 두 현상이 지금까지 항상 결부되어 발견될 수 있었다는 사실이 두둔해준다. 고대에는 플라톤과 에세네인들이 이를 보여준다. 그러나 우리는 18세기의 마지막 수십 년간 그리고 19세기의 처음 수십 년간에 원시적 공산주의를 실천하고자 했던 미국의 식민정착촌들과 더 많은 비교를 할 수 있다. 물론 이는 새로운 유토피아주의자들의 이상을 실현해야 했던 정착촌들, 이미 자본주의적 생산양식에 대한 인식에서 출발하고 그래서 생산수단의 공산주의를 그들의 시도의 기초로 삼은, R. 오웬과 푸리에, 카베와 같은 유토피아주의자들의 정착촌들과는 구분해야 할 것이다.

이 공산주의에 비한 앞의 것의 후진성은 이미 그 종교적 성격에서 드러난다. 우리가 여기서 관찰하는 공산주의적 자치공동체에 대하여 종교는 사적인 문제가 아니다. 그 공동체들은 아직 사회적 원칙들이 종교적 의복을 걸치고 있는 단계에 있으며, 그래서 공동체에 속한다는 것은 그들에게는 또한 특정한 종교적 도그마에 속할 것을 조건으로 삼는다.

찰스 노드호프(Charles Nordhoff)가 미국의 공산주의적 사회들에 관한 그의 저작들에서 서술한[2] 공동체들로서 이 나라에 있는 다양한 종교적 공산주의적 공동체들 중에 결혼에 적대적인 생각을 품지 않은 공동체는 하나도 없으며, 그들이 극히 다양한 방식으로 극히 다양한 상황 아래서 서로 간에 연계가 없이 생겨났는데도 그런 것이다. 그러니 이 의견일치는 전혀 우연이 아니다.

이 분파들 중 둘은 그래도 결혼을 허용한다. (1844년에 설립된) 아마나 공동체와 (1817년부터 존립하는) 분리주의자들(separatists)이 그런 공동체들이다. 그러나 그들도 독신상태를 더 고상하고 칭찬할 만한 상태로 선언한다. 조아르(Zoar)의 분리주의자들은 처음에는 결혼을 금지했다. 1830년 이후 결혼이 그들에게서 허용되고 있다. 그러나 그들의 원칙을 담고 있는 12개 조 중 제9조는 이렇게 말한다: "우리는 종족의 번식에 필요치 않은 양성 간의 교접은 죄이고 하느님의 계율에 상반된다고 본다. 완전한 순결이 결혼보다 더 공로가 크다."(A. a. O., S. 104)

다른 분파들은 결혼을 직접 금지한다. 라피스트(Rappist)들은 처음

---

2 *The communistic societies of the United States, from personal visit and observation*, London 1875.

에는 1803년부터 결혼을 허락했으나 1807년에는 비혼이 필요 불가결하다는 견해에 도달했다. 1832년에는 독신에 지친 250명의 라피스트들이 중심 공동체에서 탈퇴하여 자신들의 공동체를 세웠다. 이 공동체는 금세 몰락했고 그 재산은 개별 가족들 사이에 배분되었다.

18세기까지 거슬러 올라가는 가장 오래된 미국의 공산주의 분파인 셰이커(Shaker)들은 그들의 5대 중심원칙에 첫째로 공산주의, 둘째로 독신을 넣고 있다.

이들 분파 중 하나만이 그들이 역시 의도하는 무혼을 독신을 통해 도달하려고 하지 않고 플라톤적 출구를 통해 도달하기를 감행했다. 이는 현대의 감정과 사상에는 물론 종신 순결보다 훨씬 더 역행한다. 1848년에 한데 합친 오네이다(Oneida)와 월링포드(Wallingford)의 완전주의자(Perfectionist)들이 그러하다. 그들은 그리스도가 재산의 공유만이 아니라 사람들의 공유도 가르쳤다고 믿었다. 아무도 다른 사람의 의사에 반하여 그와 동침할 권리는 없었다. 그러나 그들은 두 사람 서로 간의 "배타적 우상숭배적 의존"을 죄악인 이기심의 증거라고 여겼다. 그리고 그런 것이 생겨난 것으로 보이는 경우에 그들은 "비판"과 그밖의 조치를 통해 근절되었다. 플라톤의 국가에서처럼 완전주의자들에게도 자녀의 출산은 사회를 위해 조절되었고 "과학적 원칙"에 따라 운영되어야 했다.(A. a. O., S. 276)

주목할 점은, 바로 완전주의자들이 미국의 원시-공산주의 분파들 중 경제적·지적으로 가장 높은 위치에 있었다는 것이다. 그들은 보여줄 정식 부기 장부가 있었고, 예술적·문학적 관심을 드러내어 펼친 유일한 분파였다.

문명이 그들을 괴롭혔으므로 그들도 그들의 혼인제도를 공공 의견의 요구에 적응시켜야 했다. 그 공동체의 창설자이자 의장인 노이스(J.

H. Noyes)는 1879년 회원들에게 통신문을 발송하여 다음과 같이 제안했다:

1. 우리는 공동 결혼의 관습을 포기해야 한다. 이는 우리가 이 제도에 대해, 그리고 이 제도의 최후의 승리에 대해 의심하기 때문이 아니라 그에 반발하는 공중의 의견에 순응해서 그러는 것이다.

2. 우리는 (보편적 독신을 요구하는) 셰이커들의 토양에도 세상의 토양에도 발을 딛고 서지 않으며, 결혼을 허가하지만 비혼을 더 우선시하는 사도 바울로의 토양 위에 선다.

여러분이 이 변화를 받아들인다면 공동체는 결혼한 자와 비혼자의 두 서로 다른 계급으로 이루어질 것이다. 양쪽이 다 합법적이지만 후자가 더 권장될 것이다.

이런 변화 후에도 우리의 공산주의로 남을 것은 다음과 같다:

1. 우리의 소유와 사업은 지금까지와 같이 공적 소유로 남는다.

2. 우리는 지금까지와 같이 공동의 살림을 살고 같은 식탁에서 식사할 것이다.

3. 우리는 지금까지와 같이 공동 자녀양육을 할 것이다.

4. 우리는 매일의 저녁집회와 도덕적·정신적 완성의 온갖 수단을 둘 것이다. 이는 지금도 이미 우리에게 계율로 되어 있다.

분명히 그것은 우리를 단합시키는 데 충분한 공산주의이다.

이런 기대는 얼마 지나지 않아 좌절되었다. 거의 아무도 결혼하지 않는 거룩한 상태에 머물러 있으려 하지 않았다. 공동결혼은 수많은 단혼으로 해소되었고 그와 함께 살림살이의 공산주의는 발 디딜 토대를 잃어버렸다.

지금의 공동체 의장 하인즈(W. A. Hinds)는 그에 관해 다음과 같이

말한다:

"남편과 아내에 관하여 내 것, 네 것이 적용되면서 공산주의에서 벗어나는 첫걸음이 내딛어졌다. 이제는 자연스럽게 자기 자녀에 대한 배타적 관심이 뒤따랐다. 그러고 나서 현재와 미래의 사용을 위한 개인 재산을 모으려는 갈망이 뒤따랐다."[3]

1881년이 되면 벌써 오네이다 공동체는 공산주의적 단체에서 아주 잘 나가는 주식회사로 전환되었지만, 또한 이미 재빠르게 노동자 착취를 추진한다. 그 회사는 임금노동자를 1,500에서 2,000명 고용하며 "그들의 정책은 조합으로 조직된 자들을 피하는 쪽으로 나간다."(Hinds, a. a. O., S. 227)

이 단계에서 일차적으로 소비의 공산주의인 공산주의는 결혼의 지양과 얼마나 밀접하게 관련되는지를 알 수 있다.

그래서 수도원에서의 비혼은 어리석은 괴팍함이나 자학적인 광기의 산물이 아니라 그 조직들이 생겨난 물질적 상황들에 뿌리를 두었다고 우리는 물론 말할 수 있다.

또 다른 무언가가 아메리카의 공산주의적 정착촌에 관한 조망을 우리에게 보여준다: 공산주의는 이례적인 열심, 이례적인 노동애호를 낳는다. 공산주의 공동생활체에서는 일이 이루어지지 않을 것이란 두려움보다 더 우스운 것도 없다. 경험을 통해서 이 우려는 극히 오래전부터 반박이 되었다.

이미 인용한 노드호프(Nordhoff)의 책은 다른 것들 중에서 그에 대해서도 일련의 증거를 제시한다. 이렇게 설명한다. "나는 자주 이렇게 질문했다. '여러분은 게으름뱅이를 어디다 쓰겠소?' 그러나 공산주

---

[3] W. A. Hinds, *American Communities*, Chicago 1908, S. 213.

자 공동체에서 빈둥거리는 사람은 없다. 그래서 나는 인간이 천성적으로 부패한 것은 아니라고 생각한다. 심지어 겨울 셰이커들, 저 불안정한 친구들은 연중 추운 계절이 다가오면 셰이커 공동체 또는 다른 공동체로 숙소를 찾아오는데 이들은 기꺼이 셰이커 교도가 되고 싶다고 말하지만, 한 셰이커 장로가 내게 말해준 것처럼 겨울철이 시작될 때 빈 위와 빈 배낭을 가지고 와서는 장미가 만발하기 시작하면 곧 이 둘을 다 채워서 떠나간다는 것이다. 이 타락한 개인들도 규칙성과 질서의 영향에 굴복하여 따뜻한 봄볕이 그들을 다시 자유에로 유혹하기까지 노동에서 반발 없이 그들의 몫을 한다."(A. a. O., S. 395)

그래서 우리는 수도원 창설자들이 제기한 육체노동의 요구가 엄격하게 받아들여졌다는 것, 날조와 과장에서 교회의 수사학은 모든 다른 종류의 수사학, 심지어 변호 수사학을 예로부터 무색하게 만들어왔다는 것 역시 우리가 잘 알더라도 수도사들의 열심에 관한 보도들도 순전히 미사여구로만 치부할 수는 없다는 것을 가정해도 좋다.

물론 수도사들은 자본주의적 생산의 발흥 이전의 다른 자유노동자들이나 마찬가지로 과도한 노동 부담을 지지는 않았다. 베네딕토 수도원에서 정상적 노동 일과 시간은 누르시아(Nursia)의 성 베네딕토 규칙에 따르면 일곱 시간에 달했다.(Ratzinger, *Geschichte der kirchlichen Armenpflege*, S. 100) 우리는 신실한 기독교 세계가 이 정상적 노동 일과시간을 고려해보도록 추천한다.

그리고 북미의 원시 공산주의적 정착촌은 우리에게 또 하나를 보여준다: 이 사회형태가 농민적·소시민적 사회형태 안에서 생겨났지만, 이런 사회형태들에 비해 경제적으로 크게 우월했다는 것이다.

이 현상의 원인을 규명하는 것은 지나치게 나아가는 것이리라.[4] 충분히 이 현상은 확고히 존재하며, 이 자치공동체들이 보여주는 복지의 급속한 증대를 통해 가장 잘 입증된다.

　이 우월성은 19세기 전반의 미국처럼 번영하는 농민층도 번영하는 소시민층도 없었던 몰락하던 로마제국에서는 더욱 두드러졌을 것이다. 농민은 파멸했으며, 노예를 부리는 라티푼디움 경제는 그 뒤를 따랐다. 그 자리에 또다시 파행적인 난쟁이 소작제도인 콜로누스제가 등장했다. 이에 비하여 수도원의 생산조합은 경제적으로 크게 우수한 것으로 입증되었다. 수도원 조직이 기독교 세계에서 급속히 확산된 것, 그리고 그것이 대체로 로마 기술과 로마 문화의 유제의 담지자가 된 것은 놀랄 일이 아니다.

　또한 우리는 민족 대이동 후에 게르만 군주들과 지주들에게 수도원이 더 고도의 생산양식을 그들의 영지에 토착화시키는 데 가장 적합한 제도라고 여겨졌다는 것, 그들은 수도원의 창설을 18세기에 유럽의 지배자들이 자본주의적 제조업을 지원한 것만큼이나 촉진했다는 것, 아니 많은 경우에 유도했다는 것에 대해서도 놀라지 않을 것이다. 알프스 남쪽에서는 수도원의 주된 목적이 프롤레타리아와 학대 받은 농민을

---

4 노드호프는 이미 여러 번 언급된 저서에서 이를 더 상세히 설명했다. 이미 언급한 것처럼 단순한 농민과 수공업자의 이 공산주의적 정착촌, 공산주의를 통해서 소농민층과 소시민층의 수준을 경제적으로 능가한 이 정착촌과 교육받은 도시인들, 그것도 대다수가 자유 직업에 종사하는 도시인들에 의해 창설되어 농민적 소시민적 사회형태를 능가할 뿐 아니라 그 최고로 발전된 형태에서의 자본주의적 사회 형태를 능가하는 한 사회형태를 창조해야 했을 공산주의적 정착촌을 혼동해서는 안 된다. 이 실험들은 대부분 그 시초부터 좌초했다. 왜냐하면 도시인들은 오직 스스로의 노동에 의존하기만 하면 들판에서는 특히 황야에서는 열등한 개척자이기 때문이다. 그러나 그 실험이 표면상 성공했어도 그것은 그 목표를 달성하지 못했을 것이다. 왜냐하면 개별 공산주의적 · 자급자족적 공동체는 아주 완벽하게 조직되었더라도 세계시장을 지배하는 자본주의적 사회보다 언제나 경제적으로 훨씬 열악한 위치에 있음이 분명하기 때문이다. 공산주의적 정착촌은 오늘날의 사회에서는 그 구성원들이 농사꾼이 되고 모든 자본주의 사회의 문화 성과물에 대한 포기를 달성하는 경우에만 유지될 수 있다.

위한 피난처가 되는 데 있었다면, 알프스 북쪽에서는 그 주된 과제가 농업, 공업, 교역의 촉진에 있었다.

그러나 그 시대의 다른 농장 사업체들을 능가하는 그 경제적 우위는 각 수도원이 완전히 혼란한 상황하에서만 유지되던 한에서는 조만간에 수도원을 부와 권세의 자리로 가져갔던 것이 분명하다. 이미 처음부터 누군가 지체 높은 후견인에 의해 그런 것을 부여받지 않았더라도 말이다. 그런데 권세와 부는 타인 노동을 동원할 수 있다는 것을 뜻한다. 수도사들과 수녀들은 이제 자기 자신의 노동에 의존하기를 중지했고 그들에게는 다른 사람의 노동으로 생활할 가능성이 생겨났다. 그리고 그들은 당연히 그 가능성을 활용했다. 수도원은 생산조합에서 착취자 조합으로 바뀌었다.

이는 사유재산과 착취의 사회 내부에 작은 단체를 위한 공산주의를 실천하려는 모든 성공한 시도의 궁극적 운명이다. 이는 생산수단의 공산주의에도 향유수단의 공산주의에도 해당하며, 이 둘을 결합한 것에도 해당한다. 전자에 대해서는 생산협동조합의 역사가, 후자에 대해서는 아메리카의 원시 공산정착촌의 역사가 수많은 증거를 전해준다.

이것이나 저것이나 보통은 그들이 번창하고 그들의 생산이 확장되면, 동등한 자격을 지닌 구성원 대신에 임금노동자를 쓰는 것을 우선시한다. 동등한 자격을 지닌 회원과는 구회원들이 몫을 나누어야 할 것이기 때문이다.

육체노동에서의 해방이 반드시 모든 노동의 지양을 의미하는 것은 아니다. 이는 정신노동에 종사하는 것을 가능케 했으며, 이와 관련해서도 수도원이 중요해졌다.

물론 처음에 이는 예술과 학문을 위해서는 의미가 없었다. 도시 바깥에 시민사회와 국가가 괴롭힐 수 없던 곳인 가능한 한 격리된 장소에

세워진 기존의 농민과 장인, 노예, 룸펜 프롤레타리아 들의 생산협동조합은 예술과 학문 활동에 가장 적합한 장소는 아니었다. 예술과 학문은 로마제국에서는 기독교의 지배하에서도 도시에 집중된 상태로 있었다.

그러나 생산물의 아주 큰 잉여를 가져다주었던 노예제도의 중단과 함께 점차적으로 사치품만이 아니라 학문과 예술, 수공업, 문명도 대체로 중단되었다. 농업은 점점 더 투박한 콜로누스의 원시 소작경제, 조금의 수확물밖에 내지 못하는 소작경제로 추락했다. 여기저기서 농업은 완전히 몰락했다. 농업의 멸망에 도시들의 멸망이 뒤따랐으니 도시는 인구수와 면적, 복지상태에서 갈수록 낙후했다. 민족 대이동은 도시들을 완전히 멸망시키거나 간신히 유지되는 상태로 내리눌렀다.

이제 그 와중에 부유해진 수도원들이 학문과 예술의 최선의, 아니 거의 유일한 피난처가 되었다. 4세기에 수도원 생활이 발달하기 시작했으나 6세기부터 비로소 정신생활의 무게중심이 점차로 수도원으로 움직였으며, 도시들이 새로이 번창할 때까지 수도원에 머문다.

한편 수도원에 들어가 그곳에서 주어진 여가시간을 예술이나 학문 활동에 활용한 자들의 수는 항상 수도원 거주자들의 소수를 이루었다. 훨씬 대다수는 착취가 그들에게 창출해준 복지와 여가를 조잡한 향락에 사용했다. 수도사들의 나태와 호색, 폭음은 아예 속담같이 되었다.

이와 나란히 다른 발전이 진행되었다. 수도원 생산조합들이 번영을 누리고 부유해지자 곧바로 나머지 인구 대중 위로 상승했다. 이 우월해진 지위를 수도원들은 경제적으로 보다 나은 입장에 끼어들려고 밀려드는 대중으로부터 스스로를 차단할 때에만 보전할 수 있었다. 과거에 마르크 조합들과 동업조합들처럼, 그리고 19세기에 수많은 번영을 누리는 공산주의 정착촌이나 생산조합들처럼 수도원들도 부유해지자마자 배타적으로 되었다. 회원자격을 신청한 불쌍한 친구들은 가능한 대로 차단되었다. 반면에 지위나 재산으로 수도원에 이익을 줄 것을 기대하게 한 사람들은 기꺼이 받아들였다. 수도원들이 부가 증대함에 따라 생산조합이기를 중단하고 착취자 조합이 되었다면, 이 수도원들은 또한 가난한 자들과 억압받는 자들을 위한 도피처가 되는 것도 중단했다. 이 수도원들은 귀족의 어린 아들들과 짝을 찾지 못한 딸들의 양육소가 되었다.

그러나 한편으로 생산조합에 대한 필요, 또 한편으로 가난한 자와 억압받는 자를 위한 도피처에 대한 필요는 중세 전체 기간 중에 지극히 절실하게 유지되었으며, 수도원이 그 당시에 이 필요를 충족해줄 유일한 형태를 제공했다. 그리고 이 중세 기간 전체를 통해서 수도사의 기율과 도덕의 타락에 관한 끊임없는 탄식과 아울러 이미 존재하던 수도회 혹은 개별 수도원의 개혁을 통해, 혹은 새로운 수도회의 창설을 통해 악을 제거하려는 끊임없는 시도가 행해진다.

개혁의 방법은 다양했다. 가장 단순하고 개혁자들에게 가장 유리한 것은 수도원으로부터 모든 잉여재산을 몰수하는 것이었다. 특히 이런 방면에서 두드러졌던 왕은 독일의 하인리히 2세(1002~1024년 재위)였다.(Lamprecht, *Deutsche Geschichte*, II, S. 280ff, und Giesebrecht, *Deutsche Kaiserzeit*, II, S. 84ff 참조) 수도원 재산의 이 위대한 몰수자는 성인으로 봉해졌다. 신실한 천주교도에게는 고무적인 일이었다.

그러나 항상 개혁이 성공하지는 않았다. 왜냐하면 그 시대의 호전적인 수도자들이 흔히 무력으로 죽을힘을 다해 저항했기 때문이다. 많은 개혁 지향적 수도원장이 그들에게 얻어맞았고 개중에는 암살을 통해서도 제거되었다.

그리고 개혁이 성공한 경우에도 많은 결실은 없었다. 얼마 지나지 않아서 우리는 옛날 상황이 다시 돌아온 것을 발견한다.

이는 수도회의 새로운 창립에서도 마찬가지였다. 수도회 창립자들은 일체의 세속적인 것을 수도원에서 추방하기 위하여 그들의 수도원 규정—오늘날에는 표준정관이라 부를 만한 것—을 만들어내는 데 나날이 기발해졌다. 세속적 탐욕이 온갖 자기 고문을 통해 인위적으로 몰아내어져야 했다. 금욕이 점점 더 강해졌고, 외부세계로부터의 폐쇄가 점점 더 준엄해졌다. 그러나 악의 뿌리에는 손을 대지 않았고 그럴 수도 없었으며 증상만을 저지했기 때문에 모든 진통은 효과 없이, 그리고 다행스럽게도 대부분 끝나지 않은 채로 있었다.

수도회 창립은 12, 13세기에 가장 많았다. 그 당시에 이탈리아와 남프랑스의 도시들은 급속한 융성 기운에 사로잡혔다. 그러나 이 경제적 번영은 동시에 프롤레타리아 계층과 일하는 계층, 특히 룸펜 프롤레타리아 계층의 증가를 의미했다. 이 계층은 많은 도시에서 사회운동을 유발하기에 충분히 강하게 되었다. 사회운동들은 특히 수도사 제도에 대한 애착을 강화했고, 수도사 제도에 프롤레타리아적 성격을 6세기부터 11세기까지 지녔던 것보다 더욱더 많이 부여한 것으로 나타났다. 이 수도사 성향은 주류 교회에 항상 호의적인 모습을 보여주지는 않는다. 흔히 이들은 이 시대 무렵에 이탈리아와 남프랑스에 등장하는 교회 적대적인 이단 경향들과 연합한다.

그러나 교황청도 이 수도사들의 프롤레타리아적 성향을 자신에게 도움이 되게 만드는 데 성공한 경우가 많았다. 특히 이를 통해서 도미니코와 프란체스코 탁발수도회가 중요해졌다. 라테라노 공의회(1215년)는 새로운 수도회의 창립을 금지하여 무절제한 '창설'을 제지했다. 그러나 이 금지가 선포되자마자 그 당시에 창설된 위에 언급한 두 수도회를 위해 교황이 금지를 파기했다.

특히 프란체스코 수도회의 출범이 특색 있다. 그 창설자인 아시시의 성 프란체스코는 1182년에 한 부유한 상인의 아들로 태어나 즐거운 청춘을 보냈다. 그후 통상적인 숙취의 두통 중에 부에 대한 염증과 빈곤한 이들을 도와주려는 충동이 그를 사로잡았다. 그는 자기 소유를 팔아서 그 돈을 가난한 사람들에게 나눠주었고 자기 생애를 그들에게 봉사하는 데 바치기로 결심했다. 같은 생각을 가진 동지들을 규합한 후에 그는 이들을 하나의 공산주의적 수도회로 조직화했다. 이는 기존의 권력 소유자, 그중에서도 특히 최고의 부자인 교회에는 아주 위험한 것이 될 수 있었다. 그러나 교황들은 수도회를 부패시키고 부유한 교회를 향해 들린 무기를 교회를 방어하는 쪽으로 돌리면서 이 위험을 예방할 줄 알았다.

"인노첸시오 3세는 이 교회 밖에서 생겨난 종교개혁의 승인과 가입을 통해서 그 위험성을 극복하려고 했다. 결국 영리한 교황은 부유하고 권세를 가지게 된 성직자층이 상실한 민중과의 접촉을 회복하는 과제도 해결해야 했다. 그때 이 탁발자들은 그들의 이상이 최소한 특별한 조직 내에서는 실현 가능하다는 암시를 교회에 해주었다. 이런 식으로 안전한 제방 사이에서 이 완전히 위험한 민중운동이 길을 헤쳐나가야 했다."[5] 인노첸시오 3세는 1215년에 그 수도회를 구두로 허락했고 호노리오(Honorius) 3세는 1223년에 문서상으로도 허락했다.

성 프란체스코는 수도회가 그 선행 수도회들처럼 착취자회가 되는 것을 방지하는 데 성공할 것이라 믿었다. 그는 그때까지만 해도 개별 수도원 구성원에게만 해당되었고 전체에 대하여, 수도회에 대하여는 해당되지 않았던 지속적인 무소유의 계명을 전체 수도회에도 확장함

---

[5] F. Glaser, *Die franziskanische Bewegung*, Stuttgart 1903, S. 60.

을 통해서 이를 달성할 생각이었다. 프란체스코 수도회는 아무 벌이도 해서는 안 되었고 어떤 돈 버는 노동도 해서는 안 되었으며, 가난하고 병든 자들에 대한 봉사에만 일생을 바쳐야 했고, 사람들이 그들에게 준 자선금에 만족해야 했다.

그러나 바로 이 수도회가 빈궁과 싸우는 데서 아주 쓸모 있다는 것이 밝혀졌기 때문에, 그 다음으로 또한 이 수도회의 몸을 써서 행하는 도움이 가난한 계급의 신뢰를 얻어 이들을 혁명 욕구에서 지켜주었고 교회에 호의적인 태도를 유지해주었기 때문에 수도회에 곧 너무 많은 자선금이 흘러들어갔다. 성 프란체스코의 생존시에 그의 수도회에서는 재산의 취득을 금지한 규정의 폐지를 향한 움직임이 생겨났다. "탁발수도회의 위대한 창설자는 이미 금과 대리석으로 빛나는 대성당에서 영면했다."(Gregorovius, *Geschichte der Stadt Rom*, V, S. 114) (1226년에 있었던) 그의 죽음 후 채 20년이 못 되어 이 노력은 크게 강화되어 인노첸시오 4세는 1245년에 규정을 변경했고 프란체스코 수도회 수도사는 재산을 소유는 아니더라도 점유로 취득하고 향유해도 좋다고 규정했다. 그 점유물에 대한 소유권은 교황에게 돌아가는 것이었다.

그때부터 프란체스코 수도회는 (도미니코 수도회도 마찬가지였는데) 그 선행자들이 맞이했던 것과 같은 운명에 급속히 빠져들었다. 프란체스코 수도회는 착취자 협회가 된 것이다. 성당 참사회원 얀 반 뤼즈브루크(Johann Ruysbroek)는 1293년에 태어난 네덜란드 사람으로서 일반적으로는 수도사들에 관하여, 특별하게는 탁발수도사들에 관하여 나름대로의 견해에 따라서 이미 이렇게 말했다. "그들에게는 일반적으로 세 가지 잘못이 지배한다. 태만과 탐식, 미식(Schwelgerei)이 그 셋이다. 옛 교부들은 가난했으며, 탁발수도회의 창설자들은 하느님으로 만족했고, 속세의 재산과 명예를 경멸했다. 지금은 거의 모든 수도원이 부를 추구한다. 무수한 탁발수도사들을 보게 되지만, 그들 수도회의 규정을 준수하는 자는 적다. 그들은 빈자라고 불리기를 바라지만, 그들 수도원 주변 7마일에 둘러 있는 온 들판을 쥐어짜내어 흥청망청 생활한다. 아니, 그들 중에는 심지어 거기에 도무지 있어서는 안 될 계급도 존재한다. 어떤 이들은 네다섯 벌의 장삼이 있지만 다른 이들은 한 벌도 없다. 어떤 이들은 수도원 식당(Refektorium)에서 프리오르(도미니코 수도회 수도원장), 과르디안(프란체스코 수도회 수도원장) 및 렉토르(독서자)와 함께 특별한 자리에서 식사하고 다른 이들은 야채와 청어, 맥주로 만족해야 한다. 이들은 모든 재산이 공유이어야 한다고 생각하므로 더욱더 질투하게 된다. …"(Bei Ullmann, *Reformatoren vor der Reformation, vornehmlich in Deutschland und den Niederlanden*, Hamburg 1842, II, S. 57, 58)

그러나 무소유 요구의 완화는 또 다른 결과를 가져왔다. 프란체스코 수도사들 중 일부는 빈곤층의 이해관계 대변자로서의 과제를 진지하게 받아들였다. 특히 제3회원(Tertiarier)들이 이에 속했다. 성 프란체스코는 민주적인 제도를 만들었다. 제1수도회로서 수도사회, 그리고 제2수도회로서 여자수도회[6]와 아울러 수도회의 과업에 협력하는 제3수도회를 결성하게 했다. 제3회원은 결혼과 시민적 용무를 그만두지 않아도 된다. 이 제3회원들은 대부분 장인이거나 그밖의 민중 출신 사람들로서 그들의 연합체를 노동자 연합이라고도 지칭할 수가 있다. 그들은 수도회가 착취자 협회로 변신하는 것에 가장 결연하게 저항한 자들이었다. 양편 사이에 거센 투쟁이 생겨났으며 이는 십 년간을 지속했다. 착취자의 경향이 교황청에 의해 비호를 받을수록 더 엄격한 방향(스피리투알렌 혹은 프라티첼리라고 불림)의 추종자들은 더욱 결연하게 교황과

---

[6] 여자수도회는 성 프란체스코의 열광적인 여자 친구이고 연모자인 18세의 클라라 스시피(Klara Sciffi)가 창설했다. 그래서 클라라 수녀들(Klarassinen)의 수도회라고 불린다.

교회 자체에 맞섰으며, 그들은 더욱더 교회에 적대적인 조직체들과의 연계를 추구했다. 교황 요한 22세가 결국 그들에 대한 종교재판을 선포하여 특히 남프랑스에서(1317년 나르본느와 브지에에서) 그들을 타이르려고 했을 때 이는 그들이 교회와 완전히 결별하게 했을 뿐이다. 그들은 그 이후로 이단적인 공산주의 종파 베가르트파로 간주되었고 이들 중에서 우리는 재세례자들의 선행자를 찾아야 한다.

엄격한 프란체스코 수도사들은 중세에 사회의 기초 중 하나였던 수도자 공산주의와 기성의 사회를 전복하려고 시도했던 그 시대의 프롤레타리아적 공산주의 사이의 중간 항을 이루었다.

또한 이 시대 무렵에 공산주의 이론가가 물론 단지 수도원적 공산주의 이론가일 뿐이기는 하지만 이미 등장했다. 칼라브리아의 요아힘 폰 피오레 수도원장은 1145년경 코젠짜 부근의 첼리코(Celico) 마을에서 태어났다. 성지순례 후에 그는 칼라브리아로 되돌아와서 수도사가 되었고, 나중 1178년경에 시토수도회의 코라체 수도원 원장이 되었다. 그후 그는 피오레에 독자적인 수도원을 설립했고 1201년 혹은 1202년에 사망했다.

그 시대의 사회 부조리, 특히 가공할 만한 착취경제와 교회 안에서 지배하던 부패에 충격을 받아 그는 이 폐단으로부터의 구제를 추구했으며, 공산주의—당연히 그 당시에 부합했던 형태의 수도원적 공산주의의 보편화에서 그 구제를 찾을 수 있다고 믿었다. 그는 혁명과 새로운 사회가 도래하는 것을 보았다. 묵시록이 말하는 천년왕국 말이다.

그는 세 시대를 구분한다. "먼저 있던 시대는 인간이 육신을 섬기던 시대이다. 이 시대는 아담과 함께 시작되어 그리스도에서 끝났다. 그 다음에 온 시대는 인간이 육신도 영혼도 둘 다 섬기는 시대이다. 이는 오늘날까지 계속된다. 그런데 또 다른 시대는 사람이 오직 영에 생애를

바치는 시대이며 그 시작은 성 베네딕토의 날들에서 비롯한다." 이 세
번째 사회상태는 수도사적 상태(*status monachorum*)이다. 수도원 제도
가 인류 전체를 포괄할 것이다. "사람이 땅위의 재물의 소유를 추구하
는 것이 아니라 오히려 이를 포기하는 가운데 우리가 사도들의 삶의
참된 모방에 도달하는 것은 필연적이다. …" 그 완전한 실현이 되도록,
제3의 사회상태에는 성 베네딕토 이후 22번째 세대에, 그래서 곧 닥쳐
올 시대에 도달할 것이었다. 로마교회는 무거운 징벌의 심판을 받아
몰락하고 그 잔재로부터 새로운 사회, 사유재산을 포기하는 의인들의
수도회가 생겨날 것이다. 완전한 자유와 완전한 인식의 시대가 이로써
열리게 된다.

　요아힘의 가르침은 큰 인상을 주었다. 특히 프란체스코 수도회의 보
다 엄격한 흐름인 프라티첼리 교단, 스스로 '의인들의 수도회'로 자처
한, 사회를 갱신하는 사명을 띤 이들에게서 영향을 발휘했으며, 그들
을 통해서 이 가르침이 널리 확산되었다. 그들은 이탈리아의 뮌쩌인
돌치노(Dolcino)에게 영향을 주었다. 그들은 또한 뮌쩌 자신에게도 생
소한 존재가 아니었다.

　루터는 뮌쩌가 요아힘 수도원장의 예레미야 해석에서 '교만한 사상'
을 품었다고 비난했다. 뮌쩌 자신은 1523년 12월 2일자 차이스(Zeys)
에게 부친 편지에서 그와 요아힘과의 관계에 관하여 이렇게 썼다: "여
러분은 또한 식자들이 이 가르침을 요아힘 수도원장의 것으로 돌린다
는 것을, 그리고 그 가르침을 영원한 복음이라고 조롱 삼아 부른다는
것을 알아야 합니다. 나는 예레미야에 관해서만 그의 글을 읽어보았습
니다. 그러나 나의 가르침은 저 위 높이 있으며, 나는 그것을 그에게서
가 아니라 하느님의 말씀에서 받아들이는 것입니다. 이는 내가 때때로
온갖 성서의 문구로써 입증하려고 하는 것과도 같습니다."(이 편지는

Von dem getichten glawben auff nechst Protestation außgangen Tome Mü

nzers Selwarters zu Alstet, 1524라는 글의 부록으로 존재한다.)

요아힘의 예언이 준 인상은 이탈리아에서만이 아니라 독일에서도 아주 깊었기 때문에, 그리고 이 예언은 대중의 절실한 필요에 아주 잘 부합했기 때문에 사실이 예언을 거짓으로 만듦에 따라 그것이 이 예언에 대한 믿음을 버리게 하기보다는 오히려 민중은 그 예언을 개작했다. 요아힘은 사회적 전변(轉變)이 1260년경 끝나리라고 예언했다. 바로 그 시점이 되자 교황청과 황제 프리드리히 2세 간의 거센 싸움이 극성을 부렸다. 요아힘의 추종자들은 황제가 교황을 굴복시키고 그의 실각과 함께 새로운 사회를 여는 데 성공하리라 기대했다.

그러나 그와는 다르게 되었다.

"프리드리히의 죽음(1250년)은 요아힘 폰 피오레의 예언과는 상충했다. 왜냐하면 그 예언에 따를 때 그는 자기 과업을 완수하지 않은 채 세상을 떠나서는 안 되었기 때문이다. 그래서 우선 이 그룹에서는 프리드리히 2세가 죽을 수 없으며, 그는 단지 몸을 숨기고 있을 뿐 장차 되돌아와서 그의 완수하지 못한 채 놔둔 과업을 다시 착수하여 끝맺으리란 생각이 생겨났다. … 그래서 독일의 황제 신화를 소재로 한 독특한 상상세계가 탄생했다. 이 상상세계는 후대의 오해의 결과로 비로소 황제 프리드리히 1세(Barbarossa) 그리고 그의 귀환에서 기대할 왕국의 영광에 대한 갱신에 관련지어 해석되었다."[7]

우리가 알듯이 이런 '왕국의 영광'을 민중은 공산주의 혁명으로 이해했다.

---

[7] H. Prutz, *Staatengeschichte des Abendlandes im Mittelalter*, Berlin, 1885, I, S. 657.

2. 이단종파 공산주의와 교황청

프란체스코 수도회의 예는 수도원적 공산주의의 여러 형태에서 교황청에 대한 적대가 얼마나 자명한 것이었는지를 우리에게 보여준다. 사실 11세기부터 있었던 수도사들의 개혁과 재건은 교황 권력에 대한 비난을 의미했으며, 이 비난은 흔히 아주 단호한 형태를 취했다.

무산자의 이해관계가 가슴에 놓여 있는 자는 누구나 교황의 교회에 반기를 드는 것이 거의 필수였다. 왜냐하면 이 교회는 중세의 재산 소유자 계급 중에 제일 앞줄에 섰으며, 가장 큰 부를 소유했고, 정신적으로만이 아니라 경제적으로도 사회생활 전체를 지배했기 때문이다.

이들의 지배권을 필시 우리 세기의 고급 금융, 증권시장 혹은 잠시 반유태주의의 사고지향과 표현양식을 받아들인다면, 유태공동체의 지배권과 비교할 수 있을 것이다. 오늘날 반유태주의자들이 사회 전체가 유태화된 것으로 해석하는 것처럼, 중세 때 사회는 교황의 것이 되었다. 교황청은 정신생활을 지배했으며, 이는 오늘날 언론이 증권시장에 지배를 받는 것과 마찬가지이다. 그리고 증권시장이 각료들, 아니 군주의 운명을 결정하고 왕국을 세우고 파괴하는 것처럼 교황청도 그랬다.

그러나 교황청의 지배는 오늘날 고급 금융의 지배가 그러하듯 논란의 대상이 되는 것에서 벗어나지는 못했다. 이들 양자는 오히려 사회의 다른 모든 계급에게, 착취당하는 사람에게만이 아니라 자신들의 약탈물에서 모든 착취자 중의 최고의 착취자에게 아주 많은 것을 떼어주어야 했고, 이 최고의 착취자의 금고를 질투에 가득 찬 눈으로 바라보는 다른 착취자들에게도 적이 된다는 공통점이 있다. 중세 후반기에 일반적으로 교황에게 바쳤던 순종이 기꺼이 하는 것이거나 무덤덤한 것이었다는 시각보다 틀린 것도 없다! 그것은 할 수만 있다면 반기를 드는, 이를 가는 복종이었다. 중세의 절반 이상은 교황의 권력에 대항하는 다양한 계급과 지방의 끊이지 않는 투쟁으로 가득 차 있었다. 그러나 새로운 사회 및 국가 질서를 위한 기초가 놓이지 않은 한에서는 교황 지배체제는 지금껏 우리 사회 안에서 고급 금융을 극복하기 힘들었던 것처럼 극복될 수가 없었으며, 이 각각의 투쟁, 아니 대체로 각각의 사회적 파국, 각각의 전쟁, 각각의 질병, 각각의 기근, 각각의 반란은 오늘날처럼 당시에도 착취자 중의 착취자의 부와 권세를 확장하고 공고화하는 데 도움이 되었을 뿐이다.

이 상황은 공산주의적 관념의 선전에는 상당히 좋았다. 물론 무산자들의 특수한 계급투쟁의 전개에는 그만큼 불리했다. 그 상황은 우리가 설명을 위해 고급 금융과의 비교를 계속해가고자 한다면, 프랑스에서 시민왕국 치하의 상황(1830년에서 1848년)과 비슷했다. 그들의 재정적 권세와 한심한 선거법, 노동자 계급의 정치적 후진성 덕분에 그 당시 고급 금융은 프랑스에서 제한이 없는 듯이 의회와 군주를 통해 지배했다. 그들에 맞서서 농민과 임금노동자만이 아니라 산업자본가와 소시민의 반대당파도 일어났다. 공동의 적에 대항한 투쟁은 그들을 단결시켰고 그들 간의 계급대립을 상당한 정도로 제거했다. 이는 프롤레타리아 계층이 특수한 계급의식에 도달하기 어렵게, 그리고 그들 대다수가 소시민층 아니 부르주아지의 정치적 지도 아래 머물게 작용했다. 또한 그것은 이 부르주아 계층의 프롤레타리아 계층에 대한 불신을 잠재워주는 영향도 미쳤다. 그들은 무산(無産) 상태가 그들 재산의 토대라는 것을 잊는 경향이 있었다. 그들은 가난한 자들과 배척당한 자들의 고통에 동정심을 느꼈고 가난의 극복을 향한 노력을 일깨웠고 그들 계열의 다수가 사회주의에 아양을 떨었다. 그 시대 프랑스의 가장 인기 있는 문인은 사회주의자들이었다. 외젠 쉬(Eugéne Sue)와 조르주 상드(George Sand)만 떠올려보면 된다.

그때 1848년 혁명이 일어났다. 고급 금융의 왕국은 전복되었고, 고급 금융계는 그들의 정치적 특권을 빼앗겼다. 정치권력은 민중에게, 즉 산업자본가와 소시민, 소농과 노동자에게 돌아갔다. 공공의 적이 타도되자마자 그들에게는 특수한 계급이해와 계급대립이 다소 명확해졌으며, 아무튼 실질적으로 의식 안으로 들어왔다. 그런데 부르주아 계층과 프롤레타리아 계층 간의 대립이 가장 명확하고 가장 첨예하게 전개되었다. 혁명은 프롤레타리아 계층의 힘을 보여주었지만, 또한 사회주의가 몇몇 열광적 문인의 꿈이 아니라는 것, 그것은 혁명적 계급에 뿌리를 둔다는 것, 그것은 놀이기구이기를 중단하고 치명적 무기가 되겠노라고 위협한다는 것을 입증하기도 했다.

그때부터 부르주아 계층은 전력을 기울여 노동자 계급의 일체의 독립적 운동뿐 아니라 사회주의처럼 보이는 모든 것에 적대했다. 그들의 공포에 질린 환상은 그들의 많은 것을 사회주의적인 것으로 가리켜주었다. 지극히 온순한 박애사상에 불과한 것을 말이다. 사회주의는 부르주아 사회에서 거부되었고 시민 그룹 출신의 사회주의자들은 결단을 내려야 했다. 사회주의에 충실하게 남는다면 그들은 시민사회에서 배제되고 그들의 이름은 다시는 거명되지 않게 될 것이었다. 그들이 이를 피하고자 했다면, 자신들의 사회주의를 마지막 흔적까지도, 그것도 영원히 포기해야 했다. 그때부터 사회주의는 상승하는 노동자 계급이 자신의 힘으로 사회에 사회주의자와 자신들에 대한 주의(注意)를 강제할 정도로 충분히 강력해지게 되기까지 정치적·문학적으로 죽은 목숨이었다.

중세 때의 사태전개는 비슷했지만 당연히 훨씬 더 오래갔다. 그때 종교개혁은 1848년의 역할을 했다. 우리는 15세기와 16세기 초에 독일에서 벌어진 이 사태전개를 명확히 추적할 수 있다.

중세의 프롤레타리아 운동에서는 당연히 금세기(19세기-옮긴이) 초반에서보다 계급의식은 언급할 만한 것이 훨씬 못 되었다. 한편으로 우리는 룸펜 프롤레타리아들에게서조차 동업조합을 결성하고 스스로를 위해 특수한 특권을 쟁취하려는 노력[8]을 보게 되며, 또 한편으로 노동자 계급 출신의 공산주의자들, 특히 직조공들에게서 일체의 계급 차별에 대하여 외면하는 것을 보게 된다. 그들은 온 인류를 위해 일한다. 통상적인 동업조합 분쟁을 넘어서는 프롤레타리아 운동은 농민이나 소장인 등 다른 피착취 계급의 혁명운동과 완전히 함께 진행된다.

반면에 당시에 전체 사회에서의 공산주의적 경향의 성장은 여러 가지 점에서 19세기 전반기보다 훨씬 더 유리했다.

3. 중세기의 빈부 대립

빈부간의 차별은 중세 때 그리고 종교개혁 시대에도 오랫동안 발달된 자본주의 사회에서만큼 심하지는 않았지만, 이는 모든 이에게 더 공개적으로 드러났고, 더 도전을 유발하는 것으로 표출되었다. 가장 큰 사회적 차별은 오늘날 대도시, 수백만이 사는 도시에서 찾아볼 수 있다. 그곳에서 가난한 자들의 거주지는 흔히 부자들의 거주지에서 멀

---

[8] 아주 주목할 만한 것은 천시 받은 박피공, 장의사, 오물청소부, 직업적인 거지 들의 거주지로서 바젤에 있는 작은 언덕의 석탄광산에 있다. 광부들은 나머지 모든 거주자로부터 분리되어 그곳에 광부법정이라 불린 독자적인 법정을 갖춘 동업조합 형태의 협동조합을 결성했다. 그 법정은 7명의 자루짐꾼으로 이루어졌다. 이들은 바지도 입지 않고 칼도 차지 않은 모습이어서 '자유들' 혹은 '자유 사내들'이라 불렸다.(Maurer, *Stätbeverfassung*, II, S. 472)

리 떨어져 있다. 우리가 지금 말하는 시대에 몇몇 신분, 아니 몇몇 직종이 도시에서 국지적으로 격리된 것은 오늘날보다 더 첨예하게 관철되었지만 도시들은 작았다—인구 1만 명에서 2만 명이면 벌써 큰 도시가 되었다. 그리고 사람들은 서로 밀집하여 살았다. 게다가 옛날에는 생활이 훨씬 더 공개된 상태로 펼쳐졌다는 사정, 노동도 그렇고 사람들끼리 어울리는 것도 그랬다는 것, 각 계급의 기쁨이나 슬픔도 다른 계급에게 비밀로 남아 있을 수 없었다는 사정이 더해졌다. 정치 생활과 축제는 대부분 장터와 교회당 앞뜰 혹은 교회당 안과 열린 강당 등 공개된 장소에서 펼쳐졌다. 장터에서 매매가 이루어졌지만, 또한 수공업도 어디서든 할 수만 있으면 거리에서, 혹은 최소한 문을 열어놓은 채로 영위되었다.

그런데 무엇보다도 하나의 사정이 중대해졌다. 오늘날 자본가가 떠안은 주된 과제는 축적, 자본을 쌓아두는 것이다. 현대 자본가는 결코 충분히는 자본을 소유하지 못한다. 잘 해야 그는 기존의 사업을 확장하고 새로운 사업체를 취득하고 경쟁자들을 파멸시키는 것 등을 위해 그의 자본을 증식하는 데 소득 전체를 사용할 수 있다. 그리고 그가 10억을 소유한다면 그것을 지키고 경쟁자가 그를 능가하지 못하도록 방해하기 위해 10억을 더 가지려고 손을 뻗친다. 현대 자본가는 결코 그의 소득 전체를 사적 소비에 쓰지 않는다. 그렇게 한다면 그는 바보거나 무능력자다. 아니면 그의 소득이 절대적으로 넉넉하지 않았던 것이다. 그리고 또한 가장 부유한 백만장자라도 위신의 감소 없이 전적으로 단순한 생활을 영위할 수 있다. 그런데 그가 사치를 수용하는 범위에서는 그는 보통 비공개리에 무도장이나 밀실(chambres séparées), 수렵용 별장, 카드놀음방 등에서 생활을 펼쳐간다. 길거리에서는 백만장자도 그의 동료시민 대중과 다르게 보이지 않는다.

자연경제 체제와 단순 상품생산 체제하에서는 사정이 완전히 다르다. 부자와 세도가는 당시에 그의 소득이 현물로 존재하든 아니면 현금으로 존재하든 그것을 주식이나 국채에 투자할 수 없었다. 그는 자기 수입을 오직 소비에 지출하든지—그것이 돈으로 존재하는 한에서는—가치 있고 썩지 않는 상품, 귀금속과 보석 등의 보물의 마련에 사용할 수 있었다. 성과 속의 지도자들과 영주들, 귀족과 상인에 의한 착취가 커져 가고 그들의 소득이 올라감에 따라 그들이 추구한 사치도 커졌다. 그래도 그들은 자신들의 잉여를 다 써버리기에는 한참 못 미쳤다. 그들은 잉여를 하인과 하녀를 두고, 귀한 품종의 말과 개를 들여오고, 자신과 자손들이 광채 나는 천으로 옷을 해 입고, 위용을 갖춘 궁전을 짓고, 이 궁전에 지극히 화려하게 가재도구를 갖추는 데 썼다. 보물을 쌓아두려는 충동은 사치를 증진하는 데 기여했다. 중세의 대담한 권력자들은 겁에 질린 인도 사람처럼 보물을 땅 속에 파묻지 않았으며, 또한 우리 자본가들처럼 보물을 도둑과 세무관리의 눈에서 벗어나게 하는 것이 필요하다고 보지도 않았다. 그들의 부는 그들의 힘의 표징이자 뿌리였다. 거만하고 호기롭게 그들은 부를 과시했다. 그들의 옷, 그들의 용구, 그들의 가옥은 금과 은, 보석과 진주로 빛이 났다. 그때는 예술을 위해서도 황금시대였다.

그런데 부 전체와 마찬가지로 궁핍 전체도 그 당시에 공개적으로 과시되었다. 프롤레타리아 계층은 아직 초창기에 있었다. 그 계층은 더 깊이 생각하고 느끼는 사람들이 궁핍이 세상에서 어떻게 제거될 수 있는지 그 수단과 방법을 구상하도록 자극을 줄 정도로 이미 충분히 수가 많았지만, 정상적인 시기에는 국가와 사회에 위험이 되는 것으로 여겨지기에는 아직 충분히 수가 많지 않았다. 그래서 기독교가 그 발생 시기에 룸펜 프롤레타리아 계층이 그 가장 주된 담지자였으므로 취했던 그 사고방식은 비옥한 토양을 발견했다. 그 사고방식은 궁핍을 범죄로 보지 않고 특별히 하느님의 마음에 들고 또 가호를 필요로 하는 상태로 보는 것이었다. 가난한 자는 복음서의 가르침에 따르면 그리스도의 대리자였다. "너희가 아는 사람들 중 지극히 작은 자 한 사람에게 한 것이 곧 나에게 한 것이다"(마태 25,40)고 되어 있기 때문이다. 실천에 있어서 프롤레타리아 계층은 물론 별로 멀리 가지 못했다. 그리스도의 대표자는 그 와중에 아주 비기독교적으로 취급받았다. 그러나 이는 사회의 쓰레기, 그밖의 다른 것들도 잘 사는 사람들의 가는 길에서 제거하려고 시도하는 현대 경찰의 그 모든 궁리, 가난을 극복하기 위한 것이 아니라 가난을 숨기고자 하는 궁리와는 거리가 멀었다. 중세 때에는 가난한 자들은 구빈원이나 강제노동수용소(Arbeitshäuser), 교도소, 그밖의 수용소에 갇혀 있지 않았다. 구걸은 어엿한 권리였고, 모든 예배, 특히 모든 축제예배는 최고로 화려한 이들과 최고로 가난한 이들을 같은 공간, 교회당에 모았다.

그 당시에, 오늘날도 그렇지만 플라톤의 두 나라 이야기를 사회에 적용할 수 있었다. 그러나 가난한 자와 부자의 두 나라는 중세에는 최소한 서로 이해하고 알고 지내는, 서로 이웃으로 있는 두 나라였다. 오늘날 두 나라는 서로 완전히 이질화되었다. 부르주아의 나라에서 프롤레타리아의 나라에 관하여 뭔가를 경험하려는 갈망이 일어나면, 이를 위해서는 아프리카 대륙에 대한 연구에 관련해서도 그렇듯이 독자적인 탐험을 필요로 한다. 그러나 부르주아에게는 후자가 전자보다 더 중요하게 보인다. 아프리카의 탐구는 새로운 판매시장을 약속해주고 이윤을 약속해준다. 이에 반해 프롤레타리아적 처지의 탐구는 기존의 사회 상황에 대한 극히 무서운 고발의 제기를 의미한다. 아무도 이를 통해서 사회민주주의만큼 고무되지 않는다. 유럽의 정부들이 우리의 사회 상황에 대해서—이를 위해 도대체 뭔가를 지출한다면—보다 아프리카의 탐사를 위해 1백 배나 더 많이 지출한다는 것, 수많은 '교양인'들이 그들이 사는 도시의 프롤레타리아 구역의 상황에 대해서보다 암흑대륙에서의 상황에 관하여 더 통달해 있다는 것은 놀랄 일이 아니다. 아주 앞선 자본주의적 발전이 있을 때 비로소 프롤레타리아 계층의 증대하는 힘 덕분에 이런 점에서 뭔가 더 나은 것이 이루어지기 시작한다. 사람들이 그것을 두려워하면서부터 그것을 연구하기 시작한다.

중세 때 유산자들은 프롤레타리아 계층을 두려워할 필요가 없었지만 또한 그 계층의 처지를 알기 위해서 연구할 필요도 없었다. 곳곳에서 관찰자의 눈에는 적나라한 곤궁이 마주쳤으며 그것도 극히 오만하고 극히 과도한 사치와 현저한 대조를 이루는 곤궁이었다. 이 대조는 하층계급을 격분시켰을 뿐 아니라 상층계급의 더 나은 품성을 가진 자들도 불평등에 항거하게 했고 평등의 실현을 향한 노력을 촉진했던 것도 놀랄 일이 아니다.

4. 기독교 전통의 영향

이전의 사회상황에서 생겨난 관념의 전승이 나중 상황에 미치는 영향은 사회발전에서 과소평가해서는 안 될 요인이다. 흔히 그 영향은 가로막고 방해하는 쪽으로 작용한다. 사람들이 새로운 사회적 경향과 필요에 대한 인식을 하기 어렵게 만드는 것이다. 중세 말기에 그 영향은 다분히 그 반대로 작용했다.

민족 대이동의 폭풍과 그에 뒤이은 야만시대 후에, 십자군 전쟁 이래로 서양 기독교 세계의 민족들은 다시 여러 면에서 그 개성에도 불구하고 그 쇠퇴 직전과 쇠퇴 시작 때의 아티카 사회와 로마 사회의 수준에 상응한 문화 단계에 오르기 시작했다. 이 사회가 물려준 문학과 사상적 보물은 끝나가는 중세에 떠오르는 계급의 필요에 가장 잘 부합했다. 고대문학과 과학의 소생(蘇生)은 떠오르는 계급의 자의식과 자기인식을 비상하게 촉진했으며 이를 통해 사회발전의 강력한 용수철이 되었다. 그렇지 않았더라면 보수적으로 작용할 전통이 이런 상황에서는 혁명적 요인이 된 것이다.

모든 계급은 전래된 사상의 보물창고로부터 당연히 그들에게 가장 맘에 드는 것, 그들에게 최대로 부합하는 것을 취했다. 부르주아 계층과 지도자들은 중세 말기에 로마법, 곧 단순상품생산과 상업, 절대군주의 국가권력의 필요에 아주 잘 끼워 맞추어진 로마법을 써 먹었다. 그들은 고대인들의 이교적 문학, 생의 욕망의 문학, 때로는 방탕함의 문학까지도 즐겼다.

프롤레타리아 계층과 그들에 공감하는 자들에게는 로마법도 고전문학도 마음에 들지 않았다. 그들이 찾던 것을 그들은 로마 사회의 다른 소산인 복음서에서 발견했다. 원시 기독교 공산주의는 그들의 필요에 완전히 부합했다. 더 높은 수준의 공산주의적 생산의 토대는 아직 주어지지 않았고, 공산주의는 일종의 균등화 공산주의(Ausgleichungs-kommunismus), 부자들의 잉여를 필수품이 결여된 가난한 자들에게 나누어주고, 배급하는 것 말고 다른 것이 될 수 없었다.

복음서와 사도행전의 공산주의적 교리는 중세의 공산주의적 경향을 창출하지 않았다. 그러나 그것은 로마법이 절대왕정과 부르주아 계층의 발전을 촉진한 것 같이 공산주의적 경향의 생성과 확산을 촉진했다.

공산주의적 경향의 토대는 이처럼 기독교적, 종교적인 것에 머물렀다. 그럼에도 이는 지배적인 교회와 영락없이 충돌했다. 이 교회는 부자들 중 최고 부자로서 이미 오래전부터 일반적 공산주의의 요청을 악마적인 사교(邪敎)로 선포하고 원시 기독교 문서의 공산주의적 내용을 온갖 궤변으로 일그러뜨리고 모호하게 하려고 시도해왔다.

한편 사회를 공산주의적으로 조직하려는 노력은 필연적으로 이단(異端)으로, 교황의 교회와의 충돌로 이어졌다면, 다른 한편, 이단, 즉 이 교회에 대한 투쟁은 공산주의적 관념의 등장을 촉진했다.

사람이 도대체 교회 없이도 지낼 생각을 할 수 있는 때는 아직 오지 않았다. 물론 중세가 끝나갈 무렵, 여러 도시에서는 교회가 대표한 그 문화를 한참 능가한 문화가 생겨났다. 신흥계급—조신(朝臣)들을 둔 제후국, 상인, 로마 법률가, 문필가—은 그 당시에도 전혀 기독교적 생각을 품지 않았으며, 그들이 로마와 가까이에서 살수록 더욱 그러했다. 기독교 세계의 수도 자체가 불신앙의 본거지였다. 그러나 교회조직 대신에 등장할 수도 있었을 국가권력의 새로운 조직, 세속적 관료제를 향해서는 겨우 빈약한 걸음만을 내딛었다. 지배조직으로서의 교회는 지배계급, 그래서 바로 그 불신앙계급에게는 아직 불가결한 채로 있었다. 교회를 파괴하는 것이 아니라 교회를 탈취하고 교회를 통해서 사회를 지배하고 자기 이익에 부합하게 사회를 이루는 것은 오늘날 국가를 탈취하여 국가를 자신에게 봉사하게 만드는 것이 프롤레타리아 계층의 과제인 것과 똑같이 중세 말엽 혁명적 계급의 과제였다.

상층계급이 신앙이 없어질수록 그들은 하층계급의 정신건강을 걱정하는 모습을 보였으며, 그들은 기독교 교리의 영역 너머로 시야를 넓힐 모든 교양을 이들에게서 유보시키도록 더욱 노심초사했다. 그리고 그들은 이 일로 그다지 애를 쓸 필요가 없었다. 왜냐하면 농민과 장인, 프롤레타리아의 사회적 형편은 이들에게 애초부터 더 높은 교양의 달성을 불가능하게 만든 그런 것이었기 때문이다. 그래서 이들은 기독교적 견해의 세력권 안에 머물렀다.

교황의 교회가 이를 통해 얻은 것은 아주 적었다. 왜냐하면 이는 착취자인 교회에 대항한 거대한 민중운동이 발달하는 것을 막지 못했기 때문이다. 그것은 단지 이 운동이 그 추진노력의 근거 설정에서 주로 종교적 논리에 의존하도록 작용했을 뿐이다.

원시 기독교의 문헌적 소산은 교회재산을—어떤 이유에서건—몰수하고자 했던 이들 모두에게 풍부한 무기고를 제공했다. 이 문서들에서 뚜렷이 부각된 것은 예수와 그 제자들이 가난했다는 것, 이들은 추종자들에게 자발적 가난을 요구했었다는 것, 교회에 뭔가 재산이 있다면 이는 성직자계층이 아니라 공동체에 속했다는 것이다.

원시 기독교로, 복음으로 돌아감, 교황의 교회가 왜곡했고 그 정반대로 틀어놓은 '하느님의 순수한 말씀'의 재현, 이것이 교황권에 적대하는 모든 계급과 당파의 노력이 되었다. 물론 이 당파들 각각은 그들이 대표하던 이해관계에 따라 '하느님의 순수한 말씀'을 다르게 해석했다. 그들이 유일하게 일치했던 것은 단지 교회 위계질서에 무소유를 요구했다는 것이다. 그러나 교회공동체의 민주적 조직까지 요구했는지, 아니면 재산의 공유를 요구했는지 이에 관해서는 교황권에 반대하는 다양한 흐름들 서로 간에 아주 달랐다. 그러나 사실상 원시 기독교에서 이 민주적 조직과 재산의 공유가 전해왔기 때문에 원시 기독교를 흠모하는 자는 '하느님의 순수한 말씀'에서 뭔가 다른 것을 읽어내기 위하여 반대편에 큰 관심을 가질 수밖에 없었다. 유산계급의 명망 있는 구성원으로서 이단운동에 참여했고 정신적으로 자기 계급의 이해와 편견을 초월할 수 있었던 자는 누구나 그래서 민주적 공산주의에 비교적 쉽게 빠져들 수 있었다. 특히 유산계급, 교황권에 적대하는 계급에게 이 교황권이 강력한 적으로 여겨지고, 이에 반하여 공산주의는 몇몇 엉뚱한 이데올로그들의 무해한 장난으로 여겨지던 한에서, 교황권에 대한 모든 반대세력을 하나의 진영으로 결집시키는 것이 필요했던 한에서 그러했다. 이단파의 공산주의는 처음에는 교황의 착취에만 위험한 것으로 표출되었다. 그래서 이는 유산계급이 이단적인 생각을 하던 경우에 이 계급의 용인을 쉽게 얻어냈고, 그래서 원시 기독교로 돌아가라는 부름은 가난한 인구집단에서만이 아니라 유산계급의 적지 않은 구성원들에게도 공산주의적 경향이 생겨나게 했다.

이 모든 상황을 관찰한다면, 교황체제의 전복을 목표로 한 이단운동의 시대에 공산주의적 관념은 당시에 프롤레타리아 계층의 힘과 크기, 자의식에 결코 걸맞지 않는 힘과 규모를 달성할 수 있었다는 것이 납득되는 것 같다.

그러므로 또한 이단적, 공산주의적 운동들은 유산계급 운동과 함께 일치하여 교황권에 맞서는 대신 유산계급의 사회 전체를 공격하려는 시도를 하자 곧 외견상으로 흔적도 남김없이 통상적으로 신속하게 붕괴해야 했다.

이 모든 상황: 무산자들에게서의 결핍된 계급의식, 공산주의적 추진 노력을 향한 자산가들인 상인이나 기사, 특히 성직자 들의 비교적 큰 관심, 이전 시대의—원시 기독교의—공산주의적 경향에 의한 강력한 문헌적 영향, 이 모든 것은 12, 13세기 공산주의적 관념의 소생에서부터 종교개혁의 시기인 16세기에 이르기까지의 전체 시기에 공산주의적 운동이 뒤집어쓰고 등장한 종교적 외피가 당시의 민중운동에서 일반적으로 그랬던 것보다 계급적 성격을 훨씬 더 철저히 숨기도록 작용했음이 분명하다.

그러나 당시에 이미 공산주의 운동에 도장을 찍은 것은 프롤레타리아 계층이었다. 그리고 중세의 프롤레타리아 계층이 추락해가는 로마 사회의 프롤레타리아 계층과 달랐고 현대의 프롤레타리아 계층과도 다른 것처럼, 그 계층이 짊어지고 갔던 공산주의도 원시 기독교 공산주의나 19세기 공산주의와 달랐다. 그것은 양자 간의 이행단계를 이룬다.

그것은 원시 기독교 공산주의처럼, 그리고 이 공산주의와 같은 이유로 생산수단의 공산주의가 아닌 소비수단의 공산주의였으며, 이에 의해 현대 공산주의와는 본질적으로 구별된다. 우리는 지금까지 상술한 것 이상으로 더 많이 이를 설명할 필요는 없다.

중세와 종교개혁 시대의 공산주의는 또한 원시 기독교 공산주의처럼 금욕적이고 신비적인 포기의 공산주의이고, 비밀로 가득 찬 초인적 세력의 개입에 의존하는 공산주의이다. 또한 이를 통해 그 공산주의는 19세기의 공산주의와 대립한다.

5. 신비설

우선 후자의 사항인 신비주의를 관찰하기로 하자. 그 뿌리 하나를 우리는 이미 언급한 바 있다. 다수 민중의 무지가 그것이다. 상품생산과 상품교역이 발달할수록 사회적 힘들이 인간으로서는 어쩔 수 없이 커졌고 사회적 관계들은 나날이 불투명해졌고 비밀로 가득 찼다. 인간들 위에 침입한 사회악은 점점 더 두려워할 만한 것이 되었다. 의지할데 없이 그리고 어찌할 바를 몰라 하면서 인간들은 이것들을 마주했다. 가장 의지할 데가 없고 어찌할 바를 몰랐던 것은 하층의 피착취 민중이었다.

지배계급이자 떠오르는 계급, 특히 상인과 제후들은 고대의 국가 운영의 지혜와 로마법의 도움으로 새로운 상황에 잘 적응했다. 이들은 이런 국가 운영의 지혜와 로마법의 소생을 촉진했었다. 하층계급에게는 이런 학문은 습득하기가 어려웠다. 오늘날 학문이 민중에게 습득하기 어려운 것보다도 당시에는 더 어려웠다. 왜냐하면 이 학문은 민중언어와 다른 독자적 언어를 당시에 지녔기 때문이다. 그것은 라틴어와 그리스어였다.

그러나 이는 하층민중이 그 학문을 파고들지 못한 결정적 이유는 아니었다. 그 결정적 이유는 학문이 그들의 필요와는 대립했으므로 하층민중이 학문을 거부하는 태도를 보였다는 데 있다.

학문의 발달은 예술의 발달과 마찬가지로 사회의 발전에서 독립할 수 없다. 학문이 융성하는 데는 학문연구를 비로소 가능하게 하는 일정한 전제조건만이 아니라 학문연구를 하도록 동기를 주는 일정한 필요도 있어야 한다. 필요한 전제조건이 주어져 있더라도 모든 사회와 사회계급에게 자연과 사회 안의 실제적 관계들에 대한 더욱 깊은 탐구를 향한 필요가 존재하는 것은 아니다. 몰락의 길에 빠진 계급이나 사회는 항상 현실을 인식하기를 거부하는 법이다. 그들은 존재하는 것을 해명하는 데 그들의 지능을 사용하지 않고 스스로 평정을 얻고 위안을 얻고, 또 그의 적들을 자신의 능력과 생활력에 관해 오판하게 만들 필요성을 완전히 도외시한 채로 스스로를 속일 수 있는 논리를 발견하는 데 그것을 사용하는 법이다.

학문의 진보는 언제나 부상하는 사회계층과 사회에 의해서만 촉진될 수 있다. 현실적으로 미래의 주인이 되는 자는 현실을 탐구하고 현실에 대한 일체의 오판을 지양하는 데 전적인 관심을 둔다.

고대사회가 쇠퇴하면서 그 학문도 내리막길을 갔다. 사람들은 그 처량함이 그들을 괴롭힌 현실의 왕국으로부터 초현실(Außerwirklichen), 환상, 신비 영역 등 그들이 자신들의 필요에 맞게 형성할 수 있었던 영역으로 도망쳤다. 그들이 스스로에 대해 절망했던 경우에 초자연적 존재의 힘이 도움을 주었을 것이다. 천년왕국설이 이런 토양에서 번성했으며, 기적에 대한 믿음과 신비설도 그러했다.

로마 세계제국을 대체로 계승한 게르만인들은 이런 분위기에서 성장한 기독교 교리도 전수받았다. 그러나 그들은 이 교리에 다른 내용을 부여했다. 대담하고 쾌활한 야만인들은 저 비밀스럽고 회개하는 마음의 현실도피, 원시 기독교 신비가들의 특징이었던 자기의 내면에 대한 근심 가득한 천착과 탐구에 대한 이해가 없었다. 그들은 기독교를 학문적으로 정복할 능력은 없었지만, 그것을 아주 순진한 의미로 파악하여 신비주의는 생동하는 세력이 되기를 그쳤다. 이교도 사상의 많은 문헌 유산처럼 신비주의는 몇몇 수도원에서 근근이 존속해갔다.

그때 상품생산과 상품교역이 기독교 게르만 세계에 등장했으며, 이 세계에 혁명을 가져왔다. 그리고 이제 다시, 우선은 도시들, 발흥하는 문화의 본거지에서 묵시적 관념과 신비주의의 소생을 위한 토대가 대체로 형성되었다. 신비주의는 원시 기독교 공산주의에 상응한 계층들의 필요에 부합했다. 그중 하나와 함께 다른 하나도 발달했다.

그 당시에 가난한 자들과 억압받는 자들에게는 미래가 없었고, 부자들과 권세 있는 자들, 군주들과 자본가들에게만 미래가 있었다. 이들은 학문을 장려할 온갖 이유를 가졌고, 그 학문은 현실을 더 잘 파악할수록 더욱더 권세자들을 대변했다. 학문이 그들의 시녀가 되지 않고 자유롭게 발달할 수 있었던 경우에도 학문은 군주와 자본가들의 권력을 도와주었다.

미래, 내다볼 수 있는 미래가 공산주의, 프롤레타리아 계층의 것이

된 시대는 그후로도 한참 동안 오지 않았다. 가난한 자들과 억압받는 자들이 현실을 더 잘 인식할수록 현실은 그들에게 암담한 것으로 보였을 것이다. 오직 기적만이 '명문거족들', 그들의 억압자들과 착취자들을 완전히 때려눕히고, 굶주리는 대중에게 복지와 자유를 가져다줄 수 있었다. 그러나 그들은 전심으로 그것을 갈망했으며, 그것을 믿어야 했고 절망해서는 안 되었다. 그들은 자신들을 괴롭히는 자들에게 봉사하던 신흥 학문을 전래된 교회 신앙만큼이나 증오하기 시작했다. 그들은 비통함이 가득차고 위로가 없는 현실을 외면하고 골똘히 내면에 침잠하여 그로부터 위로와 확신을 길어내기 시작했다. 학문과 현실의 논리에 그들은 내면의 소리를 맞세웠다. '하느님의 음성'과 '계시', '내면의 깨달음' 이는 실상 그들의 염원과 필요의 소리로서, 파고드는 자가 사회에서 고립되고, 일체의 방해자를 자신에게서 멀리하고 다양한 황홀경의 수단을 통해서, 특히 단식과 기도를 통해서 그의 환상을 뜨겁게 달굴수록 더 크게 울렸고, 더 위력을 나타냈다. 그래서 이 광신도들은 기적에 대한 믿음에 도달했고, 이는 결국 그들에게서 바위처럼 확고해져서 그들은 이 믿음을 유사한 필요와 갈망에 의해 그리로 쏠린 다른 이들에게도 전해줄 수 있었다.

이러한 사고방식의 특징적인 예를 뮌쩌의 글이 우리에게 제공해준다. 우리는 여기서 그중 몇 개, 특히 그의 다니엘서 제2장, 느부갓네살 왕의 꿈의 형상을 다룬 곳에 대한 강해를 인용하려고 한다. 그것은 점토로 된 발을 가진 철과 금으로 된 입상으로서 돌을 깨뜨려 부순다. 이는 혁명적인 해석에 아주 유리한 꿈인 것이다.[9]

뮌쩌는 거기서 이렇게 서술한다: 그리스도는 "진짜 환상적인 우상

---

[9] Auslegung des andern untersyds Danielis usw., Alstedt 1524.

이 되었다." "그는 전 세계의 발걸레가 되었다." 그런 고로 우리는 이교도들과 투르크인들에게 조롱을 당한다. 그리스도의 수난은 명절 대목에 서는 장일 뿐이다. 그런 고로 우리는 이 똥 더미를 헤치고 나와 하느님의 제자가 되고, 그에게 배우고 하느님의 적에게 복수를 할 능력을 받아야 한다. 피조물을 경외하는 일 없이 하느님을 경외하는 것이 우리에게는 고도로 필요하다. 사람은 두 주인을 섬길 수 없다. 글 배운 이들은 물론, 하느님이 오늘날 더 이상 사랑하는 벗들에게 얼굴 모습과 입으로 하는 말씀으로는 당신을 드러내지 않는다고, 사람은 경전에 매달려야 한다고 주장한다. 그들은 유태인이 바빌론 유수를 예언한 예레미아를 조롱했듯이 하느님의 계시를 다루는 자들의 경고를 조롱한다.

이제 뮌쩌는 느부갓네살의 꿈에 관해 말하기에 이른다. 그의 점쟁이들은 그 꿈을 해석할 수 없었다. "주인들이 듣기 좋은 것을 말하는 자들은 불경한 사기꾼이고 아첨꾼이다. 마치 궁정에서 기름진 먹이를 즐겨 먹는 글 배운 이들이 우리 시대에 대하여 지금 행하는 것과 같은 것이다." 이 배운 자들은 자기들이 성령의 임재 없이도 선과 악을 구별할 수 있다는 생각에 오도된다. 그러나 말씀은 하느님에게서 마음속으로 내려온다. "그래서 성 바울로는 모세와 이사야(로마서 10장)를 내세우며 하느님의 계시를 통해 영혼의 심연에서 들어야 할 내밀한 말씀에 관하여 말한다. 그리고 누구든지 하느님의 생생한 증언에 의해(로마서 8장) 이것을 깨닫고 느끼지 못한 자는 그가 성경을 십만 번을 읽었다고 해도 하느님에 관해 아무런 기본적인 것도 말할 수가 없다.

이제 사람이 말씀을 깨닫고 예민하게 느낀다면, 하느님은 그의 육적인 욕심을 거두어갈 것이며, 하느님으로부터 움직임이 마음 안으로 들어온다면, 하느님은 모든 육신의 정욕을 죽일 것이며, 그가 그 작용을 받아들여도 된다고 그에게 허락할 것이다. 왜냐하면 동물적인 인간은 하느님이 영혼 안에서 말하는 것을 이해하지 못하며(고린토 전서 2장) 그는 성령을 통해서 율법에 대한 순수한 이해의 열성적 고찰로 인도되어야 하기 때문이다(시편 18). 그렇지 않으면 그는 심령의 눈이 멀어 목석 같은 그리스도를 꾸며내고, 잘못된 길로 빠져들 것이다. … 이와 같이 하느님의 계시를 향하여 사람은 일체의 오락을 끊고 진리를 향한 열성적인 기백을 지녀야 한다(고린도후서 6장). 그리고 그러한 진리의 훈련을 통하여 참된 모습을 거짓과 구분하여 알아보아야 한다.”

어떤 것이 하느님에게서 비롯된 모습이나 꿈이고 어떤 것이 자연이나 악마에게서 비롯된 것인지를 알아보려고 하는 선민은 그의 기질과 마음으로, 또한 그의 자연적 분별력으로 “그의 육신의 일체의 세속적 위로를 끊어야 한다.” 그가 온갖 엉경퀴와 가시, 곧 육정을 그의 마음에서 제거한다면, 그래서 이제 훌륭한 농작물이 그 안에서 생겨난다면 “그 사람은 한평생 동안 하느님과 성령의 거소임을 비로소 깨닫게 된다.”

다른 어떤 글에서 뮌쩌는 의혹과 번뇌 속에서 큰 영혼의 고통을 겪으며 계시를 추구하는 솔직한 기독교인과 종교적 무관심을 설파하고 온갖 영적 투쟁을 비웃는, 자기 만족한 글 배운 이들 간의 대립을 단호히 묘사한다.

“시작하는 기독교인”에게 있는 올바른 믿음을 향한 충동은 조만간 가슴을 후련하게 한다고 뮌쩌는 말한다. 그리고 이 사람은 탄식한다. “아, 나는 불쌍한 사람이구나. 내 마음속에서 무엇이 나를 충동하는가? 내 양심은 내 모든 기력과 나의 나 된 모든 것을 소진시킨다. 아아, 나는 이제 어쩌면 좋은가? 나는 하느님과 피조세계를 잘못 보았고 아무런 위안도 없다. 하느님이 내 양심으로, 불신앙과 절망으로, 나의 불경으로 나를 벌하는 것이다. 밖으로부터 나는 악한 사람들의 질병과 가난,

슬픔과 온갖 곤고 등으로 습격당하고 그것은 나를 외부적으로보다 내면적으로 더 압박한다. 아, 내가 무엇이 옳은 길인지를 알기만 했어도, 옳게 믿기를 얼마나 기꺼이 원했겠는가."

이런 곤고 속에서 그 의심하는 이는 유식자에게 조언을 구한다. "그 때 유식자가 말한다. 말 한 마디는 그들에게 훨씬 더 피 같은 푼돈이 들기 때문에 그들이 주둥이를 열게 되기는 극도로 힘이 드는 것이다. '아, 친애하는 그대여, 그대가 믿지 않으려거든 악마에게로 가시오.' '아 아, 최고의 학식을 가진 박사님, 나는 기꺼이 믿고 싶었으나 불신이 나의 의욕을 무너뜨리네요. 세상에서 이 불신을 어쩌면 좋죠?' 이에 유식자가 말한다. '그래요. 친애하는 동무여, 당신은 그런 고상한 것으로 번민해서는 안 돼요. 그냥 단순하게 믿어요. 생각들을 물리쳐버려요. 그것은 공허한 환상이오. 사람들에게 가서 즐거워하고 근심일랑 잊으시오.' 이보게, 사랑하는 형제, 그런 위로는 교회 안에서나 통하지 다른 데서는 통하지 않소. 그런 식의 위로는 일체의 기독교적 열정을 혐오스러운 것으로 만들었소. … 성 베드로는 그대에게 말하오, 살찐 돼지새끼인 자들은 모든 불성실한 거짓 유식자들이라고. 그들은 어떤 종파에 든 다 있고, 편히 잘 살면서 잘 먹고 마시고 온갖 욕정을 추구하며 누구든 그들에게 한 마디라도 반박할 경우에는 개처럼 날카로운 이빨을 드러내며 짖어대오."[10]

유식자들과 세속적 욕망은 뮌쩌에게서 혼쭐이 난다.

새로 도래하는 사회를 뮌쩌는 지상낙원으로서 천년왕국설의 방식대로 고도로 열광적으로 상정했다. 그는 이렇게 외친다. "그렇다. 믿음이 임하면, 우리 육신을 지닌 땅의 사람들은 그리스도의 사람 되심에

---

[10] Protestation oder empietung Tome Münzers von Stolberg am Hartzs, Alstedt 1524.

의해 신이 되고, 그래서 그와 함께 하느님의 제자가 되고 하느님 자신에 의해 가르침을 받고 신으로 떠받들어지는 일이 닥쳐 진행된다. 그렇고말고. 그의 안에서 오히려 완전히 변화되어 지상의 삶이 하늘로 방향을 튼다."[11] 이는 묵시적 신비설의 견본이다. 이것과 물론 잘 어울린 것은 견고한 현실주의였다. 하느님이 뮌쩌의 계시충동을 채워주지 못하면, 이 자는 우리가 몸서리를 치며 설명하는 멜란히톤의 말을 믿어도 좋다면 아주 경멸적으로 자신을 표현한다: "그렇다. 그는 이렇게 공개적으로 말하며, 이 말을 듣는 것은 충격적이다. 그는 하느님이 아브라함 및 다른 족장들과 대화했듯이 그와 대화하지 않는다면 하느님 안에다 똥을 싸고 싶다는 것이다."[12]

금욕과 손을 잡고 간 광적인 신비주의는 현대의 프롤레타리아에게는 생소하다. 시대의 징조에 눈을 가리지 않은 사람이라면 오늘날 누구나 프롤레타리아에게 미래가 속한다는 것, 다른 모든 계급은 그에 비하면 사회적 의미에서 그리고 또한 정치적 힘과 지성, 도덕적 능력에서 내리막길로 빠져든 것을 안다. 오늘날 프롤레타리아 계층의 승리를 약속하는 것은 현실이며, 현실이 깊이 탐구될수록, 그리고 오늘날의 사회발전의 경향이 더 명확히 드러날수록 그만큼 더 사심 없이 약속된다. 진리에 대한 앞뒤를 가리지 않는 탐구를 과제로 삼는 학문은 오늘날 오직 프롤레타리아 계층의 관심사이며 이 계급이 학문 탐구에 관심을 가진 유일한 계급이다.

물론 신비주의와 초현세적 능력에 대한 필요가 오늘날 다시 번성하

---

11 Außgetrückte emplößung des falschen Glaubens der ungetrewen Welt, Mülhausen 1524.

12 Philipp Melanchton, *Historie Thomae Münzers, abgedruckt in "des teuren Mannes Gottes, Dr. Martin Luther" sämtlichen Schriften und Werken*, Leipzig 1729, XIX, S. 295.

고 있다. 그러나 이는 프롤레타리아 계층에서는 더 이상 그렇지 않으며, 현실철학자, 유물론자가 되어 있는 공산주의자에게서도 더 이상 그렇지 않고, 자신들의 시간이 다가옴을 느끼는 유산계급에서 그렇다.

하지만 이들에게는 중세의 공산주의적 신비가들에게 극심한 박해를 극복하고 죽음에 의연히 다가갈 힘을 주었던 위대한 대의에 대한 믿음과 헌신이 결여되어 있다. 부르주아 신비주의와 우리 시대의 미신은 더 이상 영웅과 순교자를 내지 않는다. 그것은 부르주아 학문이나 마찬가지로 더는 냉철할 수 있는 능력이 없다. 그것은 사교적으로 보이기 위해 부르주아 학문에게서 작은 외투를 빌려 고관들의 기분을 맞추어준다.

6. 금욕

신비주의와 아울러 오늘날과 다르게, 끝나가던 중세와 종교개혁 시대의 공산주의자들을 구분해주는 특징으로서 그들의 금욕적 성격이 또한 강조되어야 한다.

몰락하던 로마제국 시대에도 그랬지만, 중세에 생산은 모두에게 세련된 기호품을 보장해주는 것이 가능할 정도로 발달하지 못했다. 모두의 평등을 열망하던 자는 사치에서만이 아니라 사실상 다분히 사치의 시녀로 등장한 예술과 학문에서도 악을 본다. 그러나 공산주의자들은 대부분 한술 더 떴다. 무서운 곤궁에 직면하여 방종과 뻔뻔함뿐 아니라 대체로 모든 즐거움, 모든 즐김은 전혀 무해한 것까지도 그들에게는 죄로 여겨졌다. 그에 관한 예들을 뮌쩌의 글에서 나온 위에서 인용된 구절들이 이미 우리에게 전해주었다. 이 구절들은 쉽게 베껴져서 유포

될 수 있었을 것이다. 멜란히톤은 이런 견해에 대하여 아주 격분했다. 이미 언급한《토마스 뮌쩌 일대기》(Historie Thomae Münzers)에서 그는 "사람은 이처럼 올바르고 기독교적인 성실함에 도달해야 한다고 가르쳤다"고 보도한다. "우선 사람은 공적인 죄악, 간음, 살인, 신성모독 등에서 떠나야 한다는 것이다. 그러면서 몸을 괴롭히고 단식을 하고, 나쁜 옷으로 고행을 하고, 적게 말하고, 싫은 것을 보고, 수염을 깎지 말아야 한다는 것이다. 그러한 어린애 같은 기율을 그는 복음서에 기록되어 있는 육신의 죽임과 십자가라고 불렀다. 그의 모든 설교가 열렬하게 이를 주장했다." 이런 침침한 청교도주의(Puritanismus)를 통하여 공산주의자들은 그 시대의 지배계급뿐 아니라 많은 경우에 또한 노동하는 계급과도 대립했다. 노동자들은 자연 그대로의 삶의 욕구와 쾌활함으로 가득 차 있었다. 때때로 공산주의자들은 농민과 장인에게서 위선자라고 질시를 받았다. 종교개혁이 이들 계급의 억압과 푸대접을 그 발전 과정에서 가져오게 되면서, 그리고 제왕적 절대주의의 발흥이 모든 저항을 희망이 없어 보이게 하면서, 그리고 나아가 자본주의적 생산양식이 진입하여 절약을—'포기'를—작은 착취자의 주된 도덕으로 만들면서, 왜냐하면 이것이 그들을 대착취자의 반열로 승진시켜줄 것을 가장 잘 약속하는 바로 그 수단이었기 때문인데, 그때부터 비로소 청교도 정신이 농민과 소시민 계층에 뿌리를 내리기 시작했다.

그러나 농민과 소시민에게 청교도 사상을 주입한 이 자본주의적 생산양식은 프롤레타리아에게서는 그것을 꺾었다. 자본주의적 생산양식은 프롤레타리아에게 절망에 빠지고 희망에 들뜸을 동시에 불어넣었다. 그 생산양식은 프롤레타리아에게 그의 형편을 개인적 노력을 통해 크게 개선하려는 모든 시도를 희망이 없어 보이게 한다. 그것은 개인으로서의 프롤레타리아에게서 더 나은 미래를 향한 일체의 전망을 빼앗으며, 현재를 미래에 희생으로 바치는 것을 프롤레타리아에게는 어리석어 보이게 한다. 까르뻬 디엠(*Carpe diem*)—하루를 잘 보내라. 너에게 주어지는 향락의 기회를 놓치지 마라. 이것이 그의 모토가 된다. 그의 처지는 그를 태평하게—물론 근심이 없게는 아니다—그리고 경솔하게 만든다. 청교도적 속물의 눈에 이는 두 가지의 최대 죽을죄이다.

그러나 동시에 자본주의적 생산양식은 프롤레타리아에게 희망에 부푼 마음도 일으킨다. 이 생산양식은 프롤레타리아에게 개인적 미래를 점점 더 절망적으로 보이게 한다면 그의 계급의 미래는 점점 더 광채를 발하는 빛 가운데 있는 것으로 보여준다. 매일매일 프롤레타리아 계층의 희망에 부품과 승리의 확신은 자라난다. 프롤레타리아 계층은 그 계층을 자신이 산출한 온갖 보물의 주인이 되게 하는 날이 점점 더 다가오는 것을 안다. 그리고 어떤 보물이든지!

오늘날의 프롤레타리아를 격분하게 하는 것은 부자들의 사치는 아니다. 우리는 이미 이 사치가 오늘날은 500년 전보다 덜 도발적으로 나타난다는 것을 시사한 바가 있다. 그들을 격분시키는 것은 그들이 모든 필수품이 남아도는 와중에서 그리고 그 결과로 빈핍을 겪어야 한다는 사실이다. 현대적 생산양식이 가져온 엄청난 생산력에 대면하여 모두를 위한 잉여를 창출할 수 있는 때가 왔다는 것을 그들은 안다.

자본주의적 생산양식이 자신의 개인적 운명에만 주목하는 바로 그 프롤레타리아 안에 태평함과 경솔함을 생성한다면, 마찬가지로 그것은 그들 계급 전체를 위해 그리고 그 전체와 함께 느끼고 생각하는 자들, 그들 계급의 투쟁에 가담하는 자들에게 고귀한 형태의 낙관과 생기를 생성해준다.

중세의 프롤레타리아들은 그들이 대체로 독립적인 사고와 감정에 도달한 한에서는 다르게 생각하고 느꼈다. 그러나 그들의 청교도 정신이 기독교, 특히 그 처음 몇 세기의 기독교의 금욕과 관계가 있었을지라도 그것은 기독교의 금욕과는 본질적인 점들에서 달랐다.

기독교의 초기에 그 금욕의 성격은 룸펜 프롤레타리아 계층에 의해 가장 많이 규정되었다. 이 계층의 가장 두드러진 특성—도덕화해서 말하려는 자는 그것을 죄악이라고 부를 수도 있다—은 나태와 불결, 우둔함이다. 기독교적 금욕은 기본적으로 이 룸펜 프롤레타리아적 특성을 완성의 정점으로 가져가는 세련된 체계에 불과했다. 이것은 그 안에서 인도의 (브라만교와 불교의) 금욕과 만난다. 이들은 유사한 사회적 상황 아래서 발달했던 것이다.

수년에 걸쳐, 수십 년에 걸쳐 신실한 남녀들이 움직이지도 않고, 일체의 외부 영향에도 더위와 추위에도, 강우와 한발에도 무덤덤하고 씻지도 않고, 머리털과 손톱, 발톱도 깎지 않고 몸에서 기승을 부리는 벌레도 그냥 두고 좁은 땅 위에 웅크리고 앉아 있었다. 이들 거룩한 참회자 다수는—그들 모두는 다소간에 성자였다—식사를 하기에는 너무 게을렀고 신실한 사람들이 억지로 먹여주어야 했다.

중세의 프롤레타리아들은 대부분이 이미 노동자였다. 그들은 그런 식의 포기를 하는 사치를 스스로에게 허용해서는 안 되었다. 그들은 은둔수사처럼 자선행위, 곧 다른 사람에 대한 착취로 살아가지 않았고 자기의 노동으로 살아갔다. 그들은 굶지 않으려면 움직여야 했고 세상을 걱정해야 했다. 우둔함도 게으름도 그들의 생존과는 친화적이지 않았다. 그리고 그들은 불결함과 친하기에는 너무 조금 타락했고, 번창하는 유복한 농민, 장인계층과 너무 가까웠다. 이는 그들 중에서 공산주의적 관념을 받아들일 능력이 있을 정도로 수준이 높은 자들에게는 극히 드문 일이었다. 모든 보고자는 바로 중세와 종교개혁기의 공산주의 종파의 구성원들이 열심과 신뢰성, 청결에 의해 그들 주변에서 두각을 나타냈다는 데 의견이 일치하고 있다. 이런 개성 때문에 그들은 여기저기서 노동자로 환영받았다. 그에 대한 훌륭한 증거를 모라바의 재세례파들이 우리에게 제공해준다. 그곳에서 그들은 여러 지역에 뿌리를 내리고 평화적인 종파로서 몇 개의 정착촌을 건설하는 데 성공했다. 그 정착촌들은 그들이 살던 주변 환경이 허용한 것만큼 공산주의적이었다. 그들에 관하여 전혀 그들과 공감하지 않은 긴델리(Gindely)는 이렇게 기술한다: "여러 당파들 가운데 보헤미아에는 산발적으로 그러나 큰 무리를 이루어, 그리고 모라바에서는 수많은 자치공동체들에 재세례파들이 있었다. 그들은 1530년도 전에 모라바에 이주해 들어와서 그곳에서 빠르게 70개 이상의 자치공동체들로 확장되었다. 국가권력은 그들을 경우에 따라 다소 심하게 박해했지만 그들을 보호해줄 좋은 이유가 있던 몇몇 귀족의 보호 덕분에 명맥을 유지했다."

  "그런 식으로 막시밀리안은 모라바에서, 자주 그리고 공연히 배척을 당해온 재세례자들을 만났다. 그의 부친의 관례에 따라 그는 1576년에 의회(Landtag)에 짧은 기간 안에 이들을 추방시키자는 제안을 내놓았다. 그런데 예전에는 귀족 편에서 나오지 않던 것이 이제 생겨났다. 귀족계층과 기사계층은—고위 성직자계층과 도시들은 이 청원에 참여하지 않았다—황제에게 재세례자들을 그들 거주지에 그냥 살게 할 것을 대변했다. 그 청원은 이들이 아직 확신을 가진 이단이 아니라거나 회개할 마음으로 사로잡혔다거나 하는 상상에 의지한 것이 아니었고 재세례자들은 큰 물적 손해 없이 유태인들보다 더 제거하기 어려운, 크게 쓸모 있는 신민이라는 너무 진실된 이유에만 근거를 두었다. 가톨릭교도, 우트라크파와 (보헤미아) 형제단은 그들에 의해 스스로 제기된 논리의 중요성 앞에 굴복했다. 그리고 사실상 재세례파들은 도처에서 아주 부지런하고 검약하고 그러면서도 모라바에서 월등하게 숙련된 노동자들이었다."[13]

뭔가 그런 식의 것은 기독교 초기의 묵시적 광신도 및 금욕주의자들에 의해 내세워질 수 있는 것이 아니었다.

7. 국제성과 혁명정신

한 가지 본질적인 사항에서 여기서 고찰되는 세 종류의 공산주의인 원시 기독교 공산주의와 중세 공산주의, 현대 공산주의는 일치한다. 이는 그들의 국제성(Internationalität)이다. 이는 그들을 지방 공산주의인 플라톤적 공산주의와 날카롭게 구분해준다. 플라톤적 공산주의는 영토를 가진 몇몇 도시 자치공동체를 위해 마련되었다. 그 반면에 기독교에서부터는 모든 공산주의는 인류 전체를 위해서, 혹은 적어도 그가 사는 국제적 문화권 전체를 위해서 일한다. 플라톤적 공산주의의 지방적 국한성은 농민적, 수공업적 생산의 특성들에 부합한다. 농민적 생산은 인간들을 정착하게 하고 그들을 흙에 묶어두며, 그들의 노동력 전부를 송두리째 요구한다. 옛날의 유목부족들의 방랑은 그쳤고, 농촌 인구의 시야는 좁아졌고, 교회탑 정책, 마르크 조합과 자치공동체로의 국한은 농민들의 특징으로 되었다.

중세 도시의 소시민들도 더 나을 것이 없었다. 그는 또한 대체로 도시에서의 직업과 아울러 농부였다. 그러나 전적으로 도시에서 직장생활을 하는 경우에도 그는 특정 지방의 고객집단에 종속됨으로써, 보통은 또한 집주인으로서 흙에 매여 있다.

---

[13] A. Gindely, *Geschichte der böhmischen Brüder*, II, S. 19ff. Prag 1857.

자본가들과 프롤레타리아들은 이런 지방 국한성을 극복한다. 상인은 그의 지방고객만 상대하여 사는 것이 아니라 또한 주로 고향땅과 외국 간의 교역으로 살아간다. 이 교역이 긴밀하고 쉬울수록 그는 더욱 더 번성한다. 그래서 상인은 국제적이거나 혹은 더 제대로 말해서 여러 지방을 연결(interlokal)한다. 이익을 낼 수 있는 곳에서 그는 자기 집처럼 편안하게 여긴다.

프롤레타리아의 여러 지방을 연결하는 의식은 다른 이유들에서 나온다. 이 프롤레타리아는 그를 흙에 묶어두는 아무것도 소유하지 않는다. 그의 고향은 착취와 억압같이 그가 다른 곳에서도 찾을 수 있는 것이 아닌 것을 그에게 제공하는 것은 없다. 다른 곳 어디서든 그의 운명을 개선할 전망이 조금이라도 보이면 이는 그를 그곳에 찾아가게 하는 데 충분하다.

그러나 상인의 여러 지방을 연결하는 사고(Interlokalismus)는 프롤레타리아의 생각과는 완전히 다르다. 상인과 외국인과의 교역, 그리고 외부시장에서의 그의 입지는 본질적으로 국가의 힘—그것이 고대 도시이든 현대 민족국가이든—그가 속한 국가의 힘에 달려 있다. 그는 번영을 누리는 데 강력한 국가권력을, 특히 강력한 군사력을 필요로 한다. 그래서 그는 외국에 있든 국내에 있든 항상 애국자이며, 대체로 외국에 있을 때에 국내에 있는 경우보다 더 애국자가 된다. 중세 때부터 우리는 상황이 절대주의와 민족국가의 형성에 유리한 곳 도처에서 군왕들과 국수주의의 편에 선 상인을 발견한다.

프롤레타리아는 다르다. 국가권력은 그를 착취하고 홀대하는 자들의 지극히 강력한 보호대가 된다. 그리고 프롤레타리아 계층은 로마 공화정의 몰락부터 19세기에 들어와서까지 국가를 탈취하여 자신에게 봉사하도록 만들거나 최소한 국가를 자신에게 유리하도록 영향을 미칠 전망을 갖지 못했다. 국가는 프롤레타리아 계층의 가장 큰 적이었다. 프롤레타리아 계층이 그로부터 결과를 이끌어내는 데 쉽게 도달한 것도 놀랄 일은 아니다. 국가에 대한, 정치참여에 대한, 그리고 국토방위에 대한 무관심만이 아니라 아예 혐오가 원시 기독교에서부터 19세기에 들어서까지 모든 공산주의 종파의 특징이다. 무정부주의는 여전히 그 여운이다. 겨우 가끔씩 옛 국가권력이 붕괴하여 프롤레타리아 계층이 그 권력을 손에 넣을 수 있을 것처럼 여겨질 경우에 이 혐오가 극복되었다. 그럴수록 반동의 시대에는 모든 정치의 기피가 더욱더 결연하게 강조되었다. 보헤미아 형제단에 의한 타보르파의 몰락 후, 재세례파들의 농민전쟁 후, 메노나이트파에 의한 뮌스터 봉기의 패퇴 후에 우리가 앞으로 살펴보겠지만 정치가 기피되었다.

끊임없이 그리고 어떤 상황에서도 공산주의자들은 원시 기독교 시대 이래 국제적인 혹은 지방들 사이의 연대의 의무를 강조했다.

상인은 외국에서는 내국인의 경쟁자, 적수로 등장한다. 상인은 내국인들의 호의가 아니라 자신의 힘 내지는 그를 보호하는 그의 국가의 힘에 발을 딛고 있다.

프롤레타리아는 외지에서 그가 고국에서 발견했던 것과 동일한 착취와 억압에 대한 투쟁자로 나타난다. 그래도 그는 그의 국가의 지원(支援)에 의존할 수 없고 그가 와 있는 지역의, 그와 같은 투쟁을 하고 있는 프롤레타리아의 지원에만 의존할 수 있다.

물론 프롤레타리아가 스스로를 투쟁자이기보다는 노동력의 판매자라고 느낄 경우에 그는 외국인 동료 프롤레타리아를 투쟁의 동지라기보다는 경쟁자로 보기 쉬우며, 그런 경우에 국제적 연대의 성향은 쉽게 극복된다.

그러나 이는 공산주의자들에게는 해당이 안 된다. 이들은 첫째로 착취와 억압에 맞선 투사이다. 그리고 사방에서 그들은 똑같은 적수를 만나고 똑같은 박해로 고생을 한다. 이는 그들을 굳게 결합시킨다. 원시 기독교 시대 이래로 관찰자들에게 공산주의자들의 한 가지 고유한 특징으로 언제나 여겨진 것은 그들 모두가 함께 거대한 단 하나의 가족을 이루었다는 점, 외지의 동지도 내지의 동지와 마찬가지로 형제로 통했다는 점, 공산주의자는 동지가 있는 곳은 어디나 집처럼 생각하고 지냈다는 점이다. 공산주의자들의 이런 특성과 무산성(無産性) 덕분에 이들 집단에 가입한 유산자는 그들 가운데서 선생으로 활동하고자 한다면 자기 재산을 가난한 이들에게 나누어주어야 했다. 그들의 전위투사, 선동자들은 이곳저곳을 여행하기가 수월했다. 상시적으로 이들은 여행 중이었고, 오늘날 철도시대에도 우리에게 존경스러워 보이는 기동성과 한 번에 주파하는 여행거리를 자랑했다. 이처럼 예를 들어서 보헤미아의 발도파는 남프랑스의 발도파와 상시적으로 교류했다.

이로써 그들은 그들 시대 하층계급의 혁명운동 전체에 지극히 큰 중요성을 띠게 되었다. 이 운동에서의 가장 큰 장애물은 농민과 소시민의 지방적 편협성이었고, 이는 잘 조직된 적들에 비해 그들을 엄청나게 불리하게 했다. 이 편협성을 극복하고 몇 개 지방이 서로 힘을 합쳐 혁명봉기를 일으키는 데 성공한 경우, 이는 본질상 공산주의적 방랑 설교자들의 활동에 의해 생겨난 것이다. 영국에서의 1381년 농민봉기의 초기 성공과 보헤미아의 타보르파 운동의 성공은 대부분 이들의 한데 묶어내는 영향력 덕분이다. 1525년의 독일 농민대전쟁 중에도 그들은 비슷한 방식으로 활동했고, 그들 중에는 특히 토마스 뮌쩌가 있었다. 그러나 독일의 지방색은 너무 강해서 극복할 수 없을 정도였다. 이 봉기는 대체로 그들의 분열에 따라 실패로 돌아갔다.

여기서 우리는 이단종파 공산주의의 또 하나의 중대한 특징, 우리가 이와 관련하여 다루고자 하는 마지막 특징으로서 이단종파의 공산주의를 원시 그리스도적 공산주의와 구분해주는 반면에 현대적 공산주의와 유사하게 해주는 특징에 도달했다. 그것은 이단종파 공산주의의 혁명정신이다.

룸펜 프롤레타리아는 나약하고 비굴하다. 그가 부자를 미워하지 않은 것은 아니다. 이 증오는 적어도 노동하는 프롤레타리아에게 있어서와 같은 정도로 룸펜 프롤레타리아에게도 생성되었다. 복음서에서도 그에 관한 흔적이 발견된다. 우리는 가난한 라자로의 비유만 떠올리면 된다.

부자와 가난한 자의 도덕적 품성에 관해서는 그 비유에서 조금도 말이 없다. 라자로는 아브라함의 품에 안기는데 이는 그가 좋은 사람이었기 때문이 아니라 그가 곤궁하게 살았기 때문이다. 부자에 대해서도 아무런 악행도 말한 바가 없다. 그의 부는 그를 영원한 지옥의 고통을 입는 저주를 받도록 하기에 충분하며, 아브라함은 그 고통을 조금도 완화해줄 수가 없고 그럴 의지도 없어 보인다. 이것이 부자를 부자라고 해서 증오하는 것, 적나라한 계급증오를 의미하는 것이 아니라면, 계급증오란 것은 도무지 없는 것이다.

그러나 가난한 라자로의 비유는 또한 룸펜 프롤레타리아 계층의 계급증오가 어떤 식으로 표출되는지를 우리에게 보여준다. 즉 꿈에서 표출되는 것이다. 그는 부자에 대한 끔찍한 고문을 생각해내고 그 광경을 즐기지만 이는 생각에서일 뿐이다. 그는 부자를 미워하지만 그 자신이 사회에서 얼마나 쓸데없는 존재인지를 알고, 그가 부자들이 베푸는 은혜로만 살아간다는 것을 안다. 그래서 그는 부자를 미워하면 할수록 더욱더 부자 앞에서 나약하고 비겁하게 긴다. 이는 로마 제정시대에 가장 두드러지게 표출되었음이 분명하다. 일체의 공화주의적 시민 덕성이 상실되고 어떤 계급도 더 이상 자기 자신을 신뢰하지 않고 나약함과 노예근성이 도처에 퍼져 있던 사회에서 말이다. 이런 개성들이 기독교가 반골의 유태공동체로부터 분리되자마자 그 시대의 기독교에 들어간 것, 그리고 그 당시의 기독교 문서들이 그에 관한 극히 명확한 흔적을 지니고 있는 것도 놀랄 일이 아니다.

그래서 중세 말에 시작된 절대왕정을 위하여 신약의 문서들은 그 유물론에도 불구하고 같은 시대에 생겨난 로마법과 똑같이 환영을 받는 도구였다. 이 종교는 민중에게 간직되어야 한다고 그 문서들이 말했다.

반면에 민중과 피착취 계급, 농민, 소시민, 프롤레타리아는 다르게 생각했다. 이 민중은 타락한 로마사회의 민중과는 달랐다. 전투력이 있고 농민답게 고집이 센 민중은 한쪽 뺨을 얻어맞으면 나머지 한쪽 뺨도 돌려대라는 가르침, 그리고 복수는 내가 할 일이며 칼을 뽑는 자는 칼로 망할 것이라고 주님이 말씀하기 때문에 자구(自救) 행위를 비웃는 가르침, 조용한 고통과 인내를 기독교인의 의무로 선포한 가르침에 대한 이해가 전혀 없었다. 민중이 성서를 스스로 익혀서 알게 되자마자 ─가톨릭 성직자계층은 물론 왜 성서에 대한 친숙함을 그들의 특권으로 삼으려고 했는지를 알고 있었다─그들은 신약성서에서 비굴함과 포기의 가르침이 아니라 부자들에 대한 증오를 읽어냈다. 신약에서 가장 애독된 부분은 이단적인 하층 민중계급에게는 묵시록이었다. 원시 기독교인의 혁명적이고 피비린내 나는 환상 이야기였던 것이다. 거기서 그는 기뻐 춤을 추면서 공포스러운 기존 사회의 몰락을 예언한다. 이에 비하면 지금까지 가장 급진적인 무정부주의가 행동과 위협으로 제시한 것은 모두가 해롭지 않아 보인다. 묵시록 외에 이단적 하층 민중계급은 특별히 구약성서(das Alte Testament)를 장려했다. 이는 농민적 민주주의의 흔적으로 가득 차 있고 압제자와 부자, 권세자에 대한 증오만이 아니라 거세고 무자비한 투쟁을 가르치는 것이다.

다분히 농민 친화적인 구약성서와 제왕 친화적인 신약성서 간의 대조에 대하여 루터는 농민전쟁 중에 그의 글 "약탈적이고 살인적인 농민을 반대하여"에서 이렇게 말한다: "창세기 제 1, 2장에서 만물이 자유롭게 그리고 공유물로 창조되었음을 농민이 주장하는 것, 그리고 우리 모두가 동등하게 세례를 받았다는 것은 역시 농민에게 도움이 안 된다. 왜냐하면 신약에서는 모세가 유효하지 않으며, 우리의 스승 예수 그리스도가 버티고 서서 생명과 재산을 가진 우리를 황제와 세속의 법 아래로 던지기 때문이다."

공산주의적 종파의 추종자들은 하층의 이런 호전적인 생각에 영향받지 않은 채로 있지 않았다. 물론 그들은 너무 약했으며, 그들의 생존은 지나치게 부자들과 권세자들의 관용에 의존했기 때문에 그들은 평화시에 무력으로 기존의 사회를 뒤집어엎고 그 대신에 공산주의 사회를 세우려는 생각을 떠올릴 수 없을 정도였다. 부패해가는 로마의 룸펜 프롤레타리아처럼 엎드려서 기고 비굴하지 않기는 했지만 그래도 공산주의자들은 종교개혁 시대까지 평화애호적이었고, 그들의 평화사랑과 관용은 보도자들에 의해 이구동성으로 그들의 열심과 청결함만큼이나 그들의 특성으로 묘사된다.

그러나 혁명의 시대가 오고 농민들과 장인들이 그들을 둘러싸고 봉기를 일으켰을 때 혁명의 열기가 공산주의자들도 사로잡았고, 그들에게는—혹은 이 문제에 관해서는 그들 간에 의견이 갈렸으므로 최소한 그들 중 일부에게는—하느님이 작은 자들 안에서 위대해지고, 어떤 기적도 불가능해 보이지 않는 시대가 온 것으로 여겨졌다. 그때 그들은 혁명운동을 공산주의에 도움이 되게 하려고 혁명운동에 뛰어들었다. 그리고 일단 그 안에 들어와 있는 이상 그들에게는 기성권력과의 타협은 배제되었으므로, 그들에게는 기성사회 안에서의 개선은 존재하지 않으므로 그들은 곧 동요하고 망설이는 분자들을 압도하여 쉽게 운동의 지도자들이 된다. 토스카니의 농민전쟁에서 프라돌치노(Fra Dolcino)가 그랬고, 영국에서 존 볼(John Ball)이 그랬으며, 후스교도 중에서 타보르파가 그랬고, 튀링겐 농민전쟁에서 전쟁에서 반란자들 중에 뮌쩌와 그의 추종자들이 그랬다. 이들은 이 운동 자체에 공산주의적 색채를 주고, 공산주의에는 그것이 아직 실제로는 갖지 못한 힘을 가진 것처럼 보이게 해서 바로 그 때문에 모든 유산자가 공산주의에 맞서서 단결하도록 동기를 부여하여 이 유산자들의 근심 가득 찬 격정으로 흥분하여 공산주의를 완전히 때려부수게 한다.

중세 말부터 하층 민중계급의 공산주의 운동의 이 혁명정신은 그 외의 많은 유사점에도 불구하고 그들을 원시 기독교의 공산주의와 극명하게 구분해주며 그들의 현대 프롤레타리아 공산주의 운동들과의 유사성을 극히 분명하게 증거해주는 표시이다.

원시 기독교 공산주의는 비정치적이고 행동이 없었다. 그러나 중세 때부터 프롤레타리아 공산주의는 본성상 필연적으로 유리한 상황에서는 정치적이고 반란적인 공산주의가 되려는 경향을 띤다. 오늘날의 사회민주주의처럼 공산주의도 그때 프롤레타리아 계층의 독재를 공산주의 사회를 불러오는 가장 현실적인 지렛대로서 목표로 삼는다.

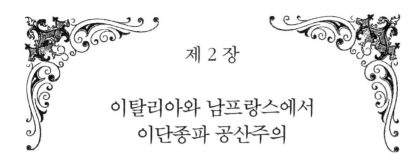

제 2 장

이탈리아와 남프랑스에서 이단종파 공산주의

1. 브레시아의 아르날도

우리는 벌써 본 부(部)의 서두에서 중세의 도시조직은 먼저 이탈리아와 남프랑스에서 발달했으며, 우리는 그곳에서 중세 공산주의 최초의 활동들을 보게 된다는 것을 언급했다. 그러나 이단들의 최초 활동, 최초 종교개혁 운동도 그런 곳에서 등장한다.

독일의 식자들은 오직 게르만 민족들만 교회의 개혁을 향한 추진을 일으키는 데 필수적이었던 진실성과 참된 종교성을 가졌다는 가소로운 주장을 제기해왔다. 그러나 우리는 이탈리아에서 사람들이 독일에서는 그에 관해 생각하기도 한참 전에 종교개혁이 일어난 것을 보게된다.

먼저 그들은 기독교 세계의 수도인 로마 자체에서 세를 떨쳤다. 로마는 중세시대에 '유럽의 심장'(Herz Europas)이었고, 이는 빠리가 대혁명 때로부터 1870/71년 전쟁 때까지 그랬던 것과 비슷하지만 그 정도는 훨씬 더했다. 모든 교회 업무—그리고 중세 때 삶 전체를 가득 채운 업무들—가 로마에 의해 주도되고 최종적으로 결정되었을 뿐 아니라, 로마는 또한 예술과 학문의 본거지이고 모든 분쟁, 세속의 분쟁에서까지도 최고 심판관이었으며—마지막으로 그래도 무시할 수 없는 것으로서—극히 세련된 쾌락과 만족의 본거지였다. 로마를 향해 순례를 한 것은 억압받음을 느끼고 고향에서는 자기 권리를 찾지 못한 자들, 더 높은 수준의 지혜, 로마의 예술적 감각의 혜택을 보고자 하는 자들, 고향에서는 지루함을 느끼면서 넘치는 돈을 가진 자들이었다. 그들은 모두 로마에서 만났다. 그리고 그들의 동기가 아무리 다양하고 그들의 다다른 결과가 아무리 다양했어도 한 가지에서 그들의 운명은 일치했다. 그들은 모두 돈을 탕진했으며, 흔히 남의 돈까지도 탕진했다는 것이다.

오늘날처럼 로마는 이미 중세에도, 그리고 지금보다도 그 당시에 더욱 외국인 도시로서 외국인들이 먹여 살렸고, 외국인들에 의해 커졌다. 로마에서 외국인 교류를 진작하는 것은 교황들이 떠맡은 가장 중대한 과제 중 하나였다.

외국인들을 끌어들이는 수단으로서의 만국박람회는 중세에는 아직 발명되지 않았다. 교황들은 다른 수단을 발명했으며, 이는 그에 못지 않게 효과적인 수단이었으니 그것은 대사면의 해(Jubiläumsablaß) 혹은 성스러운 해(das heilige Jahr)였다. 특정한 해에 로마를 향하여 순례를 행한 자는 온전한 사면의 혜택을 보았다. 그것은 효력이 있었다. 사람들이 1889년과 1900년에 수천 명씩 뭔가를 배우고자 한다는 핑계로, 실제로는 즐기기 위해서 빠리로 몰려든 것 같이, 사람들은 거룩한 해에 로마로 몰려들어 그곳에서 그들 모두는 그 당시에 알려진 죄악을 맛보고, 그 위에 그들이 왔을 때보다 더 죄가 없는 상태로 집으로 돌아갈 수 있었다. 최초의 대사면의 해는 교황 보니파시오 8세에 의해 1300년도에 선포되었다. 그 당시에 로마로 유입된 외국인 수의 계산은 "쉬울 수도 정확할 수도 없었고, 개연성이 있기로는 사례의 전염성을 잘 아는 영악한 성직자계층에 의해 부풀려졌으리란 것이다. 그런가 하면, 그 행사에 참석했던 통찰력 있는 한 역사 기록자는 로마에 20만 명 미만으로 외국인이 온 적은 없다고 확언하며, 또 다른 증인은 그해의 총 유입인수를 2백만으로 잡았다. 각 사람의 작은 예물이 황실 금고에 쌓였을 것이고 두 명의 사제가 밤낮으로 손에 갈퀴를 들고 서서 성 베드로의 제단 위에 부어진 금과 은 더미를 세지도 않고 쓸어 담았다. 때는 다행히도 평화와 넘치는 풍요의 시대였으며, 식량의 부족도 있었고 숙소와 주택이 엄청나게 비쌌어도 보니파시오의 정책과 로마인들의 영리적인 융숭한 손님 접대는 무진장의 빵과 포도주, 고기와 생선의 조달에 신경을 썼다."(Gibbon, *Geschichte des Verfalles und Untergang des Römischen Weltreiches, deutsch von Sporschil*, Leipzig 1837, S. 2573)

원래는 1백 년마다 한 번씩만 '성스러운' 해가 되어야 했지만, 그 사업은 너무 유명해져서 교황들과 로마 사람들은 그것을 더 자주 반복하려는 열망을 지닐 수밖에 없었다. 대사면의 해 사이의 간격은 50년에서 33년으로, 마지막에는 25년으로 갈수록 짧아졌다.

이는 외국인들과 그들의 돈을 빼내간 수단의 한 예일 뿐이다. 그러나 대사면의 해를 발명하기 오래전에 이미 중세의 영원한 도시(die ewige Stadt: 로마를 가리킴)는 그 쇠락으로부터 다시 치솟아 올랐으며, 중세의 다른 어떤 도시보다도 먼저 권세와 중요성에 이르렀다. 다른 도시들에 해당되었던 것은 로마에도 해당이 되었다. 그의 안녕복지 수준과 권세에 힘입어 그 주민들의 자의식과 독립정신이 자라났다. 그리고 다른 도시인들과 마찬가지로 로마인들은 그 주인들에게서, 어떤 대에는 교황에게서, 또 어떤 때는 황제에게서, 흔히는 양자 모두에게서 동시에 자유로워지려고 노력했다. 유럽의 심장으로서 로마는 1789년부터 1871년 사이의 시대에 빠리와 비견될 뿐 아니라 또한 빠리처럼 혁명의 수도였다.

12세기에 끌레르보(Clairvaux)의 성 베르나르(Bernhard)는 반란 성향의 민족에게 몸서리를 치면서 이렇게 외쳤다. "로마인들의 뻔뻔스러움과 불순종을 누가 모르는가? 이들은 평온을 모르고 혼란 속에서 성장했으며, 저항하기에 너무 허약한 경우가 아니면 사납고 길들여지지 않는 이들은 복종을 경멸하는 자들이다. 그들이 섬김을 약속하는 경우에는 지배하려고 노력한다. 그들이 충성을 맹세하는 경우에는 반역의 기회를 엿보며, 그러면서도 그들에게 문호를 닫고 물자를 공급하지 않으면, 그들의 불만을 시끄러운 외침으로 토해낸다. 해코지를 하는 데 능수능란한 그들은 선행을 하는 요령을 습득하지 못했다. 땅과 하늘에 미움을 받고, 하느님을 믿지 않고, 그들 서로 간에도 난리를 일으키며, 이웃에 대한 질투가 심한 그들은 누구에게도 사랑을 받지 못하고, 공포를 불러일으키기 원하면서 저열하고 영속적인 불안 속에서 살아간다. 그들은 굴종하려고 하지 않으며, 그러면서도 지배할 줄도 모른다. 상전에게는 불충하고 동류들 간에 화목하지 못하며, 자비를 베푸는 자에게 감사하지 않고 요구에서도 거절에서도 부끄러운 줄 모른다."[1]

1871년에 어떤 부르주아가 빠리 사람들을 헐뜯는 것을 듣는 것 같이다!

교황의 권세가 기독교 세계에 대하여 그 정점에 선 바로 그 시대에

---

[1] Zitiert bei Gibbon, a. a. O., S. 2551. "이런 흑색 묘사는 분명 기독교적 사랑의 붓으로 칠해지지 않은 것이다"라고 기본은 생각한다.

교황들은 정작 로마에서는 힘이 없어졌다. "파문으로 군주와 민중을 놀라게 한, 한정 없는 권력을 흠뻑 느끼며 서양교회에 지배권을 행사한 그 교황들이 정작 로마에서는 안온한 입지를 가진 경우가 드물었다. 그들의 권세는 어디에서도 그들 자신의 도시, 그들 자신의 교구에서보다 약하지 않았다. 그들은 도망자들처럼 대부분 세상에서 유랑생활을 했고, 그들 백성의 저주에 쫓겼다.[2]

가장 두드러지고 가장 유명한, 그러나 결코 유일하지는 않은, 세상의 주인들이 그들 도시의 주민에 대해 권세가 없었던 예는 그레고리오 7세이다. 그는 독일 황제 하인리히 4세를 카놋사에서 강제로 참회하게 했으나, 로마인들을 어찌할 수는 없었다. 그는 로마에서 안심할 수 없어서 그곳을 떠나 살레르노로 망명하여 거기서 죽었다.

도처에서 절대적 군주권력이 전면에 등장한 것이 특징인 15세기가 되어 비로소 교황들은 반항적인 신민에게 주인으로 군림하는 데 성공했다. 에우제니오 4세는 로마인들의 항거를 피해 달아나야 했던(1433년) 마지막 교황(1848년 비오 9세까지)이었다.

이런 통제하기 어렵고 비교회적인 인구에게는 성직자계층을 복음적인 빈곤상태로 되돌려 보내고 싶은 희망, 즉 교회가 빼앗아서 로마에 쌓아놓은 부를 차지하고 싶은 희망을 품기가 쉬웠다. 그러나 그들의 생존의 지속적인 원천을 어디서 찾을 수 있는지를 그들에게 보여주는 데는 교황이 없는 상태로 몇 년간을 지내는 것으로 충분했다는 것도 마찬가지로 쉽게 이해할 수 있다.

로마가 이미 12세기 중반에 브레시아의 아르날도라는 이름과 결부되는 교회개혁의 최초의 진지한 시도가 이루어졌던 곳이라는 것은 놀

---

2 Giesebrecht, *Deutsche Kaiserzeit*, III, S. 550.

랄 일이 아니다. 아벨라르의 제자인 이 사람은 성직자계층의 세속적 재산에 결연히 반기를 들었고, 그 후의 모든 개혁자처럼 원시 기독교를 근거로 삼았다. 그러나 그는 결코 공산주의자는 아니었다. 교회재산은 민중들 간에 분배될 것이 아니라 세속의 권력자에게 돌아가야 한다는 것이다.

그는 빠리에서 아벨라르에게 속했다가 프랑스에서 '이단사상' 때문에 쫓겨나서 스위스로 도피했다. 1145년에 그는 로마로 향했고, 그곳에서 당시에 반골적인 민중세력의 보호를 받았으며, 이 민중세력을 섬기기 시작했다.

그러는 사이에 이 운동은 10년이 채 못 되어 다시 깨어졌다. 로마인들은 교황권을 아주 거칠게 다루어서는 안 되며, 황금알을 낳아주는 닭을 도살해서는 안 된다는 것을 곧 알아차렸다. 로마인들의 권세와 부는 그 공업이나 상업에 기반을 두지 않았고, 교황권에 의한 기독교 세계의 착취에 기반을 두었다. 중세의 로마인들은 방법만 달랐을 뿐 고대 공화정의 로마인들처럼 세계에 대한 착취로 살아갔다. 1154년에 로마인들은 교황과 화친을 맺었고 브레시아의 아르날도를 추방했다. 그의 신병을 확보한 유명한 프리드리히 1세 바르바롯사는 그를 교황의 형리들에게 인도했고 이들은 그를 악명 높은 이단자로서 더 볼 것도 없이 화형에 처했다.

2. 발도파

이단 종파는 북이탈리아의 도시들에, 그러나 특히 남프랑스에 깊은 뿌리를 내렸다. 그곳에서 중세 동안 처음으로 서양에서 상업과 도시공업이 펼쳐졌다. 남이탈리아에 대해서는 여기서 논외로 한다. 그곳은 중세에 사실상 유럽인 서양보다는 동방(Orient)에 더 속했기 때문이다. 그 문화는 기독교적, 게르만적이라기보다는 비잔틴적, 사라센적이었다. 북이탈리아와 남프랑스에서는 또한 맨 먼저 시민계층이 형성되었고, 지방의 필요를 위한 수공업만이 아니라 곧바로 대량생산 공업, 수출 공업의 시초가 먼저 발생했으며, 이와 함께 자본주의적으로 착취당하는 프롤레타리아 계층의 싹이 생겨났다.

이 도시들의 부는 교황세력의 소유욕을 일찌감치 자극했다. 그러나 바로 그들의 부가 또한 곧바로 그들에게 독립을 향해 분투할 힘을, 많은 경우에 또한 이를 쟁취하고 교황의 멍에를 벗어던질 힘을 주었다.

그러나 북이탈리아 도시들에서는 이 도시들이 교황세력에게 호감을 갖게 만든 일련의 상황이 있었다. 이탈리아 도시들의 부를 교황들만 탐낸 것이 아니라 이탈리아 착취에서 그들의 경쟁자인 독일 황제들도 탐냈다. 경제적으로 후진적인 독일에서 이들이 취할 것이 적을수록 그들은 부유한 이탈리아의 도시들로부터 더 많은 것을 뜯어내어 취하려고 했다. 그리고 그들이 독일에서 아무리 무능력했어도 이탈리아로의 약탈 작전, 이른바 로마인 작전에서 그들은 통상적으로 수많은 수행원들에 의존할 수 있었다. 이는 우리의 민족적 역사서술이 관념론의 온갖 마술로 미화한 것이며, 이 관념론은 그런 역사서술의 도구로 충분히 활용된다.

북이탈리아의 도시들은 그래서 서로 맞서 싸운 두 착취자를 상대해야 했다. 이 도시들은 그들의 독립을 이 양측에 대하여 유지할 만큼 충분히 강하지 않은 동안에는, 한편의 착취자와 동맹을 맺어 다른 편의 착취자를 따돌릴 수밖에 없는 처지에 놓였다.

질문은 어느 쪽 착취자가 더 위험한가, 무기가 빈약하지만 가까이 있는 교황, 각 도시마다 그에게 종속한 성직자계층에 의해 강력한 뒷받침을 받는 교황인가, 아니면 강한 무력을 지녔으나 대부분이 멀리 떨어진 황제인가 하는 것이었다. 상황에 따라 각 도시는 이편이나 저편과 공감하며 왔다 갔다 했고, 오늘은 황제와 동맹을 맺고 내일은 황제나 그의 친구들을 욕하고 돌아서고 또 그 반대 순서로 하기도 했다. 그런데 또한 각 도시 안에는 13세기 이래로 기벨린당이라고 불린 황제당과 교황 측의 겔프당이 있었다. 도시들에서의 계급대립과 당파대립은 모두가 황제파와 교황파 간의 대립으로 귀결된 것으로 짐작된다. 왜냐하면 한쪽 계급이나 당파가 황제 쪽으로 넘어가거나 황제에게 보호를 구했다면, 그들에게 적대적인 당파는 교황세력으로 기울 것이라는 데 대해 확신할 수 있었기 때문이다.

벌써 이것만으로도 북이탈리아 도시들에서 교황세력에 대한 동감이 흔히 아주 강해지게, 그리고 결코 완전히 사멸하는 일이 없게 영향을 미쳤다. 이에 두 번째 동기가 더해졌다. 로마를 향하는 순례 길은 북이탈리아를 지나갔다. 그런데 십자군 전쟁 시대에 예루살렘을 향한 순례자들도 북이탈리아를 지나가는 길을 선호했다. 이 두 순례행렬 모두 북이탈리아 도시들의 경제발전을 촉진하는 데 적지 않게 기여했다. 그런데 이 둘은 모두 교황세력에 의한 전체 기독교 세계의 지배에 기인했다. 그리고 곧 북이탈리아의 도시들에서는 교황세력에 의한 유럽의 착취에 대하여 더 많은 관심이 생겨났다. 그 도시들에서는 환전 및 은행 업무의 시초가 형성되었다. 북이탈리아의 상인들은 또한 최초의 교황들의 은행가가 되었다. 그들에게는 교황이 짜낸 총액이 흘러들었고, 그들은 교황을 위해서 그리고 자기 이익을 위해서 이를 관리했다. 그 돈은 그들의 손안에서 위력적인 자본, 대부자본, 상인자본이 되었다. 그들은 이 자본을 군주들과 도시들, 영주들과 수도원에 대부했으며,

그것을 가지고 돈놀이를 하고 투기활동을 했다.

그래서 교황의 착취는 북이탈리아의 경제적 번영의 토대 중 하나가 되었다.

로마인들과 마찬가지로 이처럼 북이탈리아의 도시들도 교황의 지배적 지위에 이해관계를 지녔다. 로마인들과 마찬가지로 그 도시들은 교황권에 반기를 드는 일이 흔했다. 왜냐하면 그들은 교황세력에 착취를 당하는 것이 아니라 교황세력을 착취하기를 선호했을 것이기 때문이다. 그러나 로마인들처럼 그들도 교황이라는 착취기계가 망가질 정도로 그 반항을 밀어붙이는 것은 경계했다. 그들 자신이 그 착취기계에서 이익을 보았기 때문이다.

그래서 우리는 로마에서와 마찬가지로 북이탈리아에서도 이른 시기에 종교개혁 운동, 교황의 권력에 대항하는 이단적 투쟁들을 보게 된다. 그러나 이는 결코 철저한 종교개혁은 아니었다. 가톨릭교회의 가르침으로부터의 정신적 독립은 독일의 종교개혁 한참 전에 달성되었으나 교황권과의 관계 단절을 위한 경제적 전제조건이 결여되었다.

개별적 억압조치들만이 아니라 교황지배 전체에 대한 최초의 진지한 항거를 그래서 우리는 북이탈리아에서가 아니라 남프랑스에서 발견한다. 이곳은 북이탈리아만큼 경제적으로 발전했으면서도 교황세력의 권력 지위에 대한 아무런 이해관계도 없었다.

슐로써는 '알비파 전쟁 전의 남프랑스'에 관하여 이렇게 말한다: "알프스와 피레네 사이의 아름다운 땅에서는 마르세유의 창건 이래로 고대 전체에 걸쳐 융성했던 로마와 특히 그리스 문화의 많은 흔적이 보전되었다. 그곳에서는 중세시대에 가장 먼저 여러 학문과 미술, 기술이 발달했고 시민생활의 제도들이 고유한 방식으로 발달했다. 그곳에서는 로마와 라틴, 스페인의 시문학이 아라비아의 시문학과 접촉했고,

그로부터 독특한 종류의 혼합물이 생겨났다. 사랑, 노래, 고결한 정신, 재치에 관한 부인들의 이른바 즐거운 예술과 재판정(품평의 마당-옮긴 이)이 그 땅에서 고유한 위치를 차지했다는 것, 시가(Poésie)는 그리스에서 호메로스의 시대처럼 잔치, 식사와 분리될 수 없는 것이었다는 것, 용기와 사랑을 노래하는 가수들이 그곳에서 생겨났고 모범을 찾았다는 것, 끝으로 단테와 페트라르카는 그들 민족의 범상한 수준을 넘어 용솟음치기 전에 이곳의 물을 먹었다는 것이 알려져 있다. 학문으로 말한다면, 남프랑스에서, 그것도 살레르노를 제외하면 이곳에서만 융성한 것은 특별히 의술이었다. 그밖에 유태인들이 그곳에서 수많은 학술단체를 세웠다. … 남프랑스의 도시들은 벌써 이른 시기에 유럽의 다른 지방에서는 아직 없던 자유와 독립을 구가했다. 힘 있는 지방 수령의 소재지인 뚤루즈에서도 독립적인 시청과 자유시민위원회가 행정을 이끌었고, 므와삭(Moissac)에서는 제후가 충성맹세를 받을 것을 생각할 수도 있기 전에 시의 제반 권리를 엄숙하게 선언해야 했다. 이런 상황하에 남프랑스에서 가장 먼저 기독교 세계의 부패에 대한 일반적 반감이 표출된 것, 그곳에서의 예배행위의 개혁과 지방어로 복음서의 번역이 압도적 필요사항으로 된 것, 그로부터 교회와의 무서운 전쟁이 발발한 것은 우리를 놀라게 할 수 없다. 이 전쟁은 결국 그 지역의 자유를 말살했고, 유럽에서 가장 번성하던 땅을 오랜 기간 동안 황무지로 바꾸었고, 프랑스 왕의 지배권을 지중해에까지 확장했을 뿐 아니라 서양에서 종교재판을 도입하도록 한 동기도 제공했다."[3]

12세기 초에 벌써 남프랑스에서는 이단이 아주 큰 세력을 얻어서 교황 갈리스토 2세는 1119년에 뚤루즈에서의 한 종교회의(Konzil)에

---

[3] *Weltgeschichte*, Frankfurt a. M. 1847, VII, S. 251, 252.

서 이에 대한 조치를 취할 필요를 느꼈다. 그러나 이단세력은 12세기 전 기간에 걸쳐 점점 커졌고, 점점 더 깊이 뿌리를 내렸다.

모든 큰 개혁운동에서 그렇듯이 이 운동에도 극히 다양한 관심과 목표를 가진 극히 다양한 계층들이 참여했으며, 이들을 단합하게 해준 것은 단 하나, 로마의 착취에 대한 증오였다. 그러나 그들 모두는 그들의 다양한 목표를 동일한 방식으로 달성하려고 했다. 그것은 원 기독교로 돌아간다는 방법이었다. 물론 각각의 이단적 경향은 그중에서도 다른 뭔가를 이해했지만, 공동의 적에 맞서 단결하는 것이 가치가 있는 일이던 동안에는, 투쟁하던 자들에게 흔히 의식에 떠오르지도 않던 분열적인 것이 아니라 공통적인 것이 당연히 부각되었다. 개별 경향들의 특징이 결코 불변하는 것이 아니라 시간과 장소에 따라 변화하는 것이었으며, 마지막으로 그 당시의 역사기술은 어느 때보다도 더 불완전했으며, 그때 이후로 거의 언제나 불완전했다는 것—왜냐하면 그것은 그 때마다의 투쟁하는 당파들이 나오게 된 사실관계와 그 당파들이 추구했던 사실적 노력보다는 이들의 환상과 주장을 언제나 더 대상으로 삼기 때문이다—을 고려한다면, 이 모두를 헤아려 본다면, 남프랑스 이단들의 분투에 관한 시각들이 서로 간에 영 다르다는 것에 우리는 놀라지 않을 것이다. 한쪽에서는 이들이—순결파라고 그들이 불리는 그대로 순결파(Katharer[4], 이로부터 이단 Ketzer이라는 호칭이 나왔다)가—모두 차이

---

[4] 그 말의 유래는 의심스럽다. 필시 그것은 그리스어에서 취한 것일 터이다. *Katharos*는 그리스어로 순수하다는 말이며, die Katharer는 그래서 청교도(die Puritaner)처럼 순수한 자들이 될 것이다. 그러나 물론 12세기에 남프랑스에서 그리스어가 그렇게 퍼져 있었다는 것은 받아들이기가 어렵다. 그 말을 독일어 고양이 'Katze' 혹은 수고양이 'Katzer'에서 왔다고 보는 해설자들이 가장 머리가 잘 돌아간다. 두 명의 '학식 있는' 예수회 회원 Jakob Grether와 Gottfr. Henschen은 그릇된 신앙을 가진 자들이 고양이들처럼 집회를 밤에 열기 때문에 Kater(수고양이)라고 불렸다고 여겼다. 다른 학자는 그들이 고양이 모양의 악마를 숭배하고, 고양이의 볼기짝에 입을 맞춘 데서 그런 호칭을 갖게 되었다고 생각했다.

가 없이 공산주의와 처(妻)의 공유를 설파했다고 주장하는가 하면, 다른 쪽에서는 또다시 반대쪽 극단으로 넘어가서 그들 중에 공산주의적 경향은 도무지 발견할 수가 없다고 선언한다. 첫 번째의 시각은 결정적으로 틀렸다. 그러나 후자의 시각도 근거가 없어 보인다. 특히 발도파에게는 공산주의의 명확한 흔적이 입증 가능하다.

이 종파의 창설은 대체로 삐에르 발도(Pierre Valdo)에게로 거슬러 올라간다. 많은 이들은 이 종파가 발도 이전에 이미 존재했다고 가정한다.[5] 연표상의 질문은 우리에게는 별로 중요하지 않다. 확실한 것은 발도가 리용의 부유한 상인으로서 그 주변의 심각한 빈곤을 보고는 자신의 부를 부끄럽게 여겨 자신의 소유와 재물을 (1170년경에) 가난한 자들에게 나누어주었고, 그와 같이 자발적 가난 속에서 살면서 온전히 가난한 자들과 불쌍한 자들을 섬기는 데 자신을 바친 동역자들을 규합했다는 것이다. 그의 이름을 붙인 종파를 그가 창설하지 않았더라도 그는 적어도 조직과 저변 확대에 대단히 크게 기여했고, 그 종파를 가장 먼저 세상에 드러냈다. 리용의 비천한 자들(낮은 자들) 혹은 가난한 자들(Povres de Lyon)이라 불린 이 종파의 구성원들은 주로 장인들, 특히 직조공들이었다.

1145년에 교황 에우제니오 3세는 이단세력에 사로잡힌 남프랑스로 사절을 파견했고, 성 베르나르(Bernhard)가 마니교도, 즉 이단자들을 물리치러 동행했다. "이 마니교도는 뚤루즈와 그 주변의 그곳 민중언어로 아리앵(Arriens)이라고 불리던 곳의 직조공들 중에서 막강한 추

"Catari dicuntur a Cato, quia osculantur posteriora cati, in cujus specie, ut dicunt, apparet eis Lucifer", Alanus, Lib. I. contra Waldenses, p. 4. Bei Mosheim, *Versuch einer unparteiischen und gründlichen Ketzergeschjichte*, Helmstedt 1746, S. 363ff.
[5] 이에 관해서는 F. Bender, *Geschichte der Waldenser*, Ulm 1850을 참조.

종자들을 얻었으므로, 사람들은 순수파(Katharer)가 이 세기에 관습적으로 떡세랑(Tixerands, 직조공)이라고 불리던 북프랑스에서 그랬던 것처럼 이 종파에게도 이런 호칭까지 부여했다."(F. Döllinger, *Geschichte der gnostisch-manichäischen Sekten im Mittelalter*, S. 91, S.131도 참조. München 1890)

로마의 종교재판관 '사이비 정화자'(Pseudo-Reiner)(그의 글은 원래 1259년 사망한 종교재판관 라이네리우스 사코니Reinerius Sachoni가 쓴 것으로 알려졌지만 그가 원작자라는 것은 의심스러운 것이 되었다)는 1250년경에 "*De Catharis et Leonistis*"라는 글에서 발도파를 조롱하기 위해서 이들에 대한 묘사를 했으며, 그들의 스승은 구두장이와 직조공 등 장인(匠人)이라는 것을 강조한다. 직조공은 그렇지 않아도 흔히 그 종파 구성원의 호칭으로 명명되었다.(다음을 참조. L. Keller, *Die Reformation und die älteren Reformparteien*, S. 18, 33, 120)

처음에 그 종파들은 교회에서 분리해 나올 의도를 보이지 않았다. 리용의 대주교가 그들에게 설교를 금지하자 그들은 교황 알렉산더 3세에게 그 허가를 청원했다. 그러나 그들의 가르침은 교황세력이 용인해 주기에는 너무 위험한 것으로 비추어졌다. 추후에 프란체스코 수도사들과 도미니코 수도사들이 그런 것처럼 교황을 섬기는 데 망설였기 때문에 더욱 그러했다. 그래서 루치오 3세는 1184년에 그들에 대한 파문을 선고했다. 그때부터는 교황의 교회와 그들의 연결은 영원히 끊어졌다.

그들의 공산주의는 원래 완전히 은둔적인 성격을 띠었다. 그들은 공산주의를 갈망했다. 그러나 누구나 재산공유의 거룩한 자리에 올라갈 자질을 타고나지는 않았다. 재산공유는 그들에게 또한 결혼에 대한 혐오와 결부되어 있었다. '완전한 자들'(*perfecti*)에게 공산주의, 그리고 필시 독신도 요구되었고, 후자는 최소한 희망이 되었으며, 결혼은 백안시되었다. '제자들'(discipuli)에게는 반대로 결혼과 세속적 재산은 허락된다. 그 대신에 이들은 이 세상의 허무한 것들로 번민할 일이 없는 완전한 자들을 부양할 의무를 진다. 이런 식의 공산주의는 한편에서는 플라톤적 공산주의를, 다른 한편에서는 또한 탁발수도사들의 공산주의를 생생하게 떠올리게 한다. 플라톤적 공산주의와는 남자와 여자의 지위가 평등하다는 점도 공통적이다. 여자들도 남자들과 똑같이 설교를 해도 좋다는 것은 교황이 정죄한 그들의 이단적 견해였다. 남자들과 여자들은 같이 돌아다니며 설교했고, 이런 상황에서 비혼(非婚)이 영구적인 순결과 같은 의미가 아니라는 것에 대해 신실한 자들은 감정이 상했다.[6]

그밖에도 주목할 만한 점은 그들에게 군역과 맹세의 거부가 있었다는 것과 좋은 민중교육을 향한 열심이 있었다는 것이다. 이미 언급한 '사이비 정화자'는 이렇게 말한다. "남녀노소가 모두 예외 없이 끊임없이 가르치고 배운다. 낮에 일하는 노동자는 밤에 가르치기도 하고 배우기도 한다. 그들이 그렇게 공부를 열심히 하기 때문에 기도는 적게 한다. 그들은 책 없이 가르치고 강의한다. … 이레 동안 배운 자는 그 나름대로 가르칠 수 있을 학생을 찾는다."[7]

발도파가 교황세력과 평화를 이루고 특권화된 교단이 되었더라면, 모든 수도회 공산주의가 다 그렇듯이 그들의 귀족적 공산주의는 착취

---

[6] "남녀가 동시에 길을 걷고 보통 동시에 한 집에 머무는 것으로 여겨졌고, 때로는 동시에 침대에서 눕는다고 하는 그들에 관한 이야기는 또한 모욕적이다.*Hoc quoque probrosum in eis videbatur, quod viri et mulieres simul ambulabant in via, et plerumque simul manent in una domo et de eis diceretur quod quandoque simul in lectulis accubabant.*" Chron. Ursperg. ad ann. 1212. Zitiert bei Gieseler, *Kirchengeschichte*, 2. Bd., 2. Abt, S. 325.)

[7] Zitiert bei A. Muston, *Histoire des Vaudois*, Paris 1834, S. 189, vgl. S. 449. 마지막 인용된 문장은 그들이 독자적인 교수방법을 만들었다는 것을 시사해준다.

의 근원으로 발전했을 것이다. 그러나 그들이 박해받는 종파로 남아 있었기 때문에 이 공산주의의 귀족적·착취적 요소는 제대로 펼쳐지지 못했다. 그 요소는 그들의 힘의 원천인 하층 민중계급의 민주적 경향과 융합될 수 없었다. 조만간 발도파에게는 그들의 공산주의가 민주적인 공산주의로 되든지 아니면 완전히 사라지든지 어느 쪽으로 귀결되어야 했다. 시대상황에 따라, 그리고 가르침의 담지자가 된 계급에 따라 그중 어느 하나의 일이 벌어졌다. 발도파들은 농민과 시민의 영향이 지배적인 경우에는 시민적-프로테스탄트적 종파가 되었으며, 프롤레타리아적 분자들이 주를 이룬 경우에는 공산주의적 '광신도'가 되었다.

그들은 남프랑스에 한정된 채로 있지 않았다. 우리는 발도파 자치공동체를 북이탈리아와 프랑스의 극히 다양한 지역, 종국에는 독일과 보헤미아에서도 발견한다. 이 모든 자치공동체는 서로 긴밀한 교류를 유지했다. 왜냐하면 발도파의 성직자들(이른바 돌잉어Barben들)에게는 끊임없는 여행이 의무로 되었기 때문이다. 우리가 앞 장에서 이미 언급한 바 있는 중세 공산주의자들의 긴밀한 지방 간 결합을 우리는 이미 발도파에게서 발달되어 있는 형태로 발견한다. "사도들처럼 옛 발도파 성직자들은 거의 상시적으로 돌아다녔고, 가장 멀리 있는 자치공동체와 동료 성직자들을 방문했다(신도들의 거주지를 그들은 문과 지붕에 붙어 있는 특정한 표시로 알아보았다). 흔히 이 여행은 독일과 보헤미아처럼 멀리 떨어진 고장에까지 이어졌다. … 보헤미아의 발도파는 프랑스와 피에몬테(Piemont)의 교우들과 지속적인 친밀한 교류를 유지했다. 이는 믿음의 형제적 공동체에 기반을 둔 것이었다. 그들은 돈으로 서로를 후원했다. 특히 설교자들이 피에몬테 골짜기에서 보헤미아로 형제들을 찾아왔고, 보헤미아의 형제들은 청년들을 피에몬테 골짜기로 보내어 그곳에서 성직교육을 받게 했다."[8]

남프랑스의 이단세력이 교황청의 지배권을 위협할 만큼 강했기 때문에 교황청은 북프랑스의 강도(强盜) 기사집단과 그밖의 강도단에게 원조를 청했고, 이들을 이른바 십자군으로 조직하여 부유한 이단적 도시와 지방을 습격하고 몰아대며 아주 잔혹하게 황폐화하고 유린하였다. 수십 년간 남프랑스의 저항이 지속되었다. 이단파의 수도들 중 하나인 알비(Albi) 시의 이름을 따른 알비파 전쟁은 1208년부터 그 세기의 30년대까지 계속되었다. '반도'(叛徒)의 종국적 패퇴로부터 나온 이익은 교황청이 아니라 거덜이 난 들녘을 점령하여 그것으로 자신들의 위세의 기초를 둔 프랑스 왕실이 차지했다. 프로방스는 1245년에 샤를르 당주(Charles d'Anjou)에게 함락되었고, 뚤루즈 백작령은 1249년에 '성' 루이가 합병했다. 단테의《신곡》'연옥' 편 20번 노래에서 까뻬티앙(Capétien) 프랑스 왕족의 시조 위고 까베(Hugo Cabet)는 다음과 같이 읊조린다.

"거액의 프로방스 지참금이
아직 내 피에서 부끄러움을 빼앗아가지 않던 동안은
나의 피, 그것은 별것도 아니었고 악행도 저지르지 않았네.
그러다가 이제 거짓말, 폭력 등과 함께 강도짓을 시작했지."

프랑스 왕실은 알비교 이단보다 교황들에게 더 혐오스러운 것이 되었을 것이다. 왜냐하면 교황들을 자신의 도구로, 포로로 만들었을 정도로 강해졌기 때문이다.

그러나 교황들이 알비파 전쟁에서 아무리 성과가 없었다고 해도 이

---

8 Bender, *Geschichte der Waldenser*, S. 46, 116.

전쟁은 13세기 초의 이단종파들에게서 그들의 확실한 작전 근거지를 빼앗았다. 발도파도 마찬가지로 그 피해를 입었을 것이다. 그들은 대도시에서 비밀결사원으로서만 여기저기서 명맥을 유지할 수 있었다. 운동의 무게중심은 외진 곳 알프스 골짜기로 옮겨졌고 그곳에서 발도파는 자연스럽게 농부가 되었다. 그 종파는 그곳에서 소농민적·민주적 성격을 유지했으며, 이런 형태로 오늘날까지 사부아(Savoie)와 피에몬테의 몇몇 골짜기에서 보존되어온다.

3. 사도형제단

이단종파 일반과 함께 이단공산주의도 진압되었다. 프롤레타리아적, 공산주의적 경향들은 은둔 수도사적, 친교황적 형태로만 활동할 수 있는 것처럼 여겨졌다. 그러나 우리는 위의 프란체스코 수도회의 논의에서 탁발수도회의 공산주의가 부유하고 착취적인 교회에 반기를 들기 쉬운 분자들을 포함하고 육성했다는 것을 보았다. 교황청의 불신과 박해는 광신도 가운데 친프롤레타리아적 분자들을 쉽게 양자택일로 몰고 갔다: 일체의 활동을 포기할 것인가 폭동을 일으킬 것인가. 상황이 호의적이었다면 후자가 큰 비중을 차지할 수 있었다.

이런 식으로 북이탈리아에서는 아주 강력한 이단적 공산주의 종파, 사도형제단 혹은 파타레너(Patarener)가 생겨났다.

빠따리아(Pataria)라는 호칭을 하층 민중계급의 운동에 사용하는 것이 그 당시에 이탈리아에서는 아주 빈번했다. 이미 11세기에 우리는 밀라노와 브레시아, 크레모나, 삐아첸짜에서 빠따리아들을 발견한다. 그 호칭은 방언으로 낡은 아마포, 누더기를 뜻하는 빠떼스(pates)에서 유래한다. 빠따리(patari)는 넝마주이들이었다. 18세기에도 밀라노에는 빠따리아 혹은 꼰뜨라따 데 빠따리(contrata dé patari)라는 넝마주이 거주지가 있었다.

초창기의 넝마주이 운동들 중에 가장 중요한 것들은 1058년에 밀라노에서 시작된 운동이었다. 그 운동들은 하층 민중계급에서 출발했고, 부유한 성직자계층과 도시 귀족층에게 맞섰다. 이 도시적·민주적 운동이 이른 시기에 시작되었다는 것과 아울러 주목할 만한 것은 이 운동이 교황청의 지원을 구했고 또 얻어냈다는 것이다. 부에 관해서 로마교회와 겨룰 수 있었던 밀라노의 성직자계층은 그들의 주권을 인정하고 싶지 않았다. 이 밀라노의 성직자계층은 그래서 밀라노의 민중세력과 교황청의 공동의 적이었다. 양자는 그들의 목적을 달성했다. 밀라노의 성직자계층은 로마에 굴복해야 했고 귀족적·성직자적 통치 대신에 시민적 통치가 등장했다.

역사 기록자는 밀라노의 넝마주이 운동을 프롤레타리아 운동이라고 즐겨 부른다. 그러나 11세기 중엽의 밀라노 프롤레타리아 계층이 아주 특출한 역할을 수행할 정도로 이미 강했다는 것을 인정하기는 어렵다. 그 빠따리아 운동은 어쨌든 귀족 통치에 대항한 시민운동이었다.

12세기에 이탈리아에서는 발도파를, 때로는 또 다른 이단을 빠따리노라고 불렀다. 13세기에 그 호칭은 사도형제단에게로 넘어갔다.

이 종파의 창설자는 빠르마(Parma) 근처 마을 알짜노(Alzano) 출신 제라르도 세가렐리(Gerardo Segarelli)였다. 그는 프란체스코 수도회에 입회를 신청했으나 거절당했다. 이제 그는 자기 소유를 가난한 자들에게 나눠주고, 1260년경 손수 종파를 하나 창설했다. 곧 그는 특히 롬바르디아의 하층 민중 가운데서 큰 추종세력을 발견했다.

"그들은 모두 서로 간에 초기 기독교인의 방식대로 자매와 형제라고 불렀다. 그들은 엄격한 가난 속에서 살았고, 자기 집도, 내일을 위한 비축물도, 또 뭔가 편의와 안락에 속하는 것도 가져서는 안 되었다. 그들에게 배고픔이 생겨나면 그들은 지도자들에게 밥을 달라고 했지만, 뭔가 특정한 음식을 간청하지는 않았으며 그들에게 건네지는 것은 무엇이나 가리지 않고 먹었다. 그들에게 들어가는 재산가들은 재산 소유를 포기하고 이를 형제단의 공동소유로 내놓아야 했다."[9] 결혼은 그들에게 금지되었다. "참회를 설교하러 세상에 나아간 형제들은 사도들처럼 한 자매를 데리고서 돌아다닐 권한이 있었다. 단, 아내로서가 아니라 조수로서만 그럴 수 있었다. 그들은 그들을 수행하게 했던 여성 동지들을 그냥 그리스도 안에서의 자매라고 칭했으며 그들이 그 여성들과 혼인이나 불순한 공동체 속에 살지 않는다고 끊임없이 부인했다. 이들과 잠자리를 같이 했는데도 말이다."[10]

모스하임은 확실한 기록이 아니라 물론 단순한 개연성에 근거하여 이 혼인과 재산소유의 금지가 사도들이나 '선동자들'에 대해서만 효력이 있고, 공동체의 형제들에게는 적용되지 않았다고 가정한다. 그렇다면 그들은 발도파와 아주 가깝게 된다. 확실한 것은 그들이 공산주의를

---

[9] Mosheim, *Ketzergeschichte*, S. 224. 모스하임은 사도형제단을 역사 기록을 위해 새로이 발굴했고 그의 《이단사》(*Ketzergeschichte*)세 권에 상세히 그리고 호의적으로 다루었다. "필시 내가 이 특별한 집단을(여기서는 경멸적 의미에서가 아니라 '종파'와 같은 뜻으로 사용하는 말이다) 죽음에서 깨워 일으켜 빛으로 이끌어냈다는 작은 명성을 내게 주는 데 아무도 인색하지 않으리라." S. 196.

[10] Mosheim, a. a. O., S. 226. S. 321ff 참조. 우리가 이미 알듯이 비슷한 사항이 발도파에 대해서도 그리고 기독교 처음 수백 년 동안의 신실한 교인들에 대해서도 설명이 된다. "비겁한 도피를 경멸하는 아프리카의 따뜻한 기후의 처녀들은 적들과 가장 숨 가쁜 접전을 벌였다. 그들은 사제와 부제들이 침대를 같이 쓰도록 허락했으며, 불꽃이 피어오르는 중에도 그들의 흠 없는 순결을 자랑했다. 그러나 모욕당한 자연은 이따금 그녀들의 정절에 대해 앙갚음했다. 그리고 이 새로운 종류의 순교는 교회에 새로운 분노를 초래하는 데 기여했을 뿐이다."(Gibbon, *Verfall und Untergang des römischen Weltreichs*, S. 381)

완전함의 면제할 수 없는 전제조건으로 선언했다는 것이다.

이 새로운 사도들은 처음에는 아주 신중하게 처신했다. 그들은 공개적으로 교회에 전쟁을 선포하는 것을 경계했다. 밤에 열리는 비밀집회에서 그들은 새로운 구원의 복음을 가르쳤다. 모든 나라로, 스페인과 프랑스와 독일로 사도들을 파견하였다. 그곳에서 그들은 아주 다수가 되었고 1287년 루돌프 황제가 참석한 가운데 거행된 뷔르쯔부르크(Bürzburg)에서 열린 종교회의는 그들을 반대하는 특별법을 반포했다. 이는 누구든지 그들을 받아들이거나 그들에게 음식과 음료를 제공하는 것을 금지하는 것이었다.

그러나 이미 더 이른 시기에 이탈리아에서는 공산주의적 광신도가 주의를 끌었다. 1280년에 빠르마의 주교는 그들에 관한 소식을 입수하여 이는 그로 하여금 세가렐리(Segarelli)를 체포하게 한 동기가 되었다. 교황 호노리오 4세가 사도회에 대한 조사를 지시했는데 그 결과 사도회는 그다지 위험하지 않은 것으로 드러났다. 또한 이 사도회는 특권이 부여된 양대 탁발수도회인 프란체스코 수도회와 도미니코 수도회의 경쟁자에 불과한 것으로 여겨졌다. 1286년에 사도회는 교황에 의해 금지되었지만 세가렐리는 석방되었고 동시에 물론 빠르마에서도 추방되었다.

다른 많은 추방 사건처럼 이번의 추방도 또한 근절해야 했던 악을 증대하는 데 기여했다. 세가렐리는 이제 북이탈리아 전역을 휘젓고 다니면서 가르침을 펼쳤다. 사도형제단은 교황청에 굴복하지 않았고 맹약은 해소되지 않았다. 이제 더 기승을 부리게 된 박해는 불에 기름을 끼얹은 격이 되어 사도형제단과 교회와의 결별을 부채질했다.

세가렐리는 1294년에 다시 붙잡혔고, 어떤 사람 말에 따르면 1296년에, 또 어떤 사람 말에 의하면 1300년경에 화형에 처해졌다고 한다.

그러나 그것으로 운동은 사멸하지 않았다. 세가렐리 대신에 훨씬 더 대담하고 단호한 선동가, 행동의 사나이 돌치노(Dolcino)가 등장했다. 이 사람은 13세기 후반에 베르첼리(Vercelli) 인근의 프라토(Prato)에서 태어났다. 그의 부친인 사제 율리우스는 필시 노바라(Novara)의 토르니엘리(Tornielli) 귀족 가문 출신일 것인데, 그는 은자였으나 독거생활을 하는 것은 아니었으니 돌치노의 어머니와 같이 살았고 그녀와 결혼생활을 했던 것이다. 그는 자기 아들을 부끄럽게 여기지 않았고, 그 아들에게 훌륭한 교육을 시켰으며, 베르첼리(Vercelli)에서 성직자 신분을 얻도록 준비시켰다. 경솔한 행동으로 자기 선생의 소유에서 돈 몇 푼을 훔쳐낸 것이 그 젊은이가 도망치는 동기가 되었다. 그 사건은 결말이 나지 않았는데도 말이다. 그는 트리엔트로 가서 프란체스코 수도원에 신입회원으로 들어갔다.

얼마나 오랫동안 그곳에 머물렀는지는 알 수 없다. 그의 인생 연표가 그 당시에 대체로 극히 불확실하기 때문이다. 확실한 것은 그가 아직 수도원에 체재하고 있던 동안에 사도형제단의 교리를 알게 되었다는 것이다. 그 교리는 반골 프란체스코 수도사들인 프라첼리파 교리와 상당히 유사했고 그들의 수도원에서 수많은 추종자를 얻었던 것이었다. 그는 그 교리를 자신의 재기발랄한 영혼의 완전한 감각으로 파악하였고, 곧 그 교리의 탁월한 대변자 중 한 사람이 되었다. 그가 그 종파에 가입한 것은 1291년 중이었을 개연성이 있다.

수도원 체류는 그에게 점점 더 견딜 수 없는 것이 되었다. 그는 아직 수도자 서원을 하기 전에 뛰쳐나갔다. 그 직후에 그는 트렝크(Trenk)의 마르게리타(Margherita)를 알게 되었다. 그녀는 성 까따리나(Katharina) 수녀원에 있었다. 모든 보도자가 돌치노에게 있던 것과 같은 마르게리타의 활기찬 아름다움을 찬미한다. 이는 양자에게 있어 높은 이해력과 희생적인 열정, 용기, 결단력과 짝을 이루었던 아름다움이다. 두 사람이 극히 열렬하게 서로에게 호감을 느꼈던 것도 놀랄 일이 아니다. 마르게리타와 가까이 있기 위해 돌치노는 그녀가 머물던 수녀원에 머슴으로 들어갔으며, 그녀를 자기 이상으로 삼았고 그녀에게 결국 그와 함께 도망치도록 결심하게 했다. 그때부터 그녀가 죽을 때까지 그들은 신념을 위해 공동으로 투쟁했다. 그들의 적대자들이 주장한 바에 따르면, 법적인 결합관계는 아니었어도 부부관계를 유지했고 돌치노 스스로가 설명한 바에 따르면 항상 오직 형제와 자매로서만 서로 교류했다. 후자는 물론 사도형제단 교리에 더 부합했고, 반면에 전자는 인간 본성에 더 들어맞았다.

그 한 쌍의 남녀는 롬바르디아로 도망쳤고, 그곳에서 돌치노는 곧 세가렐리 다음으로 높은 자리에 올랐으며, 세가렐리가 죽은 뒤에는 운동의 최고지도자 위치에 도달했다. 그러나 박해가 너무 심하여 그는 이탈리아에서 명맥을 유지할 수 없었다. 이 도시 저 도시로 쫓겨 다니다 그는 결국 달마티아에서 도피처를 찾았다. 그곳에서 여러 통의 편지를 이탈리아에 남아 있는 형제들에게 부쳤고, 그들은 그 편지들을 전단(傳單)처럼 배포했다.

세가렐리의 가르침과 아울러 돌치노에게 특히 영향을 끼쳤던 것은 수도원장 요아힘 폰 피오레의 가르침이었다. 우리는 이미 그를 언급한 바 있다.(251쪽 이하) 그러나 요아힘이 세 사회 상태를 구분하고 보편적 수도원 제도(Mönchtum)를 세 번째이자 최고의 상태로 간주했다면, 돌치노는 이를 뛰어넘었다. 14세기 초에는 이미 탁발수도회에 대한 경험이 충분히 쌓여서 이 수도회가 재산의 공유를 실현할 수단이 되지 못한다는 것을 알 정도가 되었다. 돌치노는 성 프란체스코와 성 도미니코가 추종자들에게 가난과 겸손에 대한 사랑, 돈과 권세에 대한 멸시를 가르치면서 가난한 자들을 위해 베푼 공덕을 찬양했지만, 그는 또한 그들의 노력이 결국에 가서는 허무한 것으로 드러났음을 언급했다. 프란체스코 수도사들과 도미니코 수도사들이 주택을 건축해 그 건물들에 구걸하여 얻은 것들을 축적했다는 것이다. 그들은 그로써 교회 전체의 타락에 사로잡혔다는 것이다. 이를 정화하려고 한다면, 수도원 체제 전체를 폐지하고 최초 사도공동체의 방식과 방법을 일반적으로 재도입해야 한다는 것이다.

그러나 누가 그것을 실행에 옮길 것인가? 공산주의자들이 단독으로 할 것인가? 온갖 신비적 광신과 기적에 대한 믿음이 있다고 해도 그들은 자신들의 능력이 그 일에 충분치 못한 것을 인정해야 했다.

요아힘 수도원장의 제자들처럼 돌치노도 처음에는 왕족 신분의 메시아에 대한 희망을 품었다. 요아힘의 제자들이 호헨슈타우펜 가문의 제2의 프리드리히를 믿었다면, 돌치노는 아라곤의 왕 페드로 3세의 아들인 또 다른 프리드리히(페데리코)를 믿었다. 이 페데리코가 교황의 권좌를 빼앗고, 교황과 추기경, 주교, 사제, 수사와 수녀 들을 죽이리란 것이다. 사도공동체의 일원이 된 자들만 살아남고 그들만이 세상이 기다리는 영광에 참여하게 되리란 것이다.

돌치노는 유태 예언자들과 묵시록에 근거를 두었다. 그러나 그는 결코 이런 논리만을 믿을 만큼 머리가 나쁜 열광자는 아니었다. 그는 세상의 흐름을 예리하게 관찰했다.

남프랑스에 이웃한 아라곤 왕국은 남프랑스처럼 교황청에 반항한 나라들에 속했으며 이는 비슷한 이유에서였다. 알비파 전쟁에서 아라곤은 이단 편에 섰다. 아라곤의 페드로 2세는 처음에는 중재를 하려고 했지만 결국에는 공개적으로 무력으로써 알비파를 지지했고, 알비파와 함께 십자군에 맞서 출진해 (1213년 뮈레 전투에서) 전사했다. 페드로의 아들 하우메 1세도 알비파에게 원군을 보냈다. 그의 아들 페드로 3세 역시 프랑스의 꼭두각시가 된 교황청과의 갈등에 빠졌다. 프랑스인들을 시칠리아에서 몰아내도록 한 시칠리아의 학살 후에 페드로는 시칠리아를 정복했다. 교황 마르티노는 페드로 3세에게 그의 왕국에 대한 권리상실을 선언했고, 그 왕국을 프랑스 왕의 동생 샤를르 드 발루아(Charles de Valois)에게 공여했다. 그러나 페드로 3세는 교황과 프랑스에 저항했다.

1285년 시칠리아에서는 페드로 3세에 뒤이어 그의 둘째 아들 하우메 2세가 왕위를 계승했다. 그가 큰 형 알폰소 3세의 죽음으로 아라곤의 왕위를 차지했으므로, 시칠리아는 그의 동생 페데리코 2세에게 돌아갔다(1294년).

페데리코와 동시에 극히 비열하고, 극히 탐욕적이며 정력적인 교황 중 한 사람인 보니파시오 8세가 등극했다. 그리고 이제 양자 간에는 거의 1백 년을 끈 맹렬한 싸움이 벌어졌다. 돌치노의 페데리코에 대한 희망은 그래서 결코 환상적인 꿈이 아니었다. 그 희망은 아라곤 왕실의 전통에, 그리고 시칠리아 지배자의 작금의 형편에 아주 확고한 근거를 둔 것이었다. 돌치노의 오류는 이 싸움에서 쏟아진 위대한 말들을 액면 그대로 받아들여 순간적 이익을 둘러싼 싸움을 원칙상의 싸움으로, 전리품을 얻으려는 싸움을 착취에 반대한 싸움으로 믿었다는 것이다. 그럼에도 이것은 그후 여러 명의, 흔히 아주 머리가 깨인 사상가들과 공통된 환상(幻像)이었다.

1300년에 쓴 그의 첫 번째 편지에서 돌치노는 보니파시오 3세에 대한 페데리코의 승리를 1303년에 있을 것으로 예언했다. 보니파시오는 정말로 그해에 사망했지만, 페데리코에 의해 살해된 것이 아니라 콜로나라는 거대한 로마 귀족 가문과 대립하다가, 그리고 탐욕과 음흉함과

정력에서 보니파시오와 경합한 프랑스의 필립 4세와 대립하다가 사망한 것이다.[11]

그 결과는 교황청의 궤멸이 아니라 필립 4세와 평화를 이룬 유화적인 교황 베네딕토 11세의 선출일 뿐이었다.

이제 기다리던 급변이 지체되자 돌치노는 두 통의 편지를 더 썼고, 그중 두 번째 편지는 분실되었다. 앞의 편지에서 (1303년 12월에) 그는 이렇게 공언했다. 1303년에는 그가 예언한 것처럼 '정오의 왕 보니파시오에 대한 재앙'이 일어났다는 것이다. 새해에는 새로운 교황이 그의 추기경들과 함께 페데리코 2세에게 맞아 죽을 것이며, 1305년은 하급 성직자계층의 죽음의 해가 되리란 것이다.

이 예언은 첫 번째 예언보다는 덜 성취된 듯하다. 오히려 베네딕토 11세는 1304년에 프랑스와 화해한 후에 시칠리아 왕과도 평화조약을 맺었다. 그래서 이 시칠리아 왕은 돌치노의 동맹자로서 더 이상 고려될 수 없었다.

이 서신을 쓴 직후—필시 그 이전에—이미 우리는 이탈리아에 있는

---

[11] 보니파시오 8세의 종말은 로마에 있는 교황들이 유물론적인 19세기 때보다 신실한 중세에 얼마나 더 불안했는지를 보여주는 극적인 예이다. 필립은 빌헬름 로가렛(Wilhelm Rogaret)에게 거금을 주어 이탈리아로 보냈다. 이 자는 콜로나 가문(Colonnas)과 공모했다. 아나니(Anagni)에서 그들은 보니파시오를 습격했고 '교황 타도'를 외치면서 그를 붙잡았다. 걷잡을 수 없는 분노가 그를 엄습했고, 그가 감수해야 했던 가혹한 대우가 그 분노를 광기로 솟아오르게 했다. 한바탕 소동으로 보니파시오는 풀려났지만, 콜로나 가문으로부터 안전하게 있기 위해 그는 오르지니 가문(Orsinis)에 자신을 의탁했으나 이들도 그를 체포했다. 그 때문에 그는 노발대발했고, 그것이 그의 목숨에 종말을 가져왔다. 볼떼르가 이렇게 말한 것은 옳았다. "그런 식으로 이탈리아에서는 거의 모든 교황, 힘이 지나치게 강해지려고 했던 교황들을 다루었다. 교황들은 왕국들을 분배했지만, 자기 왕국에서는 박해를 받았다."(*Essay sur l'histoire générale*, ch. LXI)

20세기의 교황청 숭배자들은 중세의 상황을 다시 찾고 싶어할 아무런 이유가 없다. 그리고 오늘날 성직자를 씹어대는 자들은 자신들의 용감성을 특별히 잘난 체할 아무런 이유가 없다.

돌치노를 발견한다.[12] 그는 안전한 은신처를 떠나 교회와 국가, 사회에 맞선 공개적 투쟁을 시작하려고 무장한 군대의 선두에 서서 피에몬테로 진주했다. 이는 서양에서 최초의 공산주의적 무장봉기의 시도였다.

페데리코에게 둔 희망은 믿을 수 없는 것으로 드러났다. 그러나 교황과 다투는 군주와는 완전히 다른 혁명적 위력을 지닌 다른 원조자가 농민전쟁에서 공산주의적 열광자들에게 나타났다. 그 봉기가 1307년까지 이어질 수 있었던 것도 그의 덕분이다. 원 기독교 의미에서 사회의 재생을 위한 봉기는 농민전쟁이 되었다.

4. 농민전쟁의 경제적 뿌리

농민전쟁은 중세의 마지막 세기들에서는 드문 일이 아니었다. 도처에 인화물질이 충분히 쌓여 있어 불을 붙이는 데는 불꽃만 필요했다.

이를 쉽게 이해하려면 우리는 농민 계층의 형편에 도시제도의 발달이 초래한 변화들을 살펴보아야 한다.

도시의 발생은 공산품만이 아니라 농업생산물을 위해서도 시장을 창출했다. 도시의 시민인 상인과 장인은 도시가 성장할수록 그들이 필

---

12 모스하임은 돌치노가 1304년 초에 편지 쓰기를 마친 뒤 달마티아를 떠났다고 진술한다. 돌치노의 전기 작가 크로네(Krone)는 (*Fra Dolcino usw.*, S. 39) 피에몬테 침입을 1303년 말의 일로 본다. 돌치노가 자유의사로 그 폭동을 초겨울에 일으켜 동계 출정으로 시작해야 했다는 것은—피에몬테의 겨울은 흔히 아주 매섭다—우리가 보기에 별로 개연성이 없다. 그러나 외적인 상황이 그를 그렇게 하도록 몰고 갔을 수 있다. 모의의 거사 시점은 항상 모의자들 마음대로 되지 않는다. 그의 계획이 알려지게 될 위험성 혹은 그가 1303년에 그 일이 터질 것이라고 예언해주었던 것을 들은 그의 동지들의 재촉이 꼭 적당하지 않은 시점에 시작하도록 그를 압박했을 수 있다. 돌치노와 관련 있는 사건들의 연표 전체는 무섭게 뒤엉켜 있다.

요로 하는 모든 식량과 원료를 스스로 생산할 능력을 갈수록 상실했다. 그들은 주위의 소농과 대농에게서 필요 이상으로 생산한 잉여물을 사들였고, 그 대가로 스스로 생산하거나 수입한 공산품을 팔거나 돈을 주었다. 농민들은 손에 돈을 쥐었다. 그 결과 자연스럽게 현물공납과 부역을 화폐지대로 전환하려는 노력이 이어졌다. 지주들이 스스로 이 변화를 원하는 경우가 많았으며, 이는 그들이 이제 또한 돈을 필요로 하기 시작했기 때문이다. 그러나 농민들도 흔히 이와 같은 방향으로 노력했을 것이다. 왜냐하면 이 변화는 농민들을 자기 소유와 재물을 자유롭게 처분할 수 있는 자유인으로 만들어주었기 때문이다.

양쪽 계급이 이렇게 같은 방향으로 노력한 것이 그저 조화와 만족을 낳았을 것인가. 결코 그렇지 않았다. 우리는 이미 현물급부 체제하에서는 급부량을 증대하려는 움직임이 결코 크지 않았다는 것을 언급한 바 있다. 그것은 주인과 그 식솔들의 육신적 필요사항에 따라 한정되었다. 반면에 돈에 대한 탐욕은 한이 없다. 사람이 가지는 돈이 너무 많다고 할 수는 없기 때문이다. 그래서 우리는 지금부터 농민 부담을 인상하려는 지주들의 훨씬 더 강한 충동을 목도하게 된다. 그러나 동시에 그에 대한 반대 압력도 커져갔다. 자신들의 잉여를 현물로 납부하는 것은 그들이 이를 판매할 수 없었던 동안에는 농민에게 그다지 무거운 희생을 요구하지 않았다. 그러나 잉여물을 판매할 시장이 생겨나면서 잉여 또는 그로부터의 소득을 지주에게 납부하는 것은 곧 필수품이 될 향유물의 포기를 의미했다.

이 대립에서 또 하나의 대립이 아울러 발생했다. 도시 발생 이전에 농민은 압제자에게서 피신해 있을 은신처가 없었다. 도시는 이제 농민에게 도피처를 제공했고, 상당수 농민이 그 기회를 활용했다. 다른 부유한 농민들은 지주들의 재정적 곤경을 활용하여 자신들의 부담을 완전히 느슨하게 할 줄 알았다. 이처럼 부역민의 수는 크게 줄어들었고, 부역농장의 경제운영은 그 때문에 괴로움을 겪었다. 그래서 도시체제의 영향하에서 농민들이 기존의 부담을 벗어던지거나 느슨하게 하려는 노력을 키우던 바로 그 시대에 지주들은 농민들을 장원에 가능한 한 더 긴밀히 묶어두고 그들의 부역을 증대하려는 노력을 키워갔다.

그리고 이에 세 번째 대립이 추가되었다. 농업생산물이 가치를 갖게 됨으로써 농산물이 나오는 토지도 가치를 얻었다. 그리고 이미 경작된 땅만 그런 것이 아니었다. 도시들이 권세와 명망을 달성함에 따라 인구가 아주 희박해서 토지가 무진장으로 여겨지고, 땅을 경작하고자 하는 자라면 농민들이든 콜로누스들을 거느린 권세 있는 지주이든 아니면 수도자들의 단체이든 누구에게나 마르크 조합이나 지주로부터 필요로 하는 만큼 많은 땅이 돌아가던 시대는 지나갔다. 또한 경작이 가능한 토지 전체가 경작되는 데는 아직 한참 남았지만 이미 인구 밀도가 아주 높아서 토지는 더 이상 무진장으로 있는 것 같이 여겨지지 않았다. 토지 소유는 특권이 되기 시작했으며, 그것도 아주 비싼 특권이 되어 곧 이를 둘러싼 극심한 투쟁이 불붙었다. 한편으로 마르크 조합들은 문을 닫아걸었고, 토지 전체를 그 당시에 조합을 이룬 가족의—공동—사유재산이라고 선언했다. 도시의 선례에 따라 이제 농촌에서도 마르크 조합과 아울러 저급 권리를 지닌 자치공동체 구성원 계층이 형성되기 시작한다.

그러나 다른 한편으로 마르크에서의 권세가 지배적이던 지주들은 마르크에 대한 소유권을 독점하여 마르크 조합원들에게는 약간의 용익권(Nutznießungsrechte)을 특별히 허락하면서 그것을 자기 사유재산으로 변화시키려고 시도했다.

경제발전이 진전해갈수록 이 모든 대립은 더욱 첨예화되었고, 지주와 농민 간의 분노는 한층 커졌으며, 양자 간의 상호 충돌은 더 쉽게 벌어졌다. 이는 대부분이 지방적 성격을 띠었을 뿐이지만, 상황에 따라서는 동시에 전체 지방으로, 전체 주로 확장되었고 무서운 전쟁—농민전쟁—이 되었다.

이 투쟁에서 전운(戰運)은 왔다 갔다 했다. 그러나 일반적으로 13, 14세기에—이탈리아에서는 더욱 일찍이—농민의 처지는, 간혹 패배했음에도 지속적인 향상일로에 있었다.

이는 피착취 계급의 처지가 개선되면서도 그들과 착취 계급과의 대립이 첨예화될 수 있다는 데 대한 명확한 증거가 된다. 변호자들—독일어로 말치레하는 사람(Schönfärber)—즉, 오늘날의 부르주아 경제학자들이 노동자들에게 그들의 처지가 개선되었다는 것, 그래서 사회주의적 노동자 운동 전체가 부당하며, 그저 오해에 근거를 둔다는 것을 설명하려는 시도보다 더 우스운 것도 없다. "프롤레타리아 계급의 상승하는 계급운동"에 대한 그들의 모든 해설이 사실일지라도, 이는 아무것도 증명해주지 못할 것이다. 그 양반들은 반백년도 더 전에 마르크스와 엥겔스가 발견한 것을 지금은 이미 알았을 수 있을 것이다. 그것은 사회민주주의 (공산주의) 운동이 곤궁함이 아닌 계급대립, 계급투쟁의 산물이라는 것이다. 그리고 계급투쟁이 줄어든다는 것, 계급대립이 완화된다는 것은 장밋빛 그림을 그리는 울프나 브렌타노도 주장하려고 해서는 안 되었던 것이리라.

농민의 처지가 개선된 데 대한 이유들은 부분적으로는 이미 말한 것에서 추려낼 수가 있다. 도시들은 농민들에게 뒷받침을 해주었고, 농민들은 이를 잘 활용했다. 법적 예속화와 신체적 강제도 도시가 도주한 농민에게 보호처와 우산을 제공한 경우에는 별 소용이 없었다. 농민들의 노동력을 확보하기 위해서 지주는 그들을 더 잘 대우해주고 그들의 생존을 더 견딜 만한 것으로 만들어주는 것에 동의해야 했다.

많은 경우에 이를 거든 것은 지주의 재정적 궁핍이었다. 12세기에 기독교 세계는 그들을 위협하던 적들에게서 자신을 방어할 뿐 아니라 그 적들 중에서 부와 높은 문화 수준으로 기독교인 전사와 사제 계급의 약탈욕을 자극하던 적들에 대한 공세로 전환할 정도로 충분히 강했다. 그 적들은 동방인들이었다. 십자군 원정은 모든 나라에서 온 모험적이고 전리품에 욕심이 많은 봉건영주가 극히 활발하게 참여하며 시작되었다. 그러나 십자군 원정은 오늘날의 식민정책과 약간의 유사점이 있다: 그것은 커다란 환상을 안고 시작되었으나 비참하게 끝났다. 그 결과는 그것이 초래한 희생과는 아무런 관계도 없었다. 그러나 한 가지 점에서 그것은 아주 유리한 쪽으로 오늘날의 식민정책과는 구분되었다. 오늘날에는 '국가 관념'(Staatidee)의 발달 덕분에 이 정책의 희생을 감내해야 하는 것은 국가, 즉 세금납부자인 인구대중이다. 그것에서 발생하는 이익은 몇몇 모험가와 상인이 차지한다.

'어두운' 중세 때는 그렇지 않았다. 우리가 말하는 의미의 국가권력은 없었다. 부자가 되려고 동방으로 향한 영주들은 국가 비용으로 원정을 단행한 것이 아니라 자신의 비용으로 출정했다. 그리고 원정이 실패한 경우에 그들이 그 위험을 떠안았고 국가가 떠안지는 않았다. 십자군 원정은 여러 도시를 부유하게 했으며, 특히 우리가 이미 언급한 이탈리아에서 그랬다. 그러나 유럽 귀족의 상당 부분을 파멸케 했다. 반면에 그것은 나머지 귀족들을 유럽에서는 큰돈을 들여야만 가질 수 있던 고급문화의 산물에 대한 욕구로 전염시켰다. 귀족들의 돈 욕심이 급속하게 커진 것도 놀랄 일이 아니다. 그 욕심이 농민을 더 세게 쥐어짜려는 노력을 불러왔다면, 그것은 흔히 또한 지주가 채무 가운데 몰락하고 돈을 얻기 위해서 농민이 일정한 금액으로 자신의 부담을 벗어나는 데 기꺼이 동의하는 상황을 초래하기도 했다. 큰 귀족은 이런 상황에서 비교적 적게 시달렸고, 작은 귀족은 그 시대에 급속히 추락하여 독립성을 완전히 상실한 것과 다름없었다.

끝으로 또 한 가지 상황이 주목할 만하다. 인구가 증가하는 동안에 마르크 조합들의 폐쇄와 지주들에 의한 마르크 조합들의 합병도 농민의 새로운 정착을 어렵게 만들었다. 과잉인구는 농업 바깥에서, 특히 도시의 수공업이나 군역에서 생계수단을 찾도록 내몰렸다. 재정적으로 파산한 하급귀족과 아울러 집에서의 봉사가 요망되지 않는 기운 넘치는 농촌 청년들도 용병복무에 몸을 바쳐 그들에게 급료를 잘 주고 풍성한 전리품의 전망을 갖게 해주는 주인들에게로, 부유한 도시들로, 군사일을 사업으로 만들고 그들의 무리와 같이 일하기 시작한 군주들 혹은 몇몇 승전한 장군들에게로 몰려갔다.

우리는 이미 13세기에 이탈리아에서 용병부대를 보게 된다. 시스몽디에 따르면, 그 당시의 도시 당파싸움이 대량으로 만들어낸 유배자들과 추방자들이 최초의 용병이었을 개연성이 있다.(Sismonde de Sismondi, *Histoire des républiques italiennes du moyen âge*, Paris 1826, III, S. 260)

봉건 전사 카스트 군대, 기병부대, 기사부대와 아울러 이제는 모집된 농민부대도 형성된다―보병이 다시 군사적으로 중요하게 된다.

그러나 이들 모집된 농민은 통상적으로 프롤레타리아가 아니라 군역을 마친 후 돈과 재물을 충분히 벌어서 가업(家業)을 거들거나 자기의 가정을 세우려고 귀향하는 농민의 아들이다. 그리고 그들은 무기를 휴대하고 병역을 마친 전사의 전투력을 지닌다. 제노바와 영국의 활, 스위스의 창, 보헤미아의 모르겐슈테른(철퇴)과 도리깨의 위험성을 14, 15세기의 기사들은 충분히 맞보게 되었다.[13] 그것은 그 시대의 농민층의 처지 향상에 확실히 기여했다.

이탈리아에서는 우리가 알듯이 중세에 처음으로 도시제도가 발생했다. 그곳에서 또한 우리가 위에서 서로 구분한 지주와 농민 간의 대립도 처음으로 생겨났다.

그러나 이탈리아에서는 또한 이 대립을 특별히 첨예하게 하는 특유의 현상이 생겨났다. 그것은 부재지주(Absentismus)였다.

고대에 이탈리아의 (또한 그리스의) 대지주들은 주로 도시에 살았다. 고대 전통과 연결이 끊어진 일이 없는 중세의 이탈리아 도시들은 처음부터 시골 귀족을 성벽 안으로 받아들이는 경향을 띠었다. 그 도시들이 아주 강해져 평야지대를 지배하게 되면서, 시골 귀족에게 시골 주택을 떠나 도시의 주택으로 이주하도록 강요했다. 많은 도시가 귀족을 자신에게 복종하게 만들어 도시에서 뭔가 일거리를 잡도록 강제했다. 이탈리아에서 귀족을 도시로 몰아넣은 정책은 17, 18세기의 프랑스 왕들이 그들 나라의 귀족으로 하여금 자신의 성을 떠나 군주의 왕궁에서 생활하도록 촉구했던 것과 같은 동기에서 나왔다. 귀족의 독립성은 깨어졌으며, 동시에 그들은 17, 18세기에는 왕궁의, 고대에는 도시의 영광과 명성에 기여했다. 그러나 이탈리아의 농촌인구에게는 이를 통해서 혁명 전 프랑스에서 지배적이던 상황과 아주 유사한 상황이 초래되었다.

착취자와 피착취자가 함께 사는 곳에서 착취는 통상적으로 다른 것은 다 같은 상황에서 양자가 공간적으로 서로 분리되어 있는 곳만큼 끔찍한 형태를 띠지는 않는다. 같이 사는 것은 확실한 기분상의 공동체를 만들어낼 뿐 아니라 많은 대립을 중재하는 이익공동체도 만들어낸다. 농촌에서 농민 곁에 사는 지주에게는 그의 주변 환경이 어떤 형편에 처해 있는지, 그의 마음을 즐겁게 하는지 아니면 괴롭히는지, 그와

---

13 그 세기들에서의 스위스인의 전술에 관해서는 다음을 참조하라. K. Bürkli, *Der wahre Winkelried*, Zürich 1886.

그의 가족까지 위협하는 병이 도지는 곳인지 아니면 건강이 넘치는 곳인지 상관이 있었다.

도시에 사는 지주는 그의 농민에 대해 관심도 이해도 없었다. 그에게는 오직 소유지에서 발생하는 순이익이만이 관심사였다. 그의 땅이 이전과 같은 크기의 순이익을 가져다주기를 그치지만 않는다면, 그 땅이 사람이 거주할 수 없는 곳으로, 황무지로 되더라도 그에게는 상관이 없다. 로마의 깜빠냐(Campagna)는 그런 식의 경제에서 결국 어떤 일이 벌어지는지에 대한 가장 웅변적인 증거이다.

15세기에 아직 깜빠냐는 잘 경작되었고 수많은 마을이 정착해 있었다. 오늘날 그곳은 물소와 말라리아만 번창하는 늪지인 황무지이다.

부재지주 체제에서 중세 이탈리아에서는 도시 생활이 귀족에게 곧 자본주의적 감정과 사고를 주입하게 되었다. 이탈리아에서 농경이 다른 어느 곳보다도 일찍이 자본주의적 경영이 된 것은 놀랄 일이 아니다. 농민이 완전히 자유롭게 재산을 소유할 권리를 쟁취하는 일은 아주 드물었는데, 이를 쟁취하지 못한 경우에 그들은 경작하는 토지에 대한 아무 요구권도 없는 소작농이나 날품팔이가 되었다.

5. 돌치노의 봉기

돌치노가 이탈리아에 진주했을 때 위에서 서술한 상황은 이미 전개되기 시작했으며, 서술한 대립은 이미 존재했다. 그래서 그가 봉기의 기치를 올렸을 때 수많은 동참자가 몰려들었다는 것은 쉽게 이해된다.

돌치노와 그의 동지들이 처음부터 농민에게서 자신들의 버팀목을 찾으려는 의도를 지녔는지, 아니면 정해진 의도 없이 상황에 의해 그렇게 되었는지 우리는 알지 못한다. 그들에게 의도가 있었든지 그렇지 않든지 아무튼 사실의 논리는 그들이 일단 수도사적 포교의 길을 떠나 무장봉기의 길로 나갈 결심을 하자 곧 그렇게 하도록 그들을 몰아갔다. 그 당시에는 아직 무력혁명의 시도를 공산주의적 열광자들에게서만 기인한다고 볼 수 없었다. 그들과 아울러 농민이 가장 불만족하고 가장 반항적인 인구계층이었다.

그러나 사도형제단은 농민에 의지하자마자 곧 발 디딜 근거를 상실했다. 그들의 운명에는 무서운 비극이 놓여 있다. 시대상황, 그 운명을 통해서 그들은 군사적 성공의 유일한 가능성을 제공하면서도 동시에 모든 가능한 성공을 애초부터 무효화하고 종국의 파선(破船)을 회피할 수 없게 만든 단계로 내몰렸다.

이는 처음 듣는 순간에는 신비스럽게 들린다. 그러나 사정을 명확히 하는 데는 몇 마디 말이면 충분하다.

사도형제단은 공산주의자들이었으며, 몇몇 자치공동체의 제한된 범위를 넘어 활동하기를 원했다. 그들은 로마 정복을, 그리고 그들의 이상을 향한 사회 전체의 변혁을 꿈꾸었다. 농민은 공산주의자가 아니었으며, 최소한 사도형제단의 의미에서는 아니었다. 어떤 의미에서 농민들은 물론 초지와 숲에 대한 공동소유를 고수했다. 그러나 향유수단의 공산주의, 공동체에 소유와 재물을 완전히 바치는 것은 그들의 마음을 끌지 못했다. 그리고 공산주의자들이 사회 전체를 뒤집어엎기 전에는 멈출 수 없었던 반면에, 농민은 지주들의 약간의 양보—많은 공역의 포기, 많은 논란의 대상이 되는 필지들의 양도—로 벌써 만족할 수 있었다.

그러나 농민의 시야가 좁다란 국지적 이해관계에 국한되었다는 것은 더 중요해졌다. 공산주의자들의 지방 간 협력이 이 지방 중심적 정책들을 꺾을 정도로 충분히 강하지 못했고, 그들이 패배한 주요 요소였던 한에서는, 이는 그 당시의 모든 농민봉기에서 드러났다. 모든 지방은 단독으로 들고일어났고, 다른 지방을 걱정하는 일 없이 단독으로 화친을 맺었다. 그래서 그들은 개별화되어 적들의 집중화된 권력에 의해 쉽게 타도되었다.

돌치노의 봉기 역사는 완전히 명확하지는 않다. 그러나 유추법의 판단을 활용하여 유사한 봉기들과 비교한다면, 외견상 파악할 수 없는 많은 것을 파악할 수 있다.

처음에 돌치노는 피에몬테의 알프스에 나타났다. 그곳에서부터 그는 평원으로 진격하여 베르첼리(Vercelli) 인근의 가티나라(Gattinara) 요새를 기습했다. 맹약을 한 형제단원과 모험가들, 제대한 용병들과 아울러 그에게 무리를 이루어 몰려든 것은 특히 농민들이었다. 곧 그는 5천 명의 군사를 모았으며, 이는 당시에 이미 적지 않은 병력이었다. 남자들뿐 아니라 여자들도 있었으며, 여자들은 마르게리타(Margherita)의 지도하에 암사자들처럼 싸웠다.

"자매들 혹은 여자들은 이런 영웅적 행동에 남자들보다 부적합하지도 서투르지도 않았다 그들은 남장을 했고, 병사들 대열에서 함께 통솔을 받았고, 남자들처럼 용감하게 필사적으로 싸웠다."(Mosheim, a. a. O., S. 283)

그 지역의 착취자들은 그들 사이의 갈등을 잊었다. 베르첼리와 노바라(Novara)의 주교들과 그곳의 귀족 및 도시들은 봉기자들에 맞서 군대를 무장시켰다. 그러나 작전은 착취자 군대의 완전한 패배로 끝났다. 이들은 도시 성벽 뒤에서 그다지 안전하지 못했다.

이제 돌치노의 세력은 더욱 강해졌다. 그러나 이 정력적이고 탁월한 장수인 돌치노는 그의 적들이 더 이상 감히 그에게 정면으로 맞붙지 못하던 순간을 활용하여 더 멀리 진군하고 봉기를 일반적인 것으로 만들지 못했고, 봉기가 시작된 세시아(Sesia) 계곡에 머물면서 수도원, 시골 저택, 소읍을 약탈하고 파괴하는 데 만족한다.

이 현상은 그 당시에 낯선 것이 아니었으며, 모든 농민전쟁에서 되풀이되었다. 발세시아의 농민들은 반란을 다른 지역으로 퍼뜨리는 데 조금도 관심이 없었다. 그리고 착취자들은 주변지역의 농민들에게 몇 가지 작은 양보만 하면 그들을 금세 간단히 잠잠하게 할 수 있었다. 그런데 이런 일은 충분히 생길 수 있었을 것이다. 왜냐하면 그 지역의 착취자 집단은 이미 자신들의 군사적 패배에 기겁하여 돌치노에게 완전한 사면만이 아니라 베르첼리의 용병지휘관(Kondottiere) 자리도 제시하면서 그를 회유하려고 했기 때문이다. 그러나 이 제안은 경멸적으로 퇴짜를 맞았다.

농민들은 그후에 봉기를 통해 쟁취하려고 했던 양보들을 얻어냈을 수 있다. 이는 입증되지는 않으나 이러한 가정하에서만 돌치노가 활동하지 않은 채로 있었고 농민들이 그의 적이 집결하는 중에 그를 저버리기 시작한 것을 설명할 수 있다.

공산주의적 봉기는 지방적 봉기로 머물렀다. 그러나 그의 적들은 그 봉기가 지방적인 것 이상의 의미를 지닌 것을 잘 알았다. 그 당시의 거대한 국제적 세력, 교황청은 봉기에 간섭하여 반란자들을 치는 십자군을 조직했다. 그리고 이제 그들의 운명은 정해졌다. 그들은 평야지대에서 더 이상 버틸 수 없어서 산악지역으로 퇴각했고, 그곳을 근거지로 십자군들과 유격전을 벌였다. 돌치노의 탁월한 용병술과 그의 동지들의 영웅적 투쟁이 이 전투에서 경이로운 일을 만들어냈다. 한 가지 예만 들자면, 한때 트리베로(Trivero)의 시민 200명이 약탈하는 돌치노 일당의 군대를 공격하려고 했지만, 이들 일당의 여성 30명에게 패하여 도주했다.(Krone, a. a. O., S. 80) 쫓기는 자들이 그들의 적을 정면 야전에서 격파하는 데 성공한 일이 여러 번 있었고, 매복과 기습을 통해 그들에게 큰 피해를 자주 입혔다. 그러나 그럼에도 압제자의 쇠고랑은 공산주의적 열광자들은 점점 더 강하게 옥죄었고, 이 열광자들은 동시에 농촌민중 가운데서 모든 지지를 점점 상실했다. 이들 민중은 전쟁이 그들의 땅에 끼친 황폐화와 시련 때문에 그들을 미워하기 시작했던 것이다.

하지만 파타레너들(사도형제들이라고도 불렸다)은 결정을 1307년까지 미루었으며, 그러다가 그들은 결국 궁핍과 분열을 견디지 못하고 쓰러졌다. 십자군은 그들을 무력으로 정복하기를 포기했고, 그들을 굶주려 지치게 하는 것으로 행동을 국한했다(1306년에서 1307년에 이르는 겨울에).

"이런 목적에서 먼저 산에 가장 가까이 있는 도시와 장소들에서(파타리아인들이 숨어 있던 산으로서 어떤 사람은 쩨벨로 산Monte Zebello이라고 하고, 어떤 사람은 루벨로 산Monte Rubello이라고 한다) 모든 시민과 주민이 자신들의 주거지를 비워서, 이단자들이 포로도 식량도 그곳에서 취할 수 없게 해야 했다. 이에 주교(베르첼리의 라이네리Raineri, 전시작전 지도자)는 자기의 편을 들기 위해 도처에서 큰 무리를 이루어 찾아온 자들로 하여금 사도들이 가장 먼저 그리고 가장 쉽게 침투할 수 있는 곳에 다섯 개의 보루 혹은 요새를 짓게 하였다. 이 모든 요새에는 강한 수비대를 배치했다. 통로와 길, 작은 출입로 등 찾을 수 있고 탐지할 수 있는 모든 길을 정확하게 감시하고 막아서서, 무기와 군량미나 그밖에 뭔가가 산 위로 운반될 수 있는 통로가 되는 모든 구멍을 봉쇄했다.(Mosheim, a. a. O., S. 287)

십자군은 이런 식으로 결국 봉기자들의 세력을 깨뜨렸다.

온갖 굶주림과 결핍만이 십자군의 승리를 가능하게 해주었다는 것을 단테도 그의 《신곡》에서 암시한다. 그는 지옥 방문 일정을 1300년으로 옮겼으며, 그래서 파타리아인의 봉기에 관하여 과거의 일이 아닌 것처럼 그의 시에서 말할 수 있었다. 지상에서 소요와 분열을 일으켰던 자들이 참회하는 지옥의 심연에서 그 시인은 무함마드를 만난다. 무함마드가 그를 부른다.

"그러니 곧 새로 뜨는 태양을 바라볼 그대여,
프라 돌치노에게 이렇게 말하시오. 얼마 안 가서
나를 따라오지 않으려거든, 폭설의 곤경이
노바르인들에게 그렇지 않다면 쟁취하기가 어려울 승리를
가져다주지 않도록 식량을 비축하라고 말이오."
(XXXVIII, 55-60. Phtlalethes 번역)

폭설의 곤경은 사실상 포위자들, '노바르인들'에게 그렇지 않았더라면 쉽게 쟁취할 수 없을 승리를 가져다준 것이다. 추위와 배고픔은 포위당한 자들을 괴롭혀서 궁핍함의 도가 아주 높아졌고, 그들은 굶주림과 질병으로 쓰러진 자들의 살을 먹고 살 정도였다. "사도들은 결국 아주 기진맥진하게 되어 산 사람이기보다는 반쯤 부패한 시체처럼 보였다."(Mosheim)

그들은 패배했지만 저항을 계속했다. 그리고 이 용감한 투사들에 대한 두려움은 아주 커서, 포위하고 있는 병사들은 자신들의 힘의 우위에도 불구하고 포위당한 측이 약하여 무기를 사용할 힘조차 없어졌다고 몇몇 투항자가 발설했을 때 비로소 포위한 진지에 대한 기습을 할 용기를 냈다.

1307년 3월 23일에 기습공격이 벌어졌다. "그것은 도살이었으며,

전투라고 할 수 없었다." 포위당한 자들은 구명을 받아들이기를 망설였고 필사적인 투쟁에 마지막 힘을 쏟았지만 그들 중 대부분은 너무 약해서 잠시도 서 있을 수가 없을 정도였고, 그래서 그들의 저항은 가공할 피바다의 구실이 될 뿐이었다. 마지막까지 버텼던 1900명 중에서 거의 모두가 학살당했고 소수가 달아났다. 단 몇 사람만 생포되었다. 그중에는 돌치노와 마르게리타도 있었다. 주교는 이들을 살려줄 것을 단호하게 명령했다. 이는 전장에서 속히 죽이는 것이 그들에게는 작은 형벌일 것으로 여겼기 때문이다.

교황과 같은 생각을 가진 자들 모두가 위험한 선동자를 결국 분쇄한 데 대하여 보낸 환성은 컸다. 겉으로 보기에 봉기는 순수한 지방적인 것이었지만 교황청은 발세시아의 농민들보다 그 봉기의 국제적 의미를 더 잘 파악했다. 라이네리 주교는 파타리아의 요새를 습격한 직후에 몇 명의 장수를 보내 교황 클레멘스 5세에게 기쁜 소식을 전했다. 그 교황은 그 소식을 아주 중대한 것으로 여겼고 전해 받은 소식을 신속히 적어서 그 당시에 거주하던 쁘와띠에(Poitiers)로부터 프랑스 왕 필립 르 벨(4세)에게 전달하도록 했으며, 또한 필시 다른 군주들에게도 전달하게 했을 것이다.

그러나 승전한 교회에는 승리가 돌아가지 않았다. 교회가 흔히 성취했던 일로서, 이단자들에게 그들의 거짓된 가르침을 취소하도록 고문으로 압박했으나 소용이 없었다. "돌치노와 마르게리타는 잔인한 심판관이 그들에게 판결한 고문을 의연하게 이겨냈다. 어떤 고통의 소리도 신실한 그 여자에게서 새어나오지 않았고 어떠한 탄식이나 분노의 소리도 그녀의 강심장을 가진 동지에게서 나오지 않았다. 그들의 몸의 부위들에서 가죽을 벗기고 희롱하는 것도, 고문용 창과 집게로 으깨고 찌르는 것도 굳게 다문 입술에서 취소나 탄원을 얻어낼 수 없었다."[14]

그들은 이단자들의 통상적인 처벌인 화형에 처해졌다. 돌치노의 형 집행은 1307년 6월 2일 베르첼리에서 있었다. 마르게리타는 그 처형을 참관하도록 하는 판결에 처해졌다. 이 경악스러운 순간에도 영웅적인 그 여성은 의연했다. "이 둘에게 한번 더 신념을 철회하도록 회유했지만 역시 헛수고였다. 이에 불행한 자의 정신적 고통을 고조시키려고 형리들은 마르게리타를 붙잡아서 돌치노의 장작불 맞은 편 시렁 위에 있는 그녀에게, 돌치노가 고통을 당하고 있는 동안, 조롱과 고문을 가했다."

마르게리타는 나중에 비엘라(Biella)에서 화형에 처해졌다. 하층민 중은 파타리아의 유혈적 파멸로 위협을 느꼈지만 이들의 관심을 대변한 이 용감하고도 헌신적인 여성 투사의 고통에 찬 처형은 이들의 시끄러운 항의를 불러일으켰다. 그들은 봉기했으며, "법정을 파괴하는 것을 무력으로만 막을 수 있었다. 그들의 인간적 분노에 대한 대속 제물로, 극빈자를 모독하고 감히 극빈자의 뺨을 때린 귀족 출신의 한 뻔뻔한 자가 민중의 복수의 손길에 거의 갈가리 찢겨질 정도가 된 일도 없지 않았다."

중세 사회 최초의 공산주의적 봉기는 이렇게 끝났다. 그것은 애초에 실패할 것으로 판가름 나 있었다. 사회 발전의 흐름은 그 당시에 완전히 다른 방향으로 나갔다.

그러나 그것은 소문도 없이 좌초한 것은 아니다. 승리자들—우리에게 전해오는 그 운동에 대한 유일한 보도를 작성한 사람들—이 패자들에게 날조와 비방으로 오명을 씌우려고 아무리 노력해도 그들의 헌신적이고 영웅적인 행동에 대한 회상을 완전히 벗겨내는 것은 불가능했

---

14 Krone, *Fra Dolcino*, S. 91. 같은 곳에서 다음의 인용문들도 취했다.

다. 그들의 불투명한 서술을 통해서조차 그 운동의 빛이 새어 나오며, 이에 대해서 그 운동에 관한 차후의 역사 서술자들이 인정하지 않을 수 없었고, 놀라움을 갖지 않을 수 없었다. 비록 그들이 유감을 가지고 서 "공산주의 그리고 또한 처의 공유가 돌치노의 구상 안에 놓여" 있었 다는 것을 부정할 수 없다고 확인해야 했지만 말이다.(Krone)

민요와 전설에는 특히 피에몬테 골짜기에서 그러나 또한 이탈리아 에서도 교회와 귀족의 착취에 맞선 파타리아인과 농민의 반란에 대한 기억이 꽤 오랫동안 지속되었다. 1372년에도 그레고리오 11세는 시칠 리아에서 프라첼리파와 돌치노파의 유골을 성유물처럼 모시는 숭배행 위에 대한 금지 칙령을 반포했다. 그 종파들도 완전히 소멸하지는 않았 다. 남프랑스에서 그들은 수많은 추종자를 보유하여 1368년 라뚜르 (Latour)에 모인 한 교회집회는 그들을 금지하는 독자적인 법령을 공포 하여 그들을 보면 어디에서든 붙잡아서 징계와 처벌을 받도록 주교에 게 인도할 것을 명령했다.

그러나 그 종파는 더 이상 유력 종파는 되지 못했다. 이탈리아에서 이단운동이 번성할 수 있는 시대는 지나갔다. 지배계급의 이해관계는 14세기가 되자 이미 교황청의 유지와 너무 긴밀하게 연결되었고 지배 계급의 국가권력은 당시 이탈리아에서 매우 발달하여 절대적 경찰국 가의 싹이 이미 보였기 때문에, 미약한 하층 민중계급의 공산주의적 이단운동이 또 한 차례 일어나더라도 큰 의미를 가질 수는 없는 상황이 었다.

그러나 이탈리아 바깥에서는 사도형제단의 잔당이 그들과 가까이 있는 비슷한 종파들, 특히 발도파나 베가리트파와 곧 융합했다.

제 3 장

베가르트파

1. 베가르트파의 시초

중세에 가장 먼저 상품생산과 상품교역 그리고 그와 함께 거기서 생겨나는 사회문제를 발전시킨 알프스 북쪽의 나라는 네덜란드 또는 정확히 말해서 플랑드르와 브라반트였다. 다양한 교역로가 그곳에서 만났다. 플랑드르 항을 향하여 남쪽으로부터 프랑스인들, 또한 특히 이탈리아인들이 자기 나라와 동방의 제품을 가지고 들어왔다. 그들은 부분적으로 라인 강을 따라 쾰른을 지나서 왔고 또한 나중에는 상당 부분 바다를 통해 들어왔다. 곧 스페인인들과 포르투갈인들도 이에 합류했다. 서쪽에서는 영국인들이 왔고, 북쪽에서는 노브고로드에서 런던까지 북유럽 동편과 서편 간의 교역을 중개했고 플랑드르의 항구, 특히 브뤼허(중세 때는 아직 바다에 접해 있었다)를 그들의 주된 집하지로 만든 강력한 독일 한자 도시의 상인들이 왔다.

이와 발맞춰 공업의 발달이 진행되었다. 네덜란드의 초원과 모래언덕은 양 목축과 모직업의 발달에 유리했다. 상업교류의 부상은 지방시장의 필요를 넘어서 생산을 확대하도록 자극을 주었으며, 상업은 또한 탁월한 원료인 영국의 양모를 가져다주었다. 이는 당시에 알려진 최상품이었다. 이 모든 상황이 합쳐져서 우리가 이미 앞장에서(220쪽) 주목한 것처럼 이미 이른 시기에(13세기에) 플랑드르에서 상당한 직물 수출업이 발달하도록 했다. 즉 이는 다름 아니라 그곳에서 이미 이른 시기에 직조업자들이 자본에 종속되어 있었다는 것이고, 그들의 산업이 자본주의적 산업으로 되었다는 것이다.

그래서 알프스 북쪽에서는 네덜란드에서 가장 먼저 유력한 공산주의 종파인 베가르트파가 성립되었다고 할 때 이는 우연이 아니다.

그 기원은 암흑에 쌓여 있고, 마찬가지로 그 명칭의 뜻도 그렇다. 그 말을 고(古) 작센어 beg '구걸하다'에서 끌어내는 모스하임의 가설이 우리가 보기에는 가장 그럴듯하다. 베가르트파는 그래서 가난한 녀석들, 거지형제들이었다.(Mosheim, *Ketzergeschichte*, S. 378) 그들은 또한 '노래하다', '중얼거리다'(Lollen)란 말에서 온 롤라드파(Lollharden)라고도 불렸다. 롤라드는 음유시인을 뜻했다. 두 이름 모두 민중이 그들에게 붙여준 별명이다. 베가르트파 자신은 서로 간에 그냥 '형제'라고 불렀다.

11세기에 이미 네덜란드에서는 경건한 부인들의 모임이 있었다는 것이 입증되며, 이들은 베귀넨(Beguinen)과 베구텐(Begutten)이란 명칭이 있었다. 그러나 우리는 그들의 경향에 관해서는 대략적인 것도 모른다. 부분적으로 베귀넨회(부인회)들은 남성인구를 급감시켜 강한 여성 초과를 가져온 십자군 전쟁에 의해 생겨났을 것이다. 많은 여성에게 결혼이 불가능하게 되어 '여성 문제'가 생겨났고, 베귀넨들의 '여성의 집'이 독신자들에게 도피처를 보장해주어야 했다. 이런 기구들은 자유로운 협회로서 수도원에 비해서 마음대로 탈퇴할 수 있다는 장점이 있었다.

남성들의 협회가 12세기 말 혹은 13세기 초부터 유사하게 네덜란드에서 형성되었다.

이는 결혼하지 않은 장인들, 대부분 직조인[1]들의 친목단체들로서 자신들의 주택에서 공동의 공산주의적 가계운영에 협력했고, 그들의 육체노동으로 살아갔으며, 그와 아울러 자선사업, 특히 가난한 자와 병자의 후원에 전념했다. 회원들에게는 그런 식의 모든 친목회에서처럼 독신의 규정이 주어졌다.

베가르트 공동체의 본질에 관한 훌륭한 통찰을 우리에게 제공해주는 것은 담하우더(Damhouder)라는 사람이 13세기에 브뤼허의 베가르트회관의 시초에 관하여 한 서술이다. 그는 이렇게 설명한다. "30년 전에 여기에서 13명의 직조공, 결혼하지 않은 남성, 평신도들이 있어서, 경건과 형제애의 삶을 열렬히 추구했다. 그들은 에크후텐 수도원장에게서 도시 성벽 근처에 크고 쾌적한 건물이 있는 땅을 연 6그로셴파운드(libirs grossorum)와 일정량의 밀랍과 후추를 세로 내면서 빌렸다. 곧이어 그들은 그곳에서 직조 수공업을 영위하면서 공동의 살림을 하기 시작했다. 그 비용을 그들은 공동노동의 수입으로 충당했다(ex communibus laboribus simul convivere coeperunt). 그들은 어떤 엄격한 규정을 따르지도 않았고 어떤 맹세에 얽매이지도 않았으며, 단지 갈색의 똑같은

---

1 직조인들과 더불어 특히 건축일꾼들이 독일의 베가르트파-발도파 운동의 열성적 구성원들로 거명된다. Ludwig Keller는 그의 책 *Die Reformation und die älteren Reformparteien*, Leipzig 1885에서 일련의 정황 증거를 통해서 자유로운 미장공 길드로부터 이 운동의 주축세력이 나왔다는 것을 증명하려고 시도했다. 그 증명이 성공했더라면, 그는 그로써 최고로 중요한 발견을 한 셈일 것이다. 그러나 자신의 가설에 대한 직접적 증거를 제시하지 못했고, 정황 증거도 결코 확고하지 못하다.

복장을 모두 착용했고, 기독교적 자유와 형제애 속에서 경건한 협회를 이루었다."[2] 그들은 '직조공 형제들'(Weberbrüder)이란 이름을 지녔다. 1450년에 비로소 브뤼허의 베가르트파는 직조업을 버리고 박해에서 스스로를 지키기 위해 프란체스코 수도회에 가입했다.

베가르트회관은 브뤼허에서처럼 다른 곳에도 세워졌다. 각 회관 내에는 회원들의 복리에 필요한 만큼까지 공동소유가 지배했다. 그러나 그밖에도 각 구성원은 일정한 사유재산도 소유했다. 그것은 각 구성원이 일해서 번 것이거나 상속받은 것이거나 아니면 선물로 얻은 것이었다. 생전에 회원들은 그것을 자유로이 쓸 수 있었다. 회원들이 죽은 뒤에 그것은 회로 귀속되었다.

그러한 공산주의적 협회는 경제적으로 약간의 장인들의 범위를 크게 넘어서지 못했다. 우리가 이미 살펴본 바와 같이 공산주의는 결코 나태를 권장하지 않았을 뿐 아니라 대가정은 또한 개별 장인들의 쪼개진 작은 살림들보다 경제적이기도 했다. 게다가 베가르트파는 결혼도 안 하고 가족도 없었다. 이 노동자 협동조합들이 동업조합의 직조업 마이스터들에게 치열한 경쟁 상대가 될 수 있었고 그들에게 호감을 끌지 못했다는 것은 놀랄 일이 아니다. 헨트(Gent)와 그밖의 고장들에서 시 당국은 자주 직조업 조합들의 재촉에 따라 "베가르트파의 부지런함을 막도록" 그리고 이들과 동업조합 간의 비교에 의해 자치공동체에 평화를 회복하도록 요구받았다고 모스하임은 보고한다.[3]

그러나 무산대중에게 베가르트파는 호감을 얻었다. 왜냐하면 그들은 비교적 적은 생계비를 넘게 창출한 노동 잉여를 가난한 자들과 병자

---

[2] J. L. v. Mosheim, *De Begghardis et Beguinabus commentarius*, Leipzig 1790, S. 177. 에서 인용.

[3] Mosheim, a. a. O., S. 653.

들을 원조해주는 데, 그리고 폭넓은 환대(Gastfreundschaft)를 실행하는 데 썼기 때문이다. 보니파시오 9세도 그들에 관한 한 칙령에서 그들이 "가난한 사람과 불행한 사람을 그들의 수도원 숙소(Hospize)에 받아들이고 재산에 따라 그밖의 선행도 실천하는" 점을 칭찬했다.[4]

마찬가지로 네덜란드에서, 그러나 14세기 말에야 비로소 생겨난 게르트 그로트 반 데벤터르(Geert Groot von Deventer)가 창설한 '공동생활의 형제들'이 유사한 공산주의적 조합을 이루었다. 이 재단은 장인들이 조성한 것이 아니라 궁핍한 민중을 돕고자 했던 상층계급의 구성원들이 조성한 것이었다. 그들의 성격은 베가르트파와도 완전히 달랐다. 베가르트파가 주로 직조공이었다면, 공동생활의 형제들은 특히 책을 필사하여 생계를 유지했다. 그리고 베가르트파가 그들의 잉여를 가난한 자들이 물질적 빈궁에서 벗어나는 것을 돕는 데 사용했다면, 공동생활의 형제들은 주로 이들의 정신적 곤궁에 주목하여 민중의 교육에 관심을 기울였다. 그들은 부분적으로는 책 인쇄술의 발명 이전에 문서가 아주 귀할 때 문서를 배포하는 것으로, 그러나 특히 학교의 설립을 통해서 이를 촉진했다. 이 분야에서 그들은 상당한 업적을 이루었다. "심지어 한 도시의 전체 주민에 대하여 형제회당(Bruderhaus)이 문화수준의 일반적 향상이라는 영향을 미치는 일이 때때로 있었다. 예를 들어서 이런 식으로 16세기 중엽에 아메르스포르트에서는 라틴어 지식이 일상화되어 지극히 하잘것없는 수공업자들도 라틴어를 이해하고 말했다. 교육을 제대로 받은 상인들은 그리스어를 알았고, 아가씨들은 라틴어 노래를 불렀으며, 길거리 곳곳에서 우아한 라틴어 소리가 들렸다."[5]

---

[4] A. a. O., S. 182.

[5] Ullmann, *Reformatoren vor der Reformation*, II, S. 111.

이런 묘사는 과장일 수도 있지만, 그럼에도 그것은 형제회의 활동이 진행된 방향을 가리켜준다.

　그들의 조직은 공산주의적인 것이었다. 형제회는 "긴밀하게 결속된, 그러나 자유로운 조합이었다. … 그 단체에의 가입은 평생을 지켜야 하는 맹세로 표현되지 않았으며, 형제회 가운데는 수도원에서와 같이 엄격한, 지극히 세밀한 데까지 미치는 규정들이 적용되지 않았다. … 형제회당(Bruderhaus)의 통상적인 제도는 이런 것이었다. 대략 20명의 형제들이 한 회당에서 함께 살면서 공동의 금고와 식사시간을 가졌다. … 형제회 입회에는 … 1년의 견습년이 선행했다. 그 기간 중에 신참자는 아주 엄격한 대접을 받았다. … 입회 허가 대상자는 그의 유산을 공동의 용도로 내놓을 것이 기대되었다. 플로렌스(Florens: 게르트 Geert의 친구이며 제자)는 그의 격언에서 이렇게 말한다: '공동체에서 살면서 자기 것을 찾거나 어떤 것이 자기 것이라고 말하는 자에게 화가 있으리라.' … 형제들의 활동은 약간의 사람들 가운데 잘 배분되었다. 전체를 위해 필요한 다양한 수공업은 특정인들에 의해 영위되었다. 베젤(Wesel)의 형제회당 법규 중에는 형제 의복 제작자, 이발사, 제빵사, 요리사, 정원사, 포도주 창고 감독과 함께 형제회 교사, 작가, 형제회책 제본자, 사서, 강사에 대한 규정도 있었다. … 이러한 분업에도 불구하고 일정한 평균화도 행해졌다. 성직자와 학자 형제들은 가능한 한 온갖 육체노동을 떠맡았다(주방 일은 모든 사람이 순서에 따라 담당해야 했다). 그리고 봉사자들은 성직자의 일에 속하는 거의 모든 일에 참여해서 전체는 상호부조 안에서 협력하는 가족에 항상 비교할 만했다. 주된 단합의 구심점은 책의 필사였다. … 쓰기에는 매일 일정 시간이 정해져 있었다. 특히 팔의 상태가 쓰기에 가장 좋은 몇 시간이 배정되었다."[6]

　그러나 공동생활의 형제들이 공산주의적 재야운동의 출발점으로 된 일은 없었다. 아마도 그들이 유산계급, 지식인 계급과 관계를 맺고 있었기 때문일 것이다. 그들은 언제나 교황체제의 편에 있었다. 16세기 종교개혁의 폭풍이 그들의 조용한 기능 수행에 종지부를 찍었다.

베가르트파는 달랐다. 물론 초기에는 그들 역시 선량한 성격을 지녀서 여러 교황의 칭찬을 얻어냈다. 그들은 조금도 기성사회와 그 권위에 도전하지 않았다. 그러나 점차 그들 중에 혁명적 분자들이 생겨났다.

그들은 수도회처럼 어떤 특권계급도 이루지 않았고, 교황의 권력에서 오는 어떤 특권을 요구하지도 가지지도 않았으며, 교황 권력에 종속되지 않은 채로 있었고, 그 권력과 어떤 이해관계로도 얽이지 않았다. 그들은 무산자들 위에 군림하지 않았고, 무산자들과 지극히 밀접한 접촉을 유지했다. 그들은 어떤 정해진 규율도 없었고 평생 유지되는 맹세도 알지 못했던 것이다. 각 구성원은 마음대로 단체를 탈퇴할 수 있었고, 단체와 적대 관계에 놓이지 않고서 결혼을 할 수도 있었다.

이런 점에서 베가르트파는 프란체스코 수도회의 제3회원들과 가장 유사했으며, 때때로 여러 곳에서 실제로 그들과 융합했다.

그러나 교황에게 인정과 특권을 받은 프란체스코회도 최소한 부분적으로 교황과 갈등을 벌인 것처럼, 처음부터 프롤레타리아적 성향으로 기존 교회의 부와 착취에 대립하던 완전히 독립적인 베가르트파에게 교황과의 갈등은 더욱더 불가피한 일이었다. 그들 또한 아무리 경건하고 겸허하게 처신했어도 그들이 더 크게 확장하게 되자 곧바로 그런 식의 모든 운동은 교황청에게 위험한 것으로 여겨졌으며, 이는 베가르트파에게는 13세기부터 해당한다. 그 당시에 그들의 추종세력은 믿을 수 없으리만큼 신속하게 독일과 프랑스, 영국 전역으로 퍼져나갔다.

---

6 Ullmann, a. a. O., II, S. 97-102.

당 세기에 극히 다양한 도시가 모직산업을 향상하기 위해 플랑드르의 직조공을 받아들이려고 노력했다는 것이 이에 많이 기여했던 것 같다. 동쪽으로는 빈과 튀링겐, 브란덴부르크, 루사티아로, 서쪽으로는 영국으로 그들이 밀어닥쳤다.

그렇지만 이런 이동의 의미를 아주 높이 평가할 필요는 없다. 유사한 상황은 저절로 유사한 일을 만들어낸다. 아마포와 면직물 직조업자들은 그들의 업종이 수출산업으로 된 곳에서 베가르트파와 상당히 가까운 경향을 발달시켰다.

1404년의 울름(Ulm)의 직조업 직인조례는 "그 엄격한 종교적인, 거의 금욕적인 성향으로 보아 그 대부분이 모직공이던 네덜란드의 베가르트파 형제회"를 떠올리게 한다.(Hildebrand, *Zur Geschichte der deutschen Wollenindustrie*, Hildebrands Jahrbücher 1866, S. 110)

베가르트 세력의 빠른 확산은 그들의 자의식을 발달시켰음이 분명하다. 그러나 이는 또한 그 품에서 다양한 경향들이 형성되도록 조장했다. 동일한 가르침, 동일한 사고가 이제 극히 다채로운 상황에 처하여, 이에 극히 다양한 방식으로 적응해야 했기 때문이다. 베가르트파의 일부가 허망한 외부세계를 완전히 하직한 기도하는 형제들(Betbrüder)로 남았다면, 다른 일부에서는 더 대담한 사상이 일어나기 시작했다. 기성사회의 불의에 대해 도피함으로써가 아니라 그 안으로 밀고 들어가 불의를 근절하도록 추진함으로써 그에 대항한다는 희망이 깨어나게 되었다. 베가르트 회당에서 수많은 선동자가 출현했다. 이들은 발도파의 '바르베'(돌잉어)들처럼 원시 기독교의 복음을 전하고 공동체들을 세우면서 이곳저곳을 다닌 '사도'들이었다. 공개된 베가르트 회당들과 아울러 더 급진적인 성향을 띤 비밀결사의 망이 독일(네덜란드는 아직 독일에 속했다)을 뒤덮기 시작했다. 이는 무장폭동을 준비하기 위한 서약을 한 동맹회가 아니라 선전집단이었다. 그러나 또한 그런 집단으로서 기성 당국에 특히 교황 측 교회에 밉보여 색출당하고 박해받았다.

베지에(Béziers) 공의회는 이미 1299년에 베가르트파가 세상, 곧 기성사회의 다가오는 몰락에 대한 천년왕국적 희망을 민중에게 일깨웠다고 기소했고, 이 무렵 라인 지방에서는 이단으로 화형에 처해졌다.

그러나 박해는 오직 부분적으로만 성공을 거두었다. 더 온건하고 겁이 많은 베가르트 분파는 물론 위축되었으며, 이런 경향의 베가르트파 회당들은 기성의 유력한 수도회 중 하나에 자신을 의탁하거나 그에 직접 가입함으로써 자신을 보호하려고 했다. 특히 베가르트파의 신앙심을 과장하는 분파와 많은 유사성을 가진 프란체스코회는 이로써 이익을 보았고 일련의 베가르트 회당들을 차지했다. 예를 들어 안트베르펜에서는 베가르트 회당이 1290년에 이미 프란체스코회로 넘어갔다. 15세기에 그것은 완전한 남자 수도원으로 탈바꿈했다.

새로운 베가르트 회당을 창립하는 일도 13세기가 지나자 드물게 되었다.

그러나 베가르트파의 더 정력적인 분파는 박해에 의해서 더 큰 비밀결사와 더 단호한 반대세력이 되도록 내몰렸다. 이런 과정은 프랑스와 이탈리아 이민자들에 의해 촉진되었다. 이들은 알비파 전쟁 이후로 대거 독일로 들어온 자들이다. 독일은 국가권력이 프랑스나 이탈리아에서처럼 힘이 없고 교황권의 유지에 그만한 관심이 없었던 곳이었다. 그래서 어떤 도시에서든 혹은 어떤 지주의 소유지에서든 보호와 우산을 발견하기가 더 쉬웠고, 지주에게 새로운 노동자들은 흔히 아주 큰 환영을 받았던 것이다.

남프랑스와 이탈리아에서 발도파와 사도형제단이 왔다. 북프랑스에서는 자유정신의 형제자매단이 왔다.

플랑드르에서는 직조업이 수출업종으로 빠르게 이웃나라로 퍼져 나갔으며, 플랑드르는 이 나라들과 활발한 무역교류를 유지했다. 라인 강 하류, 북프랑스, 특히 13세기에 직조업이 번창한 샹파뉴로 퍼져 나갔다. 14세기에 직조업은 특히 불영전쟁의 결과로 급격히 후퇴했다. 이 전쟁이 무역로를 차단해 원료공급을 막았던 것이다.

이러한 모직공업의 조기 발달에 상응하여 그곳에서는 역시 이른 시기에 공산주의적(혹은 최소한 원시 기독교적, 그런데 프롤레타리아에게는 결국 같은 것이다) 경향을 지닌 직조인 형제공동체, 사도 추종자들(이탈리아의 사도형제단과 헛갈리면 안 된다)을 보게 된다. 이들은 사도들의 생활양식을 재현하는 것을 과제로 삼았다. "사도 추종자들은 이미 12세기, 성 베르나르(Bernhard)의 시대에 유명했다. 베르나르는 솔로몬의 아가에 관한 두 차례 강연에서 그들을 날카롭게 논박했다. … 사도 추종자들은 주로 프랑스에서 명맥을 유지했다. … 사도 추종자들은 노동을 했고 손수 일을 해서 빵을 벌었다. 그들은 장인, 특별히 직조인(Weber)이었다. 이는 성 베르나르가 그들을 격렬하게 꾸짖었어도 그들이 부지런했다는 명성은 인정한 것을 볼 때 알 수 있다."[7]

그런데 북프랑스는 12세기에 남프랑스나 플랑드르만큼 그러한 종파들에게 그런 토양을 제공하지 못했다. 사도 추종자들은 발도파나 베가르트파와 같은 비중을 결코 달성하지 못했다. 13세기에 출현한 자유정신의 형제자매단이 더 중요해졌다.

이 종파는 베느(Bène)의 아모리(Amaury, 프랑스의 샤르트르Chartre 관구의 베느에서 출생)에 의해 창설되었다. 그는 1200년경에 빠리의 신학 학사(Magister)였다. 그의 가르침 때문에 기소된 그는 로마의 교황 인노첸

[7] Mosheim, *Ketzergeschichte*, S. 380.

시오 3세에게 소환당하였고(1204년), 교황은 그에게 전향을 강요했다. 그렇게 해서 위험한 가르침 자체도 무해하게 만들었다고 사람들은 믿었다. 그러나 아모리의 사후(1206년)에 그가 상당한 추종세력을 남겼음이 밝혀졌다. 그의 제자들 중에 가장 중요한 인물은 디낭(벨기에의 나뮈르 부근)의 다비드(David)였다. 1209년에 빠리에서 열린 한 주교회의(Synode)가 아모리의 가르침을 정죄하자 아모리파에 대한 열띤 박해가 시작되었다.

아모리파는 그 시대의 공산주의적 종파들 중에 가장 대담하고 가장 급진적인 종파를 이루었다. 그들은 재산만이 아니라 처의 공유도 선포했다. 그들은 일체의 불평등을 거부했고, 따라서 모든 당국도 거부했다. 그들은 결국 신이 모든 것이며, 모든 곳에 있다고 고백했다. "이는 1339년경 콘스탄쯔 주교구에 유입한 베가르트파가 한 것보다 더 강하게 표현된 바가 없다. 요한 폰 빈터투르(Johann von Winterthur)에 따르면 이들은 이렇게 가르쳤다: 하느님의 선(善)의 권능은 사람에게서처럼 이(Laus)에게서도 드러난다."(Ullmann, *Reformatoren*, II, S. 20) 이처럼 하느님은 또한 사람 안에 있어서 사람이 원하는 것을 하느님도 원한다. 그래서 사람의 모든 속박은 타기해야 할 것이며, 누구나 자기의 충동에 순종할 권리와 의무가 있다. 이 범신론적 가르침에서 신비적 외피를 벗기게 되면, 이 가르침은 일종의 공산주의적 아나키즘으로 드러난다. 박대를 당하고 짓밟힌 프롤레타리아들에게는 큰 매력이 있었을 것이 분명하다.

아모리파는 또한 빠리에서 동프랑스를 거쳐 독일로 빠르게 퍼져 나갔다. 베가르트파의 대부분이 이 가르침을 받아들였다. 13세기 말에 이는 이미 라인 강 유역의 베가르트파에게 유포되어서 '자유정신의 형제자매'라는 개념과 베가르트파는 그곳에서 거의 동일한 것이 되었다.

베가르트파라는 개념은 점점 더 넓어져 갔다. 교황청에 대한 투쟁을 전면에 내세운 베가르트 공동체의 이 흐름이 확장될수록, 마찬가지로 기존의 상황에 맞서고, 마찬가지로 교황청을 가장 크고 위험한 적으로 여긴 시민적·농민적인 민주주의적 반대세력과의 접촉점을 더욱더 얻어갔음이 분명하다. 이 두 흐름은 원시 기독교에서 가져온 동일한 논리에 토대를 두었고, 또 그들 종파의 가르침이 띤 신비로운 안개도, 선동자들이 박해를 피하도록 입힌 의도적인 외피도 원리상의 명확성을 촉진하기에 적절하지는 않았으므로 서로 더욱 쉽게 융합할 수 있었다.[8] 그래서 14세기 독일에서는 대체로 베가르트라는 이름이 이단(Ketzer)을 가리키는 것으로 되었다. 베가르트파가 롤라드파라고 불리는 영국에서는 롤라드파라는 이름도 마찬가지였다.

그래서 우리가 14세기 초반에는 독일에서, 나중에는 영국에서 베가르트파 혹은 롤라드파가 득실거린 것을 듣는다고 해서 이 종파들의 확장이 기대하게 하는 만큼 공산주의적 운동이 강했다고 가정해서는 안 된다. 그래도 그 운동은 미미한 것이었을 수는 없다.

---

8 '비밀' 학파는 중량 있는 학파로서 '사도들'에게 점차 그들의 목표를 포장하는 데서 제대로의 숙련을 가져다주었다. 이미 13세기에 이단자들(Häretiker)에 대한 디비드 폰 아우크스부르크의 주된 비난은 그들이 극히 거대한 '술책'으로 말을 돌릴 줄 안다는 것이며, 14세기의 발도파의 사도에 관해서는 옛 문헌이 이렇게 표현한다: "그는 비상하게 총명하여 말로써 그릇된 가르침을 색칠하고 은폐할 줄 안다." … 상징법(Die Symbolik)은 '신비주의자들'에게 완전히 두드러진 역할을 한다. 견해, 권고, 교의 등 이단재판에 대한 두려움 때문에 실제 이름으로 부르지 못하는 것들을 그들은 일종의 상징어로, 대체로 '형제들' 자신에게만 알려진 상징어로 표현한다. 슈나제(Schnaase)는 그들이 의도적으로 그들의 권고에 알레고리적 외피를 입힌 듯하다고 언급하는데 이는 정당하다.(L. Keller, *Die Reformation*, S. 184, 219)

2. 바이에른 사람 루트비히와 교황

베가르트 운동을 위한, 그리고 이단운동 전반을 위한 좋은 시기가 독일에서 바이에른 사람 루트비히 4세(1314-1347년)와 교황청 간의 투쟁이 전개되면서 열렸다. 이에 관하여 우리는 좀 더 상세하게 이야기해야겠다.

국민적 자유주의적 역사가들은 특히 통속적인 글에서는 황제와 교황 사이의 일체의 투쟁을 똑같은 관점에서 '문화투쟁'으로—독일 황제 체제의 고급문화와 교황청의 어두운 야만성 간의 투쟁으로, 그 투쟁이 언제 벌어졌든, 10세기이든 19세기이든—동일하게 간주하기를 좋아한다.

실제로는 중세의 황제와 교황청 간의 투쟁은 한 번도 동일한 성격을 띤 적이 없다. 오토 황제부터 호헨슈타우펜까지 투쟁은 본질적으로 누가 교회라고 불리는 지배기구의 지배자요 착취자이며, 누가 이탈리아 북부(oberitalien)의 지배자요 착취자여야 하는가 하는 질문을 둘러싸고 전개되었다. 후자의 싸움은 이탈리아 북부 도시들이 일체의 후견에서 벗어나 독립국가들을 창설한 것으로 종결되었다. 전자의 싸움은 다른 많은 싸움이 그런 것처럼 고급문화의—이탈리아 교황청의—야만세력에 대한, 독일 황제 체제에 대한 승리로 끝났다. 독일 황실의 이탈리아 보화에 대한 탐욕은 독일 황실이 자신의 힘을 허비했고, 또 교황청이 황실에 대해 승리함에 따라 독일 영토의 제후국도 그의 승리를 축하할 수 있었다는 결과를 가져왔을 뿐이다. 상품생산과 상품교역의 발달은 도처에서 군주절대주의의 흥기를 촉진했다. 그러나 독일에서 그것은 중앙권력의 강화를 가져오지는 않았다. 중앙권력은 호헨슈타우펜의 몰락 이래로 오히려 현저히 쇠퇴했다. 그것은 제국 제후들의 등장을 불러왔다. 이들은 점점 독일 황제를 일종의 연방 주석으로만 인정하는 주권적인 주인들이 되어갔다.

　이웃의 프랑스에서는 달랐다. 그곳에서는 13세기부터 왕실의 권력이 상승했다. 특히 부유한 남프랑스를 왕조가 차지한 이래로(302쪽 참조) 그러했다. 수백 년간에 걸친 독일 황실과 교황청 간의 투쟁이 후자의 승리로 끝난 바로 그 시대 전후로 프랑스 왕들은 아주 강해져서 독일 황제들이 달성하려고 노력했으나 헛수고였던 것, 교황들을 꼭두각시로 삼고 교회를 자신에게 시중들도록 만드는 것을 성취했다. 우리가 돌치노의 역사에서 알아보았던 보니파시오 8세는 필립 4세의 통치권을 프랑스로부터 빼앗으려는 시도를 하다가 몰락했다(1303년). 모든 교황의 독립 욕구를 종식하기 위해서 필립은 보니파시오의 두 번째 계승자로 1305년에 선출된 프랑스인 클레멘스 5세로 하여금 로마를 떠나 남프랑스에 거주지를 두도록 강제했다. 그곳에서 클레멘스 5세는 긴 방랑 후에 결국 아비뇽(Avignon)에 정착했다(1308년). 아비뇽은 이제 두 세대 동안 교황들의 관저가 되어야 했다.

　이렇게 해서 교황 권력은 완전히 프랑스에 종속되었다. 이미 선출될 때 클레멘스는 프랑스 왕에게 일련의 중대한 서약을 해야 했으며, 프랑스 왕은 그 서약들이 이행되는지 점검했다. 클레멘스는 즉위하자마자 프랑스에 있는 모든 성직자의 재산에서 10분의 1을 왕에게 넘겼다. 그러나 가장 중대한 것은 특별히 부유한 성당 기사단의 폐지였다. 이는 남프랑스에 본거지가 있었으며, 필립은 이미 오래전부터 이들의 보물에 눈독을 들이고 있었던 것이다.[9] 클레멘스는 자기 뜻대로 이리저리

---

[9] 다른 결사체들과 마찬가지로 성당 기사단도 경건한 행동만 한 것은 아니었으며, 사업수완이 상당히 있었다. 프루츠(Prutz)는 이렇게 말한다. "물론 성당 기사단에게는 전쟁시의 용감성에 대한 명성이 있었지만, 어느 때에든지 기사단의 이익을 전체 기독교 세계의 이익에

피하고 싶었지만 소용이 없었다. 그는 신 사과를 베어 물어야 했으며, 전대미문의 요식절차를 거쳐 기사단을 그 비종교성과 부도덕성을 이유로 정죄하고 폐지해야 했다. 이것은 다른 곳에서는 군주들이 교황청과 단교를 해야만 달성할 수 있었던 것이다. 부유한 교회재산의 인수는 교황 자신이 프랑스를 대신해서 챙겼다. 프랑스의 왕들이 훌륭한 가톨릭 신자이고 교황파로 남았고 이단을 맹렬히 박해한 것도 놀랄 일이 아니다.

우선시한 그들의 이기적 정책의 오점도 유명했다. 이에 관해 특히 기사단과 불신자들과의 미심쩍은 관계를 언급하기도 한다. 기독교인 대공과 군주들의 부담을 지우면서까지 성당 기사단은 자신의 소유를 늘리려고 했다. 일찍이 돈 욕심에 이끌렸다는 것이다. 또한 기사단은 거대한 재정적 수단을 활용했고 결국 일종의 재정적 거대세력이 되었다. 파국의 시기에 그 기사단의 부동산 보유액은 2,500만에서 6,200만 프랑으로 평가되는가 하면, 지대, 십일조, 이자 등에서 매년 200만 프랑보다 적지 않은 액수를 뽑아냈다. 이는 오늘날의 금 가치에 따르면 대략 25배가 될 것이다. 이러한 왕의 부보다 더 큰 부는 물론 '성전의 가난한 형제들'의 규약상의 빈곤에 대해서는 나쁜 것으로 여겨졌다. 더구나 그 부는 작은 일부만이 기사단의 소명에 부합하는 목적에, 성지의 이익을 위해 쓰였기 때문에 더욱 그러했다. 기사단은 게다가 선박업만을 영위한 것이 아니라 거대 상인의 사업도 행했다. 자신의 노예선(Galeeren)으로 기사단은 매년 수천 명의 순례자를 팔레스티나로 실어가고 실어왔으며, 자기 필요 충족을 위한 서양 물품의 무관세 도입 특권은 그 기사단에게 이익을 가져다주는 대규모의 투기를 가능하게 했다. 동서 간 교역의 주된 중개자로서 기사단은 전체 화폐교역을 위한 괄목할 만한 비중을 달성했다. 기사단의 안전한 빠른 속도의 배로 교황들은 성지를 위해 쓰도록 정해진 돈을 그리로 보냈고, 그 돈을 기사단 금고에 보관하도록, 그리고 기사단 관리들이 관리하도록 했다. 다른 재무적 활동을 위해서도 기사단은 중개인을 두었다. 빠리에 있는 본부, 성당은 정말로 국제 증권시장이 되어 공간적으로 서로 멀리 떨어진 곳의 사업가들이 그 시장과 관계를 가졌다. 제후들도 그렇게 했다. 프랑스의 왕들은 그곳에 보화를 보관했고, 그곳에서 결제를 하고 돈을 받았다. 이웃 사랑으로 그런 일을 한 것은 아니며, 기사단은 자신의 이익 없이는 당연히 그런 사업을 하지 않았다. 아무도 겨룰 수 없던 군사적 세력이고 대지주였던 성당 기사단은 이런 식으로 결국 금융적 거대세력도 되었다. 왕들은 기사단의 호의에 매달렸고, 기사단의 채무자가 되었다. 바로 필립 4세가 기사단의 이런 중요성을 경험해야 했다."(H. Prutz, *Staatengeschichte des Abendlandes im Mittelalter*, Berlin 1887, II, S. 49, 50) 모든 기독교 게르만적인 기사들 중 가장 기독교적인 기사들의 성당이 상업거래소(Handelsbörse)가 된 것이다! 이런 현실은 반유태주의자들에게는 유태인 나단과 친한 성당 기사에 대한 레싱의 픽션보다 더 고통스럽다.

대외정책에서도 교황들은 영국과 상시적으로 불화하고 독일의 희생으로 자신의 영토를 확장하고자 한 프랑스 왕들의 뜻에 따라야 했다. 그래서 프랑스 왕들은 교황들이 영국의 왕 그리고 독일의 황제와 충돌하도록 몰아갔다.

그러나 그렇게 만드는 데는 별로 크게 압박을 가할 필요가 없었다. 교황들이 프랑스의 주권 아래 놓인 이래로 프랑스에서 얻어내던 최대 수입을 상실했다. 그러나 그들이 로마에 부재한 덕분에 교회국가에서 올리던 수입도 점점 불안정해졌고 완전히 중단되는 경우도 많았다. 동시에 교황 궁전에서는 그 시대의 다른 궁전에서처럼 사치품의 상공업 발달과 함께 돈에 대한 필요와 열망이 커졌다. 프랑스와 이탈리아, 그리고 곧 스페인에서도 취해갈 것이 줄수록 북쪽 나라들에서 벗겨내야 할 것은 점점 늘어야 했다. 아비뇽에서 교황들은 독일교회에 대한 조세 착취 체제를 구상했다. 그 체제가 결국 독일이 로마에서 떨어져나가게 했고, 종교개혁을 일으킨 것이다.[10]

---

10 위에서 인용한 한스 프루츠(Hans Prutz)의 저작은 또한 교황청의 재무방식에 대한 명백한 서술도 포함한다: "일찍이 교황청 주교성의 재무기술은 높은 수준으로 발달했고, 성직의 여러 단계와 끝없이 다양한 사업에 상응하는 조세 및 수수료 제도는 심숙고된 체계로 형성되었다. 이는 어떠한 법적 명의에서든 이익을 만들어낼 기회를 놓치는 법이 없었다. 이에 관해서는 이미 일찍이 원성이 있었지만, 행운을 찾아 모험가들이 아비뇽 교황청으로 몰려든 것과 유쾌한 프로방스에서 영위되는 삶의 매력이 현금 재원에 대한 필요를 크게 높이는 가운데 예전에 로마 시와 교회국가에서 뽑아내던 수입이 교황청에 결여된 이래로 그 폐단은 헤아릴 수 없이 높아졌다. 이러한 상황들의 결합으로 주교성의 재정기술은 참으로 세련된 완성도에 이르러서 한편으로 수입에서 상실된 것을 다른 한편으로 두 배, 세 배로 회복할 수 있었다. 교황청이 손실을 보전할 수단으로 삼은 것은 주로 풍부한 재물이 생기는 교회의 직위들이었다. 이는 그 꼭대기만이 아니었으며, 그보다는 오히려 공증인, 사무서 서기, 대서인 등 그들의 탐욕스러운 손을 거쳐 교회의 고위관직의 임명과 관련된 문건이 해당자나 그 대리인에게 도착하기까지 거쳐 가는 하급 또는 보조 관리들이었다. 수도원장, 주교, 대주교로 오르는 데는 그 대상자에게 우선 큰 금전적 희생이 부과되었다. 이는 그가 그 위치에 오기까지 다양한 영향력 넘치는 자리들을 놓고 뇌물을 써야 했던 것과는 별도였다. 당연히 그들

중앙권력이 아주 약했던 독일에게 14세기의 교황들은 모든 것을 요구할 수 있었다. 그들이 다양한 명목으로 독일의 주교들과 수도원들에 제기한 요구사항들이 높이 올라갈수록, 그와 함께 예컨대 면죄부 장사와 협박, 특히 파문에 의한 직접적 착취 방식도 더욱 뻔뻔스러워졌다.

은 그리고 나서는 초래된 희생을 보상 받으려고 했다. 그 과정에서 그들은 그에게 배속된 하급 직원들을 상대로 그가 당했던 것과 비슷한 조세 및 수수료 제도를 실천했다. 이런 식으로 계속 아래로 내려가서 하급자는 그의 한정된 재원으로 상급자에게 지출된 것을 보전해줄 뿐 아니라 상응하는 이익의 보장을 통해서 손해가 난 것을 갚아주어야 했다. 교황청의 재무 상황에서 가장 두드러진 역할을 한 것은 승인수수료(Konfirmationsgebühren), 즉 새로 취임하는 교회 직분자가 교황의 비준을 얻으려고 내야 했던 납부금이었다. 이미 13세기 말에 브릭센 주교구에서 이는 금 4,000굴덴에 달했다. 거기에 교황청 관리들에게 주는 구전 금 200굴덴은 포함되지 않았다. 나중에 그 세금은 현저하게 올라갔다. 마인쯔, 트리어, 잘쯔부르크의 대주교직에는 각 1만 금 굴덴의 승인수수료가 부과되었고, 루엔에서는 무려 12,000 금 굴덴에 달했다. 랑그르(Langre)의 대주교직은 9,000금 굴데, 캄브라이(Cambrai)에서는 6,000금 굴덴, 뚤루즈와 세비야(Sevilla)에서는 각각 5,000금 굴덴으로 산정되었고, 빈덴(Winden)과 같은 가난한 대주교직에도 500금 굴덴이 납부되어야 했다. 유사한 방식으로 다양한 수도원장 직에 대한 승인수수료는 그 재산에 따라 등급이 나뉘었다. 이제 요한 22세가 기존의 관직 보유자의 승진을 통해서 더 높은 관직이 허가된 모든 성직자에게는 교황청 예치금을 내도록 하여 교황에 의한 그들의 재임명이 직접 이루어지게 하고, 그로써 언제든지 일종의 승진이 일련의 모든 직위를 통해서 생기게 한다는 기특한 생각을 해낸 이래로, 이 승인수수료는 교황청의 가장 풍부하고 가장 안정된 수입원이 되었다. 그와 결부하여 안나타(Annata), 즉 새로 부임하는 주교마다 교황청에 넘겨야 하는 최초의 연봉에서도 막대한 수입 증대가 있었다. 나아가 여기에는 *fructus medii temporis*도 속한다. 녹을 받는 성직이 임명되지 않는 한에서는 그 수입도 마찬가지로 교황청에 돌아가며, 이는 여기서 또한 새로운 임명의 지연을 통해서 그들의 수입을 상당히 증대해줄 수 있었다. 유산인수권(Spolienrecht)은 주교의 사망시에 그의 동산이 교황청에 귀속된다는 것으로, 철저히 시행되었다. 특히 이익이 된 것은 신입자들을 대상으로 영위된 사업, 즉 당시에 아직 법적 권리가 없는 미성년자를 받아들여 성직록의 승계권을 보장해주는 것, 그리고 예약직위(Expektanz)의 수여, 즉 당시에 아직 책임자가 있는 자리에 장차의 후계자를 약정해주는 것 등이다. 여기에 겸직(Union)과 합병, 즉 여러 성직록을 한 사람에게 몰아서 주는 것의 허가에서 나오는 수입, 그리고 끝으로 호황을 이룬 장사가 있었으니 이는 최하층의 말직에까지 공정가격에 따라 다양한 종류의 관용(면죄부)과 사면을 내려주는 것으로 영위된 것이다.

"이런 재정체계에 따라 교황청은 풍요로운 재산을 가진 고위 관직자들에게서 어마어마한 거액을 거뒀고, 이는 이들이 이익을 더 붙여서 하급자들에게 뜯어내게 되어 결국 방어할 힘이 없는 미약한 자에게까지 가서 멈출 때까지 그런 것이었다."(A. a. O., II, S. 330ff)

한 선량한 가톨릭 신자는 이렇게 말한다. "지속적인 교황 측의 요구에 의해, 경비가 많이 드는 로마 여행에 의해, 영구적 전쟁에 의해 대부분의 독일 종교재단이 (14세기 및 15세기에) 채무 상태에 빠졌으며, 이탈리아 은행가들에게 거액의 대부이자를 물어야 했다. 시에나와 로마, 피렌체의 이 은행가들은 독일교회의 고혈을 짜내려고 교황의 권위를 이용했다. 어떤 주교가 정확한 기일에 지불하려고 하지 않는 경우에 그들은 교황의 칙령을 발부해 주교들이 파문과 직위 교체의 위협을 받아 대부이자의 지불을 강제당하도록 할 줄 알았다."(Ratzinger, *Geschichte der kirchlichen Armenpflege*, S. 304ff)

그러나 교황들에게 그것으로는 충분치 않았다. 1316년 이후 클레멘스 5세의 뒤를 이은 요한 22세는 황제의 사망 후 그 권력이 교황에게로 넘어와서 프랑스의 노예인 교황이 독일의 최고지도자라고 선언했다. 황제가 황제노릇을 하고자 한다면 이를 용납할 수 없었다. 마지못해서 억지로, 그리고 결단성도 없이 루트비히는 전쟁을 시작했다. 이는 아직도 호헨슈타우펜 왕가가 교황들과 벌이던 투쟁과는 완전히 다른 투쟁이었다. 이탈리아의 지배와 착취를 둘러싼 것이 더 이상 아니었고, 독일의 지배와 착취를 둘러싼 것이었다. 교회의 주인이 누가 되어야 하느냐에 관한 것이 아니라 교회의 정신적 주인이 세속권력에 대한 주인도 되느냐에 관한 것이었다. 교황청은 독일에 대하여 공세를 취했으며, 도처에서 군주권력이 강하게 활동을 하던 시대, 교회를 종으로 삼기 시작하던 시대에 독일 황실은 교황에 대한 독립성을 쟁취하기 위해 싸웠다.

이 투쟁은 또 다른 투쟁과 나란히 진행되었다. 제국의 제후들은 주권자로 발전하기 시작했고, 황제의 권력을 약화하려고 시도했다. 이에 반해 흥기하는 제후 권력에 위협을 느낀 분자들, 특히 자유도시들은 황제의 권력을 그들의 최선의 동맹자로 보았다. 그들은 또한 교황청에 맞선 투쟁에서 황제의 막강하고도 믿을 만한 동맹군이었다. 그러나 고위 귀족계층은 대체로 교황 편으로 기울었다. 때로는 물론 교황의 오만 방자함이 지나쳐서 제후들까지도 이에 저항해야 하는 일이 있었다. 그러나 통상적으로 그들은 황제를 가장 가까운 적으로 간주했고, 교황이 황제의 권력을 약화하고 타도하려고 노력하는 것을 도왔다.

교황은 자신의 극히 예리한 무기를 황제를 향해 사용했다. 그는 황제를 정죄하고 파문했다. 그러나 여러 도시들은 이를 두고 비웃었다. 그 시대의 어떤 연대기 저자는 이렇게 설명한다. "이 당시에 성직자계층은 평신도의 큰 멸시 대상이었으며, 사람들은 성직자보다 유태인을 더 좋게 보았다." L. 켈러(Keller)는 이미 여러 번 언급된 구 개혁당파에 관한 그의 책에서(S. 114) 교황에 대한 도시들의 태도를 아주 극적으로 기술한다. "스트라스부르 시는 이 투쟁에서 교회의 칙령에 따라 예배를 막던 사제들을 시에서 추방하기까지 했다. 쥐리히 시는 이미 1331년부터 교황 측의 성직자를 인정하지 않았다. 콘스탄쯔에서 시 행정당국은 그 성직자들에게 그들의 직분을 다시 임명받을 것을 요구했고 그들에게 고려할 말미를 주었다. 유예기간이 끝나면서(1339년 1월 6일) 직무수행을 원치 않던 자들은 모두 도시를 떠나야 했다. 로이틀링겐(Reutlingen)에서 시의회는 아무도 교황에게 순종하는 사제를 맞아들여서는 안 되며 위반시에는 15파운드의 벌금형에 처한다고 공식적으로 선포했다. 레겐스부르크에서 당국은 사제들이 예배를 거행하도록 굶주림의 수단으로 강제했다. 뉘른베르크(Nürnberg)에서는 도시의 과두지배 세력이 오랫동안 로마의 성직자계층과 공통된 신념을 지녀왔는데, 이에 관하여 동업조합들과 공개적인 투쟁이 벌어졌으며, 이는 귀족과 성직자들의 몰락으로 끝났다. 이 승리를 쟁취하자 곧 뉘른베르크는 파문당한 황제의 편에 붙었다. 대체로 관찰할 수 있는 것은 도시 귀족의 통치를 받지 않던 모든 독일 도시가 로마의 무조건적인 적이고 루트비히의 충실한 추종세력이었다는 것이다."

이런 상황 아래에서 당연히 베가르트파 이단세력이 기세 좋게 번성했다. 독일 전체가 교황에 맞선 투쟁의 함성으로 울렸고, 시민 편, 그리고 황제 편의 견해를 가진 자들에게는 이와 뜻을 같이 한 누구나 환영을 받았다.

모스하임이 그 이름을 언급한 프란체스코 수도사인 한 연대기 작가는 이렇게 말한다. "루트비히 황제가 교회분리론자를 최고로 영예로운 자리에 발탁한 것, 그리고 그들의 범죄를 처벌하지 않은 것은 모든 수도회로부터 극히 사소한 실제적인 동기나 핑계를 내세워 교황으로부터 떨어져 나간 다른 이들의 뻔뻔함과 완고함을 증대했고 가톨릭의 신조에 큰 피해가 되도록 형제들의 종파(바로 베가르트파)의 수를 늘렸다. 그들은 부끄러움도 없이 은신처에서 단호하게 나서서 페트루스 코르바리우스(Petrus Corbarius, 루트비히가 이 사람을 니콜라우스 5세라는 이름으로 反교황으로 세웠다)와 루트비히의 처사에 동의했던 것이다."[11]

독일로 도피한 외국의 이단자들도 루트비히라는 보호자를 발견했다. 1324년에 요한 22세는 한 조칙에서 황제를 이단에 빠진 사람들, 특히 롬바르디아의 이단, 그중에는 발도파 또는 사도형제들도 물론 들어가는 것으로 보아야 하는데, 이런 이단에 빠진 자들의 두둔자요 조장자로 지칭했다.

그러나 루트비히 황제는 재위 중에 공산주의적 관념을 취하기는 했으나 특별히 베가르트파의 형태가 아닌 덜 위험한 프란체스코파의 형

---

[11] Mosheim, *De Beghardis*, S. 320.

태를 따랐다. 우리는 이미 앞에서(250쪽) 프란체스코 수도회 내부에서
수도회가 재산을 취득해도 되는지 안 되는지에 관한 질문에 대하여 생
겨난 투쟁을 언급한 바 있다. 교황 인노첸시오 4세(1245년)가 프란체스
코 수도회의 재산 추구적 분파의 편에 선 이래로, 더 강경한 파는 교황
청에 점점 더 적대적인 태도를 취했다. 교황청과 강경한 프란체스코
수도사들, 영성주의자 혹은 프라티첼리와의 갈등은 루트비히의 적수
인 요한 22세가 1322년에 그리스도와 그의 사도는 어떤 재산도 소유
하지 않았다는 이들의 가르침을 이단이라고 선언하면서 첨예화되었
다. 이는 그가 1317년에 이미 이들에 대한 종교재판을 청구한 후였다.
1328년에 요한은 체세나(Cesena)의 미카엘 수도회장을 강경한 분파의
편에 섰다고 하여 해임했다. 이들은 단호하게 루트비히의 편이 되었고,
강경한 프란체스코 수도사들은 그의 가장 열렬하고 용감한 선동자들
이 되었다. 루트비히는 그 대열 중에서 反교황(Gegenpapst)을 뽑았다.
그는 이미 언급한 니콜라우스 5세로, 루트비히는 1328년에 그가 로마
인들에 의해 선택되도록 했다. 물론 곧 그를 다시 버리기는 했지만 말
이다. 니콜라우스는 1330년에 이미 아비뇽의 교황 앞에 꿇어 엎드렸고
참회하는 심정으로 자신의 모든 '과오'를 자백했다.

　황제의 작품인 자가 맞은 이런 운명은 벌써 교황과 황제 간의 갈등
이 어떤 결말을 맺게 될지 시사해주었다. 황제가 굴복했다.

3. 카를 4세 치하의 가톨릭 반동

　교황 클레멘스 6세는 요한 22세의 두 번째 후계자로 그는 교황청과
프랑스에 무조건 복종하는 자를 독일 황위계승의 후보자로 삼았다. 그

는 보헤미아의 요한 왕의 아들 카를(Karl)이었다.

독일 황실의 허약함은 제후들이 나라의 주권을 쥔 군주가 되게 하는 작용을 했을 뿐 아니라 또한 변경(邊境)에 위치한 제국의 영토들이 독립을 하도록 작용했다. 스위스가 그랬고, 네덜란드가 그랬다. 보헤미아도 점점 제국에서 떨어져나갔다. 제국의 권력에 대립하면서 보헤미아 왕들은 프랑스에서 의지할 곳을 발견했다. 룩셈부르크 사람인 보헤미아의 요한은 프랑스의 샤를 4세와 친척 간이었다. 샤를 4세가 그의 누이와 혼인했던 것이다. 요한의 아들 바츨라프(Wenzel)는 프랑스의 왕궁에서 교육을 받았는데, 그곳에서는 바츨라프란 이름이 어울리지 않았기 때문에 견진성사를 받으면서 카를(Karl)이란 이름을 취하였고 그 이름을 유지했다. 교육과 왕조적 관심은 그를 프랑스와 교황의 완벽하게 신뢰할 수 있는 동맹자로 만들었다. 카를이 황위에 오를 뜻을 보이자 곧바로 클레멘스는 통치를 하고 있던 루트비히의 퇴위를 선언했고 독일인들에게 새로운 황제를 선출하라고 요청했다. 교회의 후원과 두둑한 돈주머니 덕분에 카를은 그를 선출할 네 명의 선제후(選帝侯)를 확보했다(1346년). 그의 승리는 그가 생각했던 것보다 쉬웠다. 두 황제 간의 싸움다운 싸움이 벌어지기 전에 바이에른 사람 루트비히가 죽었기 때문이다.

카를은 결코 감성적 정치인이 아니었다. 그는 프랑스와 이탈리아에서의 새로운 통치술을 철저히 배웠다. 그래서 그는 황제의 위용의 날들은 영원히 사라지며, 자기의 권력의 뿌리는 자기의 모국에 있지 황위에 있는 것이 아님을 잘 알았다. 그의 주된 관심사는 보헤미아였다. 황위로부터 그는 많은 이익을 끄집어낼 수 있기만 하면 끄집어내려고 했지만, 황위 때문에 싸움을 감행하고 뭔가를 희생하는 것은 삼갔다. 그는 황제의 위신의 안정을 교황에 속한 교회의 위신과 맞물린 것으로 여겼다. 황제와 교황은 서로 손을 잡고 의존하며, 카를은 물론 그의 개인적 성향과 관계에 의해 쉽게 이것을 이룰 수 있었다.

그래서 카를은 이탈리아 사람들이 부르듯이 '사제황제'(Pfaffenkaiser)가 되었고 어쨌든 그의 권력 입지와 융화가 가능하기만 하면 교황청의 모든 요구에 대한 열띤 대변자가 되었다. 그 와중에 당연히 민주적 이단과 또한 공산주의적 이단이 가장 많은 고통을 겪었다. 루트비히 통치 때에는 독일에서 베가르트파에 대한 박해는 거의 완전히 중단되었거나 그렇지 않으면 유명무실했다. 이제는 그들에 대한 유혈박해의 시기가 도래한 것이다.

이미 1348년부터 이단 박해에 대한 언급이 나온다. 그러나 반동은 그 세기의 마지막 3분의 1 시기가 되어서야 비로소 기승을 부렸다. 우리가 이제 이야기하려고 하는 영국의 이단세력의 발흥이 로마교회를 특별히 분노하도록 자극했기 때문이다. 베가르트파에 대한 카를의 칙령이 잇달아 나왔다. 가장 가공할 만한 칙령은 물론 1369년 6월 10일에 루카(Lucca)에서 반포된 것으로 이는 종교재판관들에게 특별한 전권을 부여한 것이었다.

이미 1367년에 교황 우르바노 5세는 두 명의 종교재판관을 독일로 파견했지만, 곧 그들에게는 업무가 너무 많아졌다. 그 다음 교황 그레고리오 9세는 이들을 지원하기 위하여 다섯 명을 더 보냈다(1372년). 도처에서 이제 화형의 장작불이 타올랐고, 이단자들이 수백 명씩 화형을 당했다.

1394년 1월 30일에 결국 교황 보니파시오 9세는 황제 카를 4세의 칙령을 참조하여 이단자들의 근절을 위한 그때까지의 교황들의 모든 결정을 집약한 한 칙령을 반포했다. 그는 민중이 베가르트파와 롤라드파 그리고 자매파(Schwestrionen)라고 부르는, 그들 간에는 '가난뱅이',

'형제'라고 칭하는 독일의 이단자들에 관한 독일 종교재판관의 자문의 견을 근거로 했다. 그는 이 이단세력들에 대해 화형의 장작더미를 아끼지 않았는데도 그들을 제압하는 데 성공하지 못한 채로 그들이 100년 이상을 존속해온 것을 한탄했다. 이제는 이단세력들에게 최후의 일격을 가할 때라는 것이다.

1395년에는 이때도 역시 종교재판관 페트루스 필리히도르프(Petrus Pilichdorf)가 의기양양하게 이단세력을 정복하는 데 성공했다고 보도했다. 그러나 1399년에 보니파시오는 또다시 종교재판관의 수를 여섯 명으로 늘릴 수밖에 없게 되었다.

그 종파는 계속하여 새로운 추종자들을 몰고 온 상황에서 끊임없이 새로운 양분을 얻었다. 그럼에도 그들은 유혈박해에 의해 완전히 미미한 상태로 전락했다.

공개적이고 독립적인 베가르트 공동체는 완전히 사라졌다. 우리는 이미 13세기의 최초 박해가 온건한 베가르트파의 상당 부분을 탁발수도회로 접근하게 한 결과를 초래한 것을 살펴보았다. 이제 이 과정은 종결되었다. 독립적인 베가르트 회당들은 완전히 문을 닫았다. 그것들은 수도원으로 바뀌어서 일부는 탁발수도사들, 특히 프란체스코 수도자들에게로 넘어갔고, 또 일부는 옛 이름을 유지했지만 사실상 수도원 제도의 토대 위에 있었다. 교황 니콜라오 5세는 결국 1453년에 이 수도원들을 교회의 품 안에 받아들였고, 그들에게 제3회의 여러 권리를 부여했다.

비밀공동체들은 완전히 근절될 수도 없었고, 그렇다고 그들을 굴복시킬 수도 없었다. 그러나 그들의 모든 영웅적 기개와 전적인 헌신은 1세기를 넘는 동안 끊이지 않는 순교자의 대열을 내는 것 이상을 목표로 삼을 수가 없었다.

독일에서 세속적 권력과 교황청 간의 새로운 거대한 갈등이 벌어지게 되면서, 독일 제후들의 상당 부분이 교회 그리고 황제와의 투쟁에 동시에 운명을 걸 수 있을 정도로 강해지게 되면서, 어떤 종류의 이단적 반대세력이나 공산주의적 반대세력도—그리고 그들이 전체를 통틀어 가장 약한 세력으로서—비로소 다시 고개를 들 수 있었다.

루트비히 4세의 사망 후에 이단세력에게는 독일의 대종교개혁 때까지 유럽에서 단 두 곳의 피난처, 곧 우선은 영국이 그리고 그 다음으로—특별한 분수령으로서—보헤미아가 있을 뿐이었다. 독일에서 가톨릭 반동세력이 바로 이 보헤미아의 지배자에 의해서 출범하게 된 것인데도 말이다.

제 4 장

영국의 롤라드파

1. 위클리프 운동

영국은 독일제국 다음으로 아비뇽의 착취를 탐하는 교황들이 주로 눈독을 들인 나라였다.

어떤 나라도 영국만큼 교황에게 더 순종하는 나라가 없고, 그의 착취에 줏대 없이 방치된 나라도 없던 시대가 있었다. 13세기 초에 영국 왕실은 교황청에 완전히 종속되었다. 영토가 없는 존(John Lackland: 부왕에게서 상속한 땅이 없어 붙은 별명)은 1213년에 성 베드로의 봉토를 얻어 왕위에 오르고 매년 은 1천 파운드의 봉토료를 교황에게 지불할 의무를 져야 했다. 그때부터 영국에 대한 착취의 정도는 점점 더 높아졌다. 에드워드 3세 시대(14세기)에도 의회는 교황에게 매년 지불되는 공물이 왕에게 지불되는 것이 다섯 배나 된다고 탄식했다.[1]

그러나 그 당시에 이미 다른 국가들에서처럼 국가의 중앙권력은 교황청에 맞선 투쟁을 성공적으로 이끌 뿐 아니라 또한 교회적 지배 및 착취 조직을 자신의 목적을 위해 접수할 것을 고려할 수 있을 정도로 충분히 강했다.

우리는 군주정이 아니라 '국가 중앙권력'이라고 말한다. 왜냐하면 왕실과 아울러 당시에는 봉건국가들 도처에서 왕권을 다소간에 제약한 상설대표, 제국의회 의원들이 등장했기 때문이다. 신분대표 의회(Stände)와 왕실 간의 권력관계는 공간과 시간에 따라 크게 달랐다. 우리는 완전히 찬성표를 던지는 꼭두각시인 제국의회 의원들과 제국의회 의원들의 맹목적인 도구가 된 왕들을 발견한다. 그러나 중앙권력의 두 세력이 서로에 대하여 어떨지라도 그 당시에 도처에서 중앙권력은 제국의 개별 구성부분들보다 더 강해지기 시작했다. 물론 독일에서만은 예외였다.

14세기에 영국에서 왕과 의회는 교황의 월권에 맞서기에 충분히 강했다. 그러나 바로 그 당시에 이 교황 측의 월권은 점점 더 방자한 모습을 드러냈다. 교회와 국가 간의 갈등은 불가피해졌다.

프랑스와 영국 간에 100년 이상 지속된 전쟁은 양측 세력 간의 대립을 더욱 첨예화했다(1339년부터 1456년까지).

이 전쟁의 구실은 왕조의 왕위계승 문제였다. 그러나 그 원인은 더 깊은 데 있었으며, 그 전쟁을 민족적 전쟁, 곧 민족의 결정적 계급의 이해관계가 관련된 전쟁으로 만들었다.

우리는 기독교-게르만 귀족계층의 전체에서 13, 14세기에 걸쳐 약탈 욕구가 성장하는 것을 보게 된다. 상품생산과 상품교역의 도약과 함께 그들의 욕구도 치솟았고, 그들과 농민들의 자연경제는 이 욕구를

---

1 Cunningham, *The growth of English Industry and Commerce*, S. 253. Cambridge 1890.

점점 더 채워주지 못했다. 그래서 귀족계층은 자신들의 특수한 지식을 재정상태를 개선하는 데 활용하지 않을 수 없었다. 그러나 그 지식은 싸움 분야에만 있었고, 그들은 오직 독자적으로 혹은 남에게 고용되어 강자들에게 권리를 찾아주는 것, 즉 전리품을 획득하는 것을 돕는 일을 추구하는 방식으로만 그 지식을 유익하게 활용할 수 있었다.

기사집단의 약탈욕을 외부의 전쟁에 쏠리게 했을 강한 중앙권력이 없던 독일에서는 십자군 원정과 로마인 전쟁—이는 기본적으로 역시 약탈원정들이었다—의 중단은 기사들이 자기 나라의 시민과 농민을 표적으로 삼게 했으며, 그것도 충분하지 못할 경우에는 굶주린 이리들처럼 서로 잡아먹으려고 노리게 했다. 시민계층과 귀족계층 간에는 극히 맹렬한 적개심이 움텄다.

영국에서는 사정이 달랐다. 그곳에서 중앙권력은 이웃의 프랑스와 전쟁을 감행할 수 있을 정도로 충분히 강했다. 프랑스와는 반대로 시민계층의 이해관계는 귀족층의 이해관계와 일치했다. 양자는 영국에서 당시에 그리고 나중에도 독일에서보다 훨씬 더 많은 공통의 이해관계가 있었다.

한 가지 공통의 이익은 네덜란드와의 교역에 대한 것이었다. 네덜란드의 기운차게 융성하는 모직산업은 우리가 알다시피 그 원료를 주로 영국에서 조달했다. 이 산업의 번창에, 영국의 지주들은 그들이 양을 키우던 한에서는, 양모교역을 중개하던 상인들, 그리고 양모의 수출관세에서 최고의 수입을 올리던 왕과 마찬가지로 관심을 가졌다.

1279년에 벌써 남작들은 에드워드 1세에게 보낸 청원서에서 양모의 수확이 그들 땅에서 나던 수입의 절반이 된다는 것을 밝혔다. 가장 오래된 영국의 수출통계는 1354년의 것이다. 총 수출가액은 213,338 파운드스털링에 달했으며, 그중에서 양모의 가액은 196,062파운드스털링에 이르렀다. 수출관세 총액은 81,896파운드스털링이 되었다. 이는 거의 전부 양모에서 부담했다. 다른 수출품들은 고작 220파운드스털링만을 냈다.(G. Craik, *The History of British Commerce*, London 1844, I, S. 144, 148)

그러나 영국 양모의 인수자인 네덜란드 도시들의 번창은 프랑스에 위협을 받았다. 그들의 부는 프랑스 왕실과 기사집단을 유혹했다. 이들이 13세기에 신앙투쟁을 구실로 부유한 랑그독(Languedoc)을 덮쳤다면, 14세기에는 플랑드르에서 전리품을 찾아 나섰다. 위험에 처한 플랑드르 도시들은 독일제국이 아닌 영국에서 강력한 동맹세력을 발견했다.

그러나 그것이 프랑스와 영국 간의 유일한 대립은 아니었다. 영국의 기사집단은 프랑스의 기사집단보다 약탈욕이 덜하지 않았다. 프랑스의 기사집단이 네덜란드의 보물에 집착했다면, 영국의 기사집단은 경제적으로 영국보다 한참 앞선 프랑스의 보물에 집착했다. 당시에 더 야만적인 나라가 언제나 경제적으로 더 높이 발달한, 더 부유한 나라를 약탈하려고 했다. 동시에 프랑스인들이 네덜란드인들을, 영국인들이 프랑스인들을, 스코틀랜드인들이 영국인들을 약탈했다. 그리고 네덜란드인들이 영국인들과 연합했듯이 스코틀랜드인들은 프랑스인들과 연합했다. 그러나 영국인들은 이 투쟁에서 대부분 승리를 차지했고 승리와 그와 함께 헤아릴 수 없는 전리품을 가져갔다.

영국의 한 연감 편찬자는 이렇게 설명한다. 크레시(Crecy) 전투 후에 프랑스 북부지역은 심하게 약탈되어, 그곳에서 취득한 부는 영국인들의 생활과 풍속을 완전히 변화시킬 정도였다.

기사집단은 많은 것을 차지했다. 그러나 그들은 빼앗는 것을 지키는 것보다 언제나 더 잘 할 줄 알았다. 시민계층은 기사집단을 속여서 다시 그들의 부를 갈취했다. 이 부는 공업과 상업의 결실에 소용되었다.

전쟁의 짐은 주로 농민계층에게 지워졌다. 그러나 전쟁은 이들에게도 많은 이익을 가져다주었다. 농민들도 지주들만큼 네덜란드와의 막힘없는 양모교역에 이해관계를 지녔다. 전쟁은 농민가족이 내놓은 남아도는 아들들에 대한 대가로 봉급과 풍부한 전리품을 가져다주었다. 그러나 무엇보다도 전쟁은 기사집단이 자기 나라에서 폭력을 행사하는 것을 방지하는 본연의 장점을 지녔다. 이는 독일 기사집단이, 그리고 더욱이 외부의 적들과의 싸움에서 패배한 후에 프랑스 기사집단이 하던 짓이다.

프랑스에 대항한 전쟁이 영국에게는 전 민족이 지극히 절실하게 관심을 둔 민족적 사안이었다는 것도 놀랄 일이 아니다.

우리는 14세기에 바로 영국에서 교황청에 대한 반대가 얼마나 첨예하게 형성되었는지 이제는 이해한다. 나라의 적의 꼭두각시 또는 동맹군인 교황, 이 교황을 옹호하는 것은 반역이고, 그와 싸우는 것은 최고의 애국이었다.

이 공감대는 의회가 영국이 교황에게 내야 했던 교부금을 가능한 대로 삭감하게 했을 뿐 아니라—그중에서도 1366년에 1,000파운드의 봉토료가 폐지되었다. 이는 존 왕 시대부터 납부되던 것이었다—이는 또한 교황의 주권을 완전히 떨쳐버리려는 사상의 비옥한 토양이기도 했다. 프랑스와 이탈리아에서 진압되고, 독일에서 카를 4세의 즉위 이래 법적 권리를 박탈당한 이단세력은 14세기 후반에 도버해협 건너편에서 활기를 띠고 번성했다.

영국에서 처음으로 교황청에 대한 반대는 강력한 제국의 민족적 사안, 시민과 농민, 왕실과 귀족세력이 다소간에 성직자계층 대부분과 마찬가지로 관련된 사안이 되었다. 그리고 그렇기 때문에 영국은 종교개혁 사상이 최초로 중요한, 과학적이라고 할 수 있는 표현 형태를 얻은 나라가 되었다.

교황에게 적대적인 이 경향의 가장 두드러진 정신적 대표자는 존 위클리프라는 지식인으로 처음에는 신부였다가 옥스퍼드 대학교의 교수가 된 사람이다. 위클리프가 예리하게 그리고 결연하게 행동하기는 했지만, 그는 지배계급의 이익이 그에게 그어준 한계를 넘어서지 않도록 경계했다. 원시 기독교에서 출발하여 그는 그리스도의 가난을 찬양했고, 그 가난과 그의 제자들의 부, 사치, 오만을 대비시켰고, 그리스도의 추종자들에게 그리스도가 부유한 제자에게 요구했던 것과 같은 가난과 같은 재물의 분배를 요구했다. 그러나 그는 이 그리스도의 추종자들로서 기독교 세계 전체가 아닌 성직자 집단의 구성원들만을 포함시켰다. 그는 이들에 대한 수탈만을 불가피한 것으로 여겼다. 그리고 그의 가르침은 대지주와 왕의 이익에 부합했다. 교회재산이 '분배'되면 그것은 그들의 수중에 들어갈 것이었다. 위클리프 이단은 단순히 교회의 착취 및 지배 수단을 국외의, 자국에 적대적인 교황의 손에서 자기 나라의 왕과 귀족의 손으로 옮기는 결과를 초래했다.

그래서 위클리프는 고위 귀족층의 최상부의 비호도 받았다. 그중에 두 명의 가장 두드러진 영국 사람이 있었으니, 랭카스터의 공작 존과 노썸버랜드의 백작 퍼시(Percy)가 그들이었다. 랭카스터의 존은 국왕 에드워드 3세의 작은아들이었고, 그의 손자이자 후계자인 리처드 2세의 숙부였다. 리처드 2세는 즉위시(1377년)에 8세밖에 안 되어 그의 강력한 숙부에게 지극히 큰 영향을 받았다.

2. 롤라드파

이단운동은 지배계급에게만 국한된 상태로 있지 않았다. 교황청에 대항한 투쟁은 그 시대의 제반 사회적 대립을 표면에 떠오르게 했다. 공통의 적인 프랑스의 교황에 맞선 민족적 투쟁에서 다양한 계급들은 또한 조만간에 서로 갈등하게 될 수밖에 없었던 특수한 이해관계들을 위해서 싸웠다. 가톨릭의 작가들이 그 현상에 관하여 유쾌하게 언급하기를 모든 종교개혁 운동에서 교회개혁자들 간에는 조만간에 내적 분열과 격렬한 싸움이 터져 나왔다고 한다. 가톨릭 작가들은 이것을 종교개혁이 악마의 작품이었다는 데 대한 증거로 여긴다. 성령이 그 일과 무관하다는 것을 우리도 믿는다.

이런 상황에서 베가르트파 운동, 혹은 영국인들이 보통 말하듯이 롤라드파 운동이 번창했다.

우리는 네덜란드 모직산업의 융성이 유럽의 지극히 다양한 나라 도시들에서 이 산업의 발달에 대한 열망을 어떻게 일깨웠으며, 어떻게 플랑드르의 직조업자가 아주 먼 지역에까지 초청을 받아서 가게 동기를 제공했는지를 살펴보았다.

플랑드르의 산업을 네덜란드에 이웃해 있으며 네덜란드와 활기 넘치는 상업교류를 유지하던 나라, 플랑드르와 브라반트 직조업자의 우수성의 주된 바탕이 된 원료를 제공하는 나라에 이식하는 것이 가장 가능성이 높은 일이었다.

이미 헨리 3세 때에 국가를 위하여 모직산업을 장려하려는 시도가 있었다. 1261년에는 양모의 반출과 외국에서 생산된 직물의 착용을 금지하는 법률이 공포되었다. 그러나 이 금지는 곧 다시 폐지되었으며, 1271년 그 법령의 재입법도 마찬가지였다. 왜냐하면 우리가 살펴본 것처럼 영국의 결정력 있는 세력들이 바로 자유로운 양모 수출에 생생한 이해관계를 가졌기 때문이다. 지주들과 상인들이 모두 그러했다. 국왕 에드워드 3세는 다른 정책을 취했다. 그는 1331년 칙령을 통해 직조업 자, 염색업자, 축융공을 플랑드르에서 영국으로 이주하도록 초청했다. 많은 이들이 그 부름에 따랐다. 몇 년 지나지 않아 브라반트와 젤란트 (Seeland)에서 다른 사람들도 들어왔다.[2]

우리는 14세기 후반에 영국에서, 특히 노리치(Norwich)를 주도(州都)로 하는 노포크(Norfolk) 백작령에서 강력한 모직공업을 보게 된다. 이제 이 도시가 롤라드파의 본거지가 된 것이 주목할 만하다.

플랑드르의 직조업자들과 함께 플랑드르의 베가르트 집단도 진입 했을 수 있다. 직조업자들 중 바로 가장 가난한 이들이 해외 이주로 마음이 끌린 자들이었고 또한 바로 이들이 네덜란드에서 대부분의 베가르트파를 배출한 분자들이었기 때문에 이런 가정은 더욱더 현실에 근접한다.

풀러(Fuller)는 그의 《교회사》에서 네덜란드의 직조업자들이 영국 으로 이주하도록 유혹한 술책을 아주 실감 나게 기술한다. "우리의 국왕이 신뢰할 만한 밀사들을 저 나라로 파견했고, 그들은 자기 직업에서는 마이스터이지만 자기 자신에 대해서는 마이스터가 못 되고 임금노동자나 도제였던 네덜란드인들의 신뢰를 얻어냈다. 그들은 자신의 마이스터에 의해 기독교적이라기보다는 이교도적으로, 사람이라기보다는 말과 같이 대접을 받던 이 가련한 직인들의 종살이에 대해 통탄했다. 일찍 일어나 밤늦게 잠자리에 들면서 온 종일을 고된 노동과 빈약한 식사—청어 몇 마리와 딱딱한 치즈 몇 조각—를 하면서 녀석들, 그들

---

2 Geo L. Craik, *The History of British Commerce*, I, S. 128, 148.

의 마이스터들을 부유하게 만들어주기 위해서 스스로는 그로부터 조금의 이익도 보지 못한 채 이 모든 일을 한다는 것이다. 그들이 도처에서 열띤 환영을 받는 것을 보장해주는 직업을(비밀을) 가지고서 영국으로 온다면, 그들에게 얼마나 다행이겠는가? 거기에 가면 그들은 소고기와 양고기를 배가 터지도록 마음껏 먹을 수 있을 것이다. … 이런 네덜란드인 한 사람이 일에 대한 열성과 부를 가지고서 오는 것을 받아들인 토지소유자(yeoman)는 행복하다. 그는 외국인으로 그 집에 들어가서 신랑이나 사위가 되어 그 집을 떠난다." 운운.[3]

플랑드르의 프롤레타리아들에게 국왕이 보낸 사자들이 성공을 거두었다는 것은 놀랄 일이 아니다. 그러나 그 기대가 당연히 점차 깨어지게 된 이 프롤레타리아들이 그럴수록 사자들의 고향에서 가지고 나온 베가르트적 이념에 더욱 열렬하게 집착했다는 데 대해서도 마찬가지로 놀랄 일이 아니다. 필시 그들은 영국에서 공산주의적 선동을 소생시킨 자들이었을 것이다. 아무튼 그들은 자신들의 확고부동한 지지처를 구축했다. 모직산업의 중심지인 노포크는 또한 롤라드 집단의 중심지가 되었다. 이 백작령은 로저스(Rogers)가 말하는 것처럼 나머지 영국 전체보다 더 많은 롤라드파 순교자를 배출했는지도 모른다.[4]

그리로부터 롤라드파의 선동자들, '가난한 형제들', 혹은 '가난한 사제들'이라 불린 이들은 그 나라에 스며들어가서 곳곳에서 원시 기독교적 자유와 평등 및 형제애를 설교했다. 그들의 선동은 그 시대의 영국에서 여행의 용이함을 통해 아주 쉽게 수행되었다. 여전히 일반적인 환대(Gastfreundschaft)가 특히 수많은 수도원에서 지배적이었다. 방랑

---

[3] Fuller, *Church History*, III, S. 9, bei Cunningham, *The growth of English Industry*, I, S. 284.

[4] Thorold Rogers, *Die Geschichte der englischen Arbeit*, Stuttgart 1896, S. 96, 125.

자는 숙식을 제공받으리란 확신을 품을 수 있었고 노상의 안전은 높은 수준이었다.

16세기의 종교개혁과 그에 이은 경제적 변동, 수도원들의 폐쇄, 농민을 그들의 근거지에서 추방한 일, 수많은 부랑자와 노상강도를 배출한 다수 프롤레타리아 계층의 창출 이래로 비로소 육로여행은 고단하고 비용이 많이 들고 위험천만한 사업이 되었으며, 그 상태는 18세기까지도 지속되었다.(다음 책 참조: Thorold Rogers, *A History of Agriculture and Prices in England*, Oxford 1866, Bd. I, S. 95ff)

어떤 점에서는 롤라드파의 모토가 민요로 되었다:

"아담이 밭 갈고 이브가 길쌈하던 때
귀족이 대체 어디 있었더냐?"

그들의 가장 탁월한 대표자는 존 볼(John Ball)이었고, 그는 우리가 이미 여러 차례 베가르트파의 벗이요 동맹세력으로 알게 된 바 있는 엄격한 계율 준수를 하는 프란체스코 회원이었을 개연성이 있다. 이들은 일반적으로 롤라드파 운동의 강력한 요소를 이뤘던 듯하다. 세인트 올번스(St. Albans)의 수도사 월싱엄(Walsingham)은 14세기에 살면서 그 시대를 묘사한 사람인데 그는 탁발수도사들에 대해서 대단히 분개한 심정을 내비친다. 그들은 민중을 선동한 동시에 지배계급에게 아첨하여 양쪽을 다 착취했다는 것이다.

그는 사회적 불안의 원인이었을 수 있는 것을 탐구하여 다음과 같은 결론에 도달한다: "악한 시대는 탁발수도회를 포함하여 땅의 모든 주민의 죄악 탓으로 돌릴 수 있다고 생각된다. 그들은 자신들의 서약을 잊고, 그들이 헌신하기로 한 목적을 마음에 담아두고 있지도 않다. 왜냐하면 그들의 창시자, 고귀한 성자들은 그들이 가난하고 일체의 세속적 소유에서 자유로워서 재산 때문에 염려하는 일 없이 항상 진리를 말할 수 있기를 바랐기 때문이다. 그러나 그들은 가진 자들에 대한 질투로 가득차서 지배자들의 범죄를 인가하고 동시에 일반 민중의 잘못을 조장하며, 그 양쪽의 죄악들을 칭찬한다. 소유를 포기하고 항구적 가난을 맹세한 그들이 재물을 취하고 돈을 긁어모으기 위해 선을 악이라, 악을 선이라 선언하고 아첨으로 군주들을 오도하고 거짓말로 민중을 호도하며, 그 양자를 잘못된 길로 가도록 유혹한다."[5]

군주들과 민중에게 동시에 아첨하는 것은 어려운 일이기 때문에 우리는 월싱엄이 여기서 탁발수도사들의 두 경향, 곧 귀족에게 아첨하는 소유를 탐하는 경향과 민중을 '선동'하는, 소유에 적대적인 경향을 염두에 둔 것이라고 가정해도 좋다.

사실상 탁발수도사들, 특히 프란체스코 수도사들은 피착취 계급에게 아주 사랑을 받았다. 우리가 곧 이야기하게 될 1381년 봉기에서 많은 궁전들이 파괴되었으나 탁발수도사들의 수도원은 보전되었다. 봉기 지도자의 한 사람인 잭 스트로(Jack Straw)는 탁발수도사들이 보전되어야 할 유일한 성직자들이라고 공언했다.[6]

이 수도사들의 대열에서 존 볼(John Ball)이 등장한 듯하다. 프루아사르(Froissart)는 볼의 동시대인으로 그를 "켄트(Kent)에서 온 미친 사제"[7]라고 부른다. 그러나 그는 주로 에섹스와 노포크에서 설교했다. 그

---

5 Thomas Walsingham, *Historia Anglicana. Herausgegeben von Riley*, London 1863, II, S. 13.

6 다음을 참조하라. Lechler, J. *Wiclif und die Vorgeschichte der Reformation*(우리는 P. Lorimer, London의 영어번역본을 활용했다), II, S. 228, und Walsingham, a. a. O., II, S. 9.

7 *Histoire et chronique memorable de Messiere Jehan Froissart*, Paris 1578(Denis

의 선동은 1356년경에 시작되어, 곧 성과 속의 당국자들의 경각심을 불러일으켰다. 캔터베리 대주교도 노리치의 주교도 그를 파문했고, 에드워드 3세는 그를 구금했다(1366년일 개연성이 있다). 석방이 되자 그는 다시 설교를 시작했다. 그는 파문을 당한 이후로는 교회를 더 이상 활용할 수 없었으므로 광장과 교회 앞뜰에서 설교했다. 프루아사르는 (위에서 제시된 대목에서) 그의 말 한마디를 우리에게 전해주는데 그 진위는 물론 확인할 수가 없다. 다음과 같은 말이다: "사랑하는 여러분, 영국에서 모든 것이 공유재산이 되고 농노도 귀족도 없어지기 전에는, 우리 모두가 동등하고 주인들도 우리 이상의 존재가 아니기 전에는 사정이 더 나아지지 않을 것입니다. 그들이 우리를 어떻게 대우했습니까? 그들은 왜 우리를 종살이시킵니까? 우리 모두는 같은 부모인 아담과 이브에게서 나왔습니다. 주인들은 자기들이 우리보다 낫다는 것을 무엇으로 증명할 수 있습니까? 그들이 먹어치우는 것을 우리가 일을 해서 번다는 것에 의해서일까요? 그들은 우단과 비단과 모피 제품을 입으며, 우리는 비참한 아마포 옷을 입습니다. 그들은 포도주와 조미료와 과자를 먹으며, 우리는 밀기울을 먹고 물만 마십니다. 그들의 몫은 웅장한 성에 살면서 무위도식하는 것이고, 우리의 몫은 들판에서 하는 수고와 노동, 비바람입니다. 그러나 그들이 사치를 끌어내는 원천은 우리의 노동입니다. 사람들은 우리를 머슴이라고 부르고 그들의 시중을 들지 않으면 머뭇거리는 일 없이 우리를 때립니다. 그리고 우리에게는 우리의 말에 귀 기울이고 우리의 권리를 찾는 것을 도와주려고 하는 왕도 없습니다. 그러나 우리의 왕은 젊습니다. 그에게 갑시다. 그에게 우리의 노예 신분을 내보입시다. 그리고 노예 신세는 끝나야 한다는

Sauvage de Fontmailles en Brie판), II, S. 122.

것, 그렇지 않으면 우리 스스로 자구 수단을 마련하게 되리란 것을 그에게 보여줍시다. 우리가 단합하여 그에게 간다면, 머슴이라고 불리고 종 신분에 묶여 있는 모든 이가 자유를 쟁취하려고 우리를 따를 것입니다. 왕이 우리를 만나보면 우리에게 호의적으로 뭔가를 보장해줄 것입니다. 그렇지 않으면, 우리는 다른 방식으로 자구책을 취할 것입니다." 조정 신하 프루아사르는 이렇게 덧붙인다. "볼(Ball)은 이렇게 말했다. 대주교는 그를 몇 달간 구금시켰다. 그를 죽이는 편이 더 나을 뻔했다."

이런 효과가 확실한 수단도 별로 도움이 되지 못했을 것이다. 왜냐하면, 볼은 같은 신념 속에서 활동하지만 그 이름이 우리에게 전해오지 않는 많은 선동가 중 한 사람일 뿐이기 때문이다.

롤라드파 운동은 위클리프의 등장을 통해서(1360년경) 강한 자극을 받았다. 위클리프 자신은 결코 공산주의자가 아니었다. 그는 주로 하층 민중계급에게 적대적으로 맞섰던 고위 귀족층에 의지했다. 그러나 그 당시의 최고위 당국자들에 대한 그의 전쟁선포는 전체 민중을 격동시키고 새로운 관념을 더욱 쉽게 받아들이게 함이 없이는 성사될 수 없었다. 그리고 한동안 로마에 맞선 투쟁에서 하층계급의 협조를 믿지 않게 볼 수 있었다.

그러나 곧 새로운 동맹자는 불편할 뿐 아니라 고도로 위험한 존재로 드러났던 것 같다. 왜냐하면 롤라드파의 운동은 당시의 노동계급 중 가장 호전적이고 가장 강력한 계급인 농민층의 반란과 합류를 통해서 완전히 위력적인 힘을 얻었기 때문이다. 우리가 이미 돌치노의 경우에서 살펴본 바가 있고 후스파와 독일 농민대전쟁의 경우에서 알게 될 것과 유사한 것이다.

3. 1381년의 농민전쟁

우리는 위에서 이미 돌치노의 반란에 관한 묘사(314쪽 이하)에서 13세기부터 15세기까지 농민의 형편은 일반적으로 상승일로에 있었다는 것을 언급했다. 프랑스에서 이 경향은 전쟁에 의해 반대 방향으로 역전되었다. 전쟁은 그 땅의 불행한 농민을 영국의 떼강도들의 약탈의 밥으로 내던졌다. 그러나 동시에 프랑스의 기사단은 그들의 패배에 의해 오직 자국의 농민층과 약한 도시들을 쥐어짜내는 데만 의존했다. 농민의 곤경은 가공할 만한 수준에 도달했으며, 결국에는 일 드 프랑스 지역(빠리의 넓은 외곽 권역으로서 북동쪽으로는 현재의 벨기에 국경까지 닿는다)에서의 죽기살기식의 폭발, 이른바 자끄리(Jacquerie)[8]의 폭발(1358년 5월)로 이어졌다. 굶주린 자들의 봉기를 만나 영국인들과 프랑스인들 간의 민족적 대립은 갑자기 사라졌다. 이는 거의 200년 후 독일 농민전쟁에서 가톨릭과 루터교 간에 종교적 대립이 사라진 것과 마찬가지이다. 두 민족의 기사집단의 연합된 힘으로 봉기는 쉽게 가공할 피바다를 이루며 진압되었다. 결전은 그 당시에 영국인들에게 속한 모(Meaux) 시에서 벌어졌으며, 그 주민들은 9,000여 명의 농민부대를 받아들였다. 기사 60명(!)이 서둘러 달려와 무기가 없는 농민들을 덮쳐서 양처럼 도살했다. 그들은 싫증날 때까지 살인을 저질렀다(et en occirent tant qu'ils en estoient tous ennyez). 그들은 당시에 7천명 이상을 쳐 죽였다. 그러고 나서 그들은 모 시에 불을 질러 그 주민들과 함께 태워버렸다. 그들이 자끄 일당('Jacquiers')에 가담했기 때문이다. 그때부터 봉기는 좌절되었다. 들고 일어났던 농민들은 곳곳에서 무자비하게 살해되었다.

---

[8] Jacques, Jakob은 프랑스 농부의 별명이다.

프루아사르는 농민들이 또한 몇몇 귀족에게 최선의 대접을 하지 않았던 것에 대하여 한없이 격분한 직후에 우리에게 이상과 같이 유쾌하게 설명한다.[9]

종말은 프랑스 시골 민중의 더 심한 예속화였다.

사람들은 보통 20년 후에 발생한 영국 농민의 봉기를 비슷한 방식으로 묘사한다. 그러나 우리 생각에는 영국 농민전쟁의 성격은 완전히 달랐다는 것이 설득력 있게 증명된다.[10]

영국에서 농민 처지의 향상으로 가는 시대의 일반적 경향은 전쟁을 통해 역전되지 않고 오히려 더 강화되었다. 농노제는 사라지기 시작했으며, 농노가 수행해야 했던 인적 용역은 금전납부로 대체되었다. 이와 함께 대지주들에게는 농노의 노동 대신에 다른 노동, 즉 임금노동자의 노동을 도입할 필요성이 생겨났다. 그러나 14세기에는 아직 이렇다 할 농촌 프롤레타리아 계층을 말할 수는 없었다. "농업의 임금노동자들은 일부는 그들의 여가 시간을 대지주들에게 가서 노동을 해주는 것으로 활용하는 농민, 그리고 일부는 독립적인, 상대적 절대적으로 수가 적은 고유한 임금노동자 계급으로 구성된다. 후자도 자신의 임금 외에 오두막집 곁의 4에이커 이상에 달하는 경작지를 할당받아 밭을 갈므로 사실상 독립적인 농민이었다. 게다가 그들은 고유한 농민과 함께 공유지의 이용권을 향유했다. 그곳에서 자기 가축을 놓아먹이고, 또 동시에 연료인 목재, 이탄 등을 제공받았다."[11] 이 상황은 지주들에게는 (혹은 그의 농장의 소작인들에게는) 아주 높은 임금을 지불해야 한다는 불쾌한 결과를 가져왔다. 이는 그들이 차지하는 지대에 적지 않은 영향을

[9] Froissart, a. a. O., I. S. 190ff.
[10] Thorold Rogers의 이미 언급된 저작물에서.
[11] K. Marx, Das Kapital, I, 2. Aufl., S. 745ff.

끼쳤던 것이다. 하급귀족의 대부분이 이를 통해 재정적으로 몰락했다.

1348년 유럽 전체에 번졌던, 그곳에서 여러 번의 시간적 공백을 두고서 20년간을 창궐하여 대륙 전체에서 적어도 2,500만 명의 목숨을 앗아갔던 대역병(Pest) 후에는 상황이 대지주들에게 더 나빠졌다. 프랑스에서는 이 역병이 농촌 민중의 곤경을 심화했고, 영국에서는 그들의 향상을 가속화하는 수단이 되었다.

물론 고맙게도 페스트는 그런 종류의 전염병이 최근 시대에도 보여준 특성, 주로 가난한 계급에게서 창궐하고 부자들은 건드리지 않는다는 특성을 지녔다.[12] 그러나 유감스럽게도 그 당시에 문명은 아직 수많은 노동력이 일자리 없이 길거리에 흩어져 있을 정도로까지 발달하지 않았다. 전염병이 부자들의 목숨을 건드리지 않았지만, 그들의 생활의 핵심, 그들의 돈주머니를 쳤다. 페스트 후에 임금은 엄청나게 높이 올라갔고, 말하자면 지주들에게 견디기 힘든 상황을 창출했다. 그래서 이미 1349년에 국왕 에드워드 3세의 칙령이 나왔다. 경작자(Labourer)와 머슴(servant)은 사람들이 그에게 일을 주면, 일을 할 의무, 그것도 정해진 임금에 정해진 시간 동안 일할 의무를 진다는 것이다. 더 높은 임금을 지불하는 자는 그것을 받는 자만큼이나 벌 받을 자였다.

그러나 최고임금제와 최소노동일을 도입한 이 토지소유자 보호법은 실효성 없는 채로 있었다. 1350년과 1360년의 그 후속 법률도 마찬

---

[12] "영국에서 전염병의 부담은 가난한 자들에게 지워졌고, 상층계급은 그에 별로 영향받지 않았다고 보고된다."(Thorold Rogers, *History of Agriculture etc.*, I, S. 295)

"이 페스트가 저지른 황폐화에 관한 진술은 거의 믿을 수 없는 것으로 여겨질 정도이다. 예를 들어 베네치아에서 10만 명, 뤼벡에서 9만 명, 스트라스부르에서 16,000명이 그 때문에 죽었으리란 것이다. 빈에서는 하루에 900명이 죽은 것으로 헤아려졌다. 여러 곳에서 인구의 9할이 제거되었다는 것이다. 그러나 이 운명은 대부분이 가난한 계급에게만 닥쳤으며, 예컨대 그 때문에 사망한 사람 중에 통치를 하던 군주는 알려져 있지 않다."(Fr. Palacky, *Geschichte von Böhmen*, II, 2, S. 303)

가지였다. 왜냐하면 그것은 노동력의 값을 지주들의 필요에 부합하게 만드는 데 필요한 수효의 프롤레타리아를 창출할 수 없었기 때문이다.

아주 많은 노동력을 용병으로 만들어준 프랑스와의 전쟁은 노동자 문제를 지주들에게 완화해주는 데 기여하지 못했다. 그러나 다른 한편으로 지주들의 '위기'는 바로 그들에게 자기들 계급에서의 적자를 벌이가 좋은 군복무와 계속 반복되는 프랑스에서의 약탈을 통해 벌충하려는 자극을 주었다. 이 위기는 프랑스에 대한 전쟁이 끝날 줄 몰랐던 것, 그리고 결국 강력한 분투로 영국인들이 프랑스에서 오를레앙의 처녀의 이름과 결부된 저 유명한 봉기에 축출된 것, 그러고 나서 영국의 귀족집단은 끝없는 살인과 약탈을 하면서 흰장미와 붉은장미 간의 30년 내전으로 찢겨진 것 등의 주된 원인들 중의 하나였다.

다른 한편으로 지주들 중에서의 '위기'는 위클리프파의 종교개혁 사상, 즉 기본적으로 교회의 재산을 자신들을 위해 압류해야 한다는 요구를 최고로 인기 있게 만든 것임이 틀림없다.

그러나 동시에 그들은 법률 제정을 통해서 풀지 못했던 '노동자 문제'를 다른 방식으로 풀려고 시도했다. 그것은 공공연한 폭력의 방식이었다. 그들은 옛 농노관계를 복원하여 임금노동 대신 농민에게 강제노동을 시키기 시작했다.

양측의 분노가 점점 더 커져갔다. 농민의 이 정서는 롤라드파 선동자들의 설교에 비옥한 토양을 제공해주었다. 물론 농민은 도시의 무산계급과는 완전히 다른 이해관계를 지녔다. 그러나 그들의 적은 같았고 당면 목표도 동일했다. 부자들과 국가 위정자들의 간섭을 벗어 던지는 것. 어떤 이들은 부자들을 주로 지주로 보고 또 어떤 이들은 부자들을 주로 상인으로 보았지만 이는 별 문제가 아니었다.

농민과 도시 하층계급과의 공조로 롤라드파 운동은 물론 확정성을 상실했다. 그것은 순수한 공산주의 운동이기를 중단했고 다양한 경향을 그 안에 숨긴 민주적 재야운동이 되었다. 그러나 그것은 비상하게 힘을 얻었다.

농민은 지주에게 저항하기 위해 스스로 조직화하기 시작했다. 그들이 자신의 이익을 보호하기 위한 수단을 얻기 위해 단체들을 결성하고 돈을 모았다고 보도된다. 그 운동의 해설에 아주 많이 기여했고 다음의 서술의 편집에서 우리가 아주 많은 신세를 진 로저스(Th. Rogers)는, 농민 저항운동의 조직가들이 주로 그 운동에 맥락과 통일성을 가져다준 롤라드파의 '가난한 사제들'이었다고 생각한다.

리처드 2세의 통치가 시작되던 무렵 농민과 지주 간의 대립은 극명하게 첨예화되었다. 에드워드 3세의 말년에 전운은 영국인들을 떠났다. 1374년에 그들은 휴전에 동의해야 했으며, 이는 그들에게 깔레, 보르도, 바이욘느 등 프랑스 내의 단지 몇 군데의 '교두보'만을 남겨주었다. 리처드가 즉위하던 때에 그는 겨우 열한 살이었다. 그런 국왕 아래서는 큰 전쟁을 치를 수 없었다. 다른 한편으로 프랑스는 유리한 형국을 활용하기에 너무 기력이 고갈되어 있었다. 물론 휴전은 깨어졌지만, 사소한 충돌들만이 이어졌다. 영국 귀족들은 이제 자신들의 재산이 제공해주는 수입원에 완전히 의존하게 되었으며, 그들의 힘 전체를 자기 농민의 고혈을 짜내는 데 쓸 수 있었다. 지주들의 폭압적 행위가 증가했지만, 수많은 용병에게 다시 쟁기를 잡게 하고 전쟁에 익숙한 농민의 수를 증가시킨 전쟁의 중단은 농민의 강단(剛斷)을 또한 키웠을 것이다. 이것이 곧 적대적 계층 간의 유혈충돌로 이어진 일도 놀랍지 않다.

농민은 봉기하지 않을 수 없게 되었다. 왜냐하면 지배적인 권력층이 민주적인 운동을 문제 삼기 시작했고 롤라드파 선동자들을 극심하게 박해하기 시작했기 때문이다. 그중에는 물론 존 볼(John Ball)도 있었다. 그는 캔터베리 대주교의 명령으로 메이드스톤의 감옥에 투옥되었다. 수감시에 그는 곧 동지들 2만 명이 그를 풀어줄 것이라고 공언했던 것 같다. 그 예언은 들어맞았다.

통상적인 서술에 따르면, 농민봉기의 동기는 순전히 우연한 것이었다. 한 세무관리가 와트 타일러(즉, 벽돌제조인 혹은 기와장이의 지배인)의 딸을 능욕했으며, 이에 그는 복수에 나서서 그 관리를 쳐 죽였고 민중에게 폭력은 폭력으로 몰아내자고 촉구했다.

그러나 사실상 운동은 1381년 6월 10일에 여러 지점에서 동시에 터져 나왔다. 가장 중대했던 것은 직조업의 본거지인 노포크와 농노제도가 이미 완전히 근절되었던 켄트에서의 봉기였다. 켄트의 봉기는 와트 타일러(Wat Taylor)와 잭 스트로(Jack Straw)라는 한 성직자가 이끌었다. 와트 타일러는 군대에서 프랑스에 대항하여 싸웠고 전쟁의 경험이 많은 이였다. 반란자들은 런던을 향해 진군했고, 중간에 존 볼을 감옥에서 풀어주었으며, 런던 앞의 어두운 색 들판 블랙히쓰에 진을 쳤다. 그들은 국왕을 불러오라고 사람을 보냈다. 국왕은 배를 타고 템스 강으로 내려왔지만, 감히 상륙하지 못하고 목적을 이루지 못한 채 되돌아갔다. 이제 농민이 런던에 침입했으며(6월 12일) 런던 성문은 도시에 있는 그들의 동지들에 의해 열렸다. 수도의 하층계급은 농민들과 연합했으며, 반란자들은 그들의 억압자들의 궁전에 복수를 가했다. 왜냐하면 억압자들을 잡을 수는 없었기 때문이다. 그래서 그들은 특히 증오했던 것이다 랭카스터 공작의 궁전에도 불을 질렀다. 그러나 그들은 약탈을 하지 않았으며, "누군가가 도둑질하는 것을 붙잡으면, 마치 도둑질보다 더 미워하는 게 없는 사람들인 것처럼 그를 참수했다."[13]

---

[13] Walsingham, *Historia Anglicana*, I, S. 456.

겨우 15세가 된 어린 국왕은 신료들, 몇몇 귀족과 캔터베리 대주교와 함께 런던탑(Tower)으로 피신했다. 런던 시장 월워쓰(Walworth)는 반란세력을 치자고 그에게 건의했다. 부유한 런던 시민이 그의 군대와 호응하리란 것이었다. 그러나 무위로 돌아갔다. 샐리스베리 백작은 국왕이 반란자들과 싸우는 전쟁터에서 쓰러지면 모든 것을 잃게 된다는 것을 언급했으며, 국왕에게는 중무장한 사나이 8,000명이 대령하고 있었음에도 이 의견이 우세했다. 농민에 대한 두려움은 경험이 많은 전사들을 마비시켰다. 봉기는 군사적으로 진압되지 않은 채로 있었다. 국왕은 교섭을 하기로 결심했다. 이는 프랑스에서 자끄리의 난이 우리에게 보여주는 것과는 다른 그림이다!

리처드는 고분고분할 온갖 이유가 있었다. 왜냐하면 반란자들이 타워에 들이닥쳐(6월 14일) 대주교를—존 볼을 감금했던 바로 그 대주교를—그리고 그밖의 그들의 박해자들을 잡아 죽였기 때문이다.

국왕은 타워가 공략되기 직전에 그곳을 벗어나서 반란세력과 교섭하기 위하여 마일 엔드(Mile End)로 갔다. 그들은 영원히 자유농민이기를 원하며, 자신들의 자유를 문서상으로 인정받기를 원한다고 선언했다. 나아가 그들은 귀족들의 수렵 및 어로 특권의 폐지와 또 비슷한 양보들을 요구했다. 국왕은 그들이 요청한 모든 것을 승인했고, 즉시 필요한 문서를 교부하도록 할 준비가 되어 있다는 입장을 밝혔다. 서기 30명에게 그 일을 맡겼다.

이로써 농민들은 원하던 것을 달성했다. 이들 중 다수는 집으로 돌아갔다. 어느 정도는 식량 부족이 그들이 뿔뿔이 흩어진 데 대한 원인이었을 수 있다. 그들은 비축식량이 바닥 나 있었다. 프루아사르에 따르면, 이미 그들이 런던을 정복하기 전에 블랙히쓰에서 농민의 4분의 1이 식량부족으로 굶었을 것이라고 한다. 그러나 더 많은 무리가 와트 타일러, 잭 스트로, 존 볼의 지휘 아래 남아서 문서의 작성을 감시했으며, 또한 필시 더 많은 양보를 받아내려고 했던 것 같다.

다음날 새로운 교섭이 있었다. 반란자들은 스미스필드(Smithfield)에서 국왕을 그의 기병들과 함께 만났다. 리처드는 양편 군대 사이에서 회담을 하자고 와트 타일러를 초대했으며 와트 타일러는 이에 동의했다.

두 사람이 대담을 하던 중에 그들에게 한 기사가 다가왔다. 그리고 와트 타일러가 이에 항의하자 리처드는 그를 체포하라고 명령했다. 한 떼의 군사들이 그를 덮쳤고, 그 선두에는 우리에게 이미 알려진 월워쓰 시장이 있었다. 그렇게 수많은 검의 위협을 받는 가운데 배반당한 자는 땅에 엎어졌다. 그러나 리처드는 당시에 사람들이 통치술(Staatskunst)이라 부른 간계와 속임수에 능하여, 소스라치게 놀란 반란자들에게 말을 타고 달려가서 와트 타일러가 자기를 죽이려 했던 반역자라고 비난했고, 국왕 자신이 그들의 지도자이길 원한다고 말했다. 이런 말솜씨로 그는 런던 시민들이 무장을 하고 나올 때까지 그들을 붙잡아두었다. 그러나 지금도 리처드와 그의 사람들은 본격적인 전투를 감행하지 않았다. 반란자들을 런던에서 떼어내고 이 도시에 '질서'를 회복한 것으로 만족했다. 농민들에게는 방면장이 교부되었고, 그들은 그것을 가지고 흩어졌다.[14]

노포크에서의 봉기는 더 나쁜 결과를 가져왔다. 농민들은 존 리틀스트리트(John Littlestreet)의 지도하에 6월 11일에 노리치(Norwich)를

---

[14] 우리는 이 서술에서 주로 월싱엄의 기록에 의존했다. 프루아사르는 봉기를 너무 형식을 갖추어 편벽되게 다루었다. 그는 프랑스인으로서 소문을 듣고 그 스스로 하는 말처럼 "이로써 선행에 힘쓰는 모든 나라들과 선량한 사람들이 악인과 반란자들을 어떻게 버릇을 가르치는지(corriger)의 본보기를 삼을 수 있도록" 기술했다. A. a. O., II, S. 124. 봉기에 관해서는 또한 다음을 참조하라: C. G. Maurice, *Lives of English Popular Leaders in the Middle Ages*, II, Tyler, Ball, Oldcastle. London 1875.

점령했다. 그러나 노리치의 주교 헨리 스펜서(Henry Spenser)는 신속히 군사들을 모아서 반란자들을 공격했으며, 한 전투에서 여러 명을 자기 손으로 쳐 죽여 그들을 흩어버렸다. 사로잡은 자들을 그는 즉시 처형했으며, 그중에는 존 리틀스트리트도 있었다. 이 대목에서 신실한 대주교는 그들에게 종교의 마지막 위로를 직접 베푼 데 대한 만족감을 느꼈다.

더 작은 봉기들은 대부분 수포로 돌아갔다. 농민들이 진정된 후에 리처드는 오직 그들을 속이려는 의도에서 내놓았던 '어명'(Königswort)을 어떻게 하면 깰 수 있을지를 궁리하기 시작했다. 그것은 그 당시에는 유행하던 일이었다.

현대 외교는 여전히 객기(Bengeljahren)와 거짓말로 성립했으며, 배신과 암살은 그 당시에는 훗날보다 더 거리낌 없이 자행되었다. 훗날에는 민중의 비판에 대한 고려에서 외교적인 악행을 도덕적 외투로 감싸는 것이 필요하다는 것을 알게 되었다. 사람들은 어명을 특별히 파기할 수 없는 말씀으로 내세우기를 좋아한다. 그러나 14세기부터 17세기까지 그리고 더 나중까지도 약속을 지키는 것과 정직함은 도대체 위대한 지도자라면 지녀서는 안 될 약점으로 통했다.

국왕이 4만 명의 대군을—"이는 이전에 영국에서 본 적이 없는 대군이었다."(Walsingham)—자기 주위에 모으자 그는 곧 가면을 벗어던지고 반란자들을 처벌하기 위한 재판을 열었다. 에섹스 사람들은 그가 한 약속을 상기시켜주려고 사신을 보냈다. 그러나 큰 무리의 군대가 그를 에워싸고 있는 것을 의식한 이래로 그 왕 된 젊은이는 화를 버럭 내면서 이렇게 대꾸했다: "너희들은 종이었고, 지금도 종이다. 너희들은 노예 신분으로 남아 있어야 하며 너희가 지금까지 살아온 그런 노예 신분이 아니라 한없이 더 나쁜 노예 신분에 남아 있어야 한다. 왜냐하면 우리가 살아가면서 신의 은총으로 이 나라를 다스리는 동안 우리는 우리의 이성, 능력, 재산을 너희를 박대하는 데 사용하여 너희의 노예 신분이 후대에게 경고하는 사례가 되도록 할 것이기 때문이다."[15]

이 도발은 그 목적을 달성했다. 에섹스의 농민들은 다시 한 번 무장 봉기를 일으켰지만, 자신의 힘에 의존하여—왜냐하면 다른 백작령들 은 조용한 채로 있었기 때문이다—국왕의 군대에 패했다.

보기에는 '질서'의 대의가 승리했다. 그러나 영국의 위정자들은 그 들이 중심적인 봉기를 본격적인 전투에서 진압하지 못했다는 것, 그리 고 지독한 자들을 거짓말, 암살, 기습으로 비껴가게 했을 뿐이란 것을 스스로에게 숨길 수가 없었다. 그처럼 봉기는 그 외관상의 종국적인 실패에도 불구하고 결코 보람이 없었던 것은 아니었다. 영주들은 자신 들의 승리를 활용하다가 전체 농민계층의 제2의 봉기를 유발하지 않도 록 삼갔다. 영국 농민들의 농노신분에서의 해방은 진전되었으며, 그 세기의 말에는 거의 완성되었다.

그러나 농민들과 함께 런던과 노리치에서는 하층 민중계급도 들고 일어났다. 이들은 농민들보다 무방비 상태였으며, 승자의 복수는 주로 이들을 향했다. 봉기의 종결 후에 그 지도자에 대한 가공할 피의 심판 이 열렸고 그들 중 1,500명이 죽임을 당했으며, 그중에는 존 볼과 잭 스트로도 있었고 한다. 우리는 이 일이 농민에게는 도시의 동맹세력에 게보다 덜 심하게 닥쳤다고 생각해도 좋다. 의회를 통과한 법령에는 최종판결을 받은 반란지도자 289명의 이름이 포함되었다. 그중에서 151명은 런던 출신이었고, 138명 그래서 반이 안 되는 수가 다른 도시 와 농촌 출신이었다.

---

[15] Maurice, a. a. O., S. 189, 190.

봉기의 불운한 결과는 농민 해방의 대의를 거의 일시적으로도 막지 못했다. 이에 반해서 그것은 롤라드파 운동, 아니 교황청에 맞선 전체 반대운동에는 거의 치명타가 되었다.

사실상, 그렇데 반란적인 인구를 등 뒤에 둔 채로 교황과 관계를 끊고 교회재산을 압류하는 혁명적 운동에 뛰어든다는 것은 그 당시에 국왕과 귀족집단에게는 너무 위험해 보였다. 교황청이 그 당시에도 프랑스 정치의 전적인 꼭두각시이기를 중지하면 할수록 교황청과의 타협에 이르기가 그만큼 더 쉬웠다. 1378년에는 우리가 앞으로 이야기하려고 하는 교회의 대분열이 시작되었다. 세상에는 두 사람의 교황이 있게 되었다. 한 사람은 프랑스 편이고 또 한 사람은 반프랑스파, 반로마파로서 독일과 영국이 지지한 교황이었다.

개신교 측의 이데올로기적 역사 기록자들이 우리에게 그렇게 믿도록 하고 싶어 하듯이 종교개혁 운동이 정말로 교황청의 부패에 대한 도덕적 분노의 결과였다면, 위클리프파 운동은 바로 교회 분열 시대에 가장 크게 융성해야 했을 것이다. 왜냐하면 그 당시에 교황청이 도덕적으로 가장 깊이 타락했기 때문이다. 그러나 역사는 여러 계급의 이해관계와 투쟁을 통해 정해지며, 1381년부터 영국 지배계급의 이해관계는 위클리프의 분투에 대해서는 반대 입장이었다. 물론 그와 그의 후원자들은 봉기와는 조금의 관계도 없었다. 오히려 그의 보호자인 랭카스터의 존은 우리가 살펴본 바와 같이 봉기자들 가운데 가장 큰 증오를 받은 사람이었다. 그러나 그럼에도 그의 가르침은 영국의 지배계급의 이해관계에 유리한 것보다 더 혁명적임을 드러냈다. 이미 1382년에 런던의 한 주교회의는 그의 명제 중 24개를 이단적이라고 정죄했다. 의회는 같은 해에 특별법을 통해서 세속의 법정이 교회 법정을 지원하도록 명령했다. 위클리프가 "불경에 관하여"(De Blasphemia)라는 글을 써서 농민봉기를 비난한 것도 소용이 없었다. 심지어 그때까지 그의 후원자였던 랭카스터의 대공도 이제 그를 반대하는 입장으로 돌아섰다. 위클리프는 옥스퍼드 대학교의 교수직과 그의 학위를 빼앗겼고, 러터워쓰(Lutterworth)에 있는 그의 교구로 물러나야 했다. 그곳에서 그는 1384년에 사망했다.

롤라드파에게는 일이 더 안 좋게 풀렸다. 롤라드파 선동자들의 활약이 아주 위력적으로 드러났던 농민봉기 이래로 사람들이 알아낼 수 있었던 모든 롤라드파는 애초에 대반역죄인으로 통하여 화형에 처해졌다. 독일에서 카를 4세 이래로 있었던 것과 같은 박해의 시대가 이제 영국에서 롤라드파에 대하여 열렸다. 이들을 정복하는 것은 성사되지 못했다. 그러나 롤라드파도 그들이 1360년부터 1381년까지 지녔던 비중을 달성하는 데는 다시는 성공하지 못했다. 독일에서처럼 그들은 이제 영국에서도 끝없는 순교자의 대열을 배출할 수 있을 뿐이었다.

1381년의 봉기는 외국에도 반향을 미쳤을 것이며, 곳곳에서 베가르트파와 발도파에 대한 박해에 새롭게 생기를 불어넣었을 것이다. 그 세기 말엽에는 그들이 안전하게 있을 도피 장소가 없었다. 그러다가 최고조의 시련 중에 갑자기 박해를 당하고 짓밟힌 자들에게 승리의 시대가 열린 것 같다. 그 시대는 "작은 자들 안에서 신이 얼마나 위대하게 될 수 있는지"를 그들에게 훌륭하게 입증해주었다. 1793년이 되면서 시작된 저 위대한 프랑스 대혁명 시대와 비견할 수 있는 영웅시대가 보헤미아의 공산주의적 경향들에게 후스파 전쟁과 함께 시작되었다.

제 5 장

타보르파

1. 교회의 대분열

위클리프파 운동의 부상(浮上)은 교황청에는 중대한 경고였다. 프랑스의 꼭두각시 노릇을 계속 했다면, 그것은 전 유럽에서 그의 지위를 위태롭게 했던 것이다. 그래서 교황들은 아비뇽, 프랑스의 유배지로부터 프랑스의 영향력에서 더 벗어난 곳 로마를 그리워하기 시작했다.

그런데 위클리프파의 운동은 또한 교황들에게 교회의 지도자로서의 그들의 지위가 얼마나 위태로운지 보여주었다. 이 운동은 그들에게 세속적인 지배세력에서 안전한 버팀목을 찾을 것을 가르쳐주었다. 영국과 프랑스, 스페인(카스티야와 아라곤)에서 교회가 교황들에 의한 지배와 착취에서 벗어나고 군주들에 의한 지배와 착취에 더 굴복함에 따라 세상의 지배와 아울러 교황들에게는 그들의 세속국가, 교회국가의 지배가 더욱더 중요해졌다. 이는 또한 그들의 로마 체재를 절실히 필요한 것으로 만들었다.

교황들이 로마를 동경할 온갖 이유를 지녔다면, 이탈리아인들도 교황들을 동경하기 시작했다. 그들 스스로 표현하듯이 아비뇽에 있는 교황들의 '바빌론 유수'는 교황들의 이탈리아 체재가 이 나라에 얼마나 중요한지, 교황들의 부재로 이 나라가 어떤 손해를 입었는지를 그들에게 분명히 입증해주었다. 특히 로마가 심하게 후퇴했다.

교황들의 귀환에 대한 절실한 열망은 페트라르카에게서 가장 거창하게 표현되었다. 그는 작렬하는 색채로 자신의 시와 서신 들에서 거룩한 보좌의 이전 이래로 교황의 궁전과 성자들의 제단이 로마에서 어떻게 궁핍과 쓰레기에 파묻혀 있는지, 남편을 돌보지 않는 여인처럼 영원한 도시가 어떻게 부패했는지, 일곱 언덕 위를 떠도는 구름이 합법적 지배자의 체재를 통해 어떻게 흩어질 것인지를 묘사했다. 교황의 영원한 명성, 로마의 영광과 이탈리아의 평화는 교황이 프랑스 유배지 탈출을 감행하게 된다면, 그에 따를 결과가 되리란 것이다. 반면에 아비뇽에서 교황청은 본성상 필연적으로 거만과 악덕에 숨이 막힐 것이며, 온 세계의 증오와 경멸의 제물이 될 것이라는 것이다.

페트라르카는 교황의 궁성의 방탕한 생활을 아주 잘 알았다. 15년간(1326년부터 1353년까지) 아비뇽에 체류했기 때문이다. 그 도시에 대한 그의 증오는 그중에서도 다음과 같은 아비뇽에 바쳐진 소네트[1]가 증언해준다.

"하늘의 벼락이 기만으로 가득 찬 너의 이마에 내칠지어다!
그렇지 않았다면 샘물과 도토리로 배를 채웠을 네가

---

[1] Uebersetzt von L. Geiger, *Renaissance und Humanismus in Italien und Deutschland*, Berlin 1882, S. 40.

지금 다른 이들의 가난에서 부를 추구하고
수많은 악행으로 아주 부자가 되었구나.
온갖 저주를 꾀할 최고의 배신자,
그 독으로 오늘의 세상을 저주하는구나.
먹고 마시는 것, 비열한 훈육과 온갖 호색으로 가득차서
최고의 부끄러운 짓을 꾸미네.
너의 회당을 통해 마녀의 원무로 내달리며
늙은이, 젊은이 할 것 없이 같이 춤추네. 베엘세붑이
송풍구, 거울, 불을 가지고서 앞에서 춤추네.
지금 너는 오직 성대한 사치로 치장하려고 하네.
그렇지 않다면 벌거벗고, 맨발인 채로 가시덤불 틈 사이로 가며
신이 너를 저주하도록 하늘에 악취를 풍기네."

아무도 페트라르카보다 날카롭게 교황청을 비판한 사람은 없지만,
그는 그렇게 해서 교황청을 약화시키거나 망하게 하려고 하지 않았고,
교황청을 이탈리아로 몰아오려고 했다. 그의 견해에 따르면 교황청의
타락은 세계를 극히 뻔뻔스럽게 착취한 데서 오는 것이 아니라 착취의
열매를 로마가 아닌 아비뇽에서 먹어치운 데서 왔다는 것이다. 아비뇽
의 풍토가 교황청의 도덕적 건강성을 파괴했다. 로마로 돌아가면 즉시
건강해지리란 것이다.

이탈리아인들을 교황청에 잡아맨 경제적 이유들 외에(우리는 이 이유
들을 이미 위에서 알게 되었다) 또한 정치적 이유들도 같은 방향으로 작용
했다.

민족의식의 성장은 상품생산의 발달과 극히 밀접하게 관련된다. 상
품생산이 자본주의적으로 되기 시작하는 수준에 도달했다면, 그것의

이해관계, 그리고 무엇보다도 먼저 자본가들의 이해관계는 자본가들에게 내부적, 민족적 시장을 보장해주고 그들에게 세계시장에서의 충분한 위치와 운동의 자유를 확보해주는, 가능한 한 최대로 중앙집권화된 민족국가를 요구한다. 그것은 17세기에 비로소 완전히 명확하게 나타난 일이지만, 현대적 민족의식의 시초는 14세기로 거슬러 올라간다. 그 당시에 현대적 민족의식은 특수한 상황이 그것을 일깨우자 비로소 등장했으며, 아직 자명한 본능의 강도에 도달하기에는 멀었다.

고도로 발달한 이탈리아에서는 민족의식이 맨 먼저 표출되었다. 14세기에 이 나라는 작은 도시들 서로 간의 영구적 전쟁이 그쳐야 했고, 시민복지의 토대인 평온과 질서가 지배해야 했다. 또한 그 나라가 그 당시에는 실제로도 외국인들의 밥이 되어 있었고, 19세기까지도 그런 상태에 머물렀지만 그러지 말아야 했다면, 하나의 정부 아래에서의 통일, 여러 세력의 규합을 절실히 필요로 했다.

그런데 이탈리아에게 통일을 가져다주고 다양한 군주들 위에 군림하는 상위 권력을 달성할 능력이 있어 보였던 유일한 세력은 교황청이었다. 멀리 바라보는 이탈리아의 모든 애국자에게 교황이 아비뇽에서 귀환하는 것은 그만큼 더 절실하게 되었다.

이 모든 것에 프랑스가 영국과의 전쟁에서 패배한 것도 가세했다. 이 패배는 프랑스와의 적대관계를 점점 덜 두려운 것으로 보이게 했다.

그래서 위클리프파 운동의 부상 이래로 교황파 집단 내에서는 로마로의 귀환을 진지하게 고려하기 시작했다. 아비뇽으로부터 도주하려는 최초의 시도는 우르바노 5세가 했다. 프랑스의 샤를 5세와 추기경들, 대부분 프랑스의 피조물들인 이들의 항의에도 불구하고 그는 1367년 마르세유에서 승선하여 제노바를 거쳐 로마로 향했으며, 그곳에서 그는 환호로 받아들여졌다. 그러나 이미 1370년에 아비뇽에서 더 즐기며 지낸 프랑스의 추기경들이 다시 주도권을 잡아서(기본Gibbon은 그들에게는 이탈리아에서 구할 수 없던 부르고뉴산 포도주가 주된 관심사였다고 주장한다) 그는 아비뇽으로 되돌아왔다.

두 번째 시도는 1376년 그레고리오 11세가 했다. 그는 죽을 때(1378년)까지 로마에 머물렀다. 로마 민중은 이제 프랑스 추기경들이 또다시 프랑스인 친구를 교황으로 선출할 것을 두려워했다. 그들은 무장봉기를 일으켰고 교황선출회의(Konklave)를 에워싸고는 "죽음, 아니면 이탈리아인 교황을!"이라는 구호하에 추기경들에게 이탈리아인 교황을 선출하도록 강제했다. 그렇게 선출된 것이 우르바노 6세였다. 그러나 프랑스의 추기경들은 틈이 보이자 곧 로마를 빠져나가 그 선거는 강요된 것이고 무효라고 선언하고 새로운 교황 클레멘스 7세를 옹립했다.

이것이 교회 대분열의 발생 경과이며, 이는 교황청의 역사에도, 그와 아울러 또한 이단종파의 역사에도 중요하므로 우리는 그 원인을 아주 상세히 다뤘다.

두 명의 교황이 동시에 있었다는 것은 들어보지 못한 일은 아니었다. 그러나 두 명의 교황이 이제 민족성을 띠었다는 것은 새로운 일이었다. 한 명의 교황은 프랑스와 스페인의 지원을 받았고, 다른 한 명 이탈리아인 교황은 독일과 영국의 지원을 받았다. 나중에 이 둘과 아울러 세 번째 교황이 떠올랐는데, 거의 오로지 스페인 사람들만 그 교황을 인정했다. 가톨릭의 기독교 세계가 민족교회들로 쪼개진 것은 이처럼 교회 분열에 이미 선례가 있다. 교리 때문도 아니었고 순전한 개인적 지향 때문도 아니었으며, 여기서는 민족적·정치적 대립이 문제였다.

적대적인 교황들 서로 간에 황폐화시키는 투쟁이 이어졌고, 거기서는 그들 중 누구도, 혹은 그 후계자들도 승기를 잡지 못했다. 교회 전체가 와해되었으며, 이와 함께 프랑스의 자끄리의 난, 그리고 영국의 농민봉기가 보여주었듯이 그 당시에 극히 첨예한 대립에 의해 위협받던 사회도 와해될 염려가 있었다. 그래서 불장난을 끝내고 교회를 새로이 조직하는 일, 혹은 사람들이 말했듯이 교회를 '머리부터 발끝까지 개혁'하는 일이 중요했다. 교황청은 이 일에 완전히 무능해졌으므로 다른 세력들이 관여해야 했다. 이른바 교회 집회라는 일련의 국제대회가 열렸으며, 거기서는 다양한 교회기구의 대표들만큼이나 세속군주의 대표들도 할 말이 많았다.

1417년에 여러 다른 교황 대신에 등장했으며, 그의 선출과 함께 교회의 분열이 끝났던 교황 마르티노 5세는 콘스탄쯔 공의회에서 추기경들에 의해서만이 아니라 23명의 추기경들과 아울러 이탈리아인, 독일인, 프랑스인, 스페인인, 그리고 영국인 등 기독교 세계의 5개 나라의 대표 30명이 참석한 합의체에 의해 선출되었다.

이 공의회에서 출범한 교황청은 한때 호헨슈타우펜 왕가를 이겼던 교황청보다 한참 못 미쳤다. 교황들은 그때부터 물론 아비뇽의 교황들보다 개별 나라들의 영향에 덜 좌우되었지만, 개별 나라들에 대한 교황들의 영향력도 더 작아졌다. 민족교회들이 형성되어 군주들에게 예속되었다. 교황은 지배권과 착취권을 완전히 잃어버리고 싶지 않다면 앞으로 이들 군주들과 나누어야 했다. 이에 대한 그의 몫은 제한적인 것이었으며, 특별한 국가계약(국가와 교회 간의 조약 혹은 국본조서)으로 정확히 정해졌다.

이는 프랑스와 영국, 스페인에서 그러했다. 이탈리아에서는 로마교회가 처음부터 민족교회였다.

독일제국만이 공의회 시대에 민족교회로 가지 않았다. 독일은 분열이 너무 커서 교황에 의한 독일교회의 지배와 착취를 규제하고 제한할 힘을 달성하지 못했다. 독일은 그때부터 완전히 교황의 지배욕과 소유욕의 주된 대상물로 되었으며, 1백 년간 그 상태로 머물러야 했다.

그러나 독일제국의 한 지체는 거기서 예외를 이루었다. 보헤미아 왕국이 그랬다.

2. 후스파 전쟁 이전 보헤미아의 사회적 상황

아마 14세기에 보헤미아만큼 빠른 경제발전을 보여준 나라는 영국 말고는 없었을 것이다. 영국에서 이는 특히 양모교역과 프랑스에 대한 약탈원정의 성공에 의해 촉진되었다. 보헤미아에서는 그 나라의 은광 덕택에 경제발전이 촉진되었으며, 그중에서도 특히 쿠트나호라 은광이 두드러졌다. 이 은광은 1237년에 개채되었고, 그때부터 15세기까지 유럽의 월등하게 최고로 풍부한 은광이었던 것 같다. 14세기 초에 연 생산량은 대략 10만 은 마르크(1마르크=1/2파운드)에 달했다. 또한 금 세공소들이 보헤미아의 여러 하천에 있었으며 몰다우(Moldau) 강과 타보르가 있는 루츠닉(Lužnic) 강이 그런 강이었다.[2] 그 시대에 보헤미아의 빠른 세력 발전, 그리고 그 위에 합스부르크의 루돌프의 강력한 적인 오타카르 2세(1253년부터 1278년까지), 그리고 카를 1세(1346년부터 1378년까지 독일의 황제 카를 4세로서)의 통치시에 누린 영화가 가장 선두에서 이 은광에 기반을 두었다. 이 사람이 황제의 보좌에 올랐을 때, 그것은 교황 측의 지원과 아울러 그에게 투표권을 사들일 수단을 제공해준 쿠트나호라의 은광에 주로 덕을 본 것이다. 그 당시에는 결코 이례적이 아니었던 이와 같은 방식으로 그의 아들 바츨라프(Wenzel)도 독일 황

---

[2] Äneas Sylvius Piccolomini de Ortu et Historia Bohemorum, *Opera omnia*, Basel 1551, S. 109.

제로 선출되었다.[3]

쿠트나호라 광산의 수익 덕택에 보헤미아에서는, 특히 프라하에서는 상업과 공업, 예술과 학문이 융성했다. 프라하는 당시에 '황금의 프라하'가 되었고, 아름다운 건물들로 가득 찼으며, 독일제국 영토 내에서 최초의 대학이 생겨났다(1348년). 그러나 교회도 얻는 것 없이 있지는 않았다. 교회는 훌륭한 위장(胃腸)과 예민한 코를 지닌 것으로 유명하다. 교회는 어디에 취할 것이 있는지를 알며, 또한 그것을 어떻게 취해야 하는지도 안다. 수도원들과 교회들은 보헤미아에서는, 특별히 황제 카를 4세 치하에서 특히 부유해졌다. 우리는 이미 그를 '사제황제'로 살펴본 바 있다.

프라하의 대주교들은 "보헤미아에서 17곳의 대영지를 보유했으며, 그 외에도 모라바의 코예틴(Kojetein) 영지, 바이에른의 뤼헤(Lühe), 그리고 멩에(Menge)의 작은 토지자산들을 보유했다. 그들의 궁정은 호화스러움에서 흔히 왕궁과 경쟁했고, 봉신의 무리는 언제나 그들에게 시중들 준비가 되어 있었다." 프라하의 성비토(Veit) 대성당은 성직자만 300명을 두었고, "마을 사람이 100명 넘게 전적으로 또는 부분적으로

---

3 에네아 실비오(Äneas Silvius)에 따르면, 카를은 그 당시에 선제후 각 사람에게 10만 굴덴을 주기로 약속했다는 것이다. 이런 진술은 논란이 된다. 확실한 것은 쾰른과 트리어의 선제후들 각각 적어도 4만 굴덴을 가졌다는 것이다. 1376년 7월 12일자 트리어 선제후의 영수증이 보관되어 있다. 사람들은 그 당시에 아직 벨펜 기금(Welfenfonds)의 관리자들처럼 주의 깊지 않았다. 그 시대가 우리에게 아주 야만스럽게 보이는 것은 문명의 악습을 아주 대놓고 실행했기 때문이다. 지배계급은 가식이 그들에게 유행하기에는 너무 많은 자의식을 지녔다. 공공연하게 투표권만이 아니라 교회의 직위도 판매되었다. 적이나 경쟁자는 공개된 시장에서 타도되었으며, 평화적이고 합법적인 금융투기에 의해 파멸과 자살로 내몰린 것이 아니다. 그리고 성과 속의 나리들은 공공연하게 첩과 같이 살았다(영국의 에드워드 3세의 애인 앨리스 패러스Alice Parrers는 고등법원의 공판에까지 참여했다). 군주가 그의 "착하고 충실한" 도시 중 한 곳을 방문하면 그 도시의 창녀들을 보내 그를 성대히 맞이하고 즐겁게 해주었다. 이는 우리의 "존경할 만하고 단정한 조상들"에게는 관례였다.

그들에게 노력봉사용으로 할당되었다. 주교좌성당 참사회장은 혼자서 볼린(Wollin) 영지 전체와 약 12곳의 작은 토지재산을 보유했다." 운운.(Palacky, *Geschichte von Böhmen*, III, 2, S. 41) 나중에 교황 비오 2세가 되며 교회의 부에 관하여 정통한 에네아 실비오(Äneas Sylvius)는 그의 《보헤미아사》에서 이렇게 기술한다. "우리 시대에 유럽 전체에서 보헤미아만큼 많고, 웅장하고, 풍부하게 치장한 성당을 찾아볼 수 있는 나라는 없었다고 나는 믿는다. 교회들은 하늘까지 오르려고 애썼다. … 높은 제단들은 성자들의 유물을 감싸는 금과 은이 얹어져 있고, 사제들의 복장은 진주로 수놓았으며, 장식 전체는 호화로웠고, 기물들은 극히 고가였다. … 그리고 도시와 시장에서만이 아니라 심지어 촌에서도 그런 것들을 보고 놀라게 될 수 있었다."

그런데 보헤미아의 교회가 부유해질수록 교황에 의한 착취는 더욱 커졌다.

교회, 그리고 궁정신하들을 거느린 국왕과 아울러 쿠트나호라의 광산조합원들이 그 나라에서 막대한 이익을 끌어냈다. 14세기에 그들은 더 이상 단순한 광산노동자가 아니었고, 광부들에게 노동을 시키고 광산의 행운에 의해 부와 위세를 달성한 프라하와 쿠트나호라의 상인들, 자본가들이었다.

상품생산과 상품교역의 발달은 당연히 보헤미아에서도 다른 곳과 같은 현상을 불러일으킨 것이 분명하다. 교황 측의 교회와 인구 대다수 간의 커다란 대립과 아울러 상인과 소비자 간에, 마이스터와 직인 간에, 자본가와 가내 공업자 간에 대립들이 생겨났다. 지주와 소작농 간의 대립은 점점 더 날카로워질 수밖에 없었다. 보헤미아에서도 농민들이 농노제에서 벗어나고자 봉기를 일으키고 농노제를 단순한 납세의 의무로 대체하려는 그 시대의 일반적인 경향을 찾아볼 수 있다는 사실은 이와 모순되지 않았다. 이는 우리가 그 원인과 특성을 이미 여러 차례 정리한 바 있는 현상이다.(특히 312쪽 참조) 14세기에서 15세기로 넘어갈 무렵에 농노제는 보헤미아에서 사실상 폐지되었다. 그러나 영국에서와 같이 보헤미아에서도 농노제를 다시 도입하려는 지주들의 시도가 없지 않았으며, 농노제 도입을 향한 그들의 충동은 사회적 불만의 강력한 근원이 되었다.[4]

그런데 하급 귀족계층 구성원들 사이에서 불만이 가장 컸을 것 같다. 이들은 상층 농민보다 별로 낫지도 못한 빈약한 수입원만을 보유하고, 농민에게서 뭔가 상당한 것을 쥐어짜낼 만한 행세하는 남작들의 권력도 없었다. 게다가 상품교역, 상품생산의 발생과 함께 그들의 옛 농민적 무욕(無慾)을 신속하게 상실하고 부유한 상인과 남작들의 모범을 따라 그들의 '신분에 어울리는 생활'의 이상을 형성하기까지 했다. 이 계층은 14세기 말엽에 급속히 영락했다. 강도기사단이 이따금 대대적인 준동을 한 적도 없지 않았으나 그들이 발달할 수 있기에는 왕권이 너무 강했다. 보헤미아가 독일제국에 부속된 것은 이득을 가져다주는 민족 전쟁을 가로막았으며, 그래서 보헤미아의 기사 집단은 그들의 적자를 충당하려는 목적으로 거의 전적으로 용병 복무에 의존했다.

보헤미아의 농민계층도 그 당시 대부분의 다른 나라 농민계층처럼 수많은 용병을 배출했다.

은광의 발달은 상품생산과 상품교역, 그리고 그와 함께 위에서 언급한 대립의 등장을 촉진한 강력한 수단이었을 뿐 아니라 그 대립을 특별히 격화시킨 결과도 가져왔던 것이 분명하다. 가격혁명을 일으킨 것이다.

상품의 가격은 그 상품과 교환할 수 있는 귀금속—금과 은—의 양이

---

[4] Palacky, a. a. O., II, 1, S. 34ff; II, 2, S. 30; III, 2, S. 38.

다. 이 양은 다른 조건이 동일한 상황에서는 귀금속의 가치가 작을수록, 귀금속의 생산에 노동이 적게 들어갈수록, 더욱더 커진다. 보헤미아의 풍부한 은광의 발견과 개발은 그래서 이 나라에 가격혁명 곧 모든 상품가격의 상승을 불러일으켰고, 이는 15세기 말 독일에서 작센과 티롤의 광산발견의 행운에 의해, 그리고 16세기 중엽부터 아메리카의 금은의 보물창고 발견과 개발에 의해 유럽 전체에 일어났던 일과 같다. 보헤미아 역사에서 이에 대한 증거를 찾아내는 것에 우리는 성공하지 못했다. 그러나 동일한 상황하에서는 동일한 원인이 동일한 작용을 일으킨다는 명제가 맞는다면, 보헤미아가 14세기에 가격혁명을 겪어야 했다는 것을 우리는 의심할 수 없다.

다양한 계급들이 다양한 방식으로 이에 영향을 받았을 것이다. 어떤 계급은 피해를 보았고, 어떤 계급은 혜택을 보았으며, 어떤 계급은 단지 스치기만 했고, 어떤 계급은 극심하게 흔들렸다. 그러나 화폐 지불에 의해 매개된 모든 사회관계에서 그것이 내포하던 사회적 대립은 가격상승에 의해 첨예화될 수밖에 없었다. 그중에서도 화폐 소득에 의존한 계급, 그러면서도 그 소득의 상응하는 상승을 강제할 힘을 갖지 못한 계급이 가장 많은 고통을 겪어야 했다. 도시에서는 임금노동을 하는 인구의 하위계층이, 시골에서는 작은 귀족집단이 고통을 겪었다.

이 모든 사회적 대립 위에는 민족적 대립이라는 큰 대립이 있었으며, 영국에서처럼 보헤미아에서도 민족적 대립은 교회적 대립과 합류했다.

13세기에 보헤미아는 경제적으로 아직 한참 낙후되어 있었다. 보헤미아의 서쪽 이웃 독일은 사회 발전에서 보헤미아에 훨씬 앞섰다. 보헤미아에서 쿠트나호라 광산개발 이래 공업과 상업, 예술과 학문이 보인 눈부신 융성은 보헤미아의 군주들이 독일의 이주자들을 끌어들임으로써만 가능하게 되었다. 보헤미아 애국자들의 사랑을 받던 바로 그 두 군주 오타카르 2세와 카를 1세(내지는 4세)가 이와 관련하여 가장 큰 성과를 거두었으며, 독일의 농민과 장인, 상인, 예술가, 학자 들이 이주해 들어오도록 동기를 부여했다.

특히 쿠트나호라는 다른 광산도시들, 예컨대 하블리치쿠프브로트 (Deutschbrod)와 이흘라바(Iglau)처럼 순전한 독일 도시였다.[5] 그러나 이와 아울러 곳곳에서 독일인들이 잘 사는 계층, 상인과 탁월한 장인을 대표함에 따라 수많은 다른 도시도 독일인들에 의해 새로 조성되거나 아주 강력하게 점령되어 어디서나 시의회가 그만큼 더욱더 그들의 손아귀에 들어갔다. 여러 도시에서 토박이 체코인들은 보잘것없는 장인들과 다수의 일용노동자들, 그밖의 하층 민중을 이루었다.[6]

프라하 대학도 독일인들의 손에 놓여 있었다. 빠리 대학의 모델을 따라 세워진 그 대학은 네 민족으로 나뉘었다. 대학은 하나의 자치조합을 이루었고, 각 민족은 그 자치행정에서 하나의 투표권을 가졌다. 그러나 빠리에서 프랑스인들은 사실상 투표권이 세 개였고, 네 민족은 프랑스인, 삐까르디인, 노르만인, 영국인이었던 반면에 프라하에서 보헤미아인들은 투표권이 하나뿐이었다. 대학은 보헤미아 민족, 바이에른 민족, 작센 민족, 폴란드 민족으로 나뉘었고, 폴란드 민족도 대체로 (슐레지엔인 등) 독일 사람으로 이루어졌다. 그러나 이는 의미가 없지 않

---

[5] 이흘라바의 옛 광산이 독일인들에 의해 새로 추진되고, 쿠트나호라의 광산이 발견된 이래, 옛 연대기 작가가 설명하듯이 "보헤미아 내에서 독일인들이 증가했다. 그들을 통해서 국왕 (오타카르 2세)은 금광과 은광에서 엄청난 보물을 얻어냈다—그는 금과 은을 탑처럼 쌓아 올린 것 같다."(Palacky, a. a. O., II, 1, S. 158)

[6] 팔라츠키(Palacky)는 그 시대의 가장 높은 시민 가문들을 거명해준다. 그들은 그 이름이 나타내주듯 거의 공공연하게 독일가문들이었다. Stuck, Wolflin, Wolfram, Tausendmark, zu den Hähnen, vom Stein, Pirkner, Tafelrung, Kornbühl, Oertel 등이었다. A. a. O., II, 2, S. 24.

았다. 대학은 그 시대에 오늘날의 언론과 고등교육기관을 합친 것과 같은 정도로 최상급의 학문적 · 정치적 세력이었다.[7] 외면적으로도 대학은 힘 있는 조직이었다. 교수와 학생의 거주지가 함께 있던 대학건물은 빠리에서처럼 프라하에서도 고유한 도시 구획을 이루었고, 특별한 성벽을 둘러쳤을 개연성이 있다.[8] 그리고 연구하는 자들의 수는 15세기 초에 수천 명에 달했다.

1408년의 보고에 따르면, 프라하에는 200명의 석 · 박사, 500명의 학사, 그리고 36,000명의 대학생이 있었다. 그렇게 많은 수는 과장일 수 있으나, 아무튼 대학생들은 상당한 수가 되었다. 1409년 독일 대학생들이 프라하를 떠날 때, 에네아 실비오가 《보헤미아사》에서 보도하듯이 하루에 2,000명이 빠져나갔다. 며칠 뒤에 3,000명이 뒤를 따라 나가서 라이프치히 대학을 세웠다. 대학에서 공부하는 사람 총수는 당시에 확실히 1만 명 이상에 달했다.[9]

그런데 또한 수많은 기금이 대학과 결부되어 있어서 교수들과 가난한 학생들이 사용할 물자와 건물이 기부되었다. 국가의 봉급과 장학금은 그 당시에는 없었다. 대학의 모든 부와 권세는 독일인들 손에 있었다. 체코인 석사들은, 자신들은 시골학교 교사로 배를 굶아야 했던 반

---

[7] 아비뇽의 교황들에 대한 역사가 콘스트 회플러(Konst. Höfler)는 이렇게 말한 적이 있다. 빠리 대학은 프랑스 국왕보다 두 배나 힘이 셌다는 것이다. 그 대학이 가끔 교황, 그리고 국왕과 대립하여 이들을 이길 수 있었던 것은 이런 힘에 의존한 것이지, 라쌀레가 말하는 것처럼 중세의 "학문의 자유" 원칙에 의존한 것이 아니었다.(*Die Wissenschaft und die Arbeiter, Lassalles Reden und Schriften, Ausgabe von Bernstein*, II, S. 65ff) 이 '학문의 자유'에 관해서는 중세의 대학에는 주목할 만한 것이 없다. 대학의 가장 중요한 임무 중 하나는 이단 탐지였다.

[8] Maurer, *Städteverfassung*, II, S. 37.

[9] 많은 저자가 아주 믿을 수 없는 수를 보고한다. Falkenstein은 그의 *Historie von Erffurth*, S. 290(Ullmann, *Reformatoren* 등, I, S. 246에서 인용됨)에서 이렇게 보도한다. "4만 명의 대학생이 (프라하를) 빠져나가 한 번에 2만 명이 Leibzügen(=라이프치히)에 도착했다."

면에 독일인 동료들은 실속 있는 모든 대학의 자리를 차지한다고 비통하게 탄식했다. 그리고 체코 민족의 이익과 독일 민족의 이익이 충돌하면, 대학은 항상 독일 편에 섰다.

그리고 이 모든 것에 더하여 교회도 독일인들을 위한 착취기관이 되어 있었다. 물론 가난한 사제직은 체코인들에게 넘겨주었다. 그러나 수도원들은 주로 독일인들의 수중에 있었으며 교구 성직의 고위 직위도 그랬다. 예를 들어서, 우리가 앞서 말했던 프라하의 주교좌성당 참사회원들은 대부분 독일인이었다. 후스파 반란이 터졌을 때 프라하의 대주교였던 콘라트 폰 페히타(Vechta)는 "뮌스터란트의 음침한 구석에서 나온 광신적인 독일인"이었다.(Schlosser)

이와 같이 민족구성원 대중—도시의 하층계급, 하급 성직자들, 농촌인구 전체, 농민, 기사 및 지주—은 도처에서 착취자 혹은 착취에서의 경쟁자인 독일인들을 맞닥뜨렸다. 한편에서 교회의 착취에 대항한 투쟁이, 다른 한편에서 교회의 재산에 대한 탐욕이 독일인의 착취에 대한 투쟁 및 독일인의 부에 대한 탐욕과 합류했다.

그래서 보헤미아에서도 14세기에 민족감정이 생겨났다. 그러나 초기에 각 나라에서 민족감정은 그것을 불러일으킨 특수한 상황에 따라 다양한 형태를 취했다. 이탈리아와 독일에서는 무엇보다도 민족의 국가적 통일에 대한 갈망에서 민족감정이 생겨났으며, 이탈리아의 애국자들에게 그것은 교황숭배로 이어졌고 독일에서는 강한 전제군주에 대한 열광으로 이어졌다. 프랑스와 영국에서 민족감정은 주로 적국에 대한 증오로 발현되었다. 반면에 보헤미아에서는 특수한 종류의 계급증오로 등장했다.

이는 필시 후스파 전쟁 후에 비로소(1437년) 나온, 후스파 운동을 주관하던 정신을 참되게 시사해주는 인쇄물 "진실한 보헤미아인들의 경각심을 촉구하는 보헤미아 연대기의 짧은 요약"(Kratké sebráni Kronik českych k wýstraze wěrnich Čechůw)에 가장 단호하게 표현된 것 같다. 그 글은 이렇게 되어 있다. "보헤미아인들은 경각심을 가지고 열성을 다하여 독일인들의 지배를 받지 않도록 주의해야 했다. 왜냐하면 보헤미아 연대기가 설명하듯이 그 민족은 보헤미아인과 슬라브인의 가장 무서운 적이기 때문이다." 이는 이제 체코 연대기를 근거로 하여 더욱 상세히 논해진다. 황제 카를 4세도 "물론 보헤미아인들을 높였고, 프라하 시를 확장했으며, 그곳에서 학문과 그밖의 것들을 보급했지만, 또한 나라 곳곳에서 독일인들을 우대했다. 보헤미아의 모든 왕립 도시에서 시장과 시의회 의원들은 누구였는가? 독일인들이다. 누가 재판관이었는가? 독일인들이다. 독일인들은 어디서 설교를 들었는가? 중앙 성당에서. 보헤미아인들은? 성당 앞뜰과 집 안에서. 이는 그가 스스로 독일인의 후예로서 독일인들과 함께 보헤미아를 점령하고 보헤미아인들을 점차 박멸하고자 했다는 데 대한 확실한 증거이며 그의 치하에서 시청에 대한 민원을 보헤미아어가 아닌 독일어로 들으려 하기 시작한 것도 같은 맥락이다." 운운.[10]

이 민족적 대립이 교회적 대립과 어떤 방식으로 합류했는지는 언급된 바에 따르면 자명하다. 독일인들은 교구 성직과 수도원, 그리고 그 당시에 본질상 신학 기관이던 대학에서 실속 있는 자리를 이어받을 최선의 계승권을 보유했다. 체코인들이 교회에 의한 착취에 저주를 퍼붓고 교회재산을 갈구할 온갖 이유가 있었다면, 독일인들은 그런 식의 움직임에 맞설 온갖 이유가 있었다. 14세기에 도처에서 떠오른 교회 개혁을 향한 추진 노력은 체코인들에게서 비옥한 토양을 발견할 수밖

---

[10] Bei Palacky, a. a. O., III, 3, S. 292, 293.

에 없었다. 그럴수록 더욱 단호하게 교회개혁은 독일 출신 보헤미아인
들에 의해 거부될 수밖에 없었다.

이는 교황과 독일인에게 적대적인 운동, 그 탁월한 문필적 대표자
얀 후스의 이름을 따서 후스파 운동이라고 명명된 운동이 성장한 분위
기이다.

3. 후스파 운동의 시작

후스파 운동은 초창기에 그 논리와 요구의 가장 중요한 것들을 위클
리프 운동에서 빌려왔다. 그 영국 종교개혁자의 가르침이 보헤미아에
다다르자마자 그것은 열성적으로 받아들여졌고 확산되었다. 후스는
위클리프에게 긴밀히 의존했다. 그러나 위클리프의 가르침이 후스파
운동을 일으켰다고 주장한다면 이는 몹시 과장된 것이다. 위클리프의
가르침은 후스파 운동에 고도로 활용이 가능한 논리를 제공했고, 이
운동이 제기한 요구들의 정식화에 영향을 주었으나, 운동의 토대와 힘
과 목표는 상황에 깊이 뿌리를 두었다. 그 운동은 수입된 것이 아니라
완전히 자생적인 것이었다. 그것은 이미 카를 4세의 치하에서 위클리
프의 문서들이 보헤미아로 오기도 전에 크로메르지의 밀리치(Milič von
Kremsier)와 마테이즈야노바(Matthias von Janow)에게서 표현되었다. 위
클리프의 문서는 러터워쓰의 사제의 말년(1380년경)에 비로소 보헤미
아에 들어왔던 것이다.

카를 4세의 아들 바츨라프(카를 이름을 쓰는 네 번째 보헤미아 왕으로 그는
1378년부터 1419년까지 다스렸다)는 대립하는 세력들 간에 가능한 한 많이
중재하려고 시도했다. 그에게 독일제국 황위는 전혀 관심 밖이었고,

실권도 없어서 거의 불쾌한 것이었으므로 그는 자기 아버지처럼 사제 황제(Pfaffenkaiser) 노릇을 할 필요가 없었다. 그는 교회를 자신의 지배 하에 두려고 시도했으며, 그 점에서 체코인 애국자들과 교회 개혁자들의 노력과 일맥상통했다. 그러나 그는 또한 보헤미아의 경제적 번영이, 그리고 그와 더불어 대체로 그 자신의 권력이 독일인에게 의존한다는 것을 인식해야 했다. 그는 체코인들의 분투를 도왔지만 독일인들이 그에 의해 피해를 입는 것을 원하지 않았다. 바츨라프 통치가 우왕좌왕했던 원인을 이 모순에 가득 찬 상황에 대체로 돌릴 수가 있다. 예컨대 오늘은 체코인들과 개혁 애호자들을 대학 문제에서 편들다가 내일은 그들을 다시 억누르다가 하는 일이었는데 물론 그가 그 일에 항상 성공한 것은 아니었다.

독일인 집단은 그의 치하에서 권세와 위신이 계속 저하되었지만, 우왕좌왕하고 모순에 가득차고 다분히 변덕스러운 정책으로 그의 생애가 끝날 때까지 대립의 폭력적인 충돌을 막는 데 성공했다.

강력한 폭발은 외부세력들이 보헤미아의 정국에 개입하면서 일어났다. 외부세력들은 시소 정책과 타협 대신에 강압 정책을 앞세웠으며, 불을 강력하게 발로 비벼서 끄려는 시도를 하다 집 전체를 뜨거운 화염으로 소실되게 만들었던 것이다.

반교황적이고 반독일적인 운동의 가장 탁월한 문장가 얀 후스는 1398년부터 프라하 대학의 교수였고, 그후 1402년부터는 베들레헴 성당의 신부였는데 그를 소피아 황후의 고해신부로 삼은 바츨라프의 호의에 기뻐했다. 독일인들의 손아귀에 있던 대학은 후스와 후스가 퍼뜨린 위클리프의 가르침에 대하여 처음에는 반대 입장을 취했다. 대학은 위클리프의 45개 명제를 이단설로 규정했다. 대학의 분규는 점점 더 민족적인 분규로 되어갔으며, 거기에서 체코인들과 개혁파들이 다수가 되었다. 결국 바츨라프가 1409년에 개입하여 대학 내에서 보헤미아 민족에게 투표권 세 개를 주었고, 나머지 민족에게는 합하여 하나의 투표권만을 주었다. 이에 대다수의 독일인 교수와 학생이 빠져나갔다. 그러나 대학은 이제 후스를 지지한다고 선언했고 그를 학장으로 만들었다.

그러나 이제 그는 프라하의 대주교와, 아니 결국 교황 자신과 상대하게 되었다. 투쟁은 점점 격렬해져갔고 후스와 교회 간의 틈은 점점 더 벌어졌다. 특히 갈등이 심해진 것은 교황 요한 23세가 1411년에 다시 한 번 면죄부 장사를 준비하면서부터였다. 그는 돈이 필요했던 것이다. 1412년에 면죄부는 프라하에서도 팔려고 내놓아졌다. 후스는 이에 극렬히 반대했으며, 착취자인 교황에게도 반대했다. 그는 교황을 반기독교인(Antichrist)이라고 고발했다. 프라하에서는 교황의 칙서를 불태우고 성직자들을 위협한 후스파의 체코인들과 가톨릭교의 독일인들 간에 무력충돌이 일어났다.

이미 당시에 험악한 대립세력들이 공개적 투쟁에서 자웅을 겨루었던 것 같다. 한편 바츨라프는 다시 한번 야비한 중립으로 평화를 유지할 줄 알았다. 그는 후스를 프라하에서 추방했고(1412년 12월), 곧이어 교황 중심주의 신학자 네 명에게도 같은 운명을 맞이하게 했다. 그리고 동시에 그는 앞으로 시의회 의원 절반이 체코인으로 구성되어야 한다고 결정하여(1413년 10월 21일) 프라하에서 독일인들의 우월성을 깨뜨렸다.

1414년에 콘스탄쯔에서 우리가 이미 이야기한 적이 있는 교회 공의회가 열렸다. 그 과제는 교황적 교회를 새로이 통일하고 조직하는 것이었다. 이에는 단순히 현존하는 세 명의 교황을 제거하고 한 명의 새 교황을 앉히는 일만이 아니라 보헤미아의 이단을 진압하는 일도 있었다.

1410년 이래 독일의 황제였던(바츨라프는 이미 1400년에 독일의 선제후들에 의해 폐위되었다), 그리고 보헤미아에서 바츨라프의 후계자로 지목되었던 바츨라프의 동생 지기스문트(Sigismund)는 후스 사상의 억압에 특별히 관심이 있었다. 후스 사상은 교회만이 아니라 제국으로부터 보헤미아가 이탈할 수 있는 위협이 되었기 때문이다.

후스는 공의회에 소환되었다. 그는 확신에 차서 콘스탄쯔를 향한 여행길에 올랐다(1414년 10월). 그는 지기스문트 왕이 그에게 발급한 여권을 믿지 않았고 무엇보다도 자신의 선한 대의에 신뢰를 두었다. 그 이전과 이후의 허다한 이데올로그들처럼 그는 다리를 놓을 수 없는 깊은 대립이 존재하는 곳에서 의견의 다양성과 오해만을 보았다. 오해가 풀리고 그릇된 견해가 반박되었다면, 그의 사상의 압도적인 힘이 드러나야 했다. 그러나 그리스도의 뒤를 따르는 자들에 대한 사도적 가난의 필요성에 관해서도, 성속의 지배자들 심지어 교황이나 군주도 죽을죄를 범했으면 합법적이기를 그친다는 것에 관해서도 신실한 신부들을 설득하는 데 성공하지 못했다.

이런 민주적인 원칙은 지기스문트조차도 단단히 화나게 만들었다.

보헤미아인들이 후스를 위해 힘껏 들고 일어난 것, 특히 귀족계층이 그랬던 것은 그들이 옹호하고 나선 그 사람의 위험성만을 증명해주었고, 공의회에게 그를 무력하게 만들 이유 하나가 더 생긴 셈이었다. 공의회가 장기간의 구금과 위협으로 그에게 신념을 버리게 만들려는 시도를 했으나 무위로 돌아간 뒤에 공의회는 1415년 7월 6일 후스와 그의 가르침을 정죄했고 그를 세속의 재판관에게 넘겼다. 지기스문트는 자기 약속을 깨고 제공한 치외법권적 보호권에도 불구하고 후스를 화형에 처하도록 할 만큼 지조가 없었다.

그럼으로써 보헤미아인들은 반란이냐 굴종이냐의 양자택일에 직면했다. 그들은 전자를 선택했다.

후스에 대한 공판 과정 중에 이미 그의 추종자 중 몇몇의 결심이 더 굳은 자들은 공개적으로 교회와 결별하는 데까지 나갔다. 그들은 이미 마테이즈야노바(Matthias von Janow)가 제기했던 요구를 다시금 들고 나왔다. 민중에게 성만찬을 두 종류의 형상으로 베풀어야 한다는 것이다. 가톨릭교회에서는 평신도에게 성만찬시에 빵과 포도주가 아니라 빵만 주는 것이 관례로 되어 있었다. 분작(分爵)의 관례는 사제들에게만 남겨졌다. 사제계층의 특권화된 지위의 외적 표시에도 반대 입장을 표명한 것은 사제계층의 특권을 중단시키기를 원한 가르침에 완전히 부합했다. 성작, 평신도 성혈배령(Laienkelch)은 그때 이후로 후스파의 상징으로 되었다. 전통적인 대중적 역사 서술에 따르면, 후스파 전쟁의 거대한 결투에서 본질적으로 문제가 되었던 것은 다름 아니라 성만찬이 두 종류의 형상으로 받아먹어져야 하는가 아닌가에 대한 것이었다는 것이며, '머리가 깨인 자들'은 이와 관련하여 그 시대의 사람들이 얼마나 고루했는지 그리고 그에 반하여 우리 시대의 자유사상가들은 얼마나 명석한지를 흐뭇하게 언급하기를 놓치는 일이 없다.

그러나 후스파 운동에 대한 이런 기술은 대략 우리 시대의 혁명 투쟁에 관하여 미래의 수 세기 중 어느 때의 역사 서술에서, 19세기에는 사람들이 아주 무지해서 특정한 색깔에 미신적인 의미를 덧붙여 프랑스의 색깔이 흰색이어야 하는지 청·백·홍색이어야 하는지 아니면 붉은색이어야 하는지, 헝가리의 색깔은 흑·황이어야 하는지, 적백록이어야 하는지에 관하여 유혈이 낭자한 투쟁이 벌어지고, 독일에서는 한동안 흑·홍·금색 띠를 하고 다닌 사람은 무거운 금고형에 처해진다든지 하는 이야기들이 상술된다고 할 경우, 현명하고 근거를 갖춘 그런 정도다.

오늘날 다양한 깃발이 다양한 민족과 정당에게 의미하는 것이 바로 성작이 후스파에게 의미하는 것이었다. 그것은 그들을 모이게 하는 구심점이 되며, 그들이 최악의 상황이 될 때까지 지킨 군기(軍旗)이지 그들 투쟁의 목적물이 아니다.

그리고 16세기의 종교개혁에서 나타난 다양한 형태의 성만찬의 경우에도 이와 다르지 않다.

얀 후스가 처형된 후에 평신도 성혈배령을 받아들인 것을 상징으로 하는, 가톨릭교회 연맹에서의 탈퇴는 급속히 퍼져나갔다. 얼음은 깨어졌고, 곧 탈퇴의 현실적인 결과, 근본적으로 갈등 전체가 관련된 그 결과를 초래하게 되었다. 프라하에서는 때때로 하층민중 다수가 봉기를 일으키기 시작했다. 이는 언제나 단순한 시위만이 아니었고, 때로는 교구 성직자들과 수도사들을 축출하고, 교회와 수도원을 약탈하는 것이기도 했다. 그런데 귀족들은 그 기회를 최선으로 활용했다. 그들이 후스파의 가르침에 대한 가장 열렬한 신봉자가 되었던 것은 공연(空然)한 일이 아니었다. 후스의 죽음에 복수하기 위해서 그들은 이제—당연히 순수한 신앙적 열정에서—주교들과 수도원들에 도전장을 보냈으며 그들이 할 수만 있으면 교회재산을 몰수하기 시작했다.

바츨라프는 그 폭풍을 힘없이 마주하고 있었다. 교황과 지기스문트는 그가 반란자들에게 적극적인 조치를 취하도록 자극하려고 시도했으나 허사였다. 바츨라프는 모른 체하는 것이 가장 현명하다고 여겼다. 결국 지기스문트는 후스파의 행패에 대하여 자기 형이 개입하지 않으면 전쟁을 벌이겠다고 위협을 하는 지경에 이르렀다. 이 위협은 효력을 발휘했다. 바츨라프는 후스파에 대한 반대 입장으로 돌아서서, 쫓겨났던 성직자들을 다시 불러들이려고 시도했다. 이를 두고 프라하에서는 폭동이 일어나 얀 시슈카(Žižka, 'ㅅ' 발음을 약하게)에 의해 지휘를 받는 하층민중이 도시를 점령했다(1419년 7월 30일).

폭풍의 위협으로 자신의 도시 벤첼슈타인으로 피신했던 바츨라프가 이 소식을 듣자 그는 한없는 격노에 빠졌다. 이는 그 당시에 그에게 닥친 졸도의 원인을 제공했던 것 같고 그 때문에 며칠 후에 사망했다.

보헤미아는 국왕도 없이 후스파 이단에게로 넘어갔다.

4. 후스파 운동 내부의 당파들

보헤미아 내의 이단이 탄압받는 가르침이던 동안에는 그들의 민족적이고 교회적인 측면만 부각되었다. 민족의 적과 교회의 적은 인구 다수의 다양한 계층에게 동일했다. 공통의 적을 향해 그들은 단결했다.

이제 공통의 적은 그 나라에서 격퇴되었고 '순수한 하느님의 말씀'이 승리했으며 이 말씀은 비록 모두에게 똑같이 울리지만 다양한 계층에 의해 그들의 다양한 이해관계에 맞게 아주 다양하게, 그리고 아주 대립적으로 받아들여졌다는 것이 거기서 드러났다.

일반적으로 후스주의에는 커다란 두 방향이 형성되었다. 이들 각각이 그들의 중심 지점을 한 도시에 두었고 보헤미아 내의 가톨릭 신앙의 희소한 잔존세력도 그러했다. 이 세 도시는 프라하와 타보르, 쿠트나호라(독일식으로는 쿠텐베르크 - 옮긴이)였다.

그 당시에 프라하 다음으로 보헤미아에서 크고 힘이 센 도시였던 쿠트나호라의 독일인 광산조합원들과 광부들은 가톨릭 신자로 남아 있을 온갖 이유가 있었다. 후스파의 승리에서 그들보다 잃을 것이 많은 이들도 없었다. 이에 상응하여 그 당시에 가톨릭 신앙이 어디에서도 그들 가운데서만큼 열광적으로 표출된 곳은 없었다. 그들의 권력 범위에 들어온 후스파를 그들은 모두 처형했고, 그렇게 처형한 사람은 꽤 많았다. 보헤미아인들은 심지어 쿠트나호라 사람들이 후스파에 대한 현상금을 내걸어서 평범한 이단 한 사람에 대해서는 20프라하 그로셴을, 이단 사제 한 사람에 대해서는 100그로셴을 걸었다고 주장하기도 했다.

쿠트나호라 외에는 가톨릭 신조에 충실하게 남아 있는 독일인들이 자기 지위를 유지하는 데 성공한 몇몇 작은 도시가 있었다. 이 도시들 대부분은 후스파 전쟁이 진행되면서 후스파의 손에 장악되었고 이들에 의해 체코화되었다. 이는 쿠트나호라 자체도 마찬가지였다. 이곳이 가톨릭 신조를 지키던 곳으로서 최종적으로 상실된 후(1422년), 가톨릭파의 중심점은 플젠(Pilsen)으로 옮겨갔다.

이 몇몇 도시와 아울러 귀족계층의 작은 일부분이 옛 신앙에 충실하게 남았다. 이는 부분적으로는 왕실에서 더 나은 사업을 하기를 희망했기 때문이고, 또 부분적으로는 후스주의에서 발달한 민주적 지향에 대한 혐오 때문이었다.

그러나 귀족들 대부분은 후스파의 신조를 굳게 견지했다. 그들이 집어삼킨 교회재산이 그들에게 그렇게 하도록 강제한 것이다. 그들의 이상, 특히 고위 귀족의 이상은 꼭대기에 그림자 왕이 있는 귀족적 공화국이었다. 지기스문트는 그런 용도로 써먹을 수 없었으므로 그들은 폴란드와 리투아니아에서 대체인물을 찾았다. 그러나 어떤 명망 있는 군주도 말벌 집에 앉을 생각이 없었다.

프라하 사람들도 대부분 귀족주의적 당파 편에 섰다. 물론 그곳에서 하층계급은 일련의 봉기를 일으키면서 독일인 성직자들과 귀족들을 몰아낸 뒤에 칼자루를 손에 쥐었다. 시의회와 아울러 자치공동체 대회가 열렸으며, 여기서는 시에서 독립적인 생업을 영위하던 사람은 누구나 발언권이 있었다. 시의원은 이들에 의해 선출되었을 개연성이 있다.

그러나 곧이어 새로운, 더 높은 시민집단이 프라하에 형성되었다. 이 힘센 도시는 당연히 귀족들과 마찬가지로 교회재산을 강탈할 기회를 활용했다. 약탈품은 상당량이어서 그것은 오랫동안 프라하의 구성 요소가 되어 있던 구도시와 신도시의 양 자치공동체 간의 커다란 분쟁 거리를 이루었다. 판매되고 분배되고 낭비된 그런 압류된 재산, 그리고 또한 교회와 수도원으로부터의 전리품은 투기적인 두뇌를 가진 자들에게는 아무튼 대중 속에서 자기 몸을 솟구칠 좋은 토대가 되었다. 쿠트나호라의 점령 후에 그 광산들의 개발권은 프라하인들에게 돌아갔고, 이는 그들의 주된 수입원이 되었다. 또한 이는 약삭빠른 투기자들의 등장을 촉진했음이 틀림없다. 그래서 새로운 체코의 세습귀족층이 형성되었다. 이들은 곧 다시 구귀족과 공감을 가졌고 '대(大)자치공동체'의 지배를 못마땅하게 감수했다.

그러나 장인들 중에서도 그리고 프라하의 최하층 민중계급에서도 곧 귀족주의적 동조세력이 생겨났던 것이 분명하다. 왜냐하면 이 도시는 사치도시(Luxusstadt)였기 때문이다. 그곳의 공업과 상업은 궁정과 고위급 나리들이 농촌 전체에서 빨아들인 것을 그곳에서 탕진했기 때문에 번성했던 것이다. 로마인들이 교황을 쫓아낸 후에도 그를 항상 동경했던 것처럼 프라하인들은 왕실과 착취적 귀족계층을 사회의 가장 필요한 필요조건으로 간주하기 시작했다. 자치공동체 내에서 민주적 요소는 갈수록 약해졌고, 귀족주의적 요소는 나날이 강해졌다. 봉기와 음모, 외부의 침입은 이 요소들 중 어떤 때는 이쪽을, 또 어떤 때는 저쪽을 강화해주었으나 프라하는 항상 민주주의자들의 친구로서는 믿을 수 없는 친구였고, 민주주의자들의 적으로서는 단호한 적이었으며, 마지막 후스파 전쟁에서는 전적으로 후자였다.

프라하인들과 후스파 귀족층—주로 상층 귀족층—은 함께 '온건 당' (Gemäßigte Partei)—이는 그들이 교회재산을 마구잡이로 압류했기 때문에 붙여진 이름일 개연성이 있다—을 결성했다. 이는 칼리슈니치(독일어로는 칼릭스티너) 혹은 우트라크비스트의 당이었다.[11]

그들에게는 다른 지향이, 그 조성과 일반적 경향에 따라 민주적이라고 지칭할 수 있는 지향이 맞섰다.

그들의 가장 많은 추종자는 농민 중에 있었다. 농민 계층은 그 나라에서 단연 가장 큰 민중 계층이었다.

후스파 혁명은 그들과 지주들 간의 대립을 날카롭게 폭발하게 했다. 귀족들에게는 그들에게 지대를 내고 부역을 해주는 교회 사람들이 없이는 몰수된 교회 토지는 소용이 없었다. 그러나 교회 사람들은 한 지주를 다른 지주로, 더 가혹한 지주로 교체하기 위해서 교회에 대항하여 봉기하지는 않았다. 자유농민, 자유 소유자가 되고자 했던 것이다. 다른 농민들도 이들과 마찬가지였다. 위로부터의 혁명은 아래로부터의 혁명을 불러일으킬 수밖에 없었다. 모든 제한은 지금까지는 적대 계급들 간의 무력충돌을 어느 정도 막아주었으나, 이 제한이 제거되었다. 착취자와 피착취자를 엄격한 규율 아래 두었던 관습, 왕실을 억누르고 남작들과 농민들을 어느 정도 결속해주던 관습은 무너졌다. 농민들은 이제 귀족계층의 체제를 무력화하고 그들의 권력을 완전히 깨뜨리는 데 성공하지 못한다면, 그들의 무제한적 지배하에 놓이게 된다는 것을 느꼈다. 농민들은 이제 완전한 자유와 완전한 예속 간의 선택밖에 할 수 없었다.

---

11 칼릭슈니치(Calixtiner)는 라틴어 *Calix*(성작)에서 나왔고, 우트라크비스트(Utraquisten)는 그들이 성만찬을 '두 가지 형상으로'(라틴어로는 *sub utraque specie*) 받아들이기 때문에 나온 이름이다.

농민들과 함께 소시민들과 프롤레타리아들이 일부는 우리가 보았듯이 프라하에서, 특히 독일의 '명망계층'과 상부 시민층을 제거하는 데 성공한 소도시들에서 합세했다. 이 도시들 각각은 권세에서 프라하에 한참 뒤졌다. 그 도시들은 수도처럼 개별적으로 그 착취욕이 끝이 없던 남작들의 권한남용에 맞설 능력이 없었다. 독일에서 왕실의 무기력이 도시들로 하여금 강도적인 귀족집단으로부터 자신을 지키기 위해 연맹을 체결하여 단합하게 했듯이 가톨릭으로 남은 소수의 도시들을 제외하고는 보헤미아의 소도시들도 이제 그렇게 했다.

경제적으로 농민과 상층귀족의 중간 위치를 차지했던, 오늘날 소시민 계층이 자본가 계급과 프롤레타리아 계층 사이에 있는 것과 비슷했던 하급귀족은 오늘날 소시민 계층 다수가 그러하듯이 우왕좌왕하면서 신뢰성 없이 행동했다. 하층귀족들은 모든 면에서 뭔가 잃을 것이 있었고 뭔가 얻을 것이 있었던 것이 대규모 자유농민보다 더할 것은 거의 없었다. 농민해방은 지대와 부역에서 오는 그들의 수입이 더 축소되는 것으로 그들을 위협했지만, 상층귀족의 몰락은 그들을 점점 더 억압하던 위험한 경쟁자와 적에게서 해방해주었다. 상층귀족에 대한 약탈은 농민들에게처럼 기사들에게도 바라던 바였음이 분명하다. 하층귀족의 일부분은 귀족주의적 당파에 가담했고, 또 일부는 민주주의적 당파에 가담했으며, 대부분은 이리저리 오가면서 그 순간에 승리와 전리품이 유혹한 곳으로 쏠렸다.

민주주의적 당파로 변함없이 충실하게 남아 있던 기사들 중에 특히 이미 언급한 시슈카 트로츠노프(Žižka von Trocnow)가 두드러진 인물이다. 그는 폴란드와 터키에 대항한 용병으로서, 그리고 영국 군대에서 프랑스인에 맞서 싸웠다. 그는 자신의 전쟁 경험을 민주주의자들에게 제공했고, 그들의 가장 저명하고 가장 큰 두려움의 대상인 지도자가 되었다. 그러나 그가 또한 아무리 굳건하게 그들 편에 섰어도 그들이 비길 데가 없는 군대였기 때문에—이에 관해서는 곧 이야기할 것이다—군인으로서 그들 편에서 선 것이지 정치가로서 그들 편에서 선 것이 아니었다. 정치가로서 그는 그들과 칼리슈니치의 중간 위치를 취했다. 이는 다른 여러 기사와 대부분의 프라하 소시민도 마찬가지였다.

그의 사후(死後)에 각별한 추종자들은 민주주의자들과 갈라서서 독자적인 중도당파인 '고아당'을 결성했다. 그들의 아비 시슈카를 잃었기 때문에 그들은 스스로를 그렇게 불렀던 것이다.

이에 반해서 민주주의자들은 그들의 정치적·군사적 중심지인 공산주의 도시 타보르의 명칭에 따라 타보르인이라고 불렸다. 공산주의자들이 민주주의 운동의 전위대가 되었다.

5. 타보르의 공산주의자들

다른 곳에서처럼 보헤미아에서도 상품생산 및 상품교역의 발달과 함께 공산주의적 관념이 형성되었음이 분명하다. 보헤미아 땅에서 프라하와 이흘라바, 플젠에서 처음 등장한 모직업이 14세기에 확장된 것은 이 관념의 형성과 확산을 특별히 촉진했을 수 있다.

우리는 이미 1337년에 프라하에는 독립적으로 완전한 직물을 가공하는 직조공들이 존재하는 것을 발견하게 된다. 또한 이미 대기업가들이 있어서 가내 공업자들로서 직인들에게 일감을 주었을 것이 분명하다.(Hildebrand, Zur Geschichte der deutschen Wollenindustrie, a. a. O., S. 104)

공산주의적 관념의 방면에서 외부로부터의 작용도 없지 않았다. 베가르트파 사람들이 보헤미아에 나타났다(그곳에서는 피카르트파라고 불렸다). 보헤미아 국왕의 우대를 받은 독일 장인들의 유입은 베가르트 교회의 침입에 영향을 미친 바가 없지 않았을 수 있다.

발도파도 첫 번째 박해시에 이미 남프랑스에서 보헤미아로 도피하여 그곳에 도피처를 발견하고, 그곳에 피신하면서 그들의 가르침을 전파했던 것 같다.[12]

보헤미아인과 교황 측 교회 간에 대립이 발생하고 교황 측 교회의 적이 보헤미아에서 용인될 뿐 아니라 우대를 받으면서 자연스럽게 공산주의적 이단세력도 고개를 들었고, 주변 나라들에서 박해를 받던 공산주의자들은 보헤미아로 안녕을 찾아왔다. 공산주의는 그 논리에서, 많은 경우에 또한 요구사항에서, 다른 이단적 지향들과 공공연하게 부합함에 따라 더욱더 쉽게 발전할 수 있었다. 그들 모두가 원시 기독교로의 복귀, 순수한 가르침의 복원을 원했다는 것이다. 그 해석에 관해서는 나중에 가서야 다투기 시작했다.

얀 후스의 화형으로 보헤미아에서는 교회와 왕국 간에 전쟁이 선포되었고, 이는 교회재산의 몰수와 약탈로 이어져 전통적 재산 및 사회질서의 붕괴를 가져왔다. 이는 공산주의 종파를 위한 알맞은 시대였다. 그들은 공공연히 고개를 들었다. 비밀리에 그리고 별로 알려지지 않은 채로 이 종파는 그때까지 존재를 이어왔으며, 이따금 동지의 배신이 그 존재를 세상에 알려왔다.[13] 그러나 이 종파가 공개적으로 등장할 수

---

[12] F. Bender, *Geschichte der Waldenser*, S. 46ff.

[13] 발도파 공동체들이 존속하던 피에몬테 골짜기에서 14세기 말엽에(Bender, *Geschichte der Waldenser*, S. 47은 우리가 그 보도를 취한 출처인데 더 자세한 정보를 제공하지는 않지만, 그것은 물론 카를 4세 재위기간 중이었다) 설교자 두 명이 보헤미아로 이 나라의 발도파를 찾아왔다. 이탈리아인 두 명이 배신자로 드러났다. 가톨릭 성직자들에게 발도파가 잘 모이는 장소를 폭로해 그들의 동지들에 대한 무서운 박해를 유발했다.

있게 되면서 그 종파가 얼마나 크게 확장되어왔는지가 이제 드러났다.

프라하에서 공산주의자들이 번창할 수 있기에는 물론 그 세력이 너무 약했거나 그 적들이 너무 강했다. 반면, 소도시들에서는 달랐다.

그리스도의 천년왕국이 이제 왔다고 공산주의 설교자들이 알렸다. 프라하는 소돔처럼 하늘의 불로 파괴될 것이지만, 의인들은 일련의 다른 도시들에서 보호와 안녕을 찾으리란 것이다. 그리스도가 그의 영광중에 내려와서 주인도 종도 없고, 죄악도 궁핍도 없으며, 자유로운 정신의 법 외에 다른 법도 없는 왕국을 세우리란 것이다. 그때 살아남은 자들은 극락의 무죄상태로 되돌아가서 아무런 신체적 고통과 궁핍을 더 이상 알지 못할 것이며, 그들의 구원을 위한 교회 성례는 필요치 않을 것이라고 한다.[14]

다양한 도시에서 이는 공산주의적 조직체들의 설립을 가져왔다. 우리는 농촌에서 공산주의 단체가 창설되었다는 어떤 보도도 발견하지 못했다. 모든 보도가 도시에서만 공산주의적 이념이 실현되었다는 것을 시사해준다. 이 도시들 중에는 특히 피세크(Pisek)와 보드나니(Wodnian), 타보르가 거명된다. 끝의 타보르 시에서 공산주의자들은 배타적인 지배권을 달성했다.

타보르는 그 당시에 우리가 아는 바대로 금세광업으로 유명한 루즈니치(Lužnic)의 아우스티(Austi) 읍 근방에 세워졌다. 금의 풍부함이 물론 아우스티에서 상공업과 그에 결부된 대립관계의 발달에 특별히 영향을 미쳤을 수 있다. 확실한 것은 공산주의적 선동자들이 그곳에서 1415년부터, 말하자면 주로 부유한 직물제조자와 직물상인 피텔(Pytel)

---

14 Palacky, a. a. O., III, 2, S. 81. 팔라츠키가 타보르파 공산주의에 관한 보도를 발굴해낸 주된 출처는 유감스럽게도 수고(手稿) 형태로만 존재하는 타보르파 사제들에 대한 J. Pribram 의 논쟁의 글 "Proti kněžim Táborským"로서 1429년의 것이다.

에게서 보호의 우산을 발견했다는 것이다. 이 아우스티는 강력한 직물 업자 인구로 귀결되었다. 또한 타보르의 나중 거주자들은 에네아 실비 오가 한 편지에서 전하는 것처럼 주로 직물업자들이었다. 이에 관해서 는 앞으로 이야기하게 될 것이다. 1419년, 바츨라프 재위하에 짧은 반 동의 시도 중에 이 선동자들은 강한 가톨릭 당파가 있던 아우스티에서 추방되었다. 그들은 인근의 루즈니치의 넓은 구릉지에 정착했다. 그곳 은 좁다란 곳을 통해서만 육지와 연결된 경사가 급한 반도를 이루었다. 이 침입하기 어려운 장소를 그들은 자신들의 요새로 선택하고 구약성 서의 언어로 타보르 산이라 불렀다. 그들은 이런 언어를 나중의 재세례 파나 청교도와 마찬가지로 애착을 가지고 사용했다.

모든 곳에서 공산주의자들이 그곳으로 몰려들어 방해받지 않고 집 회를 열었다. 1419년 7월 22일 그중 한 집회에는 보헤미아 전역과 모 라바에서 42,000명이 참석했던 것 같다. 이는 공산주의 이념의 상당한 확산을 입증해준다.

"그 전체의 진행경과는 적들에 의해서도 정신과 마음을 고양시키는 위대한 종교적, 목가적 민중축제로 묘사되었다. 그것은 극히 아름다운 평온과 질서 속에 진행되었다. 사방에서 행렬을 지어 깃발을 앞세우고 성례의 거행 알림을 듣고 찾아오는 순례자 무리를 그곳에 있던 자들이 흥겹게 응대하여 그들을 기쁘게 맞이하고, 산 위의 성소로 가라고 가리 켜주었다. 찾아오는 사람은 누구나 '형제'요 '자매'였다. 신분상의 차이 는 고려되지 않았다. 성직자들은 일을 서로 분담했다. 어떤 이는 남녀 가 구별된 정해진 장소에서 설교를 했고, 다른 이들은 고해를 들었고, 세 번째 성직자들은 양 형색의 성체성사를 거행했다. 이는 그런 식으로 정오까지 계속되었다. 그러고 나서 방문객들이 가져와서 그들에게 분 배된 음식물로 공동식사를 하기 시작했다. 한 사람의 부족분을 다른

사람의 잉여가 채워서 없애주었다. 내 것 네 것의 구분을 타보르 산의
형제자매들은 알지 못했다. 전체 집회의 분위기가 종교적 운동에 사로
잡혔으므로 엄격한 규율과 도덕은 조금도 손상되지 않았다. 음악, 춤,
놀이를 생각해서는 안 되었다. 나머지 일과 시간은 대화와 발언 가운데
진행되었고, 이로써 일치단결과 사랑 그리고 '성스럽게 된' 술잔의 신
조에 대한 굳건한 견지를 서로 간에 고무했다. 반대당파에 대한 고발과
정죄, 과열된 열심, '하느님의 말씀'에 땅 위에서 어떻게 하면 다시 자유
를 만들어줄 것인가 하는 계획들은 그런 상황 가운데서 빠질 수 없었
다. 이날 피해를 입은 밭의 소유자들도 모금을 통해 충분히 보상을 받
은 뒤에 그 집회는 결국 평온하게 흩어졌다."[15]

이 집회 8일 후에 프라하 시민봉기가 일어나 가톨릭교의 반동을 끝
냈고, 국왕 바츨라프의 죽음을 가져왔으며, 후스파 전쟁의 불을 당겼
다. 이제 사람들은 단순한 시위, 공산주의적 야유회에 머무르지 않았
다. 그들은 공산주의적 자치공동체를 조직했다.

타보르인들의 원칙은 프라하 대학이 내다붙인 하나의 글에서 개괄
적으로 제시된다. 프라하인들과 타보르인들 간의 대립은 당시의 유행
에 따라 논쟁을 통해 제거된 것 같다(1420년 12월 10일). 이 목적을 위해
프라하 대학 교수들은 76개 항목 이상의 목록을 내걸었다. 거기서 그
들의 견해에 따르면 타보르파의 가르침은 이단적이거나 최소한 오류
라는 것이었다. 이 항목들 대다수는 당연히 교수님들의 취향과 그 시대
의 사고형태에 부합하게 신학적인 성질을 띠었다. 그러나 두 항목은
공화주의와 공산주의에 대한 비난도 담고 있다. 타보르인들은 이렇게
가르친다는 것이다.

---

15 Palacky, a. a. O., III, i, S. 417ff.

"이 시대에 땅 위에는 왕도 지배자도 없을 것이며, 신하도 없을 것이다. 모든 공물과 조세는 폐지될 것이며 누구도 다른 이에게 무엇을 하도록 강요하지 않을 것이다. 모두가 동등한 형제와 자매가 될 것이기 때문이다."

"타보르 시에서 내 것, 네 것이 없고 모든 것이 사회적인 것처럼 모든 것을 언제나 모두와 공유여야 하며, 누구도 개별 재산을 가져서는 안 된다. 그런 재산을 가진 자는 죽을죄를 범하는 것이다."

그들은 이로부터 왕을 섬기는 것도, 손수 한 사람의 왕을 선출하는 것도 더 이상 타당하지 않으며 이제는 하느님이 스스로 인간들에 대한 왕이 되고자 하며, 그 통치는 민중에게 맡겨질 것이라는 결론, 모든 상전과 귀인과 기사는 잡초처럼 베어내고 제거되어야 하며, 이제는 공물과 조세와 납부금은 폐지되어야 한다는 결론, 모든 군주의 권리, 주법 및 도시법과 농민법은 하느님이 아닌 인간의 창작물로서 폐지되어야 한다는 결론 등을 이끌어냈다.

순수한 교회 관련 조항들은 그중에서도 모든 교회를 허물라는 요구, 한 교회 안의 하느님을 경외하는 것의 금지, 성화를 그리거나 경외하는 것의 금지, 연옥에 대한 믿음의 배척 등에 관련된다. 또한 지식인 집단(혹은 원한다면 학계)에 대해서도 타보르인들은 적으로 생각했다: "기독교인들은 성서에서 명시적으로 적혀 있지 않은 것은 아무것도 믿거나 주장해서는 안 되며, 성서 외에 거룩한 박사들이나 어떤 대가(교수), 그리고 세상의 현자들의 글도 읽거나 가르치거나 전해서는 안 된다. 거기서 인간이 오류에 빠질 수 있기 때문이다. 그래서 7개 학예를 의무화하거나 그것들에 대한 학위를 받거나 그에 관한 대가라고 스스로를 칭하게 하여 이방인들을 모방하는 자는 무익한 인간이고 죽을죄를 범하는 것이다." 이런 가르침은 교수님들을 특별히 고통스럽게 했을 것이다.

기독교 공산주의자들의 학문에 대한 적개심과 그들의 금욕주의는 우리가 위에서 이미 어떤 다른 것과의 관련 속에서 다루었고 해설한 바 있다.(266쪽 이하)

공산주의는 자연스럽게 원시 기독교가 전해준 형태, 그 당시의 생산단계에 잘 맞는 형태로 실현되었다.

각 자치공동체는 그 공통의 금고를 '통'(Kadě)이라고 불렀고, 그 안에 각 사람이 자기 것이라고 한 것을 넣었다. 그런 금고 세 개가 거명되는데 하나는 타보르에, 하나는 피세크에, 하나는 보드나니에 있었다. 형제자매들은 자기의 모든 소유와 재산을 팔아서 그 대금을 금고관리인 발밑에 가져다놓았다.

이미 언급한 바 있는 프르지브람(Přibram)은 1429년의 타보르파를 반대하는 그의 글에서 이렇게 적고 있다: "그리고 그들(타보르파 사제들)은 자신들을 찾아 산 위로 올라온 피섹(Pisek) 시의 민중에게 모든 형제는 한 사람도 빠짐없이 모든 것을 모아야 한다고 명령하고 정하는 가운데 또 하나의 폭리를 취하는 사기를 꾸며냈다. 그들이 통 한두 개를 설치했고 그 자치공동체는 이를 거의 완전히 채워주었다. 이 금고의 관리인은 염치없는 마티아스 라우다 폰 피세크(Matthias Lauda von Pisek)였으며, 그와 다른 사제들을 포함한 금고관리인들은 금고에서 손해를 보지 않았다. 이 역겨운 절차에서 그들은 민중의 소유물과 공역을 어떻게 점차적으로 빼앗아서 자신을 부유하게 하고 살찌게 했는지가 드러난다."[16]

팔라츠키 자신도 이 비난이 비참하게 만드는 중상모략임을 인정할 것이 분명하다.

---

[16] Bei Palacky, a. a. O., III, 2. S. 297.

정직한 프르지브람도 속한 거대한 착취자들과 그들의 수호자들은 이미 500년 전에 오늘날과 똑같이 피착취자들의 선구자들에 관해서 그들이 "노동자들의 푼돈으로 자신을 살찌운다"는, 그리고 자신들, 정작 살을 찌운 착취자들이 그 당시에도 오늘날처럼 다른 어떤 행위보다도 자기 배를 불리는 그러한 행위에 더 분노한다는 거짓말을 잘 퍼뜨릴 줄 알았다는 것을 보게 된다.

한편, 금고관리자들이 아무리 명예롭고 헌신적인 사람들일지라도 이런 식의 공산주의는 오랜 기간 관철될 수가 없었다. 타보르인들에게 공산주의는 초기 기독교인들에게서보다 더 짧은 기간밖에 존속하지 못했는데, 타보르인들은 초기 기독교인들의 핵심처럼 거지근성을 가진 프롤레타리아가 아니라 부자들의 자선이 아닌 자기의 노동으로 살았고 또 살고자 했던 노동자들이었기 때문이다. 그런데 그 당시에 수공업과 소농민적 농업의 단계에서 각자가 자신의 생산수단을 팔아서 그 돈을 공동의 금고에 넣어 그것으로 모두를 위한 소비수단을 구입하도록 했다면 노동은 불가능해졌을 것이다. 우리는 언제이든 공산주의적 타보르인들 중에서 이런 과정이 일반적이었다고는 생각하지 않는다. 확실히 그것은 곧바로 포기되었다. 실제로 공산주의는 결국 초기 기독교인들에게서와 같은 모양으로 형성되었다. 각 가정은 자신을 위해 일했고, 그들이 달성한 잉여만을 공동의 금고에 냈다.

그러나 이는 더 열성적이고 더 단호한 공산주의자들의 격한 항의 없이 일어나지 않았다. 소비수단에 대한 단순한 공유는, 물론 그 당시의 상황에서 다른 형태로는 지속적으로 실현되지 못했다. 그 때문에 극단적인 공산주의자들은 완전한 공산주의와 가족의 폐지를 요구했다. 이것들은 두 가지 형태로 가능하다. 독신을 통해서, 혹은 엄격한 개별혼의 폐지, 이른바 처의 공유를 통해서이다. 타보르인들 중에서 엄격한 공산주의자들은 가톨릭교회와 수도원 제도에 대한 그들의 단호한 적개심이 사제의 독신에 대한 비난에까지 미칠수록 더욱더 후자의 형태를 택했다.

그 단계의 공산주의의 이런 결과는 우리에게 새로운 것이 아니다. 우리는 이미 원시 기독교에서 이를 발견했으며, 수도원 제도의 묘사에서 우리는 이를 상세히 다루었다. 또한 처의 공유는 수사, 수녀의 독신과 마찬가지로 인간 정신의 '일탈'이 아니라 오히려 확정되어 주어진 사회적 상황의 필연적 결과라는 것을 보여주었다.

엄격한 공산주의자들의 노력은 우리가 이미 알게 된 자유정신의 형제자매들 종파에서 가장 명확하고 가장 단호하게 표현되었다. 그들은 보헤미아에서도 싹을 발견했으며, 그곳에서는 피카르드인(베가르트인)에 대한 이야기가 있을 경우에 사람들은 거의 전적으로 그중에서도 그들을 말하는 것으로 알아들었다. 그들의 가르침에 대한 주요 전달자가 되었던 니클라스라는 농부의 이름을 따서 자유정신의 형제자매단의 후스파 변종을 니클라스파라고도 불렀지만 그들은 아담파라는 이름으로 가장 많이 알려졌다. 왜냐하면 아담적인 상태—18세기에 말했다면 자연상태—를 그들은 죄 없는 정결상태로 간주했기 때문이다. 천국이라고 부르는 그들의 집회 장소에 그들은 나체로 모여들었던 것 같다. 이런 보도가 순전한 뜬소문이거나 악의에 찬 중상모략에 근거를 둔 것은 아닌지 우리는 판단할 수가 없다.

아담파가 루즈니치(Lužnic) 강의 한 섬에 거주했다고 에네아 실비오는 우리에게 설명해준다. 그들은 나체로 다녔다고 한다. 유감스럽게도 그는 항상 그랬다는 것인지 아니면 특별한 경우에만 그랬다는 것인지 언급이 없다. "그들은 처를 공유하며 살았다(*connubia eis promiscua fuere*). 그러나 그들의 우두머리 아담의 승낙 없이 여자를 취하는 것은 금지되었다. 그러나 어떤 이가 정욕에 사로잡혀 다른 여성에 대해 정욕을 불태우고 있다면, 그는 그녀를 손으로 붙잡고 우두머리에게로 가서 그에게 이렇게 말했다. '나의 정신은 그녀에 대한 연정으로 타오릅니다.' 이에 대해서 그에게 우두머리가 대답했다: '가서, 생육하고 번성하여 땅을 충만히 채우시오.'"[17]

이 비혼(非婚) 상태는 그 시대의 도덕적 견해에 너무 저촉되었다. 그 시대에는 개별 혼인과 개별 가족 즉, 예로부터 전래되고 민중의 의식에 깊이 뿌리박힌 제도가 현존하는 생산양식과 현존하는 사회의 필요에 의해서도 극히 강압적으로 요청되었던 것이다. 혼인의 배제는 물론 그 당시 공산주의의 논리적 결과였지만, 바로 이는 또한 이 공산주의 자체가 개별혼을 필요로 하던 사회에서는 지지처를 갖지 못했다는 것을 증명해준다. 또한 바로 이것은 그 시대의 공산주의가 작은 단체와 자치공동체에 한정된 채로 남을 운명에 처했음을 증명해준다. 타보르인 다수는 더 엄격한 공산주의에 극히 결연하게 반대 입장을 취했다.

이미 1421년 초에 두 방향 간에 공개적인 갈등이 일어났다. 골수파 광신도[18]의 주요 대표자들 중 한 사람인 마르티넥 하우스카(Martinek Hauska) 신부는 1월 29일에 어떤 기사(騎士)에게 체포되었으나 여러 친구들의 변론으로 석방되었다. 그는 그럴수록 더욱 열정적으로 자신의 가르침을 설교했고 그의 추종세력은 아주 위협적으로 되어, 타보르파 주교 니클라스는 프라하로 도움을 청하러 갔다. 그곳에서도 공산주의적 이단세력이 자리 잡고 있었다. 시의회는 즉시 그에 대해 단호한 조치를 명령했으며, 두 명의 프라하 시민도 그들 때문에 그 시대에 환영

---

[17] Äneas Sylvius, De ortu et historia Bohemorum, *Opera omnia*, S. 109.
[18] 다른 여러 가지 것 중에서도 그는 아가페, 공동의 애찬을 초대교회의 양태대로 다시 도입하려고 했다.(Palacky, a. a. O., IV, 1, S. 471)

받는 관습에 따라 사형판결을 받고 화형에 처해졌다. 타보르에서는 동시에 (3월에) 두 지향 사이에 분열이 일어났다. 더 엄격한 공산주의자들은 소수파였는데, 이들은 추방당했고 300여 명이 루즈니치 강가의 숲 속으로 들어갔다.

마르티넥 신부는 실컷 얻어맞고서 자신의 '이단사상'의 포기를 맹세했다. 그러나 그의 동지들은 단호히 버텼다. 시슈카는 이들에게 반대 입장을 취했다. 그는 심정적으로 프라하인들에게 기울었고, 이미 타보르인들에게 미움을 받던 '피카르드파 이단'은 결국 그에게는 끔찍한 괴물이었던 것이 분명하다. 그는 숲 속에 있던 그들을 급습하여 그들 중 다수를 붙잡았다. 그들이 어떠한 배교도 거부하자 50명에 달하는 그들은 시슈카의 명령으로 화형을 당했다. 그들은 웃으면서 죽어갔다.

타보르인들 중에서 더 이상 맘이 편치 못한 마르티넥은 모라바로 가기로 결심했다. 그러나 그는 가는 도중에 그의 동행인인 애꾸눈 프로콥(Prokop)과 함께 흐루딤(Chrudim)에서 체포되어 로우드니체(Raudnitz)에 있는 콘라트(Konrad) 대주교에게 인계되었다. 시슈카는 위험한 두 사람을 오게 해서 그곳에서 경고하는 본보기로 그들을 산 채로 화형에 처해야 한다고 요구했다. 그러나 프라하 시의원들은 마르티넥의 지향을 강하게 대표하던 하층민중을 두려워했다. 그들은 형사를 로우드니체로 보냈고, 그 형사는 이 두 포로가 프라하에 있는 동지 몇 명의 이름을 댈 때까지 이들에게 오랫동안 고문을 가했다. 그리고 나서 그들은 통에 넣어져 화형을 당했다(1421년 8월 21일).

그러나 아직 피카르드파 이단세력은 완전히 진압되지 않았다. 루즈니치(Lužnic) 강으로 흘러드는 레샤르카(Režarka) 천의 한 섬 위에 아담파의 한 무리가 정착했다. 시슈카는 무장병력 400명을 그들을 완전히 섬멸하라는 명령과 함께 보냈다. 급습을 당한 자들은 필사적으로 방어

했고 그들의 적의 다수를 쳐 죽였다. 그러나 결국 우세한 힘 앞에 쓰러졌다. 칼끝이 남겨둔 자들은 불이 죽였다(1421년 10월 21일).

이로써 공산주의의 엄격한 흐름은 완전히 진압되었다. 그들을 진압하는 데 보내진 병력은 그들이 별로 크게 확산되지 못했음을 증명해준다. 사실상 오직 소수의 특별히 예리하거나 특별히 일방적으로 공산주의에 사로잡힌 사람들만 그 당시에 그들 시대의 한계를 월등히 뛰어넘을 수 있었다. 그들은 공산주의 사상사에서는 흥미롭다. 그러나 그들은 역사적 중요성을 달성하지는 못했다.

아담파는 정복되었고 무력화될 운명에 처했다. 그러나 그들을 특별한 증오로 박해했고 완전히 박멸하는 데는 성공하지 못한 것은 시슈카였다. 그 종파의 나머지는 타보르인들 사이에서 가련한 존재를 이어갔다. 15세기의 마지막 몇 십년간에 그들은 다시 부상하여 보헤미아 형제단과 융합하고자 시도했으며 이에 관해서는 앞으로 다룰 것이다.

아담파의 격파 후에는 엄격한 형태의 공산주의의를 실천하려는 어떤 시도도 더 이상 주목할 만한 것이 없다. 그 반면에 온건한 형태—물론 현실에 따른 것보다는 의도에 따른 공산주의—는 거의 한 세대 동안 타보르에서 유지되었다.

그런데 공동체 금고, 혹은 더 제대로 말해서 공동체 창고에 들어오는 것을 어디에 썼는가? 왜냐하면 공동체에 대한 헌납은 주로 현물로 이루어졌기 때문이다.

최초의 기독교인 공동체에서는 어떤 사람의 잉여는 다른 사람의 빈궁함을 채워주는 데 소용되었다. 타보르에서는 그럴 동기부여가 없었다. 그곳에서는 완전하지는 않지만 거의 완전한 생활조건의 평등이 공동체의 모든 구성원에게 존재했다. 이 평등은 우선은 교회재산에서의, 그 다음으로는 또한 적대적인 영주와 도시들의 재산에서의 전리품이

어떠한 넉넉한 경제라도 세우기에 충분했으므로 그만큼 만들기가 쉬웠다.[19]

빈민구제를 위해 타보르인들은 아무것도 내놓을 필요가 없었다. 그러나 물론 그들은 사제들을 돌보아주어야 했다. 그들에게는 자기 재산을 소유했을 법한 사제귀족이 없었다. 평신도 누구나 사제가 될 수 있었다. 사제들은 자치공동체에서 선출되었고, 그들이 다시 주교를 선출했다. 경제적으로 그들은 그들을 부양한 공동체에 의존한 채로 있었다. 그들의 기능은 대체로 중세의 성직자계층의 기능처럼 전체적으로 대략 오늘날의 국가 및 자치공동체 관리와 교사들의 기능에 상응했다. 그들은 재판을 주재했고, 공동체 관리들을 통솔했으며, 여러 공동체 간의 관계, 그리고 외부세계와의 관계를 중재했다. 그들의 주된 직무 중 하나는 어린이들에게 수업을 베푸는 것이었다. 훌륭한 보통 민중 교양에 타보르인들을 큰 가치를 두었다. 이것이 바로 그들에게서 두드러졌고 다른 어떤 민족에도 그 당시에 없었던 현상이었다. 기껏해야 '공동생활 형제단'을 이들과 비교할 수 있을 것이다. 그러나 수도원적— 가톨릭적 경향은 그들의 활동에 전혀 다른 성격을 부여했다. 당연히 우리는 타보르파의 교양을 그 시대의 척도로 가늠해야 한다. 그것은 주로 신학적인 것이었다.

에네아 실비오는 한번은 이렇게 이야기한다. "이탈리아 사제들은 부끄러워할 만하다. 그들 중 아무도 단 한 번이라도 신약을 읽어본 적이 없다는 것은 확실하다. 그러나 타보르인들에게서는 구약성서와 신

---

[19] 심지어 귀족주의적인 프라하에서도 큰 공동체, 그래서 민중집회가 가옥과 포도원, 그밖의 것들을 적들에게서 압수하여 선한 대의의 추종자들에게 주었다는 보고를 접할 수 있다. "존경할 만한" 시의회는 물론 그것들을 이들에게서 흔히 다시 빼앗았다.(Palacky, a. a. O., III, 2, S. 281 참조)

약성서에 정통하지 않은 여성을 찾아보기가 힘들다." 그리고 다른 문장에서 그는 이렇게 언급한다. "저 악독한 인간 종자는 단 한 가지 좋은 점이 있는데, 이는 교양(literas)을 사랑한다는 것이다."

위에서 언급한 사실 외에도 그들이 자신들에게 가담해온 학식 있는 사람들에게 수공업에 종사하도록 권유했다는 것으로도 입증되는, 학문에 대한 타보르인들의 혐오와 민중교양에 대한 이 관심은 대립하는 것으로 보인다. 그러나 이 모순은 외견상의 것일 뿐이다. 타보르인들이 미워한 것은 하층민중으로부터 유리되어 이들에게 적대적으로 대했던 학식, 착취자들의 꼭두각시였고 귀족계급의 특권이었던 학식, 그리고 그 당시의 생산의 관점에서 일반적 평등과 어울리지 않던 학식이었다. 소농민적, 수공업적 생산은 노동자들이 그들의 계급에서 벗어나지 않고는 높은 학식을 얻는 것이 불가능하도록 너무나 전적으로 노동자들의 기력과 시간을 요구했다. 반면에 모두에게 습득될 수 있던 그런 정도의 교양을 또한 모두에게 습득할 수 있게 하는 것은 바로 평등의 계명이었다.

타보르인들의 학식에 대한 증오는 그 시대의 경제적 후진성에서 나왔다. 그들의 교육열은 그들의 공산주의에서 나왔다. 현대 학교교육학의 아버지로 많이 칭송받는 코멘스키가 보헤미아 형제단의 주교로 타보르파의 계승자였음은 우연이 아니다.

그러나 타보르인들에게는 학교제도보다 더 중요했던 것이 전쟁제도였다. 현존하는 사회 전체에게 아주 맹렬한 전쟁을 선포한 이 작은 공동체는 야전에서 정복되지 않은 상태로 있는 동안에만 존속할 수 있었다. 그들에게는 평화가 없었고, 단 한 번의 휴전도 없었다. 그들의 공동생활체는 지배세력들의 이해와는 너무나도 융화가 불가능했다. 그러나 또한 한 번의 결정적인 승리도 그들은 쟁취해낼 수 없었다. 그들은 적에게 승리할 수 있었지만 적을 제압할 수는 없었다. 왜냐하면 적은 현존하는 생산관계에 뿌리를 두었기 때문이다. 타보르의 공산주의는 이 생산관계에 접붙여질 품종이었으며, 그 시대의 사회의 일반적 형태로 될 수는 없었다.

항구적 전쟁은 타보르인들의 운명이었으며, 그들의 명성이었지만 또한 그들의 숙명이었다. 타보르인들의 전체 조직이 전쟁을 겨냥했다. 그들은 두 종류의 공동체로, 야전(전쟁)공동체와 주거공동체로 나뉘었다. 후자는 집에 머물러 있으면서 자신과 야전공동체를 위해서 일했다. 야전공동체는 전적으로 군사업무에 종사했다. 그들은 항시 무장하고 있었다. 옛 게르만인들처럼 그들은 여자나 어린이를 가리지 않고 함께 적을 향해 나아갔다. 그들은 야만적인 난폭성과 야만적인 맹렬함에서도 옛 게르만인과 경쟁이 되었다. 다양한 공동체들이 서로 교대를 했을 개연성이 있다. 야전에서 돌아온 자들은 수공업에 종사했고, 그때까지의 장인들이 그들을 대신했다. 그랬을 개연성이 있다는 것이다. 왜냐하면 타보르인들에 관한 다른 문제들에서도 그렇지만 여기서도 우리는 유감스럽게도 추측에 의존하기 때문이다. 우리가 타보르인들의 전공(戰功)에 관해서 아주 잘 파악했다고 해도 그들의 내적 제도에 관해서는 보전되어 남아 있는 것이 별로 없어 알지 못한다.

이 야전공동체 제도는 전쟁사적으로 크나큰 의미를 갖게 되었다. 사람들은 통상적으로 상비군의 기원을 중세 말엽 프랑스의 샤를 7세 때로 거슬러 올라간다. 그는 15세기 중엽에 15개의 용병 중대로 상비군 사력을 창설했다. 그러나 사실상 타보르의 야전공동체가 최초의 상비군을 이루었으며, 그들은 용병의 모집(프랑스에서는 아직도 스위스인, 독일인 등 대부분 외국인이 지망한다)이 아니라 일반적인 병역의무에 기반을 두었다는 것도 프랑스에 비하여 장점이었다.

이런 제도에서 타보르인들의 적들에 대한 군사적인 월등한 우월성이 기인했다.

규율과 작전능력은 그 시대의 군대에는 완전히 부족했다. 저 노예들과 용병들, 오늘 소집되었다가 월급이 밀리거나 아니면 뭔가가 그들의 불만을 일으키면 내일이라도 다시 흩어질 오합지졸인 그들에게서 이런 특성들은 또 어디서 나왔겠는가?

타보르 군대는 옛 로마제국의 몰락 이래 처음으로 단순한 군집이 아니라 적에게 돌진하는 유기체를 이룬 군대였다. 그 군대는 다양한 무장을 갖춘 다양한 지체로 나뉘었으며, 모두가 기술적인 작전, 전투 중의 방향전환 훈련이 잘 되어 있었고, 모두가 중앙으로부터 계획적으로 움직였으며, 그 움직임에서 체계적으로 서로 보조를 맞추었다. 그들은 또한 야전에서 목적에 맞게 궁술을 활용할 줄 알았던 최초의 군대였으며, 끝으로 행진술을 연마한 최초의 군대였다. 그들은 급행군만으로도 적의 느린 군대에 대하여 많은 승리를 거두었다.

이 모든 사항에서 그들은 중세의 군대제도에 비하여 새로운 군대제도의 창조자로서 돋보였다.

다른 분야에서도 그렇지만 군사 분야에서 모든 큰 진보는 사회혁명에 의해 이루어진다는 것, 지난 500년의 가장 위대한 야전사령관은 이 혁명적 진보를 자기 것으로 삼고 최선으로 활용할 줄 알았던 자들인 시슈카와 크롬웰, 나폴레옹이었다는 것을 필시 말할 수 있을 것이다.

타보르인들은 열광과 결사적인 용기를 통해 자신들의 군사적 수완을 더 높였다. 그들에게는 들어선 길에서 타협도 중단도 없었다. 그들에게는 승리 아니면 죽음 외에 다른 선택은 없었다. 그래서 그들은 유럽에서 가장 두려움의 대상인 전사들이 되었고, 그래서 전쟁공포를 일으켜 후스파 혁명을 구원했다. 이는 1793년에 상퀼로트들이 그들의 공포정치로 1789년의 부르주아 혁명을 구원한 것과 비슷했다.

6. 타보르파의 몰락

바츨라프의 사후에 칼리슈니치—후스파 귀족들과 프라하 사람들—는 지기스문트와의 협상에 들어갔다. 그들에게는 황제와 교황이 기본적으로 전체 유럽에 맞서서 투쟁해야 한다는 생각이 불편했다. 그들은 타보르파가 위협적인 강한 세력으로 성장함에 따라 더욱더 타협으로 기울었다. 평신도 성혈배령만이 문제였다면 당연히 타협에 도달했을 것이다. 그러나 더 많은 것, 돈과 교회의 재산이 문제였으며, 이에 관해서 사람들은 의견 일치를 볼 수 없었다. 한쪽 편에 있는 교회와 교회의 종 지기스문트는 다른 쪽 편의 타보르파처럼 비타협적인 태도를 보였다. 사생결판의 투쟁이 일어났으나 그 투쟁에서 칼리슈니치, 교회약탈자들은 어쩔 수 없이 오직 건성으로 타보르파와 힘을 합쳐 싸웠다.

여기는 후스파 전쟁의 역사를 서술할 자리는 아니다. 교황 마르티노 5세가 1420년 3월 1일자 칙령 "*Omnium plasmatoris domini*(만물이 창조자 주님의 것)"에서 전체 기독교 세계를 후스파에 대한 십자군 전쟁에 나서도록 소집한 후, 전리품에 욕심이 난 십자군들이 잇달아 이단을 쳐부수기 위해 어떻게 결성되었는지, 1420년부터 1431년까지 다섯 번의 십자군 전쟁에서 매번 십자군이 어떻게 비참하게 패배했는지, 타보르 군대가 무적의 군대라는 소문이 어떻게 점점 더 퍼져서 결국 미에스(Mies)를 경유한 네 번째 십자군 원정(1427년)과 타우스(Taus, 체코 도 마즐리체의 독일어식 명칭)를 경유한 다섯 번째 십자군 원정(1431년)에서는 어떻게 대군 전체가 후스파들이 근처에 있다는 소식만 듣고서도 극도의 공포에 질려서 적을 보지도 않고서 흩어져버렸는지를 우리는 더 상세히 설명할 수 없다. 우리는 또한 후스파의 십자군에 대항한 전쟁들 중간의 휴전시간에 벌어진 칼리슈니치와 타보르인들 간의 내적 투쟁도 추적할 수 없다.

타우스에서의 위대한 날 후로는 타보르인들에게 맞설 수 있었던 어떠한 적도 더 이상 없어 보였다. 어떤 군대도 감히 외부에서 그들을 향해 진군하지 못했다. 내적으로는 그들의 적, 귀족계층과 몇몇 도시의 세력이 점점 줄어들고 있었다. 타보르파의 공포유발 폭력의 지속은 그들을 완전히 몰락시키겠다는 위협이 되었다.

그러나 그 당시에 승리자의 목표가 경제발전의 목표와 모순된 경우에 군사적 승리로 할 수 있는 것이 얼마나 적은지가 드러났다. 타보르인들의 단 한 번의 결정적인 군사적 패배에 자연스럽게 그들의 멸절이 뒤따랐다는 것이다. 그런데 또한 그들의 승전은 그들을 몰락으로 이끌어간 요소들도 발달시켰다. 그들의 최고의 승리로부터 직접적으로 그들의 몰락이 따라 나온 것이다.

타보르인들이 승승장구할수록 보헤미아에서 그들의 적인 칼리슈니치의 처지가 점점 더 견딜 수 없는 것으로 되어간 것은 자명하다. 가톨릭 신도들의 처지는 말할 것도 없다. 귀족집단은 미미한 존재로 내리눌렸고, 교회재산의 약탈자인 이들이 교회의 소유욕과 복수심을 두려워하지 않았더라면 벌써 오래전에 교회와 화친을 맺었을 터였다. 타우스에서 승전 후에 귀족집단은 특히 유화적인 모습을 나타냈다. 그러나 그러는 가운데 교황과 황제도 그 추종세력과 함께 바로 후스파의 큰 승리에 의하여 교회와 세속의 군주들에게 무른 태도를 갖게 되었다. 그들과 칼리슈니치 간의 밀담과 협상은 완전히 중단된 일이 없었다. 타우스 승전 후에 이는 예전보다 더 열띠게 추진되었으며, 결국 교황 측 교회는 바젤 공의회의 사절 형태로 교회재산의 소유를 교회약탈로 간주하지 않을 것에 동의(1433년)한 후에 일치에 도달했다. 교회는 보헤미아를 취하는 대신 내주었다. 교회는 풍부한 금전적 수단을 가진 요원들을 그곳에 파견하여 새로운 동맹자인 칼리슈니치가 타보르파에 대항할 힘을 얻을 수 있게 해주는 임무를 수행하도록 했다. "이미 수년 전부터 말하자면 무대에서 사라졌던"(Palacky) 귀족들은 황제, 특히 교회가, 그리고 그들의 부가 배후에 있음을 느끼자 다시 용기를 되찾아 회의를 열고 조직을 갖추어 프라하 사람들과 가톨릭교의 교회적 (그러나 그러면서도 상당히 세속적) 수단의 도움으로 잃어버린 세력을 되찾기 시작했다.

그 상황은 에네아 실비오의 《보헤미아사》에 잘 묘사되어 있는데, 여기서 주목할 것은 단지, 시슈카의 사망 후에 가장 유력한 타보르인의 지도자였던 프로콥에게 실비오가 부여한 역할은 완전히 수긍할 수 없다는 것이다. 프로콥은 에네아 실비오가 그에게 있다고 보는 무제한적 권력을 가진 일이 없다. 프로콥의 공포통치에 관한 언급이 되어 있는 것은 모두 타보르인들의 공포통치가 있었던 것으로 이해하는 것이 타당할 것이다. 에네아는 이렇게 설명한다: "보헤미아의 남작들은 자주 회동하여 국왕의 지배를 벗어던진 오류를 인정하고 프로콥의 무거운 멍에를 져야 하는 고충을 느꼈다. 그들은 어떻게 해서 프로콥이 홀로 주인이 되어 나라를 자기 마음대로 쪼개어 다스리고 관세를 올리고 공물과 조세를 부과하고 민중을 군역에 징발하고 군대를 자기가 원하는 곳으로 이끌고 약탈하고 살인하고 자신과 자신의 명령에 대한 어떠한 저항도 용납하지 않고 높은 자들을 낮은 자처럼 자기의 노예와 머슴으로 취급하겠는지를 심사숙고했다. 그들은 또한 끊임없이 전장에 있어서 여름과 겨울에 천막에서 살면서 딱딱한 땅 위에 눕고 언제나 무기를 휴대해야 하며, 그런가 하면 어떤 때에는 집안싸움으로, 어떤 때에는 대외 전쟁으로 지쳐 있고 항상 싸움을 하든지 아니면 불안해하면서 싸움을 각오하는 보헤미아인들보다 하늘 아래 더 불행한 민족이 없다는 것도 헤아렸다. 그들은 언젠가는 소름 끼치는 참주의 멍에를 벗어버리고 또 다른 민족들을 제압한 후에는 프로콥 한 사람까지도 섬기지 않을 날이 있을 것이라고 부연했다. 그들은 영주들과 기사들, 도시들을 일반 국회에 소집하여 그곳에서 왕국 전체의 합목적적인 통치에 관해 심의하도록 할 것을 결정했다. 그들이 국회로 모였을 때 마인하르트 씨는 그들에게 제언하기를, 백성이 게으름에 탐닉하지도 않고 전쟁으로 지치지도 않는 왕국이라면 얼마나 행복하겠는지, 하지만 보헤미아는 이제까지 어떻게 아무 평온을 누리지 못해왔고 그들의 왕국은 끊임없는 전쟁으로 황폐화되어 시의적절한 원조가 없다면 어떻게 곧 무너지겠는지를 말하고, 경작되지 않은 들판이 노는 채로 방치되어 있으며 가축과 사람들이 여기저기서 굶어죽고 있다는 것 등등"을 말하면서 이런 악들은 당연히 귀족계층이 다시 통치하게 됨으로써만 종식될 수 있다고 했다.

타보르인들의 다양한 적이 타보르 사상에 대한 공통의 반대를 넘어선 그들 간의 이익대립을 잊고 하나의 '반동적 무리'로, 타보르 사상에 반대하는 연합으로 결속하는 가운데, 그와 동시에 타보르 당파 내부에서는 그들에게 적들의 음모와 결탁보다 훨씬 더 위협이 되는 변화가 진행되었다.

타보르 출신 공산주의자들은 항상 타보르당이라고 불린 민주적 당파의 일부를 이루었을 뿐이었다. 그들은 민주당파의 가장 정력적이고 가장 비타협적이고 모든 문제에서 가장 전향적이고 군사적으로는 월등하게 최고로 유능한 성분이었다. 그러나 이 당파에 속한 대중은 도시의 소시민들과 농민들로서 그들에게는 공산주의적 강령이 그다지 상관없는 것이었다. 전쟁이 오래 지속될수록 그중에서 이 분자들은 더 고생을 했다.

보헤미아인들이 역시 승승장구했다고 해도 그들은 처음에는 그들 땅에서 적을 몰아내기에는 너무 약했다. 그들은 방어전에서 승리했다. 비교적 나중에 가서야(1427년) 그들은 외국에까지 파괴행위를 몰고 가기에 이르렀다. 이는 그 당시의 전쟁 수행이 수반한 것으로서 가장 핵심적인 부분을 이룬 것은 약탈과 파괴였다. 대체로 오늘날 유럽문명이 아프리카에서 확장되는 것과 같은 방식이었다. 그러나 공세도 보헤미아를 적대적 이웃들의 약탈에서 지켜주지 못했다. 그리고 그와 병행하여 내부에서는 내전이 계속되었다. 보헤미아는 해가 갈수록 더욱더 기력이 고갈되었다. 상업만 고전한 것이 아니라 수공업과 경작도 그러했다. 귀족계층과 부유한 프라하 시민들만이 아니었으며 모든 곳의 소시민들과 농민들도 점점 더 쇠락했다. 깊은 전쟁 피로감과 평화 열망이 사회의 모든 계층에게 생겨났으며, 비타협적인 타보르인들이 평화의 유일한 걸림돌로 갈수록 여겨짐에 따라 그 나라 안에서 그들의 추종세력은 급속히 줄어들었으며 여론은 나날이 그들에게 반대로 돌아섰다. 그래서 작은 무리의 타보르인들이 그 땅에서 권력 입지를 확보해갈 수단도 그만큼 더 날카로워야 했다. 그들과 인구 대중 간의 대립은 점점 더 첨예하게 되었다. 귀족계층이 타보르인들에게 반기를 든 곳에서 귀족계층이 대부분 민중의 지지를 받았다.

그러나 좁은 의미에서의 타보르인들도 더 이상 옛날 타보르인들이 아니었다.

타보르의 운명은 우리에게 큰 관심사이다. 이는 뮐하우젠(Mühlhausen)에서 뮌쩌의 지향과 뮌스터에서 재세례파의 지향이 군사적으로 진압되지 않은 상태로 남았을 경우에 그 운명이 어떠했을지를 우리에게 보여준다.

타보르의 공산주의는 생산양식의 필요가 아니라 오로지 가난한 자들의 필요에 근거를 두었다. 오늘날의 사회민주주의는 생산의 필요와 프롤레타리아 계층의 필요가 같은 방향에 놓여 있다는 데서 그 승리의 확신을 창출해낸다. 그러므로 오늘날 프롤레타리아 계층이 역사 발전의 담지자이다. 15세기에는 달랐다. 가난한 자들의 필요는 공산주의를 향한 추진 노력을 낳았으며, 생산의 필요는 개별 재산을 요구했다. 공산주의는 그리하여 그 당시에 사회의 일반적 형태로 될 수 없었고, 가난한 자들 중에서 공산주의를 향한 필요는 그들이 공산주의를 달성하자마자, 즉 그들이 가난한 자들이기를 멈추자마자 그쳤음이 분명하다. 그러나 그것을 향한 필요와 함께 조만간 공산주의 자체도 중단되었음이 분명하다. 특히 이런 식의 공산주의를 최소한 작은 사회들에 대하여 오랫동안 가능하게 해준 유일한 수단인 개별 가족, 단일혼의 폐지를 포기함에 따라서 그렇게 되었다. 그것은 우리가 살펴본 것처럼 타보르인들이 행했던 것이다. 그들은 아담파들을 박멸한 것이나 다름없었으며, 그와 함께 그들의 공동생활체에서 사유재산제도에 다시 길을 열어주었다. 타보르인들 간에 후생상태, 아니 부가 그들이 행한 끝없는 약탈의 열매로서 빠르게 증대할수록 그것은 그에 특징적인 사고방식인 소유욕과 경쟁심으로 공산주의와 형제애를 더욱 몰아냈다. 생존조건의 평등은 그치지 시작했고, 타보르에서 빈자와 부자가 생겨나기 시작했으며, 부자는 빈자에게 자신의 잉여를 나누어주는 것을 점점 꺼려했다.

이 과정은 외래 요소들의 침입으로 가속화되었다. 하나의 사상에 완전히 몰입하여 자기 생애, 자신의 존재를 걸 준비가 된 자는 그가 그 사상의 번창에 호의적이지 않은 조건에 처하게 되더라도 그렇게 쉽게 그 사상을 배반하지 않는 법이다. 옛 타보르인들은 물론 그들의 신념을 굳게 지켰으며, 그 때문에 예전에 그렇게 많은 박해와 위험을 견디었다.

그러나 여러 해 동안 지속된 전쟁은 그 부담을 주로 타보르인들에게 지워서 그들의 대열에서 무섭게 희생자를 많이 냈음이 분명하다. 군사적으로 이는 눈에 띄지 않았다. 탈락자들은 신속히 보충되었기 때문이다. 타보르는 원근각처 공산주의적 열광자들의 메카가 되었다. 가장 먼 곳의 민족들, 예컨대 영국인들도 타보르에 와 있는 것을 우리는 발견하게 된다. 입회는 크게 까다롭지 않았던 것 같다. 타보르를 방문한 에네아 실비오는 다양한 종파의 무리가 그곳에 평화롭게 같이 사는 것에 놀랐다. "모두가 신념이 일치하지는 않았다"고 그는 설명한다. "각 사람은 타보르에서 자기 마음 내키는 대로 믿을 수 있다. 그곳에는 니콜라파(Nikolaiten), 아드리아파, 마니교도, 아르메니아파, 네스토리우스파, 베렝가르파, 그리고 리용의 빈자들이 있다. 특별히 주목을 받은 것은 로마 권좌의 주적인 발도파이다."

더 걱정스러웠던 것은 타보르가 달성한 다른 방면의 수적 증가였다. 그의 전승의 행운은 수많은 모험적인 사람을 유인했으며, 이들에게는 타보르의 이념은 별 상관이 없었고 오직 명성과 더욱더 많은 전리품을 갈망했을 뿐이었다. 후스파 군대 일반에 관해 팔라츠키는 이렇게 말한다. "갈수록 점점 더 내부의 군사력이 부족해졌다. 농촌 사람들과 소도시의 장인들은 병력동원 소집을 받자마자 이미 몸을 숨기는 일이 흔했으며, 그럼에도 불구하고 소집이 되었다면 그들은 다시 탈영을 했다. 그 때문에 보헤미아 전사들에게는 외국에서 풍부한 대체인력이 물론 제 발로 들어왔다. 폴란드인들과 러시아인들이 이미 몇 년 전부터 보헤미아 진영에 유입되었을 뿐 아니라 독일인 중에서도 모험을 신조보다 우선시하고 고향을 그리워하지 않는 많은 이들이 전쟁의 행운이 만개한 곳으로 몰려들었다. 특히 타보르인들과 고아들의 군대는 이 시기에 (1430년) 이미 상당수가 그런 모든 민족에서 온 '악당'과 '떨거지'로 이루어졌다. 이로써 시슈카가 그의 모든 전사는 진정한 '하느님의 전사'이기를 바라고, 온전하고 솔직하며 미온적이지 않고 믿음에 의심을 품지도 않기를 바란 때에 그가 중시했던 그 성격이 그들에게서 물론 점점 더 상실되었다.[20]

패기와 헌신성, 자발적 규율을 지닌 분자들이 점차 줄어든 것이 분명했어도, 그렇다고 해서 타보르인 군대의 전투능력은 물론 당장은 별로 손상되지 않았다. 그러나 상당히 신뢰를 상실했음이 분명하다. 이 용병들과 같은 이유에서 파산한 귀족계층이 타보르 군대에 들어왔고, 지주들은 어느 정도 타보르인들의 신하가 되어 공물을 바치고, 그들과 같은 편에서 싸움으로써만 여전히 뭔가를 지킬 수가 있었다. 이에 관해서는 에네아 실비오가 재현한 프로콥의 압제에 관한 보헤미아 남작들의 위에서 인용한 탄식을 참조하라.

귀족들이 타보르인들에 맞서 일어나서, 가톨릭교회의 부 덕분에 더 나은 일시적인 조건을 제공하여 용병들을 자신들 주위에 모으기 시작하자 곧 그에 따라 타보르 군대의 여러 부분, 모든 구석구석에서 배신자들이 뛰쳐나왔다.

그래서 또다시 내전이 벌어져서 칼리슈니치와 타보르파가 자웅을 겨루는 싸움을 했을 때 농민들과 시민들에게 버림받았고, 자기 군대의 일부 세력에게 배신당한 타보르파가, 내적인 적대관계는 잊은 채 민주적 당파의 잔당들에 대항하여 강력한 동맹을 맺은 적들에게 패배한 것을 이해할 수 있다. 이들 타보르파는, 하나의 공산주의적 자치공동체—

---

[20] A. a. O., III, 2, S. 500.

단지 상상 속에서 그랬다는 것이지 더 이상 현실에서는 공산주의적이 아닌 자치공동체에—에 아직 충성을 버리지 않았으며 이는 대부분 자기의 충동으로 그랬다기보다는 부득이 그럴 수밖에 없었던 것이다.

보헤미아의 브로트(Brod) 근처 리판(Lipan) 마을 인근에서 1434년 5월 30일에 결전이 벌어졌다. 귀족 당파가 우세를 점했다. 그들에게는 25,000명의 무장병력이 있었던 반면에 타보르인들은 18,000명이었다. 전투는 오랫동안 결판이 나지 않은 채로 이리저리 오락가락했으나 결국 승리는 귀족들 편으로 기울었다. 물론 그들의 전술과 용맹성 때문이라기보다는 타보르의 기병대 사령관 요한 차펙(Čapek) 장군의 배신 때문이었다. 그는 전투 중에 적을 베는 대신 자기 사람들과 함께 도주했다. 관용 없는 무시무시한 살육이 시작되었다. (18,000명 중!) 13,000명의 타보르 전사가 도살당해야 했다. 이런 무서운 패배로 타보르인들의 세력은 영영 깨어졌다.

타보르는 보헤미아 지배를 중단했다. 민중세력은 패배했고 귀족들은 프라하의 명망가들과 연합하여 그 나라에 대한 착취를 새로이 제도화할 수 있었다. 국왕과 그의 '충직한 신하들' 간에 각자가 상대방이 자신에게 사기를 치는 것이 아닌지 두려워했고, 또 그 의구심은 정당한 것이었는데 이들 간의 끝없는 협상에 따라 지기스문트는 일반 대사면을 윤허했고, 또 파괴되고 약탈된 교회재산과 관련해서는 각 사람의 영주와 각 공동체에 그들이 좋게 판단하는 대로 결정하도록 맡긴 후에 마침내 그가 국왕으로 인정을 받았다(1436년).

타보르인들의 세력은 리판 전투에서 깨어졌으나 완전히 멸절하지 않았다. 그들은 한동안 더 투쟁을 계속했지만, 점점 더 힘이 빠지고 싸움에 승산이 없었다. 그리고 1436년에는 지기스문트로부터 최소한 그들 도시의 독립을 보장해준 협정을 받아내서 기뻐했다.

타보르는 이런 상태로 1450년대 초반까지 남아 있었다. 그 당시에 에네아 실비오는 그 도시를 방문하여 카르바할(Carvajal) 추기경에게 보낸 편지에서 그에 관해 보고했다. 이는 우리에게 보전되어 오는 타보르인들의 내부 상황에 관한 증인들의 얼마 안 되는 전언 중 하나이다. 에네아의 보고서에서 약간의 특색 있는 문장들을 여기서 인용할 것이다. 그것들은 타보르 공동생활체의 특색을 아주 잘 그려준다. 에네아는 타보르에 있는 집들이 목재나 점토로 되어 있고 어떤 질서도 없이 뒤죽박죽 세워져 있다고 말한다. "그 사람들은 수많은 값나가는 가재도구와 드물게 큰 부를 소유하고 있습니다. 왜냐하면 어떤 곳에 그들은 여러 민족의 전리품을 모아놓았기 때문입니다. 그들은 한때 모든 일에서 교회의 방식에 따라서 살기를 원하여 모든 것을 공유했습니다. 그들은 서로 간에 형제라고 불렀고 한 사람에게 없는 것이 있으면, 그것을 다른 사람에게서 얻었습니다. 그러나 지금은 각자 자신을 위해서 살며, 어떤 이들은 굶주리는 데 다른 이들은 포식을 합니다(*alius quidem esurit, alius autem ebrius est*). 이웃 사랑의 불꽃은 짧았고 (사도공동체) 모방도 얼마 가지 않았습니다. … 타보르인들은 외국인의 재산을 약탈했고 그들이 무력으로 긁어모은 것은 모두 공유재산이 되었습니다(*haec tantum in commune dederunt*). 그러나 그들은 그것을 지키지 못했습니다. 본성이 우위를 차지했고, 이미 모두는 소유욕에 빠졌습니다. 그리고 그들은 유약해져 있고 이웃을 두려워하여 약탈을 할 수가 없어서 상업이윤(*lucirs inhiant mercaturae*)에 혈안이 되어 있고, 천한 직업에 종사합니다. 그 도시에는 칼을 찰 수 있는 남자가 4,000명이 살지만, 이들은 장인들이 되어 있어서 대부분이 양모직조업으로 살아갑니다(*lana ac tela ex magna parte victum quaerentes*). 그래서 그들은 전쟁에는 쓸모없는 사람들로 통합니다."[21]

타보르인들의 상당수가 모직업자였다는 것은 주목할 만하다.

에네아 실비오는 1451년에 타보르를 방문했다. 그의 묘사에 따르면, 그 도시의 전투력은 완전히 소멸했고 그들의 공산주의도 마찬가지였다. 그러나 그들의 혁명적 과거의 잔해도 보헤미아의 권력자들에게는 아직 위험해 보였다. 에네아 실비오가 타보르를 방문한 뒤 1년이 지나 보헤미아의 도백(道伯) 이르지 스 포데브라트(Jiří z Poděbrad, 독일어식으로는 Georg von Podiebrad)는 타보르 앞에 와서 타보르파 사제 전원을 인도해달라고 요구했다. 3일 후에 벌써 타보르는 항복했고 사제들을 넘겨주었다. 이들은 '전향'하지 않았던 한에서는 죽을 때까지 감옥에 있었다. 타보르 공화국의 특수 지위, 그리고 일체의 독립성은 끝이 났다.

한때 그토록 자부심이 높았던 공산주의적 공동체, 유럽의 절반이 그 앞에서 떨던 그 공동생활체의 이런 비참한 종말을 볼 때는 타보르가 도시의 노약자의 비참함 속에서 앓아 여위어가는 것이 아니라 그 공산주의적 청춘의 광채 속에 있는 뮌스터처럼 몰락했으면 하는 바람을 억누를 길이 없다.

타보르의 몰락과 함께 보헤미아에서 민주주의의 마지막 자유로운 터전이 제거되었다.

여러 가지 점에서 자꼬뱅파의 운명과 유비관계를 보여주는 타보르인들의 운명은 그들이 주저함 없는 영웅적 행동으로 혁명을 구해낸 자들이었다는 점, 그러나 자신을 위해서가 아니라 거대한 혁명의 착취자들을 위해서 그렇게 한 자들이었다는 점에서도 자꼬뱅파의 운명을 닮았다. 프랑스에서는 19세기의 문턱에서 대자본가와 대산업기사들을

---

21 Äneas Sylvius Piccolomini, *Opera omnia*, S. 662.

위해서였고, 15세기의 보헤미아에서는 상층귀족을 위해서였다. 국가와 사회에서는 이들 상층귀족에게 거의 무제한의 지배권이 돌아갔다. 소 귀족계층은 후스파 전쟁에서 아무것도 얻은 것이 없었다. 이들은 자신들의 몰락을 막지 못했고 오히려 재촉했다. 교회재산에서 큰 몫을 차지했던 상층귀족은 또한 하층귀족의 본거지를 사 모아서 그들의 희생으로 치부를 했다.

그러나 전쟁의 결과로 고통을 겪은 것은 무엇보다도 농민과 소시민이었다. 땅의 고갈과 인구수의 감소는 농민과 소시민의 저항을 심대하게 억누르던 것인데, 이는 동시에 지주들에게는 지세 납부의무를 진 소시민에 대한 요구, 그러나 특히 농민층에 대한 요구를 최고로 높이게 하는 자극제가 되었다. 대지주들은 또한 주의회에서 이들 소시민의 대표권을 축소시키려는 시도도 했다. 그들에게 지운 부담은 점점 더 무거워졌고 부당한 처우를 당한 농민들이 여기저기서 감행한 저항과 봉기의 미약한 시도는 쉽게 진압되었다. 그러나 농민에 대한 요구를 높였는데도 불구하고 그 노동력이 넉넉해질 낌새가 보이지 않는 경우에 라티푼디움 소유자들은 경작 대신에 약간의 인력 노동만을 필요로 하고 그 확장이 여기저기서 농민의 부족을 극복해줄 뿐 아니라 농민을 오히려 그들의 터전에서 쫓아내는 결과를 가져온 다른 사업 분야에 착수하여 명맥을 이어갔다. 영국에서는 노동자 부족이 물론 보헤미아에서와는 다른 이유에서 비롯되었는데, 이는 축산업, 양 사육을 향한 크나큰 촉발요인을 제공했으며, 이런 산업은 결국 크게 확장되어 영국에서 농민을 수탈하고 대량의 프롤레타리아 계층을 발생시킨 주요 수단이 되었다. 비슷하지만 그렇게 중요하지는 않은 역할을 보헤미아의 여러 지역에서는 라티푼디움 주인들이 설치한 양어장이 담당했다. 영국에서 농민들이 양에게 잡아먹혔다면, 보헤미아에서는 잉어에게 잡아먹혔다.

팔라츠키는 15세기 후반기에 보헤미아에서의 기사계층과 농민 간의 관계 전개에 관한 주목할 만한 증언인, 1493년부터 1497년까지 왕국의 부도백이었던 브세흘트(Wšehrd)라는 사람의 보고문을 인용한다. 그는 보헤미아의 법률과 재판, 법무등록부(Landtafel)에 관하여 아홉 권의 책을 발간했다. 그중에 다음과 같은 글이 있다: "한때 까마득한 옛날에 모든 지역에는 시종은 아니지만 수행원들이 있어서 그들은 지주와 체마네(기사), 소작인의 모든 주소지를 잘 알고 있었다. 그리고 땅은 아직 인구가 밀집해 있고, 체마네의 거주지를 아직 사 모으고 파괴하는 습성이 없었고 따라서 그들의 성은 폐허화되지 않았고, 양어장 설치로 마을과 경작지, 목초지가 사라진 것도 아니었으므로 셀 수도 없는 큰 무리의 체마네와 촌민에게는 누군가를 법정으로 소환할 임무는 갖지 않으나 법정에 소환되어야 할 자의 주소지를 시종에게 가르쳐주고 시종을 그곳까지 인도할 임무를 띤 수행원이 있었다. 시종을 인도하기 때문에 동행인(Gleitsmänner)이라고도 불렀다. 그러나 그때 땅의 거의 1/3이 전쟁과 전염병으로 황폐화되고 또 모든 구역에서 체마네 터전의 엄청난 수가 멸절되고 파괴되었으며, 칼과 불과 역병을 면한 것 대부분이 양어장의 설치로 황폐하게 되었으므로 어떤 동행인도 더 이상은 필요가 없었다." 운운.(Bei Palacky, a. a. O., IV, 1, S. 528, 529)

15세기 초에 보헤미아에서 농노제는 거의 완전히 사라졌다. 그 세기의 말에 농노신분은 벌써 다시 농민층의 일반적 상태가 되었다.

후스파 전쟁이 이에 대하여 책임이 있다고 보는 것은 우습다. 사회 발전의 방향은 그것이 평화적인 방식으로 이루어지느냐 아니면 무력투쟁 중에 이루어지느냐에 좌우되지 않는다. 그것은 생산양식의 진행과 필요에 의해 자연적 · 필연적으로 정해진다. 무력 혁명투쟁의 결과가 혁명투쟁가들의 의도와 부합하지 않는다면, 이는 오직 그 의도가 생산양식의 필요와 상충한다는 것을 입증해줄 뿐이다. 무력 혁명투쟁은 사회발전의 방향을 정해줄 수 없으며, 일정한 상황하에서 그 템포를 빠르게 할 수 있을 뿐이다. 그러나 그럼으로써 또한 물론 패배하는 자들에게 끼치는 해악을 날카롭게 만들 수 있다. 후스파 전쟁도 그랬다. 유럽 전역에서 15세기부터 어떤 나라에서는 일찍, 어떤 나라에서는 늦게 농민 상황의 악화가 시작된다. 보헤미아가 그 경제적 후진성에도 불구하고 이런 현상들이 등장한 첫 번째 부류의 나라에 속하며 그곳에서 과정이 가장 빠르게 이루어지는 것, 이는 물론 후스파 전쟁의 과실이다. 그 전쟁이 없었다면 결정적인 전환은 아마도 한 세기가 지나 독일 농민전쟁 이후에야 생겨났을 것이다.

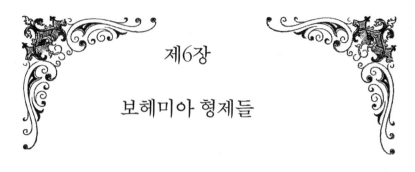

제6장

보헤미아 형제들

타보르는 몰락했지만 흔적도 없이 사라진 것은 아니다. 이 공산주의적 전쟁국가는 매우 광채가 나는 활약을 했고 그 활약은 그 시대의 사회적 상황, 그 나라의 전복 후에도 중단되지 않았다. 그뿐 아니라 더욱 첨예하게 드러난 상황에 아주 깊이 뿌리를 박고 있었기 때문에 그 활약의 토대가 된 관념들은 비록 변화된 처지에 적응한 다른 형태에서이기는 하지만 계속되지 못할 형편은 아니었다.

타보르의 두 종파는 그 몰락을 넘어서서 같은 뿌리에서 나오고 심지어 명칭도 같이 썼던—둘다 보헤미아 형제들이라 불렀다—그러나 있을 수 있는 가장 첨예한 대립을 보인 두 조직으로 이어졌다. 그중 한 종파는 호전적 측면을 계속 이어갔고, 다른 한 종파는 공산주의적 측면을 계속 이어갔다.

우리는 외국의 전사들이 단지 그들의 전운과 그들의 전리품에서 한 몫을 차지하려고 타보르인에게 어떻게 다가갔는지 살펴보았다. 다른 한편 계속된 전쟁에서 타보르인들 스스로가 광포해져서 그들 중 다수에게 결국 전리품이나 봉급을 위한 전쟁 수행이 자체적인 목적으로 되었다.

타보르의 패배 후에 이 분자들은 보헤미아에서는 더 이상 활동무대를 찾을 수가 없어서 일부는 개별 용병으로, 일부는 이곳저곳에 용역을 해주는 공고하게 조직된 전투부대로서 고용살이를 하러 외국으로 진출했다. 그런 식의 부대는 그 당시에 이례적인 것은 아니었지만, 용병들을 모아서 처음부터 그 우두머리가 된 것은 보통은 유명한 장군이었다. 이런 독재적 방식으로 조직된 단체와 대비하여 보헤미아의 형제부대는 타보르식으로 민주적으로 조직되었다.

특히 헝가리에서, 그러나 또한 폴란드에서도 이런 부대는 상당 기간 동안 큰 역할을 했다. 16세기 초에 우크라이나에서 부상한 코자크인들은 그들의 본보기를 따라서 조직을 구성한 것 같다.

그러나 보헤미아 사회에 남은 다른 종류의 보헤미아 형제들이 훨씬 더 비중이 있었다.

우리는 중세의 공산주의자들이 일반적으로 평화애호적이었으며 무력을 싫어했다는 것을 이미 살펴보았다.(285쪽) 이는 기독교의 전통에 부합하는 것만큼 그 시대의 무산자들의 무기력함과도 부합했다. 그러나 보헤미아에서 후스파 혁명이 시작되고 옛 권위들이 무너지고 하층 민중계급이 봉기에 성공하여 일어남에 따라 다수의 공산주의자들도 이에 휩쓸렸으며 일단 폭력혁명으로 접어들자 현실의 논리가 필연적으로 그들을 민주적 봉기의 선두로 몰아갔고 그들은 봉기의 가장 앞서가는 분자들을 이루었다.

한편, 전쟁과 어떠한 무력, 어떠한 강제도 정죄한 평화애호적 지향은 타보르 집단의 눈부신 승리 중에도 완전히 끊이지는 않았다. 그들의 가장 탁월한 대표자는 헬치스키(Peter von Chelčic, Peter Chelčicky)였다. 대략 1390년경에 태어났고 영락한 기사였을 개연성이 있는 그는 타보르의 도시 중 하나인 보드나니(Wodnian) 옆의 헬치체 마을로 물러나 조용히 살면서(410쪽) 그곳에서 일반의 주목을 불러일으킨 일련의 글들을 펴냈다. 이미 1420년에 그는 종교적인 일에서는 어떠한 무력도 사용해서는 안 된다고 주장했다. 이런 신념은 혁명전쟁 중에 그에게 확고해졌다. 그는 그 전쟁을 모든 악 중에서도 가장 소름끼치는 악이라고 낙인찍었다. 전사들이 살인자나 학살자보다 조그만큼도 나을 것이 없다는 것이다. 그는 한때 이렇게 썼다. "그렇다면 여러분은 어떤 종류의 기사가 전쟁을 수행할 권리가 있다고 생각하는가? 머리가 어깨까지 덮고 아주 짧은 저고리를 입어서 그것으로 엉덩이도 가리지 못하는 도시와 성 안에 사는 저 멋쟁이들인가? 그들만이 전쟁을 수행할 권리를 가진다면, 전장에서 시민과 농민들이 하는 것은 무엇인가? … 사실상 국왕도 제후도 영주도 지극히 가련한 귀족도 단독으로 전쟁을 수행하지 않고 그들 모두가 농민을 그리로 내몰아서 모든 사람이 살인과 악행을 저지르도록 안내한다."(Zitiert bei Palacky, a. a. O., IV, 1, S. 478, 479)

헬치스키는 평등공산주의자이다. 원시 기독교적 의미에서 그렇다. 그러나 전쟁을 통해서도 국가의 강제를 통해서도 사회의 일반적 평등이 강요되어서는 안 되며, 그것은 국가와 사회가 모르게 실현되어야 한다. 참된 신자는 국가에 대해 어떤 관여도 해서는 안 된다. 국가는 죄스러운 것이고 이교도적인 것이기 때문이다. 사회적 불평등, 재산, 신분, 지위는 국가에 의해 만들어지며 국가가 사라져야만 없어질 수 있다. 그러나 국가를 폐지할 유일한 기독교적 방법은 국가를 무시하는 데 있다. 참된 신자에게는 국가의 관직을 맡는 것이 금지될 뿐 아니라 국가 공권력에 호소하는 것도 금지된다. 경찰과 재판정은 그를 위해 존재하지 않는다. 참된 기독교인은 스스로 선을 위해 노력해야 하며, 다른 이들에게 선을 강요해서는 안 된다. 하느님은 자발적인 선행을 요구하기 때문이다. 일체의 강제는 악에서 오는 것이다.

현존하는 국가에서, 그리고 현존하는 사회에서 참된 기독교인에게는 명령하고 지배하는 것이 아니라 두려워하고 섬기기만 하는 최하층 말고는 어떠한 있을 자리도 없다. 모든 지배, 모든 계급 형성은 형제애와 평등의 계명에 저촉된다. 기독교인은 지배를 해서 안 되는 것처럼 착취를 해서도 안 된다. 그래서 그에게는 어떠한 상업도 금지된다. 왜냐하면 이는 필연적으로 기만과 결부되기 때문이다. 상업의 본거지인 도시들은 악에서 나온 것이다. 카인이 도시들을 발명했다. 그는 삶의 원초적 소박함을 술수로 바꾸었다. 옛날에 사람들은 재어보거나 가늠하지 않은 채로 교환을 했었는데 그가 도량형을 발명한 것이다. 그러나 가장 타락하고 저주받을 것은 귀족계층이다.[1]

이런 무정부주의적이나마 평화애호적인 공산주의는 전쟁피로가 커갈수록, 하층계급에서 타보르 체제가 인심을 잃어갈수록 더 많은 추종자들을 얻었다.

보헤미아에서 타보르의 몰락 후에 생겨난, 일부는 흩어진 타보르 분자들로 이루어진 공산주의 종파들 중에서 헬치스키의 추종자들, 헬치스키파 형제들이 가장 세력이 커졌다.

페트르(Petr)의 제자들 중에서 특히 그레고르(Gregor) 형제가 두드러졌다. 귀족이었지만 너무 가난해서 직물재단 수공업으로 먹고 살아야 했다. 옛 타보르인들이 타보르 사상이 유지되었던 지역인 젠프텐베르크(Senftenberg) 인근 쿤발트(Kunwald) 마을에 정착촌을 건설했을 때

---

[1] 이에 관해서는 다음을 참조하라. Jaroslav Goll, *Quellen und Untersuchungen zur Geschichte der Böhmischen Brüder*, II, Peter Chelćicky und seine Lehre, Prag 1882.

그들은 그레고르를 그들의 수령이자 조직자로 1457년에 선택했다. 그 정착자들, 형제들이 헬치스키(Chelčicky)의 가르침을 받아들이고 매사에 그에 따라 살아갔던 것은 주로 그의 영향이었다.

보헤미아 형제들의 원래의 조직은 결코 완전히 명확하지는 않다. 후일의 형제들은 그들의 공산주의적 기원을 수치로 여겨 이를 가능한 한 모호하게 만들려고 했기 때문이다. 그러나 후일의 보헤미아 형제단 조직에서 출발하면, 이 조직을 조명하는 데는 그 계승자인 헤른후터파의 유명한 조직을 관련하여 볼 수 있다. 헤른후터파가 생겨나게 된 원인인 내부의 투쟁을 관찰해본다면 다음과 같은 그림이 그려진다.[2]

자명한 것이겠지만 형제공동체의 모든 구성원에게는 군복무, 국가 또는 자치공동체 관직의 취임에 의한 국가행정 참여와 함께 국가에 청원하는 것, 소송의 제기가 엄격히 금지되었다. 완벽한 평등이 공동체 내에서 지배했던 듯하고, 가난한 자도 부자도 없었던 것 같다. 모든 종류의 착취의 교사(教唆)는 금지되었다. 모든 부자 또는 특권층에 속하는 자는 입회를 허락받기 전에 그의 재산과 특권을 내놓아야 했다. 상업과 이자를 받는 자본 대출, 식당업과 숙박업을 '형제'는 영위해서는 안 되었다. 다른 한편으로, 모든 개인은 공동체도 마찬가지로 곤궁에 빠진 모든 형제를 도와줄 의무가 있었다.

사유재산과 개별 가족은 금지되지 않았다. 공산주의는 가족에 비하

---

2 후일의 보헤미아 형제단 조직은 이미 앞에서 언급한 J. A. Comenius의 "Kirchenge-schichte der Böhmischen Brüder", 1609년의 그들의 교회제도, 그들이 1535년에 페르디난트 국왕에게 제출한 신앙고백에서 잘 알 수 있다(이 셋은 모두 "J. J. Enderes 국왕이 특권을 부여한 서적 및 논쟁서 상인"에 의해 1739년 출간된 Comenius, Schwabach의 독일어판 《보헤미아 형제들의 간추린 교회사》(*Kurzgefaßten Kirchenhistorie der Böhmischen Brüder*에 포함되어 있다). 이 조직으로 이끈 투쟁들은 A. Gindely의 보헤미아 형제들의 역사(*Geschichte der Böhmischen Brüder*, Prag 1857, 2 Bände)에 상세히 묘사되어 있다.

여 형제애, 동지와의 기꺼운 나눔의 강조에서, 그리고 사람 위에 사람 없고 사람 밑에 사람 없는 평등의 유지를 향한 노력에서 주로 나타났다. 그러나 이는 사유재산의 유지 조건에서는, 극히 엄격한 규율이 지배하고 또 그 규율이 사회생활 전체에 미치는 경우에만 가능했다. 가족생활의 가장 친밀한 관계들도 여기서 면제되지 않았다.

사제들과 원로들은 양자 모두 자치공동체에서 선출된 자들로서 일체의 강제를 비기독교적이고 이교도적인 것으로 비난한 페트르의 무정부주의적 이론과는 이상한 대립을 이루면서 징계권을 행사했다. 이 징계권은 현대인에게는 견딜 수 없는 것으로 여겨졌을 것이며, 보헤미아 형제단에게서 우리가 이미 대체로 중세 공산주의의 특징으로 묘사한 저 어둡고 위선적인 정신이 특별히 확연하게 나타날수록 더욱 견딜 수 없는 것이었을 터이다. 물론 이 특성은 후스파 전쟁이 가져온 비참함과 말도 못하는 곤경의 결과였다.

모든 놀이와 춤은 악마가 신자들에게 놓은 덫으로서 금지되었다. 생활하기, 일하기, 조용히 견디기가 현세에서 신실한 기독교인에게 의무로 주어진 것으로 유일했다. 그들은 이미 일요일을 완전히 청교도적으로 지냈다.

사유재산과 개별 가족도 금지되지는 않았지만, 결혼하지 않은 신분이 더 고귀하고 더 거룩한 것으로 통했다. 성직자계층에게는 무산 상태와 독신이 규정되었다. 결혼하지 않은 사람들은 형제의 집, 자매의 집으로 성별로 나누어서 살았으며, 그곳에서 그들은 공동으로 노동하고 생활했다. 우리는 이런 집들을 베가르트 회당의 예에 따라 상상하면 된다.

타보르인들처럼 보헤미아 형제들은 지식인에 대해서는 거들떠보려고도 하지 않았다. 그들에게 지식인은 특권층의 하나로 통했다. 그레고르 형제는 죽을 때까지(1473년) 공동체에게 지식인을 경계하라고 경고했다. 반면에 그들은 타보르인들처럼 견실한 민중학교에 많이 집착했다. 서적 인쇄의 민주적 기술이 생겨난 뒤에 그들은 곧 이 기술을 아주 열심히 습득했다. 긴델리(Gindely, a. a. O., I, S. 39)는 이렇게 말한다. "물론 형제들만큼 자신의 변호를 위한 글을 세상에 많이 내보낸 기독교 종파도 드물다." 그 시초부터 코멘스키의 사망(1670년) 후 그들이 거의 완전히 몰락할 때까지 같은 시대의 다른 보헤미아 문학 전체의 산물의 수보다 그들의 글의 수가 훨씬 더 많았다. 그들은 또한 성서를 모국어로 (베네치아에서) 인쇄한 최초의 사람들로도 유명하여 보헤미아는 이 점에서 다른 민족들을 앞섰다.[3] 16세기 초에 보헤미아에는 다섯 곳의 서적 인쇄업소가 있었다. 플젠(Pilsen)에 있는 가톨릭업소 하나, 프라하에 우트라크파 인쇄업소 하나, 그리고 믈라다볼레슬라프(독일식으로는 융분츨라우Jungbunzlau)와 리토미슐(Leitomischl), 빌라 보다(독일식으로는 Weißwasser)에 보헤미아 형제들에게 속한 세 곳의 인쇄업소가 있었다. 이 세 곳조차 그들에게 언제나 충분하지 않았으며, 그들은 이따금 뉘른베르크에서도 인쇄를 시켰다.

독특한 규정이긴 하지만 어떤 공동체 구성원도 그 공동체의 승인 없이 책을 쓰거나 출판하지 못한다는 규정은 그들의 엄격한 규율에 완전히 부합했다. 그들의 교회 규정에는 "다른 사람들이 그 책을 검사하고 일반적인 찬성으로 승인받지 않는다면 아무도 우리에게서 책을 출판할 허가를 얻지 못한다"고 한다.[4]

1571년에 보헤미아 형제단을 방문한 폴란드인 요한네스 라지츠키(Lasitski)는 그의 저서 《보헤미아 형제들의 기원과 행적에 관하여》(De

---

[3] Comenius, a. a. O., S. 57.
[4] Comenius, a. a. O., S. 296.

origine et rebus gestis fratrum Bobemorum)에서 그들의 서적생산에 관하여 이렇게 적고 있다. "그 일에 선택되고 임명된 여러 명의 원로와 교회 직원에 의해 사전에 검토 받지 않은 것은 아무것도 출판되지 않았다. … 또한 어떤 것도 어느 사람 단독으로 출판하지 않는 관습이 있었다. (특별한 이유에서 그런 일이 있을 경우를 제외하고) 각각의 출판물은 전체 공동체의 이름으로 발간되어 이로써 정신적인 몸의 한 지체는 다른 지체와 똑같이 명예를 얻게 되고 이를 통해서 책 집필자들의 마음을 통상적으로 간질이는 허망한 명예욕에 모든 기회를 차단하게 될 것이지만 글 자체는 더 한층 무게와 명성을 얻게 될 것이다."[5]

그럼에도 엄청난 문필적 생산력이었다!

타보르적인 많은 것을 지녔고 옛날의 타보르 분자들을 자신 안에 담았던 새로운 공동체가 그 평화애호적이고 겸손한 성격에도 불구하고 권력자들에게 다분히 수상하고 위험하게 보였다는 것은 놀라울 것이 없다. 이미 1461년에 우리가 앞서 타보르 독립의 말살자로 알아본 이르지 스 포데브라트(Georg von Podiebrad) 치하에서 그들에 대한 심한 박해가 닥쳤다. 1452년에 아직 섭정자였던 그는 1458년에 국왕 라디슬라프(Ladislav)의 사망 후 보헤미아 국왕으로 선출되었다. 그의 첫 번째 행정조치들 중 하나는 보헤미아 형제들에 대한 박해였다. 그 지도자들, 그레고르 형제와 그밖의 사람들은 투옥되었다. 쿤발트에 있는 자치공동체는 풍비박산 났고 그 구성원들은 쫓겨났으며, 모든 집회는 금지되었다.

코멘스키는 이렇게 서술한다. "도처에서 형제들을 향해 명령된 이 강력한 종교재판을 통하여 그들 중 대부분이, 특히 그들 중 유력한 자

---

[5] Zitiert bei Comenius, a. a. O., S. 296.

들이 산과 숲으로 흩어졌고 굴속에서 연명했다. 물론 그곳에서도 한
번도 안심하지 못했다. 그들은 그런 데서 꼭 필요한 것을 조리하기 위
해서 위험에 처하지 않고서 불을 피우려면 밤이 아닌 다른 시간에 할
수가 없었다. 피어오르는 연기로 발각될 염려가 있었던 것이다. 그리
고 그들은 강추위 속에 불 주위에 둘러앉아 성서 읽기와 경건한 대화로
시간을 보냈다. 그때 그들이 깊은 눈 속에서 식량을 마련하러 나와야
했을 경우 그들은 모두 한 번 찍힌 발자국을 밟고 갔고 마지막 사람은
전나무 가지로 뒤를 쓸어서 발자국들을 다시 눈으로 채워 그들이 그것
때문에 포착되지 않게 했다. 그리고 그것은 나무 한 짐을 끌고 지나간
농부의 발자국같이 보였다. 이런 동굴 속 생활로 인해 그들은 적들에 의
해 놀림으로 얌니치(Jamnici), 즉 굴 속 거주자라고 이름이 붙여졌다."[6]

'얌니치'라는 표현은 이 박해의 시대에 처음 생겨난 것일까? 서부 독
일에서는 이미 14세기에 베가르트 종파들이 그들 집회의 은밀성 때문
에 (숨바꼭질에서) '숨는 사람'(Winkler)이란 별명을 달고 다녔고, 동부 독일
에서는 '굴속에서 사는 자'(Grubenheimer)란 명칭으로 불렸다. 'Jamnici'
라는 단어(체코어 Jáma, 갱, 굴에서 유래)는 그것의 번역이며, 필시 보헤미
아 형제들 중에서 베가르트의 전통이 유력했음을 암시해주는 듯하다.
민중은 그들을 그냥 얌니치라고만 부르지 않고 '피카르드파'(Pikarden)
라고도 불렀다.

최초의 박해는 포데브라트의 죽음과 함께 1471년에 비로소 끝났다.

그 후에도 형제들은 때때로 박해를 겪어야 했지만 일반적으로 이는
그들에게 조그마한 피해를 주었을 뿐이다. 그 당시에 국가공권력은 보
헤미아에서는 아직 약했으며, 몇몇 영주와 도시는 형제들에게 오히려

---

[6] Comenius, a. a. O., S. 45, 46.

적극적인 보호자가 되었다. 왜냐하면 똑똑한 사람들은 일찍이 이 종파의 국가 적대(敵對)와 평등 추구가 얼마나 무해한지, 그들이 근면과 포기, 인내의 설교를 통해 제공해준 착취 재료가 얼마나 훌륭했는지를 알아봤기 때문이다.

그 공동체가 최초의 고달픈 박해 중에도 급속히 성장한 것은 조금도 이 보호 덕택으로 돌려서는 안 된다. 개종자들을 얻은 것은 오히려 그들이 타보르인들과 완전히 같은 생각을 하면서도 그 시대의 나머지 교회 조직의 정신과는 모순되게 신앙 문제에서 크나큰 관용을 공표했기 때문이다. 형제공동체는 다른 교회조직들처럼 통치기구가 아니었으므로 그렇게 할 수 있었다. 이미 1464년에 라이헤나우(Reichenau)의 산간에서 열린 최초의 형제대회에는 그 대표들이 보헤미아에서만이 아니라 또한 모라바에서도 참가하기 위해 방문했는데 그 대회에서는 사회조직 문제가 주된 문제이고 신앙 문제는 둘째라고 선언했다. 그리고 이런 원칙을 그들은 항상 고수했다. 그들은 이 점에서 믿음이 구원을 해주고 행위가 구원해주지 않는다는 나중에 나온 루터의 가르침과 첨예한 대립을 이루었다.

이러한 관용 덕택에 그들은 수많은 인근의 조합들과 자치공동체를 끌어들이는 데 성공했다. 그럴수록 그들은 실제의 차별이 존재하던 곳에서 더욱더 강력했다. 1467년 라호타(Lhota)에서 열린 두 번째 대회는 현대식으로 말해서 라이헤나우 대회가 그들의 강령을 확정한 후에 최종적인 조직을 만들었으며, 연맹 제안을 하기 위해서 아담파 잔당의 대의원도 나타났다. 그러나 그들은 거부당했다. 아담파 공산주의는 형제들보다 너무 앞서 나갔다. 자신의 '오류'를 고백한 후에야 개별 자격으로만 아담파의 입회가 허락되었다.

다른 한편으로 발도파와의 연합 교섭도 무산되었다. 그들은 이미 너무 기회주의적이고 부르주아적으로 되었기 때문이다. "우리는 발도파의 사제들과 많이 이야기했다"고 그레고르 형제는 그의 논문("인간은 로마교회에 맞서서 어떻게 행동해야 하는가")에서 보도한다. "특히 (발도파 사제들이 박해로부터 몸을 피하기 위해서 관습적으로 행했던 것처럼 - K.K.) 로마식으로 예배행위를 수행하는 데 한 번도 열중하지 않던 스테판 사제와 많은 이야기를 나눴다. 그는 독일인들 중에서 비밀리에 발도파에게 가서 직무를 수행했다. 그 때문에 그는 나중에 화형을 당했다. 그는 그들에게서 그리스도의 신앙과 기독교적 생활에 저촉되는 것으로 인식될 모든 것을 개선하고 그것을 사도적 문서에 맞게 초대교회에서 한때 그랬던 것같이 제도화하겠다고 나섰다. 우리는 준비되어 있었고 실제로 그것을 실천하기를 원했다. 단지 그들이 로마교회의 서품(敍品)을 받은 사제들과 친했기 때문에 그 사제들에게 속마음을 털어놓았고, 그 사제들은 그것을 금했다." 그래서 아무런 연합도 이루어지지 않았다. 그레고르는 계속하여 설명한다. "몇 사람의 발도파는 그들이 자신들의 최초의 조상들의 길에서 벗어났음을 인정했다. 또한 그들에게는 이런 수치스러운 일이 발견되었다. 사람들로부터 돈을 받고 부를 모으고 가난한 자들을 불쌍히 여기지 않는 것이었다. 사제가 세속의 재산, 심지어 자기 자신의 부모에게서 상속받은 재산도 자선에 사용해야 하고 가난한 자들을 빈궁한 상태에 방치해서는 안 되는데도 보물을 쌓아두는 것은 기독교의 신앙에 저촉되기 때문이다." 운운.[7]

그러나 발도파의 운명은 곧 보헤미아 형제들의 운명이 되었다.

이들이 기존 사회에 항의했던, 그리고 기존 사회에서 자신을 분리했

---

[7] 독일어 번역이 붙은 체코어 원문에서의 발췌문이 다음 책에서 발견된다. Goll, *Quellen und Untersuchungen usw.*, I, Der Verkehr der Brüder mit den Waldensern, Prag 1878, S. 98ff.

던 수단인 청교도주의는 바로 상품생산 사회에서 앞서 가는 데 적절한 수단이었다. 우리는 이미(275쪽) 이 청교도주의가 많은 외적인 유사성에도 불구하고 원시 기독교의 금욕과 얼마나 크게 구별되었는지를 언급한 바 있다. 양자가 모두 삶의 기쁨과 모든 향유의 헛됨, 아니 사악함을 설교했다면, 그래도 원시 기독교적 금욕은 우둔한 태만과 결부되었고, 종교개혁 시대의 청교도주의는 반면에 그 고백자의 쉬지 않고 사려 깊은 근면성과 결부되었다. 이 근면한 청교도의 '알뜰한 아네스'(Spar-Agnes)의 복음은 오늘날 고도로 발달한 거대 산업자본주의 시대에는 당연히 임금노동자, 농민, 소시민이 무더기로 그들을 만족시키는 처지로 상승하게 해줄 수는 없을 것이다. 그 당시에 단순 상품생산의 문을 튼 자연경제가 일반적 상품생산으로, 부분적으로 이미 자본주의적 상품생산으로 전환되던 초기에 그것은 소시민을 자본가로 변화시키는 고도로 효과적인 수단이었고 인구 다수가 판매를 위해서가 아니라 자기 사용을 위해서, 축적을 위해서가 아니라 향유를 위해서 생산을 영위하는 자연경제와 일반적으로 결부되는 저 순진한 삶의 생기에 열중할수록 더욱더 효과적인 수단이었다. 청교도주의와 아울러 형제들의 훌륭한 보통 학교교육은 그들을 직업적으로 아주 크게 진흥시켰을 수밖에 없다.

타보르인들 중에서 전리품이 그들의 공산주의를 종식시킨 넉넉함을 낳았다면, 보헤미아 형제들 중에서는 그들의 열심, 절제, 절약 및 그들의 똑똑함의 결과로 곧 넉넉함이 생겨났다.

그들의 넉넉함은 지극히 다양한 집단으로부터 아주 세속적인 이유에서 그들에게로 온 수많은 새로운 추종자를 가져다주었다. 그러나 또한 넉넉함의 상승과 함께 옛 구성원들 다수가 엄격한 규율을 점점 더 족쇄로 받아들였다. 이 규율은 평등의 관심에서 어떤 이들이 다른 이들보다 더 부유하게 되는 것을 허락하지 않았고 또한 상업에서이든 대금업에서이든 이익을 가져다주는 방식으로 획득된 재산을 투자하는 것도 일체 금지했다. 넉넉함과 함께 재산문제에서의 분쟁도 더욱 커졌고, 소송이 필요하게 되었으며, 획득한 것을 보호하기 위하여 국가공권력이 필요하게 되었다.

그리하여 점차 형제들 중에서 온건파가 형성되었으며, 이들은 아직은 감히 원초적인 규정을 부정하지는 않았지만 그 규정이 일반적으로 구속력 있는 법적 조항이 아니라 고귀한 예외적인 거룩함의 이상으로서만 파악되게 하려고 노력했다.

두 지향의 분열은 (1470년대 말에) 두 명의 영주와 여러 명의 기사가 형제단에 입회하기를 지망했을 때 처음 불거졌다. 더 엄격한 지향은 그들이 재산과 신분을 포기한 경우에만 그들을 받아들이기를 원했다. 온건한 지향은 그들에게 이를 면제해주기를 원했다. 그러나 여전히 전자가 이겼고 지망자들 중에 공동체의 요구에 모든 면에서 순종하는 자들만이 입회가 허락되었다.

그러나 1480년에 우리는 벌써 온건한 지향의 성공을 발견한다. 루카스라는 한 지식인이 받아들여졌고, 다른 이들도 뒤를 따랐다. 그들의 가입이 온건파의 성공이었다면, 지식인 분자들은 다시 이 경향을 강화하는 데 기여했다. 강경파는 말과 글로 싸웠으나 허사였다. 그 선두에는 보티체(Wotic) 출신 직조업자 그레고르가 있었고, 이들은 우위를 점한 우유부단한 태도에 맞서 싸웠다. 아들러의 브란디스(Brandeis)에서 열린 대회, 주교회의(1491년)에서 온건파가 승리했다. 의결된 사항은, 부자들과 신분이 높은 자들을 앞으로 재산과 관등을 포기하지 않고서도 받아들일 수 있다는 것이었다. 단지 이러한 포기 없이는 그들의 영적 구원이 얼마나 쉽게 상실될 수 있을지를 그들에게 주의시키는 것만 해야 했다. 이로써 평등의 요청은 완전히 제거된 것은 아니지만 경건한 희망의 영역으로 추방되었다.

유사한 방식으로 신실한 형제들은 국가권력에 대한 참여의 길을 스스로에게 열어놓을 줄 알았다. 그들은 같은 대회에서 이렇게 선언했다. "세속의 권력에 의하여 어떤 형제에게 재판관이나 배심원 혹은 동업조합 마이스터가 되라거나 전쟁에 나가라는 명령이 온다면, 혹은 다른 이들과 연합하여 어떤 범죄자의 고문이나 처형에 찬성하는 의사를 표현해야 한다면, 이런 일들은 참회하는 사람이라면 선하고 자유로운 의지로 나설 일이 못 되며, 도망치거나 회피해야 할 일이라는 것을 우리는 선언한다. 그러나 그가 간절한 청원으로도 다른 방식으로도 이 일에서 면제받지 못한다면 그는 권력에 순응해야 한다." 그러나 형제들에게는 그리하도록 강제를 받을 경우에는 국가의 강압적 공권력에 참여하거나 관직을 받아들이거나 혹은 전쟁에 나가는 것이 허락될 뿐 아니라, 그들은 앞으로는 스스로도 이런 강압적 공권력, 재판관에게 호소할 수가 있게 되었고 착취와 접객업(Gastgewerbe) 및 상업도 영위할 수 있었다. 당연히 불가피한 경우에만 허락된 것이다.

강경파는 지금까지의 평등과 자유, 형제애를 완전히 내동댕이친 이런 결정들에 분개했다. 격렬한 반대선동으로 그들은 주교 마테이 즈쿤발트를 자기편으로 만들었고 마음을 정하지 못한 자들을 위협하거나 그들의 마음을 끌어당겼다. 마테이는 그들의 재촉으로 새로운 주교회의를 소집했고, 이 회의는 브란디스의 결정 사항들을 파기하고 무조건적인 옛 원칙으로의 복귀를 통보했다.

그러나 기쁨은 잠시였다. 내적인 힘이 아닌 기습행동이 강경파들의 승리를 도왔던 것이다. 1494년 라이헤나우 주교회의에서 그들은 다시 소수파가 되었고, 그들이 지금 인식한 바와 같이 공동체 내에서 다시

한 번 그들의 원칙을 관철할 일체의 전망을 잃었다. 그래서 분열이 일어났다. 1496년에 행해진 통합의 시도는 서로 간의 비난과 대립의 첨예화만을 가져왔다.

강경한 지향은 소수당이라 불렸다. 그들은 수적으로 적었고, 무식한 사람들과 농민들, 장인들만이 그들에게 속했으며, 사회발전의 필요성과는 모순을 이뤘다. 그래서 그들은 시들어갔고 1527년 그 종파의 여러 구성원이 화형에 처해졌을 때 공적인 무대에서 사라졌다.

반면에 온건파는 부유하고 권세 있는 사람들에 의해 강화되고, 국가 공권력에 참여하고 이를 자신들의 목적에 맞게 활용할 자유를 가지고 사회 발전의 필요에 부합한 조직을 가져서 빠르게 번창해갔다. 1500년에 이미 교회가 200개소에 달했다. 16세기 동안에 그들은 보헤미아에서 중요한 정치적·경제적 인자가 되었다. 그들 안에서 귀족계층이 얼마나 강력하게 대표되었는지는 다른 것들 중에서도 형제단의 귀족 구성원들에 의해 1575년 황제에게 제출된 상소문에서 짐작해 볼 수 있다. 그 상소문에는 남작 17명과 기사 141명이 서명했다.

공산주의적 기원을 상기시킬 수 있었던 일체의 제도는 사라졌고 그들의 문헌에서도 이미 언급한 바와 같이 공산주의적 전통은 세심하게 삭제되었다. 그들이 부자들에게 입회를 허락했다면, 다른 한편 형제들 중에는 거지들도 있게 되었다. "가능한 한 우리는 우리 사람들이 구걸을 하지 않도록 한다"고 1609년의 교회 규정은 말하고 있다. 형제를 도와야 할 무조건적인 의무는 더 이상 존재하지 않았다.

긴델리(Gindely, a. a. O., II, S. 312)는 이렇게 말한다. "보헤미아의 청교도들, 아니 보헤미아의 광신도들, 후스보다는 페트르 켈치츠키를 따랐고, 결혼하지 말 것을 권유하는 바울로의 가르침을 따랐으며, 어떠한 선서도 하지 않고 어떠한 관직도 맡지 않고 어떠한 사치도 자신에게 허락하지 않고 어떠한 부도 용납하지 않고 이자를 받고서 빌려주는 일은 하지 않고 전쟁을 증오하던 그들이 완전히 잘나가는 자본가, 완전히 성실한 남편, 완전히 능숙한 사업가, 완전히 어울리는 시장과 배심원, 완전히 유능한 장군과 정치인이 되어 있었다."

30년 전쟁 때까지, 1620년의 빌라 호라(Weißen Berge: 백산) 전투 때까지 그들의 번영은 계속되었다. 이 전투는 보헤미아 귀족들과 1526년 이래로 보헤미아의 왕위를 차지한 합스부르크 왕조의 절대주의 간의 오랜 투쟁에 최후의 결판을 가져왔다. 이는 귀족들의 완전한 박멸, 그들 재산의 몰수, 예수회와 궁전에 속한 자들에게 이 재산을 분배하는 결과를 가져왔고 또한 보헤미아 형제단을 몰락시켰다. 그후로 여기저기 분산된 잔당들이 고단하게 겨우 명맥을 이어갔으며, 이들은 결국 경건주의자인 친젠도르프 백작에 의하여 1722년 헤른후트에 있는 그의 작센 영지에 피난처를 얻었다.

그러나 헤른후트에서는 강경파의 공산주의적 열성도 온건파의 세속적인 현명함도 계속 명맥을 유지하지 못했다. 오지의, 극히 뒤떨어진 은둔 상태로 사는 것으로 겨우 박해를 벗어났던 가난하고 가련한 농민들과 장인들인 그들은 형제공동체의 실체를 더 이상 보전해갈 방법이 별로 없었다.

16세기에 보헤미아 형제들은 사회주의의 역사에서 하던 역할을 중지했다. 17세기에는 일반 역사에서의 그들의 중요성도 사라진다.

〈제1권 마침〉

제2권

《선구자들》의 제2권은 16세기의 사회정치적 사건들을 대상으로 한
다. 제1권에서 펼쳐진 것은 모두가 종교개혁 시대를 향해 달려갔다. 당
연히 카우츠키에게 종교적 · 교회적 문제가 주된 관심은 아니었다. 그
가 이 문제를 도외시하지는 않았으나 그가 보기에 결정적인 사회생활
과의 관계에서만 그 문제를 다루었다. 종교개혁 시대에 대한 유명한
고전적인 서술들은 사회운동에 마찬가지로 다소 상세한 조명을 해주
었다.[1] 그러나 이는 역사적 변혁과정의 부대현상일 뿐이었으며, 복음
의 영토들에서 군주의 교회통치 확립에 의해, 지배세력의 승리에 의해
의미를 상실했던 것이었다. 카우츠키에게는 이런 종교 사회적 운동이
그 독자적인 무게를 갖는다. 그 비극적인 몰락과 지하로 사라짐에도

---

[1] 여기서 여전히 첫 번째로 언급할 것이 랑케(Ranke)의 *Deutsche Geschichte im Zeitalter der Reformation* (1839-1847, SW, 1-6)이며, 이와 함께 그 시대에 대한 학문적 연구가 시작되었다. 랑케는 사회적 조류와 긴장들을 그의 서술에서 상세히 다루었으나 그의 보수적인 관점이 물론 그의 판단을 결정적으로 규정했다. 이에 대해서는 다음을 참조하라: K. Kupisch, *Die Hieroglyphe Gottes*, 1967. Rudolf Vierhaus, *Ranke und die soziale Welt*, 1957, S. 159ff.—랑케와 아울러 언급할 다른 걸작으로 Friedrich von Bezold의 *Geschichte der deutschen Reformation* (1890)이 있다. 이 책은 어느 견해에 붙들리지 않고 신학적 혹은 자유주의적 구애 없이 종교와 정신사, 경제와 사회사를 균형 있게 포괄하는 것인데도 부당하게 잊혀졌다. 카우츠키는 이 책을 알았고, 또한 때에 따라 인용하기도 했다.

불구하고 그 운동들에는 역사의 법칙이 작용한다. 왜냐하면 이 모든 '광신도'(Schwärmer)와 '재세례파'는 기독교에 대한 일그러진 상을 묘사할 뿐인 교회와 세속의 위인들의 조작된 지배세계에 반기를 들기 때문이다. 그들의 이상은 원시 기독교의 공산주의이고, 이는 하느님 나라의 완성에서 새로 실현되어야 하는 것이다. 그래서 그들은 사회주의의 그러한 '선구자들'로서 사상과 행동의 혁명가들이며, 그들에게 '기성체제가 된' 종교개혁은 역시 아무런 공간을 제공하지 않았다.

I.

독일의 종교개혁은 마르틴 루터라는 이름과 뗄 수 없는 관계가 있다. 민족적 자유주의적 시민계층은 루터에게서 주로 위대한 독일인, 비텐베르크와 보름스의 영웅을 보며 그에게 기념비를 세워주었지만, 이런 감정적 민족종교적 이해는 제1차 세계대전 후에 순전히 신학적인 관찰방식에 의해 해소되었다. 설교자이자 신학사상가, 교회 갱신자로서의 루터가 전면으로 나왔다. 개혁자는 그 당시에 시끄러운 신학 속에 잠겼고, 그 안에서 그의 역사적 존재는 완전히 사라졌다. 루터에 의해 대표되는 대의(大義)만이 중요했고 이는 어떠한 상대화시키는 연관성에도 복종하게 할 수 없는 대의였기에 그의 역사적 존재 역시 사소했다. 사람들은 루터 르네상스를 이야기했다.[2] 의문의 여지도 없이 이는 신학자 루터에 대한 인식을 심화했다. 그 당시에 루터 문헌이 한 차에 가득 실릴 만큼 쏟아졌다.[3] 이는 전적으로 신학자들에 의해, 신학자들

---

[2] 루터 르네상스에 대해서는 다음을 참조하라. K. Kupisch, *Die deutschen Landeskirchen im 19. und 20 Jahrhundert*, 1966, S. 120ff; *Durch den Zaun der Geschichte*, 1964, S. 530ff; *Zwischen Idealismus und Massendemokratie*, 2. A. 1959, S. 161ff; Ernst Wolf, *Barem - Kirchen zwischen Versuchung und Gnade*, 1957, S. 23ff.

[3] 2차 대전이 끝난 뒤에야 종결된 루터 저작에 대한 바이마르의 역사적 비평적 판본 간행과

을 위해 쓰인 것이다. 그것들 중 대부분은 그간 오랫동안 폐지(廢紙)가 되어 있거나 도서관 열람실에서 대출자가 서명을 기입하기를 기다리고 있다. 그러나 당시에 소위 객관적인 순수성과 진실성을 가지고서 루터에 관해 말해졌던 것은 또한 문화정치적 경향을 띠었다. 이는 일관되게 자유주의에 반대하는 경향을 띠었다. 큰 정신사적 점검이 시작되었다. 저주받을 계몽주의 이래로 문화와 세계관에서 자유의 요구와 이성의 주장에서 발생한 것은 모두 쓰레기로 신정통주의의 빗자루로 쓰레기 더미에 쓸어담아졌고, 그래서 다시 종교개혁의 높은 산줄기가 유럽사에 대한 특별히 독일인의 공헌으로 주목을 받게 되었다. 모든 역사적 저작이 크게 시세 폭락하는 상황에서 그것들의 재발견은 갈가리 찢기고 길을 잘못 든 독일 민족에게 도움이 될 수 있었다. 그래서 루터의 정신과 유산에 활력을 부여하는 것이 긴요했다. 믿음의 비합리적 깊이에서 솟아난 그의 종교적 · 도덕적 힘은 모든 합리적이고 균등화하는 인간의 현명함을 조롱했다. 이런 루터의 시각과 해석은 신보수주의적 경향과 밀접하게 관련되었다. 이는 바이마르 공화국이 생존했던 기간 중에 교양 있는 시민층의 정신적 성향을 지배했던 것이다. 이 모든 루터 신학자들은 또한 민주주의에 대해서도 비판자들이었다. 민주주의는 그들에게 마찬가지로 혐오되던 사회주의처럼 서방사상의 산물이었고 종교개혁의 기본태도와 모순된 것이었다. 그러나 그들의 활발한 출판활동에도 불구하고 루터 르네상스는 학계집단 범위에 한정된 상태에 머물렀다. 이것은 이와 가까운 순 이론가 집단과 같이 스스로를 신

아울러 특히 루터의 1516-1520년간 (시편, 갈라디아서, 로마서에 관한) 강의 유고가 발견되어 세상을 놀라게 했다. 본래의 루터 르네상스 창시자 카를 홀(Karl Holl)은 이 문헌들에 대한 평가로 그의 작업을 시작했다. 다음을 참조하라. Karl Holl, *Gesammelte Aufsätze zur Kirchengeschichte*, Bd. 1: Luther 4 u. 5. A. 1927.

학적 갱신운동으로 이해했으며, 이에 관하여 당연히 교회 안에서는 아주 조금 감지될 수 있었다. 그러나 더 심각했던 것은 신학적으로 미라화된 루터가 공중(公衆)의 의식에서 거의 완전히 사라졌다는 것이다. 복음적인 교회 신도들 내부에서도 그의 상은 기념패로 축소되었다. 신학자들이 루터를 오직 '말씀'만이 중요했으므로 정치와 사회에는 아무런 취미도 없는 종교인(homo religiosus)으로 만들려고 애를 썼기 때문에 종교개혁이 남겨두었던 사회·정치적 문제는 비판적으로 토론되지 못했고 개혁자의 논박할 여지가 없는 결정에 굴복했다. 이는 오늘날에도 대체로 아직 유효하다는 것이다.[4] 그러한 비역사적이고 오직 신학적 성찰에만 기초를 둔 루터 이해의 불충분함은 명백하다.[5]

카우츠키는 루터에 관하여 불충분한 스케치만을 했다. 루터는 그에게 중심인물이 아니다. '사회주의의 선구자들'에 속하지 않고 그들의 적이다. 그래서 그 개혁자와의 아무런 논란도 없다. 카우츠키는 루터에 관한 그의 판단에서 경건주의자의 후예 프리드리히 엥겔스가 독일 농민전쟁에 관한 글에서 그랬던 것보다 훨씬 더 유보적이었으며, 특히 프란츠 메링(Franz Mehring)[6]의 논쟁적 논조에서 완전히 벗어나 있다. 그러나 또한 부르주아의 역사 서술과 신학이 오늘날까지 불편부당성을 지니지 못했던 것, 루터의 신학적·교회적 입장 표명을 그 시대의 정치적·사회적 세력관계와의 관계 내지 의존성 안에서 비판적·학문적으로 연구하는 것을 실천하는 것이 카우츠키의 과업일 수는 없었다.[7]

---

[4] 다음을 참조하라. Paul Althaus, *Luthers Haltung im Bauernkrieg*, 1925(Luther-Jahrbuch VII), eine Arbeit, die der Vf. noch 1953 unverändert drucken ließ.
[5] Karl Kupisch, *Reformation und Revolution*, 1967.
[6] Franz Mehring, *Deutsche Geschichte vom Ausgange des Mittelalters*, 1910, 1. Teil, S. 36ff. über Engels s. weiter unten.
[7] 그랬다면 특히 그 개혁자의 신학적 윤리적 판단이 정치적·사회적 상황들에 지도원칙으로

그는 작은 공간 내에서 줄곧 루터를 정당하게 평가한다. 대부분 루터의 문헌적 증인들 책임으로 돌아가는 작은 잘못들은 용서해야 할 것이다.[8] 다른 한편으로 이것은 그에게 명확하다. 루터는 올바른 순간에 그에게 올바른 편에 섰다. 그는 결코 세상과 그 세상의 세력 배분에 대해서 아무것도 몰랐던 "그리스도 안에서의 바보"가 아니었다. 독일인 교수였지만, 그는 정치적 감각을 지녔고, 가장 나중에 보름스 이후로—그러나 훨씬 일렀을 개연성이 있는데—그에게는 자신의 업적이 떠오르는 개별 제후국과의 결탁으로 지속성을 가지리란 데 전혀 의심이 없었다. 카우츠키가 동의를 하면서 인용한 토마스 뮌쩌는 보름스에서 수도원과 그밖의 교회재산에 대해 눈독을 들인 귀족계층이 복음을 강탈하며, 루터는 입에 침을 바르고 이들을 위해 입이 되어준다는 결정이 내

서 선행한 것이 아니라 그 상황들을 따랐다는 것을 확인하게 될 것이다.

[8] 나는 거의 모든 옛 서술에서 발견되는 몇 가지 오류만을 들겠다. 루터는 1520년에 파문조칙이 아닌 파문경고조칙을 불태웠다. 파문조칙은 교황 측의 눈티우스 알레안더(Nuntius Aleander)가 1521년에 열린 보름스 국회에 가져왔다. 그것은 협상의 종결 후에 법적 권리 박탈의 합법적 근거였다. (황제 선출시에) 뇌물을 받은 일에서 프리드리히 선제후는 그의 동료인사들보다 확실히 더 수치심이 있었다. 그러나 정산시에 은행가 푹거의 지출계정은 작센제후의 이름으로 자그마치 7만 굴덴의 액수를 보여주었다. 다음을 참조하라. Karl Brandi, *Kaiser Karl V*, 1937, S. 95; Götz von Pöllnitz, *Jakob Fugger*, 1949, 418ff; ders., *Die Fugger*, 2. A. 1960, S. 117ff.—루터가 95개 테제를 옛날의 학술적 관습에 따라 비텐베르크 성 부속교회 문에 붙였다는 것은 얼마 전까지만 해도 확실한 것으로 통했다. 새로운 연구들은 정당한 의문점을 내놓았다. 복음적인 교회사가들은 10월 31일(혹은 1517년 11월 1일)에 (지난 수십 년간의 열정적인 양식으로 독일 역사에서 울려 퍼진) 망치소리가 없었던 듯하다는 데 대하여 언제나 격렬히 반박하겠지만, 문짝에 내다붙였다는 것은 보름스에서의 유명한 맺음말인 "여기 내가 서 있습니다. 나는 다른 것을 할 수 없습니다. 하느님, 날 도와주십시오. 아멘"과 마찬가지로 전설에 속하는 것일 수 있다. 다음을 참조하라. Erwin Iserloh, *Luther zwischen Reform und Reformation - Der Theseanschlag fand nicht statt*, 1966; zum Wormser Schlußwort: Heinrich Böhmer, *Der junge Luther*, 4. A. 1951, S. 383; Karl August Messinger, *Luther - Die deutsche Tragödie 1521*, 1953, S. 174.

려진 이래로, 루터가 영웅적 행동으로 자신을 과시할 아무런 동기도 지니지 않는다고 서술했다는 것은, 영웅적 몸짓 없이 생각해야 할 보름스 국회 장면의 의미를 적절하게 인식한 것이다.

II.

400년 이래로 토마스 뮌쩌를 정당하게 평가해야 한다는 외침은 그치지 않고 있다. 온갖 저주와 권리박탈에도 불구하고, 이 지옥의 악과 악마에 사로잡힌 것으로 인식표가 붙은 적그리스도의 이름만 들어도 분노로 터질 것 같다고 협박한 루터의 온갖 통렬한 이단 판시에도 불구하고, 뮌쩌에 대한 회상을 사람들의 의식에서 완전히 사라지게 하는 데는 성공하지 못했다. 250년 전까지만 해도 그의 이름을 부르는 것조차 위험했고 고트프리트 아르놀트(Gottfried Arnold)는 그의《무당파교회 및 이단사》(*Unparteiischen Kirchen-und Ketzergeschichte*)에서 비록 나중에는 사탄의 간계가 그를 유혹할 수 있었지만 그를 성령이 완전히 생겨나지 않은 남자의 예로 들었다가 그 책의 제2판에서는 온갖 중상모략을 피하려고 이런 언급을 크게 제한해야 했다. 지난 1백 년간에 비로소 이 남자의 사람됨과 견해에 대한 좀더 사려 깊은 평가를 위한 길이 단계적으로 열렸다. 그러나 모든 경우에 루터의 입장을 정당화하는 데 노심초사한 나머지, 루터 신학은 지금까지도 루터-뮌쩌 문제에 대한 비판적, 비정통적 취급과는 거리가 멀다.[9]

---

9 가장 최근의 루터 전기들과 종교개혁에 대한 서술들도 마찬가지로 보수적인 견해를 보여주면서 개별적으로는 그 논조에서만 차이가 난다. 토마스 뮌쩌는 물론 사람들이 그를 그의 신학적 동기에서 이해하려고 하지만 결과적으로는 정죄해야 할 '광신도'로 남는다. 루터의 결단이 그를 이끄는 환경의 정치적 여건과 분리될 수 없듯이 뮌쩌의 신학적 사고세계가 일정한 사회정치적 결론을 내포한다는 것은 거의 표현되지 않고 있다. 루터의 한없는 격정은 동정을 받는 반면, 뮌쩌와 맞선 투쟁에서 그의 기본 관념은 시종일관 인정을 받는다. 다음을

마르크스주의자들이 뮌쩌를 찬탈하여 이념적으로 편향된 상을 만들었다고 통탄하는 사람들이 있다.[10] 그러나 그에 못지않은 교조적인 당파성과 사회정치적 관련 사항에 대한 완벽한 도외시를 통하여 그들에게 반대되는 순전히 사회주의적인 해석에 기여한 것이 바로 이 부르주아 정통파들이었다. 카우츠키는 자신의 뮌쩌 연구의 수확물을 지면에 옮기면서 자신에게 주어져 있는 자료들을 가지고서 난감해 했다. 물론 그는 지난 세기 중반에 나왔고 오늘날에도 아직 읽을 가치가 있는 최초의 학술적 뮌쩌 전기인 복음주의 목사 카를 자이데만(Seidemann)의 책을 활용했다. 그러나 자료들은 그 당시에 그 자신도 실토했듯이 아주 좁은 범위에서만 제공되어 있었다.[11] 그래서 그는 본질상 총괄적 서술들에 의존했으며, 그중에서는 슈바벤 목사이자 역사학 교수인 빌헬름 찜머만(Wilhelm Zimmermann)의 《농민대전쟁사》(Geschichte des großen Bauernkrieges)가 첫째로 꼽힌다.[12]

참조하라. Franz Lau, *Luther* (Göschen), 1959; ders. (mit Ernst Bizer), *Reformationsgeschichte Deutschlands*, 1964; F. W. Kanzenbach, *Martin Luther und die Anfänge der Reformation*, 1965; Robert Stupperich, *Geschichte der Reformation*, 1967.—또한 Richard Friedenthal의 대중적인 루터 전기는 온갖 노력과 객관성에도 불구하고 핵심문제로 밀고 들어가지 못하고 있다.

[10] 여기서 언급할 것은 잘 알려진 옛날의 서술들과 아울러 러시아의 역사가 M. M. Smirin의 방대한 저작 *Die Volksreformation d. Th. M. und d. Große Bauernkrieg*, 1952이다. 1921년에 처음 나왔고, 1962년에 약간 변경되어 새로이 간행된 Ernst Bloch의 단행본 *Thomas Münzer als Theologe der Revolution*은 본질적으로 세계관적으로 확정적인 책이지만, 전반적으로 영감이 충만하며 온갖 혁명적인 추론이 동반된 사색이기 때문에 반론을 불러일으키는 책이다. 그러나 그의 주 저서 《희망의 원리》(*Das Prinzip Hoffnung*)에서 블로흐의 철학의 틀 안에서 그 추론의 영향을 받아들인다면, 필시 오늘날 비로소 정확하게 이해될 수가 있는 추론일 것이다.

[11] 뮌쩌의 글을 카우츠키는 그가 활용한 제2차 문헌을 거쳐서만 알게 되었을 수 있다. 제1차 세계대전 후: Th. Münzer, *Sein Leben und seine Schriften*, hrsg. v. O. H. Brandt, 1932; *Politische Schriften*, hrsg. von Carl Hinrichs, 1950; *Briefwechsel*, hrsg. v. H. Böhmer und Karl Kirn, 1931; *Hist. krit. Ausgabe*, Bd. 1, 1968.

아무도 그에게 가용한 자료의 불충분성에 관하여 카우츠키 자신보다 더 잘 알지 못한다. 그래서 그는 토마스 뮌쩌와 토마스 모어를 대비하려는 애초에 품었던 계획을 접었다. 그럼에도 불구하고 그가 큰 절제와 명확성을 바탕으로 감정의 과잉 없이 뮌쩌의 사실적인 상을 표현한 것은 인정을 받아야 한다.[13] 카우츠키는 뮌쩌를 영웅으로 높이지도 않았으며, 멜란히톤에서 시작되어 문헌으로 들어온 바와 같은 유명한 도

---

[12] W. Zimmermann의 *Allgemeine Geschichte des großen Bauernkrieges*, 3 Bände, 1841-43은 독일의 Vormärz(1815년부터 1848년 3월 혁명까지의 기간)의 정치적 분위기에서 나온 작품이었다. 1848년 프랑크푸르트 국민대회에서 극단적 민주주의 좌파에 속했던 저자는 그의 책으로 독일의 속물들에게 농민전쟁을 독일 자유정신의 불을 붙인 사례로 제시하기를 원했다. 역사가의 관점에서 판단하건대 그 저작은 발간되었을 때 이미 한물 간 것이 되었다. 재료상으로 그것은 프리드리히 엥겔스에게 그의 글 "독일 농민전쟁"(1850)을 위한 자료를 제공했으며, 찜머만의 저작이 쓰였던 때의 대중적인 감흥은 게르하르트 하우프트만으로 하여금 그의 드라마 "Florian Geyer"를 쓰도록 자극했다. 축소되고 개작된 신판을 1907년에 뷔르템베르크의 사회 민주주의자 빌헬름 블로스가 발행했다. 카우츠키는 그의 뮌쩌에 관한 장에서 또한 여러 번에 걸쳐 G. Th. Strobel의 책《튀링엔에서의 농민봉기의 지도자 토마스 뮌쩌의 생애와 글과 가르침》을 인용한다. 이 책은 1795년 프랑스 혁명의 감명을 받아 출간되었으며, 계몽정신에 의해 완전히 규정된 책이며, 그 책의 공로는 오랫동안 아주 경전으로서의 효력을 지녀서 다양한 루터 저작집들에 실린 멜란히톤의 글의 경향적 왜곡과 우선 단절한 데 있다.(이와 관련해서 비판적인, 카우츠키의 공적도 강조하는 Max Steinmetz, Ph. M.의 Thomas Münzer 및 Nikolaus Storch에 관한 Philipp Melanchthon 전집 1963, S. 138-173에 실린 논문을 참조하라.)

[13] 사소하고 명확히 이해되는 실수는 여기서 특별히 거론할 것은 없다. 뮌쩌의 출생년도에 관하여 오늘날까지도 나오는 이야기들이 서로 다르다. 한동안은 1489/90년으로 의견이 일치되다가 몇 년 전에 H. Goebke의 1520년까지의 토마스 뮌쩌에 관한 새로운 탐구들(Neue Forschungen über Th. M. bis zum Jahre 1520, *Neue Harzzeitschrift*, Bd 9, 1957, 1-30)이라는 한 비판적 연구에서는 1468년을 유일하게 합당한 것으로 밝히는 증명이 시도되었다. 이로써 초기 생애의 전개에서도 변경이 생겨났다. 그래서 뮌쩌는 크베들린부르크(Quedlinburg)에서 아우구스티누스회 수도사였어야 한다. 이런 주장에 대해서 지금 새로이 Thomas Nipperdey가 그의 연구서《토마스 뮌쩌에게서 신학과 혁명》(*Archiv f. Reformationsgeschichte*, Bd. 54, 1963, S. 145-181)에서 날카롭게 반대하며 다시 1489년으로 돌아갔다. 알슈테트 성에서의 유명한 군주설교에는 현자 프리드리히 선제후가 참석하여 들었던 것이 아니라 요한(선제후의 형제인) 대공과 그의 아들만 참석했다.

덕적·성격적인 비난도 부적절한 것임을 입증했다. 이는 그가 대체로 활용한 문헌에 대하여 초연하고 독자적인 판단을 갖춘 태도를 취한 것과 마찬가지이다. 당연히 사람들은 그가 뮌쩌의 종교적 측면에 대하여 아무런 특별한 주의도 기울이지 않은 것을 결함으로 볼 것이다. 그러나 토마스 뮌쩌는 제1차적으로 신학자였다. 그리고 일급 신학자로서만 그는 루터와 아울러 독일 종교개혁의 결정적인 몇 년간의 가장 강력한 실력자가 되었다. 랑케조차 그의 종교개혁사에서 뮌쩌의 영감과 재세례파의 사회주의적 시도, 파라첼수스(Paracelsus)의 이론이 연합했다면 세계를 변혁했을 것이라고 썼을 때 이를 인정한 것이다.[14]

카우츠키는 뮌쩌의 짧은 전기를 쓸 의도는 없었고, 루터의 인간상을 그리지도 않았다. 뮌쩌는 그에게 종교사회 운동의 대표자이자 핵심적인 대변자였다. 그 운동의 담지자는 농민을 포함하여 민중의 폭넓은 직업계층들이었다. 이런 시각에서는《선구자들》제1권은 사회학적인 윤곽으로서의 가치가 있었다. 카우츠키는 기독교 세계인 유럽에서 하층 민중의 지하운동(발도파, 베가르트파, 롤라드파, 신비주의자, 금욕주의자, 후스파, 보헤미아 형제들)이 어떻게 대교회 및 그 정치적 지지세력의 통치에 대한 반대세력으로 함께 성장했는지, 그들의 목표 구상에서 '하느님의 왕국'의 실현을 향해 돌진한 (신)플라톤적, 원시 기독교-공산주의적 사상에 어떻게 사로잡혔는지를 알았다. 카우츠키가 이 운동의 구체적으

---

14 카우츠키가 언급하지 않았지만, 재세례론자들에게 아주 우호적이었던 의사이자 평신도 신학자인 파라첼수스에 관해서는 다음을 참조하라. Kurt Goldammer, *Vom Lichte der Natur und des Geistes*, 1960; W.-E. Peukert, P., 1941; Heinrich Bornkamm in: *Das Jahrb. d. Reform.* 2. A. 1965, S. 162-176; dazu auch: Friedrich Gundolf, P., 1941. 뮌쩌의 신학적 의미와 독자성을 처음으로 인식한 것으로는 Karl Holl, a. a. O., S. 420-467 및 Heinrich Böhmer, *Studien zu Thomas Münzer*, 1922; 이에 새로 다음의 것들이 추가된다: Walter Elliger, *Th. M.*, 1960; Carl Hinrichs, *Luther und Münzer. Ihre Auseinandersetzung über Obrigkeit und Widerstandsrecht*, 2. A. 1962.

로 기독교적인 추진동력을 단지 더 성실하게 파악하기만 하고 그것을 시대의 구속을 받은 사고 형태라거나 묵시록적인 신비주의의 견본으로 경시하지 않았더라면, 이 계층들의 경제적-물적 제관계를 그것도 기독교적 견해와 밀접한 관련 속에서 시종 타당하게 묘사한 것이 훨씬 더 설득력 있게 진가를 발휘했을 것이다.[15] 뮌쩌가 전적으로 자신의 뜻에 반해 빠져들었던, 그리고 그 파국이 그의 생명도 끝나게 했던 농민전쟁은 확실히 이런 종교사회적 혁명운동에 속했다. 그러나 농민들은 하나의 계급으로서가 아니라 그리스도의 몸의 질서에 닻줄을 내린 하나의 신분으로서 변화된 경제체제로 인해 자신의 생존을 염려했던 하나의 신분계층으로서 투쟁했던 것이다. 그래서 '옛 법'을 향한 건성으로 넘길 수 없는 외침이 나왔던 것이다.[16]

III.

농민전쟁은 민중을 사로잡았던 내적·외적 불안의 증상일 뿐이었다. 중세에서 이른바 새 시대로 넘어가는 것이 의미한, 그리고 모든 생활영역을 혁명한 시대적 대변혁은 독일에서는 종교개혁을 통하여 우선 억제되었다. 그렇지 않았더라면 일치되지 못했을 군주세력이 잔인한 강고함으로 농민봉기에 공동으로 맞섰고, 불충분하게 무장한 농민군대를 잔혹하게 짓밟았다. 이와 병행하여 새로운 복음적인 당국의 주도권하에서 종교개혁의 공고화가 이루어졌다. 정치적·사회적 국가구

---

15 경제적 제관계에 관해서는 오늘날의 것인 다음을 참조: Willey Andreas, *Deutschland vor der Reformation*, 6. A. 1959, S. 297ff.

16 농민전쟁에 관한 문헌: Günther Franz, *Der deutsche Bauernkrieg*, 4. A. 1956: Adolf Waas, *Die Bauern im Kampf um Gerechtigkeit*, 1964. 종교적·정신적 상황을 다루는 문헌: Will-Erich Peukert, *Die große Wende*, 1948; Friedrich Heer, *Europäische Geistesgeschichte*, 1953, S. 186ff.

조나 마찬가지로 복음적 운동도 자신의 미래를 정치적 지방권력의 개발원조에 맡길 정도로 준비가 되어 있지 않았다. 사랑스러운 복음적 군주들에게는 그들의 '신앙 교체'에서 우선 더 많은 중요한 일들이 있었다. 그들은 독수리 떼처럼 가톨릭의 교회재산을 덮쳐 낚아챘다. 이는 루터에 의해 모든 종교적 반골에 대하여 불과 칼과 밧줄 혹은 감금으로 실시된 박해로 인정받은 거창한 양식의 몰수이고 소유권 수용조치였다. 왜냐하면 군주의 교회통치가 종교독점권을 강탈한 반면에, 당국의 공설교회 및 그 신앙고백 원칙과 별도로 형성되는 모든 복음적 집단은 유일하게 타당한 신앙 규율에 반대하는 반사회적 공모자요 반란자라는 위험한 혐의를 받게 되었기 때문이다. 관용과 신앙의 자유는 종교개혁이 거의 천상의 광채를 입혀주었던 당국에만 속했다.

그러나 어떠한 권력도 인간의 정신적 영역인 존재의 토대에 속하는 것을 완전히 꺼버릴 수는 없었다. '광신도 및 재세례자 운동'이 이데올로기적 표면색으로만 채색된 혁명적·사회적 기초로만 귀착된다면 정치권력 보유자들은 이들의 씨를 말리는 쉬운 놀이를 했을 것이다. 그러나 이 운동에서는 그 목표보다 더 오래 간 훨씬 더 심오한 힘이 작용했기 때문에 이는 그들에게 달성되지 못했다. 수많은 사람이 이주를 통해서 박해를 피했다. 그러나 그 당시에 지하로 사라진 것은 통계적으로 파악할 수 없으나 많은 변신과 발전과정을 거쳐서 독일의 민중신앙에서 열매 맺는 것으로 남았다.

카우츠키는 재세례파에게 할애된 책의 마지막 부(部)를 그의 서술의 절정점이라고 자평했다. 이는 의문의 여지없이 타당하다. 왜냐하면 재세례자 운동은 독일 종교개혁의 발달상에서 분수령이었기 때문이다. 카우츠키는 평화적인 재세례파와 전투적인 재세례파를 구별했다. 그러나 그가 첫째 집단에 속하는 것으로 열거한 이름들은 결코 '이론가'

들만이 아니었다. 그들이 조용하게 활동한 일이 더 많았고 바리케이드에 올라가지 않았다면, 많은 사람이 순교의 죽음을 당하게 한 흔들림 없는 종교적 신념은 공개적 투쟁을 피하지 않은 자들에게 선한 양심을 갖게 해주었다.[17] 믿음과 공적인 (정치적·사회적) 삶은 서로 아무런 관계가 없다는, 귀에 익숙한 루터의 '두 왕국의 교리'에 근거를 둔 견해는 허구의 이론에 속하며, 이는 경험과 교회사와만 배치되는 것이 아니라 결단과 실천을 했던 루터 자신도 이와는 맞지 않았다. 물론 세속 당국과의 협정이 체결되고 반골들을 무력 섬멸하는 것이 국가의 관할 영역이 됨에 따라 당국에 장악 당한 교회에게 책임 있는 정치적 처신은 더 이상 있을 수 없었으므로 '두 왕국의 교리'는 곤란함을 야기하지 않았다.[18] 믿음과 삶은 서로 밀접하게 연결되어 있다. 이는 아무튼 재세례파의 기본 인식이었다.

카우츠키가 세례자 운동의 재세례가 보헤미아인들에 대한 평신도 성혈배령처럼 그들의 투쟁의 상징일 뿐이고 최고의 표지였다고 기술할 때 이는 옳게 본 것이다. 재세례가 비교할 수도 없이 더 높은 정도로 그랬다고 할 수 있다. 왜냐하면 재세례와 함께 전통적인 어린이—혹은 아기—세례는 무효로 선언되었기 때문이다. 그러나 이는 교회 전통에 저촉되었을 뿐 아니라 기독교 제국의 법질서에도 저촉되었다. 콘스탄

---

17 다음을 참조하라. Stephan Hirzel, *Heimliche Kirche*(O. J.); F. H. Littel, *Das Selbstverständnis der Täufer*, 1966; zu Hans Denck: Schriften, 2 Teile, hrsg. v. G. Baring u, W. Fellmann, 1955/56; Will-Erich Peukert, *Sebastian Franck*, 1943; Ernst Benz, *Ecclesia Spiritualis*, 1934.

18 (아우구스티누스에게까지 소급되는) 루터의 '두 왕국의 교리'에 관한 광범위한 문헌 중에는 다음과 같은 것들이 있다. Joh. Heckel, *Im Irrgarten der Zwei-Reiche-Lehre*, 1957; Helmut Gollwitzer, *Die christliche Gemeinde in der politischen Welt, in dessen Aufsatzsammlung "Forderung der Freiheit"*, 1962, S. 3-59; Werner Schmauch/Ernst Wolf, *Königsherrschaft Christi*, 1958.

티누스 황제하에서 국가와 교회의 결탁 이래로 어린이 세례는 기독교 세계의 통일과 연속성을 대표했던 것이다. 교회가 재세례를 벌을 받아 마땅한 이단으로 선포했다면, 재세례는 기독교 당국에게는 서슬 퍼런 법질서에 대한 범죄적 도발이었다. 재세례자들이 이렇게 어린이의 강제 세례를 비난하고 세례 받는 자의 개인적 믿음에 기초한 자발적인 재세례를 요구했다면, 이는 그들의 의견에 따라서 명해지는 원시 기독교적 관례로 복귀하는 것을 뜻할 뿐 아니라 동시에 기독교 세계에서의 세력관계들의 사회적 구조에 대한 공격이기도 했다. 왜냐하면 오늘날의 민족교회가 어린이 세례를 말살하고 그 대신에 성인 세례만 도입하려 한다면 대교회로서의 성격을 신속히 잃어버릴 것이듯이, 국가교회는 어린이 세례와 흥망을 함께했기 때문이다. 그러나 오늘날 세속주의와 종교 및 신앙고백의 원칙적인 자유의 시대에 단지 신학적-교회 내적 문제에 불과한 것, 물론 그 국가법적 귀결을 가질 수 있을[19] 이것이 16세기에는 기독교 체제 기초의 혁명적 폭발 요인이었다. 그 때문에 개혁자들이 재세례파에게 무자비한 강경책으로 대했다. 왜냐하면 재세례는 말하자면 원시 기독교적 모범에 따라, 내지는 그리스도의 제자들의 통치의 실현에 의한 하느님 나라의 완성에 대한 종말론적 전망에 따라 전체 공동체 생활의 갱신을 근본적으로 실행할 새 질서로의 관문이었기 때문이다.

뮌스터의 '호전적인' 재세례파는 이런 목표를 향했다. 카우츠키가 이미 '평화적인' 재세례파를 상당하다고 할 정도로 공정하게 취급했다

---

19 독일에서 민족교회의 법적 존재는 교회의 특정한 체제 및 신앙고백적 입장을 전제로 하는 국가계약으로 소급하기 때문에 사정에 따라서 어떠한 '기독교성' 유지에 관심 있는 국가는 어린이 세례 중단을 무관심하게 방관할 수 없을 것이다. 신학적 자료로는 오늘날의 다음의 것을 참조하라. Karl Barth, *Kirchliche Dogmatik*, IV, 4 (Die Taufe als Begründung des christlichen Lebens), 1967.

면, 그는 뮌스터인들에 대해서도 그렇게 했다. 그의 관점에서 그는 두 집단의 목표를 유토피아적이라고 특징을 부여했던 것이 분명하다. 그러나 여러 개별 사항에서 그의 서술은 개정이 필요하다고 할지라도[20] 이 '정통 마르크스주의자'이자 무신론자는 물론 그에게도 고개를 많이 갸우뚱하게 만든 뮌스터에서의 사건들에 모든 기독교인 비판자보다 더 많은 객관적 판단을 보여주었다. 이들 기독교인 비판자들은 거의 시종일관 재세례파의 통치를 일탈적이고 극악한 영혼들의 사티로스극으로 보았다. 터무니없는 광신과 성적인 방종 안에서 타락했고, 그 짧은 통치기간이 합법적인 공권력의 형사법정에 의해 당연한 종말을 맞이한 사티로스극 말이다. 모든 역사적 판단은 이해하려는 의지와 준비 태세에서 출발함이 분명하다.

카우츠키 방식의 선험성은 알려져 있다. 그러나 그가 사회혁명적인 계기들, 원시 기독교 공산주의(및 플라톤 공화국의 이념)를 참조하게 하는 계기들에 주목하는 가운데, 그는 유익한 해명을 했고 적지 않게 가치 있는 청소작업을 수행했다. 그의 '명석함'은 하인리히 뵈머 같은 철저한 루터주의자들도 부정하지 않았다.[21] 재세례파를 이해하는 데 경제적 요소들만으로 충분하지 않다는 것은 명확하다. 그러나 이들 자체가 보이지 않는 영적인 하느님 나라만 고려한 것이 아니라 그리스도가 그의 사람들과 함께 이 세상에서 누리게 될, 그리고 그들이 예비하고 그림으로 묘사하려고 했던 영광과 주권의 육적인 하느님 나라도 기대했다면, 완전히 불가피하게 사회적인 일들과의 긴밀한 관계와 전통적인, 그리고 철거의 때가 무르익은 질서에 대한 비판이 주어졌다.[22] 카우츠

---

[20] Zur neueren Literatur: Robert Stupperich, *Das Münsterische Täufertum*, 1958.
[21] H. Böhmer, *Gesammelte Aufsätze*, 1927, S. 194.
[22] 랑케의 종교개혁사에서 뮌스터에서의 재세례파에 관하여 아직도 여전히 읽을 가치가 있

키는 재세례파에 대하여 완전히 공개적으로 공감을 표시했다. 그들의 몰락과 함께 그에게 "프롤레타리아 계층의 대의, 아니 독일제국에서의 전체 민주주의의 대의는 수 세기 동안 완전히 땅에 떨어졌다." 그리고 그는 다음과 같은 문장으로 책을 끝맺는다. "사회적 삶에서의 실제적 추진동력으로서 기독교 사회주의는 16세기에 종말을 고했다. 이 세기 부터는 현대적 생산양식, 현대 국가, 현대 프롤레타리아 계층, 그러나 또한 현대 사회주의도 생겨난다. 이로써 인류를 위한 새로운 시대가 열린다." 그러나 새 시대는 그 '선구자들'에 대하여 잘 알아야 했으며, 그 대표자로서 특별히 그는 재세례자들을 생각했다.[23]

IV.

카우츠키는 자신이 독립적인 역사연구자라는 주장을 하지는 않았다. 그러나 그 사회경제 이론가는 이제 역사적 소재를 다룬 책들도 썼다. 그리고 《선구자들》은 여기서 선두 자리에 있다. 역사적으로 수련을 쌓은 전문가로서가 아니라 긍정적인 말뜻에서 '문외한' 혹은 '호사가'로서 그는 주제에 접근해갔다. 그는 이렇게 해서 농민전쟁에 관한 유명한 논문을 쓰던 때의 엥겔스처럼 조직적인 태도를 취했다. 엥겔스에게 찜머만의 저작이 자료를 제공했다. 그의 노고는 슈바벤의 민주주의자에게는 성공하지 못한 과업, 말하자면 그 시대의 종교적·정치적 투쟁 문제를 같은 시대의 계급투쟁을 거울에 비쳐본 모습인 것으로 증명하는 것에 해당했다. 그의 방식의 토대는 마르크스에게서 비롯된 유

는 장을 참조하라.

[23] 카우츠키는 뤼벡(Lübeck)에서 민주주의적 질서를 세우려는 정치적인, 그럼에도 불구하고 의미심장한 시도를 아주 빈약하게만 언급한다. 이에 관해서는 다음을 참조하라. K. Kupisch, Demokratie und Reformation – Zur Geschichte Jürgen Wullenwevers, in: *Durch den Zaun der Geschichte*, a. a. O., S. 98–116.

물론적 역사관이었으며, 이는 대략 같은 시기에 마르크스에 의해 발간된 역사적·정치적 논문들인 "프랑스에서의 계급투쟁"과 "루이 보나파르트의 브뤼메르 18일"에서 사용된 역사관이었다. 엥겔스는 그의 작업이 정치적인 목적, 즉 현재의 계급 상황을 해명하는 것을 추구했음을 여전히 숨기지 않았다. "1525년의 독일혁명과 1848/49년의 독일혁명 사이의 평행선은 그 당시에 완전히 기각되기에는 너무 명백했다." "그 때 이후로 3세기가 흘렀으며 많은 것이 달라졌다. 그러나 농민전쟁은 오늘날의 투쟁과 그리 멀리 떨어진 것이 아니고 맞서 싸워야 할 적들 대부분이 여전히 동일한 자들이다. 1848년과 49년에 배신한 계급과 계급분파를 우리는 이미 1525년에 낮은 발전단계에서이기는 하지만 배신자였던 것으로 발견하게 될 것이다." 그리고 "프롤레타리아 계층도 1525년과의 평행선에서 아직 벗어날 수 있게 성장하지 않았다." 이는 그 논문들의 주요 테제이다.[24]

이제 카우츠키도 부르주아의 문헌에 마르크스주의의 전제에서 성장한 작품을 대치시키면서 정치적으로 계몽적으로 힘을 발휘하려고 했다. 그러나 확실히 그의 테마는 훨씬 더 포괄적이었고 정치적 현실과의 직접 대화를 목표로 삼지 않았고, 다른 한편으로 그는 그가 활용한 문헌에 엥겔스보다는 훨씬 덜 사로잡혔고 더 비판적이었다. 엥겔스는 역사적인 부분에 관해서는 그의 증인으로부터 거의 벗어나지 않았다. 결론적으로는 카우츠키는 '유물론적 방법'의 활용에서도 독자적이고 실용적이라고 말하고 싶은 길을 갔으며, 이는 마르크스와 엥겔스를 훨씬 넘어서 갔다. 그는 이에 관해《선구자들》(제1권) 제2판의 머리말에서 상세히 설명했으며, 이 관점의 기본 요소들에 대한 조망에서는《그

---

24 또한 다음을 참조하라. Gustav Meyer, *Friedrich Engels*, 1934, I, S. 359.

리스도교의 기원》 신판 서론의 해당하는 언급을 참조해야 할 것이다. 《선구자들》에 대한 입장 정립은 세계관적 '전제들'에 대한 비판으로 만족할 수 없다. 그에 관해 이 저서에서 주조를 이루는 것은 개인과 군집의 일치에 대한 신념이다. 여기서는 역사적인 인격체도 그 시대의 사회적 제조건에서 벗어난 것으로 이해될 수 없으므로 집단의 힘에 주된 강조가 주어진다. 그러나 이는 결코 특별히 마르크스주의적인 시각은 아니다. 물론 역사적 삶이 일반적으로 인식 가능한 법칙에 따라서 흘러가는지는 언제나 철학적 성찰의 문제로 남을 것이다. 어떠한 역사전문가도 물론 종교개혁의 기원을 오직 그 시대의 경제적 · 재정정책적 문제에서 해설하지 않을 것이며, 카우츠키가 기독교의 신앙고백의 역사적 유관성에 관해 이해할 능력을 보유하지 않았던 것은 확실히 아픈 결점이다. 이는 그의 사회학적 사실주의를 상당히 제한했던 것이 분명하다.

다른 한편으로 16세기를 시대의 분수령이 되게 한 중세의 기독교 공화국(Res publica Christiana)의 붕괴는 종교적 갱신 동력의 작품에 불과한 것이 아니며, 또한 결코 주로 그것의 작품인 것도 아니다. 그와 같이 종교개혁과 동반되는 신학적 기초 작업과 함께 한 종교개혁의 교회적 결단들은 그 시대의 보편적 위기 바깥에 있지 않았다. 이는 바로 교회사가가 그의 판단을 교리적 전제들로부터 내려지게 하고자 하지 않을 경우에는 확인해야만 할 것이다. 왜냐하면 과학으로서의 역사는 이 경험적 세계의 일들만을 대상으로 삼기 때문이다. 이 세계의 일들을 철학적 관념론의 형이상학에서 취해온 가치척도에 따라 위쪽의 정신적 영역과 아래쪽의 물적 영역으로 나누는 것을, 오직 믿음에만 통하는 진리들에 관하여 잘 아는 역사가라면 소홀히 할 것이다. 왜냐하면 신(神)의 하나의 세상만이 있으며, 이 세상은 한결같이 '세속적'이기 때문이다.

니체의 유명한, 그에게서는 물론 다른 의미로 생각된 외침 "형제들이여, 땅에 충실한 상태를 지켜라"는 카우츠키의《선구자들》에 관한 모토로도 붙여졌을 법한 것이다.

카를 쿠피쉬

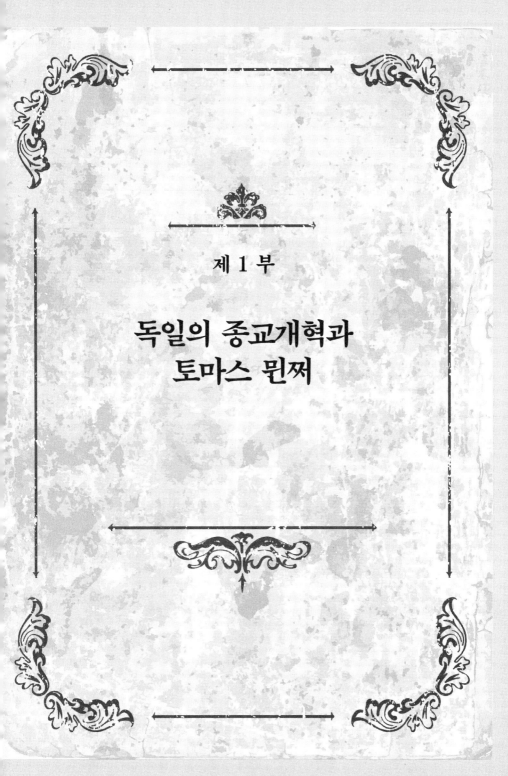

제 1 부

독일의 종교개혁과
토마스 뮌쩌

제 1 장

뮌쩌가 싹튼 토양

1. 독일의 종교개혁

종교개혁(Reformation) 시대에 관하여 집필하는 사람은 습관적으로 신학적 싸움에 주의를 기울이고 그 안에서 가장 중요한 내용을 본다. 그 시대의 투쟁을 물적 이해의 대립으로 환원하는 것은 기꺼이 사전에 받아들인 유물론적 파악에 힘입은 공허한 '가공물'로서 혐의를 받는다. 그러나 역사적 유물론이란 이론에 관해 전혀 알지 못한 채 그런 물적 이해관계를 발견한 종교개혁 때의 동시대인들이 얼마든지 있다. 그러한 증인을 충분히 발견하는 데는 나중의 관념론적 서술에 의해 시각의 불편부당성을 잃는 일이 없기만 하면 된다.

그 시대의 가장 예리하고 학식이 높은, 그러나 또한 가장 주저함이 없는 사람 중 하나가 이탈리아 사람 에네아 실비오 삐꼴로미니(Äneas Sylvius Piccolomini)였다. 전에는 교회개혁의 열렬한 투사였고, 교황청에 대한 날선 비판자였던 그는 그러고 나서 교황과 화해했고 그 때문에 1456년에 추기경 고깔모자로 보답을 받았다. 2년 뒤에 그는 교황 비오 2세가 되었다. 그런 사람으로서 그는 자기 자신의 예전의 글들을 이단적인 것으로 정죄하는 일을 해냈다.

그의 추기경 임명 후에 하이델베르크 태생으로 마인츠의 디트리히 폰 에르바흐(Ditrich von Erbach) 대주교의 사무장이던 마르틴 마이어(Martin Mayer)가 그에게 서신을 보냈으며, 그중에는 다음과 같은 문장이 있다. "로마의 권좌가 야만인인 우리에게서 자신의 방식대로 금을 빼앗아가는 천 가지 방식(이는 앞으로 부분적으로 설명된다)이 안출됩니다. 그로써 한때 아주 유명하여 로마제국을 의기와 피로써 차지했고 세계의 여주인이자 여왕이던 우리 민족이 이제 빈곤 상태에 빠져서 종살이를 하고 조공을 바치는 신세가 되었으며, 진흙탕에 뒹굴고 벌써 수년째 그 불행과 빈곤을 슬퍼하는 일이 벌어졌습니다. 그러나 지금 우리 군주들은 잠에서 깨어나서 이 불운에 어떻게 대처하면 좋은지를 생각하기 시작했습니다. 아니 멍에를 완전히 벗어던지고 옛 자유를 되찾기로 결심했습니다. 그리고 로마제국의 군주들이 정말로 마음속에서 펼치는 것을 완수한다면, 이는 로마 교황청에게는 이만저만한 일이 아닐 것입니다."[1]

에네아 실비오는 마이어에 대한 반박으로 독일의 처지에 관한 단행본을 쓰는 것이 필요하다고 보았고, 그 책은 1458년 교황으로 선출되기 직전에 나왔다.[2] 그는 거기서 이렇게 공언한다. "영적으로 빈곤한 자들은 독일이 가난하다고 주장한 자들이었다." 그는 그 당시에 독일

---

[1] Bei Ullmann, *Reformation usw.*, I, S. 214.

[2] 우리는 1496년 Leipzig판을 활용했다: 《에네아 실비오, 독일의 형편, 상황, 풍습 및 정황에 관한 서술》(*Enee Sylvii de Ritu, Situ, Moribus ac Conditione alemanie, Lypßick*).

에서 융성했고 큰 부를 가져왔던 상업과 광업을 언급하면서 이를 증명하려고 한다. 그는 이렇게 외쳤다. "상인들이 있는 곳에 부도 있다는 것이 사실이라면, 독일인들은 가장 부유한 민족이라는 것을 인정해야 한다. 왜냐하면 그들 대부분은 상업이윤을 탐내어 멀리까지 모든 나라를 휩쓸고 다니기 때문이다. … 그리고 예전에는 알려지지 않았으나 당신들 나라에서 발견된 금과 은의 광맥을 생각해보라. 보헤미아에서는 쿠트나호라 광산을 보유하고 작센에서는 랑크베르크 광산을, 마이센 프라이베르크에는 현기증이 나는 높이에 무진장의 은광을 보유하고 있다." 그리고 나서 그는 인스탈과 엔스탈에 있는 금광과 은광, 라인 지역과 보헤미아의 금세광소를 언급하고 끝으로 이렇게 질문한다. "당신들에게 은잔으로 마시지 않는 음식점(diversorium)이 어디 있는가? 귀족들 중에서만이 아니라 평민들 중에서도 어떤 여인이 금붙이로 광채를 발하지 않는가? 내가 기사들의 목걸이와 순금으로 세공된 말고삐, 보석으로 뒤덮인 박차와 칼집, 금으로 빛나는 반지와 검대, 갑옷과 투구를 꼭 말해야 했는가? 그리고 성당의 기물들을 얼마나 호화로우며, 얼마나 많은 성 유물이 진주와 금으로 둘러싸여 있는 것을 우리가 발견하며, 제단과 사제들의 장식은 얼마나 풍성한가!"

독일은 이처럼 로마의 권좌에 공물을 납부할 형편이 충분히 된다는 것이다. 그러나 독일이 그 선물을 중지했다면, 로마의 권좌는 어디로 갔겠는가? 그것은 가난하고 비참하게 될 것이며, 자신의 큰 의무를 완수할 능력이 없을 것이다. 왜냐하면, 교회국가에서 나오는 작고 불안정한 수입은 그것에 충분치 않았기 때문이다. 부가 없이 사람은 똑똑할 수 없으며 위신도 있을 수 없다는 것이다. 사제들은 역시 모든 사회 질서 가운데서(*in omni lege*) 부유했다.

제시된 두 글 사이에 이보다 더 큰 상충이 있을 수 없다. 이렇게 말할지 모르겠다. 오직 한 쪽이 옳을 수 있고, 다른 쪽은 거짓을 말하는 것이 분명하다고. 그러나 비록 과장이 없지는 않으나 양쪽 다 옳다. 각자는 나름대로 15세기 후반 독일의 형편에 대한 불완전한 그림만을 내놓은 것이다. 그들이 서로 간에 화해할 수 없는 대립관계에 있었던 바로 그 때문에 둘 다 옳다. 왜냐하면 이 대립은 그 당시에 존재하던 대립, 그리고 화해할 수 없는 것이기 때문에 양자 간의 투쟁과 한쪽의 다른 쪽에 대한 승리에 의해서만 지양될 실제 사태에서의 대립을 충실히 반영하기 때문이다.

마이어의 편지와 에네아 실비오의 화답은 다양한 파벌의 교회개혁자들이 나중에 예정설과 성만찬 등에 관해 늘어놓은 신학적 논쟁의 잡동사니에서 벗어난 종교개혁의 전개에 중심이 된 핵심사항을 가장 극명하게 우리에게 보여준다.

에네아 실비오는 옳았다. 독일은 15세기에 그 광업과 상업으로 부유했고 번창했다. 그는 또한 로마의 권좌가 주로 독일로부터의 수입에 의존했다고 한 것에서도 옳았다. 왜냐하면 유럽의 다른 큰 문화민족들은 그 당시에 이미 교황의 착취에서 상당 정도 벗어나 있었기 때문이다. 그럴수록 더욱 교황청은 착취적 역량의 전력을 기울여 독일 국민을 덮쳤고, 그럴수록 더욱 완강하게 독일 국민에게 작은 양보라도 하는 것을 거절했다. 교황의 착취의 완화는 기대할 수가 없었다. 독일은 이를 저항하지 않고 견디든가 아니면 로마에서 완전히 떨어져 나와야 했다.

그리고 로마에서 떨어져 나와야 한다는 사고는 점점 더 확고한 발판 위에 섰다. 왜냐하면 마르틴 마이어도 옳았기 때문이다. 독일에서 부도 많이 증가했지만, 교황의 착취는 극도로 짓누르는 부담이자 경제발전의 장애물을 의미했다.

이미 독일이 나머지 문화민족들이 벗은 짐을 져야 했다는 사정은 독일을 불리하게 했다. 프랑스에서도, 영국과 스페인에서도 교회는 다수 민중을 착취했다. 그러나 착취의 수확물 상당 부분이 그 나라 안에 남아서 지배계급에게로 돌아갔다. 이 계급이 일부는 자체 구성원들과 같이, 그리고 또 일부는 다른 계급에서 온 꼭두각시, 기생자들과 같이 생기는 것이 많은 모든 성직을 차지했다. 반면에 독일에서는 많은 성직이 독일의 군주들이 아닌 외국인들, 교황의 꼭두각시들에게 돌아갔다. 그리고 독일에서 모든 소득이 높은 교회 직위는 교황이 가장 돈을 많이 내는 자에게 판매한 상품이었다. "관직과 직위의 상당 부분이 교황청에서 살 수 있는 것이 되어 성직들은 점점 더 판매용 상품으로 되었다. 급기야는 생기는 것이 많은 성직록 장사를 더 활성화하기 위해 상당한 이자를 받고 거대한 상업회사들에 넘기기에 이르렀다. 예를 들어서 푹거(Fugger) 가(家)는 어느 아우크스부르크의 성직록 수령자의 사망 후에 그 성직을 회수해갔다. 그러면 성직은 재판매되었고 새로운 구매자에 의해 아마도 또다시 최고 가격을 제시하는 자에게 임대되었을 것이다. 빔펠링(Wimpheling)은 24개의 성직을 가졌고, 그중에서 8개는 주교좌성당 참사회원 직위였으나 한 가지 직위도 스스로 수행하지 않는 한 성직자를 알았다. 카피토(Capito)는 스트라스부르의 성직자회 회원 야콥의 말에 따르면, 그가 백 개의 성직을 마련하여 그것으로 진짜 장사를 했다고 한다."(F. z. Bezold, *Geschichte der deutschen Reformation*, Berlin 1890, S. 78) 후텐(Hutten)은 한번은 이렇게 말했다. "그것을 얻으려고 로마에 기여했거나 많은 돈을 뇌물로 그곳에 보냈거나 바로 푹거 가를 통해서 성직을 사지 않은 사람은 여기서 생기는 것이 많은 성직을 차지하기가 쉽지 않다."("로마의 삼중성",《울리치(Ulrich) 대 휴튼(Hutten)의 대화》, David Fr. Strauß가 번역하고 해설함, Leipzig 1860, S. 106) 이 때문에 푹거 가는 루터와 싸우는 데 금전 지출에서 아낌이 없었던 가톨릭 신도이기도

했다.

이 모든 교회 직위를 위해 엄청난 액수가 세세연년 로마로 흘러들었고 독일의 큰 착취자들, 독일의 군주와 상점 주인을 떠났다. 그리고 상업과 광업이 가져다준 이익이 컸고, 독일의 부가 빠르게 성장했더라도 착취자들의 돈에 대한 필요와 돈에 대한 탐욕은 더 빠르게 성장했다.

15세기에 상품생산과 상품교역, 그래서 이른바 화폐경제는 독일에서 이미 상당한 크기에 도달했다. 자기 필요를 위한 생산인 자연경제는 생산의 배타적인 형태로서는 농촌에서조차 빠르게 후퇴했다. 도처에서 돈을 향한 필요는 점차 커졌고 지배계급에서는 가장 컸다. 이는 그들의 생활기준이 극히 빠르게 방종한 사치로 올라갔기 때문일 뿐 아니라 오직 돈으로만 충족될 수 있었던 요구가 그들에게서 커졌기 때문이다. 그 당시에 발생한 절대군주제는 용병과 관리들의 급료를 지불하기 위해서 돈이 필요했으며, 순종하지 않는 귀족계층을 자기 조정에 끌어들여 자신을 섬기게 만드는 데 돈이 필요했고, 끝으로 자신의 적의 수하들을 매수하는 데 돈이 필요했다. 세금을 고안해내고 시민과 농민을 쥐어짜고 벗겨 먹으며 그들에게서 짜낼 수 있었던 것을 짜내야 했다. 그러나 오직 드물게만 정기적인 수입으로 충분했으며, 그래서 채무를 지는 것이 필요했다. 이는 다시 새로운 이자 지출을 요하는 채무였다.

모든 쥐어짜냄과 퍼냄에도 불구하고 그 당시에 재정을 잘 꾸려 나간 군주들은 극소수였으며, 그래서 그 군주들은—그리고 그들과 함께 이런 부담과 다른 부담들도 진 부하들도—독일의 증가하는 부에도 불구하고 자신들이 가난해졌다는 것, 그리고 교황이 아무 대가 없이, 정말 아무 대가 없이 알짜를 걷어가고 자신들에게는 기름 뺀 우유만 남겨놓는 것을 수수방관한다는 것은 견딜 수 없다는 것을 느꼈다.

그러나 교황의 착취에서 해방되는 것은 그렇게 간단한 문제가 아니었다. 물론 군주들과 마찬가지로, 아니 그들보다도 훨씬 더 민족 대중이 고생을 했으며, 그 하층계급인 농민과 도시 프롤레타리아, 그리고 바로 그 위에 있는 민중계층인 시민계층과 하급귀족이 로마의 지배하에서 고생했다. 위클리프와 후스 이전에 이미 바이에른 사람 루트비히 아래서 그들은 교황청에 대항하는 투쟁을 전개할 태세를 보였다. 그러나 하층계급은 상층귀족과 대상인, 군주 들에 의한 증가하는 착취 아래서 그에 못지않게 고생했다. 그리고 보헤미아와 마찬가지로 영국도 사회 안의 거대한 권위들 중 하나를 전복한다는 것이 권력자들에게 얼마나 위험한지를 보여주었었다. 18세기 말 19세기 초의 프랑스 혁명전쟁이 유럽에서 반동의 시기를 불러왔고, 도처에서 흥기하는 부르주아지로부터 오랫동안 혁명적 방식으로 소시민, 프롤레타리아와 동맹하여 군주절대주의와 귀족적 토지 소유에 맞서 싸우려는 의지를 빼앗아간 것처럼, 후스파 전쟁도 보헤미아에서만이 아니라 독일에서도 반동의 시기를 낳았다. 그리고 제국의 지배계급 중에서 로마에서 이탈하려는 생각이 우세하게 되기까지는 오랜 시간이 필요했다.

결과적으로 황제와 교황 간의 연합, 이는 룩셈부르크인들이 카를 4세와 지기스문트 재위시에 기초를 놓았던 것인데 이것은 황제의 보좌에 앉은 이들의 계승한 자들, 합스부르크인들 밑에서 계속될 수 있었다. 룩셈부르크인들이 교황청의 친구가 된 이유들에 더하여, 합스부르크인들에게는 막 합스부르크의 땅을 위협하던, 그리고 교황에 의해 조직된 십자군 원정에 의해서만 퇴치될 수 있어 보이던 투르크 위험이 가세했다.

태만한 프리드리히 3세는 교회정책의 가장 중요한 문제들에서 교활한 변절자인 에네아 실비오의 꼭두각시일 뿐이었다. '마지막 기사'였던 막시밀리안, 왕좌에 앉은 이 현학적인 낭만주의자는 극도로 동요하고 주견이 없는 태도를 보였다. 그러나 그에게 황제와 교황의 이해관계가 얼마나 밀접하게 결부된 것으로 여겨졌는지는 그가 황제의 관을 교황관과 함께 같은 사람의 머리에 통합하여 씌우려는 계획을 가질 수 있었던 데서 짐작할 수 있다. 그리고 카를 5세는 합스부르크 세습지들의 주인으로서 교황이 그의 계획을 방해할 때에는 언제나 교황에게 격렬하게 맞서 투쟁했고, 그의 용병을 로마로 보내기까지 해서 그곳을 파괴하도록 시키는 일도 별로 서슴지 않았지만, 그는 황제로서 독일에서 위협받던 교황의 권위를 정열적으로 옹호하고 나섰다. 독일의 황제가 그 자격으로 그 당시에 최대한 처신할 수 있었던 만큼 정열적으로 나섰던 것이다.

이 모두에 더하여 독일의 절망적인 균열, 물론 황제의 권력을 최소한으로 축소했으면서도 또한 황제와 교황의 적들이 일치된 행동으로 단결하는 것을 어렵게 한 이 균열을 감안한다면, 독일에서의 종교개혁이 후스파 전쟁의 발발 후 1세기가 지나서야 궤도에 오른 것도 이해가 된다.

그러나 그러는 가운데 모든 영역에서 발전이 크게 진행되었다. 정신적이고 군사적인 투쟁의 수단은 얼마나 완벽해졌는가! 책 인쇄술이 발명되었고, 포술이 연마되었다. 교통수단, 특히 항해수단은 고도로 발달했다. 종교개혁 직전에 세계 역사상 처음으로 모험적인 항해자가 대서양을 바로 횡단하여 항해했다. 1497년에는 존 카봇(John Cabot)이 브리스톨에서 라브라도르(Labrador)까지 항해했고, 1498년에는 콜럼버스가 팔로스(Palos)에서 서인도제도까지 항해했다. 1000년경에 아메리카에 도착한 노르만인들은 아이슬란드와 그린란드를 거쳐 가는 길을 골랐었다.

15세기에 이런 항해의 동기를 주었던 것은 투르크인들과 중앙아시아의 다른 민족들이 밀려 들어와서 동방으로 가는 옛 무역로를 막았던 사정이었다. 유럽의 항해가 그 당시에 도달한 수준 덕분에 이는 동아시아와 유럽 간의 무역 중단을 가져온 것이 아니라 한편으로는 아프리카의 연안을 따라서, 다른 한편으로는 대양을 가로질러 인도로 가는 새로운 뱃길을 찾게 했다. 발견의 시대가 열렸고, 현대적 식민정책이 시작되었다.

이를 통하여 인류의 시야가 갑자기 엄청나게 넓어졌고, 인간 지식의 완전한 혁명의 길이 열렸을 뿐 아니라 또한 경제적 혁명도 초래되었다. 유럽의 경제적 중심(重心)은 지중해 해역에서 대서양 연안으로 옮겨졌다. 이탈리아와 유럽 동부의 경제발전은 낮은 상태에 붙들어 매어졌고 방해를 받았던 반면에 서유럽의 경제발전은 강력한 자극을 받아 갑자기 앞으로 추진되었다. 국가 간의 대립과 마찬가지로 계급 간의 대립 등 기존의 대립들은 극단적으로 첨예화되었고, 극단으로 치달았다. 새로운 대립이 창출되었고, 새로운 자본주의적 착취 형태에 특징적인 모든 격정이, 그 야만성을 거의 떨쳐버리지 못한 중세의 전체적인 힘과 맹목성을 가지고서 효력을 드러낸 온갖 격정이 족쇄가 풀렸다. 전래되어온 모든 사회적·정치적 관계는 무너졌고, 모든 전통적 도덕은 지지를 잃은 것으로 드러났다. 일련의 무서운 투쟁이 한 세기에 걸쳐 유럽을 휩쓸고 지나갔고 그동안 소유욕과 살기, 절망적인 광란이 섬뜩한 난장판을 벌였다. 누가 바르톨로메오의 밤을 모르는가, 누가 독일에서 30년 전쟁의 영웅들이, 네덜란드에서 알바(Alba)가, 아일랜드에서 크롬웰이 어떻게 행패를 부렸는지 모른단 말인가?—그것도 같은 시대의 식민정책의 공포는 완전히 도외시하더라도 말이다!

이 거대한 변혁은 유럽이 민족대이동 이후로 맞았던 가장 큰 변혁으로서 (영국을 제외하면) 1648년의 베스트팔렌 평화조약에서 비로소 웬

만큼 종결되었다. 이는 유럽 전체를 격동시켰고, 17세기 중반까지 투쟁하는 자들에게 슬로건과 투쟁의 논리를 전해준 독일 종교개혁에서 비롯되었다. 피상적인 관찰자라면 이 모든 투쟁에서 오직 종교 문제만이 중요했다고 생각할 정도이다. 실제로 이 투쟁들을 종교전쟁이라고 부른다.

이 모든 것을 볼 때 독일의 종교개혁 운동은 이런 종류의 이전의 모든 운동을 세계사적 의미에서 월등히 능가한다는 것, 그것이 일반적으로 종교개혁(die Reformation)이란 말이 가리키는 것이 되었다는 것, 독일인들은 로마에 맞선 봉기에서 유럽의 다른 문화 민족들을 아주 늦게 뒤쫓아 갔음에도 다른 민족에게 정신적 자유를 가져다줄 민족으로 정해진, 정신적 자유의 선택된 민족으로 통할 수 있었다는 것은 놀라운 일이 아니다.

2. 마르틴 루터

화약통에 불티를 던져 무서운 세계적 화재가 일어나게 한 남자, 이 모든 전복의 선동자가 된 듯이 보이는, 어느 사람들에게는 신격화되고 다른 사람에게는 저주받는 그 남자는 아우구스티노회 수도사 마르틴 루터 박사였다.

그가 운동의 중심에 휘말려 들었다면, 이는 탁월한 통찰력이나 창의적이고 대담한 생각 덕분은 아니었다. 아주 많은 그의 동시대인이 그 점에서는 그보다 훨씬 앞서 있었다. 프랑스와 이탈리아에서만이 아니라 독일에서도 상층계급의 여러 구성원은 벌써 교회적 사고형태를 완전히 버리는 데, 아니 이를 비웃는 데 도달했으며 이는 14세기에 이탈리아에서 처음 생겨난 이른바 인문주의(Humanismus)라는 새로운 교양 덕분이었다. 이는 고대 문화에 연결된 것이었고 인문주의는 그 재탄생(르네상스)을 확실히 의미했다. 독일에서는 교회에 학문을 대치시켰고 그리스도의 신성을 부정한 무티안(Mutian)의 지도 아래에 있던, 에르푸르트의 청년 인문주의자들을 들 수 있다. 루터는 에르푸르트에서 수학하던 여러 해 동안에 이 인문주의자 집단에 가입했다(1501년). 그러나 그들의 정신보다는 유쾌한 삶이 그를 끌었던 것 같다. 최소한 그들의 정신에 관해서는 즐거움 뒤에 숙취의 두통이 찾아왔으며, 마르틴은 수도원에 들어가기로 결심했다는 것(1505년) 이상으로 더 주목할 것은 없었다.

그러나 교회의 가르침을 충실히 따랐던 자들 중에서도 가톨릭의 교리로부터 핵심적 사항들에서 벗어난 사람들이 많이 있었다. 우리는 요한 폰 베젤(Johann von Besel) 한 사람만 언급하려고 한다. 그는 에르푸르트 대학 교수였고 루터가 태어나기 이태 전인 1481년에 죽었다. 이 사람은 온 힘을 다해 "자줏빛 옷을 입은 원숭이" 교황을 비난했고, 면죄, 성인숭배, 고해, 성만찬, 종부성사, 단식의 교리들을 비판했다! 그는 언젠가 강론에서 이렇게 말했다. "성 베드로가 음식제도를 정했다면 그것은 자기가 잡은 생선을 더 잘 팔려고 수를 쓴 것이었을 것이다." 우리가 이 인용문을 발췌한 "종교개혁 이전의 개혁자들"(I, S. 333)이란 글을 쓴 울만(Ullmann)은 요한 폰 베젤에 관하여 상세하게 다루었다. "베젤의 면죄에 관한 글과 가르침이 루터의 신념의 발달에 영향을 주었는지는 확실히 판단할 수는 없다. 루터가 에르푸르트에서 베젤의 글을 공부했고 또한 그 글들과는 독립적으로 베젤의 교리들이 이 대학에서 확실히 영향을 남기고 있었기 때문에 그것은 가능했다. 아니, 그랬을 개연성까지도 있다. 그러나 그럼에도 베젤은 면죄를 비판하는 글의 작성에서 이미 테제 발표 단계의 루터보다 이론적으로 훨씬 앞섰다. 비록 힘차고 심오하고 대담했으나 동시에 인식에서 다소 불안하고 목전의 악의 상태에 더 방향이 맞추어진 루터의 이론보다 베젤의 의론은 더 명확하고 용의주도했으며, 더 포괄적이었고 제도 전체와 그 최종적 근거를 더 많이 다루었다."(A. a. O., I, S. 307)

루터는 1508년부터 비텐베르크의 신학교수였고, 1515년부터는 그 도시의 주임신부였다. 그는 1517년경 테첼이 작센에서 영위한 면죄부 장사에 분노했다. 이는 거덜 나지 않은 이들의 주머니에서 교황 레오 10세의 깊이를 알 수 없는 보물상자로 돈을 요술처럼 옮기기 위한 것이었다. 그는 다른 많은 사람들처럼 이에 분개하여 이에 맞서서 나서기로 결심했다. 그가 이것을 행한 형태는 전혀 이례적이지 않았다. 그는 그 당시에 대학교수들이 관습적으로 하던 것처럼 면죄에 관한 95개의 테제(명제)를 비텐베르크 성당 문에 붙이고(1517년 10월 31일) 이에 관한 토론을 청했다. 이 테제들의 내용도 전혀 혁명적이지 않았다. 그것은 그때까지도 교회 내부에서 의견일치를 보지 못했던 논점들을 다루는 것일 뿐이었다. 베젤이 했던 것처럼 면죄에 원칙적으로 반대하고 나설 생각은 하지 못했다. 그런데 제71테제는 이렇게 되어 있다: "교황의 면죄의 진리에 반대하여 말하는 자는 저주받고 망할지어다." 루터 자신도 자신에 관해 나중에 이렇게 설명했다. "내가 면죄에 반대하는 일을 시작하던 당시에 나는 교황의 가르침에 흠뻑 취해서 아니 잠겨서, 열성적으로 내 힘이 된다면 교황에게 순종하려고 하지 않는 모든 사람을 죽일 태세가 되어 있을 정도였다. 아니 최소한 그런 자들이 죽임을 당하는 것을 즐거워하고 그 일을 도왔을 정도였다."

루터와 테첼 간의 논쟁은 두 사람의 동시대인이 바로 지적했듯이 단순한 수도사들의 언쟁이었다. 그러나 단순한 교리에 관한 것이 아니었고 돈 주머니에 관한 것이어서 이 점에서는 교황청이 항상 특별하게 예민했다. 그리고 이 언쟁은 고도로 시끄럽고 위험한 시대에 벌어진 것이다. 독일 전체가 그 당시에 교황과 그의 교회에 대한 전의(戰意)로 가득 찼다. 후텐이 스스로 표현하듯이 독일로부터 성직자 사회의 귓전을 울린 "악당을 겨눈 화살들" 가운데 가장 중대하고 가장 효력이 컸던 것은 범부(凡夫)들의[3] 편지였다. 이는 1515년부터 1517년까지 무티안(Mutian)의 친구들, 특히 크로투스 루비아누스(Crotus Rubianus)와 후텐(Hutten)에 의해 발간된 일련의 편지들, "교회 학문의 대표자들을 요란한 바보와 건달들로 만든" 풍자와 만화였다.(Bezold)

그 면죄부 장사는 독일의 모든 곳에서 격렬한 저항을 불러일으켰다. 그러한 상황에 직면하여 교회의 사람 그 자체인 신학교수가 면죄처럼 예민한 문제에 관한 논쟁에 불을 붙였다면 이는 교황청에는 이중으로 마땅치 않은 일이었음이 분명했다. 오래 가지 않아 교황청이 논쟁에 끼어들었다. 평온을 되살리기 위해서였다. 그러나 이를 통해 교황청이 의도했던 것과는 반대의 일을 야기했다. 한편으로 교황청은 자신이 벌써 독일에서 무기력하게 되어 있었음을 입증했다. 왜냐하면 교회와 세속의 루터의 상관(上官)들이 그에게 침묵을 명하도록 유도하는 데 실패했기 때문이다. 반면에 교황의 개입은 교황청에 대한 수많은 모든 반대자가 이제 루터를 주목하고, 그의 주위에 모여들고 그를 앞세워 밀고 나가게 만들었다. 루터와 테첼 간의 결투가 루터와 교황 간의 결투가 됨으로써 그것은 또한 교황과 독일민족 간의 결투로 되었다.

정당한 자신의 주견 없이 루터는 친구와 적에 의해 교황청과의 결별

---

[3] "*Epistolae obscurorum virorum*"에 대한 이 번역이 "반계몽주의자들의 편지"(Briefe der Dunkelmänner)라는 전통적 번역보다 덜 오해를 야기한다는 얀센의 견해에 우리는 공감한다.

로 떠밀려갔다. 1519년에 그가 1518년만 해도 축복하던 것을 저주했고 방금까지 정죄했던 것을 유일하게 구원해주는(alleinseligmachend) 것으로 선언했다면, 이는 그의 인식이 확장된 결과가 아니라 그가 받은, 그리고 그를 이끈 순전히 외부적인 영향의 결과였다.

교황이 1520년에 루터에게 발부한 파문칙서는 물에 던진 돌이었다. 그것은 독일에서 루터의 인기를 증진해주었고, 한번 발을 들여놓은 길로 전진하도록 그를 몰아갔던 것으로만 의미가 있었다.

1519년에 막시밀리안을 계승하여 새로 뽑힌 황제 카를 5세는 호전적인 이 교수를 위협하여 침묵시키는 데 성공할 것이라는 희망을 품고 루터를 보름스의 국회로 초치했다(1521년).

사람들은 루터의 보름스 출두를 후스의 콘스탄쯔 출두와 비교하곤 했다. 그러나 상황은 완전히 달랐다. 후스는 교회 집회, 그의 불구대천의 원수들 앞에 나타나려고 조국을 떠났다. 루터는 그 의원 다수가 그에게 호의적 의견을 가졌던 독일 국회에 출두했다. 정말로 그는 용감하게 처신했다. 그러나 그는 이미 그가 건너온 다리를 끊었고 비겁함과 불명예의 행위를 연출하지 않고는 더 이상 돌아갈 수 없었다. 그리고 그는 "여기에 제가 섰습니다. 저는 다른 것을 할 수 없습니다. 하느님, 저를 도와주십시오. 아멘" 하고 고백했을 때, 필시 보름스에서 남자다움의 요청만이 아니라 또한 그리고 더욱더 슬기의 계명도 따랐을 것이다. 왜냐하면, 굴복을 했더라면 그는 적들을 무마하지도 못하고 도리어 그의 벗들의 분노를 돋우었을 것이기 때문이다. 굳게 서 있는 경우보다 굴복할 경우에 더 큰 위험이 그를 위협했을 것이다. 그가 보름스에서 꼿꼿한 채로 버틴다면 그에게 털끝 하나라도 건드리는 것을 군주들과 기사들이 용납하지 않으리란 것을 그는 알았다. 해를 당하는 일 없이 그는 국회를 떠났다.

뮌쩌는 훗날 루터가 보름스에서 했던 자신의 영웅적 행동을 으스댔으므로 그를 조롱했다. "자네가 보름스에 가서 국회에 출두한 어리석은 치기를 보면, 자네의 명성에 관해 말문이 막힌다네. 자네가 독일 귀족의 주둥이를 어루만져주고 꿀을 먹여주었으니 그들이야 고마워하겠지. 자네가 자네 설교로 보헤미아식 선물, 곧 자네가 지금 군주들에게 약속하는 수도원들과 성당들을 주리란 것 말고 그들은 다른 추측을 하지 않기 때문이지. 자네가 보름스에서 망설이기라도 했으면, 자네는 풀려나기는 커녕 귀족들에게 칼을 맞았겠지. 누구든지 다 아는 일이라네."[4]

루터를 종교개혁의 중심으로 만든 것은 비상한 통찰력도 아니고 그렇다고 해서 비상한 용기도 아니었다. 그의 비상한 개성은 다른 방면에 있었다. 루터는 사상가나 순교자로서 두각을 나타낸 것이 아니라 선동자로서, 드물게만 한 사람에게 통합되는 여러 개성의 통합을 통해서 두각을 나타냈다.

박사이고 신학교수라고 해서 그는 결코 농민의 아들임을 잊지 않았다. 지식인으로서 그는 하층 민중계급의 필요와 감정, 사고를 이해했으며, 그의 동시대인 누구보다도 그들의 언어를 구사할 줄 알았다. 그의 다음으로도 소수의 사람만이 그렇게 할 줄 알았다. 레싱(Lessing)과 같은 논쟁의 명수로서 그는 대중을 감동시키는 동시에 지배계급에게 외경심을 불러일으키는 드문 기술을 터득했다—이 점에서 그는 라살레(Lassallle)와 일맥상통한다. 그 외에는 그와 별로 닮은 점을 보이지는 않는다.

독일에서 그 이전에 교황청의 어떤 반대자도 이를 터득하지 못했다. 그들 각각은 실질적으로 꼭 의도적이라고는 할 수 없어도 단지 한 계급

---

[4] Hoch verursachte Schutzrede, 1524.

에게 의지했다. 어떤 이들은 하층계급에게 의지했다. 예를 들어서 독일어로 된 최초의 혁명적 문서인 "지기스문트 황제의 종교개혁"(Reformation Kaiser Sigismunds)의 작성자가 그랬다.(Bezold) 이들은 상층계급에게서는 타보르적 경향의 의혹을 받았고, 이는 그럴 만도 했다. 지배자들은 그들에 대해 질색했을 뿐 아니라 직접 박해의 유혹을 받는 일도 흔했다. 그러나 교황의 권력에 반대한 상층계급의 구성원들은 대중을 옹호하는 글을 쓰지는 않았다. 예를 들어서 15세기 중엽 뉘른베르크의 시 법률고문이었던 그레고르 폰 하임부르크(Gregor von Heimburg)가 그랬다. 그는 "루터 이전의 부르주아 루터"(Ullmann)로서 1440년부터 1465년까지 유식하고 날카로운 일련의 글을 써서 교황체제에 결연하게 투쟁했다. 파문을 당하여 뉘른베르크인들과 그밖의 수호자들에 의해 방치되어 그는 보헤미아로 포디브라트(Podiebrad)를 찾아서 도주해야 했다. 포디브라트가 죽은 후에(1471년) 그는 작센으로 가서 1472년에 투쟁으로 점철된 생애를 마감했다.

대단히 용감하고 노련한 투사였지만, 그는 민중에게는 냉담했다. 그들을 위해서는 글을 쓰지 않았던 것이다.

후텐도 마찬가지였다. 그 역시 처음에는 상층계급에게만 의지했다. 루터의 운동이 이미 독일 전체를 휩쓸었던 때에도, 후텐이 모든 신분의 독일인에게 공문서를 발부하는 것이 필요하다고 여겼을 때[5](1520년 9월 말) 그는 이를 라틴어로 작성했으며, 그 이유를 들기를 자신은 "지금까지 개혁해야 할 교회 수장들과 단 둘이서 만나 단지 웬만큼 경고를 하기 위해서, 그리고 일반 민중까지 이 일을 공유하는 데 끌어들이지 않

---

[5] Omnibus omnis ordinis ac status in Germania Principibus, Nobilitati ac Plebeis, Ulrichus de Hutten, Eques, Orator et Poeta laureatus. 이에 관해 다음을 참조하라. D. Fr. Strauß, *Ulrich von Hutten*, II, S. 89ff. S. 102ff. Leipzig 1858.

으려고 라틴어로 글을 썼다고 했다."

물론 그 직후, 그해 12월에 그는 이미 자신의 대의를 지키는 데 이 '보통 민중'의 힘을 얻기 위해서 이들에게 호소하지 않을 수 없게 된 것을 알았다. 그의 다음 글은 "교황과 비성직자적인 성직자들의 비기독교적 권력에 대한 탄식과 경고"라는 글로서 독일어로 나왔다. 그는 운율에 따라 작성된 이 글에서 이렇게 말한다

"전에는 라틴어로 썼으니
누구나 알지는 못했다오.
지금 나는 조국 독일민족에게
그들의 말로 외치오. 이 일들을
갚아주자고."

그러나 독일의 문필가로서 후텐은 루터를 힘겹게 뒤쫓아 갔다. 루터는 벌써 그 이전에, 특히 "독일민족의 기독교인 귀족들에게"라는 공적 서신에서 후텐보다 훨씬 효과적으로 독일어로 된 선동문을 쓴 효시가 되었다.

학식과 강렬하고 감동적인 대중성(Volkstümlichkeit)의 결합이 루터에게서는 그런 것들보다 더 드물게 일체화되어 발견되는 여러 특성의 결합에 의해 강화되었다. 궁정 신하들의 유연함, 절조 없는 적응능력과 농민들의 자연 그대로의 힘, 아니 거친 성격 그리고 광신도의 때로는 맹목적인 광기로 변질되기도 하는 거친 격정과의 결합이 그것이다.

로마와의 투쟁의 열기 속에서 루터는 극단적으로 치닫게 되었다. 그는 그에게 찾아온 모든 혁명가의 도움을 기쁘게 받아들였고 그들의 논조에 찬동했다. 이미 언급한 독일민족의 기독교인 귀족들에게 보내는

공개서신에서 그는 바로 혁명을 설교했다. 그는 기사(騎士)와 농민들을 위해 뛰어들었고, 착취자들, 고위 성직자들만이 아니라 상인들에게까지 낙인을 찍었다. 그는 교회공동체의 민주적 조직을 요구했다.

그리고 이 혁명은 무력으로 실행되어야 했다. 독일 귀족에 대한 공개서한과 동시에 루터는 실베스터 프리에리아(Sylvester Prieria)가 그를 반대하여 작성한 글 "무오류적 교황의 교사 직분에 관하여"를 혹평을 붙여서 발간했다. 거기에 붙인 발문에서 그는 이렇게 공언했다. "로마 교황파(Romanist)들의 광기가 그렇게 계속된다면 황제, 왕비, 군주 들이 무력으로 대처하여 무장을 하고 온 세상의 이 역병을 공략하고 이 일에 결단을 내리는 것 말고는 다른 구제수단이 남아 있지 않을 것으로 여겨진다. 더 이상 말로 해서는 안 되고 쇠붙이로 해야 하는 것이다. 우리가 교수형으로 절도범을 처벌하고 칼로 살인자를, 불로 이단자를 처벌한다면, 우리는 이런 타락의 교사들, 이런 추기경들, 교황들, 하느님의 교회를 흔적도 없이 부패시키는 로마식 소돔의 종양 전체를 온갖 무장을 하고 공격해서 그들의 피로 우리 손을 씻지 않을 이유가 있는가?"

군주들이 그와 뜻을 같이 하지 않은 경우에는 그는 그들도 공격했다. 그리고 우리는 오늘날 살아 있는 독일의 군주들에 관해 "하느님의 소중한 사람"이 했던 것처럼 의견 표명을 하라고 아무에게도 권하고 싶지 않다. 그는 공공연하게 황제를 참주라고 칭했다. 작센의 게오르그 공작에 대해서도 그는 단순히 "드레스덴의 돼지"라고 말했다. 그는 언젠가 이렇게 썼다. "군주들이 게오르그 대공의 그 우둔한 머리에 계속 귀를 기울인다면, 독일 전체에서 군주들과 시장들을 제거하고 동시에 성직자 계급 전체를 휘감을 봉기가 눈앞에 있으리란 것을 나는 몹시 두려워했다. 사물의 형국은 내게는 그렇게 여겨진다. 민중은 도처에서 흥분했으며, 보는 눈을 가지고 있고, 무력에 의해 진압될 의지도 없고 그럴 수도 없다. 주님은 이를 행하고 군주들 눈앞에서 위협과 현존하는 위험을 숨기는 분이다. 아니 그분은 군주들의 맹목성과 폭력성에 의해 그런 일을 완수하여 내게는 마치 독일이 피 속에서 헤엄치는 것처럼 여겨질 정도이다." 그는 이를 조금도 두려워하지 않으며, 파멸이 그의 앞에 있는 것이 아니라 군주들 앞에 도사리고 있다는 것이다.

1523년에도 지킹엔(Sickingen)이 군주들에 대항하여 봉기했고, 일반적인 폭동의 위협이 있었을 때 루터는 1월 1일에 가톨릭교 측의 성직자만이 아니라 세속군주들에 맞서서 "세속당국에 관하여, 사람들이 어느 정도나 그들에게 순종할 책무가 있는가"라는 글을 발표했다. 그는 거기서 이렇게 서술한다. "전능하신 하느님은 우리의 군주들을 발광시켜서 그들은 원하기만 하면 그것이 무엇이든 할 수가 있고 그들의 부하에게 명령할 수 있다는 것 말고는 다른 생각을 하지 않는다." "하느님은 그들을 잘못된 생각에 빠지게 했고, 성직자 융커들과 절교했듯이 이들과 절교할 것이다." "그들은 다른 이들에 대해 세금을 쥐어짜내고 다른 이들에게 이자를 물리는 것 이상은 할 수가 없었다. 여기에는 곰을, 저기에는 늑대를 풀어놓고, 그들에게서 그에 대한 아무런 의도, 참됨도, 진리도 찾아볼 수 없게 하고, 강도와 악한이 너무 많이 있게 하고, 또 성직자 폭군들의 통치처럼, 그들의 세속의 통치가 아주 밑바닥으로 몰락하게 할 수 있었을 뿐이다." 세상의 시초부터 영리한 군주는 드문 존재였고, 경건한 군주는 훨씬 더 드물게 발견된다고 그는 생각한다. "그들은 일반적으로 지상에서 가장 큰 바보이고 가장 사악한 악당들이다." "당신들의 독재와 방자함을 사람들은 오랫동안 겪을 수 없고 또 그러려고 하지도 않는다. 친애하는 군주들과 영주들이여, 당신들 스스로 판단할 줄 알기 때문에 하느님은 그것을 더 이상 그냥 두지 않을 것이다. 당신들이 야생동물들처럼 사람들도 뒤쫓으니 옛날과 같은 세계는 더 이상 아니다."

우리가 이런 문장들의 재인용을 좀 상세하게 했다면 이는 루터의 성격묘사만을 위한 것은 아니다. "선의를 품은" 사람들, 이들 중에는 루터교회의 지주(支柱)가 되는 이들도 있는데, 이들이 사회민주주의 선동의 "한없는 격렬함과 야만성"에 대해 그토록 분노하는 지금 그것은 오늘날의 사회의 지주의 하나가 된 가르침을 제공한 그 사람이 처벌받지 않은 채로 어떤 언어를 구사했는지를 암시해주는 것으로 우리에게 예시된 듯하다.

그러나 루터가 그런 언어를 구사하는 동안에 그는 물론 그에 상응하는 행동이 뒤따르도록 하는 것을 삼갔다. 일체의 혁명적 태도에서 그는 그의 주인이자 보호자인 작센의 프리드리히 선제후의 총애에 대한 고려가 그에게 그어준 한계선을 결코 넘어서지 않았다. 종교개혁이 진전되어가고 로마에 대항한 민족적 투쟁에서 옛날에 영국과 보헤미아에서처럼 독일에서 계급이해와 계급대립이 떠올라서 이편과 저편만이 있을 뿐인 내전이 발발하면서 루터는 카토(Cato)와는 다르다는 것이 드러났다. 그는 가능한 한 오랫동안 양다리를 걸친 뒤에 이기는 편에 가서 붙었다. 1517년부터 1522년까지 모든 민주적 혁명적 분자의 도움을 받아들이고 그들 모두에게 추파를 던진 뒤에 1523년부터 1525년까지는 그들 모두를 차례로 방치했고 배신했다. 먼저 지킹엔과 후텐의 지도하에 있는 기사 집단의 반대세력을, 그 다음으로는 대농민전쟁에서의 농민적 소시민적 반대세력을 그렇게 했다.

그러나 그의 배신으로 이 세력과 저 세력이 패배한 것에 대한 책임이 그에게 있다고 주장한다면, 이는 지나친 것이다. 어느 개인도 그가 아무리 강하다고 해도 계급의 세력관계를 마음대로 주무를 수는 없다.

그 당시에 독일에서 좌절했던 민주적 반대당파 분자들은 이미 거의 한 세기 전에 보헤미아에서 그 모든 군사적인 성공에도 불구하고 좌절했었다. 그들은 16세기에 유럽 모든 곳에서 몰락할 수밖에 없었다.

루터는 군주들 편에 섬으로써 그들의 대의(大義)가 승리하게 하지 않았다. 오히려 그는 승리한 군주들 편에 섬으로써 승리자로 등장했고, 그 승리가 가져다준 그의 인품과 사상에 대한 온갖 칭송과 영예를 차지했다. 그러나 그가 이전 5년간 불을 뿜는 언설로 모든 혁명가의 지원을 불러일으켰고 그의 대의를 그들의 대의로서 제시함으로써 그는 모든 피착취자의 사랑과 경탄을 받았다.

루터가 16세기 초에 독일을 휩쓴 강력한 폭풍의 와중에 한동안 가장 인기 있는 동시에 가장 위력적인 사람이었고 외견상으로 전체 운동의 촉발자이고 지도자였다면 우리는 그 원인을 혁명적 격정과 지조 없는 기회주의의 보기 드문 혼합에 돌린다. 그러나 그가 이런 역할을 담당할 수 있었던 것은 단지 그의 인간적 특성 때문만이 아니라 필시 더 높은 정도로, 그를 보호했던 군주의 나라 상황 덕분이었을 것이다.

3. 작센의 광산 호황

우리는 앞 권에서 타보르파 운동의 뿌리를 서술하면서 은광업이 14세기에 보헤미아에서 어떤 의미를 지녔었는지, 그것에 의해 사회적 대립이 얼마나 상승했는지, 그 나라와 그 나라의 지배자는 어떠한 힘을 획득했는지를 살펴보았다. 15세기에 보헤미아 광산의 생산량은 감퇴한 반면, 그 당시에 작센, 특히 마이센(Meißen)과 튀링겐(Thüringen)의 광산들은 힘찬 호황을 일으켰다. 프라이베르크의 은광의 품위(品位)는

1171년에 이미 유명했고, 프라이베르크의 광업권은 독일 전체의 광업권의 토대가 되었다. 그러나 15세기 말에 그것은 슈네베르크에 의해 추월당했다. 그곳에서는 1471년에 새로운 광맥이 발견되어 이는 전체 독일의 은광산 중에 그곳을 가장 수확이 많은 곳으로 얼마 동안 만들어 주었다. 1492년에는 슈레켄슈타인(Schreckenstein)에서도 성황을 이루었고 1496년에는 그곳에서도 광산도시 안나베르크(Annaberg)에도 주춧돌이 놓였다. 1516년에는 요아힘스탈 광산이 호황을 누렸다. 그곳은 절반은 보헤미아 땅이고 절반은 작센 땅이었다. 1519년에는 마리엔베르크 광산이 그러했다.

튀링겐에서는 가장 중요한 광산은 만스펠트 광산이었다. 12세기부터 운영되어온 그곳은 구리와 아울러 은과 금도 산출했다. 만스펠트의 구리 점판암은 금의 선광을 독일보다 더 잘 할 줄 아는 곳인 베네치아까지 운반되었다.

귀금속으로 된 부의 급속한 성장은 작센 도시들에서 상품생산과 상품교역을 촉진했다. 에르푸르트는 남쪽(베네치아)을 향한 무역을 위한 작센의 집산지로서 부유하고 유력한 도시가 되었다. 나중에 라이프치히가 된 할레(Halle)는 북방 교역을 위한 주요 집산지가 되었다. 무역은 양쪽을 향해 극히 활발하게 발달했다. 작센에서 이탈리아까지의 무역로는 뉘른베르크와 아우크스부르크를 경유했으며, 이 두 도시가 14세기부터 16세기까지 받아들인 유력한 입지에 크게 기여했다.

무역과 함께 생산도 발달했다. 예술과 수공업이 언급된 도시들에서 번창했다.

그러나 도시생활만이 작센의 '광업호황'에 깊이 영향을 받은 것은 아니다. 필시 농촌에 대한 영향은 훨씬 더 깊었을 것이다.

광업이 가진 목재에 대한 필요는 상당한 것이었다. 상자 짜기, 활차의 제작(우리가 아그리콜라의 책《광업에 관하여》에 묘사된 것을 본 대로, 나무궤도를 가진) 등에 쓰이는 건설용 목재가 들어가고 또 한편으로는 특히나 광석을 녹이는 데 쓰이는 연료용 목재가 들어간다. 원래는 광산이 위치한 곳의 마르크 조합이 가진 삼림이면 목재와 목탄의 수요를 충족시킬 수 있었다. 그러나 광산이 커져감에 따라 목재 필요를 충족시키기 위해서는 마르크 영역을 넘어서 멀리까지 손을 뻗쳐야 했고 더 많은 목재를 구입해야 했다. 마르크로부터의 광산의 분리는 결국 규율되는 목재 상업을 필요하게 만들었다. 우리는 이런 목재 상업이 16세기 초에 작센에서도 고도로 발달한 것을 보게 되며, 이는 이미 여러 번에 걸친 상업 계약들의 대상이었다.

예들 들어서 우리는 만스펠트 광산에 대해 다음과 같은 것을 알게 된다. "1510년에 만스펠트의 백작은 슈톨베르크(Stolberg)의 보토(Botho) 백작과 (목)탄 및 뗏목(뗏목으로 묶여진 목재)에 관하여 다음과 같이 서로 타협했다. 즉 슈톨베르크의 백작과 그의 신하들은 목탄에 더 높은 가격을 붙여서는 안 되며 이런 가격을 붙여야 한다는 것이다. 헤르크슈태트(Herkstädt)와 만스펠트의 제련 마이스터들에게는 한 굴덴에 아홉통, 아이스레벤의 마이스터들에게는 여덟 통을 주고 인도하게 해야 한다."[6]

그런데 광산지역에서도 사람들은 다른 농산물을 필요로 한다. 이런 지역들은 보통 척박하고 고도가 높고 산악지형인 곳에 있어서 곡물이 조금밖에 자라지 않으며, 거대한 광산에 몰려든 다수의 사람을 먹이기에는 너무 적은 양밖에 자라지 않는다. 광부들은 그들의 곡식을 스스로 경작하지는 못하고 구입해야 했다. 광산업이 발달할수록 목재교역과

---

[6] I. A. Bieringens S. S. Theol. *Cultor. und Mannßfeldischen Landeskindes Historische Beschreibung des sehr alten und löblichen Mannßfeldischen Bergwerks*, Leibzig und Eißleben 1743, S. 15.

아울러 곡물교역이 전면에 등장했다. 그것은 예를 들어서 작센의 '저지대'에서 '고지대'로 가는 길에 있는 츠비카우의 주 수입원을 이루었다.

그래서 농민과 지주들은 작센의 여러 지역에서 이른 시기에 상품 생산자가 되었다. 그러나 그들이 일단 판매를 위한 생산을 하게 되자 그 제품이 판매되는 것이기만 하면 무엇을 생산하든지 상관이 없었다. 그것이 꼭 곡물이어야 했던 것은 아니다. 그 시장은 제한적이었고 상업 작물을 위한 시장이 훨씬 넓었다. 독일 어느 곳에서도 상업 작물의 경작이 작센, 특히 튀링겐에서처럼 폭넓게 발달하지 않았다. 그 재배의 중심점을 이룬 것은 에르푸르트였다.

"에르푸르트 내부와 그 주위에는 특히 대청, 잇꽃, 아니스, 고추, 코르텐과 채소재배가 성했다. 오늘날의 인디고의 역할을 대신했던 대청 재배는 그곳에서 아주 중요하여 주위의 여러 마을에서 풍년일 때는 한 해에 오늘날의 화폐가치로 100,000탈러 이상으로 대청을 판매했다."[7]

에르푸르트의 상업은 대청과 사프란으로 독일 대부분의 염색업에 원료를 공급했다.[8] 고타(Gotha)도 그 부를 상당 부분 농산물, 특히 곡물과 목재 및 대청의 교역 덕분에 쌓아올렸다.[9]

17세기 초에도 300개 이상의 튀링겐 마을이 그 당시에 인디고의 경쟁이 벌써 아주 강했는데도 불구하고 대청을 재배했던 것 같다.[10]

지주와 농민 간의 대립은 상품생산의 발달에 의해 생겨나며, 이에 관해 우리는 이미 여러 차례 말한 바 있는데, 이는 그래서 종교개혁 초

---

[7] Janssen, *Geschichte des deutschen Volkes*, m II, S. 296.

[8] Chr. I. Fischer, *Geschichte des teutschen Handels*, Hannover 1797, II, S. 659.

[9] Galletti, *Geschichte Thüringens*, Gotha 1784, V. S. 143.

[10] *Zur Geschichte der deutschen Wollenindustrie*, Hildebrands Jahrbücher 1866, S. 207.

에 작센에서 특히 강하게 발달했음이 분명하다. 땅의 값어치와 지주들의 땅에 대한 탐욕이 특별히 높았고, 금납지대 체제와 군주 및 지주의 화폐 욕심이 특별히 완성되었고 농민이 상인과 대금업자에게 특별히 많이 의존했다. 자본가와 군주, 지주 등은 경제적 융성에서 모든 이익을 끌어내는 계급이었다. 화폐금속의 급속한 증대와 그 생산비용의 저하 덕분에 그 당시에 농산물 가격은 엄청나게 올라갔다. 아펜틴(Aventin)은 그의 연대기에서 이렇게 말한다. "지상의 모든 사람은, 도시와 시장과 마을 어디에든 농민은 충분히 있는데도 곡식은 왜 그렇게 엄청나게 갈수록 날마다 더 비싸지느냐고 외치고 탄식한다." 광산 호황의 중심지인 작센에서 가격상승은 특히나 심했다. 그러나 이것이 농민들에게 도움이 되지는 못했다. 반면에 도시에서는 그것은 격렬한 임금투쟁을 유발했다.

이와 같이 우리는 종교개혁 초기에 계급대립이 작센에서 특히 첨예하게 극단화된 것을 보게 된다. 이는 1백 년 전에 이웃한 보헤미아에서 있었던 일과 비슷했다. 그러나 그곳에서 광산노동자들은 사뭇 보수적인 세력임을 나타냈다. 그들의 프롤레타리아화는 겨우 초기 단계였다. 그들은 특권계층으로 분류되었고, 보헤미아의 일반적 형편에서 독일인들로서 처음부터 전통적 질서와 군주, 교황을 옹호하는 것에 의존했다.

그 이래로 광부들의 프롤레타리아화와 그들의 자본주의적 착취는 엄청나게 진전되었다. 그리고 작센에서 그들은 외국인이 아니었고 기존 질서의 전복에서 위협을 받을 수 있었던 어떠한 특권도 갖지 않았다. 그들은 우리가 앞의 권에서 살펴본 것처럼(211쪽), 종교개혁 이전의 마지막 몇 십 년 동안 이 질서와 점점 더 격심한 갈등을 빚게 되었다. 혁명운동에 반대하기는커녕 그들은 오히려 그런 혁명운동이 발발한 곳에서는 언제나 이에 가담할 준비를 갖추었다. 그리고 그들의 수, 그들의 무력, 그들 직업의 경제적 중요성은 그들에게 위정자들이 무시할 수 없던 힘을 주었다.

그러나 그 당시에 계급들 중 가장 혁명적인 계급, 시대의 모든 경향들을 통해 가장 혜택을 많이 본 그 계급이 '광산 호황'을 통해 가장 큰 세력증강을 했다. 이는 절대군주체제였다.

금과 은의 보유는 상품생산의 시초부터 언제나 특별한 힘을 가져다주었으며, 필시 16세기, 곧 자연경제에서 흘러나오는 힘의 원천이 이미 크게 고갈되었고 신용체제의 권력수단은 아직 별로 발달하지 않은 때보다 더 그런 적은 없었을 것이다. 그래서 당시에는 모두가 금과 은을 쫓아갔다. 그러나 대부분의 영주는 그들의 금에 대한 필요를 관세와 공조(貢租)로 힘겹게 충당했다. 그들의 영지 내에 금이나 은이 풍부한 광산이 있던 영주들은 달랐다.

최소한 그들이 광산을 직접 경영하지 않는 곳에서는 그들은 어떤 위험도 없이 큰 보물을 차지했다. 왜냐하면 광산의 조합원들과 개발자들은 광업권을 따내는 데 비싼 값을 지불했으며, 특히 귀금속 광업에서는 그랬기 때문이다. 그 경우에는 광산 십일조에 화폐발권 차익이 더해졌다. 거기에 흔히 다른 조세, 횡갱의 9분의 1조, 정련소 세 등이 가세했다. 조합원들은 그래서 가난해지는 일이 많았는데 특히 낮은 신분의 사람인 경우에는 그랬다. 그러나 영주들은 부유해졌다. 현금이 많아진 것이다.

15세기 말 16세기 초의 독일 군주들 가운데 작센의 영주들이 가장 많이 찬 금고를 가졌다. 에른스트와 알브레히트 형제의 상속재산 분할(1485년) 이래, 작센 선제후령은 두 부분으로 쪼개졌다. 에른스트는 주요 부분으로서 튀링겐을 차지했고, 알브레히트는 마이센을 차지했다. 그러나 에르쯔 산맥의 은광은 분할되지 않았다. 이는 양쪽 집안의 공유재산으로 남았고, 그 수확물만 분배되었다. 이런 수확물 덕분에 16세기에 작센의 군주들은 독일에서 두드러진 역할을 했다. 이는 황제와 아울러 제1인자의 역할이었다.

황제권력의 잔존은 당시에 상당 부분 독일의 군주들, 특히 선제후들의 화폐 궁핍과 탐욕에만 근거를 두었다. 이들은 사실상 독립적인 주권자가 되어 있었다. 그들이 황제의 위엄을 수용했다면, 이는 주로 한 구매자를 찾아서 그들이 가진 주권적 권리들의 일부분, 사실상 정말 보잘 것없는 부분을 그에게 목청껏 소리쳐서 판매할 수 있기 위한 것이었다. 옛날 고대 로마공화국 말기에 수도의 룸펜 프롤레타리아들과 그 다음으로는 천민 근위대가 했던 역할을 15, 16세기에 선제후들이 했다. 황제 선출은 언제나 그들에게는 좋은 사업이 되었다. 모든 후보자에게서 귀족나리들은 뇌물을 받아서 결국 가장 큰 액수를 제공한 자에게 투표를 했다.

필시 가장 후안무치하게 진행된 선거사업은 막시밀리안 1세의 후계자 지명을 목표로 한 것이었을 것이며, 이는 그의 생전에 이미 시작되어 1516년에서 1519년까지 지속되었다. 그 당시에 유럽에서 패권을 다투었고 번갈아가며 교황청을 자기 꼭두각시로 만들었던 왕조들은 황제의 관을 차지하기 위해서도 애썼다. 프랑스의 발루아(Valois) 왕조와 그 당시에 세력 중심지를 독일에서 스페인으로 옮긴 합스부르크 왕조가 그러했다.

거의 모든 선제후가 양쪽 편에서 돈을 받았다. 프랑스의 프랑수아 1세에게, 그리고 스페인의 까를로스 1세에게 돈을 받았다. 특히 호헨쫄레른 가문의 두 사람인 브란덴부르크의 요아힘 1세와 마인쯔와 마그데부르크의 대주교인 그의 형 알브레히트는 우리 '아리아인'들이 순진무구한 유태인 사회에서만 찾아나서는 것 같은 돈 욕심과 도둑놈 심보를 발달시켰다.

선제후들 중에 유일하게 돈을 받지 않은 이는 작센의 프리드리히 선제후였다(튀링겐을 맡은 에른스트 계통에 속했다). 그에게도 마이센 은광 공동소유자의 보물이 탐이 난 다른 선제후들이 황제의 관을 제안했으며, 당연히 상응하는 떡고물을 대가로 한 것이었다. 프리드리히만은 이 황관을 물리쳤다. 그는 그것이 그만한 값어치가 없다는 것을 알았고, 합스부르크 왕가 쪽으로 선거권을 행사하려고 했다. 티롤 광산, 당시의 합스부르크 지배하의 네덜란드의 상업 번영, 스페인의 세력에도 불구하고 그에게는 합스부르크의 까를로스가 이미 잘 조직화되고 탄탄한 프랑스의 소유자 프랑수아 1세보다는 독일 군주들의 독립성에 덜 위협이 되는 것으로 여겨졌다.

까를로스의 선출을 촉진한 더 많은 고려들, 투르크의 위협 같은 것에 관해서는 우리는 여기서 상세히 다루지 않겠다.

작센의 선제후는 그의 부와 세력으로 황제를 만드는 사람(Kaiser-macher)이 되었다. 그러나 그는 이를 통해 독립을 위해 애쓰던 독일 영주들이 황제와 교황에게 제기한 반대의 구심점도 되었다. 종교개혁 초에 작센은 독일에서 새 시대에 프로이센이 했던 것과 비슷한 역할을 했다.

1502년에 프리드리히가 설립한 비텐베르크(Wittenberg) 대학은 로마에 적대적이고 동시에 군주들에게 우호적인 운동의 정신적 주도권을 쥐었다. 1508년부터 그 학교의 교수였던 루터는 그 영향권에 들었고 결국 그 운동의 대변인이 되었고 선제후의 대리자, 피보호자가 되었다. 그리고 해가 지지 않는 나라의 군주는 감히 프리드리히에게 접근하지 않았고 그와 그의 사람들이 하는 대로 내버려두어야 했다.

그런데 작센은 로마에 대항하는 절대주의적인 승승장구하는 반대파만이 아니라 또한 민주적이고 밑에 깔린 반대파의 정신적 중심지이기도 하다. 튀링겐에서는 일련의 작은 도시들이 제국직할시 지위, 즉 군주 지배로부터의 자유를 유지하는 데 성공했다. 뮐하우젠과 노르드하우젠 등이 그러했다. 에르푸르트는 마인쯔 대주교의 주권 아래에 있었다. 그러나 작센의 대공들은 그를 능수능란하게 상대할 줄 알았다. 15세기 전체를 통해서 마인쯔 대주교와 작센 가문 간에 에르푸르트를 둘러싼 분쟁이 지속되었다. 오직 그 도시 자체는 이런 서로 간의 다툼질에서 이익을 보았다. 그 도시는 작센의 지배에 제물이 되지도 않으면서 대주교의 최고통치권에서도 벗어났다. 그 도시는 제국직할시로 분류될 수 있었다. 에르푸르트는 종교개혁 초기에는 중부독일의 제일가는 상업도시였으며, 물론 곧이어 그 자리를 떠오르는 라이프치히에 내주어야 했다. 라이프치히는 옛 상업도시 할레를 이미 능가했다. 에르푸르트의 대학은 15세기에 독일에서 가장 뛰어났다. 그 대학은 젊은 독일 인문주의의 본거지가 되었고, 이탈리아와 프랑스의 같은 취지의 운동에도 가담했으며, 전래된 신앙에 대한 독창적이고 발랄한 조롱에서 그들과 경쟁하려고 했다. 우리는 무티안 주위에 형성된 이런 집단을 이미 고찰한 바 있다. 여기에는 후텐 그리고 또 한동안 루터도 속했으며, 이는 순전한 정신적인 영역에서는 전통적인 교회적 관념을 결연하게 버리는 것을 뜻했다.

그러나 학식 있고 시민적인 반대파만이 작센의 도시들에서 특별히 조장된 것은 아니며, 공산주의적 반대파 또한 그러했다.

4. 츠비카우의 광신자들

우리는 제1권에서 카를 4세의 가톨릭 반동 시기의 독일 공산주의 운동을 다 서술하지 못하고 그만두었다. 피비린내 나는 박해도 그 운동을 완전히 박멸하는 데 성공하지 못했다. 이 운동은 항상 스스로를 채워가고 항상 성장해가는 민중계층, 프롤레타리아 계층에서 그 양분을 취했던 것이다. 그러나 이 운동은 역시 종교개혁 이전에 더 큰 비중을 달성하는 데 이르지 못했다. 이 운동이 토대로 삼은 계급인 프롤레타리아 계층은 박멸할 수 없었다고는 해도, 지배권력이 완전히 자리를 잡고 상호 간의 투쟁에 의해 흔들리지 않던 동안에는 감히 머리를 들기에는 너무 취약했고 사회생활에서 너무 미미한 세력이었다.

후스파 전쟁이 독일의 운동에 미친 영향이 없지 않았다. 한편으로 이 전쟁은 지배계급이 하층계급의 모든 의심스러운 동요에 대하여 특별한 의혹과 특별한 단호함을 갖도록 고무했다면, 다른 한편으로 이 전쟁들로 보헤미아는 수용소가 되어 독일 이민자들이 그곳에서 독일에 영향을 미칠 수가 있었다.

체코의 타보르인들은 외국에서의 선전활동을 열심히 지원했다. "우리에게 독일에서의 후스파의 선전활동에 관해 전해오는 것은 거의 모두가 타보르의 원천으로 거슬러 올라간다. '형제들'의 군대에서 후스적 정신은 보편적인 계획으로 승화되었다. 여기서는 전체 기독교 세계를 무력으로 혹은 평화적인 교훈의 방식으로 진리를 받아들이게 할 것이며 또 그래야 한다는 대담한 생각이 한 번 이상 표출되었다. 타보르인들의 대중적인 선언인 '이단서신'에서 그들은 모든 기독교인에게 민족과 신분의 차별을 두지 않고 교황의 지배로부터의 해방과 성직자 재산의 몰수를 촉구했는데 이는 영국과 스페인에까지 전파되었다. 도피네

(Dauphiné)에서는 민중들이 보헤미아로 의연금을 보내기도 했고 타보르식대로 영주들을 타살하기 시작했다. 특히 남부독일에서 우리는 타보르 밀사들이 활동하는 것을 보게 된다. 여기서 보헤미아의 선전활동에는 두 가지 중대한 계기가 도움이 되었다. 한 번은 수많은 발도파 공동체의 존재이며, 그 다음으로는 도시인의 하층에서 특히 두드러졌던 강한 사회주의적 경향으로서 유태인들과 아울러 우선적으로 부유한 위계질서 체계에 위협을 가했다."[11]

보헤미아에서부터의 이 선전활동은 일련의 순교자들을 낸 것 말고는 다른 가시적인 결과는 물론 없었다.

타보르 운동의 영향을 받았던 것은 자연스럽게 주로 보헤미아 이웃 지역들이었다. 그중에서 다시 제일 선두에는 경제적으로 가장 발전한 프랑켄과 작센이 있었다. 1425년이면, 이미 보름스에서는 '후스파 선교사'가 화형을 당했다. 그는 드랜도르프(Drändorf)라고 불리는 슐리벤(Schlieben)의 작센 귀족 요한이었다. 그는 무엇보다도 이미 1416년 후스파 전쟁 발발 이전에 공산주의 종파에 가입했으며, 재산을 가난한 동포들에게 나누어주었다. 오랫동안 작센과 라인, 프랑켄에서 활동한 후에 그는 교회의 파문을 당한 도시들 중 두 곳인 하일브론(Heilbronn)과 바인베르크(Weinberg)를 선동하려고 시도하다가 체포되었다.

그런데 특별히 주목할 만한 이는 프리드리히 라이저(Reiser)이며, 그는 슈바벤의 발도파 가정 출신이었으나 뉘른베르크에서 학업을 (1418년부터 1420년까지) 마쳤는데, 그곳은 그 당시에 베가르트파, 발도파 종단이 아주 강했던 곳이었다. 방랑 선동자(사도)로서 그는 독일과 스위스, 오스트리아를 주유(周遊)했으며, 결국 프라하에서 그의 도피처를

---

11 Fr. von Bezold, *Geschichte der deutschen Reformation*, S. 127, 128.

구했다. 그곳에서 그는 한 타보르 성직자에게 사제 서품을 받았고(1433년) 그 이듬해 다시 보헤미아를 떠나 독일에서 선동 여정을 계속했다. 그는 이제 주로 프랑켄과 뉘른베르크, 뷔른부르크(Würnburg), 하일본에서 활동했다. 그는 뉘른베르크 근처 헤롤트스베르크(Heroldsberg)에서 1447년에 열린 신도대회(사도회의)에 참석하여 주교로 선출되었다. 몇 년 뒤에 우리는 그가 타보르에 있는 독일 발도파의 대회에 참석한 것을 보게 된다. 그 대회에서 흔들렸던 공동체 조직이 재건되었다. 라이저에게는 고지독일(Oberdeutschland)이 교구로 맡겨졌다. 그는 스트라스부르에 정착했다. 1458년에 그는 그곳에서 도미니코 수도사들에게 밀고되었고 무서운 공판 후에 화형에 처해졌다.[12]

라이저의 생애는 특징적이다. 그는 그 당시에 맹렬한 민족적 투쟁이 있었음에도 체코의 타보르인들과 독일의 형제들 간에 얼마나 긴밀한 결합이 존재했는지를 우리에게 보여준다.

타보르의 몰락 후에도 보헤미아와의 연결은 완전히 중단되지는 않았다. 보헤미아 형제단과 발도파 사이에 양 종파의 연합을 목표로 한, 그러나 결국은 좌초한 협상을 상기해보자.

니클라스하우젠(Niklashausen)의 적수(笛手)의 등장은 마찬가지로 타보르파의 영향의 지속을 시사하는 것으로 여겨진다. 타우버(Tauber)의 동프랑켄 마을인 니클라스하우젠에서는 1476년에 요한이라는 한 젊은이가 등장했다. "그는 베헴(Behem), 뵈하임(Böheim), 뵈메(Böhme)라고 불렸으며, 이는 그의 출생지에 따라 그랬을 개연성이 있지만, 필시 또한 그의 생각에 따라서도 그랬을 것이다."[13] 그는 악사였으며, 이는 "오늘날에도 많은 악사들이 보헤미아 출신인 경향이 있는 것과 같았

---

[12] Reiser에 관해서는 다음을 참조하라. L. Keller, *Die Reformation usw.*, S. 261-281.
[13] Ullmann, *Reformation*, I, S. 423.

다." 그리고 그의 직업에 따라 고수 또는 호적수라고 불렸다. 그러나 1476년에 그는 그의 북을 태워버리고 평등과 혁명의 복음을 설교하기 시작했고, 그 자신이 말한 대로라면 성모 마리아에 의해 초대를 받았고 또 그의 적들이 주장한 대로라면 다른 어떤 사람에 의해 꾐을 받은 것인데, 이 다른 사람이란 누구 말에 의하면 '젊은 후스파'였던 듯하고, 다른 사람 말에 의하면 강경파 프란체스코 수도사, 세 번째 출처에 의하면 이것이 가장 오래된 출처인데 베가르트파였던 것 같다는 것이다. 오래된, 동시대의 것일 개연성이 있는 문서는(Ullmann에 의해 완벽하게 인쇄되었다. S. 441ff) 그가 이렇게 공언했다고 진술한다. "황제는 악인이며 교황은 시시한 녀석이다. 황제는 성직자와 세속의 영주들, 백작들과 기사들에게 일반 백성에 대한 관세와 공조 부과권을 주었다. 아 빌어먹을, 너희 딱한 녀석들!"

"성직자들은 많은 성직록을 가졌다. 이는 안 될 일이다. 그들은 그때그때 충분한 것 이상을 가져서는 안 된다. 그들을 때려죽일 것이며, 곧 사제들은 누가 알아보지 못하도록 그들의 벗겨진 머리를 기꺼이 덮는 지경에 이를 것이다. 성직자들과 글 배운 자들보다는 차라리 유태인을 개심시키겠다는 것이다.

물속의 고기와 들판의 짐승은 공유이어야 한다. 성과 속의 군주들, 백작들과 기사들이 공유물 이상을 가지지 않으면, 우리 모두는 충분히 갖게 될 것이며, 그렇다면 이는 그렇게 되어야 한다. 군주들과 영주들도 하루의 품삯을 벌려고 일을 해야 하는 지경이 될 것이다."

그 대담한 선동자의 성공은 대단하여 농민들과 프롤레타리아들이 떼를 지어 그에게 몰려왔다. "어느 연대기 작가가 우리에게 생생히 보도해주는 것같이 수공업 직인들이 작업장에서, 농민 머슴들이 쟁기를 버리고, 풀밭의 아낙들이 낫을 들고 모두 마이스터와 주인의 허락도 받지 않고 뛰쳐나와 제복을 입고 흥분해서 돌아다녔다. 극히 적은 사람들만이 숙박료를 낼 수 있었지만, 그들이 묵었던 집 주인은 그들에게 먹고 마실 것을 주었으며 그들 중에서 인사말은 형제, 자매밖에 없었다."[14]

수만 명이 공산주의자 열성파 야외행사에 모였으며, 이는 우리가 타보르 초기에 보았던 것과 비슷했다. 결국 더 멀리 나아가 무장봉기를 계획했던 것 같다. 이것이 개입의 실제 이유였는지, 아니면 단순한 핑계였는지는 오늘날 확인할 수가 없다. 어쨌든 뷔르츠부르크의 루돌프 주교는 이제 그의 기병대를 보내서 잠자고 있는 적수(笛手)를 덮쳐 그를 체포했고 그를 지키려고 했던 추종자들은 가벼운 수고만으로 쫓아 버렸다. 그 불행한 자를 그의 동지 두 명과 함께 기다리고 있던 것은 그 시대의 관습적인 반박 수단인 장작더미였다.

라이저와 호적수 요한 뵈메의 활동 같은 드랜도르프(쉴리벤)의 활동은 수많은 다른 사실과 마찬가지로 15세기에 프랑켄이 독일에서 발도-베가르트 운동의 중심 진원지가 되었다는 것을 시사해주며, 이는 예전에 이미 라인탈(Rheintal)이 그렇게 되었던 것과 같았다. 라인탈은 이탈리아와 네덜란드 사이의 거대 교통로여서 남쪽에서 발도파를, 네덜란드에서는 베가르트인들을 독일로 데려왔던 곳으로서 이들은 이 교통로에서 경제적으로 독일제국 최고의 위치에 있던 부분을 발견했다. 쾰른과 스트라스부르, 바젤은 14세기에 운동의 중심지였으며, 이제 이에 뉘른베르크가 합류했다.

또 하나의 중심지가 작센에 형성되었다. 보헤미아, 프랑켄과 아울러 15세기에 마이센(Meißen)도 '형제들'의 대회가 열렸던 지역에 속했

---

14 Ullmann, a. a. O., S. 426.

다—예를 들어 일반 종교회의가 타보르의 우리가 언급한 바 있는 종교회의 3년 후에 엥겔스도르프(Engelsdorf)에서 열렸다—이는 그 지역에서 운동의 큰 확산 없이는 불가능했을 일이다.

자연스럽게 공산주의 종파는 비밀결사의 형태로만 존재할 수 있었다. "버려진 방앗간, 농가, 성채가 '형제들'의 통상적인 본부가 되었고 그들은 예배의식을 거행할 때에는 발각되는 것을 피하려고 극히 작은 집단으로 모였다."

"이는 트리타임(Tritheim)의 슈폰하임 연대기에 1501년에 기록된 집회들이다. '그들은 탄갱과 은폐된 동굴에 밤에 모였다. 여기서 그들은 짐승들처럼 부끄러운 음탕한 짓을 추구한다. 이 비열한 족속은 매일 놀라운 속도로 성장하고 수가 늘어난다'고 트리타임은 말한다."[15]

그밖의 반체제 흐름들과 마찬가지로 '동굴 사람들'(Grubenheimer)도 교황과 황제의 루터에 대한 성공하지 못한 조치 이래로, 파문조칙의 소각(1520년) 이래로, 더구나 1521년의 보름스 국회 이래로 공개 무대에 출현할 용기를 얻었다. 이 국회는 독일에서 황제와 교황에게는 대재앙이었다.

사회적 혹은 정치적 세력들, 물질적 토대를 잃은 이들의 최선의 버팀목은 그들의 전통적 위신, 명망이다. 그들은 이에 힘입어 여러 상황 속에서 오랫동안 우월한 적들을 상대로 버틸 수 있다—이 명망이 힘겨루기에서 공허한 허상임이 드러날 경우에는 오래갈수록 물론 파탄이 더욱 신속하게 일어난다.

황제와 교황에게 1520년과 1521년의 사건들이 이런 일을 일으켰다. 독일에서는 아직 아무도 그때까지 이 양측을 싸잡아서 조롱하고도

---

[15] L. Keller, *Die Reformation*, S. 304.

처벌을 받지 않은 적은 없었다. 이제 수도사 한 사람이 단독으로 이들에 맞서 일어났고 그들은 감히 그를 때려눕히지 못했다. 파문조칙은 완전히 효력을 잃은 상태였으며, 루터는 의기양양하여 겨우 그의 뒤를 쫓는 절름발이의 제국 추방령에 별로 위협을 느끼지 않은 채로 국회를 떠났다. 하층민중들이 보름스에서 루터 뒤에 버티고 서 있던 군주들과 기사들에 별로 주목하지 않았을수록, 루터가 민중의 의식에서는 그곳에서 고립무원인 것처럼 여겨졌을수록 국회의 결과는 대중에게 더욱 강력하게 작용할 수밖에 없었다. 진리가 아주 강하게 드러나 일개 소박한 수도사가 기독교 세계의 최고통치자들에 맞서 진리를 대변할 수 있었다면, 선한 대의를 대변해야 했던 모든 이는 거리낌 없이 과감히 나설 수가 있었다.

작센에서 그것이 곧바로 터져 나왔다. 루터와 그의 동지들에 대한 제국 추방령이 선포되고 몇 주가 지난 1521년 6월에 에르푸르트의 민중이 들고 일어났으며, 일련의 봉기에서 가톨릭교회 지배를 종결시켰다. 비텐베르크에서도 소요가 일어났지만, 우리에게는 츠비카우의 운동들이 특히 중요하다. 그 발단은 1520년으로 거슬러 올라간다.

우리는 이미 위에서 이 도시가 작센의 내륙과 광산지대 간의 곡물교역의 매개지로서 중요했다는 것을 살펴보았다. 광업이 발달할수록 츠비카우의 상업과 공업은 더욱 번창했다. 특히 1470년에 인근의 슈네베르크의 은 보고가 발견되면서 츠비카우에서 부는 빠른 속도로 성장했다. "슈네베르크 광산의 개채 후에야 비로소 우리의 도시는 지금까지도 눈에 띄는 건축물 방면의 개선을 달성했다. 여러 시민들, 예컨대 미하엘 폴너, 요한 페더랑겔(Federangel), 안드레아스와 니클라스 가울렌회퍼, 클레멘트 쉬커(Schicker)(대부분 직물업자들이다) 그리고 특별히 그 이후에 귀족 신분으로 상승한 마르틴과 니콜라우스 뢰머 형제가 이를 통해 부유해졌고 나머지 사람들의 식량조달과 서비스도 화폐수량의 증가로 개선되었다."[16]

츠비카우의 가장 부유한 사람들은 직물생산자들이었다. "30년 전 쟁 전에는 태곳적부터 주된 업종이 직조업이었다. 그들이 정관을 확보 한 1348년에 이미 직물업자들은 조합을 결성했다. 이는 그곳에서 가장 탁월하고 가장 오래된 것일 개연성이 있다. 그리고 15세기 후반에는 오샤츠(Oschatz)와 나란히 츠비카우는, 마이스너란트(Meißnerland)에 서 가장 많은, 그리고 최고의 천을 가져다주었다. 물론 이것들도 여전 히 애호되던 런던산과 네덜란드산에는 아직 필적하지 못하는 것이었 다. 1540년에는 점포소유자들 중에 230명의 직물업자가 있었다. 아니 오래된, 근거가 없지 않은 전언에 따르면, 그들의 수는 최고 전성기에 는 600명으로까지 올라갔다는 것이다."[17]

이 '최고 전성기'는 바로 여기서 다루는 그 시기였다. 농민전쟁이 있 던 1520년대에 매년 평균 1만 5천에서 2만 슈타인(중량의 단위: 14-22파 운드)의 양모가 가공되었고 1만 필에서 2만 필의 직물이 생산되었다.

직물제조자들은 경제적 비중만이 아니라 그 수에서도 도시 인구의 중요 부분을 이루었다. 그들은 당시에 대략 1천 가구가 되었다. 그중에 서 최전성기에 4분의 1에서 절반까지가 직물업 마이스터들의 소유로 되어 있었다(어떤 경우에도 230개소는 넘었고, 필시 600개소에 근접했다).

직물 제조업은 수출업종이었고 대상인에 의해 자본주의적으로 개 발되었다. 그 당시에 부유한 상인들은 상업에 의한 소비자들의 착취와 그 시대의 거대한 두 자본주의적 공업에서의 노동자 착취를 결합시켰 던 것이 전혀 이례적인 일이 아니었다. 그 두 공업은 직물업과 광업이

---

16 F. Herzog, *Chronik der Kreisstadt Zwickau*, I, S. 81.
17 A. a. O., I, S. 23.

었다. 그 가장 유명한 예는 푹거(Fugger) 가이다. 이들은 가능한 한 모든 수단을 동원하여 (또한 우리가 살펴본 것처럼 교회적 지위를 가지고서) 상업으로뿐 아니라 아우크스부르크의 직조공과 티롤의 광부들에 대한 착취로도 그들의 부를 뽑아냈다. 뭔가 비슷한 일이 츠비카우에서도 일어났다. 슈네베르크의 조합원들은 대부분이 츠비카우의 직물제조 마이스터와 직물 상인들이었고, 그 가운데는 특히 이미 언급한 상인 마르틴 뢰머가 있었다. 그는 1483년에 큰 재산을 남기고 죽은 작센의 푹거 가 사람이었다.[18]

그러나 푹거 집안 사람들에게 착취당한 광부들은 아우크스부르크의 직조공들에게서 공간적으로 멀리 떨어져 있었다. 반면에 츠비카우에서 착취당한 직조공 직인들 '투흐크나페'들은 같은 자본가들에게 착취당하는 광부들과 아주 가까이에 있었다. 이는 완전히 독특한 상황이었다. 광부들의 반체제적이고 반항적인 생각은 직물 직인들에게 용기를 주었음이 분명하다. 직물 직인들의 공산주의적 열정은 또한 광부들을 전염시켰음이 틀림없다. 그래서 우리는 츠비카우 안과 그 주변의 공산주의자들이 독일에서 종교개혁 동안에 공개적으로 감히 머리를 쳐든 최초의 공산주의자들이었다는 데 놀라서는 안 된다.

이미 1520년에 우리는 그곳에서 발도파에게서처럼 조직화된 공동체가 사도라고 부르는 대표자들과 함께 있는 것을 보게 된다. 오래 염원한 천년왕국이 그들에게는 지금 가공할 유혈의 하느님의 형벌 심판인 무력혁명을 통해서 도래하는 것으로 여겨졌다. 그들의 주된 추종세력은 그 도시의 직물 직인들이었다. 그러나 그들은 광부들 중에서도, 그리고 많은 교양인 중에서도 동지들을 얻었다. 교양인들 중에는 비텐

---

[18] A. a. O., II, S. 140에서 149까지.

베르크에서 공부했고 '사도'의 한 사람인 막스 스튀브너(Max Stübner)가 거명된다. 그들의 지도자는 직조공 니콜라우스 슈토르흐(Nikolaus Storch)였다.

그들은 츠비카우 바깥에서도 영향력을 확보했고, 비텐베르크 자체에서도 그러했다. 하층 민중계급과 아울러 그들에게로 돌아선 이들은 그곳에서 아무튼 교양을 갖춘 이데올로그들이었다. 그 당시에는 아직 종교개혁에서 계급대립은 대두하지 않았으며, 종교개혁은 아직 한편으로는 전체 민족을 계급의 차별 없이 하나의 방향으로 묶는 민족운동으로, 그리고 다른 한편으로는 교회를 정화하고 복음적 기독교를 재건하는 순수한 종교운동으로 여겨졌다.

우리는 이미 제1권에서 운동의 이 단계에서 하층 민중계급의 착취에 직접 관계되지 않은 이데올로그들이 공산주의적인, 원시 기독교 전통을 발판으로 한 운동에 동감하여 이를 맞이해 들이는 데 얼마나 쉽게 이를 수 있었는지를 언급한 바 있다.

루터의 벗이자 동역자인 멜란히톤에게도 츠비카우의 광신자들은 깊은 영향을 주었다. 그는 많은 표징들에서 어떤 영들이 그들 안에 살고 있음을 알게 된다고 생각했다. 니콜라우스 슈토르흐에 관하여 그는 프리드리히 선제후에게 이렇게 편지를 썼다. "그에 관해서 그가 독특한 말버릇이 있지만 최고의 탁월한 신조에서 그는 글재주가 있다는 것만큼은 적어두었습니다." 프리드리히 자신도 그의 신학자들의 입장에 따를 때 그 광신도들에 관해 어떻게 생각을 해야 할지 정확히 알지 못했다. 멜란히톤은 타협하지 않고 루터에게 이 광신도 정신의 성질에 관한 판단을 넘길 만큼 충분히 영리했다. 그러나 그는 스스로 그들에게 아주 끌리는 것을 느껴서 '사도들' 중 한 사람, 이미 언급된 슈튀브너를 그의 집에 맞아들일 정도였다. 루터는 그에게 츠비카우 사람들에 관하여 처음에는 많은 것을 말할 수 없었다. 그는 바르트부르크(Wartburg)에 기거하면서 그곳에서 그에 대하여 발표된 제국 추방령이 어떤 결과를 갖게 될지를 기다렸다. 물론 곧 루터에게는 '형제들'이 어디를 목표로 삼았는지가 명확하게 되었고, 그러자 그는 그들에 맞서 정력적으로 나섰다.

멜란히톤보다 훨씬 결연하게 광신도들 편으로 돌아선 것은 루터의 벗이자 동료인 칼슈타트(Karlstadt)였다. 그의 혁명적 열정에 비하면 루터의 운동은 너무 늦게 진행되었다. 칼슈타트를 뒤늦게 주저하며 쫓아갔던 루터보다 훨씬 일찍 그는 사제 독신제도와 라틴어 미사에 대한 투쟁을 수용했다. 그는 성상과 단식에 대해서는 극구 반대했다. 그러나 그는 더 멀리 나갔다. 완전히 타보르-베가르트식으로 그 지식인 교수는 일체의 학문을 정죄했다. 지식인이 아닌 장인(匠人)이 복음을 설파해야 하고 지식인은 장인에게서 배워야 하며 대학은 폐쇄되어야 한다는 것이다.

그런데 츠비카우 사도들의 추종자들 중에 월등하게 가장 탁월한 자는 토마스 뮌쩌였다. 그는 1521년부터 1525년까지 독일에서 전체 공산주의 운동의 구심점을 이룬다. 그의 형상은 그로부터 강력하게 두드러지고 그의 역사는 공산주의 운동의 역사와 밀접하게 얽혀 있다. 모든 동시대의 그 운동에 관한 증언들은 전적으로 그와 관련되어 우리도 일반적인 예를 쫓아서 종교개혁 초기년도의 공산주의 운동의 역사로서 뮌쩌의 역사를 제시하여야 한다.

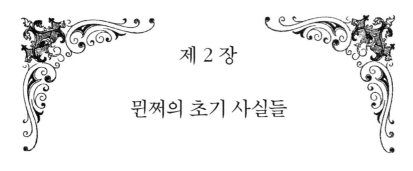

제 2 장

뮌쩌의 초기 사실들

1. 뮌쩌의 전기 작가들

우리는 뮌쩌에 관해서도 그 대의가 짓밟힌 그의 이전과 이후의 많은 혁명가들에 관해서처럼 제대로 배운 것이 없다. 그에 관한 보도들이 부족했던 것이 아니라 대부분 그의 적들에게서 나온 것이어서 악의가 있고 신뢰할 수 없다. 뮌쩌에 관한 가장 유명한 자료는 멜란히톤의 보고문서로, 그의 "튀링겐 봉기의 촉발자 토마스 뮌쩌를 읽기에 아주 유익한 역사"(Historie Thome Müntzers, des anfengers der Döringischen vffrur, sehr nützlich zu lesen) 등은 봉기의 패배 후 곧바로였을 개연성이 있는 때인 1525년에 발간되었다(그것은 거의 모든 루터 저작 선집에 수록되어 있다). 군주의 신하가 그 시점에 군주들의 위험한 적에 관하여 얼마나 객관적으로 기록할 수 있었는지에 대해서는 설명이 필요 없다. 멜란히톤은 악의를 가질 특별한 이유가 있었다. 왜냐하면 그는 한동안 뮌쩌의 동지들에게 우리가 살펴본 대로 추파를 보냈고, 이들로부터 온 편지도 간직했고 답장도 보냈다. 뮌쩌의 《시편 19편 주석》은 아그리콜라에 의해 출판되었는데, 그 부록에는 뮌쩌가 멜란히톤에게 쓴 라틴어 편지가 수록되어 있고 그 편지에서 뮌쩌는 멜란히톤에게 "불경한" 자들에 대한 강력한 조치를 촉구한다.

멜란히톤은 이처럼 공산주의적 공감을 가졌다는 의혹을 받았다. 공산주의자들의 타도 후에 그의 짓밟힌 옛 정신적 동지들에 대한 배가된 사나움으로 자기 죄를 속죄할 이유는 충분했다.

'침착한' 멜란히톤에게만은 진실이 아니라 중상비방이 필요했다. 완전히 상관없는 문제들에서도 그의 서술은 완전히 신뢰성이 없고 경솔한 것으로 나타난다.

하나의 예면 충분하다. 멜란히톤에 따르면 뮌쩌는 알슈테트에서 추방된 후에 반년 동안 숨어 지냈고, 그 다음에는 뉘른베르크로 갔다가 거기서 뮐하우젠으로 가서 그곳에서 농민전쟁이 발발할 때까지 1년 동안 머물렀다. 모두 합하여 1년 반이 넘는다. 실제로는 뮌쩌는 1524년 8월에 아직 알슈테트에 있었으며, 1525년 4월 초에 농민봉기가 발발했다. 뮌쩌의 행적에 관한 이 모든 보도가 일말의 진실도 품지 않는다는 것을 완전히 논외로 하더라도 멜란히톤의 연대기가 얼마나 가소로운 것인지를 알게 된다.

슐라이단(Sleidan)과 그노달리우스(Gnodalius)는 멜란히톤의 설명을 단순히 베꼈다. "그노달리우스의 농민전쟁사 제3권 전체(1570년 발간)는 멜란히톤의 글을 번역한 것이다."(O. L. Schäfer, 《농민전쟁의 세 역사기록자》. Haarer, 《그노달리우스와 레오디우스의 관계, 역사적·비판적 고찰》, S. 35. Chemnitz, 1876) 슐라이단과 그노달리우스에 의해 그것은 그 시대에 대한 후세의 역사들로 전해졌다. 프랑스혁명이 비로소 뮌쩌가 어느 정도 정당한 평가를 받게 도와주었다. 그것은 뵈르트(Wöhrdt: 바이에른)의 목사 슈트로벨(G. Th. Strobel)에게 농민전쟁, 특히 뮌쩌의 봉기시기를 살펴보도록 자극을 주었고 그는 멜란히톤의 서술에서 빈틈과 모순을 발견하여 그의 글《튀링겐 농민봉기 선동자 토마스 뮌쩌의 삶과 글 그리고 가르침》(Nürnberg und Altorf, 1795)에서는 이를 가능한 한 제외하려고 시도했다. 이는 뮌쩌에 관한 최초의 학문적 단행본이며, 이와 필적할 수 있는 것으로는 단지 하나뿐이다. 그것은 1842년에 자이데만 (Seidemann) 목사가 발간한《드레스덴 소재 왕립 작센 중앙 국가서고에 있는 사료에 따라 작성한 토마스 뮌쩌 전기》(Dresden und Leipzig)라는 단행본이다. 자이데만은 일련의 새로운 문서들을 인용했으나, 그의 저작의 제목에서 그가 달성한 것보다 더 많은 것을 약속했다. 왜냐하면 대부분의 사항들에서 그는 단순히 슈트로벨에 의지했으며, 많은 경우 그의 이름을 언급하지도 않은 채 그의 글을 베꼈기 때문이다.

뮌쩌에 관한 최신의 저작은 메륵스(O. Merx)가 내놓은 "토마스 뮌쩌 와 하인리히 파이퍼, 1523~1525"(Göttingen, 1889)라는 박사학위 논문이며, 그 저자는 군주에 충성하는 그의 훌륭한 생각을 드러낼 기회를 조금도 놓치지 않는다. 이 소책자는 약간의 세부사항들을 제시하면서 연대기를 정정하고 있으며 이는 잡지와 문집에 산재된 새로운 자료들을 토대로 한다. 그러나 극히 외면적인 데 집착하며 뮌쩌의 사상과 활동에 대해서는 조금의 이해도 보여주지 않는다.

다른 모든 단행본도 우리에게 알려진 것들은 학술적으로 가치가 없다. 예를 들어서 바츠코(L. v. Baczko)의《토마스 뮌쩌, 그의 성격과 운명》(Halle und Leipzig, 1812) 또는 슈트라이프(P. Streif)의《토마스 뮌쩌 혹은 튀링겐의 농민전쟁》(Leipzig, 1836)이 그러하다.

가장 한심한 것은 1856년 베를린에서 복음연맹의 요청으로 열린 레오(Leo) 교수의 "토마스 뮌쩌"라는 강연이다. 그는 단순히 자이데만을 베꼈지만 비열한 저속한 내용들을 곁들였다.

이 모든 것에서 멜란히톤의 졸작의 정신이 드러나며, 그 시대의 일반적 서술들로부터 얀센과 람프레히트에게까지 내려와서도 마찬가지이다.

우리는 뮌쩌에 대한 독자적인 저술들 가운데서 그 사람의 역사적 의미와 그의 인품에 대하여 평가한 것 딱 하나를 알고 있다. 그것은 찜머만(W. Zimmermann)이 그의 《농민 대전쟁사》에서 우리에게 제시한 서술로, 그 책의 초판부터 반세기 이상이 흘러 그 저작의 세부내용의 일부는 낡은 것이 되었음에도 다른 책들이 여전히 그 수준을 능가하기는 커녕 그에 도달하지도 못했다.[1]

찜머만에 의존하여 프리드리히 엥겔스는 농민전쟁에 대한 서술과 함께 토마스 뮌쩌의 업적에 대한 서술을 한 논문에서 제시했다. 이는 "신라인신문" 평론 제6권(Hamburg, 1850)에 처음으로 발표되었고 그 후로 다시 《독일 농민전쟁》(F. Mehring의 서론과 주석이 있는 신판은 1908년 베를린 전진Vorwärts 서점에서 발행되었다)이란 제목으로 별도의 인쇄물로 나오기에 이르렀다. 엥겔스는 그 자료를 그 자신이 머리말에서 말하는 것처럼 찜머만에게서 취했다. 그러나 그는 그것을 독자적으로 유물론적 역사관의 토대 위에서, 그리고 바로 1848년 혁명이 그에게 전해준 경험을 동원하여 가공했다. 이를 통해 그는 농민전쟁의 본질에 대한 일련의 새로운 중요한 통찰을 얻었다. 그런 통찰은 차후의 서술에서 우리에게 크게 쓸모가 있었다.

찜머만의 파악이 우리가 보기에 일반적으로 근거가 충분한 것으로

---

[1] 대중판은 Stuttgart의 J. H. W. Dietz에서 발간되었다.

여겨지더라도 우리는 한 가지 아주 본질적인 사항에서는 그와 동의하지 않는다. 그는 뮌쩌를 그의 시대 바깥에, 그리고 그 위에 서 있는 것으로 파악한다. "뮌쩌는 또한 그의 정치적 견해만이 아닌 종교적 견해로도 대략 3세기를 앞섰다."[2]

찜머만은 뮌쩌의 사상을 후대의 사상가이자 개혁자인 펜(Penn), 친첸도르프(Zinzendorf), 루소(Rousseau) 등의 사상과의 비교에 의해 이런 견해에 도달한다. 반면에 그가 이전의 공산주의 종파들의 사상과 비교했다면, 그는 뮌쩌가 완전히 이들의 사상 테두리 안에서 움직였음을 발견했을 것이다. 뮌쩌에게서 새로운 사상을 발견하는 것은 우리로서는 이루지 못한 일이다.

또한 그 사람의 조직가적, 선전가적 의미도 우리의 판단으로는 지금까지 과대평가되었다. 베가르트파와 발도파에 대한 끊이지 않는 박해는 공산주의 종파들의 관념만이 아니라 조직들도 종교개혁 시대에 들어서서까지 유지되었음을 시사해준다. 우리는 뮌쩌와 동시에, 아니 츠비카우에서 명백하게 되었던 것같이, 그 이전에 수많은 선동가와 조직가들이 같은 방향으로 활동했다는 것, 이미 여러 곳에서 그들이 발 딛고 설 수 있었던 비밀조직들이 있었다는 것을 가정해도 좋다.

뮌쩌가 그의 공산주의자 동지들보다 뛰어났던 점은 철학적 사유와 조직 재능이 아니었으며, 그의 혁명적 실행력이었고 특히 그의 정치가적 안목이었다. 중세의 공산주의자들은 우리가 이미 거듭하여 보아온 것처럼 일반적으로 평화적 성격을 띠었다. 혁명시대에 물론 그들은 쉽게 혁명의 불길에 휩싸였다. 종교개혁이 독일 전체를 강력하게 들끓게 했을 때 공산주의자들도 그 영향에서 벗어나 있지 않았다. 그러나 그들

---

[2] A. a. O., 2 Aufl., I, S. 182.

중 많은 사람이 무력적 방법의 효능을 의심했던 듯하며, 특히 남부의 독일인들이 그러했다. 이들은 무력만이 복음이 실현되도록 해줄 수 있다는 뮌쩌의 견해에 결단코 반대하고 나선 스위스의 재세례파의 영향을 받았다. 그들은 "영적인 무기로 싸우는 것"에 대해서만 뭔가 알고 싶어 했고 사람들이 당시에 그렇게 내세운 것처럼 "하느님 말씀으로 세상을 정복"하려고 했다. 우리는 이에 관해 재세례파의 역사에서 다시 살펴볼 것이다.

뮌쩌는 이런 평화애호와는 동떨어졌다. 그의 맹렬함과 실천력은 남이 능가할 수 없었다. 게다가 그는 결코 머리가 복잡한 사람도, 편협한 종파주의자도 아니었다. 그는 국가와 사회에서의 현존 세력관계를 알았고 모든 신비적 열광 중에서도 그는 이런 상황을 고려했다. 그리고 그의 활동을 정통 신앙인들의 작은 공동체에 국한하지 않고 그 시대의 모든 혁명적 분자에게 호소했으며, 그들 모두를 그의 대의에 도움이 되게 만들려고 했다.

그가 실패했을 때 이는 그가 변화시킬 수 없었던 상황에 근거를 둔 것이었다. 그러나 기존의 세력수단으로 달성할 수 있었던 것을 그는 달성했다. 1525년 튀링겐에서 그곳의 무방비 상태의 농민들의 봉기가 한동안 착취자들의 사회를 뿌리째 위협할 수 있었다면 이는 적지 않게 토마스 뮌쩌의 공로이다. 그가 극단적인 공산주의적 광신을 열성적인 의지의 힘, 열렬한 맹렬함과 결합시키고 또한 정치가적 통찰과 결합시킨 덕분이었다.

2. 뮌쩌의 초기 사실

뮌쩌는 하르쯔의 발치에 있는 슈톨베르크(Stolberg)에서 1490년 혹은 1493년에 태어났다. 자이데만은 1490년이라고 하고 찜머만은 1493년을 제시했다. 그의 청년시절과 초기 학업에 관해서는 일체의 보도내용이 없다. 확실한 것은 그가 학문 연구를 성공적으로 수행했다는 것이다. 박사학위를 받았기 때문이다. 그는 성직자가 되었지만 자신을 결코 '흑의의 기병'(schwarzer Gendarm)으로 느끼지 않았다. 그의 반체제적 성격은 일찍이 발휘되어 그가 교사로서 일했던 할레에서 그는 이미 마그데부르크의 대주교이고 독일의 수석주교인 에른스트 2세를 반대하는 비밀결사를 결성했다. 이 사람이 1513년에 사망했으니 뮌쩌는 그당시에 기껏해야 23세였을 수 있다. 1515년에 우리는 뮌쩌가 아셔스레벤(Ascersleben) 근처의 프로자(Frohsa)에서 수도원장으로 있는 것을 발견한다. 그곳의 수녀원에서 있었을 개연성이 있다. 그러나 오랜 기간은 아니었다. 이리저리 옮겨 다니다가 그는 결국 다시 바이센펠스(Weißenfels) 부근의 보이티츠(Beutitz)에 있는 수녀원에 안착했고 그곳에서 고해신부가 되었다. 그러나 그곳에서도 그를 용납하지 않은 듯하다. 1520년에 그는 루터와 사이좋게 츠비카우에서 설교자로 있었다. 로마와 투쟁하는 루터의 대의를 그 젊은 질풍노도의 사람은 격정적으로 붙들었다. 츠비카우는 뮌쩌의 앞으로 생애에 결정적인 곳이 되었다.

처음에 그는 마리아 교회의 설교자였으나 그 다음에는 카타리나 교회의 설교자가 되었다. 자이데만이 말하듯이 그는 그리로 "밀고 들어"갔던 것이다. 이 사실은 지금까지는 아주 사소한 것으로 여겨졌으나, 우리에게는 다르게 보인다. 왜냐하면 카타리나 교회는 말하자면 직물업 직인들의 조합 분회였기 때문이다. 1475년에 이들은 그곳에 독자적인 제단, "직인 제단"을 쌓고 숙소가 딸린 동업조합(협회?)을 세웠으며, 매년 35굴덴을 사제를 위해 기부했다. 교회 앞뜰에서는 직조공들이 집회를 열었다(아침 집담회: Morgensprache). 반면에 마리아 교회는 돈 자랑하는 모임의 분점이었던 것 같다. 그 교회는 1473년 마르틴 뢰머(Martin Römer)에 의해 뉘른베르크에 4%의 이율로 투자된 1만 라인굴덴의 기증으로 그의 "영혼의 도구"로 봉헌되었다. 그래서 그곳에서는 매일 그 부자 죄인을 위해 일곱 번의 고인을 위한 미사(Seelenmesse)가 거행되었다.[3] 이는 아울러서 연옥(Fegfeuer: 죄를 씻는 불)의 교리가 교회에 얼마나 큰 돈벌이가 되었는지를 보여주는 예이다.

직물업 직인들에 대한 애정이 뮌쩌로 하여금 그들의 교회에서의 강단을 담당하고자 지원하게 했는지 아니면 그들과 가까워진 것이 이 부임에서 비로소 나온 결과였는지는 오늘날 더 이상 판정할 수 없다. 확실한 것은 그가 설교자로서 그들과 극히 밀접한 접촉 가운데 있었으며 그들의 견해를 알게 되었고, 즉시 강렬하게 그것에 사로잡혔다는 것이다. 1523년도의 어떤 츠비카우 문서[4]는 그의 직물업 직인들과의 결합에 관하여 이렇게 보도한다. "직인집단은 그에게 매달렸으며, 그는 저명한 사제계층보다 이들과 더 많은 비밀집회를 가졌다. 이를 통해 토마스 석사는 직물업자들을 편애했다. 특히 니콜라우스 슈토르흐란 이름을 가진 사람을 편애했다. 이 사람을 그는 강단에서 아주 크게 칭찬했고, 아름답게 (색칠)했으며, 그를 성서에 대하여 잘 알고 영적으로 고차원적으로 깨달은 유일한 자로서 모든 사제보다 높여주었다. 그러나 동시에 토마스 석사는 자신이 확실히 성령을 받았다는 자랑도 했다. 이런 무례한 방식으로부터 생겨난 것은 슈토르흐가 토마스와 아울러 엉터

---

[3] Herzog, *Chronik von Zwickau*, I, S. 235; II, S. 133부터 135.

[4] Seidemann, *Münzer*의 부록에 수록됨. S. 109ff.

리 설교를 감히 펼쳤다는 것이다. 이는 베가르트파(피카르드파)의 경우에 구두장이나 칼 제작자에게 설교를 시키는 것이 관습이었던 것과 같다. 이처럼 이 니콜라우스 슈토르흐는 토마스 석사의 편애를 받았으며, 그는 강단에서 평신도들이 우리의 고위 성직자와 주임신부가 되어 신앙의 고백을 받아야 한다는 것을 시인(승인)했다. 그로부터 슈토르흐파라는 종파가 생겨났고, 그것이 표어가 되었다. 그리고 이 종파는 그들 가운데 크게 증대하여 그들이 공모하여 열두 사도와 72제자를 모았다는 이야기가 공공연하게 나돌 정도였다."

공산주의자들의 이런 대담한 전진은 필연적으로 갈등을 유발했다. 뮌쩌가 단지 부유한 신부들을 욕하던 동안에는 그는 의회와 시민계층의 지지를 받았다. 이제 사정은 달라졌다.

갈등은 맨 먼저 두 교회, 곧 성 카타리나의 직조공 교회와 성모 마리아의 허영장이 교회 간의 영적인 갈등 또는 그들의 설교자, 이쪽의 뮌쩌와 저쪽의 요한 빌데나우 폰 에거(Johann Wildenau von Eger[Egranus]) 간의 갈등으로 표출되었다. 이미 1520년에 양측 간의 투쟁은 진행 중이었다. 그의 적들이 그렇게 묘사한 것처럼 빌데나우가 정말로 타락한 작자였거나 아니면 그가 시민계층에게서 충분한 지지를 받지 못했거나 둘 중 하나였다. 아무튼 그는 뮌쩌 앞에서 물러나야 했다(1521년 초).

이 승리가 직물업 직인들을 더욱 대담하게 만들었다면, 이는 시의회와 부유한 시민계층을 더욱 근심하도록, 그리고 무력적 조치를 쓰는 쪽으로 생각이 쏠리도록 만들었다. 하나의 동기는 벌써 직조공 소요에서 발견되었다. 뮌쩌는 루터에게 쓴 1523년 7월 9일자 편지에서 밝힌 대로 이 소요사태에 전혀 가담하지 않았다. 55명의 직물업 직인들이 "투옥되었고", 가장 지목을 받던 용의자들은 도주했으며, 뮌쩌는 추방되었다. 니콜라우스 슈토르흐와 다른 이들도 그때 또는 그 직후에 츠비카우를 떠났다. 그곳의 토양은 그들에게는 너무 뜨겁게 되었던 것이다. 그들은 비텐베르크로 향했으며, 1521년 12월에 그곳에 도착해서 우리가 살펴본 것처럼 멜란히톤 및 칼슈타트(Karlstadt)와 합세했다. 그러나 뮌쩌는 프라하로 향했다. 타보르인들의 땅에서 그는 활동을 위한 동지들과 비옥한 토양을 발견하기를 희망했다.

그러나 시대는 달라져 있었다. 보헤미아는 타보르파의 교리에 대해서는 작센보다 더 나쁜 토양이 되어 있었다. 전투적인 민주주의는 오래전에 거대 귀족에 대한 사생결판의 싸움에서 패했고 보헤미아 형제단으로 계속 활동했던 민주적 공산주의의 최후의 잔당들은 그들에게서 시민적 흐름이 프롤레타리아적 흐름을 극복한 이후로는 알아볼 수 없는 상태로까지 변형되었다.

프라하는 뮌쩌 같은 사람에게 결코 적당한 장소일 수 없었다. 이 도시는 타보르 세력이 정점에 달했던 시기에도 잘 해야 미온적인 벗에 지나지 않았고 대체로는 타보르 세력의 확고한 적이었다. 이제 그 도시는 '거대한 한자동맹'의 확고한 지주였다.

뮌쩌는 프라하에서 설교했다. 그곳에 늦가을에 도착했던 것이다. 한 대변자의 도움을 받아서 그가 보헤미아인들을 초청하는 통지문을 내다걸게 한 후였다. 거기서 그는 자기의 이름을 체코식으로 만들었다. 그 통지문은 이렇게 시작한다. "Ja Thomass Minczierz s Stolberku". 그러나 사람들이 그를 주목하게 되자마자 또한 설교의 자유는 그에게서 끝이 났다. 그는 경찰의 감시하에 놓였다(그에게 네 명의 감시원을 붙였다). 그리고 그후에 곧 추방당했다. 1522년 1월 25일에 그는 벌써 프라하를 떠났다.

츠비카우-프라하: 오늘날의 보헤미아와 작센에서의 경찰 실무가 존경할 만한 전통에 기초를 둔다는 것을 사람들은 알고 있다. 그것은 그 연조(年條)에 의해 신성시된다.

3. 알슈테트에서의 뮌쩌

뮌쩌는 다시 보헤미아에서 작센으로 향했다. 먼저 노르트하우젠으로 가서 한동안 머물다가 알슈테트로 갔다.[5] 쯔비카우처럼 이 도시도 한 커다란 광산과 가까이 맞붙어 있다. 이는 우리가 이미 고찰한 바 있는 만스펠트의 구리와 은, 금광이다. 무력을 갖춘, 완강한 광산 인구는 알슈테트에서 프롤레타리아적 경향에 일조했고 뮌쩌의 선동이 이로부터 힘을 얻었다고 우리는 가정해도 된다. 여기저기로 쫓겨 다니던 그 선동자가 결국 알슈테트, 그에게 유리한 전망을 제공한 그곳에서 활동의 장을 발견한 것은 확실하다. 곧 그는 설교자로서 확고한 위치를 차지했으며, 우리는 그가 (1523년 부활절에) 오틸리 폰 게르센(Ottilie von Gersen)[6]이란 이름의 수녀원에서 나온 수녀와 결혼한 것을 그의 미래에 대한 확신의 표징으로 간주해도 좋다. 그가 주임신부 요리사와 결혼했다는 것은 오해에 기인한 소식이며, 그랬다고 해도 결코 불행한 일은 아니었을 것이다.[7]

---

[5] 찜머만과 그밖의 사람들은 알트슈테트(Altstädt)라고 쓴다. 그러나 그 말은 Alt와는 아무런 관계도 없었고, 어원인 Hal(소금)과 관계가 있었던 듯하다. Allstätt란 명칭은 하르쯔 지역의 소금이 풍부한 다른 지역명(Halle, Halberstadt)처럼 소금의 산지를 가리켰던 것일 수 있다. Allstätt=Halstatt, Salzstätte

[6] Merx, *Münzer*, S. 9.

[7] Strobel, S. 136, Seidemann, S. 18을 참조하라. 이 (키프리아누스Cyprianus에게서 나온) 소식은 이런 것이다. "잘 이해되지 않는 타울러(Tauler)의 가르침에 의해 토마스 뮌쩌는 마음 깊숙이에서 그의 추종세력과 함께 그릇된 길로 빠졌다. 왜냐하면 그는 우리가 잘 알듯이 한 여성, 오를라문다(Orlamunda)의 주임신부인 콘라트(Konrad) 마이스터의 요

그러나 뮌쩌는 이런 개인적인 일들에 정신이 팔려 자신을 바친 대의를 잊지 않았다. 그는—독일의 개혁자들 중 최초로—철저하게 독일식 예배를 정립했고 신약(das Neue Testament)만이 아니라 성서의 모든 책들에 관해 설교했고 강의했다. 이는 특징적이다. 우리는 이미 이 부(部)의 제2장에서 민주적 종파들에게는 전제왕권 사회의 산물인 신약성서보다 다분히 공화주의적인 구약성서가 더 마음에 들었다는 것을 언급한 바 있다. 타보르인들부터 청교도들까지 구약성서에 대한 이런 편애를 추적할 수 있다.

"교황의 위선적인 고해"는 폐지되었고 두 형상(=빵과 포도주 - 옮긴이)으로 성만찬이 베풀어졌다. 전체 공동체가 예배에 협력해야 했고 성직자의 특권적 지위는 폐지되었다. 그래서 또한 뮌쩌가 스스로 밝히듯이 "우리의 반대자들은 우리가 들판의 코흘리개들에게도 미사를 거행하는 것을 가르친다고 한다."

그는 우리에게 그에 관해 보전된 그의 첫 번째 글로서 위에 언급된 예배의 새로운 질서와 관계된 글 "토마스 뮌쩌, 영혼을 돌보는 자에 의해 1523년 지난 부활절에 알슈테트에서 정립된 독일 성직의 질서와 평가"(Alstedt, 1524. Eylenburgk에서 Nikolaum Widemar 간행)에서 이를 밝힌다. 이에 관해 다루는 다음의 글도 있다: "교황 측 신부들에 의해 제물 앞에서의 기독교 신앙에 큰 손해를 가져오도록 라틴어로 드려지는, 그리고 오랜 시간 행해진 미사의 그러한 오용을 통한 모든 우상숭배의 만행을 이 숭고한 시대에 발견하도록 지금 명해진 독일의 복음적 미사"(Deutsch Evangelisch Meße etwann durch die Bebstischen pfaffen in

---

리사였고 라이프치히에서 사람들이 거룩하게 우러러보는 삶을 살던 그 여성과 함께 타울러를 읽었기 때문이다." 사람들은 '한 여성' 대신 '그의 여성'이라 읽음으로써 우리의 토마스를 광신적인 주임신부 요리사와 결부시켰다.

Latein zu grossem nachteyl des Christenglaubens vor ein opfer gehandelt, vnd jetzt verordnet in dieser hehrlichen Zeyt zu entdecken den grewel aller abgötterey durch solche mißbreuche der Messen lange Zeit getrieben. Thomas Müntzer, Alstedt 1524).

머리말에서 그가 밝힌 것은 라틴어가 어지러움과 무지를 낳는다는 것이다. "그런 이유로 나는 독일의 방식과 모범에 따른 개선을 위해 말보다는 의미에 따라 시편을 번역했다."[8]

글의 내용을 이룬 것은 독일화된 미사 자체였다. 그 두 번째 부분으로 다음의 책을 관찰할 수 있다: "교활한 외피로서 세상의 빛을 가린 외피를 제거할 임무를 띤, 그리고 지금 또다시 불경한 자들의 모든 화려한 거동이 몰락하도록 하느님의 불변하는 뜻에 따라 증가해가는 기독교 세계를 교양하는 이 찬송과 거룩한 시편과 더불어 나타나는 독일의 교회 성가(Deutzsch Kirchenampt, verordnet, aufzuheben den hinterlistigen Deckel, vnder welchem das Liecht der welt vorhalten war, welchs yetzt widerumb erscheynt mit dysen Lobgesängen vnd Göttlichen Psalmen, die do erbawen die zunemende Christenheyt, nach gottis vnwandelbarem willen, zum vnter gang aller prechtigen geperde der gotlosen)"(Alstedt, 1524년 추정, 18 Bogen in Quart). 슈트로벨이 밝히듯이 그 책에서 다섯 개 성례(미사)의 라틴어 성가들이 독일어로 번역되어 있는 것을 보게 된다.

게다가 뮌쩌는 알슈테트에서 선동문 소책자 두 권도 출간했다. "항의"와 "허구적인 신앙"에 관한 글이 그 두 책자이다.[9]

---

[8] 슈트로벨이 발췌한 이 글에서. 우리는 유감스럽게도 뮌쩌의 이 글과 다음의 글을 독자적인 견해에서 알게 될 수가 없었다.

[9] 하르츠 슈톨베르크의 토마스 뮌쩌, 지금은 알슈테트의 목회자인 사람의 항의 혹은 청원, 그의 학설에 관하여 그리고 참된 기독교 신앙과 세례의 시초에 관하여(Protestation odder empietung Tome Müntzers von Stolberg am Hartzs seelwarters zu Alstedt seine

이 글들과 아울러 그 시대의 편지 둘을 더 언급할 수 있다. 하나는 1523년 7월 18일자 편지로서 "불법 소요를 피하도록 슈톨베르크의 사랑하는 형제들에게 보내는 진심 어린 편지"이다. 이는 그곳의 결사 동지들에게 인내하라고 하는 권고 편지이다. 적당한 분위기가 아직 조성되지 않았다는 것이다. "하느님의 선택을 받은 많은 동지가, 하느님이 기독교 세계에서 서둘러 갚아주실 것이며, 신속하게 그들을 도우러 오실 것이라고, 아무도 그것을 염원하지도 않고, 고통과 인내 가운데 심령이 가난하게 되는 데 굳은 의지를 갖지 않는데도 그럴 것이라고 생각한다는 것은 엄청나게 우둔한 것이다." 아직은 사람들의 형편이 너무 좋다. 개선이 되기 전에 사정이 더 악화되어야 한다. "하느님은 그래서 압제자들을 내리치기로 점점 더 크게 결심하여, 이로써 선택된 자들은 하느님을 찾으려는 충동으로 충만해진다. 믿음에 역행하여 믿는 것, 희망에 역행하여 희망하는 것, 하느님의 사랑에 역행하여 증오하는 것을 하지 않은 사람들은 하느님이 인간에게 필요한 것이 무엇인지를 직접 말한다는 것을 알지 못한다." 말미에서 그는 형제들의 의지박약과 안락한 삶을 비판한다. "이처럼 나는 당신들이 똑같이 우쭐댄다는 것, 공부도 하지 않고 게으르다는 것을 알고 있다. 당신들이 술을 마실 때는 대의에 대해 많이 이야기하고, 깨어 있을 때는 겁쟁이들처럼 두려워한다. 그러니 친애하는 형제들이여, 여러분의 생활을 개선하시오. 식탐을 경계하시오(누가 21장, 베드로 5장). 여러분의 연인과의 육욕을 멀리하시오(디모데후서, 3장). 여러분은 그래도 행하기는 했으니 더 대담해지시오. 그리고 여러분이 어떻게 여러분의 재능을 활용했는지를 써 보내

---

lere betreffende vnnd tzum anfang von dem rechten Christenglawben vnd der Tawffe), 1524 Alstedt.—Von dem getichten glawben auff nechst Protestation außgang Tome Müntzers au Alstedt, 1524.

시오."

다른 편지, 시편 19편에 대한 주석을 그는 1524년 5월에 그의 추종자 중 한 사람에게 써 보냈다. 1525년에 아이스레벤(Eisleben) 출신의 요한네스 아그리콜라는 뮌쩌에 반대하는 여론을 조성하기 위하여 "마귀가 어떻게 하느님과 같아지려고 하는지를 온 세상이 깨달을 수 있도록" 그것을 출판했다.[10] 그것은 우리가 그 시기의 뮌쩌의 글들에서 다른 맥락에서는 재발견하지 못할 주목할 만한 사상을 담고 있지는 않다.

역시 알슈테트에서 출간된 다니엘서 제2장에 대한 주석은 뒤에 가서 언급할 것이다.

이 글들 중 첫 번째 것인, 독일 성직의 질서만으로도 뮌쩌 철학의 모든 본질적 특징인 그의 신비주의, 오직 금욕과 고난으로만 얻어질 수 있는 내면적 계시의 소리에 의존하지 않는 한에서 성서에 대한 경멸, 지식인에 대한 경멸, 끝으로 그의 범신론과 종교적 관용을 담고 있다.

초기의 관점들에 관해서는 우리가 이미 제1권에서 그 예들을 제시한 바 있다.(274쪽 이하) 여기에서는 독일 성직의 질서에 대한 한 문장만을 재인용하기로 한다. 뮌쩌는 이렇게 말한다. 성서만으로는 사람은 무엇이 옳은지를 알 수 없으며, 하느님이 우리 내면에서 그것을 일깨워야 한다는 것이다. "네가 또한 이미 성서를 먹었든 먹지 않았든 네게는 도움이 안 된다. 너는 날카로운 쟁기의 날을 감수해야 한다. 그 날로 하느님은 너의 마음에서 잡풀을 박멸하신다." 금욕, 고통을 쟁기의 날과 비교하는 것은 뮌쩌가 매우 사랑하는 그림이다. 우리는 그것이 그의 "항의"에서도 사용된 것을 발견한다.

범신론적으로 입김이 불어넣어진 그의 신비주의의 명확한 증거는

---

[10] Außlegung des XIX. Psalms Coeli enarrant durch Thomas Müntzer an syner ersten Jünger ainen, Wittenberg 1525.

같은 글의 다음 문장이다: "특히 그(인간)는 하느님이 그 안에 있다는 것, 그는 하느님을 날조하는 것이 아니며, 하느님이 그로부터 1천 마일이나 떨어져 있는 것처럼 상상하지 않고, 하늘과 땅이 하느님으로 충만한 것처럼, 그리고 아버지가 아들을 끊임없이 우리 안에서 낳으며, 성령은 애절한 슬픔을 통해 우리 안의 십자가에 달린 자 말고는 선포하지 않는 것처럼 상상한다는 것을 알아야 한다."

뮌쩌의 종교적 관용은 결국 다음의 상론에서 명백해진다. "아무도 우리가 알슈테트에서 독일식 미사를 드리는 것을 이상하게 생각해서는 안 된다. 로마인들과 다른 방식을 지키는 것은 또한 우리만의 관습은 아니다. 롬바르디아의 메디올란(밀라노)에 있는 이들도 로마에서와는 다른 미사 거행 방식을 다분히 가지고 있기 때문이다." 크로아티아인, 보헤미아인, 아르메니아인 등은 그들의 언어로 미사를 드리며, 러시아인들은 "많이 다른 동작을 취하지만, 그렇다고 해서 그들이 악마는 아니다. 아, 우리가 홀로 외적인 허울에서 기독교인이라고 착각하고, 짐승 같은 인간들은 얼마나 정신이 나갔는지를 놓고서 다투는 우리는 얼마나 눈멀고 무식한 인간들인가?" 이교도들과 투르크인들은 기독교인들보다 나쁘지 않다. 그는 "뒤떨어지고 느릿느릿한 로마인 형제들도 멸시"하려고 하지 않는다.

이는 그 시대로서는 확실히 크고 깊은 사상이다. 그러나 이는 뮌쩌에게만 고유한 것은 아니다. 범신론적 신비주의를 우리는 이미 자유로운 정신의 형제자매들에게서 발견한 바 있다.

뮌쩌의 종교적 관용도 그 선행자가 있다. 우리가 아는 바대로 종교적 관용이 타보르인들에게 있는 것을 에네아 실비오가 발견했다. 보헤미아 형제단도 이를 실천했다. 그러나 이 종교적 관용은 아주 제한된 의미로 받아들여야 한다. 그것은 국가와 사회의 모든 거대한 대립이 종교적 외피를 쓰고 등장하던 시대에 모든 종교 문제에 펼쳐질 수는 없었다. 뮌쩌는 물론 일체의 관용이란 위선을 증오했다. 그 뒤에 나약함과 지조 없음이 숨어 있다는 것이다. 그는 이렇게 외쳤다. "땅 위의 어느 것도 꾸며낸 선행보다 더 나은 모습과 외관을 가진 것은 없다. 그때문에 모든 구석이 허망한 위선자들로 들끓고, 그들 중 누구도 옳은 진실을 말하려고 할 만큼 용기가 없다. 진실이 밝히 드러날 수 있으므로 여러분 통치자들(여러분이 그것을 기꺼이 행하든 그렇지 않든 그리되기를 바란다)은 시편 5편에서 불경한 자들은 택함을 받은 자들이 베풀어주는 한도 내에서밖에는 살 권리가 없다고 성령이 말하는 것처럼 느부갓네살이 성 다니엘을 공직자로 임명하여 그가 선하고 의로운 판단력을 발휘하도록 하는 그 장(章)의 결말에 따라 처신해야 한다."[11]

이런 문장은 뮌쩌의 종교적 관용을 보여주는 다른 글들과 모순되어 보인다. 그러나 이 관용이 어디에 관련되는지를 알게 된다면, 그 모순은 사라진다. 그것은 단지 국제적 관계에 관련되며, 인민주권 인정의 발로이다. 모든 민족은 자신의 생각대로 종교를 가질 수 있으며, 이는 우리에게는 상관없는 일이다. "뒤떨어진 로마형제들"이 그들의 방식대로 미사를 드리고 투르크인과 이교도들이 그들이 원하는 것을 믿을 수 있다고 해서 우리에게 무슨 상관이 있는가? 우리는 우리의 상황을 우리의 필요에 따라 정돈하는 것을 허락받는 것 외에는 바랄 것이 없다. 또한 이민족들에 대한 적대감도 없다. 그것과 국내에서의 가차 없는 계급투쟁의 선포와는 결코 모순된 것이 아니다.

그런데 이런 계급투쟁의 선포는 훗날의 어떤 글에서 발췌한 것이다. 불과 같은 정신을 가진 자가 아무리 평온하게 글을 쓸 수 있다고 할지

---

[11] Auslegung des anderen Unterschiedes Daniels.

라도 지금까지 거론된 것들은 일반적으로 평온하다. 그것들은 주로 종교 문제와 교회 조직을 다루는 선전문들이다. 거기에는 혁명적인 위협과 호소는 담겨 있지 않다. 아직 뮌쩌는 반란자가 아니었으며, 당국과도 공공연하게 대립하지 않았다.

그러나 그는 이미 루터와는 갈등관계에 있었다. 그것에 동기부여를 한 것은 외관상 개인적 경쟁관계인 것으로 보인다.

종교개혁이 루터의 개인적 주도에서 나온 것이 아니라는 게 1522년 과 1523년에서보다 더 분명히 드러난 때는 필시 없었던 것 같다.

그는 내적인 관계들을 명확히 인식함이 없이 상황에 떠밀려 움직였을 뿐 아니라 다른 사람들이 한번 걸어간 길에서 뒤처지기까지 하는 일이 일어났다. 그가 바르트부르크(Wartburg)에서 평온히 앉아서 성서를 번역하는 동안 칼슈타트(Karlstadt)의 지도를 받고 츠비카우 광신도들의 영향을 받은 비텐베르크의 활동력 있는 분자들은 로마와의 투쟁의 실천적 결과들을 이끌어내는 데 착수했다. 그들은 독신제도, 수도사의 서약, 단식, 성상숭배, 사적 미사 등을 폐지했다. 루터는 이런 개혁들을 받아들이고 승인하는 것 말고는 뒤늦게 할 일이 없었다. 그가 그것들을 다시 무효화하지 않는 한에서는 그랬다.

그리고 이제 비텐베르크 사건 1년 후에 스스로를 '복음적 진리'를 위한 싸움에서의 지도자라고 느낀 루터는 독일식 예배에서 뮌쩌에게 뒤쳐질 수밖에 없었다. 왜냐하면 독일식 예배가 알슈테트에서 그에게 아주 큰 성공을 가져다주었으므로 루터에게는 그것을 모방하는 것 말고는 남는 일이 없었기 때문이다. 그러나 그는 세상에서 모방자로 비추어지기를 원치 않았다. 그가 모방을 하기 전에 세상이 뮌쩌의 갱신에 대해 뭔가를 경험하지 못하도록 막아야 했다. 이를 위해서는 단순한 수단이 있었다.

뮌쩌 스스로가 그의 "고도로 이유 있는 변론"에서 이에 관하여 썼으며, 이에 관해서는 우리는 아직 이야기할 것이 있다: "그것은 사실, 온 땅이 나에게 증거해주는 바와 다르지 않다. 가난하고 궁핍한 민중은 진리를 열심히 갈구하여 각처에서 온 사람들이 거리를 가득 메워 그들은 성서를 읊조리고 강론하는 직무가 알슈테트에서 어떻게 실행되는지를 경청했다. 그가 박살을 내려고 해도 비텐베르크에서는 그렇게 할 수가 없었다. 사람들은 그가 집전한 독일식 미사에서 그가 얼마나 거룩했는지를 잘 볼 수 있다. 이는 루터에게 아주 불쾌한 일이어서 그는 처음에 그의 군주 곁에서 내 미사본이 인쇄되어나가지 않도록 조치했다."

이런 비난에 대하여 루터는 답을 한 적이 없다.

이 두 개혁자 간의 경쟁관계는 분명히 그들의 관계를 더 우정어린 것으로 만드는 데 기여하지 못했다. 그러나 그들 간의 갈등의 원인은 더 깊은 데 있었다.

물론 루터는 당시에 민주주의를 향한 확고한 입장을 취하지 않았다. 그는 힘의 균형추가 어느 쪽으로 기울지를 아직 몰랐다. 그러나 그에게서 한 가지는 명확해졌다. 그의 부르주아적 본능이 너무 발달해서 이를 오판할 수 없었으리란 것이다. 공산주의적 종파분자들을 어떤 경우에도 등장시켜서는 안 된다고 판단한 것이다.

루터는 이를 이미 1522년에 츠비카우의 광신도들이 비텐베르크에서 영향력을 얻기 시작하면서 인식했다. 멜란히톤도 선제후도 그들에 대한 단호한 입장을 취하지 않자 그는 더 오래 바르트부르크에서 참고 있을 수가 없었다. 그는 1522년 초에 비텐베르크로 서둘러 가서 위험한 사람들을 해산시켰다. 슈토르흐는 남독일로 가서 그곳에서 종적을 감추었다. 칼슈타트는 뮌쩌와 마찬가지로 루터가 그 입을 다물게 만들려고 하던 자로서—루터는 당국으로 하여금 그의 글들을 몰수하게 했다—우선은 비텐베르크 근처의 시골로 물러났다. 그는 전답을 사서 농부로 살려고 했다. 농부들은 그를 더 이상 박사님이라고 불러서는 안 되고 이웃집 안드레아 씨라고 해야 했다. 그러나 우리는 곧 그가 오를라뮌다(Orlamünda)에서 선동자, 조직가가 되어 크게 성공적으로 활동하는 것을 보게 된다. 그곳에서 그는 교회공동체를 완전히 민주적으로 제도화했고 일체의 전통적인 가톨릭 예전들을 끝냈다.

뮌쩌가 알슈테트에서 부상하자 그와 츠비카우 사람들의 연결관계를 알던 루터는 그를 처음부터 불신의 눈으로 보았던 것이 분명하다. 뮌쩌의 명성이 자랄수록 불신은 높아졌다. 질투의 독침은 결국 루터를 광포하게 만들었을 것이다. 그러나 그 사람에게 맞서기는 어려웠다. 루터는 그를 심문하려고 비텐베르크로 소환하였으나 허사였다. 뮌쩌는 오직 "위험하지 않은 공동체"만을 상대하겠다고 선언했다.

뮌쩌가 비텐베르크로 오지 않던 차에 작센의 영주 프리드리히와 그의 형제이면서 공동통치자인 요한 공작이 알슈테트에 왔다. 이 도시 부근에서 일어난 소요사태 때문이었다.

한 무리의 알슈테트 사람이 1524년 3월 24일에 번화한 순례지인 멜러바흐(Mellerbach) 예배당을 "성상예배의 우상숭배"를 끝장내기 위해서 파괴했다. 그 당시에 뮌쩌는 이를 반대하는 설교를 했던 것이다. 알슈테트 관아는 이에 프리드리히 선제후에게서 암자의 파괴자들을 처벌하라는 명령을 받았다. 요청을 받은 자들은 오랫동안 그 명령에 감히 응하지 못했는데, 이는 봉기를 두려워했기 때문이다. 그들이 결국 6월 13일에 혐의자들을 체포하러 가려고 했을 때 그들의 의도가 탄로 났다. "남자들만이 아니라 부인들과 처녀들도 뮌쩌에게서 삼지창과 쇠스랑으로 무장을 갖추라는 명령을 받아서 무리를 지어 일어섰다. 진격의 종이 울렸다. 뮌쩌가 손수 그 종을 친 것 같다." 그 다음날, 알슈테트 사람들은 필시 그들의 요청에 따라 벌써 외부의 도움을 받았다. 광부 직인들과 그밖의 사람들이 와서는 선생(뮌쩌)이 습격을 당했는지, 그렇지 않다면 알슈테트 사람들이 복음 때문에 괴롭힘을 당했는지를 알기 위해 찾아왔노라고 알려주었다. 이는 뮌쩌의 영향력과 인기에 대한 최선의 증거이다.[12]

이와 같이 선제후의 관아의 의도는 무산되었다. 뮌쩌는 그 주범으로 간주되었다.

그러나 그 두 군주가 스스로 질서를 바로잡기 위해 알슈테트로 왔을 때(7월 초였을 개연성이 있다) 그들은 뮌쩌에 대해 아무런 조처도 하지 않았을 뿐 아니라 그들 앞에서 통치 중인 군주 앞에서 그보다 더 대담하게 행해진 적이 없는 발언을 하도록 허락하기까지 했다. 이것만으로도 뮌쩌의 소심함에 대한 풍문을 반박하기에 충분하다. 멜란히톤부터 람프레히트까지 뮌쩌의 운동에 대한 모든 '호의적인' 서술들에서 그런 풍문이 있었던 것이다.

뮌쩌는 그의 연설을 다니엘서 제2장 느부갓네살의 환상과 다니엘의 뜻풀이에서 시작했다. 그런 묵시는 오늘날에도 여전히 있다는 것이다. "글을 배운 자들은 물론 하느님이 더 이상 친애하는 동무들에게 환상과 입에서 나오는 말로 계시하지 않으며, 누구나 글에 매달려야 한다고 주장합니다. 그들은 유태인들이 바빌론 포로생활을 예언했던 예레미야를 비웃은 것 같이 하느님의 계시를 다루는 자들의 경고를 무시합니다. 그러나 일체의 오락의 포기와 일체의 육욕의 억제를 통해서, 그리고 진리를 향한 의로운 기상을 통해서 오늘날에도 여전히 환상의 인식에 도달할 수 있습니다. 그렇습니다. 환상을 기다리고 그 환상을 고

---

[12] Merx, S. 16, 17.

통스런 슬픔을 안고서 전하는 것은 의로운, 사도적인, 가장다운, 예언자적인 정신이며, 그렇기 때문에 살찐 돼지 형제, 평온한 삶의 형제(루터)가 환상을 배척하는 것은 놀랄 일이 아닙니다. … 하느님의 영이 수많은 선택된 신실한 사람에게 지금, 적절한 거역하지 못할 미래적 개혁이 크게 필요하다는 것, 그것은 실현될 수밖에 없다는 것, 그리고 현재의 것이 맘대로 저항할지라도 다니엘의 예언이 빛을 잃는 일은 없다는 것을 계시해준다는 것은 진실이며 나는 이를 정말이라고 압니다."

우리는 지금 세상의 다섯 번째 왕국에 있다. "뱀장어와 뱀이 한 덩어리를 이루어 어떻게 엉겨 붙어 있는지를 지금 잘 볼 수가 있습니다. … 신부들과 모든 악한 성직자들은 뱀이고 세속의 영주들과 위정자들은 뱀장어입니다. … 아, 친애하는 선생님들이여, 주님이 쇠지팡이로 낡은 질그릇들을 얼마나 멋지게 내려칠 것입니까." 지금은 복음의 수장들이 복음의 적들과 싸울 때입니다. "여러분이 지금 올바른 위정자라면, 여러분은 통치를 뿌리째 들어내야 할 것입니다." 우상숭배의 뿌리는 근절되어야 한다. 칼은 불경한 자들을 섬멸하는 수단이다. "그러나 같은 일이 지금 성실하게 그대로 그리고 적절하게 일어나도록 우리의 사랑하는 신부님들, 임금님들, 곧 우리와 함께 하는 그리스도를 고백하는 그들이 행해야 합니다. 그러나 그들이 이렇게 하지 않을 경우에는 그들은 칼을 빼앗길 것입니다(다니엘 7장). 왜냐하면 그들은 이처럼 말로는 그리스도를 시인하면서 행동으로는 그를 부정하기 때문입니다." 이어서 그는 위선적인 관용을 비판한다.—우리는 이 상세한 논설의 특징적인 한 부분을 위에서 인용한 바 있다—그리고 다음과 같은 부름으로 끝을 맺는다. "다만 용기를 가지세요! 몸소 통치를 하려고 하는 자에게는 모든 권력이 하늘에서와 땅 위에서 주어집니다. 이제 다 되었습니다. 그분이 여러분을 극진히 영원토록 보호하시기를 빕니다. 아멘."

참으로 대단한 언설이다. 자신의 혁명적 의도를 부정하기는커녕 뮌쩌는 혁명이 필요하다고 공언한다. 군주들은 혁명의 선두에 서도 좋다. 그러지 않는다면 격분한 민중이 군주들을 넘어서 갈 것이다. 그 언설은 위정자들이 이 호소에 부응하리란 데 대한 별로 큰 확신을 보여주지는 않지만, 그가 적어도 선제후를 자기편으로 만드는 것을 전혀 불가능하다고 보지는 않았음을 증명해준다.

종교개혁 운동에서 계급대립은 1년 후에 그랬던 것만큼 공공연하게, 그리고 화해가 불가능한 것으로 아직 등장하지 않았다. 그리고 잊어서는 안 될 것은 그 당시에 절대군주 체제는 아직 혁명적 세력이어서 그것과 다른 혁명가들 간의 결속은 처음부터 가망이 없는 것으로 여겨지지는 않았다는 것이다. 그런데 심지어 지난 1백 년의 시대에도 여전히 합법적인 군주들은 그들의 왕조적 이해가 그들을 혁명적 정치로 몰고 간 경우에는 반란세력에게 추파를 던졌다. 특히 호헨쫄레른 가문이 1866년까지 때때로 그러했다. 그러나 여기에 프리드리히 선제후가 민중운동에 대하여 크나큰 관용, 아니 확실한 동감을 드러냈다는 상황이 더해졌다. 이는 우리가 츠비카우의 광신도들의 경우에서 살펴본 바 있으며, 농민전쟁의 발발에서 다시 살펴보게 될 것이다.

이런 상황에, 그러나 필시 또한 뮌쩌가 알슈테트에서 누렸던 명성에 뮌쩌가 위정자들로부터 해를 받지 않고 풀려난 원인을 돌릴 수 있을 가능성이 있다.

프리드리히보다 그의 동생 요한 공작이 훨씬 더 강한 계급의식을 지녔다. 뮌쩌가 그의 언설[13]을 인쇄시켰을 때, 그는 이 때문에 단단히 화

---

13 알슈테트의 성에서 작센의 활동적인 고귀한 공작이요 장(長) 앞에서 설교한 다니엘 예언자의 다른 차이점의 해설, 하느님 말씀의 종 토마스 뮌쩌.(Außlegung des andern untersyds Danielis deß propheten gepredigt auffn schlos zu Alstet vor den tetigen thewren

가 나서 묀쩌 글의 인쇄출판자인 아일렌부르크의 니콜라우스 비데마르(Nikolaus Widemar)를 작센 땅에서 추방했다. 이에 대해서 묀쩌는 6월 13일의 한 편지에서 항의했으나 소용이 없었다. 어떤 것이든 작센 행정부의 허가 없이는 비데마르에게 인쇄를 시키는 것이 그에게 금지되었다.

이에 대하여 그 불굴의 사나이는 새로운 선동문서를 인근의 뮐하우젠에서, 민중운동도 승리를 거둔 그곳에서 인쇄 · 출판하는 것으로 응수했다. 이는 "불충한 세상의 거짓 믿음의 폭로"라는 글이다.[14]

표제에서 그는 자신을 예레미야 23장 9절의 한 문장과 관련지어 "망치를 든 묀쩌"라고 이름 붙인다. 그곳에서 주님은 이렇게 말한다. "나의 말은 … 바위를 쳐서 깨뜨리는 망치 같지 않은가?" 그는 더 나아가 표지에서 이렇게 말한다. "하느님을 모독하여 그분을 그려진 조그만 사람으로 만든 우리의 한자 대상인들이 누구인지를 온 세상이 보고 파악하도록 우리에게 구멍을 더 크게 내주시오. 친애하는 동무들이여."

두 번째 면에서는 예레미야서 1장에 나온 두 문장을 상황에 맞게 변용하여 모토로 삼는다. "나는 이렇게 나의 말을 너의 입에 담아준다. 보아라! 나는 오늘 세계만방을 너의 손에 맡긴다. 뽑기도 하고 무너뜨리기도 하고 멸하기도 하고 헐어버리기도 하고 세우기도 하고 심기도 하여라." 그리고 "쇠로 된 담이 임금들, 군주들, 사제들, 민중에 맞서

Herzogen und Vorstehern zu Sachssen durch Thomam Müntzer Diener des wordt gottes), Allstedt 1524.

14 형편없고 가엾은 기독교 세계에 그 오류를 상기시키도록 루가복음의 증언에 의하여 불신앙의 세계의 거짓 믿음에 대해 적나라하게 가면을 벗김. 에제키엘 8장. 망치를 든 토마스 묀쩌.(Außgetrückte emplößung des falschen Glaubens der vngetrewen welt, durch gezeugnus des Euangelions Luce, vorgetragen der elenden erbermlichen Christenheyt zu innerung ires irsals. Ezechiel am 8. Capitel, Thomas Müntzer mit dem Hammer), Mülhausen 1524.

세워져 있다. 그들이 싸울지라도 승리는 강하고 불경한 압제자들의 몰락으로 기적적으로 온다." 이런 도입부는 이미 전체 글의 성격을 보여준다.

그 글은 가난한 민중을 속이는 글 배운 이들에 대한 논박으로 시작한다. 이들 민중은 그들에게서 해방되어야 한다. 부와 명예를 추구하는 자는 하느님을 섬길 수 없다. "아이고, 평온한 삶의 형제와 느린 걸음 형제(루터)는 왜 그렇게 화가 나서 떠들게 되는가? 그렇다. 그는 자신이 의도한 모든 욕심을 실행에 옮길 수 있다고, 그의 호화로움과 부를 유지하면서도 보장된 믿음을 가질 수 있다고 생각한다. 이는 하느님의 아들이 명확한 말로써 글 배운 이들을 꾸짖은 부분이다. … 당신들은 하느님과 부를 함께 섬길 수 없다. 명예와 재산을 소유한 자는 결국 영원히 하느님에 의해 허망하게 되는 것이 분명하다. 이는 시편 5편에서 '너희의 마음은 허망하다'고 하느님이 말하는 것과 같다. 그 때문에 권력 있는 고집 센 인간들은 권좌에서 쫓겨나야 한다." "불경하고 어리석은 사람들의 통치체제와 당국은 하느님과 그의 기름부음을 받은 자에 맞서서 극도로 날뛰고 광포하게 군다." 그렇다. 허망한 자들이 지금 막 "그들의 백성을 후벼 파고, 털을 뽑고, 그들의 가죽을 벗기고, 긁어대기 시작하며, 전체 기독교 세계를 그렇게 하겠노라고 위협하며 자기 동포와 외국인들을 점차 괴롭히고 죽인다. 하느님은 선택 받은 자들의 분투 후에 그들의 고통을 더 이상 방관할 수도 없고 방관해서도 안 되리라." 하느님은 자기 백성에게 감당할 수 있는 것만큼 이상의 짐을 지운다. 이는 당장에 끝나야 하며, 끝날 것이다.

군주들은 하느님이 분노하여 세상을 벌하는 채찍이다. "그러므로 그들은 사형집행인이고 형리일 뿐이며, 이것이 그들이 손수 하는 작업 전체이다."

두려워할 자는 그들이 아니라 하느님이다. 그러나 하느님을 의심해서는 안 된다. 그에게는 아무것도 불가능한 것이 없으며 공산혁명의 승리도 불가능하지 않다. "그렇다. 수많은 사람이 강력하고 큰 열광자 집단인 것같이 생각된다. 그들은 불경한 자들을 심판관의 자리에서 몰아내고 낮은 자들, 거친 자들을 들어 올리는 그런 게임이 펼쳐지고 완수된다는 것은 불가능하다는 판단밖에 하지 못한다." 불가능한 것은 가능하게 될 것이다. "그렇다. 그럼에도 그가 사뭇 많은 선을 펼칠 것이라는 것은 훌륭한 믿음이다. 그는 철학자 플라톤이 (공화국에 관하여: de republica) 사유한 것처럼 세심한 민중을 둘 것이다. 그리고 황금 당나귀의 아풀레이우스도."

소책자의 나머지 부분은 반복되는 내용들뿐이다. 예전의 뮌쩌의 알슈테트에서의 출판물들과 이것을 비교해본다면 눈에 띄는 차이점이 드러난다. "다니엘의 다른 차이점의 설명"(Erklärung des anderen Unterschieds Danielis)은 이 둘 사이의 이행단계를 이룬다. 뮌쩌에게 지금은 그에게 멀리 있는 사람들을 설득하고 권유하는 일보다는 동지들을 고무하고 추동하는 일이 더 중요했다. 그리고 더 이상 교회혁명이 아니라 정치적·사회적 혁명이 그에게 전면에 등장한다. "설명"(Erklärung)은 여전히 군주들을 혁명의 대의에 끌어들이려는 시도이다. 반면에 지금은 교황이 아닌 군주들이 주적이며, "복음"이라는 모호한 개념이 아니라 "철학자 플라톤이 사유한 것처럼" 직접적으로 공산주의가 관심사였다. 플라톤의 국가에 관한 저서를 뮌쩌도 알고 있었던 것이다.

뮌쩌의 선동의 논조와 내용의 이런 변화는 확실히 부분적으로 군주정과의 분쟁에 의해 실현되었다. 이는 그가 자신의 이념을 오직 이 군주정에 대항한 투쟁에서만 관철할 수 있다는 것을 그에게 환히 증명해주었다. 그러나 부분적으로는, 물론 월등히 큰 부분이지만, 이런 변화의 원인은 더 깊은 곳에 놓여 있으며, 상황의 일반적인 변동에 기초를 두었던 것 같다. 바로 그 시기에 농민전쟁의 최초 불꽃이 일어났다. 이제는 더 이상 설교하는 것이 아니라 행동하는 것이 중요했다.

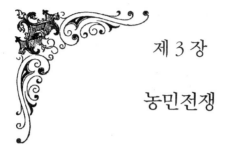

제 3 장

농민전쟁

1. 대농민전쟁의 뿌리

우리는 제1권에서 이미―돌치노의 봉기와 1381년의 영국의 반란, 타보르 운동에 대한 묘사에서 농민전쟁으로 이어진 대립에 관해 이야기한 바 있다. 우리는 이미 말한 것을 반복할 필요는 없으며, 16세기 초 독일 농민의 상황을 그 선행자들의 상황과 구분해주는 점들만 언급하면 된다.

위에서 언급한 반란들은 모두 일반적으로 농민의 형편이 상승일로에 있던 시기에 일어났다. 독일에서는 농민층의 처지가 상당히 악화되어 있었기 때문에 비로소 그때에 상황이 농민층의 거대한 폭동으로 발달했다.

후스파 전쟁 시기는 대략 농민층 내에서 그들을 억압하는 경향들이 상황에 따라 그리고 개별 지역들에서만이 아니라 일반적으로, 그들을 향상시키는 경향들을 물리치기 시작한 분기점으로 볼 수 있다. 그 주요 원인을 우리는 자본의 (우선적으로는 상인자본의) 강화, 그리고 그와 결부된 절대군주정의 강화에서 찾아볼 수 있다.

자본의 강화는 상품생산과 상품교역 발달의 필연적 결과였다. 그러나 자본, 특히 상인자본은 자신에게 내부시장을 보장해주고, 세계시장에서의 경쟁을 가능하게 하는 강한 국가권력을 필요로 했다. 자본가들은 그래서 절대적 군주체제와 그것의 거대한 두 도구인 관료제와 용병부대를 온갖 방식으로 촉진했고, 그들의 사람만이 아니라 금전적 수단을 써서 군주체제가 반항적인 계급, 자신들의 획득된 자유와 권리들을 주장하려고 하는 계급, 한편에서는 귀족들과 성직자들, 다른 한편에서는 농민들과 소시민들에 대한 투쟁을 벌이는 것을 도왔다. 그래서 군주들과 자본가들에게는 적대적 계급들 스스로가 서로 간에 첨예한 대립관계에 있고 서로 치열하게 싸우는 것이 도움이 되었다.

자본—상인들과 대금업자들—과 군주들은 이 모든 계급이 점점 더 많은 이자를 자신에게 지불할 의무를 지게 만들 줄을 알았다. 이들 각 계급은 자신들의 부담을 더 널리 전가하려고 했으며, 이 부담은 결국 배증되어 최하층 민중에게 얹혀졌다. 도시 프롤레타리아와 특히 거대한 민중집단인 농민이 그들이었다. 우리가 이미 이야기한 바 있는 가격혁명이 이 부담의 작용을 더욱 심화했다.

그러나 이렇게 하층계급에 대한 억압이 커져가는 동안, 그와 동시에 그들의 저항력은 감퇴되었다. 13, 14세기에 농민들의 처지가 개선되었다면, 이는 도시들, 특히 수많은 작은 농촌 도시들의 융성에 적지 않게 덕을 본 것이었다. 농민들은 공동의 적에 맞선 동맹군으로서 이 도시들에서 버팀목을 발견했다. 그러나 15세기에 독일에서는 도시들이 점점 더 군주들에 대한 종속 상태에 빠졌다. 독일 도시들 대다수의 독립성이 15세기 말에는 이미 깨어졌다. 비교적 소수의 도시들이 그들의 독립성을 지킬 수 있었는데, 이는 대부분 대도시들이었고 그 지배계급 자체가 농민 착취에 열띤 관심을 가졌다. 도시 공화국들은—그중에 물론 가장 유력한 것은 뉘른베르크였다—보헤미아에서 후스파 전쟁 중에 프라하가 대귀족 편에 섰던 것처럼 군주들에게 기울었다. 민주주의의 중추는 소도시 시민계층이었다. 이들이 독립성을 상실한 정도만큼 민주주의적 흐름들도 힘을 잃었다.

그러나 15세기 중에 도시체제의 형성은 또 다른 방식으로 농민의 처지를 악화했다. 14세기까지 도시들은 농민에게 열려 있던 도피처를 이루었다. 지주들이 자신들의 노동자를 잃고 싶지 않다면, 지주들은 농민을 가능한 한 무력으로 그러나 또한 좋은 대우로 자신에게 묶어놓아야 했다.

이제는 사정이 달라졌다. 우리가 제1권에서 동업조합 제도에 관해서 말한 것을 상기해보자. 15세기에 노동자들의 아주 거센 유입에 대한 수공업의 문호 폐쇄가 벌써 크게 확산되기 시작한다. 이는 도시의 조직화되지 않은 프롤레타리아 계층뿐 아니라 농민층의 억압으로 이어진다. 도시에서의 안락한 생존을 향한 길이 그들에게 닫혔다. 도시의 소시민층과 농민층 사이에는 대립이 생겨났으며, 이는 때로는 공동의 적—교회, 귀족계층, 군주, 자본가—에 대항한 동맹으로 봉합되기도 했으나 그럴 경우에도 그 친선관계를 아주 미온적인 것으로 가져갔다.

도시들이 농민들에게 도피처가 되기를 중단할수록 지주는 농민들을 아낄 필요가 더 없어졌다. 이제 농민들은 지주에게 확보되었으며, 그들이 완전히 타락하지 않는 한, 도시에서 더 이상 아무것도 얻을 것이 없었다. 그러나 프롤레타리아들에게도 도시는 갈수록 폐쇄되어갔다. 도시의 프롤레타리아 계층과 아울러 농촌의 프롤레타리아 계층이 형성되며, 이들은 봉건 농노층의 축소와 해산을 통해 증대된다. 이는 상품생산 그리고 그와 관계된 돈 욕심이 들녘에 침투한 데 대한 자연스러운 결과이다. 우리는 이를 통해서 자연 그대로의 환대(Gastfreundschaft)가 점점 더 좁아진 것을 이미 보았다. 이러한 전개는 또한 농노계층의 지속적인 축소로 이어졌다. 군주들은 그들이 할 수만 있었다면 그들에게 달갑지 않은 귀족계층의 독립성을 축소하기 위해서 이런 진행을 촉진했다.

상품생산의 발달은 또한 토지에 가치를 부여했고 한편으로는 마르크 조합들이 폐쇄되도록 몰고 갔으며, 다른 한편으로는 지주들이 조합의 공유재산을 자신의 사유재산으로 요구하고 병탄하도록 몰고 갔다.

도시와 농촌에서 땅이 없는 사람들을 위한 도피처들의 차단, 그런가 하면 동시에 자연적인 인구증가와 아울러 농노집단의 해체와 국세, 지주로부터의 공조 부담, 그리고 채무 이자가 점점 더 많은 땅 없는 사람들을 만들어낸 것을 감안한다면, 우리는 농촌 프롤레타리아 계층이 급속히 증대한 것에 대해 놀라서는 안 된다. 우선 그들은 주로 룸펜 프롤레타리아 계층이었으며, 거지와 사기꾼, 합법적 비합법적인 강도와 병사 들을 배출했다.

14세기에 용병들은 아직 대부분이 모험적이고 약탈을 좋아하는 농민의 자식들이었고, 이들은 몇 년간 군역에 종사한 후에 다시 농부가 되었으며, 농부의 계급의식을 공유했고, 이들 농민을 적으로 삼아서는 ─적어도 자기 나라에서는─사용하기가 힘들었으며, 그들이 제대한 후에는 농민의 무장력을 높여주었다. 15세기에는 병사들 중에 룸펜 프롤레타리아들이 점점 더 전면에 많이 등장했고, 더 낮은 계급으로 추락한 자들은 아무런 계급이해도 더 이상 갖지 않아서 그들의 주인을 위해 물불을 가리지 않았고 그들에게 급료가 지불되는 한 어디서든 구할 수 있었다.

이것만으로도 벌써 농민계층의 군사적 저항력에 불리한 영향을 주었음이 분명하지만, 전쟁술의 발달이 더욱더 같은 방향으로 작용했다. 우리는 이미 타보르인들이 전쟁술을 어떤 식으로 혁신했는지를 살펴본 바 있다. 그들이 체계를 잡은 방향으로 전쟁술은 더 발달해갔다. 개개인의 무기사용 훈련과 아울러 병사집단의 기술적인 전개훈련, 규율, 여러 분대의 계획적이고 안정적인 합동작전이 점점 더 중요해졌다. 이런 새로운 전술은 타보르인들의 손에서는 민주주의를 제압할 수 없는 것으로 만들었으나 이제 그것은 민주주의의 적들의 군사적 우위를 결정해주었다. 직업군인들만이 그것을 수행할 능력이 있었고 15세기 후반과 16세기의 농민과 소시민의 봉기세력에게는 그들 가운데서 직업군대를 양성할 시간, 타보르인들에게는 있었던 시간이 주어지지 않았다. 승리는 직업군인에게 급료를 지불할 수 있었던 자 편으로 향했다.

같은 식으로 작용을 한 것이 전쟁 목적으로 화약을 사용한 것이다. 이는 후스파 전쟁 이후로 급속히 진보했다. 화약의 발명이 민주적인 발명이라고 칭해져온 것은 그것이 기사계층을 끝장냈기 때문이다. 우리는 이런 발명의 효과에서 '민주적인 것'을 별로 많이 발견할 수 없다. 화약이 하급귀족 세력의 분쇄에 미친 영향이 흔히 아주 과대평가되었다는 것을 도외시한다면—이들의 경제적·군사적 파산은 화력 무기가 전쟁수행에서 핵심적인 중요성을 띠기 시작하기 전에 결판이 났다—이를 완전히 도외시한다면, 이는 기병대의 저항만큼이나 농민군대의 저항을 깨뜨리는 데 기여했음을 주목해야 한다. 화기의 발달은 16세기에 채워진 사슬의 마지막 고리이다. 그때부터는 전쟁 수행의 가장 핵심적인 수단으로서 돈, 돈, 한 번 더 말하지만 돈이 중요했다. 화기를 전쟁의 필요로 획득하고, 목적에 부합하게 사용하는 것은 부유한 권력자들과 대도시들, 군주들의 특권이었다. 화기는 기사계층을 타도하는 데 도움을 주었지만, 이는 농민과 소시민에게 이로운 것이 아니라 자본주의적인 착취와 군주의 착취에 이로운 것이었다.

그리고, 농민은 귀족계층의 군사적 몰락의 부담을 다시 져야 했다. 14세기에 귀족계층은 위아래에서 동시에 압박을 받았다. 위에서는 (자본가들과 결탁한) 군주들에게, 아래에서는 농민들에게. 오랫동안 귀족계층은 이쪽저쪽에게서 자신을 방어하려고 했지만, 결국에는 군주들에게 굴복했다. 군주들은 이들 대신에 농민을 내리누를 의무를 떠맡았다. 귀족계층은 농민에 대한 착취를 더욱더 확고히 다지기 위해 자신의 독립성을 팔았다.

모든 곳에서 이런 사태 전개가 같은 식으로 그리고 동시에 진행되지는 않았다. 북부독일, 특히 동부지역에서는 나중에 가서야 비로소 그런 사태 전개가 가시화되었다. 그러나 남부독일과 중부독일에서 농민들은 이미 15세기에 그런 사태 전개의 억압적인 영향을 받았고, 16세기가 다가오면서 이 영향을 더욱더 커져갔다. 16세기 초에 그들의 형편은 많은 점에서 도시와 농촌 노동자 계급의 오늘날의 처지보다는 나았지만, 그 당시의 개념으로는 완전히 참을 수 없는 것이 되었다.

이러한 억압, 노역, 현물과 금전 공출의 증가, 지주에 대한 더 큰 종속, 초지와 삼림에 대한 농민의 공유재산을 몰수하여 지주에게 주는 것—농민의 사유재산 몰수, 농지수용은 나중에 가서야 등장했고, 모든 곳에서 등장한 것도 아니었다—이 모두는 당연히 농민층의 격렬한 저항 없이 이루어지지 않았다. 15세기 중에 독일에서는 농민봉기가 잇달아 일어났으며 그 세기가 흘러갈수록 더 빈번해지고 격렬해졌다.

이 대농민전쟁의 선행하는 예들 중 가장 중대한 것들은 찜머만의 저서에서 찾아볼 수 있으며, 1525년의 농민봉기를 이 서술의 틀에서 가능한 것보다 더 상세히 추적하려고 하는 자 누구에게든지 그의 책을 읽어볼 것을 권한다. 이 모든 봉기는 실패했다. 그것들에 관해서는 우리가 이미 돌치노의 운동에서 본 것이 해당된다. 그것들은 지방 운동에 머물렀다는 것이다.

그때 종교개혁 운동이 닥쳤고, 민족 전체를 헤집었으며, 적어도 일시적으로나마 모든 지방의 계급대립들을 나라 전체에, 혹은 최소한 그 대부분의 지역에 확산되어가는 민족적 계급대립으로 모아갔다. 그렇게 이제는 다양한 지방의 농민운동들도 단일한 거대한 운동으로 합류했다. 이는 여러 세기 내내 유럽 대륙의 농민들이 그들에게 지워진 멍에를 벗어던지려는 최후의 거대한, 그리고 막강한 노력이었다. 우리가 영국을 논외로 한다면, 그 정도로 굵직한 농민운동은 1789년이 되어서야 프랑스에서 다시 보게 되지만, 이때에는 완전히 다른 유리한 상황이 전개되고 있었다. 이 프랑스의 것은 거스를 수 없는 대세였지만, 1525년의 운동은 애초부터 죽음의 싹을 품고 있었다.

그러나 농민들과 함께 다른 계급들도 들고 일어났다. 하나의 혁명적 봉기가 지금까지 단 한 계급의 작품이기에는 부르주아 사회는 너무 복잡하기 때문이다. 그러나 항상 선봉에 서는 역할이 돌아가는 것은 하나의 계급이다. 오늘날 그것은 프롤레타리아 계급이고, 1789년에는 소시민 계급이었으며, 1525년에는 농민층이었다.

후자의 연합세력을 우리는 이미 알고 있다. 1525년에는 타보르인의 깃발을 중심으로 모였던 바로 그 계급들 대다수가 함께 싸웠다. 여기저기서 파산한 하급귀족 일부가 반란에 가담했으며, 주로 군사지도자로서의 두드러진 지위를 보유했다. 이는 그들을 일부는 플로리안 가이어(Florian Geyer) 같은 신념에 충실한 영웅으로 만들었고, 또 일부는 괴츠 폰 베를리힝겐(Götz von Berlichingen) 같은 배신자로 만들었던 지위였다. 또한 도시, 특히 소도시 인구 대다수가 농민 편에 붙었고, 그중에서도 제일 앞줄에 프롤레타리아 계층이 있었다. 그러나 16세기 초의 독일 도시체제는 15세기 초의 보헤미아 도시체제와는 달랐다. 도시들은 지적으로 훨씬 더 진보했지만, 정치적으로 독립을 상실했다. 그리고 도시의 프롤레타리아 계층만이 여전히 농민의 믿을 만한 동맹세력이다. 수공업 마이스터들과 수공업 직인들까지도 그들에게서 멀리 있었다. 그래서 전투의 부담은 1525년에는 후스파 전쟁 때보다 더 농민에게 지워졌다. 도시들은 미온적으로만 개입하여 운동은 어디에서도 1백 년 전에 보헤미아에서 타보르가 제공한 것과 같은 지지점을 발견하지 못한다. 군사적이 아닌 지적인 관계에서만 농민에 대한 도시의 동정심이 더 활발하게 표출되었고, 특히 그들의 강령에 대한 영향에서 그러했다.

반면에 1525년의 반란자들은 타보르인들에게는 없던 동맹세력을 발견했다. 그들은 광부들이었다. 그들에 관하여 제1권에서 말했던 것, 그들의 무장 전투력, 큰 무리를 이루어 함께 거주하는 것을 상기해보자. 그들은 전투 전개훈련을 받았고 규율을 지키는 데 익숙했다. 군사적으로 그들은 그 시대의 다른 모든 노동자 계층보다 한참 높은 수준에 있었다. 그들이 정력적으로 전투에 돌입한 경우에 봉기는 군사적으로 진압할 수 없는 상태로 남았다.[1]

무장봉기가 일어날 것이고 또 일어나야 한다는 것은 1524년이 흘러가면서 농민들과 내적인 교감을 가진 누구에게나 명확해졌다. 특히 뮌쩌 같은 사람에게는 그것은 숨겨진 채로 있을 수 없었다. 그들은 이 모든 경험을 그와 같이 했다. 그들은 기뻐서 루터를 환호하며 맞이했었

---

[1] 이를《노이예짜이트》에 1889년 연재한 기사에서 상세히 설명했다. "Die Bergarbeiter und der Bauernkrieg, vornehmlich in Thüringen."

다. 그는 모든 계급의 기대를 일으키는 가운데 인기를 쫓던 중이었다. 그러나 일반의 적이 제압된 것으로 보였을 때, 교황과 그의 보호자인 황제가 1521년에 보름스에서 무기력함을 보였을 때, 낡은 권위들이 무너졌고 사물의 새로운 질서로 나아가는 것이 중요한 일이으며, 이제 계급대립이 점점 더 첨예하게 터져 나왔을 때, 누가 교회개혁의 과실을 차지할 것인지, 하층계급인지 상층계급인지 하는 문제를 판단하는 것이 중요했을 때, 루터는 결심을 해서는 안 되었던 동안에는 아직 마음을 정하지 않았다.—단지 우리가 살펴본 것처럼 공산주의적 광신도들에 대해서만 그는 처음부터 결연하게 맞섰다—그러나 그는 종교개혁에서 실제적인 이득을 끌어내려는 하층계급의 모든 시도에 강력히 저항하면서도 군주들의 같은 방향으로의 모든 발걸음은 지지해주었다. 농민들이 아니라 이 군주들에게 교회의 재산이 돌아가야 했던 것이다. "우리는 수도원들에서 심장을 도려내기만 하면 된다"고 그는 1524년(7월 말일 개연성이 있다)에 썼다. "이 수도원들을 공격할 것은 없다. 이제 그것들(심장)이 떼어내어지면, 그래서 교회와 수도원이 폐허화되면 군주들이 그것으로 하고 싶은 일을 하게 내버려두자."[2]

루터 식의 개혁으로부터는 하층계급은 아무것도 기대할 것이 없다는 것이 1524년에 점점 명확해졌다. 오직 독자적인 힘으로 무장봉기를 일으켜서 그들은 자신들에게 지워진 멍에를 벗어던질 수 있었다.

---

[2] *Luthers sämtliche Werke*, XIX, S. 240, Leipzig 1729.

2. 뮌쩌의 봉기 준비

혁명세력이든 반동세력이든 모든 착취자에 맞서 칼을 드는 것 말고
는 하층계급에게 다른 방도가 없다는 것이 명확해지자 반란을 준비하
는 데 뮌쩌보다 더 열심인 사람은 없었다. 그의 사려 깊음과 실천력,
용기는 그를 튀링겐의 피착취계급의 혁명운동의 구심점으로 만들었
고, 그에게 그것을 훨씬 뛰어넘는 영향력을 가져다주었다.

작센의 위정자들에게 접수된 그를 고발하는 고소장에서 그의 활동
을 짐작할 수 있다. 예를 들어 프리드리히 비츠레벤(Friedrich Wizleben)
이란 자는 이렇게 고발했다. 벤델슈타인(Wendelstein), 볼메르슈타트
(Wollmerstadt), 로스레벤(Roßleben)에 있는 그의 부하들이 뮌쩌에게 사
자를 보내어 그들이 뮌쩌 식 예배에 참석하는 것을 가로막는 주인에
대항하여 동맹을 결성해도 좋겠는지를 그에게 물었다는 것이다. 뮌쩌
는 이 질문에 긍정적인 답을 했고 그들이 어떻게 조직을 만들어야 하는
지도 잘 알려주었다. 마찬가지로 그는 전투력 있는 만스펠트의 수많은
광산노동자의 조직화도 도모했다. 그는 장거스하우젠(Sangershausen)
에 있는 작센의 게오르그 공작의 부하들에게 서신을 보내어 그들에게
복음의 편, 즉 민주주의적 대의의 편에 서서 복음의 적에 맞서라고 권
고했다.

그는 오를라뮌다 사람들에게도 갔다. 오를라뮌다에서는 칼슈타트
가 알슈테트에서 뮌쩌가 취했던 것과 비슷한 태도를 취했던 것이다.
그리고 그들에게 동맹을 맺자고 권했다. 그러나 칼슈타트와 그의 사람
들은 무력행동에 대해서는 거들떠보지도 않는 지향에 속했다. "오를레
문드에 있는 자가 알슈테트에 있는 자들에게 어떻게 기독교적으로 싸
워야 하는지를 씀"(der von Orlemund schrifft an die zu Alstedt, wie man

Christlich fechten soll, 비텐베르크에서 1524년에 인쇄됨)이란 답변에서 그는 이렇게 적었다. "우리는 칼과 창을 향해 달려가기를 원하지 않으며, 사람은 그보다는 자신의 적에게 맞서서 믿음의 갑옷으로 무장해야 합니다. 당신들은 우리가 당신들 편에 서고 당신들과 동맹을 맺어야 한다고 썼습니다. 우리가 그렇게 한다면, 우리는 더 이상 자유로운 기독교인이 아닐 것이며, 인간에게 얽매이는 것이 됩니다. 이는 복음에 그야말로 비명을 가져다줄 것입니다. 왜냐하면 폭군들이 기뻐하며 이렇게 말할 것이기 때문입니다. '이들은 영원한 하느님을 자랑하며, 지금은 서로 연합을 한다. 그들의 하느님은 그들을 지켜줄 만큼 충분히 강하지 못하다.'"[3]

출판이 된 이 서신은 칼슈타트에게 아무런 도움이 못 되었다. 루터는 그를 뮌쩌와 한통속으로 치부했다. 그러나 뮌쩌에게 이 서신은 공개적인 비방을 뜻했다.

그러나 가장 우려스러웠던 것은 배신자 니콜 룩케르트(Nicol Rugkert)에 의해 군주들에게 알슈테트에서 뮌쩌가 세운 비밀결사가 알려졌다는 것이다. 멜란히톤이 다음과 같이 보도하는 것처럼 말이다. "그는 장부를 만들어서 그 안에 비기독교적인 군주들을 처벌하고 기독교적으로 통치체제를 도입하겠다고 그에게 결합해오고 약속한 모든 이들을 적었다." 그 결사는 알슈테트 바깥에서도 가담자들을 얻었다. "만스펠트 골짜기", 장거스하우젠, 그리고 심지어는 츠비카우에도 가담자들이 있었다. 그 조직의 목적으로 뮌쩌는 그의 "고백"에서 다음을 내세웠다. "연합체는 복음을 박해하는 자들에게 반대하는 것이었다." 그러나 "복음"이라는 말을 무엇으로 이해해야 하는지에 대해서 성가시게 질문을

---

[3] *Abgedruckt bei Strobel*, S. 77, 78.

받은 그는 이렇게 입을 열었다. "그 신조는 다음의 것이었으며, 그것이 길잡이가 되어주길 원했다. *omnia sunt communia*(모든 것은 공유이다). 그리고 각 사람에게는 그의 필요에 따라 상황에 맞게 분배되어야 했다. 어떤 군주나 백작 혹은 영주이든 그에 대해 진지하게 상기를 시켜주었는데도 그것을 행하고자 하지 않았을 경우에는 그의 목을 치거나 그를 목매달아야 했다."

결사의 목적이 그 당시에 이미 작센의 군주들에게 얼마나 널리 알려졌는지를 우리는 모른다. 그러나 그들이 그것에 관해 경험한 것은 다른 고발들과 결합하여 그들이 그 위험한 사내를 바이마르로 청문회에 오도록 하는 데 충분했다. 루터도 그들에게 그를 반대하도록 부추겼으므로 더욱더 그랬다.

작센의 위정자들에 대한 공개서한(7월 말[4])에서 "안락한 삶"의 형제는 이렇게 공개비난을 했다. "제가 전하들께 이 편지를 올리는 것은 오직 이런 이유에서입니다. 이 인간이 일을 그냥 말로 그치려 하지 않고 무력으로 당국에 맞서서 곧장 몸으로 하는 봉기를 준비하려는 것으로 제가 파악했고 또 그들의 글에서도 이해했기 때문입니다. … 전하들께서 이 일에서 제가 그렇게 짐작할 수 있는 것보다 더 잘 처리하실 줄로 알지만, 신하의 열심을 바치는 것이 도리이고 또한 제가 가진 것을 그 일에 바치고 또 전하들께 신하 된 자로서 그 일에 참된 통찰을 하시도록, 그리고 정규 권력의 책무로 그런 패악을 막고 봉기를 미리 예방하시도록 간청하는 것이 신의 도리입니다. … 그래서 전하께서 이 일에 느슨히 대하고 태만하실 수 없는 것은 하느님이 그것을 요구하시고 하명을 받은 칼의 그런 나태한 사용과 충심에 관해 대답을 원하시기 때문

---

4 통상적으로 알려진 날짜인 8월 21일은 허위이다. Merx, S. 39 Note를 참조하라.

입니다. 또한 사람들과 세상 앞에서 용서해서는 안 될 것은 전하들이, 치켜든 불손한 주먹을 인내하시고 견디어내셔야 한다는 것일 것입니다."[5]

이 문장들은 편지의 기조를 보여준다. 그것들은 그 당시의 상황에 대해서도 그리고 루터에 대해서도 특징적이다. 편지의 나머지 부분은 뮌쩌에 대한 반박론을 담고 있으며, 자신의 인간됨에 대한 적지 않은 찬양, 그리고 끝으로 공개적 비난에서 나쁜 맛을 빼기 위하여 그는 그 알슈테트 사람을 짓밟는 것을 바라는 것이 아니라 그의 주먹만을 짓밟기를 바란다는 언급도 들어 있다. 그가 폭력행위에 손을 대지 않는다면, 조용히 설교하도록 내버려두라는 것이다. 뮌쩌 자신은 이미 이 편지에 대한 그의 대답인 "변론"(Schutzrede)에서 이런 설명에 어떤 위선이 있는지를 언급했다. 그러나 뮌쩌의 입을 닫아두는 것이 루터의 가장 열성적인 노력사항이었다.

뮌쩌는 바이마르로 오라는 소환에 8월 1일 응할 만큼 태연했다. 요한 공작이 그를 심문했지만 아직은 아무런 해도 주지 않고 그를 석방했다. "그가 민중에게 결사에 가담하도록 권유했으며, 그런 식의 부적절한 행동을 더 많이 범한 것을 발견했으므로 공작은 선제후와 그에게 취해야 할 조치에 관해 상의하기를 원하며, '선제후 전하의 마음에 맞는 것을 조속한 시일 안에 그에게 통보하도록 할 것이다.' 그때까지는 그는 평화롭게 처신해야 한다."[6]

그러나 뮌쩌는 선제후가 그에 대하여 판결하는 것을 기다리지 않았다. 알슈테트에서 그의 지위는 불안한 것이 되었다. 군주들의 형사법정은 그 시골도시를 위협했고 시의회는 그를 반대하는 입장을 천명했

---

[5] *Luthers sämtliche Werke*, XIX, S. 237, 238.

[6] Merx, S. 4.

다. 그래서 그는 달아났다(8월 7일에서 8일의 밤 사이에). 그는 그의 "변론"에서 스스로 이렇게 설명한다. "내가 바이마르에서 있었던 청문회에서 귀향했을 때 나는 하느님의 진실된 말씀을 설교하려고 생각했다. 그때 우리 의원들이 찾아와서 나를 복음의 최고의 적들에게 넘겨주려고 했다. 이를 내가 간파했으므로 더 이상 머물러 있을 수 없었다. 나는 신발에서 먼지를 털어냈다. 왜냐하면 그들이 하느님의 말씀보다 자기들의 맹세와 의무를 훨씬 더 존중한다는 것을 내 두 눈으로 똑똑히 보았기 때문이다."

희미한 변절자 멜란히톤은 다른 경우에서처럼 여기서도 뮌쩌에게 비겁했다는 혐의를 씌웠다. "토마스는 거기서 그의 큰 정신을 잊었고, 거기서 빠져나와 반년 동안 피신했다."

비겁함이 뮌쩌의 알슈테트 탈출과 얼마나 무관했는지, 그리고 그가 피신할 의도가 얼마나 없었는지는 그가 알슈테트에서 곧장 새로운 싸움터인 뮐하우젠으로 간 것이 보여준다. 그곳에서 우리는 8월 15일에 벌써 그를 발견한다. 그리고 이 점에서 멜란히톤의 실수는 있을 수 없으며, 오직 의도적인 거짓말이 있을 뿐이다. 왜냐하면 1525년에 그는 1524년 8월 루터와 그의 동지들이 뮌쩌가 뮐하우젠을 향해 갔다는 것을 알았을 때 그들을 사로잡은 충격을 잘 기억할 수 있었기 때문이다.

루터는 즉시 뮐하우젠에 있는 자들에게 편지를 써서 뮌쩌를 쫓아내라고 요구했다. 시의회는 그를 소환하여 누가 그더러 설교를 하러 오라고 불렀냐고 물었다. "하느님과 그의 영이 사도들처럼 그를 보냈다고 그가 말했을 때, 그에게 이를 표징과 이적으로 증명하도록 했으나 그에게 설교는 금했다. 왜냐하면 하느님이 정해진 방식을 변경하려 할 경우에는 언제나 이적을 일으키기 때문이라는 것이다."[7]

루터가 그 공산주의적 선동가에 맞서 아주 열띠게 출정한 데에는 좋은 이유가 있었다. 위협이 되는 봉기의 조짐이 증가했을 뿐 아니라 뮐하우젠에서 뮌쩌는 알슈테트에서보다도 더 위험한 인물이었다. 뮐하우젠이 더 컸으며, 대략 6,000명의 주민이 있었고 약 220평방킬로미터의 영역을 관할했다.[8] 수공업과 상업이 융성했다. 특히 직조업과 직물상업이 그곳에서 크게 발달했다. "특히 많은 직물이 뮐하우젠에서 짜였고 그것을 가지고 이문이 좋은 상업이 러시아와 그 지역의 다른 나라들을 상대로 영위되었다."(Galletti, *Geschichte Thüringens*, IV, S. 91) 그러나 뮐하우젠은 부유하고 강성하기만 했던 것이 아니라 작센의 군주들에게서도 독립적이었으며, 튀링겐에서 독립을 유지했던 몇 안 되는 자유직할시들 중 한 곳이었다. 이 도시는 공산주의적 광신도 손에 장악되었으며 그들은 그때 거점을 얻었고 그 거점이 그들을 상당한 위험 세력으로 만들었다.

내부적 상황은 민중봉기에 불리하지 않았다. 수출업종으로서의 모직업의 강한 확장이 반란적이고 공산주의적인 흐름을 위한 비옥한 토양을 만들어주었던 것이 분명하다. 게다가 뮐하우젠에서는 "억압적인 귀족통치가 지배했다. 이 자유로운 제국직할시에는 정말 자유로운 시민이었던 사람은 남자 96명뿐이었다. 그들은 시의회 의원이었으며, 시의회는 스스로 충원을 했고 그것도 도시귀족에게서만 충원을 했다."[9]

그래서 뮐하우젠에는 도시 프롤레타리아, 성곽 밖의 주민, 주변 지역의 농민 등 도시에 의존한 반란적인 이들만이 아니라 동업조합 소속의 장인들도 있었다. 장인들은 다른 곳에서는 특권층에 속했다. 그곳

---

[7] *Luthers sämtliche Werke*, XIX, S. 236.

[8] Merx, S. 48.

[9] Zimmermann, *Bauernkrieg*, I, S. 191. 찜머만은 뮐하우젠시 문서고에서 나온 일련의 중요한 연구들을 참고했다.

에서 종교개혁이 귀족통치에 대항한 시민계층의 일련의 거센 봉기로
이어졌던 것은 놀라운 일이 아니다. 이 투쟁에서 민중의 지도자는 하인
리히 파이퍼(Heinrich Pfeiffer)라는 수도사였다. 그는 그 시대의 다른 많
은 수도사처럼 자기의 수도원을 나왔다. 파이퍼는 부유한 시민계층,
동업조합 소속 장인, 상인들 중심의 반대당파 지도자였다. 이들이 도
시귀족에 속하지 않은 한에서 그러했다. 그러나 그가 농민들과 프롤레
타리아들을 방치할 수 있기에는 뮐하우젠에서 도시귀족들이 너무 강
했다. 그는 그들에게도 접근하여 도시귀족 지배체제에 대한 투쟁에 그
들을 불러들였다.

그리고 또 다른 동맹자가 있어서 파이퍼는 기뻐했다. 작센의 군주들
이었다. 작센의 군주들은 벌써 오랫동안 그 강력한 제국직할시를 차지
하려고 눈독을 들이고 있었으며, 그들에게는 그곳에서 벌어지는 내적
소요사태가 그들의 목적에 상당히 맞아떨어지는 것으로 비추어졌다.[10]
나중에 파이퍼가 자신에게 불편한 존재가 된 후에 반란자로 정죄해 그
의 목을 치게 한 요한 공작은 처음에 그 반란을 응원했다.

이 모든 반대자가 있었는데도 시의회는 시내에 강한 추종세력을 가
지고 있었던 것이 분명하다. 왜냐하면 민주주의자들은 지속적인 성공
을 쟁취하기에 이르지 못했기 때문이다. 1523년 파이퍼는 처음으로 그
의 추종세력과 함께 승전했다. 전리품은 잘사는 시민계층에게만 돌아
갔다. 그들만이 시의 행정에 대한 참정권을 얻었다. 프롤레타리아와
성 밖의 소장인들 그리고 더구나 농민들은 완전히 빈털터리로 나왔다.

이것이 하층계급 여론의 급변을 일으켰던 것일까? 확실한 것은 시
의회가 곧 파이퍼를 추방하는 데 성공했다는 것이다. 작센의 요한 공작

---

10 Zimmermann, a. a. O., I, S. 194를 참조하라.

은 그의 복귀를 주선했으나 허사로 돌아갔다. 그러나 우리는 곧 뮐하우젠으로 돌아와서 시의회와 격렬한 투쟁을 벌이는 그를 발견한다. 이 싸움에서 행운은 때로 이쪽 편으로 때로 저쪽 편으로 기울었다.

이 투쟁의 중간에 뮌쩌가 그곳에 도착했다. 시의회는 그 당시에 루터의 요구에 아무리 응하고 싶었어도 그러기에는 너무 무기력했다. "시의회가 파이퍼만큼이나 그도 못마땅하게 여겼지만, 민중이 그를 무력으로 보호했다. 그가 바로 그때 그의 동지인 파이퍼와 함께 거듭하여 폭동을 모의하고 준비했기 때문이다."[11]

바로 이 무렵 우리는 파이퍼의 도당이 왼쪽으로 방향전환을 하는 것을 발견한다. 그들은 농민과 성문 밖 사람을 위한 요구사항도 제기했으며, 이제 1524년 8월 27일에 승리를 거둔다. 뮌쩌가 이 전환에 참여했는지, 참여했다면 얼마나 참여했는지는 확인할 수 없다.

그러나 1523년에 이미 그랬을 개연성이 있었던 것처럼 지금도 승리자들 간에 또다시 분열이 생겨났다. 그 당시에는 성문 밖 사람과 농민이 만족하지 못했지만, 지금은 시민과 장인, 상인이 농민과 프롤레타리아에게 겁을 먹었다. 이들은 뮌쩌가 온 이후로 확실히 확신을 잃지 않았던 것이다. 시민은 시의회 편에 붙었고, 9월 25일이 되면 파이퍼와 뮌쩌는 패배를 당한다. 뮌쩌는 쫓겨났고 곧이어 파이퍼도 쫓겨났다.

그는 작센에서 정치적으로 배척을 당한 다른 많은 사람, 예를 들어 칼슈타트처럼 남부독일로 향했다. 칼슈타트는 루터의 재촉으로 추방되었다. 왜냐하면 루터가 칼슈타트를 반대하는 선동 여행을 하던 중에

---

11 Johann Becherer, *Nerve Thüringische Chronica*, Mühlhausen 1601, S. 473. *Nerve Thüringische Chronik*은 모세에서 시작한다. "튀링겐 사람들의 최초의 기원에 관해 뭔가 알고 싶다면, 가장 오래되고 가장 확실한 모세의 기록이 우리에게 전해주는 것보다 더 오래된 보도는 없다." 야벳의 아들 메자흐에서 마이센 사람들이 유래했고, 티라스에게서 튀빙겐 사람들이 유래했다.

오를라문다 사람들이 그를 아주 푸대접했기 때문이다. 그러나 지금도 뮌쩌의 후퇴는 최소한 일시적 휴식을 위해 운동에서 물러난 것을 뜻하지 않았으며, 새로운 활동의 장을 물색하는 것을 뜻했다. 그는 남부독일에서 조성되고 있던 사정에 관해 잘 파악하고 있었던 것이 틀림없다. 왜냐하면, 독일—최소한 남부독일과 중부독일—은 그 당시에 다소간 비밀스러운 혁명단체들의 망으로 덮여 있었으며, 이들은 항상 서로 연락을 유지했기 때문이다. 특히 공산주의 종파들은 수많은 방랑하는 선동자를 배출했으며, 이들은 존 볼(John Ball)의 시대에 영국에서처럼 지금도 남부독일과 중부독일에서 다양한 정서상의 결속을 서로 간에 이루었다. 우리는 이미 발도파의 초창기부터 공산주의자들의 '대의원'(Vert-rauensleute), '사도', '가난한 사제들' 혹은 무엇이라고 다르게 불리든지 그들이 통상적으로 항상 방랑을 하는 가운데 오직 짧은 휴지기간만 있었다는 것을 알고 있다. 수공업 직인들의 방랑의 발달은 이 계층들에게서 다른 어떤 사회계층에서보다도 지방 사이의 연결을 더욱 긴밀한 것으로 만들어주는 폭넓은 수단이었다. "공동체에 속한 모든 방랑하는 장인들과 직인들처럼 마이스터들도 사도가 되었다."[12]

뮌쩌가 남독일을 향해 갔을 때 그는 이처럼 그곳의 상황을 잘 파악하고 있었던 것이 분명하다. 그는 그곳에서 곳곳에 봉기의 조짐이 있었다는 것을 알았을 것이다. 그는 아무튼 (8월 말에) 이미 농민들이 슈튈링겐(Stühlingen)에서 실제로 봉기를 일으켰고 봉기는 스위스 국경지역에서 급속히 번졌다는 것에 대해서도 이미 알았다. 작센 땅에서는 현재의 세력관계가 지속되는 동안은 어떤 활동도 불가능하게 되어 있던 차에, 이는 그가 곧바로 그곳으로 향한 데 대한 충분한 이유가 되었다.

---

[12] C. A. Cornelius, *Geschichte des Münsterschen Aufruhrs*, Leipzig 1860, II, S. 41.

오직 일시적으로 그는 뉘른베르크에 머물렀으며 이는 많은 사람이 그렇게 믿었던 것처럼 봉기를 일으키기 위한 것은 아니었다. 그리고 그는 이 오래된 베가르트파의 중심지에서 충분히 많은 추종자를 발견했을 것이다. 그곳은 제국직할시로서 그곳 귀족들은 아주 의심이 많고 자존심이 강해서 장인들의 동업조합 조직도 금지할 정도였다.[13] 그는 단지 글 하나를 인쇄하려고 그곳에 머물렀다. 그가 볼 때 봉기를 일으키기에는 기회가 좋지 않았다.

뮌쩌는 그의 뉘른베르크 체류에 대하여 아이스레벤에 있는 크리스토프 N.이란 사람에게 쓴 편지에서 스스로 가장 잘 성격을 부여하여 말하고 있다.[14] 그의 처지가 그 당시에 얼마나 가련한 것이었는지를 그 편지에서 뽑은 다음 문장이 보여준다. "그러니 당신이 할 수 있으면, 얼마가 됐든 밥값 좀 보태주시오. 그러나 당신이 그 일로 화를 낸다면 나는 무일푼일 것이오." 이처럼 뮌쩌는 알슈테트와 뮐하우젠에서 치부를 하지 않았다. 그는 그 편지에서 계속 이렇게 쓰고 있다. "나는 내 가르침을 뮐하우젠에서 인쇄를 맡겼소. 그들은 그것을 금지하는 것으로 로마제국에 공을 세우려고 했지만, 나는 죄가 없소. … 나는 거짓말 잘하는 세상이 내게 죄를 뒤집어씌우듯이 봉기를 일으킬 기분이 들었던 때에 N.(뉘른베르크) 사람들과 우아한 게임을 준비했으면 했소. 그러나 나는 나의 모든 적수를 말로써 겁먹게 만들어 그들이 그것을 부인하지 못하게 하려고 하오. N.(뉘른베르크) 민중들 여러 사람이 내게 설교를 하라고 권했지만, 나는 그러려면 오지 않았을 것이며, 출판을 통해 변론을 하러 왔다고 대답했다오. 영주들이 그것을 알았으므로 그들에게

---

[13] Schönlank, *Soziale Kämpfe vor dreihundert Jahren*, S. 5ff.
[14] 루터 전집에 뮌쩌와 봉기를 일으키는 농민에 반대하는 그의 글 가운데 수록되어 있다. XIX, S. 245.

는 귀가 간지러웠다오. 그들에게는 세월이 좋으므로 장인들의 땀은 그들에게는 단 맛이오. 그러나 단 맛의 땀은 쓰디쓴 담즙이 된다오. 거기에는 아무런 숙고도 속임수도 도움이 안 될 것이요. 진리가 드러나야 하오. 복음에서 시를 취하는 것은 아무런 도움도 못 되오. 사람들은 굶주렸소. 그들은 먹기를 원하오."

이렇게 편지는 끝을 맺는다.

그의 뉘른베르크 체류의 성공을 우리에게 간략히 묘사해주는 것은 옛 시대의 보도자 한 사람 요한 뮐너(Müllner)이다.(Strobel, S. 64에서 인용) "뉘른베르크의 한 서적출판업자가 토마스 뮌쩌의 소책자 인쇄를 감행했다. 그에게서 시의회는 간행본 모두를 압수했고 마이스터의 사전인지 없이 그 일을 한 그의 직인을 감옥에 가두게 했다."

루터와 그의 추종자들은 더 남은 일을 하기 위해서 그 글을 체계적으로 묵살했고 그것을 언급하지도 않았다. 하물며 그 글에 답변을 하지도 않았다. 그 글이 루터에 대한—루터와 군주들에 대한—극히 신랄한 공격과 고발을 담고 있는데도, 아니 오히려 그랬기 때문에 그런 것이었다. 뮌쩌의 이 마지막 글은 가장 격정적이고 가장 혁명적이었다.

뉘른베르크 사람들과 루터가 그의 사람들과 함께 몰수와 묵살을 통해서 뭔가를 얻었다고 믿었다면, 그들은 오늘날까지도 수많은 정치인들이 같은 방식으로 정치를 하면서 착각해왔고 또 착각하고 있는 것처럼 착각을 한 것이다. 극히 현명한 시의회는 모든 사본을 확보하는 데 전혀 성공하지 못했다. 그 글이 농민전쟁 전에도 확산되었을 뿐 아니라 농민전쟁 후에 광포하게 휩쓸었던 봉기를 선동하는 모든 문서에 대한 박멸 전쟁에도 불구하고 압수된 소책자의 사본이 오늘날까지 전해온다. 그것은 "크게 이유 있는 변명"(hoch verursachte Schutzrede)[15]이다. 당시 글을 쓰는 지식인들의 비굴함에 대한 섬세한 조롱과 함께 그 글은

"최고 존엄한 장자 임금님과 전능한 주님 예수 그리스도께, 모든 왕 중의 자비로운 왕께, 모든 신자 중 용감한 공작께, 나의 지극히 은혜로운 주님이자 가엾은 기독교 세계의 신실한 보호자요, 그 슬퍼하는 유일한 신부(新婦)께" 바쳐진다.

루터, 그 "루디브리(Ludibrii) 박사" 그리고 글 배운 자들에 대한 일련의 공격 후에 그는 알슈테트에서 군주들에게 복음을 수호하기 위하여 칼을 잡으라고 요구했던 것에 관해서도 이야기한다. 그는 이것을 성서로 정당화했다. "그럼에도 불구하고 황소걸음 대부, 아 그 온순한 친구가 찾아와서는 내가 봉기를 일으키려고 한다고, 내가 광부 직인들에게 보낸 편지에서 읽어낸 대로 말한다. 그는 한 가지는 말하지만, 가장 결정적인 것에 대해서는 입을 다문다. 바로 내가 얼마나 명쾌하게 군주들 앞에서 이렇게 설파했는가 하는 것이다. 전체 공동체는 칼의 권세를 가졌으며, 푸는 열쇠도 가졌다는 것을 말이다. 그리고 다니엘서 7장과 묵시록 6장, 로마서 13장 1절부터 8절의 본문들에서 군주들은 칼(공권력)의 주인이 아닌 종이라는 것을 말했다. 그들은 그것을 그들 멋대로 사용해서는 안 되며(신명기 17장) 올바로 행해야 한다. 그러므로 옛날의 훌륭한 관습에 따르더라도 어떤 사람이 하느님의 법에 따라 올바로 재판을 받을 경우에는 백성이 그 자리에 같이 있어야 한다(민수기 15장). 아, 어째서인가: 당국이 판결을 오도하고자 했다면(이사야 10장) 주위에 둘러 서 있는 기독교인들이 이를 부정하고 허용하지 말아야 하기 때문

---

15 크게 이유 있는 변명과 가엾은 기독교 세계를 성서의 도둑질을 통해 잘못된 방식으로 완전히 초라하게 모독한 비텐베르크의 정신없는 편안한 삶을 사는 고깃덩어리에게 주는 대답. 알슈테트 사람 토마스 뮌쩌(Hoch verursachte Schutzrede und antwort wider das Gaistlose Sanfft lebende Fleysch zu Wittenberg, welches mit verkärter weyße, durch den Diepstal der heiligen schrift die erbermdliche Christenheit also gantz jämmerlich besudelt hat. Thomas Müntzer Alstedter.)

이다. 왜냐하면 하느님이 죄 없는 피에 대하여 설명을 들을 것이기 때문이다(시편 78편). 지상에서 가장 무서운 일은 아무도 궁핍을 떠맡으려고 하지 않는다는 것이다. 지체 높은 이들은 그들이 원하는 대로 한다. … 보라! 대금업과 도둑질, 강도질의 앙금이 우리의 영주들이고 군주들이다. 그들은 모든 피조물을 소유물로 취한다. 물속의 고기, 공중의 새, 땅 위의 농작물이 모두 그들의 것이라는 것이다(이사야 5장). 게다가 그러고는 그들은 하느님의 계명을 가난한 사람들 중에 선포하면서 이렇게 말한다. "도둑질하지 말라고 하느님이 명령했다. 그러나 그들 자신이 그것을 따르지 않는다. 그래서 그들은 지금 모든 사람을 괴롭히며 가난한 농부와 장인 그리고 살아가는 모든 사람의 가죽을 벗기고 살을 깎는다(미가 3장). 그가 조금이라도 잘못하면, 교수형에 처해져야 한다는 것이다. 그러자 거짓말 박사가 아멘 하고 말한다. 영주들 자신이 가난한 사람이 그들에게 적이 되도록 한다. 봉기의 원인을 그들이 없애려고 하지 않는다면, 오래 기다린다고 어찌 잘될 수 있는가. 내가 이렇게 말한다면, 나는 반란자일 수밖에 없다. 그래, 해보자!"[16]

이제 뮌쩌는 계속하여 루터를 논박한다. 다른 것도 있지만 뮌쩌가 "독일식 미사집례"로 그를 앞선 데 대하여 그를 질투한 것을 비난한다(우리는 그 문장을 531쪽에서 인용했다). 뮌쩌는 루터가 자신은 뮌쩌의 행동에 대해서만 싸우며, 그 설교를 무엇으로도 방해하지 않는다고 주장할 때 그가 거짓말을 한다는 것을 그에게 입증해준다. "마르틴 아가씨", "정숙한 바빌론 부인"은 뮌쩌를 정죄하지는 않으며 그냥 일러바치기만 한다는 것이다. 그는 자신의 수난을 크게 자랑하는 루터를 비웃는다. "나는 몸가짐을 조심하는 수도사가 좋은 말바지아(Malvasia) 포도주와

---

16 이 전체 구절은 찜머만의 책에서 "anderen Unterschied Danielis"에서의 인용문으로 수록되어 있다. a. a. O., I, S. 185.

기생집에서 그렇게 혹독하게 박해받는 것을 어떻게 감당할 수 있는지가 대단히 놀랍다." 안락과 품위를 유지하면서 순교자로 꾸미는 태도에 못지않게 루터의 아첨과 양다리 걸치기도 경멸할 만하다는 것이다. "가난한 수도사와 신부, 상인은 저항하지 못하므로 당신은 그들을 잘도 꾸짖을 수 있다. 하지만 불경한 위정자들이 그리스도를 짓밟아도 누구도 이를 심판하지 못한다." 그러나 그는 여기서 농민의 기분도 상하게 하지 않으려고 민중선동을 한다는 것이다. 그의 용기와 함께 자만도 가소롭다는 것이다. 라이프치히에서도 보름스에서도 그는 아무것도 무릅쓰지 않았다는 것이다(우리는 보름스와 관련된 문장들을 위에서 인용했다. 487쪽). 나머지 부분을 이루는 것은 뮌쩌의 알슈테트에서의 탈출에 관한 보도(551쪽에서 인용했다) 외에 루터에 대한 걸쭉한 욕설로서 이는 루터 자신도 애호했던 문체로 되어 있다. "달게 자라. 친애하는 살덩어리여. 나는 하느님의 진노로 네가 불 곁의 단지나 냄비에서 고집을 피우는 중에 먹음직스럽게 구워지는 냄새를 맡는다. 그러고 나서 너 자신의 양념으로 요리를 해서 마귀가 네 놈을 포식할 것이다. 너는 당나귀 살코기이며, 너는 천천히 익을 것이고, 또 호된 심판이 너의 젖먹이들에게 닥칠 것이다."

뮌쩌는 이 파르테르 화살을 그의 적수에게 쏜 뒤에 뉘른베르크를 떠나 스위스 국경으로 가서 그곳에서 겨울을 났다. 그곳에서 그가 체류한 일에 관해서 더 정확한 내용은 알려져 있지 않다. 코클로이스(Cochläus)에 따르면 그는 그 당시의 여정을 티롤의 할(Hall)이라는 광산지대, 나중에 재세례파의 중심지가 된 곳까지 연장했던 듯하다. 흔히 사람들이 가정하기를 그가 봉기를 일으킨 농민들이 자신들의 요구사항을 정리한 유명한 12개조의 작성자였다고 하며, 그가 남부독일의 반란을 부추겼다는 주장까지도 한다. 이 두 진술은 확실히 근거가 없다. 코클로이스의 진술도 그럴 개연성이 있다.

뮌쩌 자신은 우리에게 그의 "고백"에서 단지 다음과 같이 말하며, 그 것은 그의 그 당시 활동에서 모든 핵심적인 순간을 담고 있었던 것 같 다. "바젤 근처의 클레트가우와 헤가우에서 그는 사람이 어떻게 통치 해야 하는가 하는 약간의 조항들을 복음서에서부터 제시했다. 그로부 터 다른 사람들이 다른 조항들도 만들었다. 그들은 그를 기꺼이 맞아주 었으며, 그는 그들에게 이에 대해 감사했다는 것이다. 그곳에서 그는 봉기를 일으키지 않았으며, 그들이 이미 봉기를 일으켰다는 것이다. 외코람파디우스(Ökolampadius)와 후고발두스(Hugowaldus)는 그곳에 서 그더러 민중에게 설교를 해달라고 권유했으며, 그래서 설교를 했다 는 것이다."

뮌쩌는 이처럼 12개조를 작성하지는 않았지만, 그 완성에 물론 영 향을 주었다. 그는 그의 체재를 단지 잠정적인 것으로 간주했지만, 아 무런 활동도 없이 머문 것이 아니라 선동적으로 일을 했으며, 그 자신 이 말했듯이 "민중에게 설교했거나" 혹은 불링거가 술회하듯이 "농민 봉기의 독이 묻은 씨앗을 심었다."

이곳 스위스 국경에서 그는 또한 스위스의 재세례파 지도자들과 접 촉할 기회도 가졌다. 그러나 뮌쩌와 그들과의 관계는 그들에게는 아주 인상적인 것이었으나, 튀링겐의 공산주의자인 그와 그의 활동에 대한 이해에는 별로 중요하지 않다. 이 관계에 대한 묘사는 재세례파들의 초창기를 파헤치는 데에는 대체로 필요할 것이다. 서술의 계속을 부적 절하게 끊지 않기 위해서 우리는 여기서는 이를 살펴보지 않고 다음 부에서 그것을 다시 다루기로 한다.

3. 봉기의 진행과 뮌쩌의 몰락

1525년 초, 필시 1월이었을 것이다. 뮌쩌는 슈바벤을 떠나 튀링겐으로 돌아왔다. 그는 운을 하늘에 맡기는 마음으로 온 것이 아니었다. 그는 운동의 발발이 목전에 놓여 있음을 알았다.

영국에서 1381년에 농민봉기가 모든 지점에서 같은 날 터져 나왔던 것처럼 지금도 봉기를 일으키려는 농민 가운데서는 같은 날인 4월 2일이 총궐기의 날로 통했다. 물론 여러 지역에서 가담자들의 조급함으로 혹은 상황의 압박으로 봉기가 더 일찍 터져 나오기도 했다. 우리는 이처럼 가지를 널리 내뻗은 공모(共謀)가 봉기의 배경에 있어서 봉기를 조직했고 그 발발을 지도했다는 데 대하여 의심해서는 안 된다.

하나의 비밀결사가 있어서 아직 몇 안 되는 구성원을 갖고 있는 경우에 그것이 토대로 삼고자 하는 인구 대다수에게는 숨겨진 채로 있지만 보통 행정 당국에는 알려져 있는 오늘날에는 물론 거대한, 국토 전역을 포괄하는 봉기를 공모를 통해 실행하려는 진지한 혁명적 정치가는 더 이상 없다. 14세기에는 그리고 16세기에도 사정은 더 유리했다. 아직 정치적인 국가경찰은 생겨나지 않았다. 최소한 알프스 북편에서는 그랬다. 또한 우편제도도 그 종사원들과 함께 아직 국가의 업무가 되어 있지 않았다. 그래서 편지들은 '제단 위의 성경처럼' 안전하지 않았다. 먼 곳에 있는 지역에 소식을 전달하는 것은 모두 사자가 맡아서 했으며, 혁명가들의 '야전우편'은 통치자들의 야전우편이나 마찬가지로 신속하게, 흔히 그보다 더 신속하게 일처리를 했으며, 이는 특히 방랑하는 직인들 그리고 '사도들' 덕택이었다. 이와 관련하여 우리는 이미 그들의 역할에 관해 언급한 바 있다.

그와 같이 예를 들어서 농민전쟁 중에도 뮌쩌는 뮐하우젠에서부터 슈바벤과 활발한 교류를 유지했다. 불링거(Bullinger)는 재세례파에 관한 그의 책에서 이렇게 설명한다. "그리고 그럼에도 그가 여기 이 지역(클레트가우-Klettgau) 높은 곳에 더 이상 없었고 다시 튀링겐으로 내려가서 뮐하우젠에서 살았을 때에도 그는 이곳 위쪽으로 그의 신뢰하는 자들에게 편지를 써 올려 보냈으며, 이로써 언제까지나 불평하는 사람들을 불붙였고 그들의 나리와 상전에 맞서 일어나라고 부추겼다. 그리고 농촌 백작령과 그 부근에서 일어난 농민봉기 얼마 전에 그는 사자에게 편지와 메모지를 들려서 올려 보냈다. 그 메모지에 그는 뮐하우젠에서 이미 봉기에 투입된 대포알의 착탄 범위와 크기가 표시되도록 했다. 이로써 불평분자들을 강화시켰고 기운을 북돋워주었다."[17]

그러나 그 당시에 공모의 성공은 하층계급 각 구성원이 좁은 동아리 안에서 살았고, 그 각 사람은 그 동아리에 사회적으로, 또한 대부분이 경제적으로 고도로 의존해 있었으며, 그 동아리는 각 사람의 모든 행위와 지향을 알고 있었고, 각 사람은 그 동아리와 극히 긴밀하게 결합한 것을 통해 가장 많이 도움을 받았다. 마르크 조합과 마을공동체, 동업조합, 직인협회는 그렇게 해서 규율과 연대성을 창출하기도 했지만, 다른 집단으로부터 폐쇄되었다. 이는 비밀유지와 또한 비밀결사의 생성과 존속에 고도로 필요한 것이었다. 동업조합의 비밀이 발설되지 않고 몇 백 년 동안 유지될 수 있었던 시대에는 비밀결사들이 번성했다. 종파적인 가르침들만 비밀결사의 길로 확산된 것이 아니라—'그루벤하이머'를 회상하자—도시와 농촌에서의 정치적 행위들도 이를 통해

---

[17] "Der Widertäufferen ursprung, fürgang, Secten, wäsen, fürnemen vnd gemeine jrer leer Artiekel, auch jre grind vnd worüm sy sich absunderind vnd ein eigne Kirchen anrichtind, mit widerlegung etc. Abgeteilt in VI Bücher vnd beschriben durch Heinerychen Bullingern, Dienern der Kirchen zu Zürich", Zürich 1561.

실현되었다. 이 비밀협회들 다수는 매우 중요하게 되었다. 이처럼 예를 들어서 농민전쟁을 유도한 '농민화'(農民靴, Bundschuh)와 '가난한 콘라트'(Arme Konrad)가 그랬다.

끝으로 종교개혁 시대에 공모는 특히 통치자들 서로 간의 크나큰 불신으로 용이해졌다. 독일의 분열이 이미 다양한 지방의 행정 당국의 계획적인 협력을 어렵게 했다면, 이 어려움은 종교개혁 중에 더 상승했다. 그때는 하층계급만 반란을 일으킨 것이 아니라 상층계급 상당 부분도 혁명에 투기했고 성직자 나리들은 세속의 나리들을, 가톨릭의 나리들은 복음주의의 나리들을 덮어놓고 불신했고, 그 반대의 방향도 성립했던 때였다. 그들이 '반동적 대중'으로 결합하기 전에 그들의 목에 물이 막 차올라야 했다.

그처럼 그 조짐이 이미 1524년 가을에 다양한 지점에서 드러났고 겨울에는 열띠게 준비된 봉기가 지배계급을 엄습하여 봉기자들은 처음에 거의 모든 곳에서 유리한 위치에 있었다는 것이 설명된다.

뮌쩌가 일찍 출발하기는 했지만, 그는 가는 길에 벌써 봉기를 일으킨 농민들과 마주쳤다. 한때 그것은 그의 신상에 해를 끼칠 뻔했다. 폴디셴(Fuldischen)에서 그는 한 무리의 농민 반란군과 같이 체포되었다. 알슈테트의 세리 한스 차이스(Hans Zeyß)는 뮌쩌에 관하여 항상 잘 파악하고 있던 사람으로 그 당시에(2월 22일) 슈팔라틴(Spalatin)에게 이렇게 편지를 썼다. "나는 그대에게 토마스 뮌쩌가 풀다(Fulda)에 있었고 그곳에서 감옥에 얼마 동안 갇혀 있었다는 것을 알려드립니다. 그리고 수도원장은 아른슈테트(Arnstädt)에게 슈바르츠부르크의 소동에 관해 말했습니다. 그가 토마스 뮌쩌였다는 것을 알았다면 그는 그를 풀어주려고 하지 않았을 것입니다."

그 직후인 3월 12일에 우리는 뮌쩌가 다시 뮐하우젠에 있는 것을 발견한다. 그곳에는 파이퍼가 먼저(12월에) 와 있었다. 며칠이 지나지 않아 그들은 성공적인 봉기로 그 도시의 주인이 된다(3월 17일). 이는 300년도 더 지난 뒤인 1848년에 베를린의 민중이 그리고 1871년에 빠리의 민중이 봉기에 성공한 것과 거의 같은 날짜이다. 위에서 언급한 한스 차이스는 이에 관해서 슈팔라틴에게 편지에 썼으며 뮌쩌를 희생시키는 대신 파이퍼를 눈에 띄게 부각시켰지만 싸움을 이기게 된 요인들에 대해서는 적절하게 표현했다. "나는 그대에게 파이퍼라고 불리는 어떤 설교자와 뮌쩌가 뮐하우젠에서 준비하는 무자비한 불화와 소요의 하루 온종일을 보고해드려야겠습니다. 결론적으로 만인 귀하(민중)가 시의회에서 통치권을 빼앗았으며, 시의회는 그들의 의사에 반하여 벌주어서도, 행정을 해도 안 되고 문서를 발행하거나 업무처리를 해서도 안 됩니다.

파이퍼가 뮌쩌와 함께 시의회에 의해 추방되어 뉘른베르크에 있다가 그곳을 빠져나간 뒤에 파이퍼는 돌아와서 뮐하우젠의 마을 사람들 중에서 애써 호소하기를 자기가 오직 진리 때문에, 그리고 시의회와 당국으로부터 그리고 일체의 난관으로부터 자유롭게 진리를 설교하고 실천하려고 했기 때문에 어떻게 폭력적으로 쫓겨났는지를 하소연했습니다. 그리고 그는 이 농민들을 무장시켜 소집했고 뮐하우젠에 맞서서 성문 밖으로 가서 그곳에서 나타나 갑자기 설교했습니다. 뮐하우젠 의회는 파이퍼가 무력으로 그들에게 쳐들어올 줄 알았기 때문에 그들은 도성 안에서 질서를 잡았고 병력을 배치했으며 도시 바깥으로 파이퍼를 다시 쫓아버리려고 그를 향해 나아갔습니다. 투쟁이 시작되면서 시의회에 변함없이 충성해야 했던 일반시민들은 시의회 반대편에 섰고 아주 불충한 짓을 하여 이에 관해서는 말할 것도 없습니다. 그리고 그들의 중대장은 일반 민중이 어떻게 시의회에서 떨어져나갔는지를 알

왔고 큰 수고와 작업으로 그 짓거리와 소란을 잠재웠지만 이는 다른 게 아니라 이 설교자들(파이퍼와 뮌쩌)이 머물러 있도록 하고 시의회는 공동체의 인지와 의향 없이는 아무것도 시행하거나 창출하지 못하게 스스로에게 강제하도록 하는 방식이었습니다. 그로써 시의회는 칼자루를 빼앗겼고 그것은 뮐하우젠에서는 드문 일입니다."

사실 아주 드문 일이다. 공산주의적 공동체가 그곳에 자리 잡았다.

멜란히톤은 이렇게 기록한다. "이것은 새로운 기독교적 통치의 시작이었다. 그후에 그들은 수도사들을 쫓아냈고 수도원과 그에 딸린 토지를 차지했다. 요한기사 수도회원들은 장원과 큰 액수의 지대를 가지고 있었다. 바로 그 장원을 토마스가 차지했다. … 그들은 또한 사도행전에 저들이 재산을 합쳤다고 적혀 있는 것처럼 모든 재산을 공유로 해야 한다고 가르쳤다. 이로써 그는 민중을 방자하게 만들어 그들은 더 이상 일을 하려고 하지 않았고, 곡식이나 옷감이 떨어졌을 때는 마음 내키는 대로 부자한테 가서 기독교적 권리로 그것을 요구한다. 왜냐하면 그리스도는 사람들이 궁핍한 자들과 나누기를 원하기 때문이다. 이때 그 부자가 사람이 요구하는 것을 줄 마음이 없으면 궁핍한 자들는 부자에게서 그것을 힘으로 빼앗았다. 이는 많은 사람에게서 일어났고 요한기사 수도회 장원에서 토마스와 함께 살던 자들도 그런 활동을 했다."

그리고 베셰러(Becherer)는 이렇게 설명한다. "이 통치에서 뮌쩌는 독재자요 사령관이었고 모든 일을 자기 뜻대로 처결했다. … 특히 그는 재산의 공유를 밀어붙여서 그 결과 사람들은 그들의 손으로 하는 일과 일상의 노동을 방치하고는 그들이 귀족과 군주, 영주, 종교재단, 수도원에서 재산을 빼앗기 전에, 그러는 가운데 하느님이 더 선물을 주실 것이라 생각했으며, 이처럼 강도질과 도둑질을 배웠다. 그리고 이런 제도를 믠쩌는 몇 달 동안 계속 추진했다."[18]

　공산주의적 통치가 상거래에 미쳤다고들 하는 나쁜 영향을 우리가 군이 상세히 조명할 필요는 없다. 그것은 부르주아 사회와 그 대변인들이 하는 공산주의에 관한 전통적 발언에 불과하고 아무런 사실적 근거도 없다. 이는 뮐하우젠의 혁명적 꼬뮌 통치가 2개월 남짓밖에 지속하지 않았다(거의 정확하게 1871년의 빠리 꼬뮌 통치 기간과 같았다―뮐하우젠의 경우에는 3월 17일부터 5월 25일까지였고, 빠리의 경우에는 3월 18일부터 5월 28일까지였다)는 데서도 벌써 알 수 있다. 믠쩌 자신은 이미 5월 12일 이전에 뮐하우젠을 떠났다. 이 몇 주간 만에 공산주의가 생산에 느껴질 만한 작용을 보였고 그것도 모든 전투능력 있는 노동자에게 무기를 들고 나서도록 한 맹렬한 전쟁의 비상상황 가운데서 그랬다는 것이다!

　멜란히톤은 물론 뮐하우젠에서 공산주의가 1년이나 지속되었다고 설명한다. 현대의 문필가가 1871년 가을에 빠리 꼬뮌에 관한 책을 썼는데 거기서 그것의 지속 기간을 1년으로 보았다고 상상해보라. '온순하고 소심한' 멜란히톤의 뻔뻔스러움에 더 놀라야 할지 아니면 그의 독자대중의 생각 없음에 더 놀라야 할지 알 수 없다.

　그러한 '동시대인의 문헌'에서부터 지금까지 부르주아 편에서 공산주의 운동의 역사가 통상적으로 취합되어왔다.

　한편 약간의 면밀한 검토로 그러한 왜곡을 쉽게 발견할 수 있다. 훨씬 더 혼란스러운 작용을 해온 것은 믠쩌가 뮐하우젠에서 했던 역할에 대한 완전히 그릇된 서술이다. 멜란히톤처럼 베셰러도 그를 독재자로, 그의 의지가 그 도시 안에서 제약 없이 지배한 것으로 설정했다. 마찬가지로 때에 따라서 루터도 그런 생각을 표출했다.[19] 그는 한 편지에서

---

[18] *Zitiert bei Strobel*, S. 88.

[19] *Zitiert bei Strobel*, S. 88.

이렇게 썼다. "뮌쩌는 뮐하우젠의 주인이고 왕이다."(Müntzer Mulhusi Rex et Imperator est.)

실제로 뮌쩌의 처지는 결코 유쾌한 것이 못 되었다. 그는 자신의 추종자들의 독자적 힘으로 승리했던 것이 아니라 파이퍼의 지향과 타협을 통해 승리했는데, 이들은 공산주의적이 아니라 명백히 부르주아적이었다. 그는 행정부와 시의회의 정점에 오른 것이 아니라 단순한 설교자에 머물렀다. 그러나 그의 설교도 뮐하우젠에서는 결정적인 것이 아니었다. 그 도시의 정치는 그의 정치와 맞지 않았다. 가장 중요한 문제에서 그는 파이퍼의 저항을 만났으며, 파이퍼는 다수의 사람을 배경으로 두었다.

뮐하우젠은 타보르가 아니었다. 타보르는 공산주의적 정착촌이라고 표현할 수 있다. 그곳은 공산주의자들이 그들만의 인구를 이루기 위해 몰려든 개척지였다. 옛 제국직할시에서의 사정은 전혀 달랐다. 공산주의자들은 그곳에서 프롤레타리아 계층 안에서만, 그리고 그와 함께 작은 독립적인 성문 밖 장인들, 그리고 주변에 거주하는 농민의 여러 집단에서도 주된 지지를 받았다. 이런 인구계층은 그 당시에 부르주아 사회의 다양한 계층들에게 자신의 뜻을 강요할 수 있기에는 너무 약했다. 다행히 유리한 상황들이 맞아떨어졌고 이를 능숙하고 정력적으로 이용하여 뮐하우젠에서 공산주의자들은 투쟁하는 양편 사이의 결정요인으로서 결정적 역할을 하는 데 성공했다. 그러나 그들은 자신들의 도움으로 활력을 얻게 된 세력에게서 용인 이상의 것을 얻어낼 수 없었다. 우리는 뮐하우젠에서의 상황을 전체 도시가 공산주의적으로 조직되었던 것처럼 생각해서는 안 된다. '형제들'은 아무튼 그들의 비밀조직을 공개조직으로 전환하고 도시 자치공동체 안에 '꼬뮌'을 형성하는 것 이상을 달성하지 못했다. 이런 꼬뮌의 본거지를 이룬 것은 요한 기사단 수도회의 장원이었을 개연성이 있다.

뮐하우젠에서 뮌쩌의 추종자 수가 얼마나 적었는가 하는 것은 그가 농민들을 돕기 위해 그곳을 떠났을 때 300명만이 그를 따랐다는 것에서 알 수 있다.[20]

요한 기사단 수도회 장원에서 토마스 곁에서 살던 뮌쩌 꼬뮌은 생겨난 뒤 불과 몇 주가 안 되어 구성원들의 노동에서만이 아니라 교회와 수도원, 성에서 만들어진 전리품에 대해서, 그리고 주로 그것에서 수입을 끌어냈다는 데 대해서 우리는 물론 멜란히톤의 말을 믿어도 좋다. 타보르인들도 비슷하게 행동했으며, 그 당시의 시류에서는 교회당 재산은 *res nullius*, 곧 누구의 재산도 아니었으며, 힘을 가진 자가 그것을 차지했다. 대부분 군주들이 그랬다. 이곳저곳에 몇 명의 가난한 인간도 있었다.

뮌쩌와 파이퍼가 서로 원칙적 대립관계에 있었다는 것은 우리가 이미 언급한 바 있다. 그러나 이로부터 전술적 성격의 대립도 있었다.

파이퍼는 자본주의 이전 시대의 순전한 소시민으로서 스스로를 그냥 지방 이익의 대변자라 여겼다. 뮌쩌는 그 시대의 공산주의자들이 대체로 그랬듯이 (여러 지방을 오가는) 인터로칼(interlokal)이었다. 파이퍼는 뮐하우젠에서의 봉기를 순전한 뮐하우젠의 일로 보았다. 뮌쩌에게 그것은 혁명적 봉기들의 거대한 사슬의 한 고리일 뿐이었다. 그것들이 힘을 합쳐 폭정과 착취를 없애야 하는 것이었다. 옛날 타보르가 보헤미아에 대해 의미했던 것처럼 지금 튀링겐에서 강인한 도시 뮐하우젠이 그렇게 되어야 했다. 즉 프랑크 및 슈바벤 봉기와 극히 긴밀한 교

---

20 멜란히톤은 300명의 "젊은 녀석"을 이야기한다. 4월 26일에 있었던 먼저 번의 출타에는 베셰러(Becherer)에 따르면 약 400명이 따랐으며, 그 대다수는 외래의 부하들이었다고 한다. 이 무리와 대열에는 시민은 적었고 뮐하우젠의 시의원은 없었다.(a. a. O., S. 480)

감을 유지해야 할 전체적 봉기의 지탱점이 되어야 했다.

파이퍼—우리가 파이퍼와 뮌쩌에 관해 여기서 말할 때, 우리는 그 두 사람만을 생각하는 것이 아니라 그들이 그 가장 걸출한 대표자들인 지향들도 생각하는 것이다—는 이웃하는 지방의 몇 차례의 약탈 행각에 언제든 가담할 태세였으나 가톨릭 지방에 대해서만 그랬다. 그러나 도시의 분쟁 이상의 것을 그는 생각하지 않았다. 하지만 뮌쩌는 뮐하우젠에서의 승리가 혁명투쟁의 종결을 뜻한 것이 아니라 사생결판의 투쟁의 서곡을 의미한다는 것을 잘 의식하고 있었다. 이처럼 무장을 갖추고 조직화를 하고 대중을 무장시키고 다양한 지방의 봉기를 공동행동으로 합치는 것이 중요했다.

농민들의 전투력은 튀링겐에서는 특히 좋지 않았다. 필시 독일의 어느 곳에서도 바로 그곳만큼 농민이 무기 다루는 데 미숙하고 아무런 무장도 갖추지 않은 곳은 없었을 것이다. 그들을 무장시키고 무기 다루는 훈련을 시키는 데는 시간이 필요했다.

"뮌쩌는 서두르려고 하지 않았다. 그는 적당한 순간을 기대하고, 봉기가 시간과 관성에 의해 세력을 얻고 더 완성된 조직을 얻기까지, 무기 사용훈련이 되어 있고 완력 있는 광부들이 그의 편에 서서 오버슈바벤과 그밖의 부대들이 군주들에 대하여 최초의 전승을 거두기까지 기다렸다. 그는 이들 모두를 후원세력으로 삼고 나서 비로소 그의 뮐하우젠에서부터 기드온의 칼로 봉기하려고 했다. 그는 뮐하우젠을 잘 알았고 그곳에 사는 대부분의 튀링겐 사람들을 잘 알았다. 이들은 소싯적부터 깃발을 따라다니고 전쟁 속에서 자라난 슈바벤 사람들이 아니었고 플로리안 영주의 흑기병단 같은 프랑켄 사람도 아니었으며, 알프스와 엘자서란트에 있는 것 같은 궁수들도 아니었다. 흙에서 힘겹고 비참하게 먹고 살 것을 일구어내는 것이 그들의 일과였으며, 괭이와 삽이 그

들에게 유일하게 익숙한 무기였다."(Zimmermann, II, S. 424)

뮌쩌는 자신이 할 수 있었던 일을 실행했다. 특히 그는 대포에 신경을 썼다. 그는 바르퓌써(맨발수도사) 수도원에서 대포를 주조시켰다. 그가 그 일에 전술적 권력수단이라기보다 심적 권력수단으로 어떤 가치를 부여했는지는 우리가 살펴본 것처럼 그가 슈바벤에까지 그 소식을 보낸 것에서 알 수 있다. 이 사실만으로도 이미 그가 남부독일의 반란세력과의 연계에 얼마나 공을 들였는지 잘 알 수 있다.

더 열심이었던 것은 튀링겐에서의 봉기자들의 고무와 규합을 추진하는 일이었다. 그는 말과 글로 아주 열띤 활동을 펼쳤다. 그는 사방으로 훈계와 격려의 편지를 보냈다. 그중의 한 편지를 자이데만이 그의 책 부록으로 수록했다.(Beilage 38, S. 143) 여기서 소개해본다. "지금 아이제나흐(Eisenach)에서 병영에 있는 슈말칼덴의 기독교인 형제들에게. 하느님에 대한 순수한 마땅한 두려움 앞에서 사랑하는 분들, 여러분이 알아야 할 것은 우리가 모든 능력과 힘을 다하여 여러분을 돕고 엄호하러 가기를 원한다는 것입니다. 그러나 우리의 형제들인 혼슈타인의 에른스트와 슈바르츠부르크의 귄터(Günther)도 새로이 도움을 요청했으며, 우리는 그들에게도 도움을 주기로 약속했고 지금 이를 이행하고픈 마음입니다. 여러분이 걱정하시겠지만 우리는 그리고 지역의 전체 부대는 여러분의 주둔지로 가길 원합니다. 그러나 우리의 형제들에 대해서는 조금만 참아주십시오. 이들을 지켜보느라 우리도 너무 성가십니다. 왜냐하면 누구나 상상할 수 있는 아주 거친 족속이기 때문입니다. 여러분은 여러분의 수고하는 많은 일들은 잘 알고 있지만, 우리 쪽 사람들에게는 아무래도 같은 것을 알아달라고 할 수가 없습니다. 하느님이 그들을 힘으로 몰아치는 만큼만 우리가 그들을 다루어야 합니다. 나는 특히 하느님께서 신경을 써주셔서 여러분에게 충고하고 여러분을 돕는 이런 일에 힘이 들더라도 열중하기를 간청하지, 어리석은 자들과 나아가야 하는 것은 원치 않습니다. 그러나 하느님은 바보 같은 것들을 선택하고 똑똑한 자들을 내치시려고 합니다. 그러므로 여러분이 그렇게 크게 두려워하는 것은 또한 뭔가 약한 모습이며, 여러분은 하느님이 어떻게 여러분 편을 드시는지를 사뭇 손으로 만지듯이 알 수 있습니다. 최상의 기분을 내시고 우리와 함께 노래하십시오. 수백 수천 명이 나를 에워쌌을지라도 나는 그들과 그들 민족 앞에서 두려워하지 않으리라. 하느님이 여러분에게 능력의 영을 주시기를 빌며, 앞으로 결코 그분이 이를 중단하지 않으실 것입니다. 예수 그리스도의 이름으로 그분이 여러분 모두를 지키시기를, 아멘.

1525년 부활 후 제3일요일(Tag Jubilate: 5월 7일) 뮐하우젠에서. 뮐하우젠과 여러 곳의 전체 하느님의 공동체와 함께. 토마스 뮌쩌."

이 편지는 뮐하우젠 외부의 봉기자들과 뮌쩌와의 관계에 대해서뿐 아니라 이 도시 내에서의 그의 위치에 대해서도 말해주는 바가 있다. 그가 그곳의 "형제들", "어리석은 자들", "거친 족속"으로 그를 "너무 성가시게 만들고" "그들의 수고하는 일을 아직 제대로 모르는 이들"에 대해 얼마나 불만스러웠는지를 알 수 있다.

신뢰가 가지 않는 뮐하우젠 사람들보다, 그리고 형편없이 무장한 농민들보다 그에게는 광산노동자들이 훨씬 중요하게 여겨졌다. 이들은 작센에서 가장 전투력 있고 반항적인 부분을 이루는 민중이었고, 그래서 뮌쩌는 곧바로 그들을 주목했다. 그는 에르츠 산맥의 광산들과 연계를 맺었고, 특히 가장 가까이에 있는 광부들인 만스펠트 사람들을 봉기에 끌어들이려고 시도했다. 이들 가운데서 그는 알슈테트 시기부터 좋은 관계를 유지해왔다.

그가 그 당시에 발타자르(Balthasar)와 바르텔(Barthel) 등 만스펠트 광산에 있는 동맹자들에게 보낸, 광부들 사이에서 선동을 진행시키기 위한 편지는 루터의 저작집에서 "토마스 뮌쩌의 무서운 선동적인 글 세 편" 중의 하나로 수록되었다.(XIX, S. 289ff) 그 편지는 나중에 슈트로벨(S. 93)에 의해, 그리고 쩜머만(II, S. 297)에 의해 몇 번 출간되었다. 그 편지는 이렇게 되어 있다. "하느님에 대한 순수한 경외를 가지고서 사랑하는 형제들에게. 그대들은 얼마나 오래 잠들어 있는가? 그대들이 보기에 하느님이 그대들을 방치했다고 해서 얼마나 오래 하느님의 뜻을 시인하여 모시지 않고 있는가? 그렇게 되어야 한다고 내가 그대들에게 얼마나 자주 말했는가? 하느님은 더 이상 당신을 계시할 수 없다. 그대들은 견뎌내야 한다. 그대들이 그리하지 않는다면 희생도 가슴 저린 수심도 헛되다. 그대들은 그후 다시 고난을 받는다는 것이다. 내가 그대들에게 말하건대, 그대들이 하느님을 위해 고난을 겪지 않으려고 한다면 그대들은 악마의 순교자임이 틀림없다. 그러니 조심하라. 낙심하지 말고 태만하지 말라. 비뚤어진 공상가들, 불경한 악한들을 칭찬하지 말라. 주님의 싸움을 싸우기 시작하라. 때가 찼다. 그대의 형제들 모두가 하느님의 증인을 조롱하지 않도록 하라. 그렇지 않으면 그들 모두는 파멸할 것이 분명하다. 전체 독일과 프랑스 그리고 스위스의 프랑스어 지역이 술렁인다. 주님은 게임을 하려고 하며, 악인들은 따르지 않으면 안 된다. 풀다(Fulda)에서 그들은 부활절 주간에 대성당 네 곳을 황폐화시켰다. 클레트가우(Klettgau)와 헤가우(Hegau), 슈바르쯔발트(Schwarzwald)의 농민들은 3천여 명이 일어섰으며, 그 무리는 갈수록 커져간다. 나의 근심은 오직 바보 같은 사람들이 그 피해를 아직 인식하지 못한다는 것 때문에 잘못된 계약을 승낙한다는 것이다. 그대들이 하느님 안에서 태연하게 그의 이름과 영예만을 추구하는 사람 세 명만 있다면, 그대들은 수만 명도 두려워하지 않게 될 것이다.

오직 이 길로, 이 길로, 이 길로! 때가 되었다. 악인들은 개처럼 낙심한
다. 형제들이 평화를 이루고 그들의 증언을 지키도록 격려하라. 그것
은 지나치게 아주 필요하다. 이리로, 이리로, 이리로! 에사오가 그대들
에게 좋은 말을 걸어와도 동정하지 말라. 불경한 자들의 고통을 봐주지
말라. 그들은 그대들에게 아이처럼 아주 친근하게 간청하고 읍소하고
탄원할 것이다. 신명기 제7장에서 하느님이 모세를 통하여 명령했듯
이 동정하지 말라. 우리에게, 우리에게도 그는 같은 계시를 했다. 마을
과 도회지에서, 그리고 특히 광부 직인(Berggeselle)들과 다른 좋은 도
제들을 고무하고 격려하라. 우리는 더 이상 잠들어 있어서는 안 된다.
보라. 내가 강연문을 쓰고 있는데 잘차(Salza)에서 소식이 왔다. 게오르
크 공작의 관원이 세 사람을 비밀리에 죽이려고 했기 때문에 민중들이
그를 성에서 끌어내리려고 한다는 것이다. 아이히스펠트의 농민들은 그들
의 토지귀족(Junker)에 대하여 기뻐한다. 한마디로 그들은 사면을 원치
않는다. 그대들도 꼭 그렇게 만들려고 야단들이다. 그대들이 그리로, 그
리로 와야 한다. 때가 되었다! 발타제르(Balthaser)와 바르텔(Barthel)! 크
룸프(Krumpf), 펠텐(Velten), 비숍(Bischof), 멋지게 나아가라. 이 편지
를 광부 직인들에게 전해주어라. 나의 인쇄업자는 수일 내로 올 것이
다. 나는 소식을 갖고 있다. 나는 지금 그것을 달리 어찌할 수가 없다.
내가 형제들에게 강론을 하여 땅위의 불경한 악인들의 모든 성채와 전
투시설물보다 그들의 마음을 훨씬 더 담대하게 해주고 싶었다. 이 길
로, 이 길로, 이 길로! 불이 뜨겁게 타오른다. 그대들의 칼을 피로써 식
지 않게 하라. 핑케팡크(Pinckepank)를, 니므롯의 모루에서 벼려라. 그
것을 던져 망루를 쓰러뜨려라. 그들이 살아 있는 동안 그대들이 인간적
인 두려움에서 벗어나는 것은 불가능하다. 그들이 그대들을 다스릴 동
안에는 누구도 그대들에게 하느님을 말할 수 없다. 이 길로, 이 길로,

이 길로! 그대들이 때를 얻는 동안 하느님이 그대들과 함께 하실 것이다. 따라가라. 마태오 25장에 그 이야기가 적혀 있다. 그러니 겁을 먹지 말라. 역대기 하 2장에 적혀 있는 것처럼 하느님이 그대들과 함께 하신다. 하느님이 이렇게 말씀하신다. 그대들은 두려워 말라. 그대들은 이 큰 무리를 피하지 말라. 그대들의 싸움이 아니라 주님의 싸움이다. 그대들이 싸우는 것이 아니다. 정말 사나이답게 행동하라. 그대들은 하느님이 그대들을 도우심을 볼 것이다. 여호사밧이 이 말씀을 들었을 때 그는 엎드렸다. 이처럼 그대들도 바른 믿음 안에서 사람들을 두려워하지 않도록 그대들을 강하게 하신다는 하느님을 통해 행하라. 아멘.

1525년 뮐하우젠에서 불경한 자들에 맞선 하느님의 종, 토마스 뮌쩌."

뮌쩌의 편지는 잘 수용되었고, 큰 무리가 만스펠트에 모여(Strobel, S. 96) 소요사태가 일어났다. 만스펠트 광산에서 주어진 자극이 마이센의 광산지대에까지 영향을 미치는 것으로 드러났다. 헤링(Hering)은 이렇게 말한다. "정신 나간 봉기자들이 프랑켄하우젠에서 피에 물든 날을 자초하기 전에도 봉기에 휩쓸린 만스펠트 백작령에서 온 여러 광부들이 우리 산으로 피신했다. 그들이 자기 땅에서 뭔가 좋은 것을 기대하지 못했든지 아니면 새로운 지혜로써 더 먼 지역에서 중요한 역할을 하기를 희망했기 때문이다."[21]

그들은 영향력을 얻어서 츠비카우 지역에서 봉기의 시도를 촉진하는 데 성공했다. 그곳에서 광신도들은 슈토르흐와 뮌쩌 자신의 지도하에서 이미 일찍이 영향력을 얻고 그 토양을 예비했다.

또한 실제로 4월에 에르쯔 산맥에서는 농부들과 광부들의 봉기가

---

[21] *Geschichte des sächsischen Hochlandes*, S. 203.

일어났다. 프랑켄하우젠에서의 전투 후에야 비로소 작센의 모든 곳에서처럼 그곳에서도 운동이 실패로 돌아갔다.

일반적으로 작센의 다양한 지역들의 혁명운동의 공조를 위한 뮌쩌의 노력은 보잘것없는 성공만을 거두었다.

농촌과 소도시의 지방색이 너무 강했다. 모든 곳의 경제적 압력의 무차별성, 종교개혁 운동으로 온 민족이 들쑤셔진 것, 그리고—끝으로 그렇다고 가장 작은 것만은 아닌 것으로—공산주의 '사도들'의 지칠 줄 모르는 지방과 지방을 이어주는(interlokale) 활동이 초기의 농민과 그 동맹세력들의 봉기를 나라 대부분의 영역을 포괄하는 전국적인 봉기로 만들어서 곳곳에서 거의 동시에 터져 나오게 하는 데 충분했다. 그러나 봉기가 진행되면서 처음의 승리의 과실을 확보하고 자기 것으로 하는 것이 중요했을 때 지방의 지역할거주의가 점점 더 또렷하게 등장했다. 그것은 상황에 너무 깊이 뿌리를 박고 있어서 짧지 않은 시간이 지나면 결국 아쉬운 대로 극복될 수 있었던 그런 정도가 아니었다.

이 지방색에는 농민들의 숙명적인 무지가 짝을 이루었다. 이 순진한 사람들은 군주의 말이 명예를 중시하는 여느 사람의 말 이상은 아닐지라도 적어도 그 이하도 아닌 것으로서 가치가 있다고 믿었다. 그들은 파렴치와 거짓을 가장 탁월한 군주의 장점으로 만든 새로운 통치술(Staatskunst), 우리가 이미 1백여 년 전에 애송이 리처드가 영국 농민에 대해서 아주 완벽한 기교로 구사한 것을 보았던 그 통치술을 전혀 짐작도 못했다.

봉기자들 편에 붙은 모든 고을, 모든 도시마다 힘을 합치는 대신 자력으로 앞길을 헤쳐 나갔고, 그 영주들의 몇 마디 공허한 약속은 봉기자들의 요구의 수용에 대한 전망이 생기게 하여 통상의 경우에는 봉기자들을 해산시키고 그들이 무기를 내려놓게 만드는 데 충분했다. 그렇게 해서 군주들은 서로 단합하고 농민부대를 하나씩 가벼운 수고만으로 쳐부술 시간과 군사들을 끌어 모았다. 그들이 모든 일에 궁지에 몰려 있었을 텐데도 그랬던 것이다. 농민 편에서는 무계획성이 커갔던 동안에 군주들에게는 위험이 그들의 응집과 계획적인 협력을 점점 더 증대시켰다.

어느 편에 결국 승리가 머물지 곧 의문이 없어졌다. 처음에는 그것은 결코 그렇게 의문의 여지가 없는 것은 아니었다. 4월 14일만 해도 작센의 프리드리히 선제후는 봉기에 대해 관대하면서도 비관적인 의견을 표명했다. 그는 그의 동생 카르프라이탁(Karfreitag), 작센의 요한 공작에게 이렇게 편지했다. "사람들이 무력을 써서 행동한다는 것은 큰 일이다. 필시 가난한 사람들에게 그런 소요를 일으키도록 원인을 제공했던 것이고 특별히 하느님의 말씀을 금하면서 그랬던 것이다. 그래서 가난한 자들은 여러 방면에서 영적·세속적 당국에 의해 시련을 겪는 것이다. 하느님이 당신의 분노를 우리에게서 거두시길 바란다. 하느님이 그럴 뜻이 있으시면 보통 사람이 다스리는 일이 일어날 것이다."

비슷한 인식의 흔적이 루터가 농민봉기에 대해 입장을 취한 그의 "슈바벤 농민층의 12개조로의 평화의 권고"라는 최초의 글에도 있다. 그는 농민들이 그들의 12개조에 대해 진지하여 그것을 넘어서려고 하지 않는다면 모든 것이 잘되리란 희망을 표현하는 것으로 시작한다. 그는 이 12개조를 양해의 기초로 받아들였다.

그 다음 그는 군주들과 영주들을 향해 말한다. "첫째로 우리는 그런 불행한 상태와 소요에 대해 여러 임금님과 영주님, 특히 당신네 눈 먼 주교들, 미친 사제들과 수도사들 말고 땅위의 그 누구도 탓할 수 없습니다. … 칼이 여러분의 목에 놓여 있습니다. 여전히 여러분은 생각하기를 당신들이 권좌에 확고히 앉아 있어 누구도 여러분을 몰아낼 수 없을 것이라고 합니다. 그러한 안심과 꽉 막힌 착각이 여러분의 목을 칠 것이며, 여러분은 그것을 알게 될 것입니다. ··· 그렇습니다. 여러분이 하느님의 진노의 원인이 되므로 여러분이 시간이 가면서 나아지지 않을 경우에는 그 진노가 여러분에게도 미치리란 것은 의심할 나위도 없습니다. 하늘의 징조와 땅 위의 이적이 여러분, 친애하는 임들에게 중요한데, 그것들은 여러분에게 아무런 좋은 것도 뜻하지 않습니다. 아무런 좋은 일도 여러분에게 생기지 않을 것입니다. ··· 왜냐하면, 여러분, 친애하는 님들은 이것을 알아야 한다. 하느님은 사람들이 여러분의 포학(暴虐)을 오래 참을 수도 없고 참으려 하지도 않도록 하신다는 것을 말입니다. 여러분은 달라져야 하고 하느님의 말씀을 가르쳐야 한다는 것입니다. 여러분이 그렇게 호의적이고 기꺼운 태도로 하지 않는다면, 무력적이고 파멸적인 억지로 하게 된다는 것입니다. ··· 친애하는 임들이여, 여러분에게 맞선 것은 농민이 아닙니다. 여러분의 포학을 벌하러 여러분에 맞선 것은 하느님 자신입니다." 그러나 루터는 계속해서 루터 자신이 농민 편에 서는 것은 딱 질색이라고 말한다. 그는 군주들에게 그들 자신의 이익을 위해서 농민에게 양보하라고 간청한다는 것이다. 12개조의 토대 위에서 협상할 수 있다는 것이다. 그것들 중 몇 개는 지당하다는 것이다. 이처럼 복음을 듣고 신부님을 스스로 선택할 권리를 요구하는 제1조는 옳다는 것이다. "농민 사망 후 소유지 반환의무(Leibfall), 공조 부담 같은 것들로 인한 신체적 고통을 호소하는 다른 조항들 역시 지당합니다. 왜냐하면 통치기구는 자신들의 유익과 변덕을 아랫사람들에게서 채우기를 구하는 것이 아니라 아랫사람들에게 유익과 최선의 것을 마련해주도록 세워진 것이기 때문입니다. 이제 더 이상 그렇게 과세하고 살가죽을 벗겨내는 것을 견딜 수 없습니다. 어떤 농부의 밭이 짚과 곡식으로 많은 돈을 벌어주어도 통치기구가 더욱 많은 것을 취하여 가고 그들의 호사를 더욱 키우고, 의복과 쳐 먹는 것, 마시는 것, 건물 같은 것들로 재산을 낭비하니 왕겨와 다름없지 무슨 소용이겠습니까. 사치를 제한하고 지출을 막아서 가난한 사람도 뭔가를 가질 수 있게 해야 할 것입니다."

이제 루터는 농민층을 향해서 그들에게 군주들은 "하느님이 그들을 권좌에서 끌어내리실" 만하다고 인정한다. 그러나 그들은 그 일을 옳게 처리해야 하며, "그렇지 않으면 그들이 설령 세속적으로 승리하고 모든 군주를 때려눕힐지라도 그들의 영혼에 피해를 입게 될 것입니다." 그는 "친애하는 임들과 형제들", 농민들에게 칼을 포기해야 하고 통치 당국에 반항해서는 안 된다고 권면했다. 왜냐하면 하느님이 그들에게 표징과 기적으로 봉기를 명하실 때에야 봉기를 일으킬 권리가 있을 것이기 때문이라는 것이다. "고난, 고난, 십자가, 또 십자가, 이것이 기독교인의 권리입니다. 이것 말고 다른 것이 아닙니다."

그 글은 "통치 당국과 농민층 양자에 대한 경고"로 끝을 맺는다. 양쪽 모두 잘못 생각하며, 이교도적이고 기독교적이 아니다. 하느님의 파멸이 이들 양자를 위협한다. 그들의 영혼은 지옥에 떨어질 것이고 독일은 멸망할 것이다. "그러므로 이제 나의 진정한 충고는, 귀족 중에서 백작과 영주 몇 명을, 도시들에서 시의원 몇 명을 뽑아서 그 일을 친절한 방법으로 처리하여 진정시키도록 하라는 것, 여러분은 주님께 여러분의 뻣뻣한 마음을 내려놓고, 여러분이 원하든 원치 않든 여러분의 그런 마음은 제일 뒤쪽으로 가게 해야 하고 여러분의 폭정과 억압은 조금 약화하라는 것, 가난한 사람도 살아갈 공기와 공간을 갖게 해야 한다는 것입니다. 또다시 농민들은 남의 충고를 받아들여 너무 과하고 너무 높은 것을 붙잡는 몇 개 조항을 포기하여 그 일을 기독교적 방식으로 처리하지는 못할지라도 인간의 권리와 계약들에 따라 정리하도록 하라는 것입니다. … 됐습니다. 내 양심이 내게 증언하듯 나는 여러분 모두에게 기독교적으로 그리고 형제된 입장에서 충분히 진실되게 조언했습니다. 하느님이 이 일을 도우시기를 빕니다. 아멘."

루터의 압도적 인품이 종교개혁을 이루었다고 받아들이는 이들이 옳다면, 이 글도 농민전쟁에 다른 전환점을 제공했을 것이 분명하다. 사실상 이는 완전히 효력이 없는 것으로 남았다. 폭풍 속에서 헤엄을 치지 않으려는 그의 최초의 시도에서 루터는 무기력함을 드러냈다.

그러나 그는 성공의 기미가 보이지 않는 입장을 지킬 사람이 아니었다. 그리고 그는 어느 편에 붙어야 할지를 오랜 시간 숙고할 필요가 없었다. 평화를 사랑하는 그의 주인, 프리드리히 선제후가 쇠약해져갔다. 이 사람은 5월 5일 사망했다. 그 대신에 그의 동생 요한이 등장했는데, 이 사람은 평화와 화해에 대해서는 거들떠보려고도 하지 않았다.

그리고 곳곳에서 군주들이 무력을 동원하여 나서서 농민봉기를 그들의 피로 익사시키려고 했다. 4월 마지막 주에 슈바벤 동맹의 군사령관인 발트부르크의 트룩세스(Truchseß)는 슈바벤에서 일어난 봉기를 대부분 진압했다. 같은 시기에 방백 필립(Philipp)은 헤센에서 일어난 봉기들을 제압하는 데 성공했다. 프랑켄과 튀링겐의 반란세력들에 맞서서 수많은 전투에 익숙한 부대들이 출동했다.

거기에 또한 루터는 농민 반대편에 선 개인적 이유 하나를 보탠다. 4월 하순에 그는 민중을 진정시켜 되돌려 보내려고 튀링겐을 돌며 선무활동을 했으나 도처에서 인구의 숭배대상으로 자신을 착각한 그가 그들에 대한 영향력을 일체 상실한 것을 발견한 것이다. 항상 그의 특징이던 저 격정적인 기분에서 그는 이제 반란자들의 반대편으로 돌아섰다.[22] 그가 그들을 조금 전까지만 해도 친애하는 "님들과 형제들"이라고 불렀지만, 그들은 이제는 단지 때려 죽여야 할 강도, 살인자, 미친

개 들이었다. 그가 위에서 통치당국에 의한 못 견딜 정도로 심한 억압
이 농민이 봉기할 수밖에 없도록 했다는 것을 인정했지만, 이제 그는
5월 6일 프리드리히가 사망한 다음 날에 나온 그의 글 "강도적이고 살
인적인 농민들을 반대하여"에서 통치 당국이 옳다[23]고 공언한다.

농민들은 마구 폭력을 써왔다. 거기서는 이렇게 말한다. "한마디로
허무한 마귀의 일을 그들이 추구하며, 특히 뮐하우젠에서 통치하면서
강탈과 살인, 유혈 말고는 아무것도 일으키지 않는 자가 마왕입니다.
이는 그리스도가 요한복음 8장에서 그에 대하여 말하기를 그는 처음부
터 살인자였다고 한 것과 같습니다." 이런 사태 전개에 직면하여 그는
지금 "예전의 소책자"에서와는 다르게 쓴다. 봉기는 살인보다도 나쁘
다는 것이다. "그러므로 할 수 있는 사람은 누구나 비밀리에든 공개적
으로든 패대기를 치고 목 졸라 죽이고 칼로 찔러야 하며, 반란자보다

---

22 프로테스탄트교 쪽 역사가들, 예컨대 랑케는 위에서 언급한 루터의 12개조에 관한 글이
이미 폭동 발발 전에 농민 다수가 아직 봉기하지 않고 있던 1525년 3월에 쓰였다는 것을
우리에게 기꺼이 믿게 하고 싶어 한다. 그를 분개하게 한 것은 4월에 있었던 그들의 무력행
동이었다는 것이다. 이 무력행동이 전선교체의 동기가 되었다는 것이다. 사실상 그 글은 4월
16일(바인스베르크Weinsberg의 날)이 지나 4월 20일경에 쓰였을 개연성이 있다.(Janssen,
II, S. 490, Lamprecht, V, 1. S. 345를 참조하라.)

23 우직한 마르틴은 튀링겐의 봉기가 진압되고 몇 주 뒤에 "만스펠트의 궁내관 카스파 뮐러
(Kaspar Müller)에게 보내는 농민에 반대하는 졸작의 소책자에 관한 편지"라는 농민을 반
대하는 그의 선언을 변호하는 취지의 글에서 한술 더 떴다. 그의 소책자를 비난하는 사람은
심정적으로 반란적이라고 상상할 수밖에 없다고 공언한 후에 그는 농민봉기가 농민의 사정
이 너무 좋기 때문에 일어난 것이라고 그 원인을 돌린다. 전쟁에서 하느님의 뜻이 실현되어
농민들은 그들의 형편이 얼마나 좋았는지, 그리고 그들이 평화로운 나날을 감수하기를 원
치 않았다는 것을 배우게 되리란 것이다. 그리고 그들이 앞으로는 다른 이들과 평화를 누릴
수 있도록 암소 한 마리를 바쳐야 할 경우에 하느님께 감사하는 것을 배우게 되리란 것이다.
… "민중에게는 더 이상 두려움도 부끄러움도 없었다. 모두가 순전히 자기가 원하는 대로
했다. 누구도 아무것도 내놓으려고 하지 않고 그들이 항상 주인이라도 되는 듯이 먹고 마시
고 입고 게으름을 피운다. 당나귀는 매를 맞기 원하며, 민중은 무력으로 통치 받기를 원한
다."(Luthers Werke, XIX, S. 270, 272.)

더 유독하고 해롭고 악마적인 것은 있을 수 없다고 생각해야 합니다. 미친개를 때려 죽여야 하는 것과 마찬가지입니다. 당신이 때리지 않으면 그가 당신을 때릴 것이며, 그와 함께 온 땅이 당신을 때릴 것입니다. … 그러므로 여기서 느슨해서는 안 됩니다. 인내와 자비도 여기서는 맞지 않습니다. 지금은 칼과 진노의 시간이지 은혜의 시간이 아닙니다." "통치 당국을 위해서 쓰러지는 자는 하느님을 위한 참된 순교자입니다. 농민들 편에 돌아오는 것은 영원한 지옥의 낙인입니다. … 군주가 피를 쏟는 것으로 다른 이들이 기도로써 섬기는 것보다 하늘을 더 잘 섬길 수 있는 그런 놀라운 시대가 지금입니다. … 할 수 있는 자는 누구나 찌르고, 때리고, 목을 졸라야 합니다. 당신이 그 때문에 죽으면 당신은 행복한 것입니다. 더 은혜로운 죽음을 결코 맞이할 수가 없습니다. 왜냐하면 당신은 로마서 제13장의 하느님의 말씀과 명령 안에서 그리고 당신의 이웃을 지옥과 악마의 무리에게서 구해내는 사랑(!!!)의 봉사 안에서 죽는 것이기 때문입니다."[24]

똑같은 "사랑의 봉사"를 루터는 같은 시기의 사적인 편지에서도 농민들에게 보여주었다.[25]

---

[24] *Luthers Werke*, XIX, S. 264~267.

[25] 이와 같이 그는 만스펠트 시의회의 륄(Rühl) 박사에게 5월 30일에, 농민들을 거리낌 없이 죽여야 한다고 편지를 썼다. "하느님이 롯과 예레미야에게 그랬던 것처럼 구원하고 지켜주실 무고한 사람들이 농민들 중에 있는 경우에 농민들에게 자비를 베풀려고 하는 것. 그들이 확실히 무죄가 아니라면 하느님은 그렇게 하지 않습니다. … 지혜로운 사람은 여물과 짐, 몽둥이가 당나귀에겐 제격(*cibus onus et virga asino*)이라고 말합니다. 농민에게는 귀리의 짚이 돌아갑니다. 그들은 말을 듣지 않고 어리석습니다. 그래서 그들은 몽둥이와 총의 말을 들어야 하고, 그것이 그들에게 마땅한 일입니다. 우리는 그들이 순종하도록 그들을 위해 기도해야 합니다. 순종하지 않는 경우에, 여기서 넘치는 자비는 마땅하지 않습니다. 오직 그들 가운데 총탄이 나는 소리만 쌩쌩거리게 하십시오. 그렇지 않으면 그들은 천 배나 포악하게 굴 것입니다. … 그렇습니다. 뮌쩌를 본 사람은 극도의 분노 가운데 있는 마귀를 생생하게 보았다고 말할 수 있습니다. 오, 주 하느님, 그런 영이 농민들에게도 있는 경우라면

나중에 가서 루터는 "내가 그들에게 때려죽이도록 명했으므로 봉기에서 자신이 모든 농민을 때려눕혔다"고, "그들의 모든 피가 나의 목까지 찼다"고 자랑했다. 그럼에도 그의 큰 망상이 그에게 합당한 것보다 더 큰 피의 책임을 자신이 뒤집어쓰도록 그를 움직였다. 농민전쟁에서 그의 처신은 그를 특징지어주고, 시민적 이단세력과 농민적 프롤레타리아적 이단세력 간의 관계를 특징지어주는 것이지만—그래서 우리는 이 문제를 더욱 상세히 다루었다—그의 처신은 전쟁의 결말에 별 영향력은 없었다. 그의 평화 추구의 촉구가 허사였다면, 이제는 군주들에 대한 그의 무자비한 살육의 사주도 있으나마나 한 것이었다. 이 일은 지배자들이 그 없이도 적당한 피의 굶주림을 가지고서 처리했다. 루터의 반대자들도 그의 추종자들과 같은 식으로 했으며, 양측은 형제처럼 단합했다. 피착취자들에 대항하여, 착취자들 간의 전리품 다툼은 중지되었다. 가톨릭 세력과 복음주의 세력은 가난한 민중을 쳐부수는 데 협력했다.

5월 초에 선한 '복음주의적인' 방백인 헤센의 필립은 자신의 부대와 골수 가톨릭 신자인 작센의 게오르그 그리고 몇몇 작은 군주의 부대와 연합했으며, 조금 더 지난 후에는 새로운 작센 선제후 요한이 튀링겐 봉기를 종식하기 위해서 이에 합류했다. 그 중심지로 수많은 염전노동자[26]와 함께 그 염전으로 유명한 곳인 프랑켄하우젠이 부각되었다. 이곳은 만스펠트 광산에서 몇 마일 떨어지지 않았다. 그곳에 반란세력의 주력부대가 집결했고 가령 확고한 요새로 잘 갖추어져 있는 뮐하우젠

그들이 미친개처럼 목 졸려 죽어야 할 때가 바로 지금입니다." 그 시기의 루터의 모든 글에서 명확히 알 수 있는 것은 뮌쩌가 그에게는 봉기자들 중에서 가장 위험한 자로 여겨졌다는 것이다. 그는 튀링겐에서도 그랬다.

[26] G. Sartorius, *Versuch einer Geschichte des deutschen Bauernkriegs*, S. 319, Berlin 1795.

이나 혹은 역시 반란세력의 수중에 있으면서 프랑켄 봉기에 교감을 유지하기가 쉬웠을 남쪽 지점, 가령 에르푸르트나 아이제나흐 근처에는 집결하지 않았다.

반란세력들에게처럼 군주들에게도 프랑켄하우젠의 위치는 가장 중요한 것으로 여겨졌다. 그곳에 도달하기 위해 헤센의 필립은 완전히 들어보지도 못한 이동을 했다. 그는 아이제나흐와 랑겐잘차(Langensalza)를 경유하여 접근해서는 뮐하우젠을 왼편에 에르푸르트를 오른편에 바라보면서 이 완전히 장악된 두 도시 사이로 곧장 프랑켄하우젠으로 진격했다. 이것이 프랑켄하우젠의 중요성을 입증해주지만, 그가 뮐하우젠으로부터도 에르푸르트로부터도 조금도 위협받거나 단지 성가시게 하는 일조차 당하지 않으면서 이런 이동을 할 수 있었다는 사실은 반란세력들에게 단결과 협력이 얼마나 결핍되어 있었는지, 그리고 그들이 얼마나 무계획했는지 증명해준다.

프랑켄하우젠의 중요성을 우리는 수많은 전투력 있는 광부들이 있는 만스펠트 광산이 가까이 있었다는 것에서 이해할 수 있다. 반란을 그곳으로 가져가는 데 성공하자 군주 측 군대 앞에는 고된 싸움이 기다리고 있었다.

뮌쩌는 어쨌든 프랑켄하우젠의 중요성을 잘 인식했으며, 사방에서 동원이 가능한 세력들을 그곳으로 향해 가게 하는 데 가능한 모든 것을 쏟아 부었다. 에르푸르트인들에게도 그는 편지를 썼지만, 그들은 움직이지 않았다. 한 번도 그는 뮐하우젠 사람들을 움직여서 그들이 프랑켄하우젠을 지원하러 오게 할 수가 없었다. 자유로운 제국직할시의 소시민들에게 농민들이 무슨 상관인가? 그 기력으로 아주 유명한 파이퍼는 움직이지 않고 앉아 있었다. 뮌쩌는 오직 그의 추종세력과 함께 300명을 뽑았다. 그에게 뮐하우젠 사람들은 겨우 '수레 총포' 여덟 대를 빌려주었을 뿐이다.

만스펠트의 광부들도 더 나을 것이 없었다. 유감스럽게도 만스펠트 광산에서의 사태 전개에 관하여는 더 자세한 보도내용이 우리에게는 없다. 슈팡엔베르크의 《만스펠트 연대기》(제362장[27])에서 우리는 오직 다음과 같은 언급만을 발견하며, 이는 비링겐(Bieringen)이 그의 "만스펠트 광산 서술"(Beschreibung des Mansfeldischen Bergwerks, S. 16)에서 더 짧게 재인용했다. "농민들은 만스펠트 백작령에서도 봉기했다. 만스펠트의 알브레히트 백작은 그것을 괴로워했고 모든 가능한 열심을 다하여 광부들에게 그들이 봉기를 일으키는 농민들을 만나러 들판으로 나아가지 않도록 백작령에서 그들을 보살피겠다는 최선의 말을 해주었다.

이는 그에게 역시 성공한 것으로 보인다. 뮌쩌가 "광부직인들"에게 쓴, 위에서 소개한 편지에서 표명한 "바보 같은 사람들"은 "거짓된 계약에 동의"할 수 있을 것이란 염려는 근거 없는 것이 아니었다. 광부 대중은 그들의 요구가 받아들여지자 곧 진정되었으며 더 이상 봉기한 농민들을 걱정하지 않았다. 그러나 약간의 의용군이나 소부대가 알브레히트 백작의 기병들, 온 거리를 장악한 그들의 기습을 받았다.

한 가지 가능성이 아직 남아 있었다. 만스펠트 광산지대 안으로 반란세력을 데려가서 광부들을 휩쓸어 나오는 것이었다. 그러나 이런 가능성도 활용되지 못했다. 프랑켄하우젠의 농민들은 만스펠트의 알브레히트와 담판을 시작할 정도로 단순했으며, 교활한 백작은 군주들의 군대가 프랑켄하우젠 앞에 진을 칠 때까지 차일피일 담판을 지연하는 수를 쓸 줄 알았다.

---

[27] 우리가 활용한 제2판의 제목은 《작센 연대기》(*Sächsische Chronica*, Frankfurt a. M. 1535)로 되어 있지만, 사실상 역시 만스펠트 연대기일 뿐이다.

5월 12일에 알브레히트는 농민들과의 회담을 약속했다. 그러나 그는 오지 않았다. 중요한 용무를 핑계로 대었고 농민들에게는 다음 일요일 5월 14일에 보자고 둘러댔다. 루터는 이렇게 설명한다. "그럼에도 하느님은 토마스 뮌쩌가 뮐하우젠에서 프랑켄하우젠으로 오도록 섭리하신다."[28] 뮌쩌는 백작의 간계를 간파해서 그와의 협상을 즉시 파기하도록 했고, 군주들이 오기 전에 백작과 농민 간의 전투를 촉발하는 데 온 힘을 다했다. 우리는 그가 그 당시에 만스펠트 사람들에게 쓴 한없이 거친 편지들이 그러한 부추김을 위한 것이었다고 본다. 그 편지들은 단지 도발로서만 이해될 수 있다. 찜머만은 그 편지들이 반쯤 미친 생각으로 스스로를 속이려고 노력하는 절망의 산물인 것으로 간주한다. 그러나 뮌쩌의 지시는 아주 명확한 이해력을 시사해준다.

알브레히트에게 그는 이렇게 썼다. "악행하는 자 누구에게나 공포와 전율이 있을지어다. 로마서 2장 9절. 당신이 바울로의 서신들을 악용한다는 것이 나에게 불쌍히 여겨집니다. 귀하는 교황이 베드로와 바울로를 간수(看守)들로 만든 온갖 방법에 의해 통치 당국의 악함을 확증하려고 합니다. 귀하는 주 하느님이 그의 어리석은 백성을 격동시켜 분노 가운데 폭군들을 내쫓으실 수 없다고 생각합니까?(호세아 13장과 8장) 그리스도의 어머니는 귀하와 귀하의 무리들에 관하여 거룩한 영으로 예언하여 이렇게 말하지 않았습니까?(루가 1장) "권세 있는 자들을 그는 보좌에서 내쫓으셨고 (귀하가 멸시하는) 낮은 자들을 들어올리셨다."

"귀하는 귀하의 루터식 인사와 당신의 비텐베르크식 수프에서 에제키엘이 그의 제37장에서 예언하는 것을 발견할 수 없었습니까? 또한

---

[28] Erschreckliche Geschichte und Gerichte Gottes über Thomas Münzer. *Luthers Werke*, XIX, S. 288.

귀하는 귀하의 마르틴식 농민의 똥에서 같은 예언자가 계속하여 제39장에서 하느님이 어떻게 하늘의 모든 새에게 임금들의 살을 먹어야 한다고 요구하고, 그리고 비밀의 묵시록 제18, 19장에 쓰여 있는 것처럼 이성 없는 짐승들에게는 대상인들의 피를 마셔야 한다고 요구하는지 그 구분을 두는 것을 눈치 채지 못하셨습니까? 귀하는 하느님이 여러분에게도 그의 백성에게도 폭군들을 두지 않는다고 생각합니까? 귀하는 그리스도의 이름으로 이교도가 되려고 하고, 바울로로써 귀하 자신을 감추려고 합니다. 그러나 귀하가 뒤따라올 수 있도록 귀하의 길을 사람들이 앞질러갈 것입니다.

귀하가 다니엘서 제7장에서 하느님이 공동체에게 권능을 어떻게 주었는지를 인식하고 우리 앞에 나타나 귀하의 믿음을 깨뜨리려고 한다면, 우리는 그것이 귀하에게 기꺼이 허락되기를 바라며, 귀하를 같은 형제로 간주하려고 합니다. 그러나 그렇지 않다면, 우리는 귀하의 병적이고 천박한 식욕을 고려하지 않고 기독교 신앙의 주적에 맞서는 것 같이 귀하에게 맞서 싸울 것입니다. 그러니 알아서 하시기 바랍니다.

프랑켄하우젠에서 부활절 후 제3일요일 후의 금요일(5월 12일) 1525년. 기드온의 칼을 가진 토마스 뮌쩌."

슈트로벨이 표현한 것 같이(S. 99) 훨씬 더 거칠고 불손한 편지를 뮌쩌는 같은 날 만스펠트의 에른스트 백작에게 썼다. 에른스트 백작은 프랑켄하우젠 근처의 헬드룽겐(Heldrungen) 성을 확보했었다. 만스펠트 사람들의 이 확고한 지점은 곧 빼앗아야 할 것이었다. 그는 백작에게 이렇게 외쳤다. "네놈 가련하고 하찮은 구더기 자루 놈아! … 너는 베드로 전서 3장에 명령된 것처럼 네 믿음을 해명해야 한다. 너는 네 믿음을 드러내줄 선하고 확실한 길잡이가 있어야 하며, 무리를 이룬 한 자치공동체 전체가 이것을 너에게 약속해주었다. 그리고 너는 또한 너의 공공연한 폭정을 사죄해야 하고 누가 너를 그렇게 형편없이 만들어서 네가 모든 기독교인에게 손해가 되게 기독교인의 이름으로 그런 이교도적인 악한이 되려고 하게 했는지를 말해야 한다. 네가 머무적거리고 쌓여 있는 일들을 해결하지 않으려 한다면, 나는 온 세상의 모든 형제가 그들의 피를 자신 있게 걸어야 한다고 외칠 것이다. 그러면 너는 쫓겨나고 진멸될 것이다. 네가 작은 자들 앞에서 겸손히 머리 숙이지 않는다면 내가 네게 말하건대 영원히 살아 계시는 하느님이 우리에게 주신 권능으로 너를 권좌에서 내쫓을 것을 명하셨다. 왜냐하면 너는 기독교 세계에 무익하며, 하느님의 친구들의 해로운 채찍이기 때문이다. 하느님은 너와 네 동류들에 관해서 너의 보금자리는 뜯어내어질 것이고 부서질 것이라 말씀하셨다. 우리는 오늘도 네 대답을 듣고 싶다. 아니면 만군의 주 하느님의 이름으로 너를 벌하려 한다. 우리는 하느님이 우리에게 명하신 것을 지체 없이 행할 것이다. 너도 너의 최선을 다하라. 내가 달려가마."

그럼에도 만스펠트 사람들은 뮌쩌에게 선동을 당하는 호의를 보이지 않았다. 그런데 뮌쩌는 공격을 감행하기에는 너무 약하다고 스스로 느꼈거나, 농민들이 그럴 의지가 너무 없었다.

그리고 곧 그러기에는 너무 늦게 되었다. 5월 12일에 뮌쩌가 프랑켄하우젠에 왔고, 14일에 헤센의 방백 필립과 브라운슈바이크의 하인리히 공작이 도착했으며, 15일에는 작센의 게오르크 공작이 그의 군대와 함께 도착했다.

이제 프랑켄하우젠 사람들의 운명은 정해졌고, 이로써 튀링겐 봉기의 종말도 정해졌다. 한편에서는 빈약하게 무장한 훈련받지 못한 농부 8,000명이 대포도 없이 진을 치고 있었다. 다른 편에서는 거의 같은 수의 무장을 잘 갖추고 숙련된 전사들이 수많은 대포를 가지고 있었다.

프랑켄하우젠 전투에 대한 묘사는 통상적으로 멜란히톤의 설명에 따라 재현된다. 그에 따르면 먼저 뮌쩌가 농민들에게 아름다운 연설을 했고, 그 다음에 필립 방백이 더 아름다운 연설을 그의 부대에게 하고 난 후에 필립의 부대가 공격을 한다. "그러나 가련한 사람들이 거기에 서서 노래했다: 이제 우리는 성령께 빕니다. 마치 미친 사람들처럼 방어할 태세도 도주할 태세도 갖추지 않았고 많은 이들이 또한 토마스가 모든 총탄을 옷소매로 붙잡으려 한다고 말했던 듯했으므로 하느님이 하늘에서 도움을 보여줄 것이라는 토마스의 큰 약속에서 위로를 받았다." 기적이 생겨날 기미가 보이지 않고 오히려 군사들이 칼을 휘두르며 달려들자 우롱당한 농민들은 방향을 바꾸어 도주했고 대량으로 학살을 당했다. 특이한 전투다!

뮌쩌와 농민들이 정말로 그렇게 완전히 그저 서 있기만 한 바보들이었을까?

우선 연설을 살펴보자. 뮌쩌의 연설은 완전히 뮌쩌의 양식으로 행해지지 않았고 결코 그의 특성이 아닌 공허한 격정에 찬 것이었다. 자세히 살펴보면 방백의 연설이 더 특이해 보인다. 그것은 마치 그가 뮌쩌의 연설에 참석했던 것처럼 그에 대한 답변이고 그 고발에 조목조목 반박한다! 예를 들어서 다음을 비교해보라.

뮌쩌:

"그런데 우리 군주들은 무엇을 합니까? 그들은 다스리는 일을 맡아서 돌보지 않고, 가난한 사람들 말에 귀 기울이지 않고, 정의를 말하지 않고, 거리를 깨끗이 하지도 않고, 살인과 강도를 막지도 않고, 범죄자도 불손한 자도 벌하지 않습니다." 운운.

방백:

"사실 우리가 공공치안을 유지하지 않고, 재판을 돌보지도 않고, 살인과 강도를 막지도 않는다는 것은 날조된 것이고 거짓말입니다. 왜냐하면 우리는 우리 능력에 따라 평화로운 통치를 유지하는 데 전념하기 때문입니다."

그런 식으로 계속된다. 두 연설을 살펴볼수록 그 연설들이 정말로 행해진 것이 아니라 유식한 학교 선생님에 의해 투키디데스와 리비우스가 우리에게 보도해주는 정치가들과 사령관들의 연설의 모범에 따라 날조된 것임이 더욱 명확해진다. 그것은 특정한 목적으로 날조된 수사학적 습작이다. 도덕과 정의에 관한, 조세의 필요성과 유익성 등에 관한 방백의 강의는 여성과 어린이의 안전을 보장하기 위해서 싸워야 한다는 감동적인 결말을 맺는데, 이런 식의 연설은 못 배운, 모든 농촌에서 끌어 모은 촌사람들에게는 조금의 인상도 줄 수가 없었다. 그러나 멜란히톤이 염두에 두고 집필한 교양 있는 속물들의 눈에는 그 방백의 위신을 높여준 것이 분명했다. 병졸들이 아니라 이들을 위해 연설의 내용이 계산된 것이다.

다른 한편으로 뮌쩌의 연설은 완전히 그를 우스꽝스럽게 보이도록 하기 위해 꾸며졌다. 멜란히톤은 뮌쩌의 연설의 결말에서 그가 이렇게 말하게 한다. "약한 육신이 여러분을 놀라게 하지 않도록 하시오. 그리고 적들을 용감하게 공격하시오. 여러분은 대포를 두려워해서는 안 됩니다. 그들이 우리에게 쏘는 모든 총탄을 내가 소매로 잡아내는 것을 알겠기 때문입니다." 운운.

실제적인 일에서 뮌쩌가 그의 글에서 이렇게 터무니없이 의견표명을 한 적이 없었다. 그의 신비주의는 하느님이 그와 직접 교통하며 그의 가르침은 하느님의 영에서 나온다는 것에 대한 믿음에만 있었다. 그가 기적을 일으킬 수 있다는 것을 뮌쩌는 결코 주장한 적이 없다. 우리는 이 연설을 멜란히톤의 대담한 날조라고 공언하는 데 주저하지 않는다.

그리고 이는 또한 서투른 날조다. 아주 서툴러서 이미 1백 년 전에 슈트로벨은 뮌쩌가 아닌 "멜란히톤이 아주 확실하게 그 연설의 작성자"(S. 112)라는 확신에 도달했다. 그럼에도 불구하고 그 연설은 오늘날에도 뮌쩌를 특징짓는 데 예컨대 얀센에 의해서 활용된다.

찜머만도 한 소논문에서 이렇게 말한다.(II, S. 435) "그 연설이 멜란히톤의 졸작이란 것은 공공연하게 명확하다. 그 안에 있는 것은 뮌쩌식의 호흡이 아니다." 그러나 슈트로벨과 마찬가지로 그도 그 연설이 정말 행해졌으며, 멜란히톤에 의해서는 단지 왜곡되어 재현된 것이라고 가정한다.

우리가 보기에는 이는 조금도 개연성이 없다. 전투가 다음 글에서 묘사된 방식으로 전개되었다면 연설을 하는 데는 시간이 얼마 없었다: "뮌쩌파의 한 광신도와 복음파의 신실한 농부 사이의 유익한 대화 혹은 담화, 프랑켄하우젠에서 패배한 봉기를 일으킨 광신도들의 처벌"(Ain nützlicher Dialogus odder gesprechbüchlein zwischen einem Müntzerischen schwermer vnd einem Evangelischen frummen Bavern, die straff der aufruhrischen Schwermer zu Frankenhausen geschlagen belangende. Wittenberg, 1525). 거기에서 광신도는 이렇게 말한다. "그렇다. 군주들과 영주들이 우리에게 생각할 시간을 세 시간 주었지만, 15분도 신의를 지키지 못하고 슈톨베르크의 백작을 귀족 몇 사람과 함께 우리로부터 자신들에게로 데려가자 곧 우리에게 대포를 쏘고 곧바로 우리를 공격한 것은 또한 대단한 일이다."

즉, 군주들은 농민과 협상했으며, 그들의 굴복을 바라면서 그들에게 생각할 시간을 세 시간 주었다. 그러는 가운데 그들은 농민군대에 있던 귀족들을 자기들에게로 넘어오도록 유도했고, 곧바로 휴전이 끝나기 한참 전에 아무것도 눈치 채지 못한 농민들을 습격하여 그들을 도륙했다.

'전투'가 사실상 휴전 중의 배신적 기습이었다는 것은 5월 19일 뮐하우젠 사람들이 오버프랑켄 사람들에게 쓴 편지에서도 드러난다. 그 편지에서는 프랑켄하우젠에서 군주들이 "휴지(休止)와 평화의 시간"에 기독교인 무리를 습격했던 것 같다고 하고 있다. 이는 별로 명예롭지 못하며, 우리는 멜란히톤이 다른 판본을 꾸며내려고 애쓴 것으로 파악한다. 그러나 이는 완전히 비상식적인 것인 반면에 대화록의 서술은 군주들이 농민에 대하여 당시에 대체로 써먹던 수법과 완전히 부합한다. 그들은 우세한 힘에도 불구하고 농민을 제압하기 위해서 배신과 약속 파기에 호소했다. 뮌쩌가 정말 총알을 저고리 소매로 붙잡을 것이라는 농민들의 백치 같은 기대를 통해서가 아니라 배신과 약속 파기를 통해 반란세력 편의 거의 대부분이—8,000명 중에 5,000에서 6,000명이!—도륙당한 반면에 군주 측 부대는 이렇다 할 손실을 거의 입지 않은 결과가 되었다.

부대들은 승리를 거둔 뒤에 프랑켄하우젠에 진입했고, 이제 방백 필립이 그 다음날 스스로 기록한 것처럼 되었다. "그 안에서 남자로 발견된 자들은 모두 칼에 찔려 죽었고 도시는 약탈되었다."

뮌쩌는 패배한 무리 일부와 함께 도시 안으로 피했으며, 그곳에서 적의 기병들이 그의 뒤를 밟았다. 그가 처음 만난 집들 중 하나에 문을 열고 들어가 알아볼 수 없게 하려고 머리를 감쌌고 아픈 사람처럼 침대에 누웠다. 그러나 그의 계책은 실패했다. 그를 따라온 한 병사가 그 옆에 놓인 주머니의 내용물에서 그를 알아보았다. 곧 그는 붙잡혀 헤센의 방백과 게오르크 공작 앞으로 인도되었다. "그가 군주들 앞에 왔을 때 그들은 왜 그가 가난한 사람들을 그리 오도했느냐고 물었다. 그는 도전적으로 자신은 옳은 일을 했다고, 군주들을 처벌하려고 했다고 대답했다." 정말 용감한 대답이다. 우리에게 이를 보도하는 멜란히톤은 그가 뮌쩌를 항상 각별하게 겁이 많은 자로 보여주려고 한다는 것을 여기서 순간적으로 잊는다.

군주들은 그를 곧장 고문하도록 했고, 그의 고통을 즐겼다. 그리고는 그를 만스펠트의 에른스트 백작에게 "전리품"으로 선물했다. "그가 먼저 '심하게 고문을 당했다'면, 이제는 헬드룽겐의 감옥에서 그 며칠 후 '소름끼치는 대접'을 받았다."(Zimmermann)

당시에 그에게서 우리가 그 조서를 거듭해서 인용한 바 있는 자백을 끌어냈다. 그는 아무런 철회도 하지 않았으며, 그의 비밀결사에 관하여 아무도 해를 가할 수 없던 것들만 자백했다. 그가 거명한 구성원들 중에는 아무도 처형된 자가 없었다. 그가 이미 죽은 자들만을 제시했을 개연성이 있다.

프랑켄하우젠의 도륙은 튀링겐에서의 운동의 등골을 부러뜨렸다. 군주들에게는 피비린내 나는 복수를 하는 일 말고는 남은 일이 없었다. 그리고 그 일을 그들은 충실하게 돌보았다.

만스펠트의 광부들은 한동안 아직 칼로 베지 않은 채로 두었다. 사람들은 그들이 평화를 유지하는 것을 기뻐했다. 슈팡엔베르크는 우리에게 이렇게 설명한다. 그 다음해에 가서야 사람들은 "광부들을 노동으로 좀 심하게 대우하기 시작했고 그들이 이에 격하게 불평했지만, 가혹한 처우를 경감시키는 데는 성공하지 못했다." 반대로 그들에게 보내어져서 그들을 "진정시킨" 것은 군인들이었다. 모든 집회와 언론의 자유는 금지되었다.

뮐하우젠은 결정적인 순간에 반란의 문제를 방치했던 데 대하여 더 심한 죗값을 치러야 했다. 연합한 군주들은 프랑켄하우젠에서 곧장 뮐하우젠으로 향했다. 그 도시는 프랑켄의 반란세력에게 도움을 청했으나 허사였다. 그 도시 스스로가 프랑켄하우젠에 앞서 저들에게 한 것이 이제 프랑켄으로부터 그 도시에 닥쳤다. 제국직할시의 여전히 반란적인 소시민들도 5월 19일에 도시가 포위되자 사기를 빠르게 상실해갔다. 파이퍼는 모든 것이 수포로 돌아갔음을 알고 24일에 400명과 함께 몰래 달아나 오버프랑켄 쪽으로 뚫고 가려고 했다. 그러나 군주들의 기병들이 그를 따라잡아서 92명의 부하들과 함께 그를 붙잡았다.

뮐하우젠은 사면(赦免)의 서면 약속을 받고 25일 항복했다. 사면은 일련의 시민들의 처형과 도시의 강탈로 성립되었고 도시는 독립성을 상실했다. 작센의 군주들이 뮐하우젠에서 일어난 반란에서 기대하는 것, 그것을 그들은 얻어냈으니 이는 그 도시에 대한 지배권이었다. 그들을 도와 이를 얻게 해준 반란자들은 참수되었다. 파이퍼도 그랬고 마찬가지로 뮐하우젠으로 이송되었던 뮌쩌도 그랬다.

파이퍼는 대담하게 그리고 후회하는 기색 없이 죽었다. 그에 관해서는 모든 보도자가 일치한다. 그러나 뮌쩌에 관해서 멜란히톤은 당연히 그가 "동일한 마지막 고난 상황에서 아주 소심했다"고 주장한다. 그에 대한 증거로 그는 뮌쩌가 적나라한 근심 앞에 말을 잃어서 신조고백도 할 수 없을 상황이었고 부라운슈바이크의 하인리히 공작이 그에게 그것을 낭독해주어야 했다고 설명한다. 그러나 우리의 증인은 그 직후에 두려움으로 말을 잃은 자에게 고전 교양을 쌓은 학교 선생님이 좋아할 저 아름다운 연설들 중 하나를 하게 한다.

그 시기에 대한 다른 보도자들은 그의 "소심함"에 대해 아무런 언급도 안 한다.(Zimmermann, II, S. 444 참조) 뮌쩌의 마지막 날들에 그의 낙담함에 관해 결론을 내리게 해주는 단 하나의 증거가 완전히 무가치한 멜란히톤의 증거와 아울러 존재한다. 헬드룽겐 감옥에서 5월 17일 쓴 시의회와 뮐하우젠 자치공동체에 보낸 편지이다. 그 편지에서 그는 그들에게 통치 당국을 노하게 만들지 말라고 권면한다. 그의 죽음은 "어리석은 이들"의 눈을 열어주는 데 도움이 되고 적절하다는 것이다! 그는 자신의 가련한 부인을 도와달라고 부탁한다. 다시 한번 그들이 그랬듯이 이기심으로 통치 당국을 노하게 하지 말고 봉기를 더는 편들지 말고 군주들에게 용서를 구하라는 권면이 따른다.

이 편지에서 소심함이 표출되는 것은 의심할 바가 없다. 우리는 그를 더 호의적으로 해석하는 찜머만을 따를 수 없다.

그러나 그 편지는 역시 진짜인가? 그것은 뮌쩌의 손으로 쓴 것은 아니다. 그 스스로 그 편지에서 크리스토프 라우(Christoph Lau)라는 사람에게 받아 적게 했다고 말한다. 왜 그는 편지를 받아 적게 하는 것이며, 직접 쓰지 않는가? 그리고 그러한 편지가 뮌쩌에게서 뮐하우젠으로 오는 것에 누가 관심을 가졌는가? 군주들 말고는 없다. 17일에 편지가 작성되었고, 19일에 뮐하우젠의 포위가 시작된다. 편지는 이 포위를 용이하게 해주었던 것이 분명하고 포위당한 자들의 낙심을 불러일으켰을 것이 확실하다. 뮌쩌의 이름이 군주들에 의해 그 당시에 통상적으로 쓰였던 것 같은 전략에 활용되었다는 가정이 그럴듯하지 않은가?

적어도 뮌쩌의 손으로 직접 쓰이지 않은 이 편지는 아주 수상쩍으며 멜란히톤의 주장을 뒷받침하는 데 적당하지 않다.

물론 우리는 뮌쩌의 최후에 관해 정확한 것은 알려져 있지 않으며, 그의 소심함에 대한 주장들은 입증되지 않았다고 말할 수 있다.

뮌쩌와 그의 대의에 관한 우리의 판단에는 그가 자신의 신경을 마지막 순간까지 통제했는지 못했는지는 당연히 완전히 하찮은 문제이다. 그 질문은 오직 뮌쩌의 적들의 속셈을 드러내주는 것이므로 크게 중요하다.

물론 신체적 기질도 신체적 능력이나 신체적 아름다움도 이런 특성의 소유자의 도덕적 탁월함에 대해서 아무것도 입증해주지 못하지만, 흔히 흉하게 생긴 자와 허약한 자가 그렇듯이 우리는 겁쟁이에게 호감을 갖지 않게끔 만들어졌다. 그러므로 우리는 전쟁 직후에 자신의 대의에 대한 두려운 적을 나약하다는 비난으로 깎아내리려는 멜란히톤의 노력을 아주 잘 이해한다.

그러나 오늘날까지 이 비난은 그에 대한 어떤 손에 잡히는 정황도 없는데도 끈질기게 반복되고 어떤 경우에는 도를 넘어서기까지 한다.

가장 훌륭한 것은 물론 자이데만 선생이 이루었는데 그는 뮌쩌의 프랑켄하우젠 전투 후의 처신에 관하여 이렇게 쓴다. "그는 필시 슐라흐트베르크에서 제일 먼저 도망친 사람들에 들어갈 것이다." 이 "필시"라는 말은 귀중하다! 마찬가지로 당연히 "필시 제일 마지막으로 도망친 사람들에"라고도 말할 수 있었을 것이다. 왜냐하면 뮌쩌가 전투 중 어느 시점에 밀려닥치는 적들 앞에서 도망쳤는지에 대해서 어떠한 암시를 주는 것도 없기 때문이다. 그럼에도 우리의 루터파 바실리오(Basilio: 330-379, 카이사레아의 바실리오를 말하는 것 같다 - 옮긴이)가 그의 "필시"라는 표현을 적절히 사용하는 것은 인정할 수 있다. 그는 아예 이렇게 쓸 수도 있었을 것이다. "필시 다른 누구보다도 먼저."

이런 공산주의 반란자에 대한 완강한 선입견과 적대감은 기쁜 징조이다. 뮌쩌가 자신의 대의를 위해 목숨을 바쳤던 것이 아무리 오래되었어도 이 대의 자체, 프롤레타리아 계층의 대의는 살아 있고 두려움의 대상이며, 뮌쩌의 시대에서보다 더욱 그러하다. 사제와 교수집단이 오늘날 여전히 사이좋게 군주적·부르주아적 종교개혁의 거대한 적에 대하여 펼치는 모략은 단지 죽은 사람만을 겨냥하고 살아 있는 공산주의 운동은 오히려 겨냥하지 않는다면 목적을 상실한 것이리라.

그러나 루터와 멜란히톤에서 우리 시대에 이르기까지 지배계급의 옹호자들이 다른 모든 그 시대의 공산주의자들과 혁명가들(뮌스터의 재세례자들은 약간 뒤에 나온다)보다 뮌쩌를 더욱 겨냥하여 행하는 광포한 공격은 그에 대한 추억을 민중에게 환기시키고 그와의 공감을 축소되지 않게 지켜주는 바로 가장 강력한 수단이 되어 있다.

뮌쩌는 민중의 의식 속에서 반란적, 이단적 공산주의의 가장 빛나는 화신이었고 오늘날에도 여전히 그러하다.

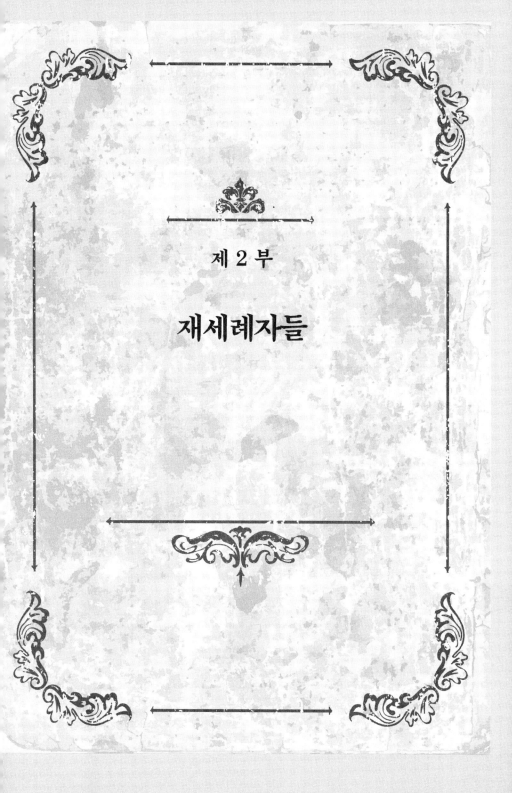

제 2 부

재세례자들

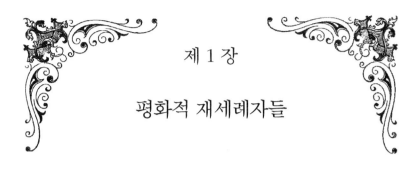

제 1 장

평화적 재세례자들

1. 농민전쟁 이전의 재세례자들

독일 종교개혁 시대에 공산주의 운동의 한 중심은 작센에 있었다. 다른 한 중심지는 스위스에 있었다. 공동의 적에 대한 연합 방어를 위해 알프스의 중심세력 주위로 집결한 농민적·도시적 공화주의자들의 저 독특한 집합체 말이다.

이미 13세기 말에 우리(Uri)와 슈비츠(Schwyz), 운터발덴(Unterwalden) 등의 산간지역들은 지주들, 말하자면 성직자들과 치솟아 오르는 합스부르크 가문에 의한 착취와 억압에 맞서 봉기를 일으켰다. 그들의 전투력과 그들 지역의 접근 곤란성 덕분으로 그들에게는 자유투쟁이 성공했다. 승리를 거둔 칸톤들에는 14세기에 이웃한 도시들, 남부독일과 라인 강 지역의 도시들같이 그 당시에 같은 적들에 대한 같은 투쟁을 전개하던 도시들과 마찬가지로 상승하는 군주체제에 위협을 받던 도시들이 가입했다. 그러나 스위스연맹 도시들은 원 칸톤들과의 연합 덕택으로 라인 강 상류 북쪽의 연맹도시들보다 더 나은 성공을 달성했다. 교황청과 합스부르크가에 대항한 바이에른 사람 루트비히의 투쟁에서 스위스인들은 루트비히 편에 섰다. 독일 도시들을 아주 심하게 괴롭힌 카를 4세 때의 가톨릭 반동도 스위스연맹의 자유를 손상시키지 못했다. 15세기에 그들은 특히 '숙적' 합스부르크 가에 대하여 공격을 감행할 수 있고 정복과 구입으로 그들의 영역을 크게 늘릴 만큼 충분히 강했다.

그들은 독일제국에서 완전히 독립해 있었다. 그러나 교황의 착취에 대해서도 그들은 제약을 가할 줄 알았다.

그러나 이 새로운 독립적 공동생활체는 그 시대에는 단일국가로 될 수 없었다. 그들을 단결시켜준 것은 그 구성부분 각각이 혼자만으로는 우세한 군주체제의 이웃에 대해 무기력하다고 인식했기 때문이다. 그러나 이는 또한 상당 정도로 개별 칸톤들 간의 전체적 이익공동체였기 때문이다. 그리고 그와 아울러 경제적으로 후진적인 농민적 원 칸톤들과 부유하고 경제적으로 훨씬 앞선 도시들 간의 첨예한 이익대립도 성립했다.

이러한 이익대립은 종교개혁 기간 중에 명확히 드러났다. 원 칸톤들은 이에 대하여 아무런 관심도 없었다. 스위스연맹에서 이미 상당히 줄어든 교황의 착취는 이 가난한 지역들을 대체로 별로 압박하지 않았다. 반면에 그 지역들은 종교개혁 시기에 가톨릭 세력들, 프랑스, 밀라노, 베네치아, 교황, 심지어 합스부르크 가와는 좋은 관계를 유지할 온갖 이유가 있었다. 이는 스위스 농민들과 소귀족들이 그 당시에 시장에 내놓을 유일하게 가치 있는 상품인 그들의 전투력 있는 아들들의 주된 소비자들이었기 때문이다. '용병진출'(Reislauf), 용병복무는 스위스, 특히 산간 칸톤들에 사는 농촌인구의 주된 화폐수입원을 이루었다. 종교개혁에 가담하는 것은 가톨릭 세력과의 결별을 의미했으며, 풍부한 화폐수입원의 고갈로 위협이 되었다. 그래서 완고한 농촌 민중은 조상들의 신앙을 고수했다.

도시들에서는 달랐다. 도시의 시민계층은 외부의 용병복무에는 아무 관심이 없었다. 거꾸로 그것은 자신에게 적대적인 귀족의 힘을 강화해주고, 그들이 착취하는 하층계급의 전투력과 독립성을 증진해주었기 때문에 그들에게는 못마땅했다. 왜냐하면 스위스 용병들은 대부분 고향이 없는 룸펜 프롤레타리아들이 아니라 군역이 끝나면 귀향하는 농민의 자식들이었기 때문이다.

그러나 물론 도시들은 가톨릭의 신조에 적대감을 가질 온갖 이유가 있었다. 스위스에서 역시 교황의 착취는 독일에서보다 더 제한되었지만 탐욕적인 교황청은 가난한 산간지방에서보다 부유한 도시들에서 훨씬 더 완강하게 자신의 권리를 고수했다. 그러나 교황청에 대한 대립과 마찬가지로 가톨릭 군주들, 제일 앞줄에 있는 합스부르크 가에 대한 대립도 중요했다. 독일의 종교개혁은 교황만이 아니라 황제, 즉 합스부르크 가문에도 반대한 봉기였다. 그리고 스위스에서도 그런 것으로 받아들여졌다.

원 스위스인들에게는 물론 합스부르크 가문은 오래전부터 '숙적'이 아니었다. 그들은 이미 이 왕족이 위협을 가할 수 있기에는 너무 입지가 확고했다. 그들은 이 가문에 대한 적대관계에서 아무것도 얻을 것이 없었고, 오직 월급과 뇌물에서 잃을 것만 있었다. 북스위스의 도시들은 완전히 달랐다. 이 도시들은 합스부르크 가의 속령과 경계를 이루었고, 이에 위협을 받으면서 그 땅을 탐냈고 합스부르크 가문과 상시 적대관계에 있었다. 특히 취리히는 합스부르크 가문과의 투쟁에 가장 활발한 관심을 지녔다. 원 칸톤들이 가톨릭 신앙의 편을 든 동안—텔(Tell)의 후손들이 합스부르크 가의 페르디난트와 이런 목적으로 결탁했다. —취리히는 스위스에서 종교개혁의 선봉이 되었다.

독일제국에서처럼 스위스에서도 종교개혁 운동은 공산주의 운동을 표면화했다. 그러나 스위스연맹의 상황은 작센의 상황과는 완전히 성격을 달리했고, 이에 따라 스위스 공산주의의 특성도 작센의 공산주의와는 영 달랐다.

작센의 공산주의가 더 젊었고 타보르 전통에 큰 영향을 받았다. 스위스에 이 전통은 거의 큰 영향을 미치지 못했다. 그러나 물론 그들은 오래전부터 발도파와 베가르트파의 영향에 노출되어 있었다. 발도파는 남프랑스와 북이탈리아에서 왔고, 베가르트파는 네덜란드에서 라인 강 골짜기를 따라 퍼져서 쾰른과 스트라스부르를 거쳐 바젤에 도달했다.

그러나 승리하는 전투에서 성장한 타보르 사상이 무력 행동적이었다면, 우세한 적들을 절망적인 허약함 속에서 마주한 발도파와 베가르트파는 옛날부터 평화추구에 기울었다. 벌써 이런 차이는 스위스의 공산주의자들이 작센의 공산주의자들과 다르게 느끼고 생각하고 행동하는 데 영향을 주었음이 분명하다. 그럼에도 한 나라의 사회운동의 성격은 수입된 가르침을 통해서보다 그 나라의 독특한 사회적·정치적 상황을 통해 훨씬 더 명쾌하게 규정된다. 그리고 이 상황은 스위스에서는 여러 가지 점에서 작센과는 아주 달랐다. 작센을 특징짓는 것은 광업, 특히 은광업이었다. 그것은 군주권력의 발흥을 촉진했지만 또한 광산노동자들에게서 기운차고 고집 센, 큰 무리가 함께 거주하는 프롤레타리아 계층을 창출했고 농업에서 상품생산을 촉진했으며, 그러나 이로써 또한 지주들의 땅에 대한 굶주림을 촉진했고 그 시대의 모든 사회적 대립을 극도로 첨예화했다.

스위스에서는 완전히 달랐다. 그곳에는 광업이 없었고 그래서 또한 전투력 있는 프롤레타리아 대중이 없었다. 농업은 적어도 상당 부분이 아직 원시적이고, 토지 공산주의가 아직 강하며, 절대군주 통치는 흔적이 없었다. 오히려 우리는 농민적·도시적 공화국들, 농민적·부르주아적 민주주의를 발견하며, 이는 아직 약하고 위협을 느끼는 동안에는 공산주의를 동정적으로 대하며 공산주의의 가장 가까운 적들은 그들의 적이기도 했다.

이 모두는 스위스에서 발도 및 베가르트 공동체의 평화추구 경향을 강화하는 쪽으로 영향을 미칠 수밖에 없었다. 그러나 또한 계급대립이 아직 작센처럼 그렇게 날카롭게 첨예화하지 않았으므로 운동이 그곳에서보다 덜 프롤레타리아적으로 되도록 하는 작용도 했다. 뮌쩌 운동의 시기에 작센에서 상류계급 출신의 공산주의자들의 수는 줄어들고 있었다. 이는 뮌쩌를 떠받들고 그를 두려운 존재로 만든 대중으로부터, 그러나 그 인간성과 그에 대한 회상을 문헌상으로 남길 수 있는 능력이 있었던 선구자를 전혀 배출하지 않은 이름 없는 대중으로부터 뮌쩌가 왜 그렇게 거인처럼 우뚝 솟았는지에 대한 이유들 중 하나로 설명된다.

스위스 공산주의자들과 그들에게 영향을 받은 공산주의자들은 완전히 달랐다. 그들 중에는 사회적으로 두각을 나타내는 배운 사람들이 들끓었다. 우리의 시각은 거기서 단 한 사람에게 고착되지 않는다. 우리는 우리가 마주치는 흥미 있는 특징 있는 얼굴들이 가득함에 아연실색하게 된다. 스위스인의 운동은 작센의 운동보다 약하고 역사적으로 덜 중요하지만 문헌상으로 더 흥미롭고 지적으로 더 수준이 높다.

그들의 일반적 특성은 이상과 같다.

발도파와 베가르트파의 자취는 14, 15세기에 스위스에서 수없이 발견된다. 이 종파들의 피 흘린 흔적, 추종자들의 처형들이 있었다. 비밀집회에서 공산주의를 비밀교리로 설교한 자들은 대부분이 장인, 프롤레타리아, 농민 등 하층계급 출신 사람들이었다. 이런 프롤레타리아 운동과 아울러 16세기 초에는 인문주의 집단에서 일종의 살롱 공산주의가 형성되었던 듯하다.

취리히가 스위스연맹의 비텐베르크로 되었다면, 바젤은 작센에서의 에르푸르트와 같은 역할을 했다. 그곳은 스위스에서는 인문주의의 본부가 되었다. 자유사상을 가진 지식인과 예술가 집단이 바젤에 모였으며, 1513년 이래 로테르담의 에라스무스가 그 중심을 이루었다. 그는 토마스 모어의 막역한 친구였고, 때로 부재중으로 네덜란드, 특히 뢰벤 등을 여행하기도 했지만 사망(1536년) 때까지 바젤에 머물렀다. 이 집단 내에서 극히 다채로운 신사상들이 토론되었고 나중의 재세례자들의 사상들도 많이 토론되었을 개연성이 있다. 개중에 외코람파디우스(Ökolampadius)의 편지가 이를 시사해준다. 우리는 이 바젤 지식인을 이미 만나보았다. 그는 1524년 뮌쩌가 스위스 국경지대에 머물 때에 그와 연결 관계를 가졌고, 그에게 민중에게 설교를 하도록 요청했다. 나중에 그 조심스러운 교수님은 위험한 사람과의 그런 식의 교유를 물론 부인했다. 뮌쩌를 거의 알지 못했고 뮌쩌가 그를 자신의 집으로 초대한 후에 비로소 그의 이름을 알았다는 것이다. 그러나 외코람파디우스는 다른 위험한 사람들, 예컨대 한스 뎅크(Hans Denck) 석사, 나중에 재세례자들의 가장 뛰어난 이론가 중 한 사람이 된 그 사람과도 교류했다. 외코람파디우스는 자신의 강의를 들었던 뎅크에게 1523년에 뉘른베르크의 제발두스(Sebaldus) 학교에 강사 자리를 마련해주었다. 그러나 뎅크의 견해가 충격을 불러일으켜서 그는 당국과 갈등하게 되었고 우리가 앞으로 살펴보겠지만 뉘른베르크를 떠나야 했다. 외코람파디우스는 뎅크의 견해를 조장했다는 책임을 뒤집어썼다. 이에 대하여 바젤의 그 지식인은 1525년 4월 25일자로 뉘른베르크의 세급 귀족 빌리발트 피르카이머(Willibald Pirkheimer)에게 보내는 한 편지에서 이렇게 변명했다. "뎅크가 도대체 독을 취했다고 해도 나에게서 취한 것은 없습니다. … 그러나 10년 전 (그래서 1515년에) 몇 사람의 아주 지식이 많은 사람들이 그것에 관해(뎅크가 추종한 그 이단에 관해) 극히 작은 집단 내에서 많은 이야기를 했으며, 이들로부터 그가 필시 그것을 경험한 것 같습니다."[1]

그 "지식이 많은 사람들", 그 당시에 바젤에 모였던 그 사람들 중에서 우리는 훗날 재세례자들의 우두머리를 여러 명 발견한다. 1521년과 1522년에 그곳에서 취리히 귀족의 자손 콘라트 그레벨(Konrad Grebel)은 이미 "복음의 뛰어난 수호자"였다. 발트스후트(Waldshut) 출신의 발타자르 후브마이어(Balthasar Hubmeier) 박사는 그곳에 자주 발걸음을 했다. 그밖에도 그 집단에는 바젤의 장크트 알반(St. Alban)에서 신부로 있었던 슈바벤 사람 빌헬름 로이블린(Wilhelm Reublin), 우리가 이미 본 것처럼 외코람파디우스와 함께 뮌쩌에게 선동을 하도록 요청했던 바젤의 교수 울리히 후크발트(Ulrich Hugwald)가 속했다. 우리는 그곳에서 안드레아스 아우프 슈튈쩬 출판사 사장 루트비히 해처(Ludwig Hätzer), 지몬 슈툼프(Simon Stumpf), 그밖의 사람들, 순수한 훗날의 재세례자들의 선동자들을 발견한다.

켈러(Keller)가 우리에게 주어 우리가 이름들을 뽑아낸 긴 명단에서 주목할 만한 사람으로 로데라는 네덜란드 사람이 등장한다. 그는 나중에 북쪽 지방에서 활동했으며, 위르겐 불렌베버(Jürgen Wullenweber)를

---

[1] zitiert bei Keller, *Die Reformation*, S. 330.

재세례자들을 위해 받아들였다. 그리고 남프랑스의 '형제단' 대표자인 드 코(de Coct) 기사도 있었다. 바젤 사람들은 북쪽 지방처럼 남쪽 지방과도 긴밀한 교류관계를 유지했다.

켈러가 우리에게 암시해주는 이런 증거들과 아울러 우리는 또한 토마스 모어의 공산주의적 유토피아가 그 당시에 바로 바젤에서 크나큰 주목을 받았다는 사실도 들고 싶다.

라틴어로 쓰인 《유토피아》 초판이 뢰벤에서 1516년에 그해에 거기에 머무르던 모어의 친구 에라스무스의 후견하에 발행되었다. 1518년에는 재판이 필요했고, 이는 바젤의 유명한 출판사인 프로벤(Froben)에서 나왔다.

베아투스 레나누스(Beatus Rhenanus)가 피르카이머에게[2] 보낸 편지에서 우리는 그 당시에 바젤에서 《유토피아》가 얼마나 열띠게 토론되었는지를 엿볼 수 있다.

그러나 1524년에 《유토피아》의 최초의 독일어 번역이 나왔고 이는 전체적으로도 최초의 번역인데, 마찬가지로 바젤에서 클라우디우스 칸티운쿨라(Klaudius Cantiuncula)가 주관하여 나온 것이다.[3]

켈러가 이미 여러 번 인용된 그의 《종교개혁과 옛 개혁당파들》에 관한 책에서 세운 가설이 옳은 것으로 입증된다면, 이는 아주 의미심장한 것이다. 그 가설에 따르면 바젤에서 발도 전통과 베가르트 전통의 주된 담지자가 되고 이 전통들을 지식인들에게 전해준 것은 서적출판업자들이었다고 한다.

---

[2] 필자의 《토마스 모어와 그의 유토피아》(*Thomas More und seine Utopie*, Stuttgart 1888, S. 265)에 소개되었다.
[3] 그 책의 말미에 이렇게 적혀 있다 "Gedruckt zu Basel durch Joannem Bebelium im MDXXIIII, Jar."(A. a. O., S. 256)

바로 16세기 초에 바젤은 독일어권에서 서적출판의 가장 중요한 장소였다. 우리가 이미 언급한 세계적으로 유명한 프로벤 인쇄소와 아울러 그곳에는 아만더(Amander), 페트리(Petri), 겡엔바흐(Gengenbach), 크라탄더(Cratander), 카피토(Capito) 등의 출판사들이 생겨났다. 출판사들은 바젤에서 두드러진 역할을 했다. 그리고 그들은 그 도시의 예술가 및 지식인들과 긴밀히 교류했다. 켈러는 로르크(Lorck)의 다음과 같은 발언을 언급한다(그의《출판술의 역사 핸드북》에서). "학문과 예술, 기술이 그곳에서보다 더 형제들처럼 협력한 일도 드물다." 그러나 켈러는 특히 바젤에서 출판업자들과 발도파 및 베가르트파와의 일련의 관계도 찾아냈다. 특히 루터의 성서 번역 이전에 출간된 모든 독일어 성서 번역본은 서로 같다는 사실이 언급할 만하다. 그들은 모두 14세기의 한 독일어 번역과 일치하는데, 이 번역본은 켈러가 설득력 있게 증명했듯이 발도파 쪽에 기원을 두었다. 이 번역본은 재세례자들과 그들의 후예 메노니트파에게 17세기까지 사용되었다(방언상의 변경은 있었으나 본질상 그러했다).

　출판업자들이 오직 발도파 쪽의 번역본만을 찍어낸 것에서 물론 발도파 측의 번역본이 그들 사이에 아주 널리 퍼졌고, 아주 활발히 읽혔다는 것을 알 수 있다.

　이는 또한 개연성이 없지 않다. 그 시대 출판업자의 특유한 계급 상황에서 우리는 물론 그들의 발도파적 경향이 암시해주는 공산주의적 공감의 공언을 발견할 수가 없다. 예술가와 지식인에 아주 가까웠고 부분적으로 이 집단에서 종사자를 흡수한 그들은 통상적인 장인들보다 더 특권계급을 이루었고, 이 계급은 일반적 평등화에는 관심이 없었다. 기껏해야 말할 수 있을 것이 있다면, 출판업자는 교육받은 임금노동자로서 그래서 교육받은 피착취자로서 그 당시의 다른 지식인 계급,

성직자·교수·법률가 등 그 직업 활동과 이익이 기존 계급차별의 유지와 훨씬 더 긴밀히 결부된 자들보다 공산주의 이데올로그를 더 잘 배출할 수 있었다는 것이다. 그러나 출판업자들의 공산주의적 공감은 우회의 길을 택하면 더 쉽게 설명할 수 있게 된다. 서적출판에서 공산주의로 가는 다리보다는 공산주의에서 서적출판으로 가는 다리를 찾는 것이다.

우리는 앞서 공산주의자들이 좋은 민중교양에 얼마나 관심을 가졌는지를 언급할 기회를 자주 가졌다. 발도파에서부터 이런 관심이 이어온다. 이는 공산주의자들이 글을 복사하여 대중들 사이에 보급할 새로운 수단을 열심히 모색하도록 했다.

우리는 공동체 생활을 하는 형제들이 주로 책의 필사와 보급에 얼마나 몰두했는지를 안다. 책 인쇄기술이 등장하자 그들은 그것을 장악하여 출판사를 차린 최초의 사람들에 속했다. 최초의 출판사는 라인가우의 (필시 이미 1468년, 어쨌든 1474년 이전) 가이젠하임(Geisenheim) 부근의 마리엔탈(Marienthal)에 설립되었고, 곧 수많은 다른 출판사가 뒤를 이었다. 최초의 탁월한 빠리의 출판업자 중 한 사람인 요도쿠스 바디우스 아센시우스(Jodocus Badius Ascensius)는 한 형제학당(Brüderschule)의 학생이었다.[4]

보헤미아 형제들이 출판 일을 얼마나 열심히 영위했는지 이미 언급한 바 있다.(제1권 440쪽)

뮌쩌는 그의 방랑하던 연간에 또한 "출판업자"들을 지식인 조력자들로 포섭한 듯하다.(Seidemann) 알슈테트에서 그는 자기 자신의 출판자를 두었고, 뉘른베르크의 출판업 직인들 중에서도 그는 추종자들이

---

4 Ullmann, *Reformatoren vor der Reformation*, II, S. 189.

있었다.

이미 언급한 재세례파 지식인 한스 뎅크는 유달리 출판활동에 힘썼으며 먼저 바젤에서는 크라탄더(Cratander)의 인쇄소에서, 그 다음에는 쿠리오(Curio)의 인쇄소에서 일을 했고 1525년에 뉘른베르크에서 추방된 후에는 장크트 갈렌(St. Gallen)에서 일했다.

특색 있는 것은 한 가톨릭 수도사, 아우구스틴 수도회 관구장 콘라트 트레거(Konrad Treger)가 그에 관해 발설한 탄식으로서, 그는 오랫동안 자신의 "보헤미아 이단"을 공격하는 글을 출판하기를 원하는 출판업자를 찾을 수가 없었다는 것이다(1524년). 그는 탄식하기를, 이 이단의 추종자들이 일을 몰고 가서 그들에 반대하는 것을 출판하기를 원하거나 출판할 수 있는 출판업자가 별로 없게 되었다는 것이다.(Ludw. Keller, *Die Anhänge der Reformation und die Ketzerschulen*, Berlin 1897, S. 35)

공산주의자들이 서적출판에 크나큰 관심을 가졌고 서적출판에 수많은 노동자를 제공했다는 데 대해서는 의심할 것이 전혀 없다. 우리는 그에 관해 확신을 가지고서 감히 더 많이 말하는 것은 그만두겠다.

재세례자들의 초창기에 관하여 혹은 더 제대로 말해서 그들과 예전의 공산주의적 종파들과의 관련성에 관하여 드리워진 어둠을 완전히 밝히는 것은 지금까지는 가능하지 않았다. 손에 잡히는 것으로서 그 새로운 종파는 쯔빙글리의 종교개혁 시기에 비로소 취리히에서 모습을 드러낸다.

루터의 종교개혁은 독일에서 이탈리아로 돈을 운반하는 가장 효과적인 수단 중 하나인 면죄부에 맞서서 싸우는 것으로 시작되었다. 쯔빙글리는 그의 개혁활동을 (우선 1506년에서 1516년까지는 글라루스에서 신부로서, 1516년에서 1519년까지는 아인지델른에서 교구 소속 신부로서, 그 다음에는 취리히에서 신부로서) 교황의 돈을 스위스로 가져온 수단인 용병제도에 맞서 싸우는 것으로 시작했다. 루터는 신학자로서 시작했고 쯔빙글리는 정치인으로서 시작했다. 가톨릭의 교의가 아닌 이웃하는 거대한 가톨릭 왕조들이, 즉 발루아(Valois) 왕조와 합스부르크 왕조가 그의 첫 번째 공격 대상이었다. 1519년만 해도 쯔빙글리는 교황청에서 평이 좋아서 그가 흑사병에 걸렸을 때 교황의 사절은 서둘러서 그 자신의 주치의를 보낼 정도였다. 독일 개혁의 파도가 스위스까지 넘쳐 닥치고 이 나라 역시 요동치게 하자 비로소 그곳에서 가톨릭의 세상권세에 대한 투쟁은 가톨릭 신앙에 대한 투쟁이 되었다(1522년). 그러나 취리히 사람들은 일단 그 길로 들어서자 곧 급격하게 그리고 특별한 난관 없이 그리로 전진했다.

뵈겔린(Vögelin)은 이렇게 말한다. "1523년에 비로소 교회개혁이 갑자기 터져 나온다. 쯔빙글리는 큰 준비 없이 1523년 1월 처음으로 취리히에서 열린 토론회의 마무리 발언에서 그의 전체 개혁의 완전한 강령을 펼친다. 여기에서 그는 루터와 완전히 달랐다. 루터는 그의 유명한 95개 테제에서 본래 동일한 것, 즉 믿음에 의한 의로움의 인정을 95번 반복할 뿐이다. 왜냐하면 이것이 그의 마음에 놓여 있던 유일한 것이었기 때문이다. 루터는 가톨릭 교권 측의 저항에 의해 한 걸음씩 개혁으로 내몰렸다. 쯔빙글리의 명확한 정신에서는 개혁의 완성된 건축물이 이미 1523년에 형성되었고 65개의 '종결발언'(테제)에 열거되었다. 이는 외적인 효과에서가 아니라 학문적 의미에서 루터의 테제를 훨씬 능가했다."

"이제 다음 3년은 일련의 승리를 내보인다. 연거푸 이어지는 것은 이런 것들이었다. 기존의 교회연맹, 우선은 콘스탄쯔, 그 다음은 로마 교회연맹의 해체, 수도원·성직자 신분의 폐지, 전체 성직권력의 세속화, 성상과 미사의 철폐 등이다. 이 모두는 서로 연관된 폐쇄된 전체를 이루며, 1525년에는 개혁이 취리히에서, 도시·농촌에서 성공적으로 완수되었다고 말할 수 있다."[5]

교회로부터 성상의 철거는 취리히에서, 그리고 나중에는 바젤에서 많은 예술작품의 파괴를 가져왔다. 오늘날 사회민주주의자들에게 뒤집어씌우는 예술작품 파괴행위는 그 당시에 훌륭한 부르주아 개혁자들에 의해 행해졌고 에라스무스 같은 사람의 이에 대한 질책도 찾아볼 수 없다. 오히려 그는 그것을 웃음거리로 삼았다. 바젤 사람들이 그들 교회의 성상들을 열두 큰 무더기로 태웠을 때 에라스무스는 피르카이머에게 턱수염이 난 성자들이 그것을 가만히 당하고 있었다는 것이 놀라웠다고 편지에 썼다. 성모 마리아는 그 온후함으로 유명해서 그래도 놀랍지 않다는 것이다.

격분한 얀센은 성상 철거가 부르주아 세력에게 얼마나 이익이었는지 암시해준다. "취리히 시의회가 1525년 10월 2일에 몰수하도록 한 단 한 곳(그로스뮌스터) 성당의 교회 보물에서 취리히 순교자들의 은제 흉상 4개, 비싼 십자가 4개, 무겁고 웅장한 성체 현시대 4개, 순금제 마리아상 60파운드" 등등이 발견되었다.

"금으로 된 보물은 1첸트너(=50kg)가 넘었고 은으로 된 보물은 수 첸트너나 되었다. 이 모두가 파쇄되어 조폐국으로 보내졌다."(*Geschichte des deutschen Volkes*, III, S. 82, 83) 얀센은 그가 거기서 그런 보물을 가톨릭 교회가 소비한 적지 않은 양 말고도 쌓아두는 것을 가능하게 한 착취의 정도를 얼마나 굉장하게 보여주는지를 그의 도덕적 분노에서 전혀 언급하지 않는다.

이 착취에 대항하는 투쟁에서 루터는 명확성과 철저성에서 쯔빙글

---

[5] Sal. Vögelin, *Ulrich Zwingli, Rede, gehalten 1884 bei der Zwingli Gedenkfeier*, S. 3 und 4.

리에 한참 미치지 못했다. 그럼에도 쯔빙글리의 종교개혁은 한 가지 점에서 루터의 종교개혁과 같은 길을 택했다. 루터와 마찬가지로 쯔빙글리도 초창기에는 기존의 교회 상황에 불만인 모든 계급의 협력에 의존했다. 그러나 여기서도 거기서도 공동의 투쟁 후에는 분열이 생겨났다. 연합한 지향들과 계급들 각각은 승리를 자신의 이익과 자신의 지향에 따라 활용하려 한다. 지금까지 이 모든 당파에 의해 떠받들려 온 운동의 지도자, 개혁자는 이제 이들 중 한 편을 편들고 그 반대편에는 반대하는 결단을 해야 하며, 그의 지금까지의 조력자 중 일부에게 등을 돌려야 한다. 이것이 상충하는 이해관계를 가진 다양한 계급의 협력으로 달성되는 모든 혁명운동의 특성이다. 위클리프는 거기서 루터와 같은 운명을 맞이했고 후스도 타보르 집단의 등장을 겪었더라면, 비슷한 상황에 처했을 것이다. 루터의 독특한 점은 그가 돌변을 행하던 그 신속함, 그 돌변에 대한 객관적인 동기부여가 전혀 결여된 점, 그리고 그가 어제의 "친애하는 형제들"을 기습하던 때의 그 광란의 정신뿐이다.

취리히에서 지배적 교회와의 분쟁이 시작되자 그곳의 공산주의적 종파 신도들도 그들의 비밀을 엄격하게 지키는 것이 더 이상 필요하다고 생각하지 않았다. 이미 1522년 초에 당국은 취리히에 '이단학파'가 존재한다는 결론에 도달했다. 이 조직에는 출판업자 목발 짚은 안드레아스가 교사로 활약했고 그는 바젤 집단에 속했다. 그 구성원들 중에는 취리히 시민 클라우스 호팅거(Klaus Hottinger), 직조업자 로렌쯔 혹뤼티너(Lorenz Hochrütiner), 제빵업자 하인리히 알베를리(Heinrich Alberli), 재단사 한스 오켄푸스(Hans Okenfuß)가 있었으며, 이들 모두 훗날 재세례파가 되었다. 1522년에 이 단체는 아직 박해를 받지 않았다. 반대로 우리는 호팅거와 그의 사람들이 쯔빙글리와 극히 친밀한 교류를 하는 것을 발견한다. 취리히의 이단학파는 장크트 갈렌의 이단학파, 그 구성원이 대부분 직조업자였던 그 학파와 긴밀한 교류 관계에 있었다. 그들은 직조업자들의 조합회관(Zunfthaus)에서 집회를 가졌다. 스위스의 다른 도시들에서도 그런 이단학파들이 있었다.[6]

1522년 늦가을 콘라트 그레벨(Konrad Grebel)은 취리히로 되돌아왔고, 즉시 '이단학파'에 가입했다. 집안 자체가 독립적이고 부유하여 그는 빈과 빠리에서 공부했고, 지식인으로서 명성을 얻었지만 맹렬한 학생활동에도 조심스럽게 힘을 보탰다. 이단학파 가입에 관해 그가 부모와 벌인 갈등은 부모 뜻에 반하여 맺은 비밀혼약으로 첨예화되었다. 그의 물질적 처지는 많이 추락했다.

이제 취리히로 귀향하자 그는 열성적으로 교회 운동에 가담했다. 그는 '형제들' 중 한 사람이 되었지만 쯔빙글리와 가장 좋은 관계를 유지했다.

바젤 집단 출신의 수많은 동지들이 그를 따랐으며, 그들에게는 지금 취리히에서 더 자유로운 장이 열린 것으로 여겨졌다. 빌헬름 로이블린은 바젤에서 그의 신부직을 버렸고 비티콘(Wietikon)에서 신부직을 얻었다. 지몬 슈툼프는 취리히 부근의 횡그(Höngg)에서 주임신부가 되었다. 투르가우 출신이고 바젤에도 있었던 젊은 지식인 사제 해처(Ludwig Hätzer)를 우리는 1523년에 취리히에서도 발견한다.

외부에서 유입된 동지들에게 그 도시의 수많은 개종자가 합세했다. 그들 가운데 가장 특출한 펠릭스 만츠(Felix Manz)는 문헌학적 소양이 있는 사람으로 그는 취리히의 '형제들'이 처음에 그렇게 불린 대로 '영성가들'(Spiritual) 중에서 그레벨과 아울러 이미 가장 선두에 섰던 것 같다. 신시가지에 집을 가진 펠릭스의 어머니 '만친'(Manzin)의 집에서

---

6 Ludwig Keller, *Die Anfänge der Reformation und die Ketzerschule*, S. 24, 26, 48 참조.

통상적으로 공동체의 집회가 열렸다.

이 공동체는 자라났고 자신감을 느끼기 시작했다. 쯔빙글리는 이 공동체에게 추파를 보냈다. 이제는 그를 개혁의 길로 몰고 가는 것이 중요했다. 이에 관해서 점점 더 첨예화된 갈등이 생겨났다.

형제들은 이자와 교회세금인 십일조의 폐지를 요구했다. 쯔빙글리는 그들에 맞서서 거듭 십일조를 옹호하는 발언을 했다. 그러나 이제 그는 이 동맹이 두려워졌다. 대시의회가 1523년 6월 22일 교회 십일조의 훼손에 결연히 반대하는 입장을 공표하자 그 개혁자는 그 신호를 읽었다. 3일 후 그는 그로스뮌스터 성당에서 강론을 하면서 시의회의 관점에 섰다. 이로써 그는 이미 형제들과 더 이상 함께 갈 생각이 없음을 보여주었다.

그럼에도 그들은 투쟁을 포기하지 않았다. 그들은 쯔빙글리에게 교회를 국가로부터 독립적으로 조직하라고 요청했다. 그에 대한 응답으로 가을에 국가교회가 도입된다. 이로써 모든 교회 문제에 대한 의사결정은 대시의회, 그래서 지배계급에게 맡겨졌다.

이에 관하여 푀겔린은 이렇게 기술한다. "쯔빙글리는 세속적 통치권력과의 완벽한 의견일치 가운데 국가교회를 가톨릭교회 내의 상황보다 더 엄격하고 억압적인 신앙적 강요로 설립했다. 16세기 초에 자신이 원하는 대로 믿거나 믿지 않을 수 있었다는 것은 누구나 다 아는 일이다. 가톨릭의 관례를 어지간히 따라서 하고 사제들에게 요금을 지불하는 데 힘을 다했다면 내적인 신념을 아무도 추궁하지 않았다. 개혁교회는 거꾸로 된, 덜 부도덕한 그러나 더 어리석은 원칙을 내세웠다: 너는 마음속에 나의 신념을 가져야 한다."

이 제도는 '영성가들'의 얼굴에 주먹질을 한 것이었다. 그들은 교회가 유산자들의 손에 쥐어진 우유부단한 지배수단이 되게 하려고 교황

통치에 맞선 투쟁을 시작한 것이 아니었다. 그들과 쯔빙글리 간의 투쟁은 이제 더욱 격렬한 것이 되었다. 그러나 영성가들은 말로만 싸운 반면, 쯔빙글리는 국가권력 전체를 동원할 수 있었다. 그리고 그는 국가권력을 십분 활용했다. 이미 1523년 말에 형제들의 투옥과 추방이 생겨났다. 이처럼 이 해 12월에 지몬 슈툼프가 추방되었다.

박해는 형제들을 위축시키지 못했고, 오직 그들의 열심을 증대했으며 그들의 단결을 공고히 했다. 그 종파는 도시와 들녘에서 빠르게 증대했다. 추방된 자들은 이웃한 칸톤들로 가르침을 가져갔고, 그곳에서 곧 씨를 뿌릴 토양을 얻었다. 그러나 동시에 형제들은 나머지 인구 대중으로부터 엄격하게 고립되기 시작했다. 그들을 구별해주는 특징으로서 아기세례의 부정이 점점 더 날카롭게 부각되었다.

이런 상황에서 그들은 1525년을 맞이했다.

2. 재세례자들의 가르침

1525년경에 재세례파의 이론가들은 아직 발언한 일이 없었다. 그러나 그들의 상론(詳論)은 주로 그들의 가르침의 신학적인 기초 정립과 해석에 맞추어져야 했다. 이 자체는 이미 농민전쟁 초에는 충분한 명확성을 가지고서 개략적인 선은 드러났다.

목발 짚은 안드레아스가 취리히에서 1522년에 벌써 운영한 '이단학파'에 관하여 시의회는 조사를 시작했다. 심문에서 여러 집회 참가자들은 안드레아스가 "다음과 같이 가르쳤을 때 그것은 쯔빙글리의 몇 편의 설교에 근거를 두었다고 발언했다: 경건함을 벗어버린 부인은 그녀에게 책망을 받는 소녀보다 더 나을 것이 없다. 이 소녀가 하느님께 죄인이라고 고백한다면 말이다. 성직록으로 욕심을 부리고 대금업을 하는 것, 그렇지 않으면 성과 속의 사람들이 '매끄러운 허물을 더욱 잘 더욱 충분하게 벗어버리고 갱신하기 위해 과도한 재물을 모아 놓는다면' 그것은 가난에서 발생하는 도둑질과 같은 것이라고 안드레아스는 보았다는 것이다. 또한 그가 도둑처럼 대금업자도 교수대로 인도되어야 한다고 요구하지는 않았지만 하느님 앞에서, 그리고 복음의 가르침에 따를 때는 이 둘 사이에 아무런 차이도 없다는 것이다. 아니, 가난한 자들을 집, 농장, 경작지, 목장, 그들의 소유에서 쫓아내는 부자는 주 하느님 앞에서 도둑과 살인자보다 더 나쁘다는 것이다. 특히 안드레아스는 전쟁을 죄로서 반대하고 나선다. 왜냐하면 조상의 유산과 재산이 있음에도 불구하고 용병전쟁에 뛰어들어 정직한 사람들을 쳐 죽이는 자는 하느님 앞에서, 그리고 복음의 가르침에 따를 때 살인자와 같기 때문이라는 것이다."(Egli, *Die Züricher Wiedertäufer zur Reformationszeit, Nach den Quellen des Staatarchivs dargestellt*, S. 15, 16. Zürich 1878)

이처럼 재세례파 견해의 대략은 물론 농민전쟁 전에 이미 확립되었다. 우리가 그 종파의 외적인 운명에 대하여 더 이야기해나가기 전에 지금이 그 견해들을 분석할 가장 적절한 시점인 것 같다.

재세례파의 관찰자들에게 무엇보다도 먼저 눈에 띄는 점은 그들 간에 의견이 아주 다양했다는 것이다. 제바스티안 프랑크(Sebastian Franck)는 비록 그들에 대하여 회의적이었고 걱정스러운 심정으로 대립하기도 했지만 여러 가지 점에서 그들에게 공감했기 때문에 그들을 정확히 알았고 그들을 아주 잘 이해한 사람으로서 1531년 발간한 그의 연감에서 그들에 관해 이렇게 말한다. "모든 종파가 내부적으로 분열했지만, 특히 재세례자들이 서로 일치하지 못하고 찢어져서 나는 그들에 관해 어떤 확실하고 결론적인 것도 쓸 수 없다."[7]

불링거(Bullinger)도 재세례파를 공격하는 글에서 이렇게 말한다. "통상적으로 재세례파들의 모든 차이점, 대립하는 의견들, 해롭고 소름끼치는 종파 혹은 집단을 설명하는 것은 가능하지 않다고 몇몇 사람이 생각한다. 그들에게 있어서 서로 간에 이구동성으로 같아서 각자가 자기의 특별한 비밀, 즉 환상을 갖지 않는 자들은 별로 발견되지 않는다는 것이 사실인 것처럼 말이다." 그래서 그 역시 그들의 종파 전체와 저마다의 "괴짜의 엉뚱한 생각(Lätzkopfs Spintisy)"을 그려내려고 하지 않고 오직 그들 중에서 가장 중요한 흐름들만 묘사하려고 한다.[8]

분열과 다채로움이 재세례파의 특별한 개성은 아니다. 우리는 이미 이런 것들을 발도파, 베가르트파, 타보르인들에게서 본 적이 있다. 이는 부분적으로는 예컨대 타보르에서 극히 다양한 종파가 평화롭게 공존하도록 영향을 준, 신조상의 큰 관용의 결과였고, 부분적으로는 이 종파들이 확고한 공적 조직으로 된 경우가 드물던 상황의 결과였다. 재세례파의 개념은 그러므로 수십 년 전에 러시아에서 '허무주의자들'(Nihilisten)의 개념이 그랬던 것만큼이나 들쭉날쭉한 상태에 머물렀다. 보도자들은 극히 다양한 종파들을 그들로 분류해 넣었다. 또 한편으로 모든 혁명적인, 그래서 비판적인 운동이 밖을 향해서만이 아니라 내부를 향해서도 비판적으로 움직이는 것은 당연하다. 이는 초창기에 그들이 확고한 토대 위에 서지 못하고 길을 모색해가던 동안에는 그들을 분열로 쏠리게 만든다. 그러나 재세례파는—적어도 독일에서는—이 단계를 넘어서지 못했다.

불링거는 재세례파의 다양한 흐름들을 프랑크보다 더 상세하게, 그

---

[7] Chronica, Zeytbuch und bibel von anbegyn inn diß gegenwärtig MDXXXI. Fol. 445.

[8] Wiedertäufer, S. 17.

러나 또한 더 악감정을 가지고서 기술한다. 우리는 프랑크 편에 붙어서 그의 상술(詳述) 몇 가지를 소개해본다.

어떤 사람들은 일요일을 지키고, 다른 사람들은 그러지 않았다고 그는 말한다. 많은 이가 독특한 복식과 식사에 대한 규정을 지녔고 또한 외적으로는 세상으로부터 은둔했다. 그런 사람들은 얼마 되지 않았다. 다른 이들은 상황에 순응한다. 몇몇 사람은 자신들이 죄를 지을 수 없을 것이라고 가르친다. "다수는 십자가를 설교하고", "고난을 우상으로" 만든다. 몇몇 사람은 그 때문에 고문(拷問)을 설교하기도 하고 겪어 보기도 한다. 다른 사람들은 침묵할 때가 왔다는 데 동조한다. 몇몇 사람은 황홀경을 겪고 예언을 한다. "몇몇 사람들은 환영(幻影)과 꿈을 높이 평가하고 몇몇 사람은 전혀 그러지 않는다. 그들은 글의 자구에 집착한다." 많은 이들이 설교에도 책에도 가치를 부여하지 않는다.

"몇몇 사람은 규칙적인 침묵을 하며 의복, 머리 땋기, 식사, 발언에서 많은 법도와 외형적인 것들을 중시한다. 이들을 침묵하는 형제들이라고 부른다." 다른 이들은 이런 것들 하나 없이 지낸다. 몇몇 사람은 글에 큰 가치를 두고, 다른 이들은 오직 직접적인 신의 계시에만 가치를 둔다. 이 사람들은 성경 없이도 신앙을 갖고 구원을 받을 수 있다고 가정한다. "거의 모든 이가 어린이를 순수하고 죄 없는 피로 간주하며 원죄를 어린이에게도 어른에게도 저주 받을 죄로 간주하지 않는다."

"몇몇 사람은 기도 말고는 정말 아무것도 하지 않으며, 모든 불행에 그들의 규칙적인 기도로 대응하려고 한다. 이는 마치 우리가 항상 기도하며 우리 자신보다는 주둥이를 피곤하게 할 경우에 하느님께 특별히 큰 섬김을 행하는 것이 되는 것과 마찬가지이다. 이들은 또한 사람이 일체의 악에 기도 이외에 다른 방법으로 저항해서는 안 된다고도 주장하며, 그들에게 속하는 이들에게는 어떤 무기도 허락하려고 하지 않아서 그들은 항상 무기에 무방비로 노출되며 어떠한 복수심에서도 벗어난다. 몇몇 사람은 다른 의견을 지니며, 정말로 각 사람마다 자기 의견이 있어서 그들 중 어느 두 사람도 그들이 서로 간에 호의를 가진 것으로 가장하고 도움이 된다고 믿는 것 외에는 완전히 같은 생각인 경우가 거의 없다. 그들의 신조 모두를 기록하는 것은 불가능하기 때문에 그들은 수많은 다양한 한가한 질문들을 매일 내놓는다.…"

"많은 사람은 우리가 그런 자들을 땅위보다는 하늘나라나 아니면 필시 플라톤의 공화국에서 산다고 보아야 한다고 생각한다."

그들 중 다수는 천년왕국적 상상을 품는다. 그들은 "그리스도 안에서 평안히 죽은 경건한 이들이 평화롭게 부활할 것이며, 그리스도와 함께 땅 위에서 천년을 다스릴 것이라고 가정한다. 몇몇 사람은 그리스도의 나라가 선지자들이 문자상으로 말하고 락탄티우스(Lactantius)가 그렇게 이해한 듯하고 유태인들이 여전히 그렇게 이해하듯이 여기 땅위에 있을 것이라고 영구히 주장하며 그렇게 생각한다." 적지 않은 사람들이 벌써 새 날이 온 것을 보았으며, 그 때문에 소유와 재물을 탕진했다. 어떤 사람들은 성상을 싫어하고, 다른 이들은 그 때문에 교회에 가고 미사에 참석하는 것마저 꺼리지는 않았다. 운운.

이 모든 차이는 하위의 종류에 속하고 외형상의 것에 해당하거나 기질과 성향의 차이에서만 나온 것일 뿐으로 우리는 예컨대 계시와 꿈에 대한 다양한 견해를 이런 차이에 돌린다. 이와 아울러 지금까지 거론한 사항들에서는 사소한 의미를 지닌 약간의 전술적 문제들만이 관찰된다.

그러나 중대한 주요 문제들에서도 재세례파 가운데 완전한 일치성이 지배하지 않았다.

특히 기본 문제인 재산 문제가 그랬다.

프랑크는 이렇게 말한다. "몇몇 사람은 자기 자신을 성자이고 순수한 자들로 자처한다. 이들은 다른 이들로부터 분리되어 모든 것을 공유한다. 아무도 어떤 것이 자기 것이라고 말하지 않고 그들에게 일체의 소유는 죄악이다."

"다른 이들은 모든 것을 공유하여 그들은 서로 간에 아무런 궁핍도 겪지 않도록 한다. 어떤 사람이 다른 사람의 소유물로 전락하는 것이 아니라, 각 사람의 궁핍상황에서는 다른 이의 재물이 그의 것이 되도록, 그리고 누구도 다른 사람에 대해서 아무것도 숨기지 않고 공개된 집에서 살도록 한다. 그리고 주는 사람은 기꺼이 그리고 준비가 되어 있으며, 취하는 사람은 마지못한 태도여야 한다. 그리고 그가 그리 할 수 있는 한에서는 자기 형제들에서 짐을 벗겨주고 과도한 부담을 지우지 말도록 할 것이다. 그러나 여기에는 큰 위선과 거짓과 재산 은닉(Ananie)이 그들 자신이 잘 아는 바와 같이 있다."

"몇몇 장소, 모라바의 아우스터리츠(Austerlitz) 같은 곳에 그들은 청지기, 관리자를 두고 모두 하나씩의 음식창고를 두어서 이로부터 각자에게 없는 것을 내어주도록 한다. 그러나 그런 식으로 하면 제대로 분배되는지에 관해서 내가 그들에게 질문한다. 이들은 다른 형제들이 옳은 길을 가지 않는다고 해서 그 형제들을 파문시키며, 그들의 공동체에는 파문시키는 일이 많아서, 어느 공동체든지 다른 공동체가 모든 신조를 인준하지 않으면 파문에 처한다.…"

"다른 재세례파들은 이제 막 설명한 공유물(Gemein)과 공동체를 전혀 중시하지 않으며, 그들은 또한 다른 사람들을 멸시하면서 스스로를 완전한 기독교인이라고 자처하는 것 역시 불필요하고 좀 과도한 일이라고 생각한다. 이들 각자가 자신을 위해 노동하고, 그 일을 옳게 생각하는 이들을 내가 이 일로 책망하려는 것은 아니지만, 그들은 (내 생각에는) 꽤나 위선적으로 서로 돕고, 질문하고 손을 내민다."

우리는 이처럼 재세례파에게서도 타보르인들과 보헤미아 형제들 중에서처럼 (그리고 기독교 초창기에서처럼) 두 가지 지향을 발견한다. 엄격한 분파는 완벽한 공산주의를 진지하게 생각하려고 하며, 일체의 사유재산을 폐지하고 모두를 공동의 "식량창고"에서 먹여 살린다. 그리고 그와 아울러 온건한 분파가 있었으니 이들은 사유재산을 인정하고 단지 "그것을 소유하지 않는 듯이" 소유할 것만을 요망한다. 이 양대 지향이 함께 혹은 연이어서 등장한 것은 공산주의 운동이 원시 기독교적 토대를 넘어설 수 없는 동안에는 그 운동에서 필연적으로 등장하는 전형적인 진행 형태이지 우연한 것은 아니다.

재산 문제와 긴밀하게 결부되는 것이 결혼 형태의 문제이다. 거기서도 그들은 위에서 언급한 선행자들이나 마찬가지로 견해가 일치하지 않는다.

몇몇 사람이 다른 신앙을 가진 자와 한 가족을 이루어서 살아서는 안 된다고 가르친다고 프랑크는 말한다. 많은 결혼이 이를 통해서 깨어졌다. 그들 가운데 다른 이들은 심지어 결혼을 반대할 것을 가르친다.

몇몇 사람은 사도의 모범을 따라 집과 가족을 버리는 것을 그들의 의무로 여겨왔다. 그들은 이렇게 말한 베드로를 근거로 삼는다. "보시다시피 저희는 가정을 버리고 주님을 따랐습니다" 하고 말하였다. 예수께서 이 말을 들으시고 "나는 분명히 말한다. 하느님 나라를 위하여 집이나 아내나 형제나 부모나 자녀를 버린 사람이 이 세상에서 여러 갑절의 상을 못 받고 오는 세상에서는 영원한 생명을 얻지 못할 사람은 없다" 하고 말씀하셨다(루가 18,28: 30). 코르넬리우스는 가족 해체의 요구가 상황에 따라서 어떻게 작용했는지에 대한 사례를 우리에게 설명해준다. "한밤중에 알텐 에르랑겐의 농부 한스 베르(Hans Ber)는 침상에서 일어나 옷과 집기들을 집어 들고 나섰다. '어디 가세요!' 그의 아내가 물었다. 그는 대답한다. '나도 몰라요. 하느님이 잘 아신다오.' 그녀는 그에게 남아 있으라고 간청한다. '내가 당신에게 무슨 몹쓸 짓을 했나요? 여기 남아서 우리 어린아이들 키우는 것을 도우세요.' '사랑하는 부인' 그는 이렇게 대답했다. '나를 세속적인 일에서 자유하게 두시오. 하느님이 당신에게 복을 내리시길 바라오. 나는 거기서부터 주님의 뜻을 체험하려 하오.'"(Cornelius, *Geschichte des Münsterischen Aufruhrs*, II, S. 49)

프랑크는 계속 말한다. 그들 중 적지 않은 사람들이 그런 식의 가족 해체에 반대하는 설교를 한다는 것이다.

"그들 중에는 여느 물건처럼 아내들도 공유하기를 원하는 한 종파도 나타났다. 그러나 그들은 곧 다른 형제들에 의해 깔아뭉개졌고 퇴짜를 맞았다. 몇몇 사람은 이 종파의 창시자로 후트(Hut)와 해처(Hätzer)를 비난했다. 그렇다. 그들은 그 일로 심판을 견디어낸 것이 사실이다."

투르가우 사람 루트비히 해처(Ludwig Hätzer)를 우리는 이미 알아보았다. 이 사람은 그의 당파에서 혼인 문제에서만 가장 대담한 사상가에 속하는 것이 아니다. 그는 그리스도의 신성을 부정하고 그리스도를 '우상'이 아닌 '스승이자 모범'으로서만 인정되게 한 재세례파 중의 한 사람이었다. 1529년에 그는 콘스탄쯔에서 '간통'으로 처형되었다. 그 일에서 그의 가르침이 관련이 있었는지 그리고 얼마나 관련이 있었는지를 우리는 모른다. "그는 하느님의 영과 높은 정도로 소통이 되었다"고 "그의 여러 글들이 말해주는 바대로" 한 모라바의 재세례파 '신문'이 그에 관해 보도한다. 그는 코스트니츠(콘스탄쯔)에서 신성에 관해 다음과 같은 시 한 수를 썼다:

"나는 홀로 영원한 신
도움 없이 만유를 창조해낸 신

그대는 얼마만큼이 나의 것이냐고 묻는가?

나는 혼자요, 나의 존재는 셋이 아니다.

거기서도 일체의 의심 없이 말하노니

어떤 사람에 대해서도 전혀 모른다.

나는 또한 이것도 아니고 저것도 아니다.

아무것도 모르는 그런 것에 나는 말 걸지 않는다."[9]

프랑켄 출신의 한스 후트(Hans Hut)는 서적행상이었고, 뮌쩌의 열렬한 추종자였다(뮌쩌는 처의 공유를 설교하는 것과는 거리가 멀었다). 튀링겐 농민봉기의 타도 후에는 남독일의 재세례파에게 붙었다.

그와 해처(Hätzer)가 범한 죄로 인식된 그 경향은 보헤미아의 아담파, 그리고 자유정신의 형제자매단의 경향을 떠올리게 한다. 그래서 불링거가 이름만이 아닌 사상에서도 자유정신의 형제들과 크나큰 유사성을 보이는 재세례파 중의 '자유형제들'에 관하여 이야기하는 것은 주목할 만하다. 이 일치가 전통에 근거하는지, 아니면 거기서도 다시금 동일한 상황이 완전히 독립적으로 그 선행자들과 아무런 관련도 없이 동일한 현상을 드러냈는지는 우리가 판단할 수 없다.

"자유형제들, 거의 모든 다른 재세례자에 의해 난폭하고 더러운 형제들이라 불리며, 추방당하고 배척당한 그들은 재세례자 교단의 제8종파를 이룬다. 그들의 종파는 재세례론의 출범 때부터도 적지 않은 수가 여기저기에 특히 (취리히의) 고지대에서 발견된다. 재세례론자들은 기독교의 자유를 육신적으로 이해했다. 왜냐하면 그들은 그리스도가 그들을 해방시켰고 자유롭게 했으므로 일체의 율법에서 자유하기

---

[9] J. Beck, *Die Geschichtsbücher der Wiedertäufer in Österreich=Ungarn*, Wien 1883, S. 34.

를 원했기 때문이다. 그러므로 그들은 또한 권리상으로 공조도 십일조도 또한 농노신분이나 인신 소유의 의무도 앞으로는 지불하거나 완수할 책임이 없다고 생각했다. 그러나 좀 더 겸손하게 행동하려는 몇몇 사람은 비록 권리상으로는 책임이 없을지라도 이방인에게는 아무런 원망을 하지 않고 그 가르침을 비방하지 않게 지불을 해주어야 한다고 가르쳤다. 그러나 기독교인들 중에는 인신 소유는 더 이상 있어서는 안 된다는 것이다. 이 자유형제들 중 몇몇은 지독히도 되어 먹지 못한 녀석들인데, 그들은 경박스러운 여자들에 대해 이야기하면서 그들이 구원을 받는 것은 불가능할 것이라고 한다. 그렇다면 이는 자신들의 명예를 거는 것일 것이다. 그리고 여기에 주님의 말씀을 오용했고, 이는 신을 욕되게 함이 없지 않다. 누구든지 자기가 좋아하는 모든 것을 하찮게 여기고 상실하지 않는 자는 구원을 받을 수 없다는 것이다. 요컨대 사람은 그리스도를 위하여 온갖 치욕과 불명예를 겪어야 한다는 것이다. 왜냐하면 그리스도도 세리와 창녀가 하늘나라에서 의인들을 앞설 것이며, 그래서 여인들은 창녀가 되고 명예를 하찮게 여겨야 하고, 그래서 그들이 하늘에서는 신실한 여인들보다 더 위대한 자들이 된다고 말했기 때문이라는 것이다. 다른 이들은 그것을 좀 더 미묘하게 만들었다. 왜냐하면 그들이 모든 것을 공유하라고 가르친 것처럼 아내들도 공유하라고 가르쳤기 때문이다. 그처럼 몇몇 사람은 다시 세례를 받은 뒤에는 그들이 다시 태어날 것이고 죄짓지 않을 수 있으며 육신만이 죄를 지을 수 있을 것이고 그래도 된다고 이야기했다. 그리고 많은 하찮은 이야기의 거짓된 (나태한) 허울과 날조된 주장 가운데 큰 수치와 음란함이 생겨났다. 그래서 그들은 그 모든 것에 대하여 그것은 아버지(하느님)의 뜻일 것이라고 말할 수 있었다. 그리고 여기서 많은 음탕한 녀석들 가운데 정신적 결혼이 생겨났다. 왜냐하면 여자들은 아직 재세례를 받지 않아 이교도인 남편을 맞이하는 것은 무거운 죄를 짓는 것이라는 이야기를 들었기 때문이다. 그러나 그들, 재세례파들과는 결혼을 해도 죄를 짓는 것이 아닌데 이는 그들 사이에는 정신적 결혼이 존재하기 때문이라는 것이다."[10]

유감스럽게도 자유형제들에 관한 다른 동시대적 증언들을 찾아내는 데 우리는 성공하지 못했다. 불링거의 논박문은 초연하고 신뢰할 만한 자료가 아니다. 그러나 본질적인 사항들에서 자유형제들에 대한 그의 묘사는 사뭇 합당한 것으로 보아도 좋다. 바로 자유정신의 형제자매단과 관련된 사항들, 즉 '자유연애', '공산주의적 무정부주의', 그들의 무죄성에서 그러한데 이는 그들이 행한 모든 것이 하느님의 뜻이라고 하기 때문이다.

재세례파들은 재산과 결혼에 대해서와 마찬가지로 국가, 공권력에 대한 태도에서도 완전히 일치하지 않는다. 물론 그들이 국가와 가능하면 적게 관계하고자 했다는 점에서는 일치했다. 그들은 국가를 거들떠보려고도 하지 않았지만, 국가에 대한 무력적 반항도 배척했고, 수동적인 순종의 의무를 설파했다. 사람들은 국가를 무시함으로써 현대적으로 말하여 '국가예속'(Staatknechtschaft)에서 벗어나려고 했다.

그들이 권력을 견디어내야 하고, 발탁되는 것을 요구해서는 안 된다고 가르친다고 프랑크는 보도한다. 기독교인은 어떤 관직도 맡아선 안 된다는 것이다. "그는 인신 소유된 종도 그밖의 어떤 종도 소유해선 안 되고 또한 결코 전쟁을 수행해서도 주먹을 휘둘러서도 안 된다." 하느님이 직접 벌하신다는 것이다.

그들 중 몇몇 사람은 맹세를 해서는 안 된다는 요구를 한다. "또한

---

[10] Wiedertäufer, Fol. 32.

기독교인은 형사재판소를 보유하고 사형판결을 하거나 전쟁을 수행하는 정부 당국자여서는 안 된다." 다른 이들은 최소한 정당방위는 인정한다. "그럼에도 그들은 이구동성으로 하느님께 거역하지 않는 정부 당국에게 매사에 복종하고 공물과 조세만이 아니라 저고리에 겉옷까지, 그리고 사람들이 없이 지내려 하지 않는 것도 내어주라고 가르친다. 그들은 또한 권력을 견디어내고 폭군에게도 순종할 태세가 되어 있다고 말한다. … 나에게 대답으로 이것을 말했다. 내가 아무리 그것을 요구하더라도 그들은 그리스도를 위해서 인내심을 가지고 견디려고 하지 성급하게 싸우려고 하지는 않는다는 것이다. 왜냐하면 복음은 농민들이 염두에 두듯이 주먹으로써가 아니라 고난과 죽음으로써 수호되고 확증됨을 가르치고 의도하기 때문이라는 것이다. … 그러므로 내 생각에는 그들이 봉기를 일으킬 것을 염려할 큰 필요는 없어 보인다. 살인을 즐거이 보고, 피로 먹 감고 싶어 하는 마귀는 많은 이들에게 가난한 사람들을 압제하려는 어리석은 열심을 불어넣는다. … 지금 아무런 반항도 존재하지 않으므로 그들 중 누구라도 단지 앙심 때문에 그렇게 고문을 가해서는 안 된다. 내가 만약 교황이나 황제이거나 투르크 사람이라면, 이 민족만큼 항거를 걱정하지 않아도 될 민족도 없을 것이다."

그들이 비록 취리히의 형제들과 다른 사항들에서는 가까웠지만, 이는 뭔째, 그리고 농민전쟁 이전의 다수의 독일 공산주의자들과 이들을 구분해주는 결정적인 사항이다.

이미 우리에게 알려진 그레벨, 만쯔, 목발 짚은 안드레아스, 한스 오켄푸스, 하인리히 아베를리와 그밖의 사람들이 뭔째에게 1524년 9월 5일 보낸 편지 한 통이 전해온다. 그들은 그와 많은 점에서 동의한다는 것을 밝혔고 또 이렇게 밝혔다. "당신은 칼슈타트와 함께 우리에게 지극히 순수한 하느님의 말씀의 예고자요 설교자로 여겨집니다." 그들은 "우리와 공동의 기독교적 이해를 가진 한 분을 찾아냈고", 그의 "소책자"들이 "우리 마음이 가난한 이들에게 넘치도록 가르쳐주고 힘을 준 것"에 대하여 기뻐한다. 그러나 그는 그들은 그가 그의 가르침에서 충분히 철저(radikal)하지 못하다고 하며 그에게 이렇게 권고한다. "당신은 오직 하느님의 말씀만을 위축됨 없이 설교하고 오직 하느님의 예법을 세워주는 일에만 성실하게 힘쓰길 바랍니다. 그리고 온갖 사람들의 계획, 말, 예법, 의견은 당신 자신의 것까지도 배척하고 미워하고 저주하시길 바랍니다." 그들은 그의 독일식 미사, 그들에게는 사도적 단순성에서 너무 멀리 떨어져 보이는 그 미사를 반대한다. 또한 그가 교회 안에 그림(성상?)을 설치한 것이 그들을 불쾌하게 한다. 그러나 그들은 또한 그의 무력행동에도 반대한다. 믿으려 하지 않고 하느님의 말씀을 거역하는 자… "그를 죽여서는 안 되고, 이교도이고 세리로 간주하고 그냥 두어야 합니다. 우리가 우리의 형제들을 통해 파악한 바에 따르면, 당신의 생각이 그렇겠지만, 복음과 그 복음의 고백자들을 칼로 보호해서는 안 되며 자기 자신도 칼로 보호해서는 안 됩니다. 올바른 신앙을 가진 기독교인들은 늑대들 가운데 있는 양들, 도살된 양들입니다. 그들은 근심과 곤궁, 시련과 박해, 고난과 죽음으로 세례를 받아야 하며, 그 안에서 시험을 통과하고서 육체적 교살이 아닌 정신적 교살로 영원한 안식의 조국을 달성해도 좋습니다. 그들은 또한 세속적인 칼도 전쟁도 활용하지 않습니다. 그들은 죽이는 일에서 완전히 손을 떼었기 때문입니다."

그 편지에는 이런 추신이 덧붙여졌다. 지금 막 형제들이 루터의 "편지와 비열한 소책자"에 대하여 들었다는 것이다. 그 편지에서 그는 군주들에게 뮌쩌파의 선동을 종식시키라고 요구했다. "후유펜가의 형제는 이렇게 썼습니다. 당신이 군주들에 반대하여 그들을 주먹으로 때려 잡아야 한다고 설교했다고요. 그것이라면 … 나는 당신에게 우리 모두의 공동의 평안을 걸고 권고합니다. 그 일에서 그리고 모든 잡생각으로부터 지금, 그리고 앞으로도 벗어나서 아주 순수하게 되길 바랍니다. (미사와 '그림', 그리고 무력사용의 방법을 제쳐놓는다면) 다른 신조들에서는 이 독일지방과 또한 다른 지방에서도 그 누구보다도 우리의 마음에 드는 당신 아닙니까? 당신이 루터와 공작에게 붙잡힌다면, 언급된 신조들일랑 버리고 그 외의 신조들 곁에 영웅처럼 서십시오."[11]

뮌쩌가 이 편지를 받았는지, 그리고 이에 어떤 답장을 보냈는지 우리는 모른다. 그 편지의 작성 직후에 우리는 그가 스위스 국경지대에서 스위스의 재세례파들과 교류하고 있는 것을 발견한다. 이 교류의 양태에 관해서는 추측만이 있을 뿐이다. 그러나 폭력적 방법의 문제에서 양해에 도달하지 못했음은 뮌쩌의 튀링겐 귀환 후 전개된 사건들이 가르쳐준다.

폭력적 방법의 거부는 재세례파에게는 결정적 신조였다. 이는 이전에 보헤미아 형제들에게 그랬던 것과 같다. 이는 그들이 그밖의 관용에도 불구하고 그리고 그들 가운데 극히 다양한 지향들을 용인했음에도 불구하고 뮌쩌가 그들 중의 일원이었다는 데 대해서 항상 항의한 것에서 알 수 있다. 뮌쩌의 추종자들도 그들을 멀리했다. 프랑크는 이렇게 보도한다. "뮌쩌는 여전히(1531년) 튀링겐에서 재세례파가 아닌 비밀 제자들로 된 큰 추종세력을 보유한 것 같다. 그 자신도 내가 믿을 만한 소식통에게 들은 바에 따르면 재세례를 베풀지 않았다."

물론 이것만으로는 뮌쩌가 재세례파에 속하지 않았다는 데 대한 증

---

[11] 그 편지는 원문대로 Cornelius, a. a. O., II, S. 240ff. Beilage 1에 수록되었다. 원본은 장크트 갈렌(St. Gallen) 시민도서관에 있다.

거가 되지 못할 것이다. 재세례파들과 마찬가지로 뮌쩌도 아기세례에 대해서는 반대 입장을 표명했다. "항의"라는 글에서 그는 이렇게 썼다. "사도 시대에는 적이 밀과 잡초를 섞지 못하도록 감시했다. 그러므로 성년이 된 사람들만 오랜 수업을 받은 뒤에 교회 학생으로 받아들였다. … 아, 내가 무슨 말을 하겠는가. 교부들의 모든 책에서 그들의 글의 처음부터 어디에서도 무엇이 올바른 세례인지가 한 마디로 표명된 적도 보여진 적도 없으니 말이다. 나는 모든 문자주의적 식자들에게 성경의 어디에 말 못하는 아기가 하나라도 그리스도에게, 그리고 그의 사도에게 세례를 받았다는 것이 있는지, 아니면 우리의 아이들에게 지금처럼 세례를 주는 것을 입증하는 것이 적혀 있는지 알려달라고 부탁한다."

그러나 취리히 사람들은 재세례의 실천을 1525년 1월 말 혹은 2월 초에 시작했다. 이는 뮌쩌가 대혁명투쟁에 참가하기 위해 이미 출발했을 개연성이 있고, 그러한 종파주의적인 자질구레한 것이 그에게는 아주 의미 없어 보였을 것이 분명한 때였다.

재세례 내지 후세례의 개념은 새로운 것이 아니다. 이미 12세기에 페트루스 데 브룩스(Petrus de Brugs)와 뚤루즈의 앙리 같은 이단자들은 "아기세례를 공격했다. 믿음을 가질 수 있는 성년만이 세례를 받아야 한다"는 것이다.[12] 특히 나중에 보헤미아 형제단의 초창기에 재세례의 관념이 강하게 표출되었다. "옛 교회의 방식에 따라 자신의 행실로 믿음을 나타낼 수 있는 성년들에게만 세례를 베푸는 것이 낫겠다"고 페트르 헬치스키(Petr Chelćický)는 생각했다. 그는 아기세례를 무조건 배척하지 않았고 성년세례를 우선시했다. 보헤미아 형제 교회가 1407년 라호타(Lhota)에서 성립되었을 때 그들의 최초 행사는 성년들에게

---

[12] Ignaz von Döllinger, *Beiträge zur Sektengeschichte des Mittelalters*, I, S. 84, 101 und öfter. München 1890.

베푼 재세례였다. 후세례는 재세례파의 등장 때까지 그들에게 보전되었다. 그 당시에 보헤미아 형제단은 이미 부르주아화되었다. 그들은 재세례파와 혼동되지 않기를 원했다. 재세례파가 헬치스키의 제자들이 초기에 띠었던 것과 같은 성격을 띠었기 때문이다. 성년세례는 이제 위험한 상징이 되었으며, 그래서 이제부터는 보헤미아 종파 내에서 그에 대한 점점 더 강경한 혐오감이 자라났다. 드디어 1534년 뮌스터 봉기가 있던 해에 융분츠라우(Jungbunzlau)에서 열린 종교회의는 이를 완전히 폐지했다.[13] 그 원칙의 채택이 취리히 형제들에게 그런 호칭을 주었지만 그것은 이렇듯 결코 새로운 원칙은 아니었다. 아기세례에 대한 반대는 국가교회에 대한 반대의 논리적 결과였다.

가톨릭교회가 기독교적 서양에서 정말로 가톨릭적(katholikos, 그리스어로=보편적)이던 동안에는, 그곳에서 세례는 대체로 사회에 받아들여지는 것을 의미했다. 거기서 신생아에 대한 세례는 비상식적인 것이 아니었다. 가톨릭교회가 사회 전체를 포괄한다는 가톨릭교회의 주장을 반박한 반대당파, 이단당파들이 형성되자 곧 사정은 전혀 달라졌다. 가톨릭교회와 아울러 다른 교회공동체들이 성립되었을 때는 개인은 자신의 의사와 상관없이 출생의 우연성에 의해 특정한 교회에 배정될 것이 아니라 그가 독립적으로 사고할 능력이 있기까지 그에 관한 결정이 그에게 자유로운 상태로 있어야 한다는 요구가 당연했다.

그러나 모든 프로테스탄트 종파가 이런 결론을 이끌어내지는 않았다. 지배계급의 프로테스탄트교는 통치수단으로서 교회를 장악하고 이를 국가에 병합하는 노력 말고 다른 것을 의미하지 않았다. 교회는 국가의 한 부분, 국가교회가 된 것이다. 종교개혁이 일어난 나라들에

---

[13] Gindely, *Geschichte der böhmischen Brüder*, I, S. 36, 224.

서는 국민이 어느 교회, 어느 '신앙'에 속해야 하는지를 국가권력이 정해주었다. 특히 다음과 같은 원칙이 성립된 곳인 훗날의 군주제 독일에서는 이것이 현저하게 표출되었다: *cujus regio, ejus religio* 나라의 주인이 그 나라의 종교를 결정한다. 임금이 어떤 이유에서건 신앙을 바꾸거나 백성을 다른 신앙을 가진 임금에게 물려주거나, 선물하거나 팔아넘기는 등으로 양도하면, 백성은 즉시, 그리고 군소리 없이 신앙을 바꾸어야 했다.

민주적인 프로테스탄트교 공동생활체에서 국가교회주의는 군주적 프로테스탄트교 공동생활체에서와 같은 터무니없는 결론을 밀고 나가지 않았다. 그러나 국가교회주의는 그곳에서 먼저 출현했으니, 우리가 살펴본 것처럼, 이미 1523년에 국가교회를 쯔빙글리가 도입한 곳인 취리히에서 처음 그것이 생겨났다. 그러나 국가교회의 도입과 성년세례는 결합될 수 없었다. 각 사람이 출생으로부터 특정한 국가에 속하는 것같이 그는 또한 국가교회의 나라들에서는 출생으로부터 특정한 신앙고백에 속했다. 후세례는 국가권위의 부정, 국가가 자신의 소속인들의 신앙고백을 정할 권리의 부정을 뜻했다. 쯔빙글리는 비록 그 역시 일찍이 그의 이데올로기적 시기에 그가 아직 재야에 있는 동안 그 자신의 증언대로 후세례를 찬성했다고 해도 취리히 국가의 지도자로서 그것을 승인하는 것은 불가능했다.

쯔빙글리는 그의 "세례와 재세례, 아기세례에 관하여"(1525년)란 글에서 이렇게 말한다. "말하자면 수년 전에 나 역시 오류에 빠져, 나는 '아이가 적당한 나이가 될 때 비로소 그에게 세례를 베푸는 것이 훨씬 더 낫겠다'고 생각했다."(이에 관하여 더 상세히 다룬 것은 다음의 책이다. J. Loserth, *Dr. Balthasar Hubmeier und die Anfänge der Wiedertaufe in Mähren*, S. 78. Brünn 1893)

반면에 '형제들'은 박해를 심하게 받을수록, 스스로를 소수파, 국가를 장악하기를 포기한 소수파, 오직 대중과 분리되어 '성자들', '선민'—아주 의기충천하게 들리는 두 별칭이지만 이는 그들이 언제든 인구의 다수를 이룰 희망을 포기했음을 증명해줄 뿐이다—의 특별한 공동체로 조직됨으로써만 주목을 받을 수 있는 소수파로 느낄수록 성년세례의 정당성을 주장하고 아기세례를 무효이며 공허한 것으로 배격할 충동을 더욱더 가지게 되었다.

이처럼 후세례 혹은 그 적들이 말한 바대로 재세례의 문제는 점점 더 전면에 부각되었다. 그것은 후스파에게서의 양형 성만찬 문제나 마찬가지로 고유의 투쟁목표를 이룬 것은 아니었다. 이것을 쯔빙글리 자신이 파디안(Vadian)에게 보낸 1525년 5월 28일자 편지에서 말한다. 그는 그 편지에서 재세례파에 대한 투쟁이 그가 일찍이 해온 투쟁들 중 가장 어려운 투쟁이라고 표현한다. 그에 비하면 이전의 모든 투쟁은 아이들의 장난이었다는 것이다. 그럼에도 저항이 불가피한 것은 세례가 문제가 아니라 봉기, 정부 당국의 박멸과 경멸의 문제이기 때문이란 것이다.(Egli, *Züricher Wiedertäufer*, S. 34)

상황에 의하여 후스파들에게 평신도 성혈배령이 그랬던 것처럼 여기서도 재세례는 형제들이 그것을 중심으로 결집하고 그것으로써 스스로를 인식한 군기(軍旗)가 되었다. 그로부터 그들은 이름을 얻어 그 이름으로 역사에 남았다. '재세례파' 혹은 '아나밥티스트'(그리스어 아나ana, 이는 반복의 개념을 담은 관형사인데 이것과 밥티스트, 즉 세례자에서 나왔다)가 그것이다. 그들 자신은 이런 이름에 반발했다. 그들은 세례를 두 번 베풀지 않았고, 오히려 아기세례는 도무지 세례가 아니고 후브마이어가 말했듯이 아기 목욕일 뿐이라고 공언했다.(그의 글 *Vom christlichen Tauff der Gläubigen*, 1525에서 발췌한 내용을 Loserth, a. a. O., S. 84ff가 수록했다.)

3. 스위스에서 재세례파의 융성과 종말

독일 농민전쟁 발발 이전에도 취리히의 재세례파에 대한 결정적 타격이 가해졌다.

그 설교자들, 특히 로이블린에 의해 자극받아 여러 부모들은 신생아들에게 세례를 주게 하기를 거부했다. 신부들과 시의원들은 그들에게 고집을 부리지 말도록 설득하려고 애썼으나 보람이 없었다. 그래서 시의회는 1525년 1월 18일에 아기세례의 명령을 반포했고 위반시에는 추방의 형벌을 정했다. 그리고 3일 후에 시의회의 결정의 실행이 시작되었다. 로이블린, 해처, 목발 짚은 안드레아스, 브뢰들리 그리고 쫄리콘에서 설교자로 활동한, 그러나 손수 노동으로 먹고 살던 그라우뷘트너(Graubündner)라는 자가 추방되었다.

이런 조치에 대한 대답은 품위 있었고 대담했다. 살아남은 형제들이 집결했으며, 그 집회에서 쿠르(Chur)의 수도사였던 위르크 블라우로크(Jürg Blaurock)가 일어나서 콘라트 그레벨(Konrad Grebel)에게 올바르고 진실되고 기독교적인 세례로 자신에게 세례를 베풀어달라고 부탁했다. 콘라트가 그에게 세례를 베푼 뒤에 이제 위르크가 다른 모든 참석자들에게 세례를 베풀었다. 그때 이후로 재세례 또는 후세례는 형제들의 동맹에 받아들여지는 데 대한 인정된 상징이었다. 동시에 사람들은 공산주의를 실천적으로 실행하려는 시도를 시작했다. 한 증인은 이렇게 설명한다(기글리Gigli라 불리는 하이니 프라이Heini Frei). "사람들의 의견은 모든 것이 공유이어야 하고 한데 부어서 섞여야 한다는 것이었으며, 그렇다면 각자에게 결핍되고 절실한 것이라면 그가 필수품으로 필요한 만큼을 그 무더기에서 취해야 한다는 것이었다. 그리고 또한 그들은 부유한 사람들과 명문거족들을 기꺼이 끌어들이고 데려왔으면

좋았겠다는 의견이었다."(Egli, *Züricher Wiedertäufer*, S. 24, 97)

취리히 형제들은 그들이 기대한 것을 완전히 의식한 상태에서 재세
례에 대한 믿음을 고백했다.

"쯔빙글리가 새로이 그리고 이제는 이전보다 더 절박하게 투쟁의
신호를 울리게 하자 열광적인 감격의 불꽃이 눈부시게 그리고 무섭게
타올랐다. 갑자기 수많은 사람이 여행채비를 한 듯이 띠를 두르고, 취
리히를 가로질러 나가는 것을 보았다. 장터에, 광장에 그들은 버티고
서서 삶의 개선에 관하여, 무죄와 정의와 형제적 사랑으로의 회심에
관하여 설파했다. 그 사이에 그들은 늙은 용과 그의 주인들, 즉 쯔빙글
리와 그의 동료들을 반대하여 목소리를 높였고, 그 도시가 주님의 음성
을 들으려 하지 않는 한에서는 짧은 시일 내에 도시가 몰락할 것이라고
예언했다. '취리히에 화가, 화가 있도다.' 도처에서 사람들로 가득 찬
수도의 좁은 거리를 통하여 호소하기도 하고 위협하기도 하는, 다른
세계에서 나오는 경고인 듯한 외침이 울려 퍼졌다.

"시의회는 많은 사람을 구속했으며, 그들 중에는 만쯔(Manz)와 블라
우로크(Blaurock)도 있었다. 금령과 심문, 처벌이 이어졌고, 그러고는
다시 구속(拘束)과 효유(曉諭), 강화된 형벌이 있었다. 그러나 이 사람
들은 쯔빙글리의 신학을 조롱하는 정신을 가졌고, 권력은 바람이 대화
재를 확산시키듯이 그들의 교회의 이름을 확산시켰다."[14]

사실상 독일어권 스위스 전역에서 이미 그들의 싹이 터서 취리히에
서 추방된 자들에 의해 모든 장소에 퍼졌다. 그들은 독일 국경지대인
발트스후트(Waldshut)와 샤프하우젠(Schaffhausen), 장크트 갈렌에서
가장 성공적이었다.

---

[14] Cornelius, a. a. O., II, S. 29, 30.

취리히의 종교개혁 운동은 스위스와 남독일의 다른 도시들에서처럼 이 도시들에서도 활발한 반향을 일으켰다. 그리고 취리히에서처럼 그곳에서도 쯔빙글리식 개혁을 넘어서 가려는 급진적인, 재세례파 분자들이 등장했다. 이들은 대도시에서보다는 소도시에서 더 성공적이었다. 소도시들은 그 당시에 우리가 이미 후스파에게서 본 것과 같이 그 인구의 다수가 대도시들보다 점점 더 서민적인 생각을 품었다. 이미 1525년 이전에 발트스후트에서는 아기세례가 허용되기는 했지만 더이상 명령되지는 않았다. 샤프하우젠은 발트스후트처럼 멀리 나아가지는 않았으나 적어도 재세례파를 배척하는 태도를 취하지는 않았다. 장크트 갈렌에서는 이미 1524년에 그레벨의 추종자인 한 직조업자 로렌쯔 혹흐뤼티너(Hochrütiner)가 작은 형제공동체를 창설했고 이는 번창했다. 그는 1523년에 취리히에서 추방되었던 자이다.

1525년 초에 일어난 취리히의 대량추방은 이런 곳들에 향상된 삶을 가져왔다. 그레벨은 샤프하우젠으로 향했고, 브뢰들리(Brödli)는 샤프하우젠의 한 곳인 할라우(Hallau)에서 설교를 시작했으며, 끝으로 로이블린은 발트스후트로 갔다.

새로운 가르침은 샤프하우젠에서 겨우 천천히 진보를 이루었을 뿐이다. 반면에 할라우는 빠르게 점령되었고 발트스후트도 마찬가지였다. 그곳에서 운동의 지도자는 발타자르 후브마이어 박사(Dr. Balthasar Hubmeier)였고, 그는 우리가 아는 것처럼 바젤 집단과 교류했다.

우리는 이 사람을 좀 더 자세히 관찰해야 한다. 아우크스부르크 옆의 프리트베르크(Friedberg)에서 1480년경에 태어난 그는 지식인의 직업 이력을 택하여 잉골슈타트 대학의 교수가 되었고, 이 대학은 1515년에 그를 학장에 임명했다. 그 다음해에 그는 주교좌성당의 설교자로 초빙을 받아 레겐스부르크로 갔다. 가장 두드러지게 된 것은 그곳에서 유태인에 반대하는 그의 선동이었다. 유태인에 관하여 장인들은, 그들이 그 도시와 수공업의 쇠퇴에 원인을 제공했다고 주장했다. 1519년에 유태인들은 추방되었다. 그 직후인 1521년에 후브마이어 자신도 레겐스부르크를 떠났다. 그를 그곳에서 쫓아낸 것이 무엇인지를 우리는 모른다. 필시 그가 종교개혁 운동에 가담한 때문이었을 것이다. 그는 발트스후트로 갔다. 그 도시는 당시에 합스부르크가가 소유하고 있었다. 후브마이어는 설교자로서 그곳에서 곧 큰 영향력을 얻었고, 특히 평민 중에서 그랬다. 이 영향력은 취리히의 종교개혁 운동의 영향 속에서 발트스후트에서 민주적인 반(反)합스부르크 운동이 떠오름에 따라 커져 갔다. 결국 농민전쟁의 전야에 합스부르크가의 지배로부터 그 도시를 해방으로 이끈 이 운동은 후브마이어의 지도를 받았다. 그는 그곳에서 쯔빙글리가 취리히에서 한 것과 같은 역할을 한 것이다. 쯔빙글리와 그는 극히 활발한 교유관계를 유지했다.

그러나 이미 언급한 것처럼 이 운동과 함께 발트스후트에서도 '형제들'이 번창했다.

쯔빙글리가 이들에 대한 투쟁에 착수하자 후브마이어도 결단을 해야 했다. 그러나 발트스후트에서 평민은 취리히에서보다 더 강력했으며, 남독일의 반란성향의 농민들과 가까웠다. 후브마이어는 취리히와 관계를 끊고 그의 공동체와 함께 재세례파에게로 갔다. 이들과 그는 이미 이전부터 공감해왔고, 많은 점에서 의견이 일치했다.

로이블린이 발트스후트에 왔을 때 후브마이어는 그에게 세례를 받았다(1525년 부활절). 그 도시의 주민 300명 이상이 그의 예를 따랐다.[15]

---

15 세례받은 이에게 후브마이어는 세족식도 거행했다. 한 심술궂은 보도자는 이렇게 설명한다. "그리고 그가 젊은 여인을 끝마치고 할아버지들 순서가 왔을 때 그는 이제 다른 사람이 발을 씻기겠다고 말했다."(Loserth, *Hubmeier*, S. 82) 이것을 가지고 그를 나쁘게 해석

후브마이어와 함께 발트스후트 전체가 장악되었다. 합스부르크 가에 복종의 중지를 통보한 이 반역적 도시는 "그곳에서 사방으로 자극과 선전이 뻗어나간 재세례파 교회의 성곽도시가 되었다."(Cornelius)

동시에 장크트 갈렌 공동체도 빠르게 성장했다. 특히 샤프하우젠의 그레벨이 그곳으로 가서 행한 순회 선동여행 후에 그러했다. 그 공동체에는 곧 800명의 동지가 있었다. 아펜첼(Appenzell) 전체가 흥분에 빠졌다.

만쯔는 그라우뷘덴에 재세례파의 가르침을 가져왔다. 다른 이들은 바젤과 베른에 이를 확장했고 취리히 칸톤 자체에서도 당국의 모든 규제조치에도 불구하고 선동은 멈추지 않았다. 특히 고지대, 암트 그뤼닝겐(Amt Grüningen)에서 그 가르침은 상당 기간 아주 성공적이었다.

추방령으로 피해를 입어야 할 그 당파가 그런 상황에서 양분을 찾아낼 때 그런 추방이 어떤 결과를 가져오는지를 보게 된다. 그리고 이는 그 당시에 해당하는 경우였다. 만약에 같은 때에 독일의 농민전쟁이 스위스도 심대하게 격동시키지 않았고 거기서 하층계급과 함께 부르주아 이데올로그도 재세례파의 설교에 극히 호의적으로 마음이 끌리지 않았더라면, 추방된 선동자들은 그러한 성공을 달성하지 못했을 것이다. 공화국 국경에서의 유혈투쟁, 이는 묵시록에서 불경한 자들이 박멸되고 선택받은 자들만 천년왕국에 참여하도록 살아남는다고 이야기한 저 가공할 사건의 서곡이 아니고 무엇이었겠는가?

대투쟁이 끝나고 반란적인 독일의 농민층이 천 군데의 상처로 피를 흘리며 쓰러지자 스위스 연맹의 재세례파에게도 상황은 바뀌었다. 평화애호적인 이 종파 사람들, 봉기를 싫어한 이들은 봉기 중에, 그리고

할 수 없다.

봉기를 통해서 크나큰 성공을 거두었었다. 봉기의 실패는 그들에게서 최소한 그들의 고향에서는 발붙일 땅을 빼앗아갔다. 이제 하층계급은 소심하고 용기를 잃은 반면, 착취자들은 기세가 등등해져서 독일 이웃의 굉장한 모범이 그들의 피에의 굶주림에 불을 붙였다. 1525년 하반기에 스위스에서 재세례파 박해는 일반화되며, 농민전쟁의 비호하에 공산주의 종파 사람들의 증가가 위협적으로 될수록 박해는 더욱더 맹렬하고 잔혹한 모습을 띠었다.

6월 초에 벌써 장크트 갈렌의 시의회가 들고 일어나 재세례 금지를 선포했다. 시민들은 무조건적 복종을 정부 당국에 맹세해야 했고, 선서를 거부한 자는 시 영역을 떠나야 했다. 7월에 만쯔는 쿠르의 시의회에 의해 구속되었고 취리히로 압송되었다. 8월에 샤프하우젠 시의회는 재세례파를 제압했다. 10월에는 취리히 영역인 그뤼닝셴(Grüning-schen)에서 선동활동을 하던 그레벨과 블라우록이 체포되었다. 11월에 베른은 재세례파 집단에게 추방형을 과했다. 12월에 마지막으로 재세례파의 아성인 발트스후트가 칼을 휘두르는 일 없이 오스트리아 정부 손에 장악되었다. 다른 모든 출구를 차단당한 후브마이어는 취리히로 도주했으며, 그곳에서 체포되어 투옥되었다.

상반기에 눈부신 성공으로 가득 찼던 그해는 스위스 연맹 전역에서 재세례파의 완전한 타도와 패주로 끝이 났다.

대부분이 독일로 도주했으며, 로이블린, 해처, 블라우로크가 그러했다(블라우로크는 1527년에야 도망쳤다). 다른 이들은 십자가 앞으로 기어가서 자신들의 잘못을 취소했다. 그들 중에 가장 유명한 이는 후브마이어였다. 취리히에서 붙잡힌 뒤에 그는 강압에 의해 쯔빙글리와 논쟁을 해야 했다. 죄수와, 매일같이 그에게 극악한 형벌을 가할 수 있었던 형무소장 사이의 논쟁이다! 후브마이어는 욕지기나는 희극을 품위 있게 꾸밀 위인이 아니었다. 구원을 받기 위해서 그는 자신의 원칙들을 부정했고 논쟁에서는 먼저 머뭇거리며 살살거리면서 말했다. 그리고 이것이 그의 적을 만족시키지 못하자 그는 그의 '잘못'의 취소를 기꺼이 선언했다.

그는 이를 완수하고 취리히 영역에 다시는 발을 들여놓지 않겠다고 맹세한 후에 사면되어 풀려났다(1526년 4월).

불링거는 이렇게 탄식한다. "그러나 발타자르 박사에 대한 이 조치가 수많은 단순한 길 잃은 사람들을 이성적으로 만들고 옳은 생각을 하도록 만들었으나 목이 뻣뻣한 재세례파에게는 이를 통해 또한 다른 것들을 통해서도 개선되는 쪽으로 움직여지지 않은 자들이 여전히 많았다."[16]

정부 당국은 무거운, 점점 도가 높아지는 형벌로 그들을 괴롭혔다. 1526년 3월 7일이 되자 취리히 시의회는 목이 뻣뻣하게 재세례파의 신조를 고수하는 모든 사람은 "물과 빵을 주어 새로운 감옥의 짚 위에 놓여야 한다"고 결정한다. 그곳에서 그들을 "죽어가고 썩게" 두어야 하며, 여성들도 소녀들도 그렇게 해야 한다는 것이다. 그러나 재세례파를 숨겨주고 그에게 식사와 음료를 제공한 자 누구라도 또한 엄한 형벌의 위협을 받았다. 끝으로 재범한 자들에게는 사형이 내려졌다. 펠릭스 만쯔가 1527년 1월 5일에 첫 번째로 사형을 당했다. 그는 수장되었고 그의 재산은 몰수되었다.

물론 이런 박해들로 스위스에서 재세례 운동을 근절시키는 것은 성공하지 못했다. 이는 지금까지 어떠한 공산주의 종파도 무력으로 완전히 박멸될 수 없었던 것과 같다. 그러나 상황의 유리함은 더 이상 그들

---

[16] *Der Widertäuffer Ursprung*, S. 13.

편에 있지 않았다. 그리고 그와 같이 스위스 연맹에서의 공산주의 운동은 독일 농민들의 패배 직후에, 그들이 종교개혁 초기에 처했던 것과 같은 수준, 지배계급에게는 위험하지 않고 거기에 가담한 자들에게는 고도로 위험이 가득한 비밀결사의 수준으로 밀려났다. 그런 비밀결사의 존재는 오직 가끔 있던 공판과 처형에서만 드러났던 것이다.

공공 사회에서는 그 운동은 사라졌다.

그러나 재세례파 운동의 몰락이 스위스에서 시작되던 바로 그 시기에 독일에서는 그 운동의 상승이 시작되었다.

4. 남부독일에서 재세례파

사람들은 농민봉기의 패배가 이웃 나라의 재세례파에 가해지는 그토록 강력한 반동을 불러일으킨 만큼 독일에서 같은 봉기의 어떠한 출현도 불가능하게 했을 것이라고 기대했을 것 같다. 그러나 현대의 중앙집권화된 국가의 상황에 부합할 이런 고려는 그 당시에 바로 독일제국에서 아주 강했던 봉건적 지방분립을 감안하지 않은 것이다. 이 지방분립이 모든 혁명적인 (혹은 반란적인) 세력의 결합을 곤란하게 했다면, 그것은 또한 이 모든 세력에게 한꺼번에 그리고 같은 정도로 닥치지 않는 타격의 무게를 줄여주었다.

물론 농민전쟁 후에는 농민운동을 더 이상 생각할 수 없었다. 농민들과 함께 그들 편에 붙었던 다수의 소도시들도 패배했다. 그 반면에 거대한 자유 제국직할시 다수는 지킹엔(Sickingen) 지도하의 하급귀족들의 선행한 봉기에 맞섰던 것처럼 농민봉기에도 냉정하게 대립했었다. 대부르주아 계층, 세습귀족만이 농민에게 적대적으로 대한 것이 아니라 중소 부르주아 계층, 동업조합의 도시 민주세력도 농촌인구에 대하여 미지근한 동정심만 품었다. 이는 공공연한 혐오와 멀지 않은 경우가 흔했다.

그러나 대도시의 민주세력은 일반적으로 그들의 힘으로 농민과 소도시의 민주세력을 강화하는 일을 게을리 해서 그 때문에도 최소한 직접적으로는 그들의 패배에 당황하지 않았다. 남부독일 대부분의 자유로운 제국직할시들에서 민주세력은 농민전쟁 후에도 명맥을 유지했다. 그리고 바로 그 당시 한편으로는 그들과 도시 귀족세력 간의 투쟁이, 또 한편으로는 도시인구 전체와 도시들의 지배와 착취를 노리던 군주세력 간의 투쟁이 그 세기들에서는 완전히 중단된 일이 없었는데, 이 투쟁들이 날카로운 성격을 띠었다.

제국직할도시들의 인구 다수는 교황에 맞선 루터의 항거를 환호했고 지원했다. 이 신나던 지원은 그러나 루터가 민주세력에게 미온적으로 되어가는 만큼 느슨해졌다.

루터가 민주세력과 결별하던 시기 무렵에 취리히에서는 어떤 형태의 교회개혁 운동이 생겨났으니 이는 도시의 동업조합 민주세력의 이해관계에 완전히 부합했다. 이는 곧 남부독일 제국직할도시들의 주목을 끌었고 그곳들에서 처음에는 루터교에 적대하지 않으면서 기반을 얻었다. 그러나 루터와 그의 사람들이 결연히 민주세력에 대한 반대를 선언하자 곧 두 지향은 서로 적대관계에 들어갈 수밖에 없었다. 그리고 이처럼 바로 농민전쟁의 시대는 루터와 쯔빙글리 간의 대투쟁이 시작된 시대를 의미하기도 한다. 외견상으로는 말을 둘러싼 투쟁, 그리스도가 "이것(이 빵)은 내 몸이다"라고 말했는지 아니면 "이것은 내 몸을 뜻한다"고 말했는지를 둘러싼 투쟁이었지만, 실제로는 시민적·민주적 종교개혁과 군주세력의 종교개혁 간의 투쟁으로서 신학적 주장을 가지고서 아주 실질적인 목표물을 얻으려고 싸운 것이었다.

이 투쟁은 1525년 이후로 독일 전역을 가득 채웠다. 그것은 남부독일의 제국직할도시들, 스트라스부르, 울름, 콘스탄쯔, 린다우, 멤밍엔, 아우크스부르크 등에서 가장 활발하게 전개되었다. 이미 예전에 비슷한 상황에서 그랬듯이 지금도 웃는 제3자는 공산주의 운동이었다. 예전에 로마 교황에 맞선 투쟁이 그랬듯이 이제는 공산주의자들에게 자유로운 발전을 할 공기와 빛을 만들어준 것은 비텐베르크의 교황에 대항한 투쟁이었다. 루터파에 맞서 남부독일의 쯔빙글리파는 재세례파를 활용할 수 있었다. 그래서 쯔빙글리 자신도 지금은 재세례파를 박해하지만 최근까지만 해도 그들에게 호의를 베푼 것처럼 그들은 1525년 후 처음 몇 년간 재세례파를 용납했다.

남부독일은 자유공화국에서의 정치적 망명자들의 도피처가 되었다. 그들은 다수가 들어왔으며 빠르게 점점 더 많은 추종자를 얻었다. 무력봉기를 인정하지 않던 그들의 평화애호 정신은 바로 농민봉기의 패배 후 하층계급의 일반적 여론에 맞았다. 예전의 뮌쩌 추종자들도 이제는 그들 편으로 돌아섰다. 우리가 위에서 이미 회상했던 서적행상 한스 후트가 그랬고, 처음에는 헤르스펠트에서 학교 선생이었다가 아이제나흐 행정청 관할의 에카르츠하우젠의 신부였던 멜키오르 링크 (Melchior Rinck)도 그랬다. 그는 프랑켄하우젠에서 함께 싸웠으나 뮌쩌보다 운이 좋게 살아서 돌아왔다. 지금 그는 재세례파들에게 붙었다.

재세례 운동의 성장이 독일에서 아주 빠르게 이루어졌기 때문에 그곳에서 사람들은 흔히 그 운동이 대체로 농민전쟁 중이나 그 후에 비로소 생겨났다는 견해를 가졌다. 재세례파 자신이 이런 견해를 조장했다. 그렇게 해서 그들의 적들이 곧잘 주장하는 것처럼 그들이 농민봉기를 모의했다는 식의 고발을 반박하기를 희망했기 때문이다. 그들은 1525

년 초에야 비로소 재세례를 형제들의 상징으로 받아들인 일, 쯔빙글리파 교회로부터의 공개적 탈퇴, 그리고 특별한 종교적 공동체로서의 성립이 있었다는 것을 근거로 삼았다.

제바스티안 프랑크(Sebastian Franck)는 그들이 전혀 반항적인 생각이 없었다는 것을 입증하려고 지극히 열심히 노력한 것처럼 재세례파의 이런 서술을 받아들인다.

아무튼 그의 관점은 다른 관점, 더 일반적으로 유포된 불링거도 취한 관점, 곧 뮌쩌가 재세례 종파의 창시자였다는 식의 관점보다 더 진실에 가깝다. 물론 불링거는 취리히에서 재세례의 추종세력을 직접 보았다. 하지만 그 취리히 신부에게는 그 불쾌한 종파의 기원을 쯔빙글리 사상의 고향에서 뽑아내어 루터교의 고향에 뒤집어씌우는 것이 바라던 바였음이 분명했다.

1526년에 프랑크는 그의 연대기에서 이렇게 진술한다. "농민봉기와 동시에, 그리고 그 후에 성서의 문자로부터 새로운 종파, 특별한 교회가 생겨났으니 어떤 이들은 재세례파(Wiedertäufer)라고 불렀고, 또 어떤 이들은 세례파(Täufer)라고 부른 교회였다. 이들은 특별한 세례로 다른 이들과 스스로를 구분하기 시작했고, 다른 모든 교회 공동체들을 비기독교적이라고 멸시하기 시작했다. 그들의 우두머리이자 주교들은 말하자면, 발타자르 호브마이어, 멜키오르 링크, 요한네스 후트, 요한네스 뎅크, 루트비히 해처였다. 그들의 진도는 아주 빨라서 그들의 가르침은 곧 전국에 퍼졌고, 곧 큰 추종세력을 얻어서 수천 명에게 세례를 주었고 또한 수많은 선한 심령들을 … 끌어들였다. 왜냐하면 그들은 외관상으로 사랑과 믿음, 십자가 말고는 아무것도 가르치지 않았고 갖은 고난 속에서 인내하고 겸손한 모습을 보여주었으며, 일치와 사랑의 표시로 빵을 서로 나누어 먹었고, 성금과 빌려줌, 외상, 선물로 서로 도왔고 모든 것을 공유하라고 가르쳤고 서로 간에 형제라고 불렀기 때문이다. 그러나 그들의 종파에 속하지 않은 사람에게 그들은 좀처럼 인사하는 법이 없으며 손도 내밀지 않았다. 그들은 또한 결집했고 수가 갑자기 늘어나서 세상 사람들은 그들의 봉기를 염려했지만 내가 듣기로 그들은 도처에서 그에 대해 혐의가 없는 것으로 밝혀졌다."[17]

그 종파는 대도시에서 퍼져나감에 따라 더욱더 위험하게 여겨졌다. 이를 특징적으로 보여주는 것은 에크(Eck) 박사가 작센의 게오르크 공작에게 재세례파에 관해 1527년 11월 26일자로 쓴 편지이다. 그중에는 이런 말이 있다. "말하자면 이 종파는 사뭇 염려를 불러일으키며, 또 은혜로운 나리와 그의 군주 고문관들이 헤아리듯이 최근의 농민봉기 때보다 더 많은 손해를 끼칠 염려가 있습니다. 왜냐하면 이 종파는 도시에 뿌리를 내리고 있기 때문입니다. 이제 봉기가 시작되면, 도시에 있는 그들이 일어날 것이며 그들에게는 대포와 화약과 갑옷 그리고 또한 전쟁에 익숙한 사람들이 있을 것이며, 그들에게는 들녘의 농민이 한 편이 될 것이며 모든 이가 자신의 본분을 잊고 성직자계층, 군주들, 귀족계층에게 대들 것입니다. 그러므로 군주들과 귀족들은 당연히 주의해야 합니다."[18]

남부독일의 재세례파 본거지가 된 것은 두 직물업 도시인 아우크스부르크와 스트라스부르였다. 이곳들에서는 이미 베가르트 세력이 아주 강했다.

스트라스부르와 관련하여 우리는 발도파 프리드리히 라이저를 회상한다. 타보르 대회는 그에게 스트라스부르의 본부를 맡겼다. 이는 "의문의 여지없이 수백 년 전부터 독일 공동체의 본거지였다."(Keller)

---

[17] Seb. Franck, *Chronik*, S. 444.
[18] 다음 책에 수록됨. Seidemann, *Th. Münzer*, S. 150, 151.

공산주의적 종파세력이 때에 따라서 아우크스부르크에서 얼마나 강했는지는 1393년에 그곳에서 갑자기 발도파 이단 280명 이상이 공판을 받았는데, 그들 대부분이 직조공과 나무꾼이었다는 사실이 보여준다.[19]

이 종파세력의 다른 중심지는 뉘른베르크였다. 우리는 뮌쩌가 그곳에서 수많은 사상적 동지를 발견했다는 것을 안다. 그러나 대중운동이 등장할 수 있기에는 뉘른베르크에는 세습 귀족계층이 너무 강했다.

1524년 말 필시 뮌쩌가 체재하던 직후 뉘른베르크에서는 일련의 '이단자들'이 구속되었으며, 그중에는 뒤러(Dürer)의 생도 외르크 펜츠(Jörg Penz), 그리고 형제들인 한스 제발트(Hans Sebald), 바르텔 베하임(Barthel Beheim), 루트비히 크루크(Ludwig Krug), 제발트 바움하우어(Sebald Baumhauer)와 끝으로 이미 바젤에서부터 알려진 한스 뎅크(Hans Denck)가 있었다. 뎅크는 1523년 외코람파디우스(Ökolampadius)와 비더만(Biedermann)의 간청으로 제발두스 학교(Sebaldusschule) 학장이 되었다. 비더만은 나중에 이 일 때문에 피르카이머(Pirkheimer)에게 무죄를 주장할 필요가 있는 입장이 되었다.

그 포로들에게는 공판이 행해졌다. 켈러는 뉘른베르크의 법원 문서고에 있는 소송기록을 연구했다. 그는 이 기록에서 포로들 중에 한 형제공동체의 회원들이 있었다는 사실이 드러났다고 밝힌다. 그 공동체는 비밀의 베일에 가린 채 오래전부터 존속했고, 외부에 예를 들어 에를랑겐에 관련자들이 있었다.[20]

주된 혐의자들은 추방되었으며, 그중에는 뎅크도 있었다. 그는 스위스로 들어갔다. 그 당시에 그곳에서는 형제단의 신조가 부상하고 있

---

19 Bender, *Geschichte der Waldenser*, S. 70.
20 Keller, *Die Reformation*, S. 422, 423.

었다. 1525년 초에 우리는 그가 장크트 갈렌에서 한 출판사의 교정자로 있는 것을 발견한다. 그러나 그해 가을에 그는 다시 독일의 아우크스부르크에 있었다. 그곳에서는 루터파와 쯔빙글리 사상 간의 대립이 극히 첨예하게 드러나기 시작했고 그 몇 년간에 두 지향 간의 투쟁이 극성을 부렸으며, 그곳에서 재세례파는 자신에게 극히 유리한 조건을 맞이했다.

그 공동체는 급속히 성장했고, 1527년경에는 우르바누스 레기우스 (Urbanus Rhegius)에 따르면 벌써 1,100명을 넘어선 듯하다. 사람들은 이를 본질상 뎅크의 활약 덕분으로 돌렸다. 그를 반대하는 우르바누스 레기우스의 소책자가 고발하는 바와 같이 그는 "자기의 방랑객들", 순회선동자들과 함께 "우리에게 또한 그의 새로운 세례교단을 세우기를 원하여 처음에는 숨어다니면서 비밀리에 독을 뿌려댔다"는 것이다.[21]

뎅크는 상황에 의해 아우크스부르크에서 아주 환영을 받았다. 어쨌든 우리는 그의 열심과 그의 높은 지성 덕분으로 그가 달성한 성공의 이유를 일부 돌릴 수 있다. 후브마이어와 아울러 그는 형제단의 전위 투사들 중 첫 번째 대열에 들어갔다. 페터 귀노로이스(Peter Gynoräus)는 1526년에 아우크스부르크에 살았는데, 뎅크를 "재세례파의 수뇌"라고 이야기한다. 부처(Bucer, Butzer)는 그를 "교황"(Papst)이라고 부르며, 할러(Haller)는 쯔빙글리에게 보낸 1527년 12월 2일자 편지에서 "재세례파의 아폴로"라고 부른다.

비중 있는 지식인이자 철학자로서 뎅크는 무엇보다도 재세례 운동

---

21 "새로운 세례교단을 반대하며. 아우크스부르크의 복음의 종에 의한, 모든 기독교 신도에 대한 필요한 경고", 1527. 이 글은 재세례 운동에 관한 어떠한 이렇다 할 해명도 내놓지 않는다. 다음의 재세례파 원칙이 경건한 "복음의 종"을 가장 많이 화나게 한 듯하다. 그것은 "방랑객으로서 한 장소에 머물지 않는 자 외에는 누구도 올바른 설교자가 아니다"라는 것이다. 이는 발도파 이래로 공산주의 종파의 전통적인 규정이었다.

의 가르침에서 그 물질적, "육신적"인 내용을 벗겨내고, "정신적으로 만드는" 작업을 했다. 그는 재세례파 중에서도 더 온건한, 말하자면 실용적이고 조화로운 지향의 주된 대표자 중 한 사람이 되었다. 이들은 원래의 강경한 지향과 아울러 등장했고, 재산 공유의 철저한 실천뿐 아니라 국가에 대한 완벽한 무관심도 아주 거북한 것으로 생각했다. 독일에서는 물론 두 지향 사이의 대립이 완전히 펼쳐지기에 이르지는 않았다. 모라바에서 비로소 그렇게 되었는데 이곳에서는 그 공동체는 더 많은 운신의 공간이 있었고 내적 논쟁의 사치를 자신에게 더 많이 허용할 수 있었던 것이다. 그러나 옛날의 취리히식의 지향에 대비되는 새로운 실용적 지향의 성립을 향한 싹들이 이미 독일에서 등장했으며, 특히 아우크스부르크에서 그랬다. 그곳에서는 공동체가 아주 번창했고, 상류계급의 구성원들도 그에 속했다. 그중에는 "아우크스부르크의 최고 귀족시민"인 아이텔한스 랑겐만텔(Eitelhans Langenmantel)도 있었다. 그는 그의 인쇄되어 발간된 소책자들이 증명하듯 "문재(文才)와 신에 관한 인식을 풍부하게 타고났다."(Chronikl bei Beck, *Geschichtsbücher*, S. 36) 그는 1529년에 그의 신조 때문에 순교했다.

보헤미아 형제단의 경우에서처럼 여기서도 온건한 지향 쪽에 선 것은 대부분 지식인들이었다. 뎅크와 아울러 특별히 후브마이어가 그랬다. 그는 취리히에서는 재세례파의 신조에 충실하지 않았으나 자신의 뒤에 취리히 성벽이 있는 것을 알게 되자 곧 다시 거기에 붙었다.

그럼에도 다른 편에 선 지식인들도 있었다. 방금 언급한 아이텔한스 랑겐만텔은 예를 들어서 그가 썼다고 하는 "진정한 공동체에 관한 소론"이 정말로 그에게서 나온 것이라면 강경한 공산주의의 편이었다. 그는 이렇게 말하는 자들의 견해에 반대한다. "사람이 재산을 공유해야 한다는 것은 계명은 아니다. 그러나 사랑과 신실한 뜻에서 그런 일이 생긴다면, 그것은 물론 옳다. 그러나 그렇지 않다면, 누구든지 그것을 공유로 내놓든지 아니면 가지고 있든지 그는 의로운 그리스도의 공동체에서 배제되지 않을 것이다." 이에 반대하여 랑겐만텔은 이렇게 공언한다. "하느님의 최고 계명은 사랑이다. 무엇보다도 하느님을 사랑하고 네 이웃을 네 몸처럼 사랑하라. 세속적 재산의 공유에서 이 사랑이 인식된다. 아무도 '내꺼, 내꺼' 하고 말해선 안 된다. 그것은 형제의 것이기도 하다. 누가 세속적 재산의 경우에는 그의 형제에게 주기를 거절하면서 더 고상하고 정신적이고 미래적인 재산을 기꺼이 주겠는가? 공유를 지키는 자만이 그리스도 안에 있으며, 그것을 지키지 않는 자는 그리스도와 그의 공동체 밖에 있다. … 그러나 어떤 사람은 이렇게 말하고 싶을 것이다. 사람은 모든 것을 공유로 해야 하므로 아내들도 공유해야 한다고. 나는 그렇게 말하지 않으며, 하느님이 함께 있도록 배치한 것을 인간이 변경해선 안 된다고 말한다. 그러나 누구에게든 필요한 것을 거절하지 않는 것이 올바른 공유이다. 아내를 자기를 위해 취하는 것 한 가지는 그것은 주님 안에서 생겨나는 것이다. 이처럼 세속적 재물에서도 각자에게 필요한 것이 그에게 배당되어야 한다. 한 사람은 부유하고 많은 재물을 가지며, 다른 사람은 가난하고 궁핍을 겪는 공동체는 그리스도에게 속하지 않는다."[22]

그러나 가장 단호했던 강경한 지향의 대표자는 출판업자이자 도부장수('책장사')인 한스 후트였다. 그는 우리가 본 것처럼 뮌쩌학파 출신이고 처 공유의 추종자 중 한 사람이라는 혐의를 받았다.

벌써 제2차 아우크스부르크 형제 대회에서 덴크와 후트는 서로 충돌했다.

---

[22] Loserth, *Der Kommunismus der mährischen Wiedertäufer im sechzehnten und siebzehnten Jahrhundert*, Wien 1894, S. 99, 100에서 인용.

아우크스부르크는 그곳에서 처음 두 번의 재세례파 대회(종교회의)가 열렸을 정도로 비중이 있었다. 첫 번째 대회는 1526년 초에 있었다. 그 대회에는 한스 뎅크, 한스 후트, 루트비히 해처, 발트스후트 출신의 야콥 그로스, 인탈(Inntal) 출신의 카스파르 패르버(Kaspar Färber), 그리고 발타자르 후브마이어가 참석했다. 이 종교회의는 후세례의 독일 도입을 재가했다. 후세례는 그때까지 스위스에서만 행해졌다.

두 번째 종교회의는 1527년 8월에 열렸으며 더 비중이 커서 이미 대의원 60명 이상이 참석했다. 그 주된 과제는 선동의 조직화, '사도들'을 극히 다양한 지역에 파견하는 것, 또한 강령인 '신앙고백'의 확정이었다.

이 두 번의 대회와 관련하여 우리가 따르는 켈러는 이렇게 말한다. "이 집회의 결정들에 관하여 유감스럽게도 의사록이 우리에게 없다. 그럼에도 대의원들은 뎅크와 후트 간의 차이가 부각된 긴 토론 끝에 결국 완전한 의견일치로 결의를 채택했으며 승리를 거둔 쪽은 뎅크의 관념이었다는 것만큼은 적어도 확실하다."[23]

지금의 남부독일 지역과 스위스 지역에서 온 대표들과 아울러 이들 대회에서는 오스트리아에서 온 대표들도 우리는 만날 수 있다. 그곳에도 재세례 운동이 스며들었던 것이다. 처음에는 스위스와 국경을 이룬 티롤과 그 이웃의 알프스 지역에 침투했다.

티롤은 그 당시에 경제적·정치적으로 오늘날보다 훨씬 중대한 역할을 했다. 광산업은 작센과 보헤미아 외에는 어디에서도 티롤과 동쪽 접경 지역만큼 고도로 발달하지 못했다. 풍부한 철, 구리 광석과 거대한 소금층이 그곳에서 발견되었을 뿐 아니라 금과 은의 수많은 광맥도

---

[23] *Die Reformation*, S. 429.

발견되었다. 먼저 언급한 나라들에서와 마찬가지로 티롤에서도 '광산 행운'이 사회적 대립의 첨예화에 기여했음이 분명하다. 그럼에도 이것 은 알프스 지역에서는 작센에서보다는 더 작은 정도로 일어났다. 그 주된 원인이 되었던 것은 물론 통행이 어려운 지형이라는 점, 각 골짜 기들의 폐쇄성과 척박성이었다. 지류 계곡의 주민들은 높은 알프스 고 갯길을 넘어가는 몇 안 되는 무역로의 영향을 받지 않은 채로 있었다. 그들의 필요는 옛날 그대로였고, 그들을 만족시키는 기술과 방법도 달 라지지 않았다. 어떠한 이익도 상인을 통행이 불가능한 오지로 끌어오 지 못했다. 농민은 교환할 수 있었던 잉여를 생산하지 않았다.

광부들, 특히 금과 은 광갱에 있는 광부들이 생산한 부는 오직 부분 적으로만 자기 땅에서의 상품생산 촉진에 기여했다. 티롤 광산의 주된 조합원은 티롤 출신이 아닌 사람들이었으며, 그중 가장 비중이 있던 것은 아우크스부르크의 푹거(Fugger)와 획슈테터(Höchstetter)였다. 그 러나 스페인 사람들도 티롤 광산을 개발했다. 그리고 또한 군주들, 합 스부르크 가 사람들에게 돌아간 것은 그 땅에 남아 있지 않고 그들의 세계 정책의 진흥을 위해 세상에 뿌려졌다. 그것은 스위스와 네덜란드, 스페인 출신 용병들의 주머니로, 다양한 왕궁에서 매수할 정치인들의 주머니로, 그리고 독일 선제후들과 그들의 관원들의 주머니로 돌아다 녔다.

그래서 우리는 티롤에서 경제적으로 고도로 발달한 지역과 아울러 동시에 또한 아주 뒤떨어진 지역도 발견한다. 옛 마르크 체제는 일반적 으로 아직 큰 힘을 보유했고, 농민 착취는 최소한 브레너(Brenner) 북 쪽으로는 적었다. 광산 호황이 가져온 계급대립의 격화는 거의 도시들 과 광산지역, 그리고 그 인근지방에만 미쳤다.

1525년의 농민전쟁의 파랑이 티롤 및 잘츠부르크의 알프스 지방에도 밀어닥쳐 그곳의 인구를 운동에 휩쓸리게 했을 때, 봉기의 선두에 섰던 것은 농민들이 아닌 광부들이었다.[24]

거기서 광산노동자들이 어떠한 군사력을 보유했는지, 그곳의 광산 노동자들이 튀링겐 봉기에 정력적으로 가담했더라면 그 봉기가 얼마나 위험하게 되었을 수 있는지가 드러났다. 북티롤과 잘츠부르크 쪽 티롤의 봉기들은 1525년에 무력으로 진압되지 않은 유일한 봉기들이었다. '정신적 수단'을 통해서, 즉 거짓된 약속을 통해서 그리고 티롤과 잘쯔부르크의 광부들이 만스펠트의 광부들 못지않게 실천했던 편협한 지방분립의 활용을 통해서 그 봉기들을 제압한 것이다. 극히 위험스러운 봉기들 몇몇은 몇 가지 아주 시끄러운 폐단의 제거에 의해 잠재웠고 이를 통해서 다른 반란자들에 대하여 대처할 수 있는 자유로운 손을 얻었다. 그리고 이들을 진압하고 군대를 모을 시간을 얻은 뒤에는 군사적으로 정복이 안 된 채로 있던 지역들도 장악할 수 있었다. 이들은 일반적 신조에 대한 배신으로 아무것도 얻지 못했으며, 1525년 후 노동자 계급의 일반적 억압을 결국에는 그들도 당했다.

군사적으로 정복되지 않은 채로 패배하고 억눌린 농민전쟁 후 티롤의 하층계급은 남부독일의 하층계급과 마찬가지로 불만이었고 기분이 언짢았으나 그렇게 의기소침하지는 않았다.

이런 분위기 속에서 그들은 스위스와 바이에른에서 티롤로 온 재세례파의 설교자들을 발견했다. 곧 이 땅이 그 새로운 가르침에 얼마나 비옥한 토양을 제공하는지 드러났다.

재세례 운동이 퍼진 것은 주로 광산지역이었다. 농민전쟁 전에 이미 그들은 루터의 가르침을 기꺼이 받아들였다. 이는 가톨릭교의 합스부

---

24 이는 이미 언급한 나의 소논문 "광산 노동자와 농민전쟁"(Die Bergarbeiter und Bauernkrieg), *Neue Zeit*, 1889, S. 508ff에 상세히 묘사되어 있다.

르크 가문의 나라들에서는 순전히 재야의 단호한 반(反) 군주적 성격
을 띠었다. "성직자들 외에도 평신도들, 그리고 정말로 광석 채굴공, 법
정서기, 대학생 그리고 그밖의 사람들이 새로운 복음을 설교하겠다고
나섰다. … 사방에서 새로운 가르침에 대한 열기가 타올랐다. 옛 교회
체제의 적대자들의 본거지는 슈바츠(Schwaz)의 형제공동체와 그 수많
은 광부들이었다.[25]

　1525년에는 티롤에서 민주적 분자들이 루터의 가르침과 결별하기
시작했다. 루터가 민주주의의 적으로서 본색을 드러냈던 것이다. 그들
은 재세례파의 가르침을 알게 되자 곧 그들에게로 향했다.

　1526년이면 인탈(Inntal)에서 몇 명의 '형제들'에 관하여 보도가 나
온다. 그들 중에는 광산지대인 라텐베르크(Rattenberg) 출신의 필그람
마르벡(Pilgram Marbeck)이라는 광산 사법관이 있었다. 1527년이 되면
다른 광산지대도 재세례 운동의 본거지로 언급된다. 슈바츠와 키츠비
헬(Kitzbichel), 슈테르찡(Sterzing), 클라우젠(Klausen) 등이 그랬다. 그
리고 '광산업 관련자들'은 그 종파가 가장 많이 뿌리내린 자들로서 언
급된다.[26] 그와 아울러 우리에게는 티롤의 재세례파들 중에서 수많은
직조공들이 눈에 뜬다. 그러나 노동자 계급의 다른 계층 구성원들도
부족하지 않았다. 심지어 귀족 몇 명도 그 종파에 가담했다.

　남부독일의 도시들에서처럼 티롤에서도 농민전쟁 후 처음 몇 년간
재세례파의 수는 비상하게 신속히 증가했다.

　그러나 방해받지 않은 확장의 시기는 이 모든 지역에서 아주 짧았

---

[25] Loserth, *Der Anabaptismus in Tirol von seinen Anfängen bis zum Tode Jakob Hutters,*
S. 21. Wien 1892.
[26] Loserth, a. a. O., S. 37 및 다른 많은 곳. 또한 벡(Beck)의 다음 책을 참조하라. *Die
Geschichtsbücher der Wiedertäufer,* S. 80, 81.

다. 그들이 상당한 추종세력을 얻자마자 또한 벌써 도시와 군주의 관아는 그들을 박해하는 데 힘을 합쳤다. 확실히 재세례파는 그들의 적도 인정하는 것처럼 겸손하고 평화 애호적인 삶을 영위했으며 어떠한 봉기도 배격했다. 그러나 이는 그들에게 아무 소용이 없었다. 그들의 가르침의 결과는 혁명이라고 사람들은 공언했다. 이런 주장을 우리는 그들을 반대하는 한 공문서 "짧은 강의"에서 보게 되며, 이는 1528년의 글이다.[27] 물론 재세례파는 정부 당국에 대한 순종을 요구한다고 한다. 그러나 이것이 흉계에 불과하다는 것은 이런 데서 간파할 수 있다. "그들은 어떤 궂은일에서도 서로 반목하지 않기로, 서로 육신과 생명을 함께하기로 서약하고 다짐한다. 이는 그들이 그런 서약과 의무를 하느님에 의해 임명된 정부 당국에 대한 의무보다 더 높이 존중하게 되는 결과를 수반한다." 순진한 사람들은 처음에는 그것을 이해하지 못하지만, 그들의 악마적 가르침의 근거는 크고 강하게 되는 쪽으로 맞추어져 있다. 그렇게 되면 그들은 정부 당국에 대항할 것이고 그들의 자의를 쫓을 것이다. 모든 것이 공유로 되어야 한다고 가르치는 자는 "신민들을 하느님에 의해 임명된 정부 당국에 맞서서, 그리고 가난한 무리를

---

27 전체 제목은 다음과 같다. "브란덴부르크의 마르크 백작령 그리고 프랑켄과 산간지역의 군주국과 나라들 안의 주임신부들과 설교자들에게 처방된, 몇몇 재세례파의 오도하는 가르침에 반대하여 강단에서 휴일에 가장 진실되게 최선으로 성경으로부터 훈계하고 강의해야 할 짧은 강의"("Ein kurzer vnterricht den Pfarherrn vnd Predigern Inn meiner gnedigen Herrn der Marggrafen zu Brandenburg 2c. Fürstenthumben und Landen hient den in Franken vnd auf dem Gebirg verordnet, wes sie das volck wider etliche verfürische lere der widertauffer an den Feyertägen auff der Cantzel zum getreulichsten und besten aus Götlicher schrifft vermanen und vnterrichten sollen"). 그 서론에서는 브란덴부르크의 마르크 백작이 재세례파를 논박하는 설교를 하라는 명령을 반포했다고 한다. 그러므로 "우리는 필시 우리의 주임신부들과 설교자들 몇몇 사람에게는 긴급한 이해력과 우리의 명령에 대한 이해가 결핍되었을 수 있음을 생각"했으므로 이 소책자를 썼다는 것이다. 주임신부 각 사람에게 이 글의 사본을 보냈다고 한다.

가진 자들에 맞서서 불만을 갖게 하고 봉기를 일으키도록 움직이려는 생각밖에 없다."

이러한 논거는 20년대 말 농민전쟁에 대한 회상이 아직 생생하던 때에 권력자들에게는 충분히 이해되었다. 그밖에도 우리가 엑크(Eck)의 편지에서도 본 것처럼 재세례파는 특별히 위험한 사람들로 통했다. 그들이 도시들을 위협했기 때문이다. 그리고 끝으로 간과할 수 없는 것은 재세례파의 다수, 특히 프롤레타리아적인 후트파의 지향에서는 그 모든 평화애호에도 불구하고 거세게 반역적인 핏줄이 부인되지 못했다는 것이다. 물론 그들 모두는 예외 없이 무장폭동의 시도를 정신 나간 짓이고 죄스러운 일로 공언했다. 하지만 그렇다고 해서 지배적인 사회의 종말이 다가온다는 것을 많은 사람이 덜 확신한 것은 아니었고 그들은 단지 내적 봉기의 성공을 더 이상 믿지 않았던 것이며, 그들의 확고한 기대를 대외적 전쟁에 두었다.

농민들이 달성하지 못하고 좌절했던 것을 이제 투르크인들이 실현할 것 같았다. 한스 후트 자신과 또한 그의 여러 동지가 목전의 투르크인의 침입을 믿었다. 후트는 이들이 제국을 파멸시킬 것이라고 가르쳤다. 그러는 중에 동지들은 숲 속에 숨어 있다가 투르크인들이 일을 마친 뒤에 곧장 나타나서 과업을 완수해야 할 것이었다. 그는 천년왕국의 시작에 대한 참으로 정확한 일자를 제시했다. 그것은 1528년 오순절이었다.

돌치노의 예언이 그의 시대에 그랬던 것처럼 후트의 예언은 단순한 망상은 아니었다. 투르크인들은 정말로 다가왔다. 술레이만 술탄은 물론 1528년이 아닌 1529년에 왔으며, 그는 단지 헝가리를 점령하는 데 성공했으나 독일로 진입하지는 못했다. 그는 빈 앞에서 주저앉았다. 정력적인 재세례파만이 아니라 독일 군주들 중에서 황제의 정력적인 적들, 특히 애국적인 역사가들에 의해 영예롭게 기록된 헤센의 필립 백작에게는 낙심할 일이었다.

이처럼 공산주의자들이 유일한 '나라의 배신자'는 아니었다.

재세례파 일부의 이런 투르크 동경은 아무튼 여론을 그들에게 유리한 쪽으로 개선해주지 못했으며, 특히 황제의 나라들에서는 그러지 못했다.

1528년 4월 18일 저지(低地) 오스트리아의 최고재판소와 도시들에서는 행정 당국이 다음과 같은 형제들의 특징을 통보하였다:

1. 재세례파 한 사람이 다른 재세례파를 만나면, 그는 모자를 붙잡고 이렇게 말한다. 신께서 당신께 인사합니다. 주 안의 형제여. 그러면 이 사람은 이렇게 대답한다. 신께서 주 안에 있는 당신께 감사합니다.

2. 하느님 외의 어떤 정부 당국도 용인되어선 안 되며, 모든 재물은 그들 가운데서 공유여야 한다는 것이 그들의 의견이고 의도이다.

3. 투르크인들이 나라로 들어오면, 재세례파는 그들 편에 붙어 그들의 정부 당국을 돕지 않으며, 또한 그들의 신앙을 갖지 않는 모두를 황제도 예외 없이 때려죽이고자 한다.(Loserth, Hubmeier, S. 190)

그럼에도 불구하고 재세례파와 투르크인의 협력에 대한 두려움이 재세례파에 대한 박해를 일으킨 아주 큰 영향을 주었다고 보아서는 안된다. 투르크인들에게 희망을 둔 것은 그들 중 소수에 불과했으며, 재세례파의 박해는 합스부르크 가의 동쪽 나라들에 투르크인의 침입이 임박하던 때만큼 투르크인 공포가 있지 않던 장소와 시기에도 진행되었다.

투르크인 공포는 재세례파가 하층계급에 대한 영향력을 얻게 되자 곧 그들에게 가해진 잔인하고 광포한 박해를 설명하는 데 충분하지 않다. 이 박해는 농민전쟁의 여파로서만 설명될 수 있다. 농민전쟁이 지배계급에게 공포를 심어준 정도만큼 그들의 피에의 굶주림과 복수욕을 불러일으켰던 것이다. 이후로 그들은 하층계급과 공감했던 그 누구든, 아무리 그가 겸손하고 또한 평화애호적일지라도 불구대천의 원수, 아무리 매섭게 싸워도 시원치 않고 아무리 잔인하게 처벌해도 시원치 않은 원수로 보았다.

프로테스탄트 교인과 가톨릭교인은 재세례파 박해에 서로 경쟁했다. "가장 많은 피는 가톨릭 나라들에서 흘렀다"고 코르넬리우스는 기술한다.(*Münsterischer Aufruhr*, II, 57) "독일에서는 가혹하고 피비린내 나는 박해에서 프로테스탄트 계층들이 가톨릭 계층들을 능가했다"고 벡(Beck)은 생각한다.(*Die Geschichtsbücher der Wiedertäufer*, XVIII) 실제로는 그 두 당파 중 어느 쪽도 그 일에서 상대편을 앞서지는 않았다.

1526년에는 남부독일에서 재세례파 박해는 단지 간헐적으로만 발생했다. 그러나 그들의 수가 빠르게 증가하면서 박해도 늘었다. 1527년에는 이미 형제들에 대한 수많은 처형이 행해졌으나 그 이듬해에 그들에 대한 몰이사냥이 행해진 것은 재세례에 죽음을 내린 1월 4일자 황제의 위임으로 시행되었다. 이 위임은 1529년 슈파이어(Speier) 제국국회에 의해 보완되었다. 이 국회에서 복음주의 계층들이 그들에게 행해진 어떠한 신앙의 강요에도 항의했으며 그래서 그들은 프로테스탄트(항의자)란 이름을 얻었다.

슈파이어 국회의 결의 제6항에는 다음과 같이 되어 있다. "공법상 금지되고 수백 년 전에 유죄선고를 받은 재세례의 새로운 종파가 또한 최근에 생겨나서 이 종파가 … 점차 더 오래 더 심하게 침투하고 극성을 부리게 된 뒤에, 폐하께서는 그러한 중대한 악과 그리로부터 어떤 결과가 나오든 이를 방지하고 성스러운 제국에서 평화와 일치를 확보하기 위하여 정당한 국헌, 법령, 명령을 세웠고 성스러운 제국 곳곳에 알리도록 명하셨으니 그 내용은 모든, 그리고 어떠한 재세례자와 재세례를 받은 자도 사려분별이 되는 연령의 남자와 여자를 자연적인 삶에서 죽음으로, 불, 칼 등으로 그 사람의 상황에 따라 영적 재판관의 사전 종교재판 없이 판결받고 처단하도록 하는 것이다."

그들은 붙잡히는 즉시 재판관의 심리도 판결도 없이 야생동물처럼 살해되어야 했다!

그리고 이 제국국회 결의는 다른 많은 결의처럼 문서상으로만 남아 있지 않았다. 오히려 몇몇 계층이 그 실행에서 뭔가를 더 추가했다.

재세례파의 연대기 기자는 이렇게 서술한다. "어떤 사람들은 잡아당겨져 찢겨 죽었고, 어떤 사람들은 재와 가루가 되도록 타 죽었고, 어떤 사람들은 기둥에 매여 구워졌고, 어떤 이들은 이글이글 타는 집게로 찢겼고, 어떤 이들은 집에 갇혀 여럿이 함께 불살라졌고, 다른 이들은 나무에 목을 매달게 되었고, 어떤 사람들은 칼로 처형되었고, 어떤 사람들은 물에 던져졌다. 많은 이가 입에 재갈이 채워져서 말을 못했고, 그렇게 죽음으로 인도되었다."

"어미 양과 새끼 양들처럼 그들을 떼로 도살장으로 끌고 갔다. 어떤 곳에서는 성경책을 엄금했고, 여러 곳에서 성경책을 불태우기도 했다. 다른 이들은 어두운 감방에서 굶어 죽거나 썩어 들어갔다. 아주 많은 이들이 살해당하기 전 온갖 고통을 받았으며, 심판을 받기에는 너무 어리다고 본 몇 사람은 매질을 당했다. 또한 많은 사람이 수년간 감옥에 갇혀 있었다.[28] 많은 이가 뺨에 불로 지진 구멍이 뚫려서 풀려났다.

---

[28] 붙잡힌 재세례파들은 극히 기괴한 괴롭힘을 당했으며 이는 어떤 무서운 유머와 결부된 경우가 많았다. 이와 같이 예를 들어서 재세례파의 역사책은 리비히(Libich) 형제에 관하여 보도하는데, 그는 1538년 인탈(Inntal)에서 선동여행 중에 체포되어 인스브루크(Innsbruck)

이 모든 일에서 가까스로 벗어난 남은 자들은 이 나라에서 저 나라로, 이곳에서 저곳으로 쫓김을 당했다. 낮에는 돌아다녀서는 안 되는 부엉이와 밤 까마귀처럼 그들은 바위틈과 돌 틈, 깊은 숲속, 땅굴 속에서 머물며 숨어 지내야 하는 일이 많았다. 사람들은 개와 앞잡이들을 풀어서 그들을 찾았고, 공중의 새를 추적하듯 그들을 추적했다. 아무런 죄도, 아무런 악행도 없었으며, 누구에게도 고통이나 손해를 끼치지 않았고, 그러기를 원하지도 않은 사람들을 말이다."[29]

다음의 영탄시는 레온하르트 쉬머(Leonhard Schiemer)가 읊은 그 시대의 노래의 애절한 재현물이다. 그는 프란체스코 수도회 수도사로서 그가 찾던 것을 발견하지 못하자 재세례파에 가담했으며, 배운 사람이었음에도 재단사 수공(手工)을 습득했다. 그는 재세례파의 강경한 흐름에 속했다. 1527년 11월에 그는 (티롤의) 라텐베르크에서 관(官)에 신병이 인도되어 1528년 1월 14일에 참수되었다. 그는 그의 삶으로써

부근의 벨렌베르크 감옥에 투옥되었다. "그러나 이는 악한 영들, 혹은 사람들이 잘 알듯이, 사악한 적으로 가득 찬 나쁜 감옥이었으므로 친애하는 그 형제는 그 안에서 많은 시험을 사악한 적에게서 받았던 것이 분명하다. … 그 적은 처녀의 형태로 그에게 다가왔다. 그리고 그가 기도할 때 그는 그동안 여자의 형체로 침대에 누워서 그는 그를 거기서 내쫓아 굴려버리는 데 애를 먹었다." 악마가 처녀로서 "아무것도 할 수는 없었지만, 그는 위쪽 감방으로 지독한 악취를 뒤에 남기고 올라가서 그 형제가 무기력하게 될 정도였다." 그러나 형무소장은 그 가련한 형제에게 그런 식으로 도발된 환상을 씌워주는 데 만족하지 않았다. "이 모든 것을 뛰어넘어 오직 모든 시험이 완성되고 하나도 포기되는 일이 없도록 불경한 자들과 사탄의 자식들은 마찬가지로 믿음 때문에 붙잡힌 우르셸(우르줄라) 헬리그린이라는 아름답고 젊은 한 자매를 그의 감방에 집어넣어 리비히의 발치에 묶어두고 오랜 시간을 함께 있게 두었다. 악마와 그의 자식들이 즐겁게 보았을 뻔했던 것은 짐작하고도 남는다!" 그러나 아무런 죄스러운 일도 벌어지지 않았으며, 적어도 리비히와 헬리그린은 그렇게 다짐했다. 헬리그린은 1539년에 15세로 투옥되었던 것이다. 1544년에 그녀는 여성의 나약함 때문에 또한 그녀의 젊음과 간청 때문에 국외 추방으로 사면되었다." 그녀와 함께 리비히도 석방되어 추방되었다. 그가 "전향"했기 때문이다.(Beck, *Geschichtsbücher*, S. 155ff)

[29] Beck, *Geschichtsbücher*, S. XIX, XX.

그가 부른 노래의 진실을 증거했다.

당신의 거룩한 나라를 그들이 파괴했고
당신의 제단은 파 뒤집혔습니다.
당신의 종은 붙들린 곳에서
죽임을 당했습니다.
우리만, 당신의 작은 무리만
별로 남아 있지도 않은 우리만
치욕과 수치를 안고
온 땅을 쫓겨 다니며 내쫓겼습니다.

우리는 목자 없는 양들처럼 흩어졌습니다.
우리의 집과 뜨락을 떠나,
흔히 돌 틈에 머무는 밤 까마귀 같았습니다.
바위 그 갈라진 틈이 우리의 방입니다.
저들이 하늘의 새처럼 우리를 뒤쫓습니다.

우리는 숲속을 살금살금 다니는데
저들은 개들을 몰아 우리를 찾고
붙들려 묶인 말 못하는 어린 양처럼
우리를 몰아댑니다.
모든 사람 앞에서 우리가 폭도라도
되는 듯이 고발합니다.
우리는 도살장에 끌려가는 양처럼
이단자요 오도하는 자로 간주됩니다.

많은 이가 또한 끈으로
꽉 묶여 죽어갔고,
몇 사람은 고문을 받아 호되게
상하여 죽었습니다.
……
아무런 죄도 없이
땅위에서 성자들의 인내가 있습니다.

그들을 나무에 목을 매달았고,
목을 졸라 죽였고 칼로 저몄습니다.
비밀리에, 그리고 공공연히 수많은
부인들과 처녀들을 익사시켰습니다.
그들은 자유롭게
아무렇지도 않게
진리를 증언했습니다.
예수 그리스도가 진리이고
길이며 또한 생명이란 진리 말입니다.

아직 세상은 날뛰고 조용히 있지 않으며
완전히 정신이 나갔습니다.
많은 거짓말을 우리에 대해 꾸며대고
방화와 살인으로 우리에게 겁을 줍니다.
오, 주님, 얼마나 이 일에 침묵하시겠니까?
교만을 바로잡으시고

성자들의 피가

당신의 제단 앞에서 솟아오르게 하십시오.

최초의 거대한 박해가 얼마나 거세게 광분했는지를, 1527년 말 바
젤에서 흑사병으로 목숨을 잃은 뎅크와 1526년 여름 그라우뷘덴에서
사망한 병든 콘라트 그레벨처럼 자연사에 의해 교수대를 벗어나지 않
는 한에서는 거의 모든 탁월한 재세례파가 박해로 멸망했다는 것에서
간파할 수 있다.

이런 식으로 쯔빙글리는 그가 한때 '재세례파의 수령'이라고 부른
그의 큰 적에 대한 복수를 감행했다. 이를 기해 그는 자기 아들과 화해
한 그레벨의 부친을 1526년 10월 30일 그가 프랑스의 은급을 받았다
는 혐의로 처형하는 데 성공했다. 아버지 그레벨은 최후까지 자신의 무
죄함을 맹세했으며, 불링거도 그 처형이 정당화되지 못한다는 것을 발
견했다.(Meyer v. Knonau, *Allgemeinen deutschen Biographie*의 "Grebel"이란
글을 참조하라.)

재세례파의 최초 순교자는 우리가 이미 언급한 것처럼 펠릭스 만쯔
(Felix Manz)였다. 1527년 3월 21일에 브라이스가우(Breisgau)의 슈타
우펜(Staufen) 출신 학자 미하엘 자틀러(Michael Sattler)가 그 뒤를 이었
다. 그는 수도사 출신으로 1524년에 형제단에 가담했다. 네카르(Neckar)
의 로텐브루크(Rottenburg)에서 그는 체포되어 "이글거리는 집게로 찢
겼고, 그 다음에 불에 태워졌으나 하느님 안에서 확고한 태도를 유지했
다." 한스 후트는 같은 해에 아우크스부르크에서 탈옥을 시도하다가
잡혀 죽었다. 1528년에는 브뢰들리(Brödli)와 후브마이어가 순교의 죽
음을 당했고, 1529년에는 우리가 살펴본 것처럼 랑겐만텔이 처형되었
고 블라우록은 티롤의 클라우젠에서 화형당했으며, 해처(Hätzer)는

콘스탄쯔에서 참수되었다. 링크는 헤센의 필립 백작의 공권력에 신병이 넘겨졌다. 백작은 양심상 평화로운 사람들을 그들의 믿음 때문에 죽이는 것에 동의할 수 없었고, 이에 루터는 대노했다. 그는 온화한 멜란히톤과 함께 1529년 제국국회의 결정을 가감 없이 이행하도록 그를 설득했으나 보람이 없었다. 그럼에도 헤센의 손에 넘겨진 불행한 자들은 많은 것을 얻지는 못했다. 그 온건한 군주는 그들을 종신형에 판결했다.

죽음으로 몰린 모든 이가 확고한 태도로 용감하게 죽었고, 후브마이어도 물론 그러기에 앞서 소심한 심약함을 드러낸 일이 없지 않았지만 그렇게 했다. 1527년 여름 그는 모라바의 니콜스부르크(Nikolsburg)에서 잡혔고, 카를 황제의 동생인 페르디난트(Ferdinand)의 명령으로 빈으로 압송되었다. 1521년부터 페르디난트는 독일에서 합스부르크 가문 권력의 보유자였고, 1526년부터는 헝가리와 보헤미아의 왕이었다. 1525년에 취리히에서 그랬던 것처럼 후브마이어는 이번에도 자신의 오류를 철회하는 선언을 함으로써 살아남으려고 했다. 세례와 성만찬에 관련해서도 그는 공의회(Konzil)에 순종하고 싶다고 공언했다. 동시에 그는 이단 박해자 페르디난트에게 충성을 다하겠다고 제안했다. 왕에게 보낸 청원, 1528년 1월 3일자 그의 "소명서"에서 그는 페르디난트의 널리 알려진 아량을 찬양했고 이렇게 간청했다. "전하께옵서는 저를 중한 병에 걸려 추위와 우수 속에서 누워 있는 붙잡혀 있는 서글픈 인간을 용서해주시고, 은총과 자비를 베풀어주시옵소서. 왜냐하면, 신의 도움으로 저는 국왕전하가 기뻐하시도록 처신하고 순응하고 행동할 것이기 때문입니다. 저는 큰 진심과 열정으로 백성에게 신앙과 경건과 순종을 내가 어디로 옮겨지든지 가르치고자 합니다."[30]

그러나 일체의 간청과 맹세는 보람이 없었다. 후브마이어는 발트스

후트 재야세력의 지도자로서 합스부르크 통치체제를 반대하는 폭도였으며, 이 범죄를 합스부르크 왕실은 결코 용서하지 않았다.

자신의 운이 다했음을 후브마이어가 알게 되면서 그의 용감한 아내 엘스베트(Elsbeth)의 힘을 입어 강해져서 그는 용기를 냈다. 그녀는 그와 1524년 발트스후트에서 결혼한, 보덴제(Bodensee)의 라이헤나우(Reichenau) 출신의 시민의 딸이었다. 그녀는 그에게 용기를 내라고 설득했고, 그래서 그는 역시 장작더미 위에서 확고한 태도로 죽음을 맞이했다(1528년 3월 10일 빈에서). 3일 후에 그의 용감한 아내는 도나우 강에 몸을 던졌다.

후브마이어가 드러낸 것 같은 허약함은 재세례파 중에서 드물게만 발견되었다. 일반적으로 그들이 죽음을 맞이하던 때의 확고함과 기뻐함에 대하여 사람들은 경악했다. 기독교인 역사가들이 원시 기독교 순교자들의 영웅적인 죽음을 그들의 신념의 거룩함과 고결함의 증거로 언급하듯이 재세례파들도 그들의 순교자들에 관하여 언급했다.

그리고 원시 기독교인들의 순교자들을 둘러싸고 그랬던 것처럼 재세례파의 순교자들을 둘러싸고도 기적들로 가득 찬 전설의 화환이 형성되었다. 그 기적들 중 특징적인 하나만 여기서 옮겨보자. 모라바의 "연대기" 1527년 기사는 레온하르트 카이저라는, "처음에는 본당 신부였던" 사람이 셰르딩(Schärding)에서 화형의 판결을 받았다고 보도한다. 그가 짐수레에 태워져 처형장에 실려 올 때 "그는 수레 밑으로 손을 뻗어 길 위에서 작은 꽃을 꺾어 들고서 그의 곁에서 타고 가는 집행자에게 말했다. 내가 여기 작은 꽃을 꺾었소. 이 꽃과 내가 불에 탄다면 이는 또한 나에 대한 처사가 정당하다는 표징이오. 그러나 나와 이 꽃

30 Zitiert bei Loserth, *Hubmeier*, S. 180.

이 불타지 않고 내 손에 든 꽃이 타지 않은 채로 있는 경우에는 당신들이 한 일을 생각해보시오! 그 후에 여러 클라프터(=사방 6피트. 장작의 양을 나타냄 - 옮긴이)의 화목을 그와 함께 태웠으나 그는 불타지 않았다. 그 후에 또 한 번 그렇게 많은 화목을 썼으나 그를 태울 수 없었고 단지 그의 머리털이 그슬렸고 손가락의 손톱들이 조금 누렇게 되었을 뿐이었다. 그가 꺾은 작은 꽃은 여전히 싱싱한 채로 손에 들려 있었다. 그리고 사람들이 그의 몸을 문지르자 그을음이 떨어져 나갔고, 그러는 중에도 그는 여전히 아름답고 희었다." 사람들은 불에도 끄떡없는 그 성자를 토막 내어 그 조각들을 인(Inn) 강에 던져 넣는 것 말고 달리 어찌할 수가 없었다.[31]

이 판타지 소품보다 더 우리를 사로잡는 것은 재세례파의 처형에 관한 신빙성 있는 보도들이다. 예를 들어 잘츠부르크에서 있었던 한 열여섯 살 된 소녀의 처형에 관한 보도가 있다. 그녀는 아무리 해도 배교를 하도록 만들 수가 없었지만 누구든 그녀의 목숨을 살려달라고 간청했다. "왜냐하면 그녀가 어린이처럼 순수하고 무고하다는 것을 모두가 느꼈기 때문이다. 집행인은 그녀의 팔을 붙들고 말 물 먹이는 통으로 끌고 가서 그녀가 익사할 때까지 그녀를 물에 담갔다. 그 다음에 혼절한 몸을 다시 잡아 꺼내서 그 시체를 불에 던졌다."[32]

그러나 대단한 야수적 행동에 대한 극히 연약하고 무방비한 자들의 모든 영웅적 태도도 군왕들과 그들의 성과 속의 하인들을 움직이지 못했다. 최초의 기독교인 순교자들이 했을 때는 신적인 행동으로 통했던 것이 재세례파들이 할 때는 악마의 작품으로 취급되었다.

파베르 폰 하일브론(Faber von Heilbronn)은 이렇게 묻는다. "재세례

---

31 Beck, *Geschichtsbücher*, S. 25, 26.
32 Keller, *Die Reformation*, S. 446.

파들이 그렇게 즐거워하고 확신에 차서 죽음의 고통을 겪는 것은 어디서 생겨난 일인가? 그들은 춤추며 불 속으로 뛰어들고, 태연한 가슴으로 번쩍이는 칼을 쳐다보고, 웃는 입으로 백성에게 말하고 설교하며, 그들에게서 영혼이 떠날 때까지 시편과 다른 노래들을 부르며, 마치 흥겨운 모임 속에 있듯이 즐겁게 죽으며, 죽기까지 강인하고 태연하고 확고한 태도를 지킨다." 이 모든 것이 지옥의 용의 작품이다.

루터도 재세례파의 확고한 태도를 지옥의 완고함, 사탄의 작품이라고 불렀다. 그는 이렇게 말했다. "우리의 레온하르트 카이저 같은 거룩한 순교자들은 겸손과 적에 대한 큰 온유한 마음을 가지고서 죽는다. 그러나 이들(재세례파)은 적에 대한 분노로 집요하게 굳은 마음을 먹으면서 죽음을 맞이한다."[33]

그 우직한 성직자에게는 재세례파에 대한 그의 맹목적인 악감정에서 불행한 일이 일어났다. 그 "거룩한 순교자", "우리의" 레온하르트 카이저, 그가 그들에게 모범이라고 내세운 그는 그가 착각하듯이 루터파가 아니라 셰르딩의 재세례파 공동체의 지도자로서 우리가 이미 위에서 살펴보았듯이 전설에 따르면, 불 속에서 살과 뼈가 아니라 해포석(Meerschaum) 같은 상태로 있었다.

이 모든 확고한 태도와 영웅적 기개는 오직 하나의 결과를 가져왔다. 재세례파의 순교자들 수효가 엄청나게 증가한 것이다. 1530년경이 되면 그들의 수는 (제바스티안 프랑크에 따르면) 2,000명이나 되었다.

이렇게 즐겨 말하기도 한다. 사상은 힘으로는 억압될 수 없다고. 이런 발언에 대하여 수많은 증거가 있으며, 이는 모든 박해받는 자에게 큰 위로의 소리가 된다. 그러나 그 발언이 아무리 무조건적으로 내세워

---

[33] 다음의 책에서 인용함. Cornelius, *Münsterischer Aufruhr*, II, S. 55.

진다고 해도 그것은 맞는 말이 아니다. 물론 사상 자체는 힘으로 죽여 버릴 수 없다. 그러나 사상은 역시 그것만으로는 힘이 없고 작용이 없는 그림자일 뿐이다. 어느 사회적 이상이 어떤 힘을 달성하느냐 하는 것은—그리고 여기서는 이런 종류의 사상만이 관심사이다—그것을 파지하는 개인들, 그리고 사회 속에서의 그들의 힘에 달려 있다. 특정한 이상을 품은 계급을 박멸하는 것이 가능하다면, 그로써 그 이상도 박멸하는 것이 된다.

16세기는 국가 절대주의에 속했다. 소수의 자유도시들에서도 하층계급에 대한 국가권력의 힘은 점점 더 무제한적으로 되었다. 제국도시들의 시 행정당국, 시의회는 16세기부터 갈수록 시민사회로부터 독립되었고, 나날이 '나랏님'으로서 행세했다. 1602년에 함부르크 시의회는 시민사회에 대하여 다음과 같은 주장을 내세웠다. "정부 당국이 불경하고 폭압적이고 탐욕적이더라도 신민들이 이에 대해 반발하고 반대하는 것은 적절치 않으며, 오히려 죄 지은 신민이 초래한 전능한 분의 벌로 인정해야 한다." 운운.(Maurer, *Städtverfassung*, Ⅳ., S. 186) 그 시대의 군주도 자신의 무제한적 왕권신수설을 그 이상 더 날카롭게 강조할 수 없었다. 이처럼 군주적 절대주의에 대해서와 똑같이 도시적 절대주의에 대해서 말할 수가 있다. 절대주의가 기사세력과 농민, 소시민적 반대파들을 제압했다면, 그것은 몇몇 프롤레타리아와 힘없는 부르주아 이데올로그의 공산주의적 움직임을 쉽게 가지고 놀듯이 억눌렀다. 남부독일에서의 재세례 운동은 신속히 생겨난 것처럼 신속히 사라졌다. 우리가 다른 것과 관련해서 다시 살펴볼 뮌스터의 파국(1535년)은 독일 전역에서 이 운동의 소탕을 가져왔고 여기저기서 얼마 동안 서글픈 명맥을 이어 간 약간의 비밀결사들로 된 소수의 무력한 잔당들만이 남았다.

유혈박해는 독일에서 재세례파의 급속한 소멸 원인의 하나였고 참으로 가장 중대한 원인이었다. 그러나 박해가 시작되던 바로 그 시기 무렵 독일 바깥에서 재세례파들이 자유로운 장을 발견하여 이제 그리로 수많은 이가 흘러 나갔다는 사정도 이에 적지 않게 기여했다. 이 자유로운 장, 16세기의 아메리카는 모라바였다.

5. 모라바에서 재세례파들

모라바는 재세례 운동의 발달에 아주 유리한 조건을 제공했다. 보헤미아와 함께 동일한 지배자 밑에 있어서 그 변방 백작령은 후스파 전쟁 중 그리고 그 후에 보헤미아와 운명을 함께 나누었다. 종교개혁의 처음 10년간 독일을 찢어 놓은 전투들이 보헤미아 왕의 땅들에서는 오래전부터 끝이 나 있었다. 그 투쟁들은 옛 신앙과 새로운 신앙 간의 타협으로 끝났고 그 타협은 종교적 관용의 관습을 가져왔다. 그리고 가톨릭과 우트라크파와 아울러 보헤미아 형제단의 종파가 생겨났으며, 국가와 사회로부터의 위해(危害)는 조금도 없었고 그들이 거주한 지역에서 영주들에게는 크나큰 경제적 유익이 되었다.

보헤미아와 모라바의 새 종파는 용인을 받기 위해서 국가권력의 보호를 받아낼 필요가 없었다. 군주는 그곳에서 후스파 전쟁 이래로 권력이 없었다. 고위 귀족계층은 거의 완전한 독립을 누렸다. 한 종파가 남작들 중 한 명의 호의를 얻었다면, 군주가 그에 대해 어떻게 생각하든 그 남작의 영지에서 조용히 거주할 수 있었다. 보헤미아와 모라바가 1526년에 가톨릭의 합스부르크 왕실에 귀속되었을 때에도 이는 달라지지 않았다.

재세례파는 16세기의 처음 몇 십년간 아직 그럴듯한 지위를 보헤미아와 모라바에서 보유하던 보헤미아 형제단과 아주 가까웠다. 제바스티안 프랑크는 이에 관하여 우리가 이미 여러 번 인용한 연대기에서 그에 관해 다음과 같이 보도한다.

"발도(Valdo)에 의해 이와 같이 오도된 피카르트파는 보헤미아에서 특별히 기독교적인 백성이며, 기독교인들의 종파이다. … 그들은 그들 중에서 거지가 있는 것을 두고 보지 않으며, 서로 형제로서 돕고 조언한다. 그러나 그들은 둘 혹은 몇 사람이 그러기를 원하듯 큰 무리, 작은 무리, 아주 작은 무리의 세 무리로 나뉘며, 매사에 재세례파와 같은 편에 서고, 모든 것을 공유로 하며, 어떤 아기에게도 세례를 베풀지 않는다."운운.(Fol. 138)

보헤미아 형제단의 추종자이고 보호자였던 이들 보헤미아와 모라바의 명사들, 카우니츠와 리히텐슈타인의 영주들, 치에로틴 백작(Graf v. Zierotin)은 또한 박해받는 재세례파들도 떠맡았다.(L. Keller, *Die Anfänge der Reformation*, S. 56을 참조하라.)

이런 호의적인 상황에도 불구하고, 재세례파는 결코 보헤미아에 확고한 발판을 마련하지 못했다. 이는 민족적 상황으로 잘 설명된다. 재세례파는 독일 이민자들이었다. 그런데 16세기에는 앞 세기에 고도로 번성한 보헤미아에서의 민족적 대립이 아직 상당히 강했다. 독일인들은 체코 인구 가운데서 행복을 느낄 수 없었다. 이에 반하여 모라바에서 민족적 대립은 결코 그렇게 첨예하지 않았으며, 독일인들은 그곳에서 더 쉽게 고향을 발견할 수 있었다.

1526년 가을 후브마이어는 아우크스부르크에서 모라바를 향하여 "한 무리의 백성들을 이끌고" 갔으며, 니콜스부르크에서 융숭한 대접을 받았다. 그곳은 스스로 세례를 받은 레온하르트 폰 리히텐슈타인

(Leonhard von Lichtenstein) 경의 영지였다. 교회가 그곳에서 조직되었고—이는 특징적인 것인데—또한 곧바로 출판사가 설립되어 후브마이어의 글들을 찍어냈다. 취리히 출신의 프로샤우어(Froschauer)라고 불리는 짐프레히트 조르크(Simprecht Sorg)가 출판업자였다.

새로운 '엠마우스'라는 소문이 곧 도처에서 형제들 사이에 퍼졌으며, 많은 이들이 약속의 땅으로 탈출함으로써 박해를 벗어났다. 그러나 자유와 융성은 이미 존재하던 분열을 촉진했다. 강경한 지향과 온건한 지향 간의 대립은 이미 독일에서 부상했지만 박해에 의해 뒷전으로 밀려났던 것이 모라바로 들어와 만개했다. 동시에 보헤미아 형제단 사이에서도 이런 대립이 여전히 존재했다는 것이 재세례파가 보헤미아 형제들과 밀접한 접촉을 하게 되자마자 재세례파 가운데서의 그 대립의 격화를 더욱 조장했다. 두 지향의 지도자들은 후브마이어와 후트였다. 후트는 후브마이어를 바로 뒤따라서 모라바에 들어왔다.

임박한 투르크 전쟁이 분열을 격화했다. 불신자들을 정벌할 목적으로 전시세(戰時稅)가 부과되었다. 재세례파들은 이 세금을 내야 했는가? 그들은 전쟁을 거부했다. 그리고 투르크인들에 맞서 황실 권력을 강화하는 것은 이미 후트의 의도와는 맞지 않았다. 그는 투르크인들에게서 재세례파를 지지하는 쪽으로의 호의적 전향을 기대했다. 이에 관하여 일련의 논쟁이 니콜스부르크 안과 인근에서 벌어졌다.

재세례파의 역사책은 이렇게 보도한다. "1527년에 투르크인이 오스트리아 빈 앞으로 진격한다는 외침이 터져 나온 뒤에 교회의 형제들과 원로들이 위에서 말한 안건에 관해 대화하기 위해 (니콜스부르크 인근의) 페르겐 성당 앞뜰에 모였다. 그러나 서로 의견 일치를 볼 수 없었다." 그리고 다른 곳에서는 "한스 후트와 다른 이들은 니콜스부르크의 (리히텐슈타인) 성에 모여서 칼의 문제에 관하여 칼을 사용해야 하는지 혹은 칼을 지녀야 할지 말지에 관해서, 또한 전쟁을 위해 세금을 내야 할지, 그리고 다른 명령들 때문에도 토론을 벌였으나 합의를 볼 수가 없었다. 이와 같이 의견이 일치하지 못하고 서로 갈라졌다. 그런데 한스 후트는 칼의 문제에 관하여 레온하르트 폰 리히텐슈타인 경과 의견이 일치할 수도 없고 그럴 뜻도 없었기 때문에 그는 자신의 의사에 반하여 니콜스부르크 성에 구금되었다. 그러나 후트에게 호의를 지녔고 그를 위해 염려하던 어떤 사람이 밤을 틈타 그를 토끼그물에 넣어 창문을 통해서 성벽 밑으로 내려 보냈다. 다른 날 그 도시의 백성들이 레온하르트 경과 그의 수하들에 대해서 크게 투덜거리고 불평을 쏟아냈다. 그들이 후트를 폭력으로 성에 가두었기 때문이다. 이를 통해서 발타자르 후브마이어는 공공연하게 양로원에서 그의 조력자들과 그 일에 관해 이야기하게 되었다. 그들은 예전에는 칼 문제와 세금 문제 때문에 서로 의견 일치를 볼 수 없었기 때문이다."[34]

이처럼 그 당시에는 평화애호적인 형제들에게서 상당한 격론이 있었던 듯하다.

한스 후트는 모라바에 머물지 않았다. 1527년 가을에 우리는 그를 다시 아우크스부르크에서 발견하며, 그곳에서 그는 체포되어 이미 보도되었듯이 죽임을 당했다.

그러나 후브마이어는 국가들의 전쟁을, 그와 같이 정부 당국의 지도 하에서의 칼의 사용을 어떤 상황에서도 비기독교적인 것으로 정죄한 강경한 지향에 대한 공세를 계속했다. 그의 글 "칼에 관하여"(Vom Schwert)는 전적으로 형제들에 대한 논박에 바쳐진 것이다.[35] 몇 개의 특징적

---

34 Beck, *Die Geschichtsbücher usw.*, S. 49 bis 51.
35 "칼에 관하여. 몇몇 형제에 의해 아주 진술하게 개진된, 정부 당국에 반대하는 취지(즉, 기독교인이 권좌에 앉아서도 안 되며, 칼을 자랑해서도 안 된다는 것)의 글의 기독교적 공

문장을 그로부터 (로제르트Loserth의 발췌문에 따라) 재수록해보자. 먼저 후브마이어는 형제들에게 상황을 고려해야 하며, 꿈꾸는 세계가 아닌 실제 세계에 살아야 한다는 점을 암시한다. 그는 그리스도의 말씀으로 시작한다. "나의 나라는 이 세상에 속하지 않는다." "이 문장에서 몇 형제들은 기독교인이 칼을 지녀서는 안 된다는 결론을 끄집어낸다. 그런 사람들이 눈을 제대로 뜬다면, 그들은 다르게 말할 것이다. 즉, 우리의 나라는 이 세상에 속해서는 안 된다고. 그러나 유감스럽게도 신에게 원망할 일이지만, 우리의 나라는 이 세상에 속한다. … 우리는 세상과 죄와 죽음과 지옥의 나라에 있다. 그러나 아버지, 우리를 이 나라에서 벗어나게 도와주십시오. 우리는 머리끝까지 그 안에 끼어 있으며, 거기서 벗어날 수 없습니다."

마찬가지 방식으로 후브마이어는 강경파가 자신들의 주장을 위해 드는 성경의 열다섯 문장을 더 다룬다. 당연히 신약에서 정부 당국의 필요성을 밝히는 문장들을 발견하는 것은 그에게 쉬운 일이다. 그러나 정부 당국이 필요하다면, 선한 기독교인은 역시 당국을 지지해야 한다. "이제 정부 당국이 악인들의 영혼 구원상 그렇게 할 책임이 있듯 악인들을 벌하려고 하는데, 단독으로는 악인들을 제압할 능력이 안 되어 이에 따라 신민에게 종을 쳐서, 총소리로, 십자포화로, 편지로, 소집공고로 요청하면 신민은 마찬가지로 그들의 영혼 구원상 정부 당국이 악인들을 하느님의 뜻에 따라 처치하고 박멸할 수 있도록 정부 당국을 지지하고 도와줄 책임이 있다." 물론 순종은 결코 맹목적이어서는 안 된다. "그러나 어떤 정부 당국이 미숙하거나 어리석다면, 아니 통치하는 데 전혀 능숙하지 않다면, 그럴 때는 그 당국을 정당하게 기피하고

표. D. 발타자르 Huebmör von Friedberg, 1527." 이 글에서의 상세한 발췌를 로제르트 (Loserth)는 자신의 "Hubmeier", S. 166ff에서 하고 있다.

다른 당국을 취할 수 있으며, 그렇게 하는 것이 좋다.…[36] 그러나 그것이 정당하게 그리고 평화적으로 또한 큰 손해나 폭동 없이 될 수 없다면, 당국을 용인하라."

그러나 그는 전시세와 신민에 의한 정부 당국의 후원, 마찬가지로 또한 스스로 정부 당국자가 되고, 칼을 지닐 기독교인들의 권리를 옹호한다.

동시에 후브마이어는 쯔빙글리와 그의 사람들에 반대하는 논쟁의 글들을 출판했다. 그 글들 중 하나는 그의 공산주의도 아주 온건한 것이었음을 보여준다. 그의 "울리히 쯔빙글리 선생의 아기세례 세례명부에 대한 담화"에서 그는 공산주의에 대한, "공유제"에 대한 비난에 이렇게 답한다. "나는 항상 그리고 어디에서나 재물의 공유에 관해서 사람은 남과 같이 아파하고, 배고픈 이를 먹이고, 목마른 이를 마시게 하며, 헐벗은 이를 입혀야 한다는 식으로 말한다. 왜냐하면 우리는 재물의 주인이 아니라 관리인이나 분배자일 뿐이기 때문이다. 다른 사람에게서 그의 것을 취하여 공유로 만들어야 한다고 말하는 자는 확실히 아무도 없다. 차라리 겉옷에 속옷까지 내주어야 한다는 사람은 있을지 모르지만 말이다." 후브마이어는 체포되었을 때, 다른 것들 중에서도 한스 후트에 대한 첨예한 반대를 들고 나온 것을 통해 페르디난트 왕의 은전을 받을 만한 자임을 내세우려고 그의 이미 언급된 "소명서"에서 시도한 것은 별로 유쾌한 일이 못 된다. 그는 거기서 "새 날에 관하여"(vom jüngsten Tag) 쓰고 있다. 이는 그 시대의 말에서는 혁명 이외에 다른 것을 뜻하지 않았다. "그리스도가 우리에게 그가 강림할 날이 얼마나 가까이에 우리 문 앞에 있는지를 알려주려고 수많은 징조를 우리에게

---

[36] "그렇다, 그렇다, 그렇다"고 로제르트가 발췌한 모라바 지방 서고에 있는 테두리에 적힌 주석에서 말한다.

보여주었지만, 이날은 하느님 한 분 말고는 아무도 모른다. 나 역시 요한네스 후트와 그의 추종자들이 새 날의 특정한 시점을 다음 번 오순절로 잡고 백성에게 설교를 하여 이를 통해 이들이 집과 재산을 팔고 아내와 자식을 버리도록 설득하고 단순한 이들에게 생업을 포기하고 그를 따르도록 설득했기 때문에 요한네스 후트와 그의 추종자들을 거의 혹독하게 반대했다. 이는 경전에 대한 큰 몰이해에서 생겨난 미혹이다." 다니엘서에서 3년 반을 후트는 4년으로 만들었으며, 이는 큰 잘못이라는 것이다. 후브마이어의 계산에 따르면 다니엘서의 하루는 1년과 같으므로 이 3년 반은 1277년이 되며, 이는 후트의 계산에서는 누락되어 있다. "내가 그에게 공개적으로, 그리고 성실하게 지적했고 그를 무책임하다고 꾸짖은 것은 그가 가난한 백성을 이렇게 꾀고 오도했다는 것이며, 이는 내가 그에 대하여 행한 폐회연설로 입증할 수 있는 것이다." 혁명을 1277년 후에야 기대한 혁명가는 물론 상당히 위험성 없는 사람이었다.

"소명"(Rechenschaft)의 다른 문장들에서도 후브마이어는 후트를 공격했다. "요한네스 후트와 그의 추종자들이 가르친 두 항목인 세례와 (성만찬의) 성례전에 대하여 나는 곤란한 상황에 처해 있으며 신이 내 평생 동안 힘을 주시는 한에서는 역시 가르침과 집필로 그에게 반대하려고 한다. … 내가 가르친 세례와 후트의 세례는 하늘과 지옥처럼 서로 거리가 멀다. 만찬에 대해서도 나는 그의 짐을 지지 않게 되기를 신께 희망한다."

두 거대한 적수의 죽음 후에 두 지향 간의 투쟁은 재세례파에 대한 박해가 모라바에까지 (일시적으로) 뻗쳐오고 투르크인들의 침입이 일반인들의 이목을 끎에 따라 간혹 후퇴하기는 했지만 결코 중단되지 않았다.

그 당시에 많은 형제가 독일에서 모라바를 향하여 왔다. 한 무리의 '민중'이 가브리엘 아셰르함(Gabriel Ascherham) 지도하에 로시츠(Rossitz)에 정착했으며, 그에 따라서 가브리엘인(Gabrieler)이라고 불렸다. 그곳이 너무 비좁게 되자, 주로 팔쯔 사람들인 일부가 필립 플레너(Philipp Plener)의 인도하에―그래서 필립인(Philipper)이라고 부른다―아우슈피츠(Auspitz)로 갔다. 이들 두 무리의 '민중'은 온건한 지향에 속했으며, 강경한 지향과 대립했지만 그들 간에서도 분열했다. 니콜스부르크 사람들 가운데서는 두 지향 간의 다툼이 계속되어 그중에 이제 강경파는 '공유론자' 혹은 '막대기 든 자'(Stäbler)라는 별명을 얻었고 다른 쪽은 '칼잡이'(Schwertler)라는 별명을 얻었다.

후자의 편에 레온하르트 폰 리히텐슈타인이 있었다. 그에게 갈등이 너무 심해지자 그는 강경파 공산주의자 성인(成人) 200명을 내쫓았다(1528년). 그들이 옛 공동체를 등지면서 행한 첫 번째 일은 그들의 공산주의를 알리는 것이었다. "그때 그 사람들은", 그들의 지도자들인데, "백성 앞에 겉옷을 깔았고 각 사람은 자기의 재산을 기꺼이, 강압이나 독촉 없이 궁핍한 자를 부양하는 데에 예언자들과 사도들의 가르침에 따라 내놓았다."[37]

그들은 카우니츠 경들의 영역에 있는 아우스터리츠로 향했고, 이들은 그들을 받아들였다. 이미 1511년에 그곳에는 '피카르드파'가 정착해 있었다. 곧 수많은 동지가 유입해온 사람들을 따라왔으며, 아우스터리츠는 모라바에서 재세례파의 본거지가 되었다.

그러나 아우스터리츠 사람들 중에서도 격론이 벌어졌던 것 같다. 그에 관한 생생한 그림을 이미 우리에게 잘 알려진 빌헬름 로이블린이

---

37 Beck, *Geschichtsbücher*, S. 75.

아우슈피츠로부터 그의 친구, 위에서 언급한 티롤의 광산 재판관 필그람 마르벡(Pilgram Marbeck)에게 1531년 1월 26일 쓴 편지가 우리에게 전해준다. 그 편지에서 그는 자신과 자신의 추종자들이 어떻게, 그리고 왜 아우스터리츠에서 추방되었는지(1531년 1월 8일) 서술한다. 그중에서 그는 남아 있는 자들을 이렇게 비난한다. 그들은 "세속적이고 육신적인 재물의 공유를 거짓되게 사기성을 가지고서 다루었다. … 그들은 명성을 유지했고 부자들에게 자신들의 오두막집을 내주어서 프란츠와 그의 아내는 귀족처럼 삶을 영위한다. 식사할 때 일반 형제들은 완두콩과 채소로 만족했지만, 장로들과 그 아내들은 구운 고기, 생선, 조류와 좋은 포도주를 받았다. 그들의 여성 다수는 내가 공동의 식탁에서 본 적이 없다. 다른 사람은 신발도 셔츠도 가질 수 없었지만, 그들 자신은 좋은 바지와 저고리, 모피옷을 넘치도록 소유했다."[38]

로이블린과 그의 추종자들은 아우슈피츠로 가서 그곳에서 독자적인 공동체를 세웠다. 그러나 곧 로이블린도 "거짓되고, 불충하고, 음험한 아나니아"로 밝혀져서 배제되었다. 그는 그가 독일에서 가져온 40굴덴을 자기 것으로 취했고, 공동체에 내놓지 않았던 것이다.

1531년경 모라바에서 재세례파의 진지에는 혼란이 정점에 달했다. 그 당시에 그의 연대기를 펴낸 프랑크는 이미 인용된 문장(624쪽)에서 모라바의 "형제들"의 상황을 제대로 묘사했다. 거기서 그는 그들의 공동체에 파문시키는 일이 아주 많았다는 것을 언급했고, 또 그는 아우스터리츠에서 "분배가 제대로 되는지"에 관해 의문을 표시했다.

"육적인 자유로부터 다른 자유로" 형제들이 성장했다고 그 시대의 모라바 재세례파에 대한 역사책이 보도한다. "그래서 세상과 완전히

38 그 편지는 Cornelius, *Münsterischer Aufruhr*, II, S. 253부터 259에 부록 V로 원문대로 수록되었다.

동화되어 아무도 그들을 더 이상 세상 사람들에게서 구분해내지도 알아보지도 못했다."[39]

그러나 해체 과정으로 여겨진 것은 실제로는 정화되고 영속하는 제품을 내놓은 발효과정일 뿐이었다.

이 모든 투쟁의 결과물은 거의 1백 년간을 유지되었고 오직 권력에만 무너진 공산주의 조직이었다. 재세례파의 확정적 조직화의 주된 공로는 티롤 이민자들에게로 돌아갔다. 이들은 1529년부터 수백 명씩 모라바로 들어와서 그곳의 운동에 그들의 족적을 남겼다. 그들의 지도자들 가운데 특히 모자 제조인 야콥이 두드러졌다. 그의 직업에 따라 후터(모자쟁이)라고 불렸다(흔히 한스 후트와 혼동된다). 그는 새로운 조직에 아주 큰 영향을 미쳐서 그의 이름을 따서 그들의 호칭이 만들어졌다. 모라바에서 재세례파는 그 후로 후터파 형제들이라고 불렸다. 후터의 천재성이 새로운 조직을 얼마나 거들었는지, 그가 얼마나 자신의 배후에서 그에게 힘을 빌려준 대중의 의지의 집행자일 뿐이었는지 오늘날에는 확인하기 어렵다.

1529년 가을 야콥 후터와 지그문트 쉬칭거(Sigmund Schützinger)는 여러 동지들과 함께 티롤에서부터 아우스터리츠로 와서 그곳의 공동체에 가입했다. 그들은 모라바가 살기가 좋다는 것을 인식했다. 야콥은 "작은 무리의 백성들을 순차적으로" 모라바로 보내기 위해서 티롤로 돌아갔다. 이들 새 이주민은 열정과 희생정신, 규율을 가지고 와서 공산주의 공동체의 핵심을 이루었다. 이 핵심은 곧 그 공동체의 다른 분자들도 평화롭고 항구적인 공동생활을 하도록 몰고 갔다.

1533년 8월에는 후터 자신이 수많은 추종자와 돌아왔다. 왜냐하면

---

[39] Beck, *Geschichtsbücher*, S. 99.

티롤에서는 이 해 7월에 (티롤의) 구피다우너(Gufidauner) 구역에서 집회를 연 형제들이 "성도들에게는 더 이상 남은 것은 없다"고 공언할 정도로 "폭정이 아주 높은 정도에 도달했기 때문이다." 그리고 이제 독자적인 재조직화가 시작되었다. 그것은 고도로 정력적이고 목적의식적으로 추진되었던 것이 분명하다. 왜냐하면 뮌스터에서의 재세례파 봉기(1534년)가 도처에서 재세례파에 대한 혹독한 박해를 촉발하여 이 봉기가 잠정적으로는 일군의 모라바 귀족들도 놀라게 만들어 그들이 재세례파에 대한 비호를 철회하던 때에 재세례파 공동체의 뒤집을 수 없는 기본 특성이 이미 확고하게 섰기 때문이다. 모라바에서 그들에 대한 최초의 큰 박해가 시작되었다. 재세례파 공동체들은 해산해야 했고, 그 회원들은 추방되었다. 우리는 이 대목에서 그 당시에 그들이 얼마나 많은 수였는지 알게 된다. 모라바의 재세례파의 수는 3천 명에서 4천 명으로 추산되었다.

후터도 도주해야 했다. 그가 1535년 모라바의 주지사에게 보낸 형제들의 박해에 대한 항의는 그 사람의 비범한 용기를 증거해준다. "아, 이럴 수가!" 그는 그중에서 이렇게 외친다. "다시금 너희 모라바의 공경(公卿)들에게 영원히 화가 있을지니, 너희는 하느님의 진리의 적이고 잔인한 폭군인 페르디난트에게 신실한 이들과 경건한 자들을 너희 땅에서 쫓아내겠다고 약속했고 동의했다. 그리고 전능하신 하느님과 주님보다 죽게 될 쓸모없는 사람을 더 두려워한다."[40]

그 항의는 오직 한 가지 작용만을 했다. 후터에 대한 추적에 박차를 가한 것이다. "그리고 정부 당국은 야콥 형제를 열심히 추적했으며, 그들이 말하고 싶은 바대로 야콥 후터를 붙잡기만 하면 그 다음에는 모든

---

[40] 그 항의는 Loserth, *Anabaptismus in Tirol bis zum Tode Huters*, S. 171부터 175의 부록에 수록되어 있다.

것이 옛날의 잠잠한 상태로 돌아갈 것이라는 말이 자주 들려왔다."[41]

후터는 티롤로 돌아갔지만, 그곳이 모라바보다 더 안전하지 않았다. 1535년 11월 말에 그는 클라우젠(Klausen)에서 붙잡혔다. 그에 대한 처리에 관해서는 형제들은 이렇게 설명한다. "그를 얼음처럼 찬 물에 넣었다가 뜨거운 방으로 데려가서 채찍으로 때린다. 그것이 그의 몸에 상처를 내었는데, 그 상처에 화주를 붓고 불을 붙여서 불이 타오르게 하는 등의 짓을 했다." 그는 1536년 3월 3일 새벽에 조용히 화형을 당했다. 민중을 두려워했기 때문에 소리 소문 없이 처형한 것이다.

지도자는 쓰러졌지만 그 공동체는 이 타격과 또 다른 타격들도 극복하기에 충분한 내적인 힘을 보유했다. 이미 1536년에 재세례파는 모라바에서 다시 모일 수 있었다. 그들이 정착한 땅의 주인인 영주들은 이 열심 있고 숙련된 노동자들의 경제적 중요성을 박해 중에도 인정했다. 그들은 이들을 다시 불러들였으며, 모든 피신처에서 그들이 밖으로 나왔고 곧 옛 피해가 복구되었을 뿐 아니라 아예 새로운 공동체의 창설로 나아갈 수 있었다.

박해는 재세례파에게 손상을 입히지 못했을 뿐 아니라 반대로 모든 의심스러운 분자들을 그들로부터 떼어놓으면서 그들을 강화해준 것 같다. 일체성은 1536년부터 이전보다 훨씬 컸으며, 그들은 그때부터 빠른 진보를 이루어갔다. 다른 모든 곁가지는 결국 후터파의 지향에 흡수되었다.

모라바 재세례파는 이때부터 조직의 토대가 더 없이 강경한 공산주의로 흘렀다. 사소한 물건들을 소유물로 보유하는 것마저 죄악으로 통했다. "한스 슈미트는 사형 판결을 받고서 그의 막달레나(Magdalena)에

---

[41] Beck, *Geschichtsbücher*, S. 117.

게 기념으로 귀이개를 보냈다. 형제들이 제기할 아무런 이의도 없다는 전제에서였다. 바로 이 한스 슈미트는 공유제의 가르침을 위해 죽었다. 그 가르침이 그에게는 최고의 보물이었고, 지상에서 가장 아름다운 것이었으며, 이것을 빼앗기는 것이 가장 큰 불행이다.…"

"재세례파 신도에 가담한 자는 자신의 전체 소유를 처분하여 그것을 명을 받은 대표에게 넘겨야 했다. 이제 공동체에는 물론 주로 가난한 사람들, 노동자들, 장인들이 찾아왔으나 우리는 티롤의 소송기록에서 개별적인 귀족 인사들을 완전히 제외하고도 꽤 잘사는 농부들도 새로운 가르침을 찾아왔다는 것을 알게 된다."[42]

사람이 공동체에 바친 것은 공동체에 속했고, 이는 주식투자에 지나지 않는 것이 아니었다. 회원이 다시 탈퇴하거나 제명되더라도 그는 가지고 들어온 것을 회수하지 못했다.

국가 그리고 전쟁과 관련해서도 강경한 입장이 여전히 승리자였다. 모든 정당한 일에서 정부 당국에 순종해야 했으나 사람보다 하느님에게 더 복종해야 했다. 즉, 재세례파들은 어떤 사안에서 복종할지에 관하여 판단할 권리도 보유했다.

국가행정에의 참여는 금지되었고, 군복무 또는 전시세만 지불하는 것도 마찬가지로 금지되었다.

"하느님이 명하지 않은 것을 우리에게서 구하려 했다면, 전쟁에 내는 세금이나 사형집행인 보수 그밖에 기독교인에게 어울리지 않고 성서에 아무 근거도 없는 그런 일들을 우리에게서 구하려 했다면 우리는 결코 동의할 수 없다"고 1545년에 재세례파들이 모라바 주의회에 제출한 각서에서 공언했다.

---

[42] Loserth, *Der Kommunismus usw.*, S. 102, 108.

이처럼 재세례파들에게는 발전양상이 보헤미아 형제들에게서와는 달랐다. 보헤미아 형제들에게서는 두 지향 간의 투쟁에서 온건파가, 재세례파들에게서는 강경파가 승리자로 떠올랐다.

우리는 두 종파 각각이 기반을 다졌던 상황 차이에서 그 원인을 찾는다.

보헤미아 형제단은 그들 민족 내부에서 활동했다. 그들의 공동생활체가 번성하고 외연을 넓히기 시작하자 곧 형제들의 눈에는 민족 전체를 장악할 가능성과 희망이 생겨났다. 그러나 이런 방향에서 실천적 활동의 모든 시도는 그 당시에 발흥하던 상품생산과 그에 동반한 현상들 안에서 공산주의적 성향과 금욕정책의 약화를 가져온 것이 분명했다.

모라바에서 재세례파들은 체코 인구 중의 독일인이었고, 독일인으로 남아 있었다. 그들은 체코인들 내에서 외국인이라고 스스로 느꼈다. 그리고 작은 종파로 남는 데는, '이교도' 중에서 '선민'이고 '성자들'로 된 작은 백성으로 남는 데는 자제심을 발휘할 필요가 전혀 없었다. 그들은 오직 주변 환경과의 약간의 접촉지점들만 확보했고 이들에 의해 끌림을 당한다고 스스로 느끼지 않고 오히려 한데 뭉쳐지고 그들 간에 서로 의지가 된다고 느꼈다.

공산주의적 조직이 없어도 같은 족속이나 같은 언어를 가진 사람들이 외국 인구 가운데서 그들의 고향에서보다 서로 연대 감정을 느낀다는 것은 알려진 현상이다.

여기에 또 하나의 다른 사정이 더해진다. 보헤미아 형제들에게 온건한 흐름의 진출은 '인텔리'들, 지식인들의 유입과 병행한다. 한쪽이 다른 쪽의 조건이 된다. 형제단 내의 지식인들은 그들의 시야가 더 넓었는지, 그 종파가 사회에서 차단되는 것을 극히 곤란한 것으로 받아들였는지 모르지만 온건한 지향의 가장 결연한 대표자들을 이루었다.

재세례파들에게 있어서도 지식인들은 대부분 온건한 관점의 담지자들이었다. 그러나 1527년에 시작되고, 30년대 초까지 지속하는 독일에서의 대박해는 그들 거의 모두를 앗아가며, 그들은 아무런 후계자도 얻지 못한다. 지식인들은 그 후로 재세례파들에게서는 더 이상 이렇다 할 것이 없으며 그래서 그들 중에 비중이 있는 거의 모든 사람이 그때부터는 단순한 장인(匠人)들이다. 중세와 종교개혁 시대의 대부분의 공산주의 종파가 향해 간 지식인 증오는 이제 그들에게서 방해받는 일 없이 발달할 수 있었다.

로제르트는 이렇게 말한다. "이미 동시대인들에게 재세례파의 모든 지식인 존재, 고등교육기관, 개별 지식인들에 대한 깊은 멸시는 눈에 띄었다. 피셔(Fischer)는 이렇게 외친다.[43] '그런데 이 재세례파는 대부분이 포도원 일꾼, 농부, 장인 등 평범한 민중으로부터 규합된, 아주 거칠고 육적이고 무식하고 못 배운 사람들이 아닌가? 그들은 모든 문예를, 예를 들어서 성경까지도 그들에게 도움이 되지 않는 경우에 멸시하지 않는가? 그들은 모든 대학교를 대수롭지 않게 여기지 않는가? 그들은 배운 사람들을 멸시하지 않는가? 그들은 역사(歷史)들을 배척하지 않는가?' 피셔가 주장하는 것에는 많은 진실이 있다. 수많은 법정 심문과 모라바 공동체들에 대한 통지문에서 그들은 지식인 존재에 대한 멸시를 주저 없이 표출했다. 심지어 그들의 유식한 재판관과 그들을 개종시키려고 파견된 다양한 교파의 성직자들도 그들은 그런 이유에서 꽤나 소홀하게 대우한다."[44]

---

[43] 재세례파가 농촌에서 고생하려고 하지 않는 유력한 이유 54개. 펠트스베르크(Veldsberg)의 주임신부인 크리스토프 안드레아스 피셔(Christoph Andreas Fischer)가 제기. S. 64, 65. Ingolstadt 1607.

[44] Loserth, *Kommunismus der Wiedertäufer*, S. 144.

최초의 박해 이래로 어떠한 교육받은 이론가도 재세례파에 가입하지 않은 것은 물론 이 박해가 낳은 상황에 상당 부분 기인한다. 1527년부터 부르주아 사회 안에서 재세례파에 신앙고백한 자는 누구나 법적 보호를 박탈당했다. 그가 농부들과 함께 농부가 되고, 장인들과 함께 장인이 되고 문명화된 세계의 변경으로 물러나 살 결심을 할 수 없었다면,—투르크인들이 그 당시에 모라바에까지 밀려들어 왔다—그는 아직 재세례파였을지라도 가슴 속에 그의 신념을 숨기는 편이 나았다.

그리고 재세례파나 프롤레타리아에게 공감을 가진 지식인들은 1525년부터 아주 드물게 될 수밖에 없었다. 왜냐하면, 이 해에 시민적 자유와 함께 독일에서 학문의 자유도 말살되었기 때문이다. 학문은 교회와 마찬가지로 국가의 시녀가 되었다. 교수들은 신부들처럼 군주의 종이었다. 1525년에 이전 수십 년간 독일 학문이 발달시켰던 대담함과 독립성은 이제 자취를 감춘 것이나 마찬가지였다. 그러면 혁명적 견해를 지닌 지식인들은 어디서 온 것일까?

이러한 상황과 아울러 재세례파들 중 강경한 지향의 승리를 선언하는 순간이 또한 관찰된다.

재세례파 운동 가운데서 지식인들을 도태시킨 바로 이 박해는 티롤의 형제들 다수를 모라바로 몰고 왔으며, 이들 중에는 자본주의적 착취의 학교를 나오고 대기업에서 규율과 계획적인 협동작업을 배운 많은 광부들이 있었다. 이들과 아울러 직조공들도 왔으며, 이들 중에서는 공산주의적 열정이 항상 특별히 강했다.

우리는 모라바 자치공동체에서 강경한 공산주의가 우위를 점한 원인이 이런 분자들의 유입에 있다고 본다.

이 공산주의의 기초는 지금까지 관찰된 모든 공산주의 유형이 그런 것 같이 소비행위의 공동체성, 소비수단의 공동소유였다. 이것과 필연적으로 결부된 것은 개별 가족의 지양이었다. 모라바의 재세례파에게는 물론 단혼제의 폐지로는 나아가지 않았다. 이 지양의 한 형태인 독신은 교황 측 교회에 대한 그들의 반대로 그들에게 금지되었다. 그것은 그들을 수도사와 같은 반열에 놓는 것이었을 것이다. 교황 체제의 수호자들 중에서도 가장 증오 대상이 되고 그 당시 착취와 타락의 가장 악한 형태의 앞잡이들이던 수도사들 말이다. 그러나 자유 성교는 독신보다 더 소시민계층과 소농계층의 견해와 필요에 상충되었다. 그 시대의 프롤레타리아 계층도 그들의 관념적 울타리 안에서 움직였던 것이다.

사랑이나 결혼의 더 큰 자유는 재세례파를 배출한 분자들에게서보다 혁명적인 상층계급, 16세기의 군주들, 상인들, 인문주의적 지식인들에게 더 친근한 요구사항이었다. 발흥하는 상층계급에게서는 쾌활한 삶을 찾아볼 수 있었다. 이는 자신의 인격에 대한 의식으로서 그 기운찬 발달과 활동을 위한 모든 조건이 주어져 있었다. '개인주의'와 일체의 강제에 대한 증오가 그런 것이었다. 푸대접 받고 짓밟힌 하층계급 출신의 공산주의자들은 그 시대의 투쟁 속에서 큰 공동체 안에 그들의 개인적 삶을 바침으로써만 어느 정도 연명할 수 있었다. 그 음침한 금욕주의를 가진 이런 분자들에게는 성적인 욕망과 그밖의 모든 욕망은 대체로 일고의 가치도 없는 것이었으며, 개체성의 중시는 그래서 죄스러운 것이었다. 그것이 상층계급에게서는 사치와 교만과 결부된 것으로 그들에게 두드러지게 여겨질수록 더욱더 비난받을 것이 되었다. 근대적인 개인의 성적인 사랑은 그 당시에는 겨우 초창기에 있었으며, 이를 위한 전제조건은 하층계급보다는 상층계급에게서 갖추어져 있었다.

그래서 종교개혁에서 결혼의 더 쉬운 해소 가능성을 재촉한 것은 바로 군주의 신하들이었다. 루터와 멜란히톤은 여러 명의 아내를 두는 것까지도 허락되는 것으로 여겼다! 그리고 루터는 혼외의 성생활을 순결보다 더 칭찬할 만한 것으로 공언했다. "믿음이 없고 자신들의 순결과 수도회 생활로 위안을 얻는 모든 수녀와 수도사는 세례받은 아기가 창녀의 아기일지라도 그 아기를 안고 얼러주거나 죽을 쑤어줄 자격이 없다. 그 이유는 그들의 수도회와 그들의 삶이 하느님의 말씀을 취하지 않기 때문이다. 그들은 어느 여성이 혼외의 자식을 두는 일이라도 그렇게 자랑할 수 있는 것 같이 그들이 하는 짓이 하느님의 마음에 드는 것이라고 자랑할 수도 없다."[45]

반면에 그 시대의 공산주의자들에게 적은 예외는 있지만, 혼사에서는 더 없이 큰 엄격함이 지배했다. 간통은 중대한 범죄였고 혼인은 그들에게 해소할 수 없는 것으로 통했다. "하느님이 짝지어주신 것을 사람이 나누지 못할지니라" 하고 재세례파들은 말했다. 간통이 있을 경우에는 죄 지은 편만 일정 기간 파문으로 벌을 받는 것이 아니라 죄가 없는 배우자도 그의 몫의 벌을 받았다. 그는 죄 지은 배우자가 완전히 죄를 벗을 때까지는 최소한 그 배우자와 관계를 해서는 안 되었다. 이를 위반하면 가차 없이 파문이 뒤따랐다. 이처럼 1530년도 "역사책"에는 아우슈피츠 자치공동체의 단체장 자리의 빌헬름 로이블린의 후계자 외르크 차운링(Jörg Zaunring)에 관해 이렇게 되어 있다. "말하자면 토마스 린들(Thomas Lindl)이란 이름을 가진 어떤 자가 외르크 차운링의 아내와 간통을 했을 때 그들(물론 장로들)은 이들 두 사람을 오직 비밀리에 추궁했고, 외르크는 그의 아내가 벌 받는 시간 동안 아내를 단념하고 멀리했다. 그러나 그들이 두 사람에게 평화와 그들 죄의 용서를 통고하자마자 차운링은 다시 예전처럼 아내를 돌보았으며, 그런 사실이 알려지자 그 공동체는 간통과 창녀 행위의 악행을 그렇게 경미한

---

[45] Janssen, *Geschichte des deutschen Volkes*, II, S. 278.

벌로 다룬 것을 견딜 수가 없었다. … 그러다가 린하르트 슈메르바허(Linhard Schmerbacher)라는 세속적 물욕의 종이 외르크 차운링의 처신을 공동체에 알려 그가 어떻게 창녀와 같이 살았는지를 말한 후에 보통 사람들은 그리스도의 지체는 창녀의 지체일 수 없으므로 창녀의 지체들은 마땅히 제명되고 공동체에서 제거되어야 옳다는 공통된 인식을 가졌다."[46]

제명은 재세례파에게 주어진 가장 중한 벌이었다.

이처럼 그들에게는 처의 공유에 관한 아무런 흔적도 없었다. 그들은 반대로 '이교도'보다 결혼 문제에서는 더 엄격했다. 그러나 결혼에 관해서도 재세례파에게는 짝짓기 외에는 별로 많은 것이 남아 있지 않았다. 그리고 개인적인 성적 사랑은 그들에게 춤과 사랑의 유희를 금지한 그들의 음울하고 재미없는 금욕에 의해 그 시대의 다수 인구에게보다 더 백안시되었기 때문에 결혼은 대부분 '장로들', 공동체의 장들에 의해 주선되었다. 이는 플라톤의 국가에서, 그리고 오네이다의 완벽주의자들에게서와 유사하다.(I권, 239쪽[47])

짝짓기를 제외하고 단혼의 가장 본질적인 기능들을 그들은 공동의 살림살이와 공동의 자녀양육을 통해서 해결했다.

공동체는 모라바 전역에 흩어져 있는 여러 가정, '주택소유단지'로 분산되었다. 최고로 번성을 누리던 시대에는 그런 단위는 70을 헤아렸

---

46 J. Beck, *Geschichtsbücher*, S. 101.
47 "어떤 남자도 정해진 시간 동안 그의 아내와 침실에서 있는 경우 외에는 그의 아내를 못 보았다"고 그리멜스하우젠(Grimmelshausen)은 1669년에 발간한 *Simplicius Simplicissimus*에서 재세례파에 관해 보도한다. 이 책도 하나의 소설일 뿐이지만 우리는 그 안에서 그 시대의 헝가리 재세례파 가계에 관한 사실적인 그림을 발견할 수 있으며, 그 책은 그들을 한 없이 칭찬한다. "이 재세례파 이단자들이 영위하는 그런 은혜로운 생활을 나 역시 기꺼이 퍼뜨렸으면 한다"고 *Simplicissimus*, 5. Buch, 19. Kapitel에서 말한다.

으며 그 각각에는 400명에서 600명, 그리고 그 이상의 사람이 함께 살았고 가장 큰 곳에서는 2,000명도 살았다. "그들은 모두가 단 하나의 부엌, 하나의 빵 굽는 집, 하나의 양조장, 하나의 학교, 산모들을 위한 방, 모든 어머니가 갓난아기들과 같이 있는 방 등을 가졌다."

"그러한 가정에는 모든 곡식, 포도주, 양모, 삼베, 소금, 가축과 모든 생필품을 모든 수공품과 모든 수입에서 나오는 돈으로 사들여서 다시 집 안의 모두에게 필요에 따라 나누어주는 집주인과 가사관리인이 있었기 때문에 학교 어린이들, 산모들을 위한, 그리고 모든 다른 사람을 위한 식사를 하나의 방, 식당으로 가져다 날랐다. 병자들을 위해서는 그들에게 식사와 음료를 가져다주고 그들의 시중을 드는 자매들이 배정되었다."

"아주 노인들은 특별대우를 해주고, 그들에게는 젊고 건강한 사람들에게보다 뭔가를 더 많이 주고, 모두에게 분수와 능력에 따라 나눠준다."[48]

이 공동식사에서의 음식에 관하여 그 공동체의 몰락 시기의 한 편지가 보도해준다. 그때에 그들은 모라바에서 추방되어 헝가리에서 힘겹게 명맥을 이어가고 있었다(1642년). "빈츠(Wintz)에 계신 장로 형제들에게 … 우리 식탁 위에서 음식과 음료를 어떻게 먹고 지내는지를 썼습니다. 고기는 저녁식사 때는 매일 먹으며, 아침에는 그때그때 사정에 따라 일주일에 한 번, 두 번, 세 번 혹은 네 번이 나옵니다. 다른 식사

---

[48] Andreas Ehrenpreis, 서한 … 형제적 공동체, 사랑의 최고 계명에 관련하여(Ein Sendbrief … brüderliche Gemeinschaft, das höchste Gebot der Liebe betreffend, 1650) Zitiert bei Loserth, *Der Kommunismus der mährischen Wiedertäufer*, S. 115ff. 제분업자인 에렌프라이스(Ehrenpreis)는 1639년부터 1662년까지 전체 형제공동체의 지도자였다. 모라바의 재세례파의 조직에 관하여 최고로 중요한 해명을 해주는 이 글과 그의 다른 글들에서 로제르트는 수많은 발췌문을 전달해준다.

시간에는 채소로 만족합니다."

"매일 식사 후에 두 번 눈치 빠른 사람은 포도주를 마시지만 그렇지 않으면 오후 간식에도, 저녁에도 아무것도 마시지 못합니다. 오직 우리가 저녁 때 기도하러 갈 경우에 우리는 한 잔씩 마시며, 때로는 맥주도 마십니다."

"집에서 보통 그러하듯이 우리는 기꺼이 빵으로 만족하며 또한 1년 내내 주현절, 기타 명절, 부활절, 오순절 및 성탄절 같은 특별한 이유가 아니면 특별한 빵을 굽지 않습니다."[49]

재세례파들이 그들 간에 그렇게 부르는 호칭과 같이 '자매형제들' (Geschwistriget)의 식사는 이처럼 소박하지만 풍성했다. 그때에는 천편일률적으로 배급된 것이 아니라 이미 위에서 언급한 대로 "각자에게 분수와 능력에 따라 주어졌다." 어떤 식으로 이것이 행해졌는지를 1569년의 음식 명령이 우리에게 가리켜준다. 이는 기근 시기에 반포된 것으로 음식을 나이, 성별, 직업, 건강상태 등에 따라 규제한 것이었다. 이런 거칠고 원시적인 공동생활체도 누구에게나 예외 없이 동일한, 그리고 같은 양의 몫을 준다는 '국가식단'(Staatsküchen)보다는 수준이 높다. 이 국가식단은 오이겐 리히터가 20세기의 사회민주적인 "미래 국가"에서의 환상이 염두에 둔 것이다.

공동의 살림살이와 아울러 특별히 주목할 만한 것은 재세례파의 공동 자녀양육이다. 벡(Beck)은 "스파르타식 자녀양육, 아이들은 어머니 품으로부터 공동의 아기 방으로 옮겨져서 그곳에서 부모와 아이 다운 감정을 빼앗긴 채로 자라나는 방식"에 대해서 말한다.(*Geschichtsbücher*, S. XVII) 필시 그는 플라톤식 자녀양육에 관해 말할 수 있었다면 더 좋았

<hr>

[49] Beck, *Geschichtsbücher*, S. 406, 407.

을 것이다. 재세례파의 자녀양육의 많은 측면이 플라톤의 공화국을 생각나게 한다. 또한 그들에게 있는 많은 것이 모어의《유토피아》를 상기시키는 것도 마찬가지이다. 그중에 많은 것이 전승되어온 것에 토대를 둔 것도 불가능한 일은 아니다. 플라톤은 종교개혁 시대의 공산주의자들에게는 모르는 인물이 아니었다. 토마스 뮌쩌는 그를 언급했으며(제2권 538쪽) 재세례파와 아주 가까웠던 제바스티안 프랑크도 그랬다.(제2권 623쪽 참조) 재세례 운동 초창기에 가담한 지식인들은 플라톤을 확실히 알았다. 로테르담의 에라스무스 주변에 모였으며 초기의 지식인 재세례파 다수에게 영향을 주었던 바젤의 인문주의자 집단에서도 모어의《유토피아》가 고려되고 토론되었다. 이런 글들에서 받는 자극이 지식인들을 통해, 또한 배우지 못한 형제들을 통해 전파되었으리란 것은 불가능하지 않을 뿐 아니라 아주 개연성이 있다. 그럼에도 이런 사태의 진행은 입증되지 않았고, '후터파'의 제도와 플라톤 및 모어의 제도와의 유사성을 공언하는 데 그것을 가정하는 것이 무조건 필요한 것은 아니다. 이 유사성은 또한 사실의 논리가 모라바의 배우지 못한 프롤레타리아들을 그리스 철학자와 영국의 인문주의자에게 그들 관념의 결과로서 펼쳐진 것과 같은 길로 몰고 갔다는 데 근거를 둘 수 있다.

후터파는 플라톤처럼 어머니에게서 출산 후에 아기를 빼앗아 가서 그 아기를 다시 알아보는 것이 불가능하게 만들 정도까지 나가지는 않았다. 산모들을 위한 특별한 공동의 방이 있었고, 부인들이 젖먹이들과 같이 있도록 한 그런 방도 있었다. 그러나 아기는 그곳에서 엄마와 함께 있었다. 그러나 1년 반에서 2년이 지나면 아기는 벌써 일반 교육기관인 학교에 들어갔다.

이는 재세례파의 적들이 가장 많은 공격을 가했던 사항들 중 하나였다. "고약한 재세례파들은 자연에 거슬러서 행동한다"고 이미 한번 언급된 피셔(Fischer)가 1607년에 기록한다. "그들은 작은 새보다 어리석고, 새끼들에 대해 야수들보다 자애심이 없다. 왜냐하면 어머니가 아기 젖을 떼자마자 정당하고 자연스러운 어머니에게서 떼어내서 일을 맡은 자매들에게 넘기기 때문이다. 그 후에는 알지도 못하는 학교 선생님과 성질이 사나운 보모들에게 맡겨지는데 이들은 사랑도, 조심성도, 자애심도 없이 때때로 격렬히 그리고 매정하게 마구 때린다. 이처럼 그들은 극히 엄격하게 교육을 받아 많은 어머니가 5년에서 6년 후에는 아주 망조가 들게끔 더 이상 맘대로 보지도 못하고 알아보지도 못해서 이로부터 많은 근친상간이 생겨난다." 이런 체제에서 아이들은 대부분 병이 들고 "몸이 부어" 있다는 것이다.

항간에서는 다르게 판단했다. 피셔 자신도 다른 데서는 모라바의 잘 사는 사람들이 재세례파의 학교를 나온 가장 친절한 여성들을 유모와 보모로 삼는 것에 대해서 탄식할 때 자신이 말한 것을 뒤집었다. 재세례파 학교에서 배출된 자들이 그렇게 한심했다면 부자들이 그렇게 하지는 않았을 것이다. "아, 맙소사. 이 지경이 되다니. 지금 거의 모든 모라바의 여자들이 산파와 유모, 보모로 공공연히 재세례파 여성들을 두는데 마치 그들만이 이런 일에서 가장 경험이 많다는 듯이 하는구나." 공산주의적 자녀양육의 우월성을 여기서 공산주의자들의 맹렬한 적이 한 것보다 더 굉장하게 증언할 수 없다.[50]

여성들이 어린아이의 양육자로서 인기가 있었다면, 다른 한편으로 학교는 좋은 명성을 누려서 다른 신앙을 가진 이들도 기꺼이 그들의 자녀를 그곳에 보냈다.

---

[50] 다른 곳에서, 1604년의 어떤 글에서도 피셔는 재세례파 유모들에 대해서 분노한다. 그녀들이 우유와 함께 재세례파의 독을 얼마만큼 기독교인이고 죄가 없는 아기들에게 마시도록 준다는 것이다.

발도파 시대 이래의 다른 공산주의자들처럼 '후터파'도 좋은 민중교육에 더 없이 큰 비중을 두었다. 그들의 학교제도와 교육규정은 오늘날에도 고려할 가치가 있으며, 16, 17세기의 거대한 성과들이었다. 16, 17세기는 물론 교육학의 낮은 수준을 뜻했고, 학교조직에서조차 그들의 일반적인 무자비함과 야만성을 드러냈던 때였다.

그 시대의 통상적인 교육방법을 예시해주는 것으로서 로테르담의 에라스무스가 보도하는 다음의 경우가 쓸 만하다. 그리고 이는 예외가 아니고 전형이다. 한 학교 선생이 학생들과 함께 하는 식사시간 후에 항상 그들 중 한 명을 뽑아내어 거친 매를 든 선생에게 훈육을 하도록 넘겨주는 습관이 있었다. 그는 생각 없이 직무를 수행하여 언젠가는 한 약한 아이를 그 자신이 땀으로 흠뻑 젖고 그 아이는 반쯤 죽어서 그의 발 앞에 누워서야 놓아주었다. 그러나 그 교사는 평온한 낯으로 학생들을 향하여 이렇게 말했다. "그 애는 아무것도 하지 않기는 했지만, 건방진 마음이 꺾여야 했다." 이것은 공산주의의 적들의 교육학이었다. 그것은 오늘날에도 프로이센 국가의 교육학이다. 최근에 와서야 베를린의 한 고등학교(Gymnasium) 교사가 어떤 학생을 피가 나게 때려서 법정에 섰다. 그 악명 높은 교사는 그 학생이 절대로 아무 죄도 범하지 않았음이 입증되었는데도 무죄판결을 얻어냈다. 그런데 법정은 그 교사가 그 학생의 몸짓을 그의 권위에 대한 반항으로 파악할 수 있었고, 그러한 가공할 범죄의 혐의만으로도 당연히 어떤 야수성도 정당화된다고 받아들였다.

반면에 재세례파는 이렇게 공언했다. "매서운 매를 써서는 많은 것이 바로잡아지지 않는다. 가르침을 통해 아이들에게 영향을 주어야 한다. 왜냐하면 이미 그들에게 많은 경건함이 갖추어져 있어서 그들 스스로 조심할 줄 안다면, 학교 선생이 필요 없을 것이기 때문이다."

재세례파 학교들은 수많은 교수요원과 교사, '교모'(校母: Schulmut-ter) 밑에 '여조교'(Schulschwester)와 '보모'(Kindsdirne)도 보유했다. 그들은 청소년의 정신적 안녕만이 아니라 신체적 안녕을 위해서도 배려해야 했다.

교육과 수업은 "옛 관습"에 의해 규정을 받았고, 이는 1568년에 명문화되었다. 이 학교 규칙은 청소년의 신체 건강에 중점을 두었다. 예를 들어서 거기에는 다음과 같이 되어 있다. "한 어린이를 학교로 데려왔으면, 그의 건강 상태가 가장 세심하게 조사되어야 한다. 그 아이가 나쁜 병, 디스토마, 매독 같은 병을 지녔다면, 그는 수면과 식사, 음수와 목욕 시에 나머지 아이들과 분리되어야 한다."

교모가 어린이의 병든 입을 씻어주었다면, 씻지 않은 손가락으로 건강한 어린이의 입 안을 검사해서는 안 되며, "언제나 사전에 깨끗한 수건과 물로 손가락을 씻어야 한다."

교모는 여조교들에게 어린이의 입 안을 어떻게 닦아주는지에 대하여 강의해야 한다.

가장 세심한 청결에 대체로 큰 가치가 부여된다.

작은 아이들의 취침을 여조교들이 감독해야 한다. 아이들이 자다가 소리를 지르더라도 그들을 때리는 것을 삼간다. 어떤 아이가 이불을 차버리면, 감기에 걸리지 않도록 이불을 덮어주었다.[51] 밤에는 어떤 아이에게도 아픈 경우를 제외하고는 먹을 것을 제공해서는 안 된다.

잠자는 아이는 절박한 이유가 아니면 억지로 깨워 일으켜서는 안 된다. 등등.

아이들에게는 쓸데없이 엄격해서는 안 된다는 것이다. 어떤 아이가

---

[51] 정직한 재세례파들은 그들의 학교규칙을 만들면서 300년 정도 후의 오이겐 리히터 씨의 Strampel-Annie를 예감했던 것일까?

실을 잣다가 뭔가를 잘못 했어도 즉시 때려주는 것은 삼간다. 교모가 알려주는 것으로 충분하다. 큰 아이들은 교사가 징벌하고, 여자 아이들은 교모가 한다. 절도와 거짓말, 그리고 다른 죄 때문에 벌을 내릴 때는 언제나 한 형제의 심의 의견이 참조되어야 한다. 아주 혹독한 징벌, 예컨대 머리 혹은 입을 때리는 것은 엄격히 금지된다.

교육에서는 개별화가 되어야 한다. "아이들의 훈육에서는 큰 주의와 올바른 구분이 필요하다. 어떤 아이는 친절하게 다루어야 따라오고, 다른 아이는 선물로 다루어지고, 세 번째 아이는 엄격한 훈육을 필요로 한다."

학교에 처음 오는 아이들은 그들의 머리가 터지도록 공부시키려 해서는 안 된다.

학교 규칙에서 옮겨온 이런 전달 내용들은 학교 규칙이 "새 시대의 학교들마저 명예롭게 해줄 만한 원칙들을 담고 있다"라고 로제르트 (Loserth)가 말한 것이 옳다는 것을 보여주는 데 충분할 수 있겠다.

대체로 모든 재세례파가 할 줄 알았던 읽기와 쓰기, 재세례파의 교리 외에 어떤 내용을 학교에서 가르쳤는지는 알려져 있지 않다. 정신적 교양과 생산적 노동은 함께 진행되었던 것 같다. 최소한 소녀들은 이미 이른 시기에 실 잣는 일의 가르침을 받았다.

학교 수업이 몇 살까지 계속되었는지를 우리는 모른다. 학교를 나온 아이들은 공업, 농업 혹은 집안살림으로 들어갔다. 공업 노동과 농업 노동은 처음에는 공동체의 필요 충족이 목적이었다. 이 필요가 만족되기 전에 다른 것들을 위한 노동을 행해서는 안 되었다.

그러나 재세례파는 뛰어나고 근면한 노동자들이었고, 그들의 노동은 상당한 잉여를 가져왔다. 특히 두드러졌던 것은 말의 사육과 제분업, 맥주 양조, 그리고 끝으로 칼의 제작과 직물제조 분야에서 그들의 성과였다. 이것들은 그들의 가장 중요한 직업이 되었다. 여기에서도 우리는 모직업이 공산주의와 내적 연관관계를 갖고 있는 것을 재차 발견한다.

그들이 이 생산분야와 다른 생산분야에서 달성한 잉여는 상품생산 사회 안에서는 당연히 상품의 형태를 띠었다. 그들은 그들 제품의 상당 부분을 판매했으며, 이는 그들에게 특정 제품의 생산을 상시적으로 그들의 고유한 필요를 넘어서 확장할 가능성을 다시 보장해주었다. 그래서 그들은 많은 생산분야들에서 공업 대기업에 도달했다.

가계운영 형태와 생산 형태는 예로부터 서로 밀접한 관계가 있었다. 옛날에는 지금보다 훨씬 더 그랬다. 자본주의적 생산은 이 관계를 느슨하게 했고 이는 일터를 살림살이로부터 풀어주면서 그렇게 되었다. 양자 간의 관계는 더 이상 직접적이 아니다. 그러나 고대와 중세 때는 이둘은 서로가 밀접하게 결부되었으며, 경제운영 단위의 확장은 가정의 확장을 규정했다.

그러나 거꾸로 가정의 확장도 경제운영 단위의 확장에 주는 영향이 없지 않았다.

공동의 가계, 예를 들어 수도원이나 베가르트 회관은 그래서 또한 언제나 대기업의 설립을 향한 경향을 촉진했다. 직조공 20여 명이 공동 가계를 이루고 살았다면, 그들이 원료도 공동으로 구입하고 공동의 장소에서 가공작업을 하기가 쉬웠다. 그러나 이런 경향은 미미한 성숙을 이루었을 뿐이다. 어떤 곳에서는, 수도원에서는 이 조직이 조만간에 노동조직이기를 중단하고 착취조직이 된 것이 통례였다는 것을 통해 성숙이 저지되었고, 다른 곳, 베가르트 회관들과 비슷한 기관들에서는 노동의 공동수행이 발달하고 굳건한 뿌리를 내리고 생산양식에 영향력을 행사하는 것을 박해가 가로막았다.

그리고 베가르트 회관들처럼 수도원들도 기술적·사회적으로 공업 대기업의 전제조건이 주어져 있지 않던 시대에 노동기관으로서 번창했다.

모라바의 재세례파들은 달랐다. 그들의 조직은 대부분의 베가르트 회관들보다 더 보장되어 있었다. 그러나 오직 용인이 될 뿐이고 군주의 상시적인 적대행위에 내맡겨진 외국인들로서 그들은 자신들의 가산을 수도원처럼 착취기관으로 발달시킬 수 없었다. 결국 그들은 이미 사회적 생산의 수많은 전제조건이 주어졌던 시대에 등장했다. 광산과 제련소는 이미 자본주의적으로 경영되고 규율이 잡혔다. 한편 수공업도 그 당시 이미 흔히 스스로를 공장제 수공업(Manufaktur)으로 확장하려고 애썼으며, 몇 안 되는 직인으로 동업조합식 속박을 사업상 받던 한계를 깨려고 애썼다. 1,000명에서 2,000명이 되는 사람들의 공동 가계가 형성되었다면, 그들에게 잠재한 대기업의 설립과 발달 경향이 유리한 토양을 발견한 것이 분명했다.

재세례파에게서 "모든 것은 대기업으로 귀결했으며, 몇 명의 수공업자들이 서로 도와주었다. 반제품이 재세례파에게도 있었던 조건에서는 그것을 재세례파 자체가 아닌 다른 데서 가져다쓰는 것은 엄격히 금지되었다. 그래서 도살장에서부터 가죽이 제혁업자에게 전달되었고, 이 제혁업자에 의해 가공되어, 안장 제작자, 가죽끈 제작자, 제화공에게 전달되었다. 목화 가공 작업장과 직조 작업장, 직물 제조업자와 재단업자 간의 관계 등도 마찬가지였다. 철과 정제된 기름, 그밖의 몇 안 되는 원료제품만이 외국에서 도입되었다. 몇 가지에서는 사업이 대규모로 영위되었다. 왜냐하면 그들의 제품인 칼, 큰 낫, 쳇불, 천, 신발 등에 대해서는 자기 형제들만이 아니라 나머지 이웃에게서도 열렬한 구매자를 발견했기 때문이다."

이에 대한 묘사를 한 로제르트는 그들이 구입한 원료제품 중에 하나를 더 언급했어야 했을 것이다. 양모가 그것이다. 그들의 직물 제조는 아주 번창하여 모라바의 양모는 그들에게 더 이상 충분하지 않았으며, 외국의 양모를 도입했는데 헝가리의 양모를 도입했을 개연성이 있다. 그들의 역사책의 다음 문장이 이를 시사한다. "1544년에 주의회는 우리의 작업장에서 쓸 양모를 왕립 도시들이나 지주들의 성과 저택 외에 다른 곳에서 구매하는 것을 금지하였다."[52]

어떤 수공업이든 구매자와 배분자(혹은 할당자), 지배인이 있었다. 구매자들은 필요할 때는 원재료를 도매로 구입했고, 다른 이들은 그것을 여러 노동자에게 나누어주었으며, 그들의 계획적 협동작업을 감독했다. 그 협동작업과 생산의 규칙은 대체로 형제들을 엄청나게 붙잡아매었다. 그들이 반포한 수많은 취업규칙이 이를 증명한다. 유감스럽게도 "대부분의 수공업에 대하여, 그중에서도 직물 제조업처럼 특히 활발하고 성공적으로 경영되었던 몇 가지에 대하여 아무런 규칙도 보존되지 않고 있다." 그래서 우리는 재세례파의 대기업이 달성한 수준과 관련하여 단순한 추측에 의존한다. 우리는 몇몇 산업에서 분업과 계획적 협동작업이 얼마나 진행되었는지 모른다.

확실한 것은, 그들이 그 당시의 동업조합적 수공업 수준을 뛰어넘어 공장제 수공업 체계로의 큰 진보를 이루었다는 것이다. 또한 그들은 기술적으로 항상 그들 시대의 정점에 서고자 애썼다. 그처럼 예컨대 이따금 방앗간 주인이 그곳의 영업설비를 연구하도록 스위스까지 파견되었다.

그들이 기술적으로 수공업을 능가했다면, 상업적으로는 더욱더 그

---

52 Beck, *Geschichtsbücher*, S. 158.

러했으며, 특히 그들이 원료를 도매로 구입하거나 자기의 고유한 경제 단위에서 들여옴을 통해서 그랬다. 또한 그들이 사적 생산자들보다 더 쉽게 상업 위기, 판매가 없는 상황을 극복한 것도 그들에게 도움이 되었다. 그들은 이따금 있던 과잉생산을 완전히 회피하지는 못했다. 대체로 그들이 시장을 위해 노동했기 때문이었다.

예를 들어서 물론 쇠퇴기였던 1641년에 헝가리 자치공동체(모라바에는 그 당시에 더 이상 있지 않았다)에서는 자치공동체 대표자 회의석상에서 그중 칼 만드는 대장장이에 대한 비난이 가해졌다. "작업장을 아주 크게 만들어서 자리를 채울 수 없을 정도이고, 자리를 채우더라도 그 많은 칼들을 팔 수가 없다. 반면에 다른 가사 일은 방치되거나 현금을 주고서 그 일을 시켜야 한다(임금노동자에 의해 돌보아지도록 해야 한다)."[53]

그 같은 불평이 때로 대두하지만 과잉생산의 영향은 전혀 나쁜 것만은 아니었다. 과잉 노동력은 단순히 얼마 동안 공업 대신 일자리가 없는 적이 없던 농업에 고용되었다.

공산주의적 대량생산이 개별 장인들의 '개인주의적' 생산과 역시 당연히 짝을 이룬 것은 공동의 거대 가계에서 개인의 생계유지가 수공업 마이스터들의 작은 개별 살림살이에서보다 훨씬 저렴하게 성립하게 되었다는 장점이었다. 그리고 이처럼 모라바에서 후터파 공동체가 조직된 이래로 공산주의자들이 동업조합의 마이스터들에게 했던 파괴적 경쟁에 대한 불평이 멎지 않는다는 것이 우리를 놀라게 할 수는 없다.

1545년에 형제들은 모라바 주의회에 낸 진정서에서 이렇게 공언한다. "들려오는 바와 같이 우리가 나라의 장인들이 먹을 빵을 베어 먹었다는 듯이 우리에 대해서 항의하고 불평하는 도시들을 보고 우리가 아

---

[53] Beck, *Geschichtsbücher*, S. 405.

는 것은 다만 우리가 매사에 각 사람에게 그의 몫의 돈을 지급하는 명예로운 일에 애쓴다는 것입니다. 이 우리의 명예는 지금 거의 모든 민중 가운데 알려져 있습니다. ··· 지금 누군가가 정당하지 못하게 항의한다고 하더라도 우리는 그 때문에 우리의 일을 그르칠 수 없습니다."

그리고 1600년에 대해 역사책들은 이렇게 보도한다. "이 해에 모라바에서는 우리의 반대자들에게서 큰 함성이 터져 나왔다. 형제들이 모라바 지방에 과도하게 모여 살면서 그들의 수공업으로 도시와 읍들에 적지 않은 손해를 끼치고 먹고 사는 데 지장을 주었다는 것이다. 군주들은 그로 인해 우리가 새로운 주택단지를 세우는 것을 금지하지만, 지주들에게는 앞으로도 형제들의 노동을 활용하는 것을 허락하기로 결정했다."[54]

재세례파의 경쟁은 실로 시적인 매도를 당하는 명예에까지 도달했다. 1586년에 이런 노래가 나왔다. "후터파 재세례파들의 사기와 비열한 술책이 그럴듯하게 그리고 독특하게 그려져 있는, 다른 면에서는 아름다운 새 노래". 작자로는 퀼른의 요한 아이스포겔(Eysvogel)이 지목되었으며, 그는 "모라바의 아우스터리츠에서 후터파 재세례파 형제였던 자"이다. 그 노래는 이렇게 되어 있다.

그들이 모라바 땅에서
곡식을 사들여
무더기로 쏟아 붓는다.
그런 일을 당하다니
큰 수치다.

---

[54] Beck, *Geschichtsbücher*, S. 171, 331.

모든 수공업을 그들이 망쳐놓는다.

여기 이 땅에서.

온갖 일로 돈을 버는

그들은 아주 유명하지─

두 곱절 정도의 돈을 받고

물건을 팔지, 부끄러움도 없이.

그러면서 모든 것을 사들이지.

가난한 이는 어쩔 수 없지.

가난한 이의 입 앞에서

그들은 빵을 가로채는구나.

그렇게 당하는 것이다.

    학교제도에서처럼 재세례파의 생산양식에서도 그들의 적들의 상응하는 제도에 비한 그들의 우월성이 그 적들의 고발에서 극히 강렬하게 드러난다. 우리는 공산주의가 어떤 상황에서도 비경제적이라고 주장하는 모든 이에게 이 점을 환기시킨다. 재세례파의 경험은 우리가 수도원과 아메리카의 종교적 공산주의 정착촌과의 비교에서 발견했던(제1권 241쪽) 규칙을 확증해준다.

    도시의 장인들을 후터파의 적대자로 만든 바로 그 이유가 그들이 그 땅에서 살면서 세를 납부하고 있던 대지주들의 호의를 그들에게 얻게 해주었다. 귀족계층은 재세례파와 함께, 그리고 그들을 통해서 부와 유복한 생활을 증진시켰으며, 재세례파는 귀족계층에게는 경제적으로 불가결한 존재가 되었다.

재세례파의 제품과 아울러 그들의 임금노동자들도 재세례파에게 경제적 중요성을 가져다준 요인이었다. 적지 않은 형제와 자매가 말하자면 사적 서비스업에 종사했다. 사람들이 재세례파 유모와 보모를 구했다는 것은 우리가 이미 살펴보았다. 그런가 하면 농업과 공업의 사기업에서도 우리는 재세례파들이 예를 들어 제분업자로 활동하는 것을 발견한다. 그러나 특히 행정관리로서 그들은 아주 각광을 받았다. 이는 물론 큰 주택단지의 관리가 그들 가운데서 조직 및 행정의 재능을 특히 고도로 발달시켰다는 것에서 잘 설명된다. 그들의 가장 유치한 적대자 중 한 사람으로 이미 여러 번 인용된 크리스토프 피셔(Christoph Fischer)는 의기양양하여 이렇게 적는다. "당신들이 모라바에서 이렇게 나리들을 사로잡아 그들이 모든 것을 당신들의 의견과 이야기에 따라 행하며 당신들은 나리들에 의해 그들의 모든 경제단위에서 포도주 공급자, 양조장 감독, 성주, 제분업자, 통장이, 생선장수, 정원사, 산지기, 청지기로 임명받았고 그들에게서 큰 명성과 위신을 얻어 또한 그들과 함께 먹고 마시며 그들의 그러한 총애를 받으니 이것을 일컬어 지배하고 다스린다고 하는 것이 아닌가?"

우직한 피셔는 당연히 과장하고 있지만, 재세례파들이 행정관리로 아주 각광을 받았다는 것은 맞는 말이다. 그러나 정확히 본다면, 사적 서비스에 종사했던 것은 그런 식으로 종사한 개인들이 아닌 전체 공동체였다. 개인들은 단지 공동체의 대리인으로서 사적 용역 활동을 했다. 그들은 공동체의 규율하에 있었을 뿐 아니라 또한 공동체에 그들의 전체 수입을, 그들의 봉급과 임금만이 아니라 팁과 선물까지도 현금으로 되어 있든 현물로 되어 있든 상관없이 전달해야 했다.

일반적으로 이런 규칙의 관철은 의사들에게 외에는 아무런 난관도 만나지 않았던 듯하다. 지식계층에 대한 철저한 멸시 중에도 재세례파들은 약학과 온천 치료에 큰 비중을 두었다. 그들의 의사(醫師)는 학문과는 별로 관계가 없었을 개연성이 있지만 숙련된 실무가였을 것이 분명하다. 왜냐하면 그들은 온 나라에서 구해졌고 그중에 어떤 의사는 공산주의자들에 대한 염증이 지배적이었던 황궁에서도 불러가려고 사람을 보내기까지 했다.

그와 같이 1603년의 역사책에는 다음과 같이 되어 있다. "이 해에 필수품 관리자이고 탁월한 원로 의사인 게오르그 초벨(Georg Zobel) 형제가 주님 품에 잠들었다. 그는 공동체의 의료행위 전체를 도맡아 담당했고 또한 여러 저명한 영주와 형제도 이용하던 의사였다."(Beck, *Geschichtsbücher*, S. 336) 이 초벨이 프라하의 황궁으로 그 당시 보헤미아에서 창궐하던 '전염병' 때문에 불려갔다는 것을 설명한 329쪽을 참조하라.

1654년의 의사규칙이 독특하다. 그것은 의사들에게 여러 가지 중에서도 이런 것을 요구한다. 그들은

4. 성서와 약학서적을 열심히 읽고 연습해야 한다.

8. 약초 캐기와 뿌리 캐내기에서 염치없이 나대서는 안 되며, 술을 마시러 가서도, 약초나 뿌리를 집에 가져가서도 안 된다!

16. 그들이 노동을 하기에는 너무 귀하거나 훌륭하다거나 노동에 적합하게 타고나지 않았다는 듯이 노동을 멀리해서는 안 된다.

17. 자신의 수입과 사익을 창출하고자 자신의 약품도 가져서는 안 된다.

19. 모든 돈을 선물 받은 것이건 팁이건 일체의 수입과 함께 정직한 손으로 대표자에게 바쳐야 한다. 등등.[55]

그러나 이미 1592년이면 의사들에 대한 불평이 나온다. "일부는 규칙에 마지못해 따르며 규칙을 기꺼이 지키지 않고 있고 참으로 너무 많은 자유를 누리고 너무 제멋대로이다." 등등.

그들은 공산주의적 규율에 따르기가 극히 어려웠는데, 이는 필시 그들이 예외적인 위치를 차지했고 교양과 위신에서 형제들 대중을 훌쩍 넘어섰기 때문이었을 것이다.

형제들의 체제는 민주적인 것이었다. 공동체의 꼭대기에는 일부는 성직자이고 일부는 세속의 관리가 있었다. 전자 곧 '말씀의 종'들은 새로운 동지를 얻기 위해 세상을 돌아다니는 사도이거나 거주지에 속한 설교자였다. 세속의 관리인 '필수품의 종'은 조달자, 대표자, 가계운영자, 청지기였다. 최고 권력은 자치공동체에 있었다. 그러나 매사를 자치공동체에 묻지 않으려고 장로들의 평의회가 있어서 공동체의 관리인들은 중요성이 적은 안건들은 이 의회와 해결했다. 전체 공동체의 꼭대기에는 주교가 있었다. 그러나 관리들은 선출된 것이 아니라 유능해 보이는 자들 중에서 추첨으로, 곧 '주님의 계시'로 정해졌다. 그러나 그는 공동체가 신의 뜻을 비준하고 제비 뽑힌 자를 인정하기 전에는 직무에 임할 수 없었다.

거의 1백 년간을 우리가 여기서 묘사한 독특한 공동생활체가 건재했다. 그것은 내적 변질이 아닌 외부의 힘에 의해 몰락했다.

보헤미아와 모라바가 합스부르크 가에 귀속된 이래 합스부르크 가는 이 나라들의 독재 귀족계층과, 비록 대부분 무혈이기는 하지만, 상시적인 전쟁을 벌였다. 결국 30년 전쟁을 초래한 거대한 결전이 벌어졌고 이는 바이센 산(Weißen Berge: 백산, 체코어로 빌라호라) 전투에서 귀

---

55 Beck, *Geschichtsbücher*, S. 485, 486.

족들의 완벽한 패배로 끝났다(1620년). 귀족계층은 거의 소멸했다. 그들과 함께 그 피보호자들인 보헤미아 형제단과 모라바의 후터파 공동체가 몰락했다.

1622년 7월 22일에 디트리히슈타인(Dietrichstein) 추기경은 페르디난트 2세의 위임을 받아 다음과 같은 칙서를 반포했다. "후터 형제회를 따르던 모든 자는 남자와 여자를 불문하고 공고된 일자로부터 4주가 지나면 모라바에 있어도 안 되고, 발을 들여놓게 해서도 안 되며 이를 위반하면 엄중한 체형과 생명형에 처한다."

이번 추방령은 종잇장으로 머물지 않았다. 모라바에서 조직화된 재세례파 공동체는 종말을 고했다. 다수의 재세례파가 가톨릭 신자가 되었으며, 그러면서도 대부분이 마음속으로는 옛 가르침에 충성을 지켰고 때로는 이를 어린 세대에게 물려주기도 했다. 많은 이가 도피의 길에서 길을 잃고 헤매다가 겨울을 만나 죽었다. 일부는 결국 거의 모든 재산을 내려두고 헝가리로 들어가는 데 성공했다. 그곳에는 이미 1546년부터 다수의 주택단지가 만들어져 있었다. 헝가리의 권력자들은 식민자들을 잘 활용할 수 있었고, 도피자들을 기꺼이 맞이해 들였다. 이 도피자들은 새로운 고향에서 옛 방식에 따라 조직을 이루었으나 더 이상은 비중 있는 세력이 되지 못했다. 그 공동체는 더는 그들에게 닥쳐와서 그들의 능력 전체를 앗아갔던 가공할 타격으로부터 회복하지 못했다. 투르크인의 침입과 내전이 서로 번갈아가며 찾아온 헝가리에서 그 당시의 상황은 역시 가난한 공동생활체를 부유한 상태로 끌어올리기에 유리하지 않았다. 그 공동체는 몰락하고 부패했으며, 그와 함께 공산주의도 부패했다.

그러나 공산주의적 관념은 모든 것을 극복해낼 만한 생명력을 지녔다. 재세례파 주택단지 운영이 헝가리에서도 더 이상 명맥을 유지할 수 없게 되자 박해받는 자들은 더 동쪽으로, 남부러시아로 옮겨갔다. 그곳에서는 몇몇 귀족이 근면하고 평화애호적이고 높은 조세를 지불하는 재세례파를 예전에 모라바의 귀족들과 그 다음으로 헝가리 귀족들이 그랬던 것과 마찬가지로 기꺼이 맞이해 들였다. 일련의 주택단지, 혹은 '형제관저' 전체는 18세기 중에 우크라이나와 남부러시아의 다른 부분에서 설립되었다. 그것들은 19세기에 들어서까지 번창했다. 이번에도 결국 그들을 더 이상 러시아에서 체재하지 못하게 한 것은 귀족계층이 아니라 국가권력이었다. 1874년에 그곳에는 일반적 병역의무가 도입되었다. 그러나 우리가 살펴본 것처럼 '후터파'들의 신조 가운데 하나는 칼, 즉 군역을 거부하는 것이었다. 그들은 신념을 배반하기보다는 차라리 또다시 방랑의 위험에 자신을 내맡겼다.

그들은 이번에는 미국으로 향했다. 그곳에는 오늘날에도 그들의 주택단지 몇 곳이 존속하고 번창하고 있다. 그 주택단지들 각각은 대략 125명으로 이루어지며, 다 합쳐서 1908년도에 회원수 1,400명을 헤아렸다.

R. 볼칸(Wolkan)은 미주리 강 지류인 제임스 강가에 놓인 그들의 형제관저들 중 가장 비중이 큰 울프 크리크(Wolf Creek)의 형제관저에 관해 보도한다!

"가축과 양 우리는 북쪽으로는 두꺼운 벽을 했고, 수많은 자동예초기, 쟁기, 탈곡기가 있고 그밖의 경작용 기계들이 지붕 아래 아름답게 서 있다. 가스 엔진이 강력한 유지분리기와 버터제조기를 돌리고, 말이 공동체의 세탁기를 돌린다. 두 개의 아주 큰 가마솥과 하나의 큰 조리용 오븐으로 공동체의 식사를 준비하며, 차가운 물이 관통해 흐르는 지하실 장치가 우유와 버터를 차게 보관하게 한다. 비둘기들이 지붕 밑에 수천 마리씩 있다. 달마다 그것들은 시카고로 팔려 가고 열두 마리에 2와 1/4에서 2와 1/2파운드 스털링(명백한 실수이며, 달러라고 해야한다 - 카우츠키)을 받는다.[56]

이런 현대적 공업기술의 사용에도 불구하고 그들은 자신들의 전통적 공산주의를 약화되지 않는 기세로 지켜왔다. 오늘날의 그들의 헌장 제8조는 다음과 같이 되어 있다:

"어느 교회 구성원도 사유재산을 소유해서는 안 된다. 그는 원래의 사도적 교회에서 그랬던 것처럼 그가 가진 것과 달성할 능력이 있는 것 모두를 가지고서 주님과 그분의 교회에 헌신하는 것이기 때문이다. 사도적 교회에서는 아무도 자신의 소유에 관해서 그것이 자기 재산이라고 하지 않았으며, 그들에게는 모든 것이 공유재산이었다. 이를 우리는 가장 안전한 길이며 가장 완전한 기초라고 간주한다. 그리고 우리는 이에 대해 마음에서 굳게 확신한다."

그들은 그에 못지않게 완강하게 국가에 대한 적대의식을 고수한다. 그들의 현재 지도자 중 한 사람인 데이빗 호퍼(David Hofer)는 그들이 오늘날까지 미국에서 어떠한 선거에도 참여하지 않았으며, 그들 중 누구도 지금까지 아무 공직도 맡지 않았다고 보고한다.[57]

재세례파의 이 아메리카 정착촌은 내가 이 책의 초판을 쓰던 때에는 몰랐던 것이다. 나는 오스트리아-헝가리에서 그들을 사라지게 한 박해로 주택단지들이 완전히 망했다고 가정했으며, 그래서 그들의 공산주의에 대한 나의 묘사에 다음과 같은 언급을 결부시켰다.

"모라바에서 그 공동체에 방해 받지 않는 계속적 발전의 복이 주어

---

[56] R. Wolkan, *Österreichische Wiedertäufer in Amerika, Österreichische Rundschau*, XIV. 5, 222. Wien und Leipzig.

[57] W. A. Hinds, *American Communities*, S. 415, Chicago 1908. 그 책에서 "The Bruederhof communities"라는 장은 데이빗 호퍼(David Hofer)가 작성하였다.

졌더라면 공산주의가 명맥을 유지했을지는 확실하게 시인되지도 부인되지도 못한다. 별로 개연성 없는 것은 재세례파 운동이 그의 공산주의를 자본주의 사회 가운데서 상처받지 않고 지속적으로 주장하는 데 성공했으리란 것이다. 재세례파 운동은 상품생산과 임금노동을 통해서 자본주의 사회와 밀접한 경제적 결합 속에 있었고 당시에는 아직 미래가 자본주의 사회의 것이었다."

잊힌 재세례파를 우연히 아메리카에서 목격하게 되어 놀란 볼칸은 이러한 나의 인식이 아메리카에서 재세례파 공산주의의 존속에 배치(背馳)된다고 생각한다. "제임스 강가의 번창하는 정착촌은 사회민주주의의 전위투사의 생각을 틀린 것으로 만든다."

볼칸은 나의 질문이 모라바에서 공산주의의 존속에 관련된 것임을 망각한다. 나는 그런 식의 원시적 공산주의가 "자본주의 사회 가운데서 손상을 받지 않고 존속할 수 있다는 것"을 불가능하다고 여겼으며, 이 견해는 지금도 여전하다.

후터파 공산주의는 그 신앙고백자들이 자본주의 사회에서 가능한 대로 멀리 떨어져 있었기 때문에 비로소 유지되었다. 이는 18세기와 19세기 전반기에 남부러시아에서는 어렵지 않았다. 그러나 이는 지금까지 아메리카에서도 일정한 환경하에서는 그 모든 자동예취기, 탈곡기, 가스모터에도 불구하고 가능하다. 볼칸 자신은 그에 관해 이렇게 보도한다.

"여기서 후터파들은 세상과 격리된 삶, 그러나 그들의 모든 편지에서 드러나듯이, 명백하게 행복한 삶을 영위한다. 그들의 선대가 그랬던 것처럼 언제까지나 독일인으로서 정체성을 가진다. 선조들의 규칙을 충실히 지키는 것이다. 그러나 이 사람들 자신이 우리에게 과거 세기들의 초상을 펼쳐보이듯이, 150여 년 이래로 우리의 모국어의 큰 흐름과 아무런 살아 있는 관계를 더 이상 맺지 못한 그들의 언어에는 낱말 형태와 문장 구사에서 많은 고풍이 남아 있어 우리 현대인들에게는 통하는 바가 드물다. 그리고 그들은 물려받은 옛것을 고수하여, 아메리카에 사는 아주 소수만이 영어를 습득할 정도였다. … 복식에서도 그들은 선조들의 옛날식이고 단순한, 기묘한 기분을 자아내는 재단을 유지하며, 이는 모든 단추를 쓸데없는 것으로 본다. 머리에는 러시아로부터의 상속물인 높은 털가죽 모자를 쓴다."

세상을 변화시키고자 한 이 공산주의는 그에 따르면—자본주의적인—세상으로부터의 완전한 고립을 통해서만 유지되었다. 자본주의와 공산주의는 한 사회에서 동시에 존속할 수 없다.

물론 이처럼 모라바에서 재세례파의 주택단지는 우리 시대에 아메리카에서 공산주의 정착촌들이 그들에게 자본주의가 너무 가까이 다가오자 변해가는 것과 동일한 길을 갔을 것이다.

그러나 어떤 경우에도 모라바에서 후터파 공동생활체는 사회주의의 역사에서 막중한 중요성을 띤다. 이는 이단 공산주의의 가장 잘 익은 열매가 되며, 우리에게 재세례파의 경향을 지극히 분명하고 명확하게 가리켜준다. 그것의 기조는 수도원 제도의 그것과 사뭇 동일하다. 주택단지는 일종의 수도원일 뿐이다. 그러나 그것은 이미 수도원을 넘어서 현대 사회주의의 방향으로 몇 걸음 나가는데, 이는 그들이 수도원적 공산주의에 결혼을 도입하고 산업적 대기업을 더 이상 공산주의의 단순한 부대현상이 아니라 그것의 토대를 이루기 시작하는 방식으로 발달시키는 것이었다.

그러나 그들의 중요성과 개성에도 불구하고 모라바에서 재세례파의 조직들은 한동안 완전히 잊혔다. "모라바에서 재세례파에 대한 회상이 그렇게 보편적으로 민중의 기억에서 사라졌다는 것, 그리고 그들에 대한 기억이 최근에야 비로소, 학문연구에서만, 그것도 결코 충분치 않은 정도로 되살려진 것은 드문 일이다."[58]

이처럼 어떤 보헤미아 역사가는 1858년에 기술했다. 그 이래로 학술연구는 그들에 관한 충분한 조명을 펼쳐왔다. 특히 이는 요제프 벡 박사의 열성 덕분이다. 그는 그들에 관하여 범상치 않게 폭넓은 자료를 수집했으며, 그중 일부는 여기에서도 종종 인용한 1883년에 발행된 재세례파 역사서로 출판하기도 했다. 그의 유고는 그 다음으로 로제르트가 적절히 그 가치를 되살려 활용한 풍부한 수확물을 제공했다. 그러나 전문 역사 바깥에서 모라바의 재세례파는 오늘날까지 정당한 주목을 받지 못해 왔으며, 옛 사회주의에 관한 부르주아 역사가들은 그들을 완전히 무시한 것이나 다름없다.[59]

이것으로 놀랄 것은 없다. 부르주아 역사가들에게는 보통은 사회주의를 파악하는 것이 중요한 것이 아니라 사회주의 비난에 도움이 된다고 여겨진 자료를 모으는 것이 중요했다. 그런 목적에 모라바의 재세례파는 적합하지 않았다. 그 목적에 훨씬 더 부합한 것으로 여겨진 것은 재세례파의 뮌스터 봉기였다. 이 봉기는 사실 전통적 역사서에서 재세례파 제도의 화신으로 내세워지는 것이다. 공산주의가 어떤 섬뜩한 일을 필연적으로 일으키는지를 보여주려고 할 때 사람들은 곧잘 이것을 언급한다.

재세례파에 관하여 이야기를 듣는 사람은 통상적으로 먼저 뮌스터의 항거를 떠올리며, 무섭고 정신 나간 난장판에 대해서 말할 때도 이

---

58 Gindely, *Geschichte der Böhmischen Brüder*, II, S. 19.
59 국가학 소사전은 나의 책에 앞서 발간된 그 초판본에서 모라바의 재세례파들에 관해 아무것도 몰랐다.(G. Adler의 "사회주의와 공산주의"(Sozialismus und Kommunismus) 항목에서) 내 책의 초판 다음에 나온 제2판은 모라바의 재세례파에 관한 나의 이 서술을 인용하지만, 참고문헌에서 내 책을 밝히기를 '잊었다'. 내 책을 표절한 것이다.

항거가 화제로 된다.

　우리는 이것이 과연 정당한지, 그리고 얼마나 정당한지를 곧 살펴보겠다.

제 2 장

전투적 재세례파

1. 뮌스터에서의 소요사태

독일 북부에서는 남부에서보다 종교개혁 운동이 뒤늦게 전개되어 그 시대의 계급투쟁의 물꼬를 트기 시작했다. 상당 부분 이는 독일 북부의 경제적 후진성에 기인한다. 그러나 많이 앞선 북서쪽 지역들에서는 종교개혁 운동이 합스부르크의 네덜란드와의 인접성으로 지장을 받았다. 그곳으로부터 카를 5세는 제국의 다른 부분들에 대해서 행사한 것과는 완전히 다른 영향력을 변경지대에 행사할 수 있었다.

농민들은 북부에서는 대체로 일반적 운동에 뛰어들지 않았다. 남부독일과 중부독일에서 일어난 1525년의 사건들은 그들에게 아무런 반향도 일으키지 못했다. 그 한 이유는 그들이 고지독일에 있는 그들의 형제들보다 더 나은 처지에 있었기 때문이란 것이며, 또 다른 이유는 개별 지방들이 인구가 밀집한 남부에서보다 서로 더 격리되었으며 그 지방들 간의 교통이 더 적었기 때문이란 것이다.

종교개혁 운동의 두 측면만이 저지독일에서 효력이 있었다. 그것은 군주적 측면과 도시적 측면이었다. 남쪽에서처럼 북쪽에서도 도시적 종교개혁은 한편으로 도시 시민계층과 도시의 자유와 독립을 위협하는 군주세력 간의 대립, 다른 한편으로 동업조합과 도시 세습귀족 간 대립의 첨예화로 표출되었다. 그러나 남부와의 유사성은 더 많이 있다. 이 계급들 간의 투쟁은 도시의 최하층 인구인, 동업조합으로 조직화될 능력이 없던 민중들이 운동에 뛰어들고 상황이 그들에게 유리한 경우에는 독립적 정책을 추진하기 시작하는 일 없이 진행될 수는 없었다.

북부독일의 도시들 중에서 가장 유명하고 가장 힘이 세며 종교개혁 운동에서 어떤 역할을 한 곳은 오래된 한자 도시 뤼벡(Lübeck)이었다.

그곳에서 세습귀족의 시의회는 기성의 권위인 가톨릭교회 편에 섰다. 민주세력은 '복음'의 대의를 자신들의 것으로 만들었다. 1530년에 그들은 항거를 통해서 귀족계층과 교회에 대하여 승리를 거두었다. 체제는 민주주의적 방향으로 바뀌었으며, 교회재산은 도시에 수용되었다. 그러나 이 승리는 동업조합과 '평범한' 다수 민중의 결합으로 비로소 달성된 것이었다. 그 투쟁의 지도자이고 이 결합의 탁월한 대표자는 1533년 뤼벡의 시장이 된 위르크 불렌베버(Jürg Bullenweber)였다. 그가 평민에 의존했다는 사실로 볼 때, 그가 재세례파에 대한 동감도 드러냈다는 것을 이해할 수 있다. 이는 아주 공공연하게 벌어진 상황이어서 그가 시장이 되었을 때 독일에서는 뤼벡이 재세례파의 신조에 장악되었다는 소문이 돌았다. 불렌베버가 정말로 재세례파의 견해를 신봉했는지, 얼마나 그랬는지는 지금은 더 이상 확인할 수 없다. 뤼벡의 재세례파는 그것을 실제적으로 달성하지 못했으며, 그들의 수효가 많았던 북부독일의 다른 도시들 어디에서도 마찬가지였다.

오직 한 도시에서만 상황이 독특하게 맞아떨어진 덕분에 잠정적인 성공을 거두었다. 그곳은 뮌스터였다.

독일의 북서부는 특히 종교적 군주국들이 많았다. 쾰른, 뮌스터, 파더보른(Paderborn), 오스나브뤼크(Osnabrück), 민덴(Minden), 브레멘(Bremen)이 그런 군주국들이었다. 이 나라들 중에서 쾰른 대주교구와 뮌스터 주교구가 월등하게 비중이 높았다.

사회적 · 정치적 대립은 종교적 군주국들에서 독특한 색채를 띠었다. 군주는 자신의 손 안에 교회의 권력수단과 국가의 권력수단을 결합했다. 그러나 그는 결코 절대군주가 아니었다. 세속의 영주가 그랬던 것보다 황제와 교황에게 훨씬 더 종속된 그는 동시에 그의 영지에서 귀족계층과 성직자계층의 지배자라기보다는 꼭두각시의 성격이 더 강하기도 했다. 도처에서 주교들의 선출은 주교좌성당 참사회가 독점했으며, 이 참사회는 성직자계급 전체에서 수입이 좋은 고급의 자리로서 (뮌스터에서는 1392년부터) 귀족계층의 특권이었다. 그래서 귀족계층과 성직자계층은 긴밀한 이익공동체로 결합되었으며, 그들은 자신들이 선출한 군주에 대하여 세속 영토들에서보다 훨씬 더 강력했다. 신분의회 대표들은 그에 따라 다른 군주국들보다 종교적 군주국들에서 더 유력했지만, 귀족계층과 성직자계층이 연합한 경우에는 그들이 신분의회에서 지배력을 행사했다. 도시들은 항상 투표에서 패배했으며 그중에서 작은 도시들은 내리눌렸고, 큰 도시들은 자립의 길로 인도되었다.

귀족계층과 고위 성직자계층이 이런 상황에서 잃을 것이 가장 많았다. 그래서 그들은 옛 신앙을 고수했다. 그들은 교회가 종교적 군주국에서 긁어모은 엄청난 부를 완전히 포기하기보다는 로마 교황청과 나누는 것이 훨씬 나았다.

이에 반해 믿을 수 없는 자들은 주교들이었다. 너무나도 쉽게 그들은 세속적인 이웃들의 예가 제공한 유혹에 넘어갔다. 루터교로의 개종은 그들에게 심하게 과세한 교황으로부터의 독립, 교회재산에 대한 자유 처분권, 귀족계층에 대한 더 큰 영향력을 약속해주었다.

그에 따라 뮌스터의 주교들이 그들의 다른 동료들처럼 복음적 교리에 건성으로 반대하며 오히려 은밀히 편드는 일도 드물지 않았다는 것은 이상할 것이 없다.

베른트 로트만(Bernt Rothmann)이 1531년에 뮌스터 교외의 장크트 마우리츠(Mauritz)에서 루터의 방향으로 설교를 시작하자 주교좌성당 참사회는 프리드리히 주교에게 그 비행을 막아야 한다는 청원을 했으나 소용이 없었다. 주교는 로트만의 설교를 금지하기는 했으나 그 명령을 강조하는 최소한의 조치도 취하지 않았다. 그리고 로트만은 개의치 않고 설교를 계속해나갔다. 황제의 명령이 있고서야 그 주교는 로트만을 추방할 동기 부여를 받았다(1532년 1월). 로트만은 장크트 마우리츠를 떠났지만 이는 그 지방을 등진 것이 아니라 뮌스터 교회의 중심을 장악하기 위한 것이었다. 그는 뮌스터 자체로 그의 설교들을 옮겨 갔던 것이다.

뮌스터는 부유하고 방비가 잘 된 큰 도시였으며, 주교구만이 아닌 베스트팔렌 전체의 중심 도시였다. 민주주의는 그곳에서 특별히 강한 모습을 보였다. 어느 중세 도시에서나 그런 것처럼 원래 시의회는 전적으로 마르크 조합원들, 뮌스터에서는 상속인(Erbmänner)이라 불린 세습귀족의 손에 장악되어 있었다. 그러나 상업과 영리활동이 번창하고, 동업조합들이 힘과 명성을 달성함에 따라 그들은 결국에 시의회로도 진입했다. 시의회는 그 후로 매년, 전체 시민사회에서 지명된 열 명의 선출인(Korgenoten)에 의해 선출되었다. 시의원 24명 중 절반만 세습귀족 중에서 지명되어야 했다. 그러나 시 업무를 맡아보는 것은 이미 민중 출신의 사람에게 통상적으로 가능한 것보다 더 많은 시간과 지식을 요하는 사안이었다. 그래서 평민 시민계층에게 배당된 열두 의석은 계속 부유한 가문 구성원에게 돌아갔으며, 그들로부터 점차 제2의 도시 귀족계층이 생겨났고, 이들은 상속인들로 된 귀족계층보다는 덜 높은 신분이었지만 이익공동체로 그들과 결탁했다.

이처럼 점차 시의회는 다시 도시 귀족들, 일부는 지세, 곧 그들의 땅을 소작 준 데서 나오는 지세로, 또 일부는 상업으로도 생활한 도시 귀족들의 배타적 대표기구로 되어갔다. 그러나 시의회와 아울러 동업조합 혹은 길드의 세력도 이어져갔다. 17개의 길드가 뮌스터에 있었다. 각각의 길드는 독자적인 길드회관(Gildehaus)을 보유했고, 독자적인 정관에 따라 운영되었다. 쇼하우스(Schohaus)[1]는 전체 동업조합 중심의 시민사회의 구심점이었다. 시의원 선출 직후의 금식기간에 그곳에는 길드장(Gildemeister) 34명이 모여 참사회원(Alderleute) 두 명을 선출했다. 그 시대에 어떤 뮌스터 역사기록자는 이렇게 말한다. "그들은 평범한 시민사회 전체의 우두머리이고 지도자였으며, 그들의 명망은 아주 커서 그들이 원하기만 하면 길드장들과 함께 시의회의 결의들을 취소할 수 있을 정도이다. 그래서 시 행정당국은 중대한, 공동체의 복리에 관계된 사안에서는 선출된 민중지도자들의 동의 없이는 거의 아무것도 할 수 없다."[2]

평화로운 시대에는 물론 시의회가 대부분 마음대로 하게 내버려두었다. 그러나 자치공동체와 시의회 또는 성직자계층과의 분쟁이 발생

---

[1] 이 명칭은 '샤우하우스'(Schauhaus, 시체공시소)로도 번역되고, '슈하우스'(Schuhhaus, 제화업회관)으로도 번역된다.

[2] H. v. Kerssenbroick, *Geschichte der Wiedertäufer zu Münster, nebst einer Beschreibung der Hauptstadt dieses Landes*, 1771, I, S. 98. 우리는 16세기의 60년대에 편찬된 이 글로 또다시 되돌아올 것이다.

하면 시의회의 명망은 급속히 사라졌다. 이는 전에도 그랬듯이 1525년에 명확하게 드러났다. 고지독일에서 벌어졌던 무력 결전은 저지독일에서도 흔적 없이 지나가지는 않았다. 도시들 안의 곳곳에서 평민이 들고 일어났다. 쾰른에서처럼 뮌스터에서도 성직자계층에 반대하는 운동이 일어났으며, 이는 시의회가 그 운동을 저지하려고 하자 무장봉기로 돌변했다. 민중이 들고 일어나 40명으로 된 위원회를 지명했으며, 이 위원회는 자치공동체의 요구사항을 36개조로 정식화했다. 그것들은 종교적이 아닌 경제적 문제들에 관련되며, 동업조합들이 운동을 지배했음을 보여준다.

그 운동에 특징적인 이 조문 중 몇 개를 여기에서 소개하겠다.

"5. 어떠한 성직자라도, 그가 원하는 어떠한 교단에 소속했을지라도, 사제이든 수도자이든 수녀이든 교구성직자의 보좌신부이든 상업에 종사해서는 안 되며, 어떠한 세속적 사업도 영위해서는 안 된다. 황소를 사육하는 것도 아마포를 짜는 것도 곡식을 건조하는 것도 안 된다. 그러므로 그들은 이런 용무에 소용되는 모든 기계를 그것들이 수도원에 있든 아니면 성직자의 집에 있든 즉시 자발적으로 매각하거나 민중이 가져가기를 기다려야 한다.

6. 오늘부터 어떠한 성직자도 공적인 시 조세에서 면제되어야 한다.

7. 성직 당국도 세속 당국도 그 복무자들이 도시의 2마일 내의 마을들에서 어떠한 장사를 하는 것도, 시민들이 손해를 보도록 맥주를 주조하거나 빵을 굽는 것도 금지해야 한다." 운운.[3]

이처럼 이 항거에서는 일체의 특권 폐지가 아니라 동업조합의 특권으로 교황의 특권을 대체하는 것이 과제였다.

---

[3] Kerssenbroick, a. a. O., I, S. 121.

시의회는 그 조문들을 받아들였으며, 주교좌성당 참사회원들도 몇 개 조문에 서명했다. 그러나 그것들을 완전히 실천하는 데는 이르지 못했다. 고지독일 봉기의 와해는 저지독일 운동도 멈추게 한 반면에, 그것은 동시에 승승장구하던 군주세력이 북쪽의 동료 군주들을 돕도록 자유롭게 풀어주었다. (1526년 3월 27일에는) 한편의 주교, 주교좌성당 참사회와 다른 편의 시 사이에 타협이 이루어졌으며, 이는 성직자계층의 권리를 되찾아주었고, 그 대신에 성직자계층은 장래의 어떠한 불법 행위에 대해서도 그 배상과 보증을 받는 것을 포기했다.

이와 함께 평온함이 회복되었다. 그러나 도시적 분자들, 특히 도시 민중세력은 부유한 특권화되고 착취적인 성직자계층에 대한 반대를 계속했다. 1525년의 위력적인 파국을 통해서 대중은 운동에 뛰어들었다. 이들은 그때까지는 종교개혁에 오직 적은 관심만 보였다(이는 뮌스터에만 해당하는 것이 아니라 저지독일 전체에 해당된다). 그리고 그들은 복음의 대의를 흔쾌히 받아들였다. 성직자들은 운동의 선두에 나섰고 원래 순수하게 경제적이던 이 운동은 종교적 논리를 이용하기 시작했으며, 외관상 순전히 종교적 운동으로 되기 시작했다. 이는 종교개혁 시대에 우리가 흔히 마주치는 현상이면서 현대의 부르주아와 프롤레타리아 운동들에서 그 유비를 발견하는 현상이다.

그에 대한 원인은 우리가 발견하기 어렵지 않아 보인다. 어떤 사회 운동에서 오직 개별적인 순간의 요구들이 문제인 한에서는 그 경제적 성격이 명확히 드러난다. 그러나 그 운동이 심화되고 포괄적으로 될수록, 사회 전체, 공동생활체 전체를 변혁하려고 시도할수록 제기되는 요구들 간에 정신적인 끈을 연결하는 것이 더욱 추구할 만한 일이 되며, 모든 생각하는 자는 그 운동의 최종 목표에 관해 명확히 이해하여야 한다는 강박을 더욱더 많이 느낀다. 그 운동의 첫 번째 단계는 순간의 요구들을 서술하는 것이다. 그럴수록 그들은 더 높고 일반적인 원리로 이 요구들을 설명하려는 동기유발을 느낀다. 그 시대에 대한 경제적 인식이 적고 그 운동이 오래 갈수록 통상적으로 운동가들의 논리와 이론은 신비스럽게 형성되며, 그럴수록 이 운동가들은 그들의 선동의 경제적 토대에 대한 의식을 쉽게 상실한다. 어떤 운동에서 가령 오직 자유무역이나 낮은 조세 또는 짧은 노동시간과 높은 임금을 달성하는 것만이 중요하다면, 극히 근시안적인 사람에게도 경제적 핵심이 명확하게 드러난다. 그러나 운동이 기성사회에 대한 부르주아 계층이나 프롤레타리아 계층의 일반적 계급투쟁으로 된다면, 충분하지 못한 이론적 이해에서 경제적 핵심은 거의 완전히 사라진다. 자연법과 이성, 정의 등 영구적 계명만이 관심사가 된다. 종교개혁 시기에 일반적 사고형태는 법률적이 아니라 신학적인 것이었다. 그러므로 사회운동은 더욱 포괄적·급진적으로 될수록 더욱 그 외형에서 더 신학적으로 되어야 했고, 하느님의 뜻, 그리스도의 말씀 같은 것을 더욱 많이 다루어야 했다.

저지독일에서의 민주적·프로테스탄트적 운동은 1529년에 특별한 자극을 받았다. 그 당시에 가공할 만한 물가상승이 발생하여 여러 해를 끌었다. 제바스티안 프랑크가 그의 연대기에서 보도하듯이 그것은 그가 이 책을 내던 1531년에도 세를 떨치고 있었다. 몇몇 장소에서는 호밀 한 섬(Scheffel)이 1529년 여름에 3과 1/2실링이 나갔고, 그 다음해 여름에는 9실링이 나갔다. 1531년에 가격은 더 올랐다. 도르트문트에서는 1530년에 호밀 한 섬이 5와 1/2실링이 나갔고, 1531년에 그 값은 14실링으로 급등했다! 기근과 함께 끔찍한 전염병, 이른바 영국 발한증(englische Schweiß)이 진행되었다.

그리고 거기에 투르크인 침입이 더해졌으며, 이는 저지독일도 전시세, 투르크인세를 납부하도록 의무가 부과된 만큼 고통을 함께하는 입장으로 끌어들였다. 그 지방이 투르크인들 자체에 대해 두려워해야 했던 경우가 적을수록 그다지 낮지 않게 책정되었던 이 조세는 일반적인 곤궁한 처지를 두고 볼 때 더욱 분노를 돋우었음이 분명하다. 클레베(Cleve) 공작의 공국들에서 그것은 수입의 10%에 달했다!

이 모두는 기존의 사회적 대립, 특히 부유한 성직자계층과 민중세력의 대립을 비상하게 첨예화했을 것이 분명하다. 이들 부유한 성직자계층은 조세를 그냥 너무 쉽게 회피할 줄을 알았고, 그들의 근시안적 소유욕에서 아무런 자발적 희생도 바치려는 생각을 하지 못했던 것이다.

이런 상황에서 이미 언급한 베른하르트 로트만(Bernhard Rothmann)의 설교들은 유리한 토양을 발견했다. 1532년 1월에 장크트 마우리츠에서 뮌스터로 갔을 때 그는 그곳의 민중세력에게 대환영을 받았고 어떠한 폭압으로부터도 보호를 받았다. 민주적 당파에서는 그 당시에 부유한 직물상인인 베른하르트 크니퍼돌링크(Bernhard Knipperdollinck)가 가장 두드러졌다. 그는 "나이가 아직 젊은 당당한 사나이로 아름다운 모발과 수염을 지녔고, 용감하고 솔직하며 용모와 태도와 행동에서 강건한 품성을 지녔으며, 꾀가 가득했고, 말에 능했고, 행동에 민첩했고"(Cornelius) 고집이 세고, 활동적이고, 모험적인 것에 대한 취미가 있었다.

부상하는 민중세력에게는 그들이 로트만을 보호하기에 힘겨루기를 해야 했을 바로 그 무렵에 성직을 가진 권력자가 내부적인 일로 분주한 것이 유리했다. 내부적인 일이 그 시대의 교회조직에서 특징적이었다.

프리드리히 주교는 게으른 양반이었다. 주교직이 별로 수고를 요하지 않고 많은 돈을 가져다주던 동안에는 그의 마음에 맞았다. 이제 교회에 난관이 쌓여가고, 교황과 황제, 주교좌성당 참사회원들이 위험에 처한 교회의 수호를 위해 주교의 정력적인 정책을 촉구하면서 그는 주교 자리가 싫어졌다. 그는 주교 사업을 괜찮은 값을 주고 인수할 후계자를 물색했으며, 결국 파더보른(Paderborn)과 오스나브뤼크(Osnabrück)의 에리히(Erich) 주교를 그럴 만한 사람으로 찾아냈다. 그는 영토 욕심이 있으면서 지불능력이 있는 주인이었으며, 그가 경영하던 두 개의 주교 사업에 더하여 세 번째 주교 사업을 취득할 기회를 기꺼이 붙잡았다. 쾰른의 가톨릭 대주교와 작센의 루터교 선제후가 그 교회거래에서 중개인이 되었다. 그들이 수수료를 받았는지는 알려져 있지 않다. 구입가격은 4만 굴덴으로 확정되었다. 조잡한 사기를 쳐서 이 신실하고도 지체 높은 나리들은 주교좌성당 참사회의 동의를 얻어냈다. 이 참사회에게는 실제가 아닌 가짜 계약이 제시되었고, 구입금액은 실제 액수의 절반밖에 안 되는 것으로 꾸며졌다. 나중에 재세례파에 대하여 종교와 도덕, 재산을 지킨 바로 그 사람들이 이런 식으로 일을 처리했다.

1531년에 에리히는 주교로 잠정적으로 선출되었다. 그가 구입금액을 지불한 후에 프리드리히는 주교직을 그만두었다(1532년 3월).

이런 과도기에 이단세력이 뮌스터에서 활발하게 번성했다. 그러나 새로운 주교의 취임도 그들을 별로 약화하지 못했다. 에리히는 자신을 주교라기보다는 군주라고 생각했고, 그에게는 그의 전임자에게보다도 루터교의 확산이 덜 못마땅했다. 그는 오히려 작센의 요한 선제후—주교 자리 구입에서 그의 중개인—와 또 헤센의 필립 백작과 절친했다. 이 두 사람은 독일에서 복음파 운동의 지도자들이었던 것이다. 그리고 그는 자신의 프로테스탄트에 대한 공감을 드러내는 데 주저함이 없어서 테클렌부르크(Tecklenburg)의 백작과 수도원에서 뛰쳐나온 수녀와의 결혼에 증인으로 나서기까지 했다!

이 주교의 선출은 뮌스터에서 프로테스탄트교의 대의를 비상하게 강화했지만 또한 프로테스탄트들의 양보를 초래했다. 에리히가 종교개혁에 호의적이었지만, 아래로부터의 종교개혁이 아닌 위로부터의 종교개혁, 교회를 희생시켜 민중세력이 아닌 군주의 힘을 높여준 종교개혁에 호의적이었던 것이다.

성직자계층과 기사계층에 대하여 에리히는 도시 세습귀족, 뮌스터 시의회와 그 추종세력에게서 버팀목을 구했다. 이들 양자는 루터교와 호흡이 잘 맞는 '온건'파를 이루었다.

도시 민중세력도 그들의 적 모두가 가톨릭교도이던 동안에는 자신들의 경향을 확립하는 데 루터교를 활용했었다. 이제 루터교는 민중세력의 무기에서 민중세력의 위험한 적인 주교와 세습귀족의 무기로 될 기세였다. 그때부터 민중세력은 루터교에 대한 공감을 잃기 시작했고, 그들의 필요에 가장 잘 부합한 쯔빙글리 사상으로 향했다.

이제 에리히와 시의회에게는 도시 민중세력을 굴복시키는 것이 가장 중요한 것으로 여겨졌다. 그 시작에서 그들에게 성직자계층의 도움은 확실했다. 1532년 4월 17일에 주교는 곧 있게 될 교회의 개혁을 약속한 명령을 반포하면서, 우선 자치공동체가 자기들 뜻대로 세운 성직자는 퇴출시킬 것을 요구했다. 시의회는 그 직후에 로트만에게 설교를 중단하라는 명령을 내렸다. 그러나 자치공동체는 승복하지 않았다. 그 공동체는 4월 28일에 그들의 설교자를 어떤 상황에서도 지키겠다고 선언했다.

또다시 민중세력의 운이 좋은 것으로 드러났다. 충실한 주교 편인 케르셴브로이크(Kerssenbroick)는 이렇게 서술한다. "사실상 이 올곧은 주교는 때 이른 죽음으로 방해받지 않았더라면 그 자신의 권위와 벗들의 지원으로 이 일에서 많은 것을 성취했을 것이다. 왜냐하면 그는 오스나브뤼크(Osnabrück) 교구에 있는 퓌르스테나우(Fürstenau)의 그의 성에서 통상적인 경우보다 더 쾌활하게 지내다가 병이 들었기 때문이다. 아니면 다른 사람들이 그러고 싶어 하듯이 큰 잔에 채운 포도주를 비운 다음에 5월 14일에 급서했기 때문이다."[4]

이 사건은 지금 알코올에 절어 아주 행복하게 영면한 자가 생전에 억눌렀고 쥐어짜냈던 주교구들 세 곳 모두에서 봉기의 신호탄이었다. 오스나브뤼크와 파더보른, 뮌스터에서 민중들이 들고 일어나 가톨릭 성직자들을 쫓아내고, 프로테스탄트 성직자들을 자기들의 뜻대로 대체했다. 시의회는 어디에서도 그 자치공동체를 저지할 능력이 없었다. 오스나브뤼크에서는 기사단의 중재로 성직자 집단과 시 사이에 화해가 이루어졌다. 파더보른은 1532년 10월에 쾰른의 헤르만(Hermann) 대주교에 의해 무력 진압되었다. 반면에 뮌스터에서는 봉기가 지속될 수 있었다.

주교좌성당 참사회는 즉시 에리히의 후계자로 발데크(Waldeck)의 프란츠(Franz)를 선출했다. 6월 28일에 이 사람이 뮌스터에 보낸 효유문이 도착했다. 시에 순종의 길로 돌이키도록 촉구하는 글이었다. 상속인들의 집회는 기꺼이 순종하겠다고 선언했다. 반면에 길드들의 집회는 7월 1일에 복음의 수호를 위해 동맹을 결성하기로 결의했다. 36인으로 된 혁명위원회가 설치되었고, 이는 시의회를 크게 놀라게 하여 시의회는 7월 15일에 그 편에 가담했고 자치공동체의 요구사항들을 들어주었다. 36인의 위원회는 즉시 복음적 방향으로 교회의 재조직화를 추진했고, 외부의 동맹자들을 찾았다. 그 위원회는 헤센의 필립과 결합했다. 그리고 10월에 프란츠 주교가 성직 및 세속 귀족집단의 지원을 받아 뮌스터를 무력으로 진압하려고 무장을 갖추었을 때 그 자치공동체는 시의회에 이에 대항하여 군비를 갖추도록 강압했다. 용병

---

[4] Kerssenbroick, a. a. O., I, S. 204.

300명이 모집되어 요새 구조물을 보수했다.

반대당파들 간에 사소한 대립이 생겨났다. 그러나 주교는 강인한 도시를 치려는 결연한 행동을 앞두고 물러섰다. 그 행동이 패배나 외부세력의 개입과 그의 독립성의 손상을 가져올 위험이 있었던 것이다. 왜냐하면 그의 금고는 텅 비었고, 탐욕적인 성직자 집단은 제물을 바치는 데 주저했기 때문이었다. 황제는 그 지역에서 가톨릭교의 가장 위력 있는 수호자로 그 당시에 투르크 전쟁에 몰입해 있었다. 그래서 프란츠 주교는 그의 선임자의 정책으로 회귀하여 시의회와 화해하려고 시도했다. 그는 교섭을 시작했다. 시의회는 주교와 화합하는 쪽으로 기울 것이 자명했다. 그러나 민중은 양보는 거들떠보려고도 하지 않았다. "한 걸음도 뒤로 물러설 수 없다. 차라리 자기 자식을 잡아서 먹지." 이렇게 크너퍼돌링크가 외쳤으며, 대중은 이에 동의했다.

협상을 더 잘 추진하기 위해서 주교는 신분의회 의원들과 함께 뮌스터 인근의 텔크트(Telgt) 읍으로 갔다. 그러나 주교의 접근은 투쟁을 좋아하는 자치공동체를 유혹하여 평화가 아닌 온갖 다른 일을 하게 했다. 정적 속에서 텔크트에 대한 기습이 계획되고 실행되었다. 그것은 성공했다(12월 26일 밤). 주교까지 붙잡지는 못했다. 우연히도 그는 낮에 미리 텔크트를 떠났다. 그러나 가톨릭 신앙의 가장 저명한 대표자들 다수, 성속의 귀족들과 뮌스터에서 달아나는 상속인들이 붙잡혔다.

이는 결판이 났다. 헤센의 필립의 중재로 본질상 주교, 주교좌성당 참사회 및 기사단의 봉기의 성과물에 대한 승인을 확정한 계약이 (1533년 2월 14일) 맺어졌다.

뮌스터는 복음파 도시로 인정되었다.

2. 스트라스부르와 네덜란드의 재세례파

동업조합의 민주세력은 뮌스터에서 승리했다. 그러나 그들의 조직화되지 않은 인구대중, 본질상 또한 무산자들과 프롤레타리아들의 도움으로 승리를 쟁취했던 것이다. 그리고 그들은 이전과 이후 비슷한 경우에 흔히 그랬던 것처럼 이번에는 그들이 사용한 도구를 목적을 달성한 후에 곁으로 내팽개칠 수가 없었다. 왜냐하면 그 승리는 이번에는 오직 행운의 기습으로 달성한 것일 뿐 적을 공개적 전투에서 결정적으로 굴복시킴으로써 달성한 것은 아니었기 때문이다. 이처럼 평화는 오직 휴전을 뜻했을 뿐이다. 부르주아 민주세력은 더 지속될 지난한 투쟁을 앞두고 있었다. 그래서 그들은 이번에는 프롤레타리아 민주세력과의 관계를 그만두어서는 안 되었다. 그러나 프롤레타리아 민주세력의 경향과 가장 부합하는 것은 재세례 운동(Anabaptismus)이었다. 뮌스터에서 프롤레타리아 계층이 달성한 두드러진 지위로 인해 이 도시는 저지독일에서 재세례 운동의 중심지가 되었다.

이미 1532년 중에 뮌스터에서는 가톨릭과 루터파와 아울러 쯔빙글리파가 등장했다. 곧 재세례파가 그들에게 가담했다.

그 전염 원소가 저지독일로 확산된 원천인 두 중심지는 스트라스부르와 네덜란드였다.

북스위스의 큰 도시들과 밀접한 경제적 · 정치적 교류 관계를 갖고 있던 스트라스부르에서는 1525년에 쯔빙글리식 국가교회 체제가 승리를 거두었다. 가톨릭교와 루터교에 대항한 투쟁에서 다른 남부독일의 도시들에서처럼 여기에서도 재세례 운동이 번창했다. 아우크스부르크와 아울러 우리가 이미 언급한 것처럼 스트라스부르는 남부독일 재세례 운동의 가장 중요한 지점이 되었다. 재세례 운동은 그곳에서 다른 곳보다 오래 지속되었다. 이는 '평민'이 보유한 힘, 시의회가 봉기를 두려워하여 재세례파에 대해 단호한 조치를 오랫동안 취하지 못하게 막은 힘 덕분이었다. 이들은 유력한 제국직할시에서 아주 강성하여 그곳 교회 수뇌들 중 가장 비중 있는 자들, 특히 카피토(Capito)는 쯔빙글리가 초기에 따랐던 정책을 지속하고 오랫동안 아주 신중하게 재세례파의 견해에 추파를 던질 정도였다.

대 박해 중에 스트라스부르는 모라바로 이주하지 않은 형제들의 도피처가 되었다. 아우크스부르크에서 재세례 운동이 유혈 진압된 후에 스트라스부르가 그 대신 남부독일에서, 운동의 본거지라는 말이 도대체 가능하다면, 본거지로 등장했다. 일시적으로 거의 모든 남부독일 재세례파의 걸출한 인물들을 그곳에서 발견할 수 있었다. 1526년에 뎅크와 해처(Hätzer), 자틀러(Sattler)가 그랬고, 로이블린(Reublin)은 1529년까지 자치공동체의 선두에 있었다. 그가 추방되자 필그람 마르벡(Pilgram Marbeck)이 그 대신 나섰다. 그는 티롤의 광산재판관으로 킨치히와 엔 골짜기에 스트라스부르인들에게 호의적인 하천 규정을 만들어 "목재가 빈약한 제국직할도시에 슈바르쯔발트의 삼림을 개발할 수 있게 해주었다."[5]

그러나 스트라스부르에서 가장 비중 있게 된 인물은 슈바벤 지방 할 출신의 견문 넓은 모피 제조 직인 멜키오르 호프만(Melchior Hofmann)이었다. 이미 1523년에 그는 리플란트(Livland)에서 복음적 노선에 따라 설교했으며, 그러고 나서는 스톡홀름의 독일인 교회 설교자로 있었다. 스톡홀름에서 추방되어 그는 홀슈타인(Holstein)으로 망명했고, 그곳에서는 덴마크의 프리드리히 왕이 그에게 생계와 설교의 자유를 보장

---

[5] Loserth, *Der Anabaptismus in Tirol*, S. 23.

해주었다. 그러나 루터교에서 쯔빙글리 사상으로 전향하자 그는 홀슈타인에서 추방되었다(1529년). 그는 독일에서 쯔빙글리 사상의 아성인 스트라스부르로 향했다. 그러나 곧 그곳에서 재세례파의 관념세계가 그를 사로잡아 1530년에 그는 이미 그들과 한 식구가 되었고, 옛 지도자들이 쓰러지거나 추방된 후에는 그들 중에서 가장 두드러진 자가 되었다.

광신적이고 환상에 사로잡힌 열광자인 그는 한스 후트의 천년왕국 사상(Chiliasmus)을 다시 받아들였다. 이 사상은 이제 박해가 기승을 부릴수록 남부독일의 형제들 중에서 더욱더 호의적인 토양을 발견했던 것이 분명하다. 사실상, 잔인한 몰이사냥 중에는 곧 있을 해방이 눈짓하지 않으면 굳게 서서 버티기가 어려웠다. 박해가 단호해질수록 기존 사회의 임박한 붕괴에 대한 믿음이 내밀한 심적 필요사항으로 되어갔다. 그러나 투르크인들에 대해서는 더 이상 아무것도 기대할 것이 없었다. 스트라스부르는 호프만에 의해 천상의 예루살렘으로 선정되었으며, 그곳에서는 재세례파에게 권력이 넘어올 것이고 그것도 짧은 시일 안에, 1533년에 넘어올 것이라는 것이었다.

그 예언은 전혀 엉뚱한 것은 아니었다. 스트라스부르에서 재세례파들은 권력을 의미했으나 이 세력이 어떻게 커 가는지를 정부 당국이 더 오래 조용히 지켜볼 수 있기에는 그들은 기존의 사회 및 국가 질서와 너무 첨예한 대립관계에 있었다. 짧은 시일 안에 결정적인 힘겨루기가 일어나야 했다. 호프만이 승리할 것을 믿었음은 자명했다. 자신의 대의를 믿는 자만이 그것을 위해 일하여 성취할 수가 있다.

그러나 호프만은 재세례파의 전통적인 일반적 사고에 깊이 빠져 있어서 어떠한 무력의 사용에 대해서도 반대 입장을 표명했다. 그는 오로지 그의 선전활동의 효과를 믿었다. 신이 승리를 가져다주리란 것이다.

모든 항거는 죄가 된다는 것이다.

처음에 호프만은 공동체에서 거센 저항에 부딪쳤으며, 두 흐름이 형성되었다. 그러나 결국 그의 편이 이겼는데 이는 그의 논리의 힘이나 형제들의 내적 필요에 의해서라기보다는 필시 네덜란드에서 그가 거둔 성공 때문이었을 것이다.

그 시끄러운 사람은 스트라스부르에 오랫동안 있을 수 없었다. 이미 1530년에 그는 자신의 새로운 신념을 네덜란드에 전하고자 라인 강을 따라 내려갔다.

네덜란드는 우리가 살펴본 것처럼 알프스 북쪽에서 이단적 공산주의의 고향이었다. 그러나 이들을 낳은 그 나라의 급속한 경제발전은 또한 이른 시기에 그것의 위험한 적인 강력한 공권력을 성숙하게 했다. 16세기 초에 네덜란드에서는 군주정이 이웃 독일에서보다 훨씬 더 강력하고 절대적이었다.

네덜란드의 17개 지방은 부르군드 가문에 의해서 그리고 그 가문의 해체(1477년) 후에는 그 후계자인 합스부르크 가문에 의해서 지극히 다양한 손들을 거쳐 상속과 매입, 정복을 통해 통일되었다. 그런데 1504년에 합스부르크 가는 절대주의가 이미 위력적인 진보를 이룬 스페인의 왕좌도 차지했다. 특히 교회는 그곳에서 왕권에 더 없이 크게 종속되어 있었고, 어느 곳에서도 스페인에서만큼 가공할 권력을 행사하지 못한 종교재판은 모든 반항적 분자를 억압하는 절대왕권의 도구가 되어 있었다. 외부에 대해서도 스페인 왕실의 힘이 그 당시에 아주 세어 이탈리아 및 교황청의 지배권을 놓고 프랑스와 싸움을 벌일 수 있었다. 합스부르크 가문은 이미 투르크에 위협을 받던 오스트리아 지역의 지배자로서, 그리고 복음파 군주들에 의해 세력을 침식당한 독일의 황제로서 가톨릭교의 보전에 의존하고 있었다. 그러나 특히 스페인의 군주

로서 가톨릭교를 수호할 온갖 이유를 가지고 있었다. 가톨릭교회는 가
장 중요한 권력수단은 아닐지라도 그런 권력수단들 중의 하나가 되어
있었다.

스페인의 펠리페 2세는 열광적인 가톨릭 신앙으로 역사에서 악평
이 나 있다. 그러나 이것은 교황 앞에 겸손히 엎드리는 것을 결코 뜻하
지 않았다. 어떤 새로운 역사가는 이렇게 말한다. "믿음의 기둥이요 로
마 위계질서 전체의 유기조직의 지주로서 자타가 공인하는 군주가 교
황권과의 동맹에 그렇게까지 여러 가지 관계로 의존하고 있으면서도
항상 거듭하여 교황권과 분쟁에 들어간 것은 확실히 독특하다. 이 눈에
띄는, 그리고 매번 새로운 교황이 등극할 때마다 규칙적으로 반복되는
사실에 대한 설명은 일찍이 스페인 군주는 그의 나라 성직자들을 완전
히 그의 신하로 보았으며, 로마 교황의 권좌에는 교리와 관련해서만
복종하고 규율과 재판권과 관련해서는 복종하지 않았다는 것, … 그리
고 다른 한편으로 그는 교회를 자신의 세계정책의 포괄적 기계장치의
그저 하나의 중대한 톱니바퀴로 만들기만을 의도했다는 것 등의 두 사
정에서 찾을 수 있다. 교황의 지위는 도처에서 그 거룩한 무기를 가지
고 스페인의 계획들을 위해 싸워야 했고 또한 교황 권좌는 스페인의
성직자계층이 왕실을 위해 남김없이 약탈하는 것을 도와주어야 했다.
… 스페인 교회에 관한 한, 정식의 공동통치권이 로마교황과 아울러
국왕에게 부여되었다. 아니, 그는 교황보다 상위에 있었다." 운운.(M.
Philippson, *Westeuropa im Zeitalter von Philipp II. Elisabeth und Heinrich IV.*, S.
365 und 366, Berlin 1882)

그래서 합스부르크 가는 프로테스탄트교에 모든 곳에서 결연히 대
립했지만, 네덜란드에서는 독일에서보다 더 힘껏 그렇게 할 수 있었다.
같은 이름을 가진 다섯 번째 독일 군주였던 카를은 1516년에 네덜란드

에 대한 통치를 스페인 지배와 한데 합쳤다. 네덜란드에서 고도로 발달한 공권력이 그에게 제공한 권력수단과 아울러 그의 세습지 중 한 곳에서의 모든 반대세력을 압살하고자 스페인 왕실이 제공한 권력수단도 이제 그에게 마련되었다. 옛 체제형태를 외적으로 훼손하지 않고 그는 정치적 자유를 포함하는 내용이라면 그 모두를 거기서 취하여 없앴다. 펠리페 2세 치하에서 아주 가공할 만한 모습을 띠었던 듯하고 나중에 피비린내 나는 거의 1백 년간의 전쟁(1568년부터 1648년)에서만, 그리고 거기서도 오직 네덜란드의 일부에 대해서만 극복될 수 있었던 저 절대주의적 통치는 카를 5세에 의해 기초가 놓였으며 필요하다고 여겨진 경우에는 기꺼이 앞뒤를 가리지 않고 효력을 나타내도록 실행되었다. 그럼에도 전통적인 자유주의적 역사기술은 그에 주어진 도덕적 분노의 무게 전체를 필립 2세에 집중하고 반면에 카를 5세는 항상 아주 관대하게 다룬다.

그 이유는 아주 단순하다. 네덜란드의 상층계급인 귀족들과 상인들은 카를 5세의 절대주의 치하에서 아주 잘 지냈다. 왜냐하면 네덜란드에서 태어나고 교육을 받은 카를 5세는 자신을 네덜란드 사람이라고 생각했기 때문이다. 그는 할 수 있는 경우에는 네덜란드인들을 우대했다. 그를 섬기는 일을 하도록 네덜란드 귀족에게 손짓을 한 것은 녹봉과 전리품이었다. 그리고 네덜란드 상인은 스페인 상인과 대등한 지위에 놓였고, 스페인의 식민지 정책으로 큰 이윤을 거두어들였다.

이는 1555년에 등극한 카를의 아들 펠리페 재위시에 달라졌던 것 같다. 펠리페는 스페인 사람으로 교육을 받았다. 그러나 스페인에서의 지배계급의 이해관계는 네덜란드의 이해관계와 어울릴 수 없는 것이었다. 네덜란드 사람들을 들끓게 하지 않고서는 스페인 사람들을 만족시킬 수 없었고, 그 역도 성립했다. 카를의 네덜란드적 경향은 1522년 스페인 도시들이 격앙한 주된 이유들 중 하나였다. 이들이 그에게 요구한 것은 무엇보다도 그가 스페인에 거주할 것, 어떤 네덜란드 사람도 외국군대도 두지 말 것, 어떠한 외국인도 귀화시키거나 국가와 교회에서의 어떠한 자리에도 발탁하지 말 것 등이었다.(W. Robertson, *History of Charles V.*, II, S. 163ff, London 1796) 펠리페는 그의 군대와 행정부에 있는 이익이 생기는 자리들과 식민지들을 네덜란드 사람들에 대해 폐쇄했고 그것들을 스페인 사람들, 더 정확히 말해서 카스티야 사람들의 독점물로 만들었다. 이는 네덜란드를 분노케 했다.

그러나 우리가 지금 다루는 시대, 카를 5세의 치세 때에 네덜란드의 상층계급은 진심으로 반대세력이 될 아무런 이유도 없었다. 그러나 하층계급은 이미 그의 시대에 그의 후계자 때와 마찬가지로 강철 주먹으로 억눌렸다. 그리고 지배계급들 간에 큰 투쟁이 없던 동안에 하층계급은 무기력했다. 이는 이단적 공산주의의 고국이 독일 종교개혁의 첫 번째 10년간에 공산주의적 선전활동을 위한 척박한 토양으로 있었던 것처럼 여겨지는 이유를 설명해준다. 이는 고도의 경제발전, 수많은 프롤레타리아 계층, 그리고 베가르트 운동이 펼쳤던 완전히 잊힐 수 없던 꾸준한 활동을 감안한다면 이례적으로 두드러져 보인다. 그러나 공동생활의 형제들은 종교개혁을 넘어서 명맥을 유지했다. 이런 현상은 하층계급에게 가해졌고 그들에게 반대를 드러내는 것을 허락하지 않은 가공할 억압을 통해서만 설명될 수 있다. 그러나 공산주의적 경향은 이미 호프만의 등장 전에 널리 퍼져 있었다.

15세기 말에는 '발도파 계통'의 비밀결사원들이 플랑드르와 브라반트에서 있었던 것으로 보도되며 그들은 '투를루핀스'(Turlupins) 또는 '피플레스'(Pifles)라고 불렸고, 흔히 또한, 주목할 만한 호칭인데, '티쎄랑'(Tisserands, 직조업자)이라고도 불렸다. "그들은 품행이 엄정했고 모

든 사람에게 친절을 베풀었으며, 어떠한 복수심도 알지 못했다. 많은
이가 나중에 등장하는 네덜란드의 재세례 사상가들과 결합했으며, 그
래서 이 재세례파들은 적지 않게 힘을 얻었다."[6]

재세례파는 그들의 전승에 따르면 일찍이 네덜란드에까지 1524년
에 이미 선전활동을 확장했다. 1527년이면 홀란트에서는 '형제회'의
대의를 위한 세 사람의 순교자가 나온 것으로 언급된다.

호프만의 의도는 네덜란드에 재세례를 도입하는 데 있지 않았고, 재
세례파들에게 그들의 견해를 가지고 나설 기백을 주는 데 있었다. 이러
한 기백을 그들에게 불어넣은 것은 그의 승리를 확신하는 예언, 곧 기
존 사회의 종말이 다가왔으며 1533년에 그 종말이 시작된다는 예언이
었다. 그의 설교는 아무튼 1529년 이래로 맹위를 떨친 역병과 기근,
이웃한 저지독일, 특히 베스트팔렌에서의 민주운동에 힘을 받았다.

주목할 만한 것은 새로운 종파―멜키오르 호프만(Melchior Hofmann)
의 이름을 딴―멜키오르파(Melchioriten)가 경제적·정치적으로 가장 발
달된 지방인 플랑드르와 브라반트에서는 제대로 발을 붙일 수 없었다
는 것이다. 국가권력은 그곳에서 이미 너무 강하고 집중되어 있었다.
운동의 중심점은 경제적·정치적으로 낙후되었지만 그 때문에 높은 수
준의 도시적 독립성을 확보한 북부지방의 도시들, 홀란트와 제일란트
(Seeland)와 프리슬란트(Friesland)에게로 돌아갔다. 이 지방들은 플랑
드르나 브라반트와 달리 나중에 스페인의 지배에서 벗어나는 데 성공
했다. 암스테르담에 중심 교회가 세워졌다. 1531년 12월 5일 황제의
엄명으로 교회지도자 얀 폴커츠(Jan Volkerts)가 여덟 명의 동지와 함께
헤이그(Haag)에서 참수되었고, "그들의 머리는 암스테르담으로 운반

---

[6] A. Brons, *Ursprung, Entwicklung und Schicksale der altevangelischen Taufgesinnten oder Mennoniten*, S. 57, Harden 1891.

되어 그곳에서 널리 잘 보이는 곳에 오고가는 바닷배들이 볼 수 있도록 장대에 빙 둘러 매달아 놓았으며 설교자의 머리는 다른 머리들보다 높이 중앙에 매달아 놓은"(Cornelius) 것이 그들을 위축시키지 못했다. 시 당국은 종파 사람들을 눈감아주었다. 암스테르담은 네덜란드에서 그들의 중심지로 남았다.

멜키오르파의 수가 많아지자 곧 그들 가운데 두 흐름이 형성되었다. 새로운 예루살렘, 새로운 사회가 곧 오리란 것을 그들 모두는 당연히 믿었지만 그들 가운데 더 실천적인 자들은 그것이 기적에 의해 저절로 오지 않는다는 것, 현대적으로 말하자면 프롤레타리아 계층은 스스로를 해방해야 한다는 것을 서로 간에 이야기했던 것이 분명하다. 민중을 예속시킨 것과 같은 수단으로 민중은 자신의 적에 맞서 싸워야 함을 그들은 공언했다. 불경한 자들이 하느님의 백성을 향해 칼집에서 빼어든 칼이 그들의 심장을 겨누어 쓰여야 한다는 것이다.

하를렘(Haarlem)의 제빵업자인 얀 마티스(Jan Mathys)가 그렇게 가르쳤다. 그는 멜키오르파 중에서 처음으로 무력적 방법을 옹호했다. "요한 마티스는 처음으로 정부 당국에 대항하여 칼과 무력의 사용을 도입하고 요구한 사람이었다"라고 라이덴(Leyden)의 요한(Johann)은 그의 재판관 앞에서 공언했으며, 이른 시기의 고백에서 그는 마티스와 호프만 간에 서서히 진행된 분열에 대하여 설명했다.[7]

마티스의 가르침은 그때까지 재세례파의 가르침의 가장 중요한 원칙 중 하나, 그 모든 흐름이 비록 다른 면에서는 다양할 수 있어도 공통적으로 그 신앙을 고백했던 그 원칙과 첨예한 대립을 이루었다. 그러나

---

[7] Berichte der Augenzeugen über das Münsterische Wiedertäuferreich. Herausgegeben von C. A. Cornelius, *2. Band der Geschichtsquellen des Bistums Münster*, S. 370, 399. Münster 1853.

그 대립은 천년왕국 사상의 자연스런 결과였다. 남부독일에서처럼 네덜란드에서도 박해는 이 사상을 위한 유리한 토양을 창출했었다. 어떤 인구계층을 절망으로 몰고 가는 자는 그들이 결국 저항하여도 놀라서는 안 된다. 극히 겁이 많고 평화를 사랑하는 동물이라도 궁지에 몰리면 죽을힘을 다해서 저항한다. 그러나 마티스의 가르침이 네덜란드에서 더 유리하게 되었던 것은 그곳에서 계급대립이 재세례 운동의 고향인 스위스에서보다 벌써 훨씬 더 날카롭게 되었기 때문이다. 네덜란드에서는 재세례파 중에 상류계급의 구성원은 좀처럼 없었다. 운동은 그곳에서는 현저하게 프롤레타리아적 운동, 자신들의 사슬밖에 아무 잃을 것이 없는 분자들의 운동이었다. 그것이 그들의 저항력과 저항욕구를 증진시켰음이 분명하다.

마티스는 암스테르담의 교회에 굳게 발을 딛고 서는 데 성공했다. 사절들을 통해서 그는 또한 그 교회 바깥에서도 곧 수많은 추종자를 얻었다. 그들의 수는 멜키오르파가 늘어나는 것과 같은 정도로 늘어났다. 그들 중에서 월등하게 가장 두드러진 인물은 방금 언급한 레이덴의 요한 보켈존(Bockelson)이었다. 뮌스터의 어떤 사람의 종이었던 그의 어머니는 레이덴 근처인 소에벤하겐(Soevenhagen)에서 보켈 면장 집에서 종살이를 했고, 그에게서 요한을 낳았다(1509년). 나중에 돈을 내고서 자유의 몸이 된 뒤에 그녀는 보켈과 결혼했다. 요한은 레이덴에서 재단사 일을 배웠고 빈약한 정신적인 수업을 받았다. 그러나 특별한 재능이 이 결핍을 채워주었다. 이미 이른 시기에 그는 그의 시대를 움직인 문제들에 극히 활발한 관심을 보였다. 특히 열광적 공산주의가 그의 흥미를 끌었는데, 이는 그가 뮌쩌의 글을 공부했기 때문이었다. 그는 넓은 방랑을 통해서 안목을 넓혔다. 재단 직인으로서 그는 영국으로 가서 4년간 머물다 플랑드르로 갔다. 그는 돌아와서 자신의 재단사

일을 하지 않았고, 어떤 사공의 과부와 결혼했으며 상인이 되었다. 상인으로서 그는 뤼벡(Lübeck)과 리스본을 방문했다. 그러나 그는 전혀 운이 없었고 딱히 사업가 정신도 없었다. 그는 파산했는데, 이는 바로 재세례 운동이 네덜란드에서 부상하던 무렵이었다. 그에게 예전부터 공감이 갔던 그 가르침을 그는 이제 온전한 젊음의 열정을 가지고서 따랐다. 왜냐하면 그가 아무리 많은 것을 보고 경험했어도 얀 마티스에게 걸려들었을 때 그는 25세가 채 안 되었기 때문이다(1533년 11월).

아름답고 활발하며 열정적이고 매혹적인 언변을 가진 그는 마음을 쉽게 얻었다. 특히 주목할 만한 것은 그에게 있는 생의 애착과 아름다움을 즐기는 마음으로서 이것들이 그를 음울한 청교도 사상을 품은 다수의 동지들과 눈에 띄게 구분되게 해준다. 이 점에서 그는 토마스 뮌쩌와도 완전히 달랐다. 젊었을 때부터 그는 시적 재능을 드러냈었다. "그는 또한 온갖 종류의 희곡을 써서 그곳에서 통상적으로 하듯이 극장에서 모든 사람 앞에서 돈을 받고" 상연하도록 했다고 케르센브로이크(Kerssenbroick)는 보도한다. 그는 뮌스터에서도 그의 무대적 취향과 극적 효과에 대한 이해를 입증해보였다.

그러나 케르센브로이크는 그를 "재단사"요 "연극 황제"라고 조롱할 이유는 별로 없었다. 케르센브로이크가 충실한 종으로 섬긴 세도가들은 그 재단사, 연극 황제를 보고 치를 떨었다. 왜냐하면 그 뮌스터의 독재자는 방금 묘사한 그의 개성을 강철 같은 의지력과 정곡을 찌르는 예리한 사고와 결합해서 이런 것들이 그를 공포의 대상이 되는 적으로 만들어주었기 때문이다.

보켈존이 아직 얀 마티스에게 합세하기 전에도 마티스는 네덜란드 멜키오르파의 선두에 섰다. 왜냐하면 호프만이 1533년 초에 새로운 예루살렘의 시작을 위한 시대가 왔다며 네덜란드를 떠나 스트라스부르로 갔기 때문이다. 그는 붙잡힐 것이고 반년 동안 붙잡혀 있으면 해방자가 올 것이라고 그에게 예언이 되었다. 예언의 첫 번째 부분은 곧 실현되었다. 이미 5월에 시의회는 그를 체포하도록 했다. 이제 형제들의 기대는 최고로 부풀었으며, 열성적인 조바심을 가지고 결국, 결국 모든 슬픔과 궁핍에 종지부를 찍을 시점을 기다렸다.

그러나 예언의 그 다음 부분들은 실현되지 않았다. 1533년도가 끝나갔고, 스트라스부르에서는 모든 것이 조용한 채로 있었다. 호프만의 선동은 무엇보다도 시의회가 재세례파에 대한 단호한 조치를 취하도록 고무하는 결과를 가져왔다. 모든 회의적 분자가 그들에게서 떨어져 나갔다. 그들의 대의는 그때부터 스트라스부르에서 후퇴했다. 호프만 자신은 다시는 자유를 얻지 못했다. 그는 감옥에 오래 갇혀 있은 뒤에 사망했다.

그러나 바로 이 시기에 '형제들'의 광적인 열광이 자극을 받아 활활 타오르게 되었으며, "멜키오르파 교회를 통해 네덜란드 곳곳에 이런 말이 유포되었다. '주님이 스트라스부르를 그 불신앙 때문에 저주했으며, 그 대신 새로운 예루살렘이 될 곳으로 뮌스터를 선택했다.'"(Cornelius)

그동안 뮌스터에서는 어떤 일이 있었는지를 살펴보자.

3. 뮌스터 정복

이미 1532년에 재세례파 및 유사 지향들이 뮌스터에서 눈에 띄게 되었다. 그 다음해 동안, 2월 14일 조약체결 후에 그들은 급속히 결단성과 힘, 확산력을 얻었다.

시의회는 분열되었다. 왜냐하면 1533년 3월 3일의 선거가 일련의 단호하게 민주적인 분자들 여럿을 시의회로 진출시켰기 때문이다. 그들에는 두 명의 시장 중 한 사람인 헤르만 틸벡(Hermann Tilbeck)도 있었다. 그는 세습귀족이었고 사상적으로 훌륭한 민주주의자였으며, 나중에 뮌스터의 도시 민중세력 중 가장 급진적인 부분을 재세례파로 전환시키는 데 힘을 합쳤다.

시의회만큼이나 분열되고 흔들리고 불안정했던 것이 길드들이었다. 그들은 주교와 성직자계층이 오로지 착취 대상에 대한 지배력을 손에 넣을 기회만을 노리고 있다는 것을 알았다. 그러나 동업조합의 시민계층 일부는 어떠한 특권과 재산도 두려워하려 하지 않고 어떠한 조합원들마저 두려워하지 않는 무산자들 앞에서 근심이 들었다. 대중과 귀족계층 중에 누가 더 위험한가 하는 질문이 제기되었다. 도시 민주주의자들 중에 사제들과 귀족들의 지배를 가장 두려워한 자들은 프롤레타리아 분자들과의 연합을 충실히 지켰다. 다른 이들은 루터교인들, 아니 도시의 가톨릭교인들 편에 붙었다. 동업조합 분자들의 다수가 이리저리 끊임없이 동요했고, 오직 다른 당파들 중 어느 쪽도 우세를 점하지 못하게 하는 수고를 했을 뿐이다.

이런 상황은 그 초창기에 있는 재세례파들에게 유리했다. 시의회가 그들에 대하여 어떠한 단호한 조치도 내놓지 못하게 막아준 것이다. 그리고 재세례파들은 좋은 기회를 활용하는 데 등한히 하지 않았다. 선전활동에서 그들의 열정은 더 바랄 나위가 없을 정도였다. 그러나 그들의 수효가 개종자들의 증가를 통해서만이 아니라 이민자들의 증가를 통해서 늘어났다는 점이 최고로 주목할 만한 것이다. 그 이민자들은 우선 이웃한 지역들, 처음에는 윌리히(Jülich) 지역에서 왔지만 그 다음에는 더 먼 지역, 특히 네덜란드에서 왔다. 이주해온 자들은 일부는 박해를 피해서 왔고 또 일부는 활동욕구의 충동으로 왔다. 왜냐하면 뮌스터에서는 형제들이 다른 곳보다 덜 위험에 처했을 뿐 아니라 또한 훌륭한 신조를 위해 활동할 더 나은 전망이 제공되었기 때문이다. 이 이민자들은 뮌스터에서의 상황의 발전에 대단히 중요해졌다.

한 증인 그레스벡(Gresbeck)은 재세례 운동의 승리와 공산주의 체제하의 뮌스터에서 벌어진 사태의 전개가 상당 부분 그들 덕분이라고 본다. 그는 "홀란트인과 프리슬란트인"에 대해서와 다르지 않게 통상적으로 그 도시의 결연한 태도의 재세례파들에 대하여 말한다. 그래서 그는 또한 홀란트인들에 대해서도 나쁘게 이야기한다. "네덜란드 사람은 일곱 살이 되면 더 이상 나이를 먹어도 똑똑해지지 않고 전부다 반은 바보다.(Wan ein Hollender seven jair alt ist, so is hei up dem allerweisesten, als hei werden wil. It sint intgemein halve narren.)"(*Berichte der Augenzeugen über das Münsterische Wiedertäuferreich*, S. 137)라고 그는 저지독일어로 말한다.

유입자들은 그 당파의 가장 용감하고 가장 활동적인 분자들에 속했으며, 그들은 그 도시의 재세례파들에게 크나큰 정신적이고 군사적인 뒷받침을 제공했다.

반면에 재세례파의 적들을 간단히 부르는 말로 '질서당파'라 하는데 이들은 나날이 줄어들었다. 왜냐하면 하얗게 질리게 하는 두려움이 가진 자들을 사로잡았고, 민주주의의 진전이 있을 때마다 그들 중 일부는 도주할 수밖에 없었기 때문이다.

이 과정은 1534년의 가톨릭의 저지독일어 시 "괴상한 이단 비히트뵈크"(der Monsterschen Ketzer Bichtboek)에서 잘 묘사된다. 그중에 이런 구절이 있다(우리는 원 방언으로 인용한다. 번역을 하면 그 시구에서 잃는 것이 너무 많을 것이다).

"De geistlicehn worden von allen weltlichen gehatet,

Darum hebben etlicke prälaten bi guten tiden uthgetagen und sick nich verlatet.

De gilden mochten de junckeren of erfmans da binnen nich li-den,

Darum hebben auck de erfmans sick uth der stat gegieven bi tiden.

De armen gildebroers hebben de riecken borger und rentners verfolget,

Derhalven hebben de riecken borger den jonckeren na gefolget.

Hadde de ene sick bi den andernn gehalden fast,

So weren wi alle nich gekommen in so grote last."[8]

성직자들은 속세의 사람들로부터 뮌스터 내에서 미움을 받았다네.

때문에 고위성직자 몇몇은 일찌감치 빠져나갔고, 꾸물대지 않았네.

길드들은 세습귀족의 융커들에게 그곳에서 시달리기를 원치 않았어.

그래서 세습귀족들도 일찍 그 도시를 떴다네.

가난한 길드 조합원들은 부유한 시민과 지주들을 내쫓았지.

그래서 부유한 시민들은 융커들을 뒤따랐네.

한쪽 사람들이 다른 쪽 사람들과 굳게 붙어 있었더라면 우리 모두는 그렇게 무거운 짐을 지게 되지 않았으련만.

그 시인은 값싼 지혜를 설파했다. 확실히 가진 자들이 굳게 단결했다면, 프롤레타리아 계층의 어떠한 동요도, 단지 일시적이고 독립적인

---

8 이 시의 발췌 구절들은 코르넬리우스의 *Münsterischer Aufruhr*, II, S. 179에 수록되어 있다.

동요라도 불가능했을 것이다—오늘날에도 당분간은 대부분의 나라에서 그러할 것이다. 그러나 프롤레타리아 계층에게 다행스러운 것은 가진 자들이 아주 다양한 계급, 그것도 흔히 대립적인 이해관계를 가진 다양한 계급으로 쪼개진다는 것이다. 그리고 가진 자들 서로 간의 계급투쟁은 지금까지 프롤레타리아 계층의 발달사에서 항상 중요한 계기들이었다. 물론 아주 흔히 프롤레타리아 계층이 위험한 자들이 되기 시작했을 때마다 유산계급들 역시 서로 단합하여 '반동적 대중'을 이루는 성향을 보였다. 그러나 이 계급들 각각은 이로써 자신을 위한 특별이익을 끌어내려고 했으며, 그들은 협력을 하면서도 어느 정도의 불신을 결코 극복할 수 없었다. 왜냐하면 누구나 동맹자들을 기만하려고 했듯이 또한 누구나 그들에 의해 기만당할 것을 두려워했기 때문이다. 뮌스터가 재세례파의 수중에 떨어지던 때에도 귀족사회는 겨우 힘겹게 확고한 한 덩어리로 뭉쳤다.

그러나 '질서당파'의 시작 단계가 형성된 것과 같은 정도로 더 결연한 태도의 시민 민주적 분자들은 로트만과 크니퍼돌링크의 지도하에 프롤레타리아 분자들과 더 밀착할 수밖에 없었다. 그들은 재세례 운동쪽으로 방향을 전환했다. 1532년에 아직 로트만은 그 당시에 쯔빙글리파여서 재세례 운동과 싸웠다. 그해 9월 6일 그는 부쉬(Busch)에게 이렇게 편지를 썼다. "나는 이미 우리를 한동안 떠났으나 더 큰 세력을 가지고서 돌아올 것으로 위협이 되었던 재세례파들과 관계를 갖게 되었습니다. 그러나 신이 우리와 함께한다면 누가 우리에게 맞설 수 있겠습니까?"[9]

그 다음해 5월 로트만은 이미 아기세례의 반대자임을 고백했다.

---

[9] *Kerssenbroick*, I, S. 183에서 인용.

시의회는 재세례파를 '정신적인 무기로' 이기려고 시도했다. 시 의회는 멜란히톤에게 로트만이 진정한 신앙을 갖도록 인도하는 편지를 쓰라고 종용했다. 이 편지, 그리고 유사한 편지들이 아무런 결실을 맺지 못하자 시의회는 1533년 8월 7, 8일에 토론회를 개최했다. 이는 당연히 재세례파를 회심시키지도 못하고 오히려 그들의 기세를 돋우었다.

이제 시의회는 더 날선 태도를 취했다. 일련의 도시 설교자들이 재세례파에 가담했던 것이다. 시의회는 만일 그들이 아기세례를 주는 것을 거절한다면 자리를 박탈하고 추방하겠다고 (9월에) 위협했다. 그들은 (9월 17일) 사람이 인간보다 하느님을 더 두려워해야 한다고 응수했다. 이에 시의회는 그 협박을 실행하려고 했다. 가장 먼저 로트만이 람베르티 교회(Lambertikirche)의 설교자 직분에서 면직되었다. 그러나 교회의 태도가 아주 위협적이어서 시의회는 10월에 다른 교회에 부임하는 것을 허락했다. 재세례파는 첫 번째 승리를 쟁취했던 것이다.

두 번째 힘겨루기는 11월 초에 있었다. 시의회는 이제 '반동적 대중'을 결집시키려는 시도를 했다. 시의회는 길드 마이스터들과 가톨릭 도시 세습귀족들에게 어떻게 재세례파 분자들을 제압할 수 있을지에 관한 공동의 논의를 하도록 청했다. 이들에 대한 무장기습을 하기로 의견을 모았고, 이는 이미 그 다음날에 실행될 것이었다.

질서파 분자들이 무장을 갖추고서 재세례파 설교자들을 사로잡으려고 했다. 그런데 이제 몇 사람의 극단적 반동들, 가톨릭교도일 개연성이 있는데 이들은 설교자들과 함께 재세례파에 공감하는 시의회의 민주적 의원들도 도시에서 쫓아내야 하며 특히 틸벡 시장이 그렇게 되어야 한다고 요구했다. 이에 관해서는 전날까지도 아무런 말이 없었다. 이는 중도파의 질서당파 분자들을 어리둥절하게 만들었다. 그들은 동지들을 불신하기 시작했다. 그러나 그러는 가운데 재세례파가 집결하여 람베르티 교회 마당에 진을 쳤다. 그들의 적은 그들을 감히 그곳에서 공격하지 못했다. 시의회는 그 다음날 그들과 협상을 시작했고, 재세례파의 완전한 파괴를 유도하도록 계산된 조치는 그들이 해야 했던 몇 가지 사소한 양보로 끝났다. 그들의 설교자들 몇 사람이 이민을 나갔고 로트만은 더 이상 설교를 해서는 안 되었지만 도시에 머물렀다. 공개적 선전활동은 그들에게 금지되었지만 도시 안에서 재세례파 자체를 보호하는 것에는 동의할 수밖에 없었다. 그들은 이 두 번째의 훨씬 더 위험한 폭풍 속에서도 명맥을 유지했다.

케르센브로이크는 이렇게 보도한다. "로트만은 비록 (11월 6일자) 협약에서 공개적으로 설교할 허가가 그에게서 박탈되었으나 처음에는 비밀리에 그리고 야간에, 그러나 나중에 그의 추종세력이 크게 늘게 되자 낮에도 몇몇 시민의 집에서 재세례를 설교하기를 그만두지 않았다. 설교시간은 총의 격발 소리로 통보되었고, 재세례 사상에 물든 자들 외에 다른 사람들에게는 참석이 허용되지 않았다."(I. S. 453)

이렇게 구두 선전활동과 아울러 인쇄된 전단 선전활동도 추진되었다. 사람들은 로트만의 집에 비밀 인쇄소를 차렸고 이는 나중에 당국에게 발각되었다.

공산주의의 실천에도 이미 걸음이 내딛어졌다. '형제들' 가운데 부유한 이들은 "로트만의 발 앞에 그들의 모든 돈을 내려놓았고, 그들이 보유한 모든 채권을 찢어버리고 불태웠으며 채무자들에게 모든 채무를 면제해주었다. 그리고 이것을 남자들만이 아니라 달리 아무것도 낭비하지 않는 습성이 있는 여자들도 행했다. 왜냐하면, 벽돌공 크니퍼돌링크의 장모는 아주 부유한 여자였는데, 그녀는 채무자들에게 그들의 채무증서를 이미 거두어들인 이자와 함께 돌려줄 정도로 하느님의 영에 의해 이끌렸기 때문이다."[10]

그러한 이타적인 열성은 대중을 강하게 감동시켰음이 분명하다. 곧 재세례파는 아주 강해져서 자신의 적들에게 공개적으로 도전할 수 있을 정도였다. 12월 8일에 대장간 직인 요한 슈뢰더(Johann Schröder)는 재세례파의 가르침을 공개적으로 설파하기 시작했다. 15일에 시의회는 그를 체포하도록 했지만, 대장장이 동업조합은 무리를 이루어 시의사당으로 몰려가서 그의 석방을 받아냈다. 로트만은 추방되었지만, 그는 조용히 그리고 귀찮게 함을 당하지 않고 그 도시에 남아 있었다. 그해 말에는 11월에 국외로 나갔던 설교자들도 돌아왔다. 1534년 1월 15일에 시의회는 그들을 한 번 더 추방했다. 시의 아전들은 그들을 한쪽 문 밖으로 내쫓았지만, 형제들은 그들을 다른 문으로 다시 끌어들였으며 그래도 시의회는 감히 그것을 제지할 수 없었다. 재세례파는 사실상 이미 그 도시의 주인이었다.

형제들이 도처에서 이제 인정하기를 스트라스부르는 신에게 버림을 받았으며, 뮌스터에 참다운 새로운 시온이 일어날 것이라고 한 것도 놀랍지 않다. 북부에서 운동의 중심은—오늘날에는 당지도부라고 말하겠지만—암스테르담에서 그곳으로 옮겨갔다. 멜키오르파 지도부에 있던 새로운 예언자이자 호프만의 제자인 얀 마티스는 1월 초에 일련의 사절들을 그곳으로 보냈고 그중에는 1월 13일에 도착한 레이덴의 보켈존도 있었다. 우리는 2월에 뮌스터에서도 마티스를 발견한다.

질서당파는 완전히 절망에 빠졌다. 그 당파는 불어 오르는 공산주의적 밀물을 뚝으로 막을 단 하나의 가능성만을 보았다. 그 당파는 주교의 팔에 안겼고 그에게 도시의 자유를 팔아넘겼다. 이는 그 당시에 대략 오늘날의 매국과 같은 의미를 가진 처사였다.

---

10 *Kerssenbroick*, I, S. 455.

프란츠 주교는 애초부터 시에 자유로운 종교활동을 보장한, 시와의 지엄한 계약을 최선의 기회를 만나면 찢어버릴 무가치한 휴지조각으로 간주했다. 시가 민주주의적으로 되어갈수록 그는 계약을 파기하고 싶어 견딜 수가 없었다. 1533년 12월에 이미 그는 뮌스터의 민중세력을 습격하여 도살하기 위해 무장을 갖추기 시작했다. 도시 질서당파의 반역적 처사가 있었던 것은 이제 그에게 최고로 적합한 때였다.

"이제 뮌스터의 각하께서는 뮌스터 시의 재세례파들이 말을 들으려고 하지 않고 주교님의 은혜를 구하지도 않는다는 것을 아셨으므로 그분은 뮌스터 시의 시의회 그리고 재세례를 주장하지 않는 다른 시민들 일부와 합의하기를, 그들이 뮌스터의 주교에게 두 문, 우리의 아름다운 프라우엔 문과 유덴펠더 문을 열어주기로 하였다. 이렇게 주교에게 문들이 열려서 그분이 시내로 2천에서 3천 명의 농민과 말 탄 기병들 일부를 들여보내서 뮌스터 각하께서는 그 도시를 점령하셨다"[11]고 그레스벡은 서술한다.

이는 2월 10일의 일이었다. 평화로운 가운데서 그 도시를 배신적으로 습격한 주교 측 무장병력과 그들을 기다리면서 옷 속에 갑옷을 입고 있던 '고결한 시민들'이 한 패가 되었다. 또한 그들은 약속에 따라 짚으로 만든 화환을 집 앞에 걸어놓아서 예기된 약탈 시에 재산의 수호자들에 의해 그런 집들은 보전이 되도록 했다.

공모자들은 처음에는 운이 좋았다. 크니퍼돌링크와 몇 명의 다른 재세례파를 생포하고 그들을 감금해놓는 데 성공했다. "크니퍼돌링크는 감옥에 있으면서 황소처럼 부르짖곤 했다(Knipperdollingk lag in dem torn und riep glich wie ossen plegen tho ropen)"고 그레스벡은 보도한다.

---

11 *Berichte der Augenzeugen*, S. 14, 15.

그러나 기습을 당한 재세례파는 신속히 모여들어서 얀 마티스의 호전적 지향의 정신이 그들에게 살아 있음을 입증해주었다. 그들은 시가전에서 우위를 차지했고, 주교 측 군대는 후퇴했으며 화해의 손을 내밀었다. 그리고 "영리함과 수완으로 그들(재세례파)은, 부렌 사람들과 뤼터 사람들을 도시에서 몰아냈다.(mit kloickheit und behendigkeit kriegen sie die buren und ruetters wieder uth der stat.)"(Gresbeck) 배신은 배신자들 자신을 향해 방향을 전환했고, 정신적으로 이미 재세례파에게 속한 그 도시가 이제 군사적으로도 그들의 판도에 들어가는 결과를 초래했다. 공격적인 반란이 아니라 정당방위로 그들은 뮌스터를 점령했다.

2월 10일의 전투는 두 가지 결과를 가져왔다. 시와 주교 사이에는 그 후로 전쟁 상황이 지배했다. 23일에 프란츠는 군대를 이끌고 텔크트로 진입하여 그 도시를 포위하려고 했다. 같은 날 뮌스터에서는 법에 규정된 시 행정관리들의 선출이 있었다. 선출규정이 조금도 달라진 일 없이 선거에는 완전히 재세례파 쪽이 승리했다. 크니퍼돌링크 그리고 이미 재세례파의 대의에서 여러 번 두각을 나타냈던 직물 제조업자 키펜브로이크(Kippenbroick)가 뮌스터 시장이 되었다. "운동의 지도자는 그래서 합법적 방식으로 최고 권력에 올랐고, 베스트팔렌 주의 수도는 새로운 예언자들의 발 앞에 놓였다."(Keller)

4. 새 예루살렘

a. 자료들

전통적인 부르주아적 서술에 따르면 이제 육욕과 피에 대한 굶주림의 광적인 난장판이 시작되었다. 이것이 뮌스터 '꼬뮌' 시대 이래 우리

시대까지의 일반적인 서술방식이다. 프란츠 주교는 한 공적 보고서에서 이렇게 기록한다. "그들이 도시를 힘으로 장악하자 모든 신적, 기독교적 질서와 법, 성과 속의 체제와 경찰을 완전히 무너뜨렸고 동물적인 삶을 시작했다."

그리고 90년대의 '학문적인' 사회민주주의 박멸자인 "*schlaraffia politica*"[12]의 무명 저자는 전율을 일으키도록 이렇게 설명한다. "뮌스터는 가장 야비한 외설과 가장 피비린내 나는 도살의 공연장이 되었다. … 이렇게 공산주의와 일부다처제를 실현한 나라가 세워졌다. 거기서는 정신적 자만과 육적 쾌락, 진실한 헌신과 자기희생이 피에 굶주린 잔혹함, 저열한 향락욕과 극히 역겹게 짝을 이루었다. … 이 운동의 역사를 아는 자라면, 그레고로비우스의 '지상의 하늘'에서와 같은 (사회주의적 미래국가) 묘사를 잔혹함과 저열함의 과도한 잡동사니라고 여기지 않을 것이다. 뮌스터의 여성들이 그 희생제물이 된 수치스러운 행위, 레이덴의 요한과 그의 동지들의 네로 같은 방탕함과 잔인함이 그에 대한 역사적 삽화이다." 그러나 그 신실한 사람은 사회주의 역사기술의 선구자인 쉬드르(Sudre)와 함께, 재세례파들은 최소한 신과 불멸성을 믿었다고 생각한다. "우리 시대에 그들의 가르침을 되살리는 자들은 그들의 잘못에 신성과 그 개념들의 부정을 추가하고 인간을 조잡한 유물론에 빠뜨린다. 이런 일을 감안한다면, 현대적 유토피아의 실현에서 무엇을 기대하겠는가? 뮌스터의 자유분방한 축제(Saturnalien)는 틀림없이 능가될 것이다."(S. 68-70)

끝으로 최근의 뮌스터 봉기 역사의 기록자는 이렇게 생각한다.

"물론 모든 온당한 생각을 가진 사람들 쪽에서는 미친 종교적 열광

---

12 *Schlaraffia politica, Geschichte der Dichtungen vom besten Staat*, Leipzig 1892. 피상적이며, 교만하고 경솔함으로 편집된 책이다.

과 터무니없는 사회적 상황의 산물, 여기 뮌스터에서 실제로 형성되었을 뿐 아니라 동시에 또한 여기에 이론적으로 그 이유와 변명할 구실을 둔 산물에 대한 완전한 비난에서 일치한다." 계속해서 그는 "범죄"에 대하여, "미친 짓" 등에 대하여 이야기한다.[13]

이는 뮌스터 '꼬뮌'에 대한 모든 부르주아적 묘사들의 기조이다.

뮌스터의 공산주의자들에 대해서는 부르주아적 역사기술은 결코 공평무사한 입장에 있을 수가 없었다. 그들은 그들 시대와 마찬가지로 오늘날에도 학문적 연구의 대상이 아니라 불구대천의 적으로 통하며, 그들의 물리적 극복 후에도 여전히 정신적으로 박멸해야 할 대상이다. 사람들은 오늘날 그들 안에서 사회민주주의도 발견하게 되는 것으로 잘못 생각한다.

그러나 물론 과학적 사회주의의 관점에서는 뮌스터 공동생활체에 대하여 지금까지의 대부분의 공산주의의 발현 형태에 대해서보다 더 초연하게 완전히 초연한 태도를 가지고서 접근하는 것이 가능하다. 이 단적 공산주의도 재세례파의 공산주의도 현대 사회주의와는 근본적으로 다를 뿐 아니라, 우리가 또한 아는 것은, 뮌스터에서의 새 예루살렘이 결코 특수하게 재세례파 집단에게 전형적인 것도 아니었고, 하물며 공산주의 일반에서도 전형적인 것은 아니었다는 것이다. 누군가가 재세례파 집단이 뮌스터에서 초래했던 결과들로부터 공산주의는 필연적으로 잔인함과 피에 대한 굶주림을 불러들인다는 결론을 이끌어낼 욕

---

[13] Dr. Heinrich Detmer, *Königlicher Oberbibliothekar in Münster, Bilder aus den religiösen und sozialen Unruhen in Münster während des sechzehnten Jahrhunderts*, I. Johann von Leiden, Münster 1903. S. 4. 이 "그림들"(Bilder)의 두 번째 부분은 "Bernhard Rothmann"을 다루고 세 번째 부분은 "결혼에 대한 이해와 재세례파 통치기간 중 뮌스터에서 다처제의 실천"을 다룬다. 두 글 모두 1904년에 뮌스터에서 나왔다. 새로운 것은 없다.

구를 느낀다면, 우리는 그에게 재세례파들 자신의 예, 곧 그들에게 평온한 발전이 허락된 곳인 모라바에서의 재세례파들의 예를 내밀 수 있다.

그래서 현대 사회주의의 관점에서는 그에 관한 판단이 어떻게 내려지더라도 우리의 오늘날의 노력은 그것에 영향 받지 않는다는 의식을 가지고서 뮌스터 왕국에 접근할 수 있다. 우리에게는 뮌스터의 공산주의자들에 대하여 오직 그들을 파악하고 그들에 관한 진실을 탐구할 필요만 있다.

우리는 이것을 여기서 언급하는 것이 필요하다고 생각한다.

지금까지 고찰한 공산주의 현상들 각각은 최소한 부르주아 학문의 이런저런 대표자들에게 공평무사한 평가를 받았다. 뮌스터의 공산주의 현상과 가장 가까이 있는 흐름들만 언급한다면, 토마스 뮌쩌가 찜머만에 의해서, 그리고 남부독일과 모라바의 재세례파들이 켈러, 벡, 로제르트, 그밖의 사람들에 의해서 사심 없는 평가를 받았던 것이다. 이는 물론 공산주의 역사의 이 모든 현상이 고도로 무해하고 평화애호적인 성격을 띠거나 아니면 부르주아 민주운동의 결과로 등장하여 그 동맹자로 활약했다는 것을 통해 설명된다. 예를 들어서 이처럼 뮌쩌는 군주세력과의 투쟁으로부터 주로 그의 힘과 영향력을 이끌어냈다. 뮐하우젠이 우리에게 보여주었듯이 그는 공산주의자로서 많은 것을 달성하지 못했다. 반면에 뮌스터에서 공산주의는 독립적·지배적·혁명적 세력으로 역사상 처음으로 등장했다. 이 현상에 대해서는 부르주아적 초연성은 좌절한다. 그런데 바로 여기서 자료들의 상태를 감안할 때 대단한 초연성이 요구될 것이다.

뮌스터는 2월 10일 재세례파의 결정적 승리 이래로 포위되어 외부세계와 단절된 도시였다. 그 도시가 정복된 후에는 거의 모든 주민이 도살당했다. 그들의 포위 중에 그 도시에서 있었던 사태 전개를 글로 묘사할 능력이 있는 어떠한 재세례 운동의 대표자도 피바다를 면하지 못했다. 그러한 서술은 모두 적들에게서 나온 것이다. 이제 빠리 꼬뮌에 관해서 얼마나 부끄러움도 없이 거짓말이 이루어졌는지, 오늘날에도 사회민주주의가 모든 거짓된 이야기에 공개적으로 반박할 능력이 있는 광범위한 언론과 의회 대표들을 활용할 수 있는데도 불구하고 사회민주주의에 관해서 곳곳에서 얼마나 거짓말이 행해졌는지를 회상해보기만 하면 된다. 그러면 '봉기'에 관한 기존의 보도들이 받을 만한 신뢰가 어느 정도인지 짐작할 수 있다.

세 건의 주요한 자료를 살펴보자. 뮌스터의 몰락 직후에 글 한 건이 나왔다. "뮌스터에서 복음이 어떻게 시작되었고 다시 중단되었는지에 대한 진솔한 이야기. 거기에 그러한 악당들에 대한 전체의 처리과정이 처음부터 끝까지 덧붙으며, 성과 속의 두 부분에서 모두 헨리쿠스 도르피우스 모나스테리엔시스(Henricus Dorpius Monasteriensis)가 열심히 기록함, 1536." 자신이 발간한 "눈으로 목격한 증인의 보도"에 대한 서론을 이루는 "뮌스터 봉기의 역사 자료에 관하여"라는 소논문에서 코르넬리우스는 이 글을 다음과 같이 특징화해서 말한다. "그것은 비텐베르크에서 인쇄된 비텐베르크의 당파문서이며, 루터의 주된 조력자이자 저지독일로 파견된 사절 요한 부겐하겐(Johann Bugenhagen)이 그머리말을 썼다. … 그 책의 의도는 적들의 완벽한 도덕적 패배를 생생히 보여주어 자신의 당파적 이익으로 되도록 활용하는 것이다."(S. XVI, XVII) 그 제목이 벌써 비열한 허풍을 담고 있다. 코르넬리우스는 그 저자가 정말로 도르피우스(Dorpius)라고 불렸다면 그가 자신을 말한 것처럼 뮌스터 출신은 아니었다는 것, 그리고 그는 "그 책에서 마치 그자신이 뮌스터에 있어서 그에게 단지 보도자가 전해준 것을 자신의 경험으로 얻은 것처럼 허세를 부렸다는 것"을 증명했다.(S. XI, XII) 이처럼 "그의 책은 전체적 진행과정에 대한 진실하고 만족할 만한 설명으로 간주될 수 없다"는 점에서 그는 사기꾼이다.

프로테스탄트 교인인 하제(Hase)는 도르피우스를 가톨릭 신자 코르넬리우스의 비난에서 깨끗이 씻어주려고 했다. 우리의 짐작으로는 성공하지 못했다.(*Heilige und Propheten*, Leipzig 1892, II. S. 291ff) 그밖에도 재세례파 왕국에 대한 하제의 묘사는 이미 여러 번 언급한 켈러의 묘사와 아울러 부르주아 진영에서 나온 것으로는 비교적 최상의 것에 속한다. 뮌스터의 봉기에 관한 코르넬리우스의 고전적 저작은 유감스럽게도 미완성의 상태로 남아 있다. 그것은 바로 재세례파에 의한 뮌스터 정복에서 중단된다.

도르피우스의 글보다 훨씬 더 비중 있는 것이 이미 여러 번 인용된 뮌스터의 재세례파 왕국에 관한 케르센브로이크의 저작이다. 라틴어 원문이 육필로 남아 있었다. 1573년에 그것이 인쇄되어야 했을 때 뮌스터 시의회는 출판을 금지했다. 그 저작은 필사본으로만 보존되었다. 1771년에 번역본이 나와서 그것이 여기서 이용되었다. 1520년에 태어난 케르센브로이크는 1534년 뮌스터에 있는 대성당 부속학교를 방문했고, 나중에 1550년부터 1575년까지는 그 학교의 교장으로 있었다. 그런 신분으로 그는 자기의 역사책을 썼으며, 그 책은 수많은 문서들을 전해주고 있어서 중요하다. 그러나 그의 자료에 대해서 비판하지 않고 경솔히 취급한 것 외에도 그는 당파적 입장으로 가득 차 있다. 그 책 머리말에 있는 다음 문장만 보더라도 충분히 알 수 있다. 그는 자신이 명예욕 때문이 아니라 "나의 조국과 후세를 섬기기 위해서" 썼다는 것이다. "그럼으로써 그리스도 안에서 존경해 마지않는 백작이자 영주이시고 뮌스터 교회의 성실한 주교님인 프란츠, 옛 발데크(Waldeck) 백작 혈통의 가지인 이 분이 잔인하고 수치스럽기 짝이 없는 이단세력의 완전한 박멸을 위해 수행한 빛나는 행적이 잊히지 않도록 하려는 것이다. 나아가서 나는 그렇기 때문에 모든 성실한 자가 충격적이고 수치스러운 재세례파의 광기를 피하고 싫어할 수 있도록 이 역사를 세상에 전해주는 바이다." 그 자신이 이처럼 그의 목적으로 객관적 묘사가 아니라, 주교를 찬미하는 것과 재세례파를 깎아내리는 것을 제시한다. 이에 맞추어서 가능하기만 하면 주교는 높이 올려지고, 그에게 그늘을 드리울 수 있는 것에는 침묵한다. 반대로 저자는 재세례파에 관한 한심한 요설이 그들에게 불리할 경우에는 그런 요설을 호기심을 가지고서 채집하여 그것을 검토도 하지 않고 그의 저작에 가능한 경우마다 과도하게 받아들인다.

단 하나의 예만 들어보자. 그는 이렇게 설명한다. "바로 이 무렵에(2월 초) 얀 마티스는 대단히 호색적인 사람으로서 재세례 받은 남녀의 사람들을 상당히 널찍한 크니퍼돌링크의 집으로 밤중에 비밀리에 소집했다. 그리고 참석자들이 나란히 모였을 때 그 예언자는 집 한가운데로 가서 섰다. 그것은 땅에 고정되어 있는 구리 등 아래(앞?)였고 그 위에는 세 개의 밀랍초가 타고 있었다. 그는 둘러 서 있는 무리를 가르쳤고 많은 이의 가슴 속에서 타는 불을 그의 예언적 정신을 통해 완전한 불꽃으로 타오르게 했다. 그러고 나서 그는 모세의 제1경전 제1장을 설명했으며 그가 제28절 말씀: '생육하고 번성하여 땅에 충만하라'는 말씀을 읽고 나자 촛불들이 꺼졌다. 그러고 나서 어떤 수치스러운 행동이 행해졌는지는 그 예언자가 한번은 한 소녀의 무릎 위에 점잖지 못하게 누워 있는 모습으로 발견됐다는 것에서 알 수가 있다. 이런 집회를 그들은 불세례(feurige Taufe)라고 불렀다. 그리고 이것은 꾸며낸 이야기가 아니다. 왜냐하면 그 도시에서 불세례라는 말이 떠돌았지만 아무도 그것이 무엇을 말하는지를 몰랐는데, 어떤 여자가 나의 집주인인 베셀링(Wesseling)의 아주 작은 선물을 받고 그런 것을 알아내도록 설득을 당했다. 이 여자는 재세례파의 의례적인 말들을 습득한 후에 위에서 언급한 집으로 잠입하여 모든 것을 보고 나서 그것을 다시 우리에게 설명해준 것이다."(I. S. 504) 우리의 우직한 교장선생님이 불세례에 관한 그의 설명이 결코 "그가 꾸며낸 이야기"가 아니라고 우리에게 확실하게 보장하는 데는 그것으로 충분하다! 생각해보라. 어떤 부인이 용돈을 받아내려고 케르센브로이크가 14세의 젊은이로서 살던 집 주인에게 아무 이야기나 해준다. 케르센브로이크는 한 세대가 지난 뒤에 기억에 의존하여 그 이야기를 적어내고, 우리에게는 이 완전히 진실성 없는 증언에 기초하여 재세례파들이 극히 방종한 매음굴을 운영한 것으로 보도록 요구한다. 그리고 이 양심적인 역사가는 이런 여자들의 수다―더 나쁜 것은 아니더라도―를 양심적으로 받아 적었다. 왜냐하면 이런 식으로 공산주의가 '학문적으로' 박멸될 것이기 때문이다!

뮌스터의 재세례파가 어떤 특별한 글에서 그런 식의 모든 비난을 "새빨간 거짓말"로 선언했다는 것―이에 대해서는 다시 이야기하겠다―은 아무도 주목하지 못한 것 같다. 케르센브로이크 자신이 다른 문장에서 재세례파의 청교도주의를 부각하고 있다는 사실도 마찬가지이다.

"이때부터(그가 재세례파로 넘어간 후에) 로트만(Rothmann)은 재세례파의 가르침을 퍼뜨리는 일을 하기로 결심했으므로 완전히 다른 도덕을 받아들였고 이전보다 더 큰 거룩함과 경건함을 보였다. 그는 일체의 향응과 일체의 이성과의 호색적인 외도를, 한마디로 그에게 경솔함의 혐의를 받게 할 수 있는 모든 것을 끊었다. … 이러한 도덕으로 그의 가르침이 공감을 얻고 백성들이 자선행위에 눈을 뜰 수 있도록 그는 설교할 때마다 사람은 검소하게 살아야 하고 벌어들인 재물은 공동으로 사용하고 서로 간에 봉사해주어야 한다고 외쳤다." 운운.(I. S. 429)

이는 완전히 전형적인 재세례파와 이단적 공산주의자들의 상으로서 우리는 이를 이미 여러 번 알아본 바가 있다. 이 묘사는 아무튼 제대로 된 것이다. 그러나 이 묘사가 난장판을 벌였다는 이야기와 어떻게 부합하는가?

무명의 여인들의 수군댐은 케르센브로이크에게 특별히 강한 인상을 주었던 듯하다. 왜냐하면 그는 자기가 "꾸며낸 이야기"를 설명하는 것이 아니라는 데 대한 증거로서 명확히 그 수군대는 것을 들은 것에 의존하기 때문이다. 그리고 이는 그가 자신의 학식을 어디서 얻게 되었는지를 밝히는 것이 좋겠다고 생각한 몇 안 되는 경우 중 하나이다. 대부분 그는 아무런 출처를 밝히지 않는다. 다분히 출처들이란 것이 이처럼 한심한 종류였을 수도 있다!

재세례파에 관한 자료들 중 단연 가장 중요한 것은 이미 몇 번 인용한 그레스벡의 설명이다.[14] 뮌스터 출신의 가구장이인 이 사람은 1534년 2월에 자신의 고향 도시로 돌아갔다. 그는 1530년에 그곳을 떠나 재세례파에 가입했었다. 1535년 5월 23일까지 그는 그 도시에 있었으며, 그래서 우리에게 그곳에서 벌어진 가장 중요한 사건들에 관해 자기의 관점에서 조명할 능력이 있었다. 그러나 그는 재세례파 왕국 후 몇년, 필시 8년에서 9년이 지나 집필했고 어떠한 보조수단이나 기념물의 뒷받침 없이 순전히 회상에 따라서 집필했다. 그래서 그는 또한 빈번하게 일어난 일들을 뒤죽박죽 뒤섞었다. 그리고 그의 회상의 순수성은

---

[14] "Summarische ertzelungk und bericht der Wiederdope und wat sich binnen der stat Münster in Westphalen zugetragen im jair MDXXXV."

코르넬리우스가 비로소 여러 원고에서 얻어진 이 책의 중요성을 알았으며, 그것을 이미 인용한 "뮌스터의 재세례파 왕국을 목격한 증인의 보고"(*Berichten der Augenzeugen über das Münsterische Wiedertäuferreich*)에 수록했다. 이것의 가장 주된 내용을 이루는 것이 그 책이었다.

중요한 사정에 의해 흐려졌다. 그레스벡은 뮌스터를 배신하고 주교 측 용병들을 그 도시로 들여보낸 장본인이다. 당연히 그는 그에 의해 배신당한 자들, 그의 옛 동지들을 증오하며 이는 그들의 공공연한 적들이 그들을 미워한 것보다 더 했다. 그는 그들에 대해서 말할 때 '악한'과 악동에 대해서 말하는 것과 거의 다름없이 했다. 이는 변절자와 배신자가 하는 방식이다. 그리고 마찬가지로 자연스럽게 그레스벡은 그가 완전히 우연하게 2월에 뮌스터로 온 것처럼 사실을 틀어서 말하려고 한다. 그 시점은 그 도시가 재세례파에게 속했다는 것을 온 세상이 확신했던 때다! 그가 포위 중에 쓴 한 편지에서 그는 자신의 주인의 어머니가 그에게 뮌스터로 가면 안 된다고, 그곳에서 역시 세례를 받게 될 것이라고 경고했음을 스스로 시인한다.(*Berichte der Augenzeugen*, S. 323) 그럼에도 그는 우연하게 빠져든 재세례파들에게 단지 공포에 질려서 가담했다고 우리를 믿게 만들려고 한다. 이 '공포'의 불가항력성을 제대로 부각하기 위해서 공포통치 체제가 가능한 만큼 현저하게 그려진다. 이로써 그레스벡은 그 자신이 무죄한 것으로 여겨질 뿐 아니라 그의 배신이 고도로 공로가 큰 행위로 인식되게 만드는 데 성공한다.

　이것은 뮌스터의 사건들을 인식하는 데 가장 긴요한 자료이다. 오직 극도의 주의를 기울여서만 활용할 수 있는 것으로서 그것은 이 자료가 입증하고자 했던 것을 처음부터 입증된 것으로 가정한 역사서술자들의 수중에 들어갔다. 즉 공산주의는 불가피하게 광기와 흉악함을 증거해준다는 것이다. 이 역사기록 중에서 재세례파 왕국이 뭔가 단순히 이해할 수 없는 것으로, 포악함과 비열함만이 아니라 완전히 이성을 잃고 맹목적인 포악함과 비열함의 잡동사니로 나타나는 것도 놀라울 것이 없다.

　그런데 이 자료에 비판적으로 접근하여 그것을 동시대의 다른 증거들의 빈약한 흔적과 비교해보고, 한편으로는 이단적 공산주의의 전체적 특징을, 그러나 또 한편으로 뮌스터에서 지배적이던 특수한 상황들을 유심히 들여다보기만 하면, 이 자료 자체가 뮌스터의 재세례파 체제를 파악할 수 있는 가능성을 제공해준다.

b. 공포통치

무엇보다도 잊어서 안 되는 것은 주교가 2월 10일 뮌스터를 급습한 이래로 그곳에서는 전시상태가 계속 되었다는 것이다. 전쟁은 유별나게 사소한 사건임이 분명하다. 그렇지 않고서야 어떻게 아주 예리한 시각으로 군주의 다분히 무심한 조치들에 영향을 미쳤을 수 있는 극히 사소한 정황조차 발견할 줄 아는 '멀쩡한' 역사가가 자신의 생존을 위해 투쟁하는 민주적인 혹은 공산주의적인 공동생활체의 행동들에 관한 문제를 논하면서 거의 한결같이 전시상태를 감안하기를 망각하겠는가? 1871년의 빠리 꼬뮌의 봉기나 프랑스 대혁명에서의 공포통치에 대한 전통적인 부르주아적 묘사들만 읽어보라!

뮌스터의 재세례파들에게도 마찬가지로 일이 진행되었다. 그러나 그들을 이해하고자 한다면, 그들의 왕국을 평화시의 척도가 아니라 포위된 도시, 그것도 특별히 어려움을 주는 상황 속에 포위된 도시의 척도에 비추어 보아야 한다. 왜냐하면 그들에게는 관습적인 전시국제법이 통하지 않았고, 명예로운 항복도 그들에게는 배제되었기 때문이다. 포위된 자들은 승리냐 더없이 고통스러운 죽음이냐의 선택만이 있었다. 반란자들에 대해서는 잔인하기 짝이 없는 형벌도 너무 관대한 것으로 여겨진다. 루터가 말하는 것처럼 그것은 군주들이 그들에게 베푸는 사랑의 봉사(Liebesdienst)이다.

유명한 보수파 역사학 교수 레오(Leo)는 이 훌륭한 관념을 받아들였다. 그는 뭔쩨에 관한 강연에서 농민봉기의 유혈진압에 대해서 이렇게 묘사한다. "전체적으로 그들(군주들)은 신속하고 강경하게 명령된 사형집행으로 공포를 확산시켰고, 이를 통해서 가난한 사람들을 다시 잘못된 길에서 벗어나 … 정신을 차리게 했다― 이는 최초의, 그리고 이런 상황하에서 절대로 필요한 군주의 사랑의 의무 이행이었다."("Thomas Münzer", S. 23) 누구의 머리를 때려주어서 그가 가장 잘 정신 차리도록 한다는 섬세한 방향전환이 여기서 새롭다. 그밖에 그 교수님은 "신속하고 강경하게 명령된 사형집행"에 관해 이야기할 때에는 아주 은근하게 표현한다. 여기서는 그냥 교수형이나 참수형을 생각하게 된다. 그러나 사랑이 넘치는 나라님들은 이것으로 만족하지 못했다. 에르푸르트의 시 연감은 이렇게 설명한다. "필립 백작과 게오르크 공작은 (프랑켄하우젠의 도살 후에) 붙잡힌 남자들의 아내들에게 한 설교자와 그의 부제를 맡기도록 했다. 그 여자들은 자기 남편들의 목숨을 구하려고 이 사람들을 몽둥이로 때려 죽였을 것이다. 그리고 그 여자들은 이들의 시체를 토막 내어 머리통은 삶은 양배추처럼 되고, 뇌는 몽둥이에 매달리게 했다. 그러자 그 여자들의 남편들을 놓아주었다. 군주들도 그런 일이 벌어지는 것을 구경했다." 이것은 튀링겐에서 있었던 일이다. 같은 시기쯤에 프랑켄에서도 공안당국자들이 비슷한 식으로 장난을 했다. "저녁때에 바이도르프(Weidorf)의 야콥 로르바흐(Jakob Rohrbach)가 쇠사슬로 노란색 말에 묶여 있었다. 그리고 일스펠트(Ilsfeld)의 피리 부는 사람처럼 불이 붙여져서 그 역시 산 몸째로 오랫동안 구워지면서 나무 둘레의 불타는 원 안에서 소름끼치는 죽음의 춤을 북소리, 피리소리를 들으며 추어야 했다. 어린이들은 병사들 어깨 위에서 구경했고, 그의 마지막 목소리가 잦아들고 그가 실신하여 쓰러질 때까지 귀족들이 둘러 서 있었다. 실신하여 쓰러진 것은 그 자신이 더 이상 아니었

다. 그의 형체가 아니었기 때문이다."(Zimmermann, S. 437, 476) 이런 짐
승 같은 행동을 19세기의 지식인이 사랑의 의무 이행으로 감히 미화한
다! 그리고 19세기는 프롤레타리아들에게서의 "네로 같은 잔혹성"에
대해 꾸짖는다.

그러나 반란자들이 군주 측의 피에의 굶주림에 대한 책임을 진다면,
그러면 바로 이 지식인들은 자유와 평등이 어떤 수치스러운 일을 낳는
지를 똑똑히 보여주는 것이다. 이것이 '학문의 등불'의 논리이다.

뮌스터에서 유혈행동을 자극한 특수한 상황과 아울러 역사상 가장
피에 굶주린 세기들 중 하나였던 때, 필시 최고로 피에 굶주린 세기였
을 그때의 특징 또한 관찰해볼 필요가 있다. 물론 20세기에 역전당하
는 것은 제외하고서 말이다. 1905년 혁명 이래 러시아 권력자들의 수
치스러운 충동은 종교개혁 시대의 신실한 독일 임금들의 '사랑의 봉사'
에 잘 들어맞는다. 이는 프롤레타리아적 계급투쟁에서 결판을 내릴 그
세기의 아름다운 시작이다.

재세례파들은 특별히 그들의 적들의 피에 굶주린 행태에 관하여 설
명할 줄 알았다. 모든 사람 중에서 가장 평화애호적인 사람들로서 그들
은 도처에서 야생동물처럼 체계적으로 몰이를 당하고, 끔찍하기 짝이
없는 고문에 희생제물이 되었다. 이 가엾은 사람들 간에서 절망이 양
같은 인내에 넌더리를 내고 무력저항으로 가는 지향을 떠오르게 한 것
은 이상할 것이 없다. 그 지향이 펼쳐지는 데 그토록 오랜 시간이 필요
했다는 것, 그리고 그것이 항상 오직 박해당한 자들의 일부만을 포괄했
다는 것만이 놀라운 일이다.

이제 일련의 다행스러운 상황들이 그토록 잔인하게 학대당한 이들
에게 확고한 도시 하나가 굴러들어오도록 했다. 그러나 이미 그들은
외부로부터 완전한 박멸의 위협을 받고 있었다.

이런 상황 가운데서 그들은 어떻게 행동했는가?

얀센은 절박한 도덕적 분노를 가지고서 이렇게 보도한다. "2월 27일에 모든 주민은 새로운 세례를 받아들이든지 아니면 도시를 떠나든지 하라는 명령의 통보와 함께 공포통치가 시작되었다." 그리고 그는 뮌스터의 주교가 한 말을 인용한다. 그 주교는 어떤 글에서 곤궁한 상태에 있는 "신실한 시민"들이 도시 밖으로 쫓겨나는 것에 대해 분노를 표시하며, "어떤 나라에서도 또한 어떤 비기독교인, 투르크인 혹은 이교도에게서도 그런 들어보지 못한 비인간적인 잔인함이 행해진 일은 없었다"[15]고 공언했다.

그에 관한 그 가톨릭 역사가의 분노는 아주 커서 그는 그 동정심 많은 주교가 이 시기 무렵 벌써 뮌스터를 포위했다는 것, 아니 그가 이미 1월 13일에 한 칙령을 반포하여 그의 관리들에게 모든 "불복종하는 자들과 반란자들"을 황제의 칙령에 따라 처리하도록, 즉 살해하도록 위임했다는 것을 또한 단 한 마디나마 언급하는 것을 완전히 망각한다. 그리고 이 칙령은 엄격하게 실행에 옮겨졌다. 케르센브로이크는 신이 나서 설명한다. "그런데 황제의 칙령과 법의 명령에 흡족하게 되도록 교구 안에서 여기저기 머물던 재세례파들은 추상같은 벌을 받았다. 왜냐하면 이 무렵에 볼벡(Wollbeck) 여자 다섯 명과 남자 한 명이 수장을 당했기 때문이다. 베베르겐(Bewergen) 사람으로는 여성 네 명이 수장되었고, 남자 두 명이 화형 판결을 받았다. 또한 로트만에게 비밀리에 세례를 받은 여러 사람이 응분의 생명형에 처해졌다."(I. S. 517) 이 모든 것 중에서 얀센을 통해서는 아무것도 알 수가 없었다. 그리고 그는 그런 점에서 전통적인 서술의 모범이다. 전통적인 서술처럼 그 역시 당연

---

15 Janssen, *Geschichte des deutschen Volkes*, III, S. 300.

히 그 도시에서 재세례파의 적들이 주교의 부대에게 2월 10일 성문을 열어주겠다고 주교에게 약속한 것에 관해 침묵을 지킨다. 포위가 시작된 후인 지금, 외부의 적과 결탁한 이들은 전시법과 주교의 좋은 모범에도 부합했을 처형을 받지 않고 도시를 떠나라는 명령을 받았다! 그리고 이것을 "공포통치"라고 부른다! 얼마나 가련한 가식인가!

포위가 진행되는 중에는 도시 내에서 엄격한 통치가 필요했다. 일련의 처형을 행했다. 케르센브로이크와 그레스벡이 설명하는 경우들을 들여다보면, 이는 항상 도시의 치안에 대한 위반, 즉 적과의 내통이나 투항 혹은 민중의 사기를 빼앗으려는 시도와 관련된다. 물론 처형은 잔인한 처사이다. 그러나 전쟁보다는 덜 잔인하다. 그리고 전쟁은 재세례파들이 참으로 추구하지 않았다. 그들에게 그것은 강요되는 것이었다. 어떤 경우에도 그들은 평화애호를 맹세했다.

포위하고 있는 용병들에게 보낸 전단에서 그들은 이렇게 공언했다. "듣거라, 우리 도시를 둘러싸고 진을 치고 있는 너희 젊은이들, 늙은이들아. 우리가 누구와도 평화를 맺기로 마음으로 바랐을 뿐 아니라 그리스도 안에서 모든 사람에 대한 형제적 사랑을 실천하기를 원했으므로 너희는 신실한 사람들 앞에서—신 앞에서는 그만두고—우리가 일체의 문서화되고 서명된 평화조약에 어긋나게 정식 전쟁선포도 없이 억지의 방식으로 포위를 당하고 목숨을 빼앗기는 것에 너희가 얼마나 책임을 지려고 하는지를 걱정하지 않을 수 없을 것이다." 이 전단 자체는 케르센브로이크의 책에 수록되었다.(II, S. 9)

'공포통치'는 뮌스터에서만이 아니라 주교의 관할구역에서도 행해졌다. 그리고 양자 간 비교는 후자에게 유리하게 판가름 나지 않는다.

주교는 공격하는 자였고, 재세례파는 공격을 당하는 쪽이었다. 주교는 자기 이익을 위해 죽였고, 재세례파는 스스로가 살해당하지 않기 위해서 죽였다. 그들은 자기의 목숨을 위해서 싸웠다. 그리고 주교 측은 재세례파를 고통스러운 방식으로, 특히 수장이나 화형으로 죽이기를 즐겼다. 뮌스터에서는 처형당하는 자들이 괴로움을 당하지 않았다. 그곳에서는 단지 두 가지의 처형방식이 있었으며, 심지어는 그렇게 인도적인 19세기도 이를 능가하지 못했다. 참수형과 총살형이 그것이다.

그 도시의 명령권자인 레이덴(Leyden)의 요한 '왕'과 그의 총리인 크니퍼돌링크가 손수 처형을 행한 것에서 사람들은 특별한 피에 대한 굶주림을 보았다. 거기에는 그 시대의 감정과 사고에 대한 거친 착각이 있다. 그 당시에 통상적으로 피고인의 생과 사에 대한 판결권을 가진 고위급 인사들이 사형수를 스스로 죽이지 않았다면, 이는 인도적 배려 때문이 아니라 그들에게는 직업적인 처형이라는 혐오스럽고 더러운 노동이 너무 비천한 것으로 여겨졌기 때문이었다. 손으로 하는 일이 시체를 다루는 것인 사형집행인은 어디에서나 사람들 중에 가장 멸시를 받는 자로 통했고, 사람들은 그와의 교제를 질색하며 피했다. 지금 뮌스터에서 운동의 지도자들이 스스로 사형집행인의 직무를 맡았다면, 이로써 그들은 자기비하의 유래 없는 행위, 잔인함을 말해주는 것이 아니라 평등의 고귀한 감정을 말해주는 행위를 수행한 것이다.

케르센브로이크의 말에 수긍하자면, 이것이 "전혀 꾸며낸 이야기"가 아니라는 것을 이 위엄 있는 사람 스스로가 증언하며, 이 점에서 우리는 확실히 그를 믿을 수 있다. 그는 이렇게 기술한다. "바로 이 무렵에 예언자요 하느님의 사람인 보켈존이 악행하는 자들에게 충격적으로 크니퍼돌링크에게 칼자루를 넘겼고 전체 집회에서 그에게 칼 잡은 자(Schwertführer)라는 칭호를 내렸다. 왜냐하면 모든 높은 것은 낮아져야 했고 크니퍼돌링크는 그때까지 시장이었고 그 도시의 수뇌였기 때문에 그가 이제 사형집행인이라는 별 볼일 없는 직무를 돌보는 것이

천부의 뜻이라는 것이다."(I. S. 545)

더 명확하게는 물론 말할 수 없다. 왕이 손수 행한 처형은 왕후와의 공개적 식사 때에 그가 좌중의 시중을 들도록 한 것과 같은 원칙에서 나온 것이다.

케르센브로이크가 우리에게 설명하는 끔찍한 이야기, 요한 폰 라이덴이 자기 아내들 중 하나를 스스로 참수했고 그의 아내들은 그와 함께 그 시체 주위를 돌면서 춤을 추었다는 이야기에 대해서 우리는 신빙성 있는 증거를 발견하지 못한다. 그 이야기는 물론 요한 마티스의 '불세례'와 같은 종류에 속한다. 그 반면에 일반적으로 알려진 것은 '재단사 왕'과 동시대인이면서 진짜 왕인 자는 두 명의 아내에게 염증이 생기자 곧 참수를 시켰다는 것이다. 이런 일을 한 헨리 8세는 영국 국교회의 설립자로서 훌륭한 프로테스탄트교인들에게 존경을 받는다.

우리의 현대적 감정에서 사형집행인 직무를 '왕'과 그의 총리가 수행한다는 것은 확실히 아주 거슬리지만, 오늘날의 사형제도 찬성자들은 이에 관해 역겨워할 이유가 별로 없다. 사형판결을 찬성하지만 그것을 몸소 집행하는 것에서는 무서워 뒤로 물러나려는 자는 그로써 그의 비겁함과 유약함, 잘난체함, 혹은 생각 없음을 입증하는 것이며, 그가 자랑스러워할 이유가 있는 특성을 입증해주는 것은 결코 아니다.

이제 이 모든 것에 따르자면, 재세례파의 유례가 없는 네로 식의 잔인함은 어디에 남아 있는가? 그것은 더 가까이 들여다보자마자 곧 안개처럼 사라진다. 특별히 잔인하기커녕 그들은 그 시대와 그들의 특수한 상황을 고려해본다면 오히려 이례적으로 온순한 모습을 보였다. 그들의 잔인함은 그들이 양처럼 도살하는 것을 참고 당하지 않았다는 데 있다. 물론 이는 '고결한 분들' 눈에는 씻을 수 없는 범죄가 된다. 저쪽 편으로 총을 쏘는 것은 높이 찬양할 사랑의 봉사이고 반대로 이쪽으로 날아오는 사격은 어떤 것이건 악마적인 야수의 행위라는 것이다!

잔인함의 죄를 뒤집어씌우는 것과 밀접하게 관계가 있는 것이 폭정의 죄를 씌우는 것이다. 뮌스터는 공산주의의 자유와 평등이 어떤 결과를 초래하는지 우리에게 보여준다.

우리는 뮌스터의 재세례파들이 완전히 합법적인 방식으로 통치권을 손에 넣은 것을 살펴보았다. 시의회는 재세례의 추종자들로 구성되었다. 그러나 선거가 바로 합법적으로 진행되었기 때문에 그것은 옛 선거법이 확정한 한계 내에서 실시되었다. 선거권과 피선거권은 제한되었으며, 거주하는 시민만이 시의회에서 대표권이 있었다. 프롤레타리아들은 시의회에 그들의 대표가 없었다. 시 안에 남아 있던 나머지 무장한 인구와 수효상 대략 같았고 전투부담에서는 그들의 온전한 몫을 하던 이주자들도 마찬가지로 대표가 없었다. 다른 한편, 평화시를 위한 시민적 관청들이 설치되었고, 이는 포위상태가 제기한 요구들을 감당할 정도는 안 되었다.

포위상태는 항상 시민적 권리와 자유의 폐지, 포위당한 인구의 생명과 재산에 대한 군사 당국의 무제한적인 동원을 결과로 가져와서 '포위상태'라는 말은 보통법과 정치적 자유의 제거와 같은 것을 의미할 정도이다. 공산주의는 지금까지 유감스럽게도 포위상태의 이 필연적인 결과를 불필요한 것으로 만들 기적의 약을 아직 발명하지 못했다. 공산주의는 뮌스터에서도 포위가 군사독재를 유발하는 것을 막을 수 없었다. 이것이 명확하게 공산주의의 사악함과 공산주의자들의 무도함을 입증하지 않는다고 보는 자가 있어도 이를 어찌 할 수 없다.

시의회와 아울러 설교자들이 일종의 민중대표를 이루었다. 그들은 몇 개의 교구에 의해 선출되었고, 그들의 선출에는 동업조합원이 아닌 인구도 권리가 있었다. 아주 정해진 형식 없이 운영되는 예배의식 외에 설교자들은 입법과 행정의 문제를 담당했다. 그들은 또한 (마티스 사후에) 공동체에 공안위원회의 설치를 제안한 자들이기도 했다. 그 위원은 공동체의 동의를 받아서 그들 자신이 지명했다.

그레스벡은 이렇게 설명한다. "예언자들과 설교자들은 다시 생각했고 뮌스터 안에 아무런 정부 당국도 두기를 원하지 않았다. 예언자들, 설교자들, 홀란트 사람, 프리슬란트 사람, 악당들, 올바른 재세례파들은 그들만이 주인이기를 원했다. 그래서 그들은 훌륭한 기독교인으로서 가장 현명한 사람들 중 최고 원로 12명을 두어서 이들이 백성을 다스리고 백성을 이끌게 해서 최고 원로 12명이 그 도시에서 권력을 지녔던 것 같다. 그렇게 그들은 그들이 세웠던 시장들과 시의회를 해임했고, 모든 길드와 장로들도 그렇게 해서 이들이 더 이상 관계 당국이 되지 못하게 했다."(S. 35) 케르센브로이크는 최고 원로들 중에서 세 명의 외부 사람 '형제들'을 명시적으로 언급한다. 그중 한 사람은 프리슬란트 사람이면서도 옛 시의회 의원, 아니 1533년에는 두 명의 시장 가운데 한 사람이기까지 했던 도시 귀족 헤르만 틸벡(Hermann Tilbeck)이었다. 우리가 살펴본 것처럼 그는 처음부터 재세례파들과 공감을 가졌다.

재세례파들이 고전에 대한 교양이 없었고 모든 이단적 공산주의자들과 민주주의자들 방식대로 구약성서에서 그들의 문헌적 기초를 찾았기 때문에 그들은 위원회의 구성원들을 원로원 의원(Senator), 지도위원(Direktor), 혹은 집정관(Diktator)이라고 부르지 않고 "이스라엘 12부족의 장로들"이라고 불렀다. 이들은 무제한의 사법, 입법, 행정 권한을 부여받았다.

그러나 포위된 존재양태는 사실상의 최고 권력이 요새의 사령관에게 귀속되게 하는 결과를 초래했다. 이는 처음에는 예언자 얀 마티스였다. 이 사람이 1534년 4월 5일 한 공격작전에서 아주 용감하게 싸우다가 전사하여 요한 폰 레이덴이 그의 자리를 차지했고, 그 역시 승리가 입증했던 것처럼 이 직무를 지극히 합당하게 완수했다.

시 사령관이자 병력의 명령권자로서 그는 도시의 무제한적인 주인이 되었다. 8월 31일에는 거센 포격 후에 도시에 대한 큰 진격이 있었고 이는 성공적으로 격퇴되었다. 이 승전 후에 금 세공인이면서 예언자인 두젠트슈르(Dusentschur)의 제안에 따라, 그리고 최고의 저명한 재세례파인 크니퍼돌링크와 틸벡, 하인리히 크레흐팅크와 베른트 크레히팅크(2월에 가담한 형제), 로트만과 원로 12명의 동의로 이들이 권력을 공동체 앞에서 요한 폰 레이덴에게 넘겨주었을 때 이는 사실상 이미 존재하던 상태에 대한 승인을 뜻할 뿐이었다.

케르센브로이크에 따르면, 물론 재세례파 왕국 전체는 요한에 의해서 그가 그 통치자가 될 수 있도록 하는 유일한 목표에 따라 용의주도하게 만들어졌다는 것이다. "그러한 것들을 요한 보켈존 폰 레이덴은 이미 오래전부터 추구해왔다. 그 때문에 그는 모든 관계 당국들도 배척하고 경멸했다. 바로 그 때문에 그는 모든 시민이 그들의 재물을 서로 간에 공유하도록 명령했고 그들의 재산을 갈취했다." 운운.(II, S. 47) 현대의 사회주의자 압살자들은 자신들의 헛소리를 전혀 과시할 필요가 없다는 것을 알 수 있다. 그런 것들은 이미 300년도 더 오래전 사람이 그에 못지않게 잘할 줄 알았다.

재세례파가 그들의 시 사령관에 대해 이스라엘에서의 왕이란 호칭보다 더 적당한 호칭을 찾지 못한 것은 이미 언급한 것처럼 그들의 일방적으로 성서와 관련된 교양 때문이다. 신실한 사람들은 이렇게 한 그들을 별로 나쁘게 보지 않았던 것 같고 군왕주의적 역사가들에게는 자신들의 왕을 세운 저 공산주의자들이 특별히 왕을 세웠다는 것 때문에 마음에 들었던 듯하다. 평화롭게 살았던 재세례파, 예를 들어서 모라바의 재세례파에게 그들은 군주적 경향의 극히 작은 흔적이라도 찾아보아야 헛수고일 것이다.

훌륭한 장군으로서 요한 폰 레이덴은 그의 군대의 충분한 군비와 군사훈련만이 아니라 인구의 양호한 심리적 상태도 배려를 했다. 그들을 짓누르는 포위 중의 무료함과 근심을 떨쳐버리도록 그는 그들에게 일을 주고 즐겁게 해주려고 했다. 일을 주는 것을 위해서 그는 참호공사와 쓸모없는 교회당과 낡은 주거지의 철거를 활용했다. 케르센브로이크는 당연히 습관적인 멸시의 악감정을 곁들여서 이를 보도한다. "그러나 도시 주민들에게 왕에 대한 항거를 생각할 시간이 조금도 없게끔 그들(그 도시의 권력자들)은 이 사람들에게 상시적으로 노동을 시켰고 또 이들이 너무 기가 살지 못하도록 이들에게 빵과 소금 외에는 아무런 먹을 것을 주지 않았다.[16] 그 당시(1535년 1월)에는 새로운 요새 구조물을 설치하는 것도 설치된 것을 수리하는 것도 필요가 없어서 그들에게는 과수원 주변에 둘러 서 있던 이미 상당히 오래전에 세워진 건물들, 일부는 교회당, 일부는 오두막집, 그밖에 낮은 주택들을 철거하고 모든 담벼락들을 땅에서 파내는 일이 맡겨졌던 것이다. 그래서 그들은 이미 1월 21일에 교회당의 가장 높은 지붕을 뜯어내기 시작했다. 이전에는 요새공사 작업 외에 다른 일로는 시간을 죽이지 않았었는데 말이다."(II, S. 142)

그러나 요한은 노동만이 아니라 오락에도 배려했다. 군사훈련과 체육활동과 아울러 그는 공동 연회와 놀이, 무도회, 축제 행진, 극장 공연도 조직했다. 그럴 때에 그의 낙천적인 예술가 기질이 그에게 도움이 되었다. 현대의 관찰자에게는 물론 이런 민중오락, 특히 축제 행렬에

---

[16] 이처럼 우리의 객관적 역사가는 포위된 도시 안에는 식량이 부족했다는 단순한 사실에서조차 재세례파의 지도자들에게 올가미를 옭을 줄 알고 있었다!

서의 그의 등장과 활약에서 연극적인 인상을 쉽게 받을 수 있으며, 우리는 그가 극장에 익숙했고 무대효과에 조예가 깊었다는 것도 잘 안다.[17] 그러나 요한을 현대의 눈으로 관찰해서는 안 된다.

우리에게 축제 행렬은 연극적인 것으로 보인다. 왜냐하면 우리는 오직 극장에서 하는 축제 행렬만 알기 때문이다. 3, 4백 년 전에 그것은 사회생활의 조직적 동력이었다. 그 원인을 우리는 이미 제1권에서 시사한 바 있다. 교회와 군주들, 귀족집단은 그 당시에 사치스러운 처신으로 서로 경쟁을 벌였다. 다른 모든 이단 공산주의자처럼 재세례파는 착취의 결과였던 이 사치를 비난했다. 그들은 아주 소박한 옷을 입었을 뿐 아니라 (모라바에서는) 다른 사람들을 위해 사치스러운 의복을 제작하는 것도 거부했다. 모라바의 재세례파 중 한 사람은 "의복 제작에 관하여" 이렇게 공언했다. "우리는 열심을 다하여 우리 이웃의 생활필수품을 만들어주는 것으로 하느님이 그 안에서 찬미를 받고 우리의 열심이 인정을 받도록 봉사해야 하며, 또 그러기를 원한다. 그러나 재단되고 장식을 달고 틀에 찍어낸 물건으로서 단지 사치와 교만, 허영이 될 뿐인 것은 우리는 우리의 양심을 티 없이 보전하기 위해서 아무에게도 만들어주지 않는다."(Loserth, *Der Kommunismus der mährischen Wiedertäufer*,

---

17 요한 폰 레이덴에게 있는 극적인 특징은 우리의 존경할 만한 역사가들에게는 항상 큰 분노를 유발했다. *Schlaraffia politica*의 저자는 그를 "극장왕"(Theaterkönig)(S. 69)이라고 부른다. 베쫄트는 그의 저서 *Geschichte der deutschen Reformation*(S. 710)에서 요한의 "과도한 사치"를 "참으로 재단사답다"고 비꼰다. 우리는 그 유식한 교수가 어디서 재단사 심리학 연구를 했는지 모른다. 그러나 가장 익살스럽게 구는 것은 재세례파의 역사가 켈러인데 그는 왕의 행진에 대한 묘사 후에 격분하여 이렇게 목소리를 높인다. "그것은 들어본 적 없는 희극으로 이 홀란트의 재단사가 그의 동지들과 세상 앞에서 연출한 것이다. 그러는 동안에 잘 방어된 도시의 성벽이 이 통치자를 마땅히 받아야 할 징벌로부터 지켜주었다." 운운.(S. 217) 켈러는 오직 공산주의자들에게만 의복의 사치에 대하여 사형이 마땅하다고 보는가, 아니면 군주들에게도 그렇다고 보는가? 그렇다면 "징벌"을 "마땅히 받아야 할" 사람이 아닌 사람이 얼마나 되겠는가?

S. 126) 그러나 다른 점에서도 그렇지만 이 점에서도 뮌스터에서는 정상이 아닌 상황이 지배했다. 요한이 그의 사람들과 함께 과시한 복식의 사치는 노동자들의 착취를 기초로 하지 않았다. 이런 "재단사다운, 과도한, 희극적인" 사치를 그들은 공산주의 이전 체제의 산물로 찾아낸 것이지, 그것이 그들을 위해 제작된 것은 아니었다. 그레스벡은 이렇게 설명한다. "그들(왕의 고관들)은 그들이 그 도시에서 내쫓은 부자들에게 속했던 그 저고리들을 그 도시에서 받았다."(S. 89. 예전의 그 저고리들의 소유자가 추방된 시민들과 융커들이라고 지목된 곳인 S. 136을 참조하라) 그리고 케르센브로이크는 이렇게 보도한다. "그들은 시민이나 도시의 소유였을 수 있는 금과 은을 취했고, 마찬가지로 예배에 바쳐진 성스러운, 수가 놓아진 비단제, 자주색 그밖의 모든 장신구를 교회당에서 가져다가 착복했다. 또한 그들은 시와 시민에게 속한 모든 다른 것을 차지했으며, 정색하고 이에 반대하여 그런 비행을 더 이상 참거나 견디려고 하지 않던 이들은 살해되었다. 이처럼 사람들은 그것이 다른 사람들에 의해 힘겨운 수고로(!) 벌어들여진 것이라는 데 개의치 않고 그것으로 자신을 치장했다."(II, S. 58)

사치는 이처럼 뮌스터에서는 인습적인 것이었다. 그것은 그 담지자를 바꾸었을 뿐이며, 착취자의 손에서 그것을 만들어낸 피착취자의 손으로 들어갔다. 그럼으로써 그것은 곧바로 지극히 혐오할 성질을 얻게 되었다.

뮌스터의 재세례파들 간에 사치가 펼쳐진 데는 묵시록도 뭔가 기여한 바가 있었을 수 있다. 그곳에서는 새 예루살렘이 금과 보석으로 가득한 것으로 묘사된다. "그리고 땅 위의 임금들은 그들의 영광을 그 도시로 가져올 것입니다."(S. 21, 24) 뮌스터에서는 그 도시가 정말로 오래 갈망해온 새 예루살렘이라는 것을 증명하는 것이 중요했다.

그밖에도 뮌스터의 사치를 통상적으로 그랬던 것처럼 그렇게 무절제한 것으로 상상해서는 안 된다. 그레스벡의 기술을 믿어도 좋다면, 요한과 그의 전사들은 믿을 수 없는 양의 금과 은을 달고 있었을 것이다. 이를 문자 그대로 받아들이려고 한 자는 비슷한 이야기를 듣고 풍성한 전리품에 군침을 흘렸던 뮌스터로 진격하는 주교 측 용병들과 마찬가지로 정확한 현실을 목격하고는 환상이 깨졌을 것이다. 예를 들어서 "왕은 돈과 금, 은으로 된 커다란 보물을 지녔다"고 설명한 과거에 재세례파 편에 있던 한 용병이 있었다. 그들은 5톤에서 6톤의 금을 그 도시에서 발견할 것으로 기대했다. 그러나 그들이 뮌스터를 정복했을 때 그들은 반 톤이 채 안 되는 금을 발견했으며, 붙잡힌 요한과 전리품 분배인들을 고문하고 그렇게 근거도 없이 지껄였던 그 용병의 목을 베어도 아무 소용이 없었다. 그런다고 해서 그것이 더 늘지 않았다.

보물을 감추어둔 것에 관해서는 어떤 이야기도 있을 수 없었다. 왜냐하면 그 도시는 불시에 야간 기습을 당했고, 포위당한 자들은 보물을 숨기기는 고사하고 무기를 잡을 시간도 거의 없었기 때문이다.

요한이 상연한 연극은 독특했다. 그중 하나를 그레스벡이 우리에게 기술해준다. 그것은 경향극이었다. "그들은 시간을 죽이기 위해 큰 향락을 추구했다. 그렇게 왕은 평민들이 대성당에서 집회를 열게 했다. 그래서 성벽에서 파수를 서야 했던 이들 외에 모든 평민 남녀가 큰 오락물과 대성당에서 벌어진 신기한 일을 보러 대성당으로 왔다. 그렇게 해서 왕은 중앙제단이 있는 곳, 대성당의 고제단(Chor) 위 모든 사람이 빙 둘러서서 바라보던 곳에 무대를 설치하게 하고 휘장을 둘러치게 했으며, 그들은 그곳에서 부자와 라자로의 연극을 했다. 그렇게 그들은 연극을 시작했고, 연기를 했고, 서로에게 대사를 했다. 그 남자가 라자로의 대사를 끝마쳤을 때 무대 밑에서는 세 사람의 호적수가 플루트로 간주를 하고 세 성부로 곡 하나를 연주했다. 그러고 나서 부자가 다시 이야기를 시작했고, 그 다음에 호적수들이 다시 연주했다. 그렇게 공연이 끝까지 계속되었다. 마지막으로 악마들이 나와서 그 부자의 육신과 영혼을 끌고 휘장 뒤로 데려갔다. 대성당에는 큰 웃음이 터졌고, 그들은 큰 오락거리를 구경한 것이다."(S. 168)

그레스벡이 설명하는 다른 민중오락들도 이처럼 무해하다. 그는 충분히 음흉하고 심술궂게 이 유쾌한 활동에 관해 말하지만, 방자함에 대해서나 경박함에 대해서만 해도 그는 아무것도 언급하지 않는다.

그가 설명할 줄 아는 극악한 "난장판"은 다음과 같은 것이다. "그후에(수문장 열두 명, 이들은 백성들에 의해 공작이라고 불렸는데, 이들의 선출 후에) 왕은 연회를 베풀었으며 모든 공작과 고문을 초대했고, 왕의 고문들과 그들의 아내들 모두, 그리고 왕의 고위 신하들을 초대했다. … 그들이 이제 나란히 있게 되자, 자신들이 평생토록 통치해가려는 듯이 처신했다. 그리고 식사시간이 끝나자 그들은 뽐을 내면서 각자 자기 아내와 춤을 추었다. 왕은 공작들과 흥을 돋우었고 그들을 초대했다. 그리고 그들은 먹고 마시고 기분이 좋았다."(S. 184)

켈러는 이것을 이렇게 재현한다. "왕은 모든 공작, 고문, 태수, 고위 관직자를 그들의 아내와 함께 관저에서 열린 큰 잔치에 모이게 했으며 그들과 함께 온갖 사치와 과도한 일락에 탐닉했다."[18]

역사는 그렇게 쓰인다! 그레스벡의 보도 전체에는 탐닉과 사치, 과도한 일락은 전혀 언급되어 있지 않은 것이다!

그 맥락에서 나오는 결론은 그레스벡이 탐닉에 관해 말하려 한 것이 아니라 백성은 굶주렸는데도 왕과 왕의 사람들은 여전히 먹고 마실 것

---

[18] *Geschichte der Wiedertäufer*, S. 237.

이 있었다는 사실로 낙인을 찍으려고 했다는 것이다. 왜냐하면 그는 이런 말을 이어서 하기 때문이다. "다른 평민은 배고픔에 도성을 넘어서 달려왔고, 그중 일부는 굶주려서 죽기 시작했다."

이로써 우리는 요한 폰 레이덴에 대한 그레스벡의 극심한 비난을 마주한다. 그가 방탕한 난장판을 벌이며 놀았다는 것이 아니라 그 자신은 먹을 것이 아주 많았는데도 굶주린 백성에게는 긴급한 식량공급을 유보했다는 것이다.

그레스벡은 본인의 관찰로는 그것에 관하여 알지 못한다. 왜냐하면 그는 왕의 측근에 들지 않았으며 장교도 행정관리도 아니었기 때문이다. 위에서 언급한 "연회"에 관해서처럼 그는 요한의 호의호식에 관해서도 이야기하는 데 대체로 소문에 의한 것뿐이다. 배급이 점점 더 줄어들어서 그 도시 안에 불만을 품은 자들이 많다는 것은 명백하며, 이 불만이 사령관들에 대한 악담으로 터져 나왔다는 것도 또한 명백하다. 그러나 주목할 만한 것은 사람들이 왕과 멀리 떨어져 있을수록 궁핍 가운데서 '왕'의 호의호식에 관해 더욱 확언할 수가 있다는 것이다.

예를 들어서 1535년 6월 8일 뮌스터 앞의 진영에 있었던 프랑크푸르트 시장 유스티니안 폰 홀쯔하우젠(Justinian von Holzhausen)은 자신의 아버지에게 이렇게 편지를 썼다. "아직도 그 안에서는 왕이 그 무리와 함께 평민들 등 뒤에서 소를 잡아먹습니다. 평민들이 왕의 사기를 눈치 채지 못한다는 것이 놀랍습니다."[19] 그렇다면 저 바깥의 야영지에 있는 시장은 그것을 어떻게 눈치 챘는가?

그러나 그레스벡 자신도 언젠가는 점차 시들해져서 요한이 일반적인 궁핍한 처지를 공유했음을 시사하는 언급을 한다. "그리고 그것은

---

[19] 그는 5월 29일 그들에게 아직 암소 200마리가 있었다고 기록했다.

대기근으로 그 도시에서 빠져나온 여편네들 대부분이었다. 이처럼 그 왕은 아내가 열다섯 명 있었다. 그들에게 왕은 그가 홀로 부양해온 왕비를 제외하고는 동시에 하직을 허락해주었다. 그리고 다른 아내들에게 각자 친구를 찾아가고 할 수 있는 경우에는 뭣이든지 먹을 것을 얻어내라고 말했다."[20] 그레스벡은 이것을 190쪽의 "대연회"에 관한 그의 보도 다음에 바로 이어서 설명한다. 그는 "일관성 있는 역사기술"의 기법에 관해서는 아직 잘 알지 못했다.

c. 공산주의

재물의 공유는 재세례 운동 전체의 토대였다. 그것 때문에 뮌스터를 둘러싼 대전투가 벌어졌다. 그러나 뮌스터 재세례파 왕국의 성격을 첫째로 규정한 것은 그것이 아니라 포위상태였다. 뮌스터는 거대한 병영이었고, 전쟁의 요구가 다른 모든 것에 우선했으며, 자유와 평등은 군사독재와 조화된 범위에서만 통했다.

뮌스터가 2월 10일에 재세례파의 수중에 떨어지자마자 그들은 사방으로 편지를 보내 사상이 같은 동지들을 뮌스터로 오도록 초청했다. 아직도 보전되어오는 한 편지에는 이렇게 나온다. "여기서 여러분은 모든 생필품을 충분히 얻을 것입니다. 우리에게 있는 극빈자로서 여기서 예전에 거지라고 멸시받던 자들은 이제는 여러분과 우리에게 보통 있는 최고위층과 명문거족처럼 호사스런 옷을 입고 다닙니다. 그리고 가난한 자들은 도시의 시장들과 최고 부자들과 같이 하느님의 은총으로 부유하게 되었습니다."

---

20 이 문장 하나만으로도 왕의 아내들 중 한 명을 이 왕이 처단했다는 위에서 언급한 끔찍한 이야기와 어긋난다. 그가 자기 아내들을 모두 불러서 떠나게 했다면, 그는 그 다음부터는 그중 한 명을 처형할 수 없었을 것이다.

그러나 이 공산주의는 그 초기상태에 고착되어 있었다. 이에 관해 (켈러마저도) 항상 사람들이 하는 말은 뮌스터에서는 일체의 사유재산이 폐지되었다는 것이다. 결코 그렇지 않다. 금·은에 대한 사유재산, 돈만 완전히 폐지되었다. 예언자들과 설교자들, 시의회(이는 아직 열두 장로 체제가 도입되기 전이었다)가 "그때부터 의견이 일치되어 모든 재물은 공유이어야 하며, 직전까지는 각자가 어떻게 했든지 각 사람은 자기의 돈, 금과 은을 바쳐야 한다고 결정했다."(Gresbeck, S. 32) 이 돈은 그 도시와 외부세계와의 교통비용 지출에 쓰였다. 특히 선동자들의 파견과 용병들을 얻는 데 쓰였다.

그러나 개별 가계운영은 존속했고, 생산 및 소비수단의 사유는 전쟁의 필요가 요구한 만큼만 폐지되었다.

상속권은 계속 존재했다. 장로들과 관련된 제도들 중에서 케르센브로이크는 다음과 같은 것도 적는다.(II, S. 8) "어떤 사람이 신의 섭리에 따라 총에 맞거나 혹은 다른 어떤 방식으로 주님 안에 잠들면 무기와 옷가지 등 그가 남긴 재물을 누구도 감히 차지해서는 안 되며, 칼 잡은 자 크니퍼돌링크에게 가져가야 하고, 그는 이것을 장로들에게 제출하여 그것이 그들의 중재로 정당한 상속물로 승인될 수 있도록 해야 한다."

전리품 중에서도 일부는 사유재산으로 넘어갈 수 있었다. 요한 폰 레이덴이 1535년 1월 2일에 백성들에게 내놓은 28개조 가운데 14조는 다음과 같이 규정한다. "적들에게서 전리품을 취했을 때에는 아무도 이를 자기 것으로 챙기거나 자기 멋대로 사용해서는 안 되며, 정당한 방식대로 자신의 당국에게 그 일을 신고하고 전리품을 제출해야 한다. 당국에서 그에게 그중에 뭔가를 주면 그는 그것을 불법을 저지르지 않고도 자기가 필요한 데 쓸 수 있다는 것이다."

그리고 그 다음 조항에는 이렇게 되어 있다: "기독교인은 그의 형제와 흥정해서는 안 되며, 형제에게서 뭔가를 돈을 주고서 사들여서도 안 된다. 이를 어기면 최후의 심판에서 벌을 받는다. 또한 거래와 환전에서 어느 누구도 다른 사람을 교활하게 그리고 사기성 있게 대해서는 안 된다."

사유재산을 생산수단과 제품들에서 유지했다면 돈의 폐지 후에도 거래는 불가피했다. 돈을 얼마나 폐지하지 않았는지는 왕권에 대한 요한의 봉기 후의 시대에서 유래하고 우리가 그레스벡의 글에서 보게 되는(S. 144) 다음의 일화가 보여준다. "그렇게 크니퍼돌링크는 어떤 소매상에게로 왔다. 그 상인은 아직 점포를 가지고 있었다. 거기서 크니퍼돌링크는 그에게 말했다. '그대도 물론 성자였을 텐데, 그대는 가게를 그만두려고 하지 않는군요. 거기 앉아서 그로부터 새끼(이윤)를 얻을 수 있겠는지 머리를 굴리는군요. 가게가 그대의 신이네요. 그대가 성자가 되려 한다면, 그것을 그만두어야 해요.'" 소매상업은 이처럼 반드시 명예로운 것으로는 여겨지지 않았으나 "공산주의적 공포통치"가 그것을 무력으로 못하게 하는 것과는 한참 거리가 있었다.

물론 우리는 뮌스터에서 공동식사를 발견한다. 그러나 이는 어느 정도는 백성들이 때에 따라서 축제로 모여서 하는 만찬이고 또 어떤 점에서는 전시(戰時) 방침이었다. "그들은 또한 각 성문 앞에 집 한 채씩을 두었고 그 집은 공동체의 집이었다. 거기에는 성문 앞에서 파수를 서고 성벽 위나 참호에서 작업을 한 자들 모두가 가서 음식을 먹었다. 그와 같이 그들은 또한 공동체의 집에서 매일 아침과 정오에 설교를 하는 관례도 있었다. 부제들은 공동체의 집에서 음식을 판매했음이 분명한데, 부제 한 사람이 성문 하나씩을 맡아서 했다. 각 교구마다 그들은 공동체의 집에 관리인 한 사람씩을 두어서 그가 거기서 음식 조리를 시키고, 그 집을 지켰던 것 같다. 그런데 정오가 되면, 한 젊은 남자가 일어나서 구약성서의 한 장 또는 예언서의 한 장을 낭독했다. 그들이 이제 식사를 마쳤으면, 그들은 독일어 시편을 음송했다. 그러고 나서 일어나 다시 파수 자리로 돌아갔다."(Gresbeck, S. 34, 35)

이 연회에 참석한 것은 남자만이 아니었고 여자들도 있었다. 왜냐하면 여자들도 방위활동을 했기 때문이다. 방금 인용된 그레스벡이 전하는 이런 기회들에 열린 소란스러운 잔치는 케르센브로이크가 전해주는 그에 관한 원로들의 결정에 의해 완비된다.(II, S. 5) "먹고 마시는 일의 관리에서도 적당한 질서가 준수되도록, 먹고 마실 것을 제공하는 자들만 그들의 의무에 주의를 기울여 형제들과 자매들에게 그들이 지금까지 번 것을 주어야 하는 것이 아니라 형제들과 자매들도 매번 특별히 자신들의 식탁에 아주 겸손하게 그리고 적절한 예의범절을 갖추고 앉아서 식탁에 올려진 것 외에 아무런 다른 음식도 요구해서는 안 된다." 케르센브로이크에 따르면, 식탁에서는 아무 말도 해서는 안 되고, 낭독자의 말에 귀를 기울여야 한다.

이는 방종보다는 경건주의자 집회를 우리에게 더 떠올리게 한다. 그러나 그것은 이단 공산주의의 본질에 부합한다.

공동식사의 비용은 가톨릭교회와 도주한 부자들이 져야 했다. 그들의 주택과 수도원에서 부제들이 필요한 저장품을 취했다.

각 교구에는 세 명의 부제가 배치되었다(부제에 관해서 그레스벡은 유감스럽게도 우리에게 말하지 않는다. 물론 백성이 그들을 선출했다). 이들에게도 빈민구제의 의무가 있었다. 기독교 공산주의가 개별 가구를 존속시켰던 경우에는 어디에서도 결국에 가서는 실천적으로 그것을 넘어서지 못했다. 그레스벡은 이렇게 보도한다. "부제들은 그들의 교구를 돌아다니면서 도시 안에 어떤 종류의 가난한 사람들이 있는지 살펴보아야 했고, 그들에게 아무것에서도 궁색하지 않게 해주어야 했다. 그들은 이렇게 뮌스터에서 그럴듯한 모습으로 이를 추진했다."

그레스벡은 계속하여 설명한다. "바로 이 부제들은 집집마다 찾아가서 각자가 자기 집에 음식과 곡식, 육류를 얼마나 갖고 있는지 확인하고 모두 적었다. 그들이 이 모두를 적었으므로 누구도 자기 것을 마음대로 하지 못했다."(S. 34) 이런 조치는 공산주의의 발로가 아니라 포위된 도시에서는 자명한 전시조치이다. 군사 당국은 존재하는 물자의 수량을 알아야 했다. 바로 이 조치는 개별 가구를 전제로 한다. 나중에 가서야 궁핍의 압박하에 모든 남아도는 의복과 또한 개별 가구가 보유한 재고식량 모두를 공출하라는 명령이 발부되었다. 그러나 그렇게 했어도 개별 가구는 폐지되지 않았다. 부제들은 공동의 재고에서 각 가정마다 그 몫을 분배해주어야 했고, 빵도 육류도, 그런 것들이 남아 있는 동안에는 그렇게 했다. "그들은 말들 중 일부를 도살하여 그 말고기를 고깃간으로 가져가게 했다. 그곳에 사람들이 와서 그 고기를 가져갔다. 그래서 부제들은 각 집마다 사람들이 몇 명이 있는지 물었다. 그에 따라 그들은 각자에게 주었고, 고기를 받은 집을 기록했다. 이는 어느 누구도 고기를 두 배로 받게 하지 않도록 하려고 한 것이다."(Gresbeck, S. 174)

필요상 어쩔 수가 없이 경작해야 했던 토지는 공동으로 경작된 것이 아니라 각 집에 각자의 몫이 돌아갔다. "이렇게 왕은 영주들을 두었다. 도시 안에는 영주 네 명이 있었다. 그들은 모두 농장에 들어가서 각 집에 있는 사람 수에 따라 토지를 한두 필지씩 빌려주었다. 그들은 그곳을 갈아서 양배추와 순무, 근채류, 콩과 완두콩을 심었다. 자체적으로 큰 농장을 가진 자도 영주들이 배정해준 것 이상으로 그것을 사용해서는 안 되었다. 그들은 또한 도시 안에서 농장을 둘러서 친 울타리와 빗장을 헐어트릴 계획을 세웠다. 그 농장들을 공유로 하려고 했던 것이다."(Gresbeck, S. 174, 175) 그러나 그렇게 되지는 못했다. 모든 집의 대문은 밤낮으로 열려 있어야 한다는 결정은 물론 경제적 조치는 아니었고, 형제애의 감정을 고양하기 위한 의식고취적인 조치였다.

그런데 개별 가구의 유지와 밀접하게 결부된 것이 집안의 어른이 가구 구성원들에 대해 갖는 징계권한의 유지였다. 그리고 중세의 가정은 단순히 부부와 자녀들보다 더 많은 사람을 포괄했다. 그 시대의 큰 가구들은 하인도 필요했다. 그리고 이처럼 우리는 뮌스터에서 여성에 대한 남성의 주권만이 아니라 하인에 대한 주인의 주권도 발견한다. 원로들의 한 칙령에서 세 번째 문단은 "남편의 지배권과 아내의 예속성"을 다루고 있고, 네 번째 문단은 "집 주인에 대한 하인의 복종과 하인에 대한 집 주인의 의무"(Kerssenbroick, II, 1)를 다루고 있다. 그와 같이 물론 공동만찬에도 "모든 형제가 그의 아내 그리고 그의 집 하인과 함께" 초대를 받았다.(Gresbeck, S. 106)

개별 가구와 함께 그 당시에 그것과 밀접하게 결부된 개별화된 소기업 생산도 존속했고, 집의 하인이 없어지지 않은 것처럼 마이스터와 직인 간의 차별도 없어지지 않았다. 이미 인용된 원로들의 칙령에는 도시 혹은 도시 인구를 위해서 노동해야 했던 특정한 장인들이 거론된다─그렇다고 해서 노동의 사회주의적 조직을 생각해서는 안 되며, 다만 전시 상황이 낳은 결정이라고 생각해야 한다. 거명된 장인들은 요컨대 파수임무에서 면제되었다.(Kerssenbroick, II, 21) 예를 들어서 이런 말이 있다. "어업 마이스터인 크리스티안 케르크링(Christian Kerckring)과 헤르만 레데커(Hermann Redecker), 그들의 종 외에는 아무도 어업에 종사해서는 안 되며, 이들은 필요한 경우에는 생선을 병자들과 임신한 자들에게 주는 것을 거절해서는 안 된다. … 헤르만 토르나테와 요한 레데커 그리고 그의 제화 직인 여섯 명은 새 이스라엘을 위해 구두를 만들어야 한다. … 요한 코에스펠트(Johann Coesfeld)와 그의 직인들은 쇠로 된 열쇠를 만들어야 한다."(Kerssenbroick, II, S. 6)

역사기록자들이 "상당히 진전된 재물의 공산주의가 도입되었다"고 주장한다면 이는 이처럼 꼭 맞는 말은 아니다.[21] 그렇게 되지 않았다는 것은 물론 1871년의 빠리 꼬뮌의 사회적 영역에서의 미약한 활동과 같은 방식으로 설명되어야 한다. 그것은 포위의 필연적 결과였으며 우리는 도처에서 그 영향을 발걸음 닿는 데마다 마주친다. 포위는 모든 사고와 행동을 제약했다. 전쟁은 아직은 결코 사회의 근본적인 새 질서의 실천을 위한 적절한 계기로 드러나지 않았다.

뮌스터의 재세례파들은 경제적 제관계에서처럼 교회적 제관계에서도 전면적인 새로운 형태에 도달하지는 않았다. 켈러는 다음에 관해 의아해 한다. "그들의 활동이 새로운 교회질서의 공고나 혹은 예배형식에 관한 규정 혹은 그와 유사한 것들과 함께 시작되었을 것으로 사람들은 기대했을 것 같다. 유일하게 이 방면에서는 처음부터 모든 준비가 미흡했을 뿐 아니라 우리가 아는 한에서는 예배형식의 규정에 도달한 적이 없었다."(*Geschichte der Wiedertäufer*, S. 202) 우리에게 그것은 특이하게 여겨지지 않는다. 우리는 이런 상황을 부분적으로 전쟁 탓으로 돌린다. 그러나 부분적으로는 또한 재세례파들이 예컨대 타보르인이나 뮌쩌처럼 예배형식에 대해 상당히 무관심했던 탓으로 돌린다.

이단 공산주의의 일반적 정신에 완전히 부합하는 것은 구약성서에

---

[21] Lamprecht, *Deutsche Geschichte*, V, I, S. 356. 람프레히트는 뮌스터에서의 "기괴하고 꺼림칙한 상황"을 포위상태와는 조금도 관련 없이 묘사해냈다. 포위상태는 나중에 중요성 없는 사소한 일로 두 줄 정도 언급된다. 그 도시의 내적인 생활에 전혀 영향을 미치지 않았다는 것이다.

대한 그들의 애착심이다. 이는 기회 있을 때마다 표출되었다. 또한 식자층에 대한 경멸심도 그에 부합하는 것이다. 이는 그들이 그 도시에서 발견한 모든 책과 편지를 성경책만 제외하고 주교좌성당 앞마당에서 태워버린 것을 통해서 표출한 것이다. 그리고 그들 역시, 공산주의자들에게 있는 식자층에 대한 이런 경멸이 민중학교에 대한 배려와 나란히 갔다고 하는 통례를 확증해준다. 포위에도 불구하고 그들은 학교를 대여섯 개 세웠다. "그곳에서는 어린이들과 젊은이들, 소녀들이 배웠다. 그들은 독일어 시편, 쓰기와 읽기를 배워야 했다. 그들이 배운 이 모든 것은 재세례에 관한 것이며, 그들의 방식에 따른 것이었다."(Gresbeck, S. 47)

그리고 우리는 신비주의도 뮌스터의 재세례파들에게서 다시 발견한다. 몇 사람의 특별히 황홀감에 취한 열성적인 동지들이 가진 신과의 직접적 소통, 계시와 예언에 대한 믿음이었다. 크니퍼돌링크, 요한 마티스, 보켈존과 새 예루살렘의 다른 예언자들에 의해 참으로 병적인 무아지경의 수많은 특징이 설명되며, 이는 보도자들에 의해 여러 번 왜곡되고 과장되었지만 그러면서도 결코 완전히 발굴되지 않았을 개연성이 있다.

그러나 그들이 모라바에 있는 그들의 평화애호적인 형제들, 그들의 선배들과 이런 면에서 비슷했지만 우리가 보도자들을 믿어도 좋다면, 그들은 한 가지 점에서 완전히 달랐을 것이다. 그것은 그들의 무절제다. 우리는 이미 여러 번 이 점을 다룰 기회가 있었다. 우리는 이제 이를 더 자세하게 고찰하려고 한다.

d. 일부다처제

재세례파들이 일반적으로 현대의 정서에 거스르는 점 그것은 그들의 엄격성과 청교도 정신이지 그들의 무절제가 아니다. 그것이 이미 평화적인 재세례파들에게 해당되었다면, 애초에 기대해도 좋은 것은, 특히 지엄한 기율을 요하는 포위가 초래한 요구들이 이런 경향을 약화하지 않았으리란 것이다. 이는 더 자세히 관찰해보아도 확인된다. 그리고 이미 언급된 민중오락 행사들로 이 점에서 현혹되어서는 안 된다.

예의와 규율은 까다롭게 지켜졌다. 그에 대한 증거 하나를 1535년 1월 2일의 28개조 중의 몇 개가 제공한다.

"6. 정의의 깃발 아래서 싸우는 자는 누구도 술 취함이라는 수치스럽고 혐오스러운 악습, 짐승 같은 파렴치함, 돈 욕심을 드러내게 하는 그리고 흔히 증오와 분열을 일으키는 도박으로 자신을 더럽혀서는 안 되며 매춘과 간통으로 자신을 더럽혀서도 안 된다. 그러한 악습은 하느님의 백성 중에는 처벌받지 않은 채로 방치되어서는 안 되는 것이다.

16. 기독교인들(재세례파들) 중에는 아무도 미리 그가 처벌받을 죄가 없으며 아무런 범죄도 저지르지 않았다는 것을 보여주지 않으면 한 단체나 공동체에서 나와 다른 공동체에 받아들여져서는 안 된다. 그러나 그 반대로 밝혀지는 한, 이 자는 가차 없이 처벌받아야 한다.

20. 어떤 기독교인도 이교도적(즉 非재세례파적) 당국, 곧 하느님의 말씀을 아직 들어보지도 않았고 교육을 받지도 않은 당국에게 그 당국이 누구에게도 불신앙이나 불경건을 강제하지 않는 한 반항해서도 안 되고 해를 끼쳐도 안 된다. 그러나 사제들과 수도사들과 그들에게 속한 모든 자, 그들의 추종자들, 곧 그들의 권세와 불의로 하느님의 정의를 어둡게 하는 자들의 바빌론적 폭정은 모든 가능한 방법으로 제한되어야 한다.

21. 어떤 이교도가 어떤 죄를 저질러서 그 때문에 이 자가 하느님의 계명을 직접적으로 어겼으면서도 자기 범죄로 인한 처벌을 받지 않은

채로 있으려고 기독교인들의 공동체로 피신했다면, 그는 기독교인들에게 받아들여져서는 안 되며, 기독교인들의 공동체가 추악한 행동과 죄악의 피난처가 되는 것을 허락하려 하지 않을수록 더욱더 확실히 적합한 처벌을 받게 인도되어야 한다."(II. S. 133-137)

평화를 사랑하는 그들은 복종이 가능하다면 복종을 하도록 권고했으며 저열한 범죄자가 있는 어떤 공동체에 대해서도 격렬하게 항의했다. 술 취함과 도박, 어떠한 종류의 혼외정사도 극히 단호하게 처벌을 받았다.

뮌스터에서 엄격한 규율이 있었던 것을 말해주는 예를 그레스벡이 우리에게 설명한다. "그 도시에서 한때(1534년 6월 28일) 이런 일이 생겼다. 열 명에서 스무 명의 보병이 있었는데, 이들은 그 도시 안에 있는 어떤 집에 들어가 앉아 잔치를 벌이고 기분이 좋아져 있었다. 보병들이 늘 그렇듯이 그들은 아주 즐거워했다. 집주인과 여주인은 그들에게 더 이상 술통을 따주려고 하지 않았다. 그러자 그 보병들은 이렇게 말했다. '주인아주멈, 아주멈이 주기 싫으면 우리가 술통을 따겠소.' 그리고 그 여주인을 꾸짖었다. 그러자 집주인과 여주인은 가서 열두 명의 원로와 예언자들, 설교자들 앞에서 이 자들을 고발하여 말하기를 그들이 자신들의 집에서 행패를 부리고 여주인에게 삿대질을 했다고 했다. 그러자 열두 장로가 가서 그 녀석들을 잡아들이게 했고, 그들을 옥에 가두게 했다. 다른 날 그들은 주교좌성당 뜰에서 공동회의를 열어서 이 자들을 성당 앞뜰로 데리고 나오게 했다. 그곳에는 궁내관 하인리히 크레히팅(Heinrich Krechting)이란 악당이 서 있었고, 그는 그 보병들이 행했다는 것을 읽어 내려갔다. 그들 모두는 계속 은혜를 빌었다. 결국 은혜의 문이 조금 열렸다. 일부는 은혜를 얻어냈고, 또 일부(6명)는 죽어야 했다."(S. 36)

엄격한 기율을 보여준 이 경우를 켈러는 "전체 활동의 범죄적 성격"에 대한 증거로 인용한다! 그런데 그 자신이 두 쪽 뒤에 가서는 이 기율이 가진 가혹한 처벌이 재세례파에게는 술 취하는 일이 거의 생기지 않도록 영향을 미친 반면에 주교 측 진영에서는 술 취함이 만연하여 재세례파들의 일련의 군사작전의 성공은 적진의 술 취한 상태에 힘입은 것이라고 이 기율을 찬양해야 했다.

그레스벡의 글에서 재세례파들 사이에 지배했던 정신에 특징적인 단 한 문장만 인용해보자. "이제 재세례파들은 흔히 도시 밖으로 나가 보병들을 기습하곤 했으며 그들과 작은 전투를 벌였고(hielden schut-gefehrt) 그들이 마치 20년 동안이나 전쟁을 쫓아다닌 것처럼 아주 용감했으며, 그들이 행한 모든 것을 그들은 슬기와 기민함과 맑은 정신을 가지고서 했다. 왜냐하면 예언자들과 설교자들, 도시의 지도자들은 그들 모두가 제정신을 유지하도록 도시에서는 아무도 감히 만취하지 못하게 엄격히 금지해서 그들은 술에 결코 취하는 일이 없고 항상 말짱한 정신을 유지했으며, 그들이 작전을 나가서는 그 일을 지혜와 민첩함으로 수행했기 때문이었다."(S. 50)

이런 것이 결코 미화하지 않는 한 목격자가 묘사한바 재세례파들에게 지배적이던 "짐승 같은 무절제"와 "미친 정신상태"다.

하지만 난봉, 일부다처제는 어떠했는가? 이 분야에선 적어도 짐승 같은 무절제에 대해 말할 수 있는가?

우리는 여기서 뮌스터의 재세례파 역사에서 가장 어렵고 가장 불명확한 장에 도달했다. 일부다처제는 재세례파, 예컨대 모라바의 재세례파의, 아니 도대체 이단적 공산주의의 본질에 아주 어긋나서 우리는 여기에 혼동이 있다고 가정하고 싶은 심정을 처음에 가졌다. 관찰자에게는 그에게 익숙하지 않은 성적 관계를 정확하게 그리고 초연하게 파악하는 것보다 더 어려운 것도 없다. 어느 곳에서도 성적인 문제에서보다 생소한 것이 더 쉽게 거슬리고 역겹게 작용하는 곳도 없다. 한 세대 전부터 비로소 옛날과 야만인, 미개인들의 성적 관계에 대한 학문적이고 불편부당한 연구가 가능하게 된 것에 주로 감사해야 한다.

예를 들어서 선교사들이 남양의 섬들에서 관찰한 성적 관계들에 관해 어떤 터무니없는 소리를 곧잘 했는지를 아는 사람에게는 뮌스터의 일부다처제가 아담파의 모범에 따른 '처 공유'와의 혼동, 곧 우리가 알다시피 여러 유형의 소비수단의 공산주의와 아주 가까운 성적 교접의 형태와의 혼동에 근거를 둔다는 가정이 당연시된다. 그러나 이 가정은 성립할 수 없다. 처 공유에 관해서는 뮌스터에서 아무런 말이 없었다.

열두 원로가 그들의 체제를 도입한 수단이 된 칙령은 간통과 처녀의 유혹에 대해서는 사형을 부과했다. 대략 같은 시기에 뮌스터 공동체가 출간한 변명서 "뮌스터의 보통 기독교인들의 신앙과 삶의 고백"(*Beken-tones des globens und lebens der gemein Criste zu Monster*)[22]이 나온 것 같다. 거기서 "결혼에 관하여"(S. 457ff)란 장에서는 다음과 같이 말하고 있다. "사람들이 우리에게 뒤집어씌워서 우리가 악의적인 거짓말로 많은 선량한 사람에게 멸시를 받게 된 것, 여기서 되풀이해 말할 필요도 없는 날조된 중상모략으로 우리가 부정한 결혼을 한다더라고 하는 것을 볼 때 우리는 거룩한 결혼상태에 관한 우리의 깨달음과 관습을 이 문서로 제시하려고 한다.…"

"결혼은 남자와 여자의 연합(Vergaderong)이며, 주 안에서의 의무임을 우리는 문서로 말하고 주장한다.…"

---

22 "목격자들의 보도"(*Berichten der Augenzeugen*), S. 445-464에 수록되었다. 이 글의 개연성 있는 작성 일자에 관해서는 V. W. Bouterwek, *Zur Literatur und Geschichte der Wiedertäufer*, S. 37. Bonn 1864 참조.

"신은 최초의 인간을 창조했으며, 한 남자와 한 여자를 창조해서 그 둘이 두 영혼과 한 몸을 갖도록 거룩한 혼인상태로 결합시켰다. 그리고 이처럼 어떤 인간도 그러한 결합을 갈라놓아서는 안 된다."

"혼인상태는 그리스도와 그의 거룩한 신부, 즉 그의 신자(들의 공동체)의 상(像)이다. 그리스도와 그의 백성이 서로 배려해주고 서로 단합하듯 주 안에서 결혼한 하느님이 짝지어준 자들 이들은 서로를 배려하고 서로 단합해야 한다. 그리고 이처럼 결혼생활과 관련해서 우리는 이교도와 불신자의 결혼 간에 구별을 한다. 불신자들의 결혼은 죄악이고 불순하며 신 앞에서 하는 결혼이 아니고 매춘이며 간음이다.…"

"왜냐하면 우리가 눈앞에서 보듯이 그들은 친구와 친척, 돈과 재물, 육신과 겉치레를 위해서 말고는 결혼하지 않기 때문이다. 아니 그들에게는 올바른 결혼생활이 무엇인지, 어떻게 결혼해야 하는지 옳게 생각하는 일이 드물거나 더 이상 그런 일이 없다. 그들이 올바르게 결혼하고 결혼한 자들이 되고 이를 고수하는 것은 그만두고라도 말이다.…"

"결혼생활은 영예롭고 영광스런 상태이므로, 이에 경솔해서도 소홀히 접근해서도 안 되며 순수하고 올바른 마음으로 해야 한다. 그래서 우리에게 이미 유행하고 있는 것처럼—영원히 찬양과 감사가 있을지어다—하느님의 영광과 뜻 외에는 아무것도 추구되지 않도록, 그리고 매일 (결혼생활이) 하느님의 찬미로 퍼져가도록 해야 한다.…"

"우리는 사람들이 우리에게 또한 많은 다른 악행을 한다고 뒤집어씌우는 것을 듣는다. 우리가 플라톤적 방식 혹은 나콜라파(아담파)의 방식대로 서로 간에 아내들을 공유하며, 마치 우리가 혈연관계의 구분을 전혀 지키지 않는 것처럼 여러 가지 부도덕한 행실도 한다는 것이다. 그러나 이는 사람들이 의도적인 거짓말[23]로 우리에게 뒤집어씌우는 다른 많은 치욕스러운 악행들처럼 모두가 새빨간 거짓말이다.[24] 우리는 그리스도가 '간음해서는 안 된다고 이르신 말씀을 너희는 들었다. 그러나 나는 너희에게 말한다. 음욕을 품고 여자를 바라보는 자는 누구나 이미 마음으로 그 여자와 간음한 것이다' 하고 말한 것을 안다. 이제 우리 중 누군가가 이처럼 한 것이 드러날 경우라면, 제발 그런 일은 없어야 할 것인데, 우리는 그를 어떤 식으로도 용납하지 않을 것이며, 그를 파문하고 악마에게 살이 썩어가도록 넘겨줄 것이다."

재세례파의 "네로 같은 방탕함"이 이미 처녀와의 수작을 죄 된 것으로 선언했다는 것을 우리는 안다. 이러한 법 집행은 그밖의 재세례파 다수의 성적 엄격성과 완전히 맞아떨어진다. 요한 폰 레이덴은 1535년 1월 2일 그의 이미 언급된 28개조에서 일부다처제가 이미 도입된 때에 간음과 매춘을(매춘이란 성매매만이 아니라 모든 혼외정사를 뜻한다) 처벌하겠다고 위협하면서 이 엄격성을 확증해주었다. 일부다처는 그때 더 자세히 살펴볼 경우에 처의 공유와의 혼동이라고 생각할 수 있기에는 너무 명확하게 증거가 있다.

하지만 이를 어떻게 설명할 것인가? 공산주의자들의 타고난 호색과 무절제에서 나온 것으로 보는 전통적 설명은 아주 편리하고 부르주아적 감정에는 아주 만족스럽기는 하지만 단 한 가지 거기에 확실한 근거가 결여되어 있다는 작은 결함이 있다. 그 설명은 오직 설명해야 할 것에 근거를 두는 것이다. 다른 모든 설명이 그 설명에 반대가 된다. 우리

---

23 "의도적 거짓말(visierten Lügen)". Schiller와 Lübben의 중저지독일어 사전에는 "visieren"이라는 단어를 찾아볼 수가 없다. "visieren"은 숙고한다는 말이고, "Visieringe"는 날조, 나쁜 생각을 말한다.

24 그레스벡 선생은 당연히 이 한심한 거짓말을 확산시키는 것이 분명하다.(S. 80) 그가 그럼으로써 자신의 뮌스터에서의 결혼생활에 관한 다른 상론들을 부정하게 된다는 것이 이 우직한 분에게는 꺼려지지 않는다. 그는 그의 적을 위태롭게 하는 데 적합하다고 여긴 것이다. 그리고 이것이 주된 이유이다. 그리고 이 때문에 이것도 다른 거짓말들처럼 우리의 '학계'에 의해 오늘날까지 확산된다.

는 바로 맑은 정신과 신중함이 재세례파의 특징을 이루었다는 것을 살펴본 바 있다.

재세례파 공산주의의 본성에서도 그 설명을 찾을 수 없다. 오히려 그것은 그 문제를 더 불가해한 것으로 만든다. 포위 중에 있는 뮌스터에서의 특수한 양성 관계에서 그 설명을 찾는 것 말고는 아무것도 남지 않는다. 그리고 이것이 사실상 아주 눈에 띄는 특성이어서 그것을 외면하는 데는 믿을 수 없을 정도의 완고함 혹은 선의의 결여가 필요하다.

선량한 시민들이 뮌스터에서 대량으로 이주해 나간 것을 상기해보자. 남자들은 나갔지만, 그들은 아내들과 하녀들을 남겨두었다. 그래서 상당한 여초(女超) 현상이 생겼고, 이는 그레스벡이 우리에게 제시하는 수치상으로는 아주 엄청난 것이었음이 분명하다. 그는 "시온산 위에서의 만찬"에 대하여 이렇게 적는다. "남자들은 노인들과 어린이들을 합쳐서 2,000여 명이 그곳에 있었다. 전투능력이 있는 남자들 수에서 뮌스터 시 안의 재세례파는 결코 1,500명을 넘지 않았다. 여자들은 도시 안에 노소를 합하여 8, 9천 명이 있었다. 그보다 더 되는지 덜 되는지 정확한 것은 나도 잘 모른다. 그래서 물론 거기에는 걸어다닐 줄 아는 아기들과 걸을 줄 모르는 아기들도 1,000명에서 1,200명이 있었다."(S. 107) 기습에서 붙잡힌 재세례파 베르너 샤이파르트 폰 메로데(Werner Scheiffarth von Merode)는 1534년 12월 11일 심문에서 더 적은 숫자를 제시했다. "그 안에는 남자, 여자, 어린이가 대략 8,000명에서 9,000명 있고 그중에서 대략 1,400명이 전투능력이 있다."(*Berichte der Augenzeugen*, S. 293)

전투능력을 가진 자들의 수는 그레스벡이 제시한 것과 대략 일치한다. 또한 그가 남자들의 수를 제시한 것도 대체로는 정확할 것이다. 그는 그 수를 확신을 가지고서 제시한다. 그들은 공개적으로 계수되었다.

우리가 거기에 1,000명의 어린이가 있었다고 본다면, 또한 샤이파르트에 따를 때 가임여성의 수는 아직 5,000에서 6,000명이 되어 남자들의 수보다 두 배에서 세 배는 많다.

이런 독특한 상황은 남자들 중에서 대략 절반 정도가 미혼이었다는 것으로 더 복잡해졌다. 이는 수많은 이주자 대다수에게, 그리고 마찬가지로 자명하게, 포로나 귀순자로 재세례파에게 와서 그들에게 가담한 용병들에게 해당하는 것이었다.

이런 상황은 계속되는 포위 중에 들어 있는, 외부세계와의 어떤 교류도 단절된 가임연령 인구 대다수에게는 성 문제에서 재세례파의 엄격성을 감안할 때 전혀 견딜 수 없는 것이 되었음이 분명했다. 모든 혼외정사를 가혹한 처벌로 금지한 바로 이 엄격성이 혼인 관계의 전복을 결국에는 불가피하게 만들었다.

뮌스터에서의 일부다처제에 대해 분노를 삭이지 못하는 바로 이런 사람들이 성매매를 자명한 일로 간주한다. 당연히 성매매는 뮌스터에서도 "정절"의 지배체제하에서 성행했다. 뮌스터의 1525년 봉기한 세력이 정식화한(제2권 718쪽 참조) 36개조 중에 제18조는 이렇게 요구했다. "모든 음탕한 여자와 사제들의 동침녀들을 특정한 표지로 정숙한 여성과 구분해야 한다."

"음탕한 호색가들"은 성매매를 종결시켰다. 성매매와 공산주의는 애초부터 서로 배척하는 두 개념이다. 공산주의의 다양한 형태는 성적 교류의 극히 다양한 형태와 조화를 이룰 수 있으나 단 한 가지 돈을 주고 사랑을 사는 것과는 조화될 수 없다. 상품생산이 없는 곳에서는 아무것도 매매되지 않으며, 여성의 몸도 노동력도 판매되는 상품이기를 중지한다. 그리고 뮌스터에서의 공산주의 역시 불완전하게 실시되었으나 그곳에서 어떤 처녀도 재세례 운동의 지배체제하에서 궁핍으로 자신을 팔 수밖에 없도록 내몰리지는 않았다. 그러나 지난 사회 속에서 행했던 몸 팔기를 습관적으로 즐겨하게 되었을 수도 있는 하녀들은 어떤 민간인도 돈을 보유하지 않은 뮌스터에서는 구매자를 찾지 못했다. 그녀들은 구매자를 도덕과 질서의 수호자들 진영에서, 용병, 정절 있는 시민, 성과 속의 귀족에게서 찾았음이 분명하다. 그곳에서 그 여자들은 옛 고객들을 다시 만났다.

공산주의의 자연스러운 작용은 뮌스터에서는 재세례파들의 성적 엄격성으로 더 강화되었다. 그러나 이제 1천 명이 넘는 미혼 남성이 수천 명의 배우자 없는 여성과 여러 달 동안 (우리의 기준으로) 작은 도시의 협소한 공간에서 성매매도 없는 가운데 같이 살았다는 것을 생각해보라. 간통과 혼외정사가 생겨난 것은 불가피했다. 이에 대해서는 극히 엄격한 처벌도 소용이 없다는 것을 드러냈음이 분명하다. 만연한 성적 혼란에 효과적으로 대처할 단 하나의 수단이 있었다. 혼인 관계의 새로운 규정을 만드는 것이었다. 오랜 반대 끝에 원로들과 목사들이 포위 후 다섯 번째 달인 7월에 작업에 착수했다.

과제는 어려웠다. 아니 거의 해결할 수 없는 것이었다. 그것은 재세례파의 엄격한 결혼 도덕과 조화를 이루면서 동시에 뮌스터의 완전히 독특한 성적 상황에 부합하는 혼인법을 제정하는 일이었다. 그 과업의 어려움에 걸맞게 새로운 혼인법은 단일한 완성된 법률 형태로 탄생하지 못했고 여러 가지의 서로 간에 일부는 보완적이고 또 일부는 다시 상충되는 결정사항들의 형태로 탄생했다. 뮌스터의 재세례파는 적절한 결혼 형태를 향한 추구를 넘어서지 않았고, 그들이 살던 비정상적인 상황 속에서 이를 넘어서 갈 수도 없었다.

그레스벡은 혼인법을 향한 그 불안한 암중모색을 추적하지만 그의 보도는 대단히 혼란스럽고 모순과 불합리로 가득 차 있어서 그로부터 명확한 그림을 얻기는 어렵다.[25] 하지만 그래도 거기서 두 계기를 식별할 수 있다. 하나는 결혼을 자유로운 결합으로 만들려는 노력이다. 우선은 재세례를 받기 이전에 맺어진 혼인을 무효로 선언하는 것이 중요했다. 그러지 않고서는 이주해 나간 시민들의 부인들에게는 새로운 혼인을 하는 것은 불가능했을 것이다. 그들이 결혼을 해소할 수 없는 것으로 공언하기는 했지만 아기세례를 진짜 세례가 아니라고 간주한 것이나 마찬가지로 '이교도식' 결혼을 진짜 결혼이 아닌 것으로 간주했기 때문에 이 무효선언은 재세례파에게는 더 쉽게 생각되었다. 뮌스터의 재세례파들 중에서 이미 존재한 부부도 이제 그들의 계약을 새로 체결해야 했다.

그러나 두 번째 계기는 모든 부인을 시집보내려는 노력에서 드러난다. 하지만 우선은 오직 경제적 관련에서였고 신체적 관련에서가 아니었다.

뮌스터의 '일부다처제'의 본질을 파악하기 위해서는 뮌스터에서 개별 가구가 폐지되지 않았다는 것을 주목해야 한다. 그러나 시민들이 떠나간 결과 남자가 없는 가구들이 많이 있었고 하녀들만 있고 주부는 없는 가구들도 많았다. 그렇게 많은 미혼의 병사가 있던 포위당한 도시에서 이는 수많은 불상사를 몰고 왔음이 분명하다. 그래서 어떤 여성도 남성의 보호 없이—남성의 감독 없이 있어서는 안 된다는 결정이 내려졌다. 왜냐하면 뮌스터의 재세례파는 개별 가구를 지양하지 않았으므로 육신의 해방의 추종자도 여성해방의 추종자도 아니었기 때문이다.

---

25 케르센브로이크의 보도는 솔직히 무의미하기까지 하다. 요한 폰 레이덴이 크니퍼돌링크의 하녀에게로 몰래 갔을 때 어떤 보병이 그를 덮쳤다고 설명한다. 이에 요한은 나쁜 평판을 얻지 않으려고 "그에 못지않게 호색과 음탕함에 빠져 있던" 로트만과 다른 설교자들에게 그냥 일부다처제를 도입하자고 설득했다는 것이다!

이미 언급한 원로들의 칙령 제3문단은 "남편의 지배권과 아내의 종속성에 관하여" 다룬 것으로 다음과 같이 말한다. "남편 여러분, 아내를 사랑하시오. 아내들은 주께 복종하듯이 남편에게 복종해야 합니다. 그리고 아내는 남편을 경외하시오."[26]

이와 관련하여 특히 단호하게 표현된 것은 1534년 10월에 나온 로트만이 작성한 선동문서 "회복"(Restitution)이다.[27] "남편은 또한 부인에 대한 그의 주인됨(지배권)도 사나이의 정서로 떠맡아서 혼인을 순수하게 지켜야 한다. 아내들은 거의 모든 곳에서 주도권을 쥐고 곰들을 이끌듯이 남편을 이끈다. … 지금 거의 모든 곳에서 바지를 입는 아내들은 정당하고도 당연한 복종심을 가지고 몸을 낮추는 것이 필요하다. 왜냐하면 각 사람이 제 위치에 서는 것, 남편은 그리스도 아래, 부인은 남편 아래 서는 것이 하느님 앞에서 좋은 일이기 때문이다."

남성 가장 없이 살던 부인들은 이제 하녀, 가정부로서가 아닌 부인의 동지로서 남자가 있는 세대에 입적하라는 권고를 받았다.

물론 이 명령은 그것을 있게 만든 사실적 상황에 대한 언급으로써 이유가 제시된 것은 아니다. 그 당시에 사람들은 그렇게 유물론적으로 생각하지 않았다. 그것이 아니라 성서상의 전거를 대면서 이유를 제시했다. 그러나 그들은 그들의 경우에 어느 정도 맞는 선례를 단 하나 거기에서 발견했을 뿐이다. 그것은 옛 유태인들, 특히 가부장들의 일부

---

[26] Kerssenbroick, II, S. 1.

[27] "뮌스터의 공동체에 의해 내세워진 한 신의 은총에 대한 믿음과 허구에 관한 올바르고 건전한 기독교 교리의 복구 내지 재현(Eyne Restitution edder Eine wedderstellinge rechter vnde gefunder Christliker leer, glaubens vnde leuens vth Gades genaden durch de gemeynte Christi tho Munster an den Dach gegeuen …), Munster 1534"

이 글로부터의 상세한 많은 인용문이 붙은 발췌 내용을 Bouterwek, *Zur Literatur und Geschichte der Wiedertäufer*, S. 15-34가 수록한다.

다처제였다. 가부장들은 하느님 자신이 몸소 방문하거나 그의 천사를 보내어 방문하게 하는 영예를 입은 최고로 신실한 남자들이란 데 의문의 여지가 없었기 때문에 그만큼 더 기꺼이 이를 근거로 삼은 것이다. 전체 기독교 세계의 이 모범 인물들이 행한 것이 죄가 되는 것은 있을 수 없었다. 그리고 재세례파는 이런 사고 전개에서 탁월한 복음적 교회의 수단가들을 근거로 삼을 수도 있었다. 멜란히톤은 이미 1531년 8월 27일 영국의 왕에게 첫 번째 부인과 아울러 두 번째 부인을 취하라는 의견을 내었고 "일부다처제는 신의 법에 따르면 금지되지 않는다"고 선언한다.

심지어 뮌스터에서 일부다처제 도입이 큰 추문을 불러일으켰고 일반적으로 비난을 받은 뒤에도 루터와 멜란히톤은 1539년 11월 10일에 헤센의 필립 백작에게 이렇게 공언했다. "결혼생활에 관하여 모세의 법에서 허락된 것은 복음에서 금지되지 않습니다." 그는 조용히 일부다처를 해도 좋다는 것이다.(Keller, *Die Reformation*, S. 454ff에 있는 수많은 비슷한 인용문들도 보라.) 그 당시에 신실한 사람들을 재세례파에 대하여 그렇게 분노하게 한 것은 일부다처제 자체가 아니라 일부다처제를 군주의 특권으로부터 공동재산으로 만든 무엄한 처사였다.

종교적 각색은 뮌스터의 '일부다처제'의 진짜 성격을 아주 흐리게 했다. 적대적 보도자들이 그에 관하여 쌓아올린 야비한 말, 중상모략, 왜곡의 혼란에 의해 명확함은 증진되지 않았고, 당파적인 보도들이 행한 편향적인 난도질은 이 조치의 참된 성격의 거의 모든 흔적을 완전히 지웠다. 그러나 다행히도 보도자들은 진실의 전체 흔적을 없애기에는 너무 시야가 짧았다.

그들이 전해준 몇 가지 진술은 재세례파가 '일부다처제'의 도입에서 사실상 여러 명의 부인이 한 가구 내에서 연합하는 것만을 목표로 했고, 한 침실을 쓰게 하는 것을 목표로 한 것은 아니었음을 보여주는 데 충분하다. 그렇다고 해서 후자가 전자에 의해 유리하게 되지 않았다는 말은 아니다.

무엇보다도 모든 여성은, 성교를 하기에 적합한 여성만이 아니라 늙은 여성과 아직 가임연령이 안 된 여성도 남성 하나를 구할 의무가 있었다는 것을 언급할 수 있다.

그레스벡은 물론 이 마지막 규정이 어린 소녀들에게 성관계를 하도록 강제하려는 목적을 띠었다고 생각한다. 몇몇 세대주, 필시 난폭한 보병들이 그들의 지위를 악용했으리란 것은 배제할 수 없다. 케르센브로이크도 더는 말하지 않는다.(II, S. 44) 그런 자는 다른 데서도 생겨날 것이다. 그러나 그 조치의 목적이 어린아이들을 성폭행하기 위한 것이었다는 것을 우리가 믿도록 하기 위해서는 그레스벡 같은 자보다 더 나은 증인이 있어야 할 것이다. 그의 진술이 사실에 관해서는 다분히 가치가 높아도 재세례파의 동기와 의도에 관해서는 단지 근거도 없고 악의적인 헛소리밖에 발설할 줄 모르기 때문이다. 의심스러운 야수적 행동을 합법적으로 강요하려는 희망은 우리 대도시들에서 처녀 공물을 찬양하는 저 고귀한 나리들도 품을 수 없다고 우리는 본다.

그러나 노인 전체와 어린 세대 전체도 한 남자에 의탁해야 한다는 요구가 우리가 근거로 삼는 유일한 증거는 아니다. 또 하나의 증거는 다음과 같은 케르센브로이크의 보고이다. "10월 초에 부텐디크(Butendick)의 부인 바르바라(Barbara)는 그녀의 주인이자 남편인 자에게 공식적으로 고발당했다. 그것도 남편에게 대들었고 명예를 훼손하는 많은 욕설로 그를 모욕했다는 이유에서였다. 그가 그의 나머지 부인들, 자매들과 정신적으로가 아니라 육체적으로 동거했고 그 여자들과 자주 육체관계를 가졌다고 말했다는 것이다." 그녀는 유죄가 인정되어 사형판

결을 받았으나 남편에게 용서를 빈 후에 사면되었다.(S. 80)

아내와 그의 자매들 간에는 이처럼 구분이 되었다. 그 가구의 모든 여자 구성원이 역시 가구주의 부인이라고 칭해지기는 했지만 가구주의 아내이기도 한 것은 아니었다.

그럼에도 그렇게 밀접하게 함께 살아가면서는 그렇지 않았더라도 드물지 않게 생겨날 일이 더 쉽게 일어났을 가능성이 크다. 즉 이 부텐디크가 비난받은 것처럼 남편이 자기 아내로 만족하지 못했다는 것이다. 재세례파의 엄격성이 상황에 따라서는 남편과 아내 간의 성관계도 금지했기 때문에 더더욱 그러했다. 예를 들어 아내가 불임이라든지 혹은 임신 중이라든지 할 경우에는 그랬다. 왜냐하면 성관계는 감각적인 욕망이 아니라 종의 번식에만 소용되어야 한다는 것 때문이다.

로트만은 그의 "회복"이란 글에서 이렇게 말한다. "임신한 부인이나 임신하지 못하는 부인과 동침해서는 안 되고 할 수도 없다는 것은 첫 번째로 하느님이 인간에게 생육하고 번성하라고 명령하며 육욕이 아니라 오직 그 목적에만 남편과 아내가 하느님의 은혜를 사용해야 한다고 명령하는 것에서 입증된다."

그래서 상황에 따라서는 남편에게 그의 첫 번째 아내와 아울러 그의 보호 아래 맡겨진 부인들 중 다른 사람도 그의 육체적 아내로 취하는 것이 허락되었다. 그래서 로트만은 이미 언급한 "회복"에서 이렇게 말한다. "어떤 남자가 한 명의 부인을 수태시키는 것보다 더 풍성하게 하느님의 복을 받았고 또 그가 신의 계율 때문에 그런 복을 오용해서는 안 된다면, 더 많은 수태할 수 있는 부인과 결혼하는 것이 그의 자유, 아니 필요한 일이다. 왜냐하면 결혼하지 않은 채 어떤 부인과 동침하는 것은 간음이고 매춘이기 때문이다."

그러나 이런 성적인 일부다처제와 경제적 일부다처제 간에는 항상 정확하게 구분을 해야 한다. 전자의 경우에는 남자가 부인을 선택했다. 후자의 경우에는 부인이 자신의 보호자로 인정하고 싶은 남자를 골랐다. 전자의 것은 상황에 따라 허락되었다. 그리고 묘사된 상황을 볼 때 그것을 완전히 배제하는 것은 불가능했을 것이다. 뮌스터의 입법자들은 그것을 정식 결혼의 길 안에 두려는 노력으로 만족했다. 이에 반해 한동안 명령이 된 일부다처제는 경제적인 것이었으며, 여러 부인이 한 가구 내에서 한 남자의 보호와 감독 아래 단체를 이루는 것이었다. 뮌스터의 혼인법에 따르면 부인은 첫 번째 유형의 '일부다처제'가 아닌 두 번째 유형에만 따를 의무가 있었다. 후자의 강제도 이미 여러 번 인용된 요한 폰 레이덴의 28개조가 입증하듯이 곧 다시 폐지되었다.

우리는 그것들 중에서 혼인을 다루는 조항들을 인용한다. 그 조항들은 뮌스터 혼인법의 정신을 최고로 잘 보여준다.

"24. 아무도 의지에 반하여 결혼을 하도록 다른 사람에 의해 강제되어서는 안 된다. 혼인은 자유로운 결합이며, 빈 말과 외형적 예식보다는 본성과 사랑의 띠로 맺어지는 것이다.

25. 그러나 어떤 사람이 간질병, 성병 또는 다른 질병에 걸려 있다면 그가 결혼하려고 하는 상대편이 그의 병에 대해서 사전에 고지를 받지 않고서는 그는 절대로 결혼해서는 안 된다.

26. 더 이상 처녀가 아닌 여성은 처녀인 것처럼 이웃 남자를 속이고 기만해서는 안 된다. 그런 사기 또한 단호히 처벌되어야 한다.

27. 결혼하지 않은 부녀자 또는 정식 남편을 갖지 않은 부녀자는 누구나 그리스도의 공동체에서 후견인이나 보호자를 선택할 권리를 지녀야 한다."

하나의 계시로 끝을 맺는다. "살아 계신 하느님의 음성이 나에게 가르침을 주었다. 이는 지고한 분의 명령이다. 남편들은 합법적인 아내들에게도 또 마찬가지로 그들이 후견과 보호의 책임을 진 부인들에게도 신앙고백을 요구해야 한다. 그러나 이는, '나는 하느님 아버지를 믿는다' 같은 일반적으로 읽는 신앙고백이 아니라 새로운 왕국에 관한, 결혼에 관한 신앙고백, 그들이 왜, 무엇하러 세례를 받는가에 대한 신앙고백이다. 이 모든 것을 그들은 자기 남편에게 알리고 털어놓아야 한다."(II. S. 138, 139)

이것이 뮌스터 재세례파 혼인법의 마지막 형태이다. 그것은 우리가 그렇지 않아도 그들의 특징으로서 알게 된 맑은 정신의 이성적인 단순성과 완전히 부합한다.

고삐 풀린 육욕의 흔적을 거기서 읽어내기란 지극히 노련하고 주저함 없는 사회주의자 킬러에게도 어렵게 느껴졌을 수 있다.

1535년 1월 2일의 이 조문들은 그 전년도 7월 23일에 도입된 혼인법의 상당히 완화된 형태를 담고 있다. 그 혼인법은 모든 부인에게 남자 보호자와 주인을 구하고 그의 집에 몸을 의탁할 의무를 부과했었다. 이 결정은 그 결과로 여러 겹의 불상사를 일으킨 것 같다. 왜냐하면 곧바로 이미 그해 가을에 중단되었고, 원하는 부인들에게는 그들이 몸을 의탁했던 '주인들'을 떠나는 것을 허락했기 때문이다. 부인들의 의무로부터 그 실행이 그들에게 자유로 맡겨진 권리로 되었다.

이 '일부다처제'를 어떻게 상상할 수 있을지라도 여기서 어떤 경우에도 오리엔트의 하렘을 연상해서는 안 된다. 하렘은 부인의 완전한 노예화를 필요로 한다. 뮌스터에서는 그런 이야기는 없었다. 자신의 남편, 보호자, 후견인을 자유롭게 선택했던 것은 바로 부인들이었다. 그들이 결혼 관계의 새로운 규정에 의해 얼마나 억압을 느끼지 않았는지는 그들 다수가 새로운 왕국을 위한 열성적인 여성전사에 속했다는 데서 짐작할 수 있다.

당연히 그들 중에는 불만을 품은 사람들도 있었다. 모든 여성이 신념에 따라 그 도시에 남아 있었던 것은 아니며, 아주 비정상적인 상황에서 생겨난 새로운 혼인법은 깊이 뿌리박힌 관념에 너무나도 첨예하게 거슬렸다. 새로운 규정은 여기저기서 새로운 불상사를 일으키는 일이 없이 기존의 불상사를 없애지도 못했다. 그러나 우리는 여성들의 반발에 대해선 별로 듣지 못하며 그들이 새로운 질서를 옹호했던 열성에 대하여 훨씬 더 빈번히 이야기를 듣게 된다.

부르주아의 역사서술이 이런 반발을 얼마나 교묘하게 과장할 줄 아는지에 대해서는 하나의 예가 있다. 켈러는 그의 《재세례파 역사》 211쪽에서 이렇게 기술한다. "기혼이건 미혼이건 많은 여성이 새로운 제도에 더 없이 크게 반발했다는 것은 확실하다—그들 중 어떤 사람은 누가 자기에게 가하려고 했던 치욕을 벗어나기 위해 자발적 죽음을 선택했다고 보도된다."

정말 어떤 것이 보도되는가? 그레스벡은 이렇게 기술한다. "그들은 언젠가 물에 한 부인이 익사하여 옷을 입은 채로 떠다니는 것을 발견했다. 평민들은 그녀가 어떻게 익사했는지, 예언자들과 설교자들이 그녀를 익사시켰는지, 이 부인이 스스로 물에 뛰어들어 죽었는지 알 수 없었다. 그 여자는 물에서 결박된 상태로 있지는 않았다. 그래서 그 도시의 사람들은 그 여자가 스스로 물에 몸을 던져 죽었고, 결혼생활 때문에 괴로워했을 것이라고 생각했다. 그 여자에게 결혼생활이 어떠했는지 나는 더 이상 아무것도 쓸 수가 없다."(S. 64, 65)

이처럼 '보도된 것'은 오직 뮌스터에서 익사한 한 여자가 발견되었다는 것이다. 범죄가 앞에 있었는지 아니면 자살인지, 아니면 단순한 사고사인지—이 가능성에 대해서는 그레스벡이 전혀 동의하지 않는 것이 주목할 만하다—이에 관해서는 아무것도, 아니 전혀 아무것도 알려져 있지 않다. 그리고 그로부터 커다란 공포소설이 만들어진다!

여성들의 열정의 한 예를 7월 30일의 몰렌헤크(Mollenheck)의 봉기가 제공해준다. 사람들은 이 봉기를 시민사회 내의 도덕적 분자들이 일부다처제에 반대하여 들고 일어난 것으로 묘사한다. 베쫄트(Bezold)는 이렇게 말한다. "완전한 처 공유제가 도입된 것은 아니었으나 남편이 없는 어떠한 여성도 용인되어서는 안 된다는 예언자들의 명령은 그보다 크게 나을 것이 없는 일부다처제의 성립을 가져왔다. 물론 이런 흉측한 일에 반대하여 그 고장의 형제들 중에 더 예민한 자들이 반발했으나 그들의 봉기 시도는 유혈 진압되었고 수적으로 훨씬 우세한 여성 거주자 집단을 소수인 '남자주인들'에게 분배하는 일이 진행되었다." (*Geschichte der deutschen Reformation*, S. 710)

실제 상황은 어떠했는가? 이전의 동업조합 지도자였던 몰렌헤크는 "일군의 시민들과 신실한 사람들, 보병들"을 규합하여 봉기를 일으켰고 이는 새로운 결혼제도를 폐지하기 위한 것이었을 뿐 아니라 또한 "각 사람이 자기의 재산을 되찾고 시장과 시의원으로 다시 되어야 하며, 모든 것이 예전처럼 되어야 하고 그 도시를 넘겨주고자 한다는 것이었다."(Gresbeck, S. 73)

도망친 보병들이 이 이른바 순결운동, 사실상 반혁명의 전위에 선다. 그들은 처음에는 성공했고, 심지어 요한 폰 레이덴과 크니퍼돌링크를 체포하는 일까지 해냈다. 그들이 즉시 도성문을 열었더라면 주교 측은 그 당시에 이미 도시를 장악했을 것이라고 그레스벡은 계속해서 말한다. 그러나 봉기자들은 약탈만을 생각했다. "그들은 성문을 차지하려는 생각보다는 역시 돈을 더 탐냈고, 넓은 소매 가득히 돈을 챙겼고 밤새 술을 퍼 마셔서 만취했다. 그러는 사이에 기습을 당하여 프리슬란트인과 홀란트인들이 기선을 제압했다."

이 반혁명의 패배에서 가장 슬픈 일은 보병들이 폭음과 약탈을 하면서 풍기질서와 도덕을 위해 그들의 생명을 걸던 동안에 그들이 옹호했던 사람들, 능욕당한 부인들이 더 없이 맹렬하게 그들에 맞서 강간과 근친상간을 위해 싸웠다는 사정이었다. 봉기자들이 시청에서 진을 쳤을 때 문들을 쏘아서 무너뜨리려고 시장 위에 대포를 가져온 것이 여성들(물론 케르센브로이크에게서는 오직 "아내들"만)이었다.

공격자들을 격퇴하는 일이 닥쳤을 때 여성들이 얼마나 맹렬하고 즐거이 성벽 위에서 싸웠는지는 케르센브로이크와 그레스벡이 수많은 증거를 제시한다. 그러나 그 여자들은 기습도 할 준비가 되어 있었다. 포위된 도시의 포위가 풀릴 기미가 보이자 요한 폰 레이덴은 그가 네덜란드에서 올 것으로 기다리던 원군을 맞아들이기 위해 큰 기습공격 준비를 시켰다. 그는 절망적인 작전에 참가할 자들을 모집했다. 그중에는 남자들만이 아니라 여자들도 있었다. "다른 날 함께 출정하려고 하는 여인들이 주교좌성당 뜰에 모였다. 그들은 300명이 되었다. 그 여자들은 자기 무기를 들고 밀어닥쳤다. 어떤 이들은 극(戟)을 가졌고, 또 어떤 이들은 창(Knevelspiet, 가름보가 있는 창)을 들고, 그렇게 열을 지어서 갔다. 그래서 왕은 모든 여인을 받아들이려 하지 않았고 그들을 살펴보았다. 왕이 데리고 가고자 한 여인들은 51명이었으며, 이들의 이름이 적혔다.

"그렇게 해서 다른 날 그들은 젊은 여인들 중에서 도시에 남아 있으려 한 모든 여인을 주교좌성당 뜰에 모이게 했다. 이 여인들은 역시 자기의 무기를 가지고 와서 성당 뜰 위에서 보병부대처럼 열을 지어 다녔다." 그들은 성문의 수만큼 많은 부대로 나뉘었고, 각 부대에게는 경계근무를 하는 남성들의 한 부대와 함께 성문 하나씩이 맡겨졌다. 그들은 독일 종교개혁의 군가인 시편의 "내 주는 강한 성이요"를 부르며 물러

갔다.(S. 128)

이런 식으로 뮌스터의 여성들은 그들에게 가해진 "치욕"에 맞서서 자신들을 지켰다.

이상이 뮌스터에서의 '여성문제'였다. 아직도 많은 것이 이 방면에서 불명확하며, 여전히 중대한 빈틈들이 존재한다. 그러나 이야기한 내용은 그곳에서 성적인 것들의 새로운 질서가 인간적으로 완전히 이해할 수 있으며, 아니 많은 불완전성, 순진성, 심지어는 거친 모습들에도 불구하고 많은 점에서 현대적 정서에서도 공감할 수 있는 것임을 인식시키는 데 충분하다고 우리는 믿는다. 그러나 오늘날 사회의 대표자들은 뮌스터 재세례파의 "철면피한 방종"에 분노할 이유가 거의 없다. 어린 소녀들의 궁핍과 무지를 고귀한 목적, 곧 그들을 남성들을 위한 자기주장이 없는, 일체의 정욕에 무방비로 넘겨진 공중변소로 전락시키는 것에 이용하는 것인 가장 뻔뻔스럽고 가장 천한 유형의 성 관계가 그 사회의 토대가 되는 그런 사회의 대표자들이니 말이다. 이런 탁월한 제도가 없다면, 우리 산업의 한 큰 부분의 번영이 어디 있겠으며 부르주아 소녀들과 부인들의 미덕과 정숙은 어디 남아 있겠는가?

우리의 부르주아 역사가들이 뮌스터에서의 성적 무절제에 관해 그리는 그림은 현재의 그림이다. 그것은 현대 문명의 모든 도시에서 매일 펼쳐지는 것의 초상이다. 그리고 우리 사회에서 모든 것을 종합한 마지막 결론은 이 '사투르누스제'를 규제하라는 것이다.

5. 뮌스터 함락

뮌스터 '꼬뮌'의 성격에 대한 우리의 연구는 의도했던 것보다, 작업

계획에 있는 것보다 더 상세하고 논쟁적으로 되고 말았다. 그러나 약소한 작업으로 뮌스터 재세례파의 참된 그림 위에 놓인 산 같은 왜곡은 제거되지 못했다. 그리고 원래 조용하고 평화애호적인 작은 집단의 민중이 상시적인 학대와 위험의 압박 속에서 와해되지 않고 열띤 항거에 나섰고, 자기의 신념을 위해 그냥 견뎌내기만 한 것이 아니라 유혈공격에 유혈방어로 맞섰고 군사적 영웅들로 성장했다는 이유로 피에 굶주린 호색적 악당들의 무리로 어떻게 체계적으로 낙인찍히는지를 본다면, 학문적인 초연성을 잃지 않기는 불가능하다!

프란츠 주교는 가벼운 생각으로 그의 2월 10일의 배신적인 기습이 격퇴된 후에 그 도시의 포위에 착수했다. 그는 물론 굶주림에 지쳐 있는 마주친 유랑자 떼를 힘들이지 않고 굴복시킬 수 있다고 생각했다. 재세례파의 다수가 그에게는 유랑자 떼로 여겨졌던 것이다. 그에게는 전쟁에 숙달된 수천의 군대가 수많은 대포를 가지고서 검증된 야전사령관의 지휘 아래에 있었다—이미 오순절 전에 그는 대략 8,000명의 보병을 동원할 수 있었다.[28] 그러나 재세례파는 비록 수가 크게 열세였고—그들은 1,500명을 결코 넘지 않았다—전쟁 경험도 없었으나 그 도시의 확고한 방비를 통해서만이 아니라 그들의 규율과 희생정신, 사기를 통해서도 그들의 적을 능가하는 것을 보여주었다.

주교 측 병영에서 규율이 어떠했는지 이에 관해서는 이미 몇 가지 암시를 우리가 한 바 있다. 특히 술 취한 상태가 모든 군사작전에 크게 지장을 주었다. 이는 예를 들어서 첫 번째 공격에서 나타났다.

1534년 5월 21일 그 도시에 대한 첫 번째 포격이 시작되었다. 그것은 닷새간 계속되었다. 25일에는 포위자들이 공격에 돌입했다. 그러나

---

[28] Bericht des Jörg Schenck.(*Berichte der Augenzeugen*, S. 260)

일부 병사들이 술에 취했다. 그들은 미리 진격했다가 격퇴되었고 그들 뒤에 밀고 들어오는 부대를 혼란에 빠뜨렸다. 물론 이들은 그럼에도 불구하고 사다리를 가지고서 성벽까지 갔으나 그곳에서 거센 저항을 받아 완전히 궤멸되어 퇴각했다.

그 직후에 포위당한 자들이 외부 초소를 기습하여 카드놀이와 음주를 하고 있던 보병들을 급습했고, 그들을 쫓아버리고 대포들에 못을 박아두었다. 그리고 급히 다가오는 주력부대를 몰아칠 방법을 알아서 주력부대가 감히 그들을 추격하지 못했고 그들이 방해를 받지 않고 성 안으로 되돌아가게 했다.

사전에 3일간 맹렬한 포격을 한 뒤에 8월 31일 감행한 두 번째 공격에서 공격자들은 첫 번째 공격에서보다 운이 더 좋지 못했다. 맹렬한 공격이 진행되었으나 그것은 공격자들의 완전한 패배로 끝났다. 그들의 피해는 엄청났다. 그들은 중대장만 48명을 잃었다.[29]

그때부터 포위자들은 그 도시를 무력으로 점령할 희망을 포기했으며, 그들을 굶겨 죽이려고 봉쇄에만 활동을 국한했다. 그러나 결국 한 도시에 대하여 전쟁을 이끈 것은 전체 독일제국이었다.

처음에 '반동적 대중'은 제대로 모이려고 하지 않았다. 주교의 병력만으로는 뮌스터를 제압하기에 충분치 못하다는 것이 거의 명백했다. 주교는 연합세력을 찾았고, 그것도 가톨릭 측과 복음파 쪽에서 찾았다. 그러나 동맹한 동지들 각자는 다른 동지를 속이려고 시도했고 곰의 가

---

[29] 그 시대의 한 민요에서는 거기에 있던 보병이 이렇게 노래한다.
"보병들은 심한 곤경에 빠져 있었다네.
뮌스터 성벽 아래 3천 명이 죽어 있었네.
내 아버지, 어머니가 아셨다면,
내가 슬퍼하는 것을 거드셨을 테지."

(Hase, *Heilige und Propheten*, II, S. 249)

죽을 둘러싼 분쟁이 그들 가운데서 여전히 시퍼렇게 살아 있는 곰에
대한 전투를 위험스럽게 방해하기도 했다. 그렇지만 모든 음모에도 불
구하고 외교적 협정과 군주대회, 지방의회의 결정들을 통하여 포위자
들의 수와 그들의 무력수단이 점점 더 증강되었고, 결국 1535년 4월
4일 독일 국회가 보름스에서 열렸을 때 거기서는 뮌스터의 포위가 제
국의 사안으로 선포되었으며, 이를 추진하려는 목적의 국세 부과가 결
정되었다. 또한 프랑크푸르트와 뉘른베르크의 시장들이 제국의 이름
으로 그들에게 항복을 촉구하라고 포위당한 자들에게 보내졌다. 그러
나 이들은 굴복한다는 생각을 일체 물리쳤다.

그러나 이 무렵에 그 도시의 형편은 이미 희망이 없었다. 처음부터
뮌스터의 재세례파는 제국 전체의 유산계급의 그들에 대한 매서운 적
개심을 볼 때 그들의 봉기는 지방적 봉기에 머무르지 않고 확장되어야
만 명맥을 유지할 수 있다는 것을 알 수밖에 없었다. 그리고 그들의 전
망은 결코 불리하지 않았다. 모든 북부독일 도시에서 그들은 강한 추종
세력을 얻었고, 뤼벡에서는 실로 그들에게 우호적인 지향이 권력을 잡
았다. 그들은 이제 사방으로 사절을 파견했다. 전단지와 소책자를 통
해서도 그들은 외부세계에 영향을 주려고 했다. 특별히 언급할 만한
것은 이미 여러 번 인용한 로트만이 지은 "올바르고 건전한 기독교의
교리, 믿음, 생활의 회복 혹은 재건"이다. 이는 1534년 10월에 나왔고
재세례파의 가르침과 제도들에 대한 옹호론을 담았다. 그 책은 "불경
한 자들"에 대한 칼의 사용과 공산주의, 일부다처제를 대변했다. 그 글
은 밀반출되어 급속히 퍼졌다. 짧은 시간 안에 제2판이 필요했다.

12월에는 "복수에 관한 작은 책"(*Das Büchlein von der Rache*)[30]이 나왔

---

30 "뮌스터의 그리스도 공동체에 의한 여기저기 흩어진 모든 참된 이스라엘인과 동맹조합
원에 대한 바빌론의 분노와 처벌에 관한 완전히 믿을 만한 보고(Eyn gantz troestlick

다. 그 안에 이런 말이 있다: 복수가 눈앞에 있다. 복수는 지금까지의 권력자들에게 행해질 것이며, 그것이 완수되면 새 하늘과 새 땅이 하느님의 백성에게 나타날 것이다. 그 글은 봉기를 일으키라는 강조로 끝을 맺는다. "사랑하는 형제들이여, 이제 복수의 시간이 우리에게 왔습니다. 하느님은 약속받은 다윗을 일깨워 바빌론과 그 백성에 대한 복수와 처벌 태세를 갖추게 했습니다. 여기서 여러분은 우리가 용감하고 사나이답게 싸우고, 하느님이 지금 우리에게 삶을 주든 죽음을 주든 우리가 잃어버린 자가 될 수 없다는 것을 알기만 한다면, 일이 어떻게 될 것인지, 얼마나 풍성한 보수가 우리를 기다리는지 그리고 얼마나 영광스럽게 우리가 왕관을 받을 것인지를 이제 들었습니다. 그러므로 친애하는 형제들이여, 싸울 채비를 하십시오. 고난을 향한 사도들의 겸손한 무기로만 말고 복수를 향한 다윗의 영광스런 갑옷도 갖추십시오. 하느님의 능력과 도우심으로 모든 바빌론 세력과 모든 불경한 존재를 박멸하기 위한 것입니다. 불경한 하느님의 적을 병들게 하고 하느님의 깃발을 강화하기 위해서 여러분은 온갖 지혜와 계획, 꾀와 수단을 구사해야 합니다. 그들이 여러분에게 한 짓을 기억하십시오. 여러분은 그것을 그들에게 갚아주어도 좋습니다. 그들이 측량한 바로 그 자로 그들에 대한 측량이 이루어져야 하고, 나아가 그들에게 같은 잔에 따라 주어야 합니다. 주의를 기울여 전혀 죄가 아닌 것으로 여러분의 죄를 삼지 마십시오. 그러니 이제 친애하는 형제들이여, 서둘러서 열심을 내고 성실하게 그 일에 임하고, 가능한 대로 많은 사람이 이리로 와서 하느님

---

bericht van der wrake vnde straffe des Babilonischen gruwels, an alle ware Israeliten vnd Bundtgenoten Christi, hir vnde dar vorgestroyet, durch de gemeinte Christi tho Munster)." 원문은 Bouterwek, *Zur Literatur und Geschichte der Wiedertäufer*, S. 66-80에 전체가 수록되어 있다.

의 깃발 아래 모이십시오. 세상의 처음부터 이를 결정하고 그의 예언자들을 통해서 알린 만군의 주 하느님이 당신의 영광과 당신 나라의 확장을 위해 뜻하시는 바대로 여러분과 이스라엘 전체를 무장시키셨습니다. 아멘."

이런 간절한 호소가 나왔을 때, 독일의 여러 도시에서는 이미 모든 상당한 재세례파 운동이 억눌림을 당했다. 재세례파들이 들고 일어나기라도 한 경우에는 뮌스터에서의 사태 전개 이래로 특별히 예민하고 열을 내게 된 당국들이 그들을 제때에 진정시키거나 무력으로 굴복시키는 데 성공했다. 바렌도르프(Warendorf)와 조에스트(Soest), 오스나브뤼크(Osnabrück), 민덴(Minden), 쾰른 등지에서 그런 일이 있었다. 그러나 뤼벡의 민중세력은 1534년 5월에 덴마크와 전쟁상태에 들어갔으며, 이는 이후로 뮌스터에 대한 일체의 정신적인 것조차 지원을 불가능하게 했다. 이에 관해서는 처음에 말한 바 있다.

뤼벡의 재세례파 요한 폰 엘헤데(Johann von Elheede)는 체포되어 (1534년 5월일 개연성이 있다) 이렇게 자백했다. "뤼벡 시는 그를 파견하여 뮌스터의 사정이 어떠한지를 조사하게 했으며 그는 들어가서 사방으로 찾아다니다가 돌아가서 그가 경험한 것을 보고해야 했다. 그리하여 그들이 뮌스터에 있는 이들에게 포위를 푸는 공격이나 다른 것으로 도움을 줄 수가 있다면, 그들은 그런 식으로 자신을 나타내려고 했다. 이는 요한 폰 항크슬러(Johann von Hanxler)가 여섯 명의 시의원 입회하에 그와 이야기한 것이다."(*Berichte der Augenzeugen*, S. 260)

곧 뤼벡의 덴마크에 대한 전쟁은 그 옛 한자 도시에게 극도로 불리한 전환을 가져왔고, 그 도시의 패배는 또한 민중세력의 몰락과 양모직 조공들의 침몰을 가져왔다.

뮌스터인들은 독일로부터 1534년 말에 포위를 풀어주는 어떤 원병도 더 이상 기대할 수 없었다. 그러나 한 가지 희망이 그들에게 남아 있었다. 그것은 바로 뮌스터 봉기가 그 힘의 상당 부분을 얻게 된 원천인 네덜란드였다.

1534년 초에 뮌스터가 재세례파의 손에 들어갔을 때, 네덜란드에서도 운동은 거세게 성장했으며, 특히 뮌스터 다음으로 재세례 운동의 수도로 통하는 암스테르담에서 그러했다. 그러나 홀란트와 프리슬란트의 다른 도시들에서도 그러했다. "모니켄담(Monnikendam)에서는 (4월에) 얀 마티스(Jan Mathys)의 추종자들이 전체 주민의 3분의 2가 되는 것으로 추산했고 이는 바터란트(Waterland) 전체에서 수도권 지역 어느 곳이나 그 당시에 비슷했다"[31] 오베리셀(Oberyssel)에서도 그들은 강했다. 특히 바로 시장이 그들 편에 가담한 데벤터(Deventer) 시에서는 그러했다.

1534년 2월 6일에 에라스무스 셰투스는 안트베르펜에서 로테르담의 에라스무스에게 이렇게 편지를 썼다. "우리로서는 아주 근심스러운 것이 이 지방들입니다. 특히 홀란트가 걱정됩니다. 이는 재세례의 선동적 횃불 때문입니다. 왜냐하면 그것은 불꽃처럼 타오르기 때문입니다. 선동의 횃불이 비밀리에 타오르지 않는 작은 땅이나 도시는 좀처럼 없는 듯합니다. 그들이 재물의 공유를 설교하므로 그들에게 모든 무산자가 흘러듭니다."[32]

그러나 이 혁명적 대중에게는 뮌스터의 형제들처럼 무기력한 제국 권력과 서로 간에 극히 상충적인 이해관계를 가진 군주 및 도시 당국들의 집합체가 있었던 것이 아니라, 위협이 되는 항거를 질식시키기 위한 온갖 무력수단을 즉시 제공하는 막강한 국가의 중앙권력이 있었다. 그

---

[31] Cornelius, *Münsterischer Aufruhr*, II, S. 234.

[32] *Berichte der Augenzeugen*, S. 315.

당시에 일어난 처형의 긴 목록을 제시하는 것은 불가능하며, 이는 언제나 똑같은 잔인한 천편일률적 상황이다. 그러나 그럼에도 무장한 군대가 오베리셀에 있는 쥐데르제(Zuidersee)에 붙은 볼렌호베(Bollenhove)로 (대부분 배로) 가서 뮌스터의 포위를 풀기 위한 공세를 취하러 진군하려는 의도로 그곳에 모이기 위해 출발하는 것을 막는 데는 성공하지 못했다.

3월 22일에 볼렌호베에는 암스테르담에서 온 무장한 재세례파를 실은 배 30척이 도착했다. 25일에는 배 21척으로 3천 명이 도착했으며, 동시에 많은 이가 마차와 도보로 왔다. 그러나 이 부대들 각각은 네덜란드 당국에 의해 그 일의 낌새가 포착되어 개별적으로 공격을 받고 흩어졌다.

이로써 포위를 풀 공세의 시도는 사전에 좌절되었다. 그러나 5월 25일과 8월 31일 포위된 측의 큰 승리는 네덜란드에서 재세례파의 선동에 새로이 활기를 불어넣었다. 이 선동은 뮌스터에서 온 밀사를 통해서 양분을 공급받았다. 뮌스터에서 1534, 35년 겨울에 느껴지기 시작한 기근을 보고 요한 폰 레이덴은 대담한 계획을 세웠다. 네덜란드에 있는 동지들이 봉기하고 그는 포위된 자들 일부와 포위한 군대를 뚫고 나가서 다가오는 원군과 합세하여 저항을 이어가고 그래서 뮌스터를 해방시키겠다는 것이었다. 우리는 그가 어떻게 이 절망적인 작전에 참가할 지원자들을 모집했는지를 살펴보았다. 그는 또한 그의 군대를 이 일을 위해 훈련시켰고, 출정을 위해 특유한 차진(車陣)을 만들게 했다.

그러나 실행되지 못했다. 요한의 밀사들 중 한 사람인 요한 그래스(Gräß) '사도'는 예전에 교사였던 자로서 배신자가 되었다. 형제들을 바깥으로 모으고 이들을 데벤터로 이끌고 그들을 거기서부터 뮌스터로 오게 하는 임무를 띤 그는 1535년 새해에 그 도시를 떠났다. 하지만 그는 곧장 프란츠 주교한테 가서 그 계획을 알리고 저지 라인 지방에서 가장 명망 있는 동지들의 이름과 그들의 집회 장소를 폭로했을 뿐이다. 그렇게 해서 포위를 풀어줄 공세의 시도는 싹이 트면서 질식되었다.

그러나 요한 폰 레이덴은 계획의 실행을 한 번 더 시도했다. 부활절에 결국 간절히 열망하던 포위를 풀 원병이 오게 한다는 것이었다. 이 움직임을 정확히 추적한 켈러는 이에 관해 이렇게 보도한다. "이렇게 설명이 된다. 재세례파는 약속된 시간에 네 개의 군기를 휘날리게 하려고 했다. 하나는 윌리히(Jülich)의 땅에 있는 마스(Maas) 옆의 에센브루흐(Eschenbruch)에서, 하나는 홀란트와 바터란트에서, 세 번째 것은 마스트리히트, 아헨과 림부르크 땅 사이에서, 그리고 네 번째 것은 그뢰닝엔 부근의 프리슬란트에서 그렇게 하려고 했다. 확정된 시점까지 형제들은 무기와 돈으로 준비를 갖추고, 명령이 떨어지자마자 각각 그 다음의 깃발로 이동하여 뮌스터로 포위를 풀 공세를 취한다는 것이다."

"그 계획은 정말로 부분적으로 실행되었다. 바로 3월 28일, 부활절 첫째 날 재세례파에 의하여 서프리슬란트에 있는 슈네크(Sneek)와 볼스바르덴(Bolswarden) 사이에 있는 이른바 올덴 수도원(Oldenkloster)이 장악되고 요새화되었다. 그곳은 4중의 벽과 구덩이가 있는 강력한 지점이었고 그들은 이런 방식으로 그곳을 점령했다."

"황제의 총리대신이 이에 관한 정보를 입수하여 그는 한 번의 기습으로 여러 지점을 점령할 수 있으리란 희망을 품고 이들에 맞서서 진군했다. 그러나 그는 정식 포위를 하지 않을 수 없는 것을 알았고, 무거운 대포를 가져오게 해야 했다."

"그가 그의 군대를 도시와 농촌에서 첩자의 모집을 통해서 보강한 후에 그는 4월 1일에 포격을 시작했고, 그러고 나서 보루에 공격을 시작했다. 그는 보병들을 네 번이나 불 속으로 이끌어야 했으며 처음 두 번은 격퇴를 당했고, 세 번째와 네 번째 돌격에서 바깥 지점 몇 군데를 장악하는 데 성공했다. 그러나 몇 개의 전진보루와 성당은 아직 포위당한 측의 수중에 남았다. 4월 7일에는 포격이 다시 시작되어야 했다. 다섯 장소에서 돌파구가 마련된 뒤 오후 3시에 한 번 더 공격이 있었고, 길고 힘겨운 전투 후에 전체 지점이 장악되었다. 800~900명의 죽은 시체가 전쟁터에 남았다."

배로 데벤터를 향해서 온 다른 한 부대는 겔데른의 공작에 의해 상당수가 섬멸되었다. 봉기가 계획되었던 다른 장소들에서 켈러는 아무런 기별도 발견할 수가 없었다.

그러나 한 번 더 위험한 항거가 암스테르담에서 일어났다. 그곳으로 뮌스터의 요한 폰 겔(Johann von Geel)이 보내졌다. "그들 중 최선의 장교들 중 한 사람"이었다. 그는 그가 정한 장소에 도착하여 형제들이 봉기를 일으키도록 하는 데 성공했다.

"3월 11일 저녁 봉기가 일어났다. 여덟시경에 무장한 재세례파 500명이 시청을 점거했다. 그들의 손에 붙잡힌 시장은 칼에 찔려 죽었고 점령된 지점들은 방어 상태에 놓였다."

"그럼에도 봉기자들은 큰 도시를 당장 기습하기에 충분할 만큼은 결코 강하지 않았다. 또한 봉기의 발발은 공모자들이 함께 모인 것보다 일찍 이루어진 듯하다. 왜냐하면 며칠 후에 원군이 더 가세했기 때문이다. 아무튼 요한 폰 겔은 첫 번째 성공 후에 그가 내다보지 못했을 수 있는 저항을 받았다. 부르주아 사회가 일치단결하여 무장했고, 유혈 전투가 벌어져 밤새 계속되었고 이는 재세례파의 완전한 섬멸로 끝났다. 승리자들의 증오가 가공할 잔인한 행동으로 숨통을 텄다. 그래서 요한 폰 레이덴이 암스테르담의 재세례파 주교로 임명한 요한 폰 캄펜(Johann von Campen)은 체포된 후에 혀가 잡아 뽑혔고 손이 잘렸다. 그러한 절단 시에 사람들은 그에게 시의 문장이 새겨진 양철제 주교관을 조롱의 뜻으로 씌웠고 그를 형벌 말뚝에 세웠다. 그러고 나서야 비로소 그를 참수했다."[33] 다른 포로들에게서는 산 채로 몸에서 심장을 도려내어 그 심장을 얼굴에 집어던졌다. 얼마나 야수 같은 무리였는가—재세례파들이!

암스테르담에서의 봉기의 패배는 뮌스터 바깥의 재세례파들 중에 전투적 지향과 최후의 행동능력을 가진 마지막 분파의 침몰을 뜻했다. 포위당한 자들의 포위를 풀어줄 공세에 대한 마지막 희망이 그렇게 사라졌다.

그리고 이미 그들 중에서 배고픔이 기승을 부렸다. "그들은 먼저 말을 잡아먹었는데, 발과 간, 혀와 말대가리를 먹었다. 그들은 고양이와 개, 쥐, 크고 넓적한 조개, 개구리, 풀을 먹었고, 이끼가 그들의 빵이었다. 그들이 소금을 가졌던 동안에는 그것이 그들의 기름기였다. 그렇게 그들은 쇠가죽도 먹었고 낡은 구두는 물에 불려서 부드럽게 한 다음에 먹었다. … 그들의 자녀는 굶어 죽었고 노인들도 굶어 죽었다. 한 사람씩 한 사람씩 죽어나갔다."(Gresbeck, S. 189, 190)

궁핍이 견딜 수 없을 정도로 되자 요한은 더 오래는 전투에 참여하지 않고 도시를 떠나고 싶은 자는 시청에 신고해도 된다고 알렸다. 나흘간 누구나 그 도시를 떠날 자유가 있다는 것이다. 적지 않은 수의 사람이 그 허가를 활용했다. 여성들과 백발노인들, 어린이들이 나갔지만 전투 능력이 있는 남자들도 나간 사람이 있었다. 퇴거자들 일부는 주교 측에 의해 곧바로 타살되었고, 다른 사람들은 포로 신세가 되었다. 젊은 여성들은 보병들이 억류했고 이 여자들을 가지고서 다부제(多夫制)

---

[33] Keller, *Geschichte der Wiedertäufer*, S. 276-279.

를 영위했다. 아무튼 이는 극히 가엾은 자들에게서 수치를 제거하는 최선의 수단으로 그들에게 여겨졌다. 그들이 그 수치심을 재세례파의 일부다처제에 대해서는 걸머지게 했으면서도 말이다.

뒤에 남은 자들은 대다수가 모든 것이 상실될 경우에 불타는 뮌스터의 폐허 밑에 묻히기 위해 마지막 숨을 거둘 때까지 버티기로 결심했다. 주교 측 진영에서는 그들의 비참한 처지를 알았다. 그들에게는 조금의 화약밖에 없었다. "그들은 아주 확실한 것이 아니면 더 이상 사격을 하지 않는다. 내가 포로들에게서 보고받은 바처럼 그들에게는 화약 1과 1/2톤밖에 없다"고 이미 언급한 바 있는 프랑크푸르트 시장 유스티니안 폰 홀쯔하우젠(Justinian von Holzhausen)이 뮌스터 진영에서 5월 29일에 편지를 썼다.[34] 그 도시 내의 전투력은 최소한으로 녹아내렸다. 5월 24일 요한은 "도시 안에 있는 전투 능력이 있는 사람 모두를 점검했다. 포로들이 우리에게 자백한 것처럼 대략 200명이 있었다. 다른 사람들, 여자, 어린이, 남자 들은 모두 병이 들어 거동이 불편했고, 몇몇 사람은 지팡이에 의지하여 거동했다. 모두 몸이 부어 있었고, 기력이 없으면 성문 앞으로 많이 가서는 안 된다. 그들은 우리 군사들에게서 달아날 수 없을 것이기 때문이다."[35]

그런데도 주교 측은 감히 공격을 하지 못했다. 그들은 재세례파의 작은 부대와의 전투에서 이미 6,000명을 잃었다는 것을 잘 기억했던 것이다.(Holzhausen, a. a. O., S. 343) 그리고 그 프랑크푸르트 시장은 6월 8일에도 그의 아버지에게 이렇게 편지를 쓸 수 있었다. "내가 뮌스터를 앞에 두고 벌어지는 일을 보니 내통하는 세력이 우리를 도우려 하지 않는다면 우리가 이번 여름에 그 도시를 점령하지 못하지 않나

---

[34] *Berichte der Augenzeugen*, S. 344, S. 336을 참조하라.
[35] Holzhausen, a. a. O., S. 343.

염려됩니다. 그처럼 왕은 그의 공작들, 하잘것없는 추종자들과 함께 완고하게 악한 행동에 몸을 바쳐서 도시 전체와 함께 죽어 없어지려고 합니다."(A. a. O., S. 353, 354)

돌치노의 군대처럼, 지금 요한 폰 레이덴의 군대는 공포의 대상이어서 요한의 군대가 아직 저항력의 불씨가 자신들 안에 살아 있음을 느끼는 동안에는 포위자들은 공세를 감행하지 않았다.

그러나 홀쯔하우젠이 마지막 인용된 편지에 썼듯이, 그가 희망하던 배신자가 이미 나타났다. 그는 우리에게 이미 잘 알려진 그레스벡이다. 그는 5월 23일 그 도시에서 도망쳤다. 그리고 생포된 다음 그는 포위자들을 그 도시 안으로 들어가는 위험하지 않은 지점으로 안내하겠다고 나섰다. 재세례파는 에워싼 성곽의 모든 지점을 파수할 능력이 더 이상 없었다. 그레스벡의 이야기는 랑겐슈트라텐(Langenstraten)의 한스 엑(Hans Eck)에 의해 확인되었다. 그는 보병으로서 예전에 주교 측 진영에서 재세례파 쪽으로 넘어갔다가 재세례파의 형편이 불리해지자 다시 주교 쪽으로 도망쳐온 자였다. 그럼에도 조심스러운 포위자들은 오랫동안 기습을 감행하지 않았다. 드디어 6월 25일 모든 것을 주도면밀하게 준비해놓은 뒤에 자정 무렵 세찬 천둥 번개의 엄호 속에 작전을 개시했다.

그레스벡의 지휘하에 보병의 선봉 200여 명이 십자가문(Kreuztor) 근처의 성벽 위에 다행히 도달하여 바로 곁의 보초들을 찔러 죽이고 성문을 열었다. 보병 500~600명이 쳐들어갔고 뮌스터는 점령된 것 같았다.[36] 그러나 이번에도 그들의 맹렬한 전리품 욕심이 재산권 수호자들을 위태롭게 한 것 같다.

---

[36] 비리히(Wirich) 장군이 6월 29일에 클레브(Cleve) 공작에게 올린 보고서를 참조하라. (*Berichte der Augenzeugen*, S. 359)

승리에 도취된 침입자들은 약탈하기 위해 앞길을 서둘렀고 성문을 수비 인원 배치 없이 방치했다. 그러는 사이에 바로 옆에 배치되었던 재세례파 파수부대가 급히 와서 주력부대가 진입하기 전에 성문을 장악했고, 도성 안의 보병들을 다른 보병들과 차단시켰다. 그리고 외부에서의 공격으로 이들을 돕는 대신에 주교 측의 사령관인 다운(Dhaun)의 비리히(Wirich) 백작은 그 성문이 다시 재세례파의 수중에 들어간 것을 알고는 당황하여 후퇴 명령을 내렸다! 성벽 위에서 남녀 수호자들의 비웃음과 화살 공격이 그를 뒤쫓았다. 그러는 사이에 도시 전체의 재세례파가 들고 일어섰다. 공포통치의 멍에를 기쁜 마음으로 벗어던지기는커녕 무기 하나라도 잡을 수 있었던 사람 모두가 광포한 습격으로 침입한 보병들을 향해 달려들어 그들이 기대했던 것 같이 200명이 아닌 800명이 무장을 하고서 이 보병들에게 대항했다.[37] 침입한 병력은 크게 궁지에 빠졌고 이미 한 군사(軍使)를 새벽 세시경 요한 폰 레이덴에게 보냈다. 그러나 보병 몇 사람은 성벽 위의 수비병력 배치가 안 된 지점을 뚫고 나가 아침이 밝아오자 도성 밖의 동료들에게 자신들을 알리는 데 성공했다. 오래전에 일어났어야 했던 일이 이제 일어났다. 주력부대가 공격해 들어가서 방어력이 약한 성벽을 장악했다. "이처럼 그 도시는 군사들의 노련한 행동이 아니라 오직 신의 특별한 은혜로 점령되었다."(Holzhausen, a. a. O., S. 366)

가공할 시가전이 이어졌다. 재세례파들은 할 수 있었던 곳에서는 바리케이드를 쳤고 아침 여덟시경에는 그들 전투세력의 핵심인 200여

---

[37] Holzhausen, 7월 1일 프랑크푸르트 시 앞으로 보낸 편지, a. a. O., S. 366.

켈러(Keller)는 한번은 이렇게 말한 일이 있다. "이주해온 몇 사람의 악당이 전체 원주민 인구를 점점 노예로 만드는 데 성공했다는 것을 놀라움 없이 주목할 수 없다."(Wiedertäufer, S. 103) 더 놀라운 것은 공포통치에서 "해방된 자"들이 그들의 "해방자"들을 습격했을 때의 그 광기이다.

명은 여전히 바리케이드로 보호된 시장을 장악하고 있었다. 주교 쪽 장군들의 군사회의는 무력으로 재세례파를 그들의 최후의 진지에서 몰아내는 것은 너무 위험하고 어떤 경우에도 너무 손실이 많은 시도일 것이라고 판단했다. 그들에게 무기를 내려놓은 뒤 자유롭게 빠져나가는 것과 안전한 통행권을 승낙했다.

에워싸인 자들은 이 조건을 수용했다. 그들에게는 아무런 희망도 더 이상 눈짓하지 않았던 것이다. 그들이 무기를 내려놓고 방어진지를 떠나자 곧 무기가 없는 자들은 도륙당했다. 군주 측의 강도 행위는 도무지 불명예에 구애받지 않았다.

재세례파 550명이 점령되던 날 살해되었다. 그러나 그 후에도 집 안에 숨어 있다가 발각된 운 없는 자들에 대한 도살은 그치지 않았다.[38]

그 도시에 남아 있던 여성들은 전투에서 활발하게 제 몫을 담당했다. 이제 이들의 상당수 역시 광포한 보병들에게 타살되었다. 그 나머지는 주교가 앞에 데려오게 하여 그들이 재세례를 그만둔다면 그들을 사면해주겠다고 훈계하도록 했다. "그러나 그런 이들은 얼마 안 되는 것으로 밝혀졌고 뿐만 아니라 그들이 결심을 전혀 굽히지 않고 개전의 정을 보이지 않은 채로 있음에 따라 그들 중의 탁월한 자들이 처형되었고, 그 나머지는 도시에서 쫓겨났다. 그들 중 여럿이 영국으로 간 것 같다."[39]

지도자들 중에는 상당수가 죽었으며, 틸벡과 키펜브로이흐와 로트만도 죽었을 개연성이 있다. 하인리히 크레히팅크(Heinrich Krechtinck) 같은 몇 안 되는 사람만 도망치는 데 성공했다. 그의 형제 베른트(Bernt)

---

[38] Bericht des Sigmund von Beineburgk an Philipp von Hessen, vom 7. Juli, a. a. O., S. 368.
[39] Gresbeck, S. 213., und Beineburgk, a. a. O., S. 368.

도 크니퍼돌링크와 요한 폰 레이덴도 승리자들 손에 생포되었고, 볼 만한 구경거리로 넘겨졌다. 사람들에게 가장 많이 근심을 끼친 자들을 비겁하다고 비난하는 그 시대의 관습에 따라 케르센브로이크는 요한 폰 레이덴에 대해서 그가 비겁하게 도망쳤다고 설명한다. 정복 전이나 후나 그의 행실은 그를 비겁한 자로 보게 하지는 않는다. 야간의 시가 전 중의 몇몇 사람들의 행동에 관해 완전히 확실한 것은 물론 거의 기대할 것이 못 된다.

주교가 뮌스터에 들어왔을 때 그는 요한을 자기 앞에 데려오게 했다. "그래서 주교 각하가 이렇게 말씀하셨다. '네가 왕이냐?' 그러자 그 왕이 이렇게 대답한 것 같다. '네가 주교냐?'"[40] 이 대답은 그가 비겁하다는 결론을 내리게 하지 않는다.

포로들이 겪은 처우는 그 시대의 정복당한 피착취자들의 수호자들에게는 통상적인 것이었고, 다른 시대에도 그랬다.

요한과 크니퍼돌링크, 크레히팅크를 위한 철제 목걸이가 제작되었고, 이들은 이 목걸이로 땅위를 끌려 다녔다. 그들의 고통은 끝나려 하지 않는 듯했다. 드디어 그들은 1536년 1월 22일 뮌스터에서 백성들 앞에서 재판을 받았다. 주교는 그 교훈적인 광경을 지켜보았다. "그리고 형리들이 먼저 왕(요한 폰 레이덴)의 목에 쇠를 채우고 말뚝에 매고는 이글이글 타는 집게를 집어 들고 그것을 몸의 모든 살갗과 그밖의 부분들에 대어 집어서 그 집게에 덴 모든 부위에서 불꽃이 타올랐고 장터에 서 있던 거의 모든 사람이 그런 냄새가 코로 들어오는 것을 참을 수 없을 정도로 악취가 났다. 나머지 사람들도 같은 형벌에 처해졌는데, 이들은 이 형벌을 왕보다 훨씬 더 큰 괴로움과 아픔을 표시하며 견디었

---

40 Gresbeck, a. a. O., S. 213.

고, 많은 신음과 비명으로 그들의 고통을 알렸다. 그러나 크니퍼돌링크가 경악스러운 고문을 보고는 질려서 그를 말뚝에 매어놓은 목의 쇠고리에 목을 매달아 목을 스스로 꺾어 자신의 죽음을 재촉하려고 했다. 그러나 형리들이 이것을 눈치 채자 그를 다시 일으켜 세워 입을 넓게 찢은 다음 이빨들을 통과하여 말뚝에 끈으로 그를 단단히 묶었다. 그래서 그는 앉지도 못하고 목을 (기둥에서) 뗄 수도 없고 기도 전체가 열려 있었기 때문에 질식해 죽을 수도 없었다. 그러나 그들을 충분히 오랫동안 고문해도 여전히 살아 있었더니 결국 이글이글 타오르는 집게로 목에서 혀를 잡아 빼어내고 동시에 단검으로 온 힘을 다해 심장을 찔렀다." 시체들은 철제 새장 안에 잘 보이게 넣어 람베르트 성당에 걸어놓았다. "그러나 그들에게 고통을 가한 집게는 여전히 장터 위 시청의 말뚝에 걸려 있어 볼 수가 있었고, 이는 거기서 정규적인 관계 당국에 대한 모든 항거자와 반대자에게 본때를 보여주고 공포를 주는 수단으로 쓰일 수가 있다."[41]

어떤 현대 역사가는 이것을 "그들의 악행에 대한 응분의 벌"이라고 부르는 뻔뻔함을 지니고 있다.(Keller, *Wiedertäufer*, S. 280) 그러나 '독일 학계'의 고상한 선생들은 배우지 못하고 거친 뮌스터의 프롤레타리아들이 포위의 공포 중에 고귀한 주교께서 그의 승전 후 반 년이 지나 완전한 심적인 평정 가운데 숙고하여 준비시키고 그의 형리들에게 자기 눈앞에서 시행하도록 한 저 불쾌한 야수적 행동의 100분의 1이라도 그들의 어떤 적에게 실행한 단 하나의 예라도 제시할 수 있으면 해보라! 그런데도 자신들의 고귀한 윤리 자체를 아무리 자랑해도 지칠 줄 모르는 이 고상한 사상가들은 정신적인 블러드하운드의 승리에는 환호하

---

[41] Kerssenbroick, II, S. 212. 우리는 케르센브로이크의 이 보도에 아무런 의문을 둘 필요가 없다.

고 그 희생제물에는 파렴치한 범죄자라는 오명을 뒤집어씌운다!

재세례라는 프롤레타리아 계층의 대의, 아니 전체 민주주의의 대의
는 독일제국에서 여러 세기 동안 완전히 땅에 떨어져 있었다. 그리고
독일 바깥에서도 전투 능력 있는 호전적인 재세례 운동은 모든 발판을
상실했다.

1536년 8월 보크홀트(Bockholt) 대회에서는 네덜란드의 재세례파
가 분열했다. 그때부터는 호전적 지향은 사라졌다. 평화적 천년왕국적
지향은 한동안 유지되었다. 그들의 지도자가 된 자는 디비드 요리스
(David Joris)로 16세기 초에 브뤼허(Brügge)에서 태어나 델프트(Delft)
에서 교육을 받았다. 그러나 가장 비중이 커진 것은 이제부터는 완전히
현존하는 상황에 충실한 오베니트인(Obbeniten)들의 지향이다(오베 필
립스Obbe Philipps의 이름을 따라서 그렇게 불렸다). 이들은 세계의 현존하는
상태와 다른 어떤 상태도 지상에서는 기대할 수 없다는 것, 사람은 이
에 순응해야 한다는 것을 가르쳤다.

이 지향의 우두머리가 된 것은 메노 지몬스(Menno Simons)였다. 그
의 추종자들은 그를 따라서 메노니트파(Mennoniten)라고 불렸다. 그는
1492년에 프라네케르(Franecker) 부근의 프리슬란트 마을 미트마르숨
(Mitmarsum)에서 태어났으며, 가톨릭 사제가 되었다. 1531년에 그는
재세례파들과 손을 잡았고 1533년이면 우리는 순종적 지향의 추종자,
얀 마티스의 적이 되어 있는 그를 발견한다. 호전적 지향에 속한 그의
형제가 1535년 부활절에 뮌스터의 포위를 풀어주기 위해서 서프리슬
란트에서 떠난 군대에 가담했고 용감한 전사로서 죽음을 맞이한 동안
메노는 극도로 궁지에 몰린 뮌스터의 동지들을 등 뒤에서 치고 그들에
반대하는 선동을 시작하기를 꺼려하지 않았다.

뮌스터의 침몰 후에 그의 지향은 재세례파들 중에서 지배적 지향이
되었다.

메노의 최후는 요리스의 최후처럼 재세례파가 이제부터 띠게 되는
성격을 잘 특징지어준다. 물론 그들은 아직도 많은 박해를 겪어야 했지
만 양자는 존경을 받으며 잘 살면서 평화 가운데 죽었다.

요리스는 상당한 재산을 쌓아두었으며 그것을 조용히 누리기 위해
서 그 새날의 예언자는 1544년에 요한 폰 브뤼허(Johann von Brügge)라
는 가명으로 바젤에 정착하여 그곳에서 땅을 장만했다. 1556년에 그가
죽고 나서야 그의 진짜 이름이 발견되었고, 그의 유해는 바젤 시의회의
명령으로 화장되었다.

그 직후인 1559년에 메노 지몬스가 죽었다. 그는 생애의 마지막 몇
년을 홀슈타인(Holstein)어로 올데스로에(Oldesloe)라는 곳의 어떤 귀
족의 소유지에서 보냈다. 그 귀족은 네덜란드 군대 복무 중에 재세례파
를 근면하면서도 무해한 사람들로 알고 지냈으며, 이제는 그들에게 그
의 소유지에 그로서는 매우 이익이 되는 피난처를 제공했다.

그러나 곧 네덜란드 자체가 박해받는 재세례파를 위한 그런 피난처
로 된 것 같다. 재세례파가 보헤미아와 모라바에서 합스부르크 가에게
패배한 것과 대략 같은 시기에 합스부르크의 멍에를 벗어버린 라인 강
하구의 연방국에서는 신앙의 자유, 종교적 관용이 더욱 확정된 형태로
생겨났다. 네덜란드에서는 후스파 전쟁 이래 사실상 신앙의 자유가 거
칠고 불완전하게나마 지배해왔던 것이다. 16세기 말 이래로 메노니트
파는 네덜란드에서 허용되었으며, 1626년에는 공식적으로 신앙의 자
유를 얻었다. 그들은 헤른후트파, 보헤미아 형제들의 후예와 마찬가지
로 오늘까지 유지되어온다. 그러나 오래전부터 그들은 부유하고 여유
있는 소시민계층을 이루었을 뿐이다. 이 계층은 프롤레타리아 계층의

해방투쟁에도 사회주의 사상의 발전에도 완전히 무의미했다.

이미 베가르트파 시대에 영국과 극히 밀접한 교류 관계에 있던 네덜란드에서 재세례파의 관념도 그곳으로 왔으며 17세기의 내전은 그 관념을 실로 전면에 등장시켰다. 그러나 독립교회 운동의 민주적·사회주의적 지향들이 아무리 재세례 운동의 계승자로 생각될지 몰라도 그 지향들은 본질적으로 재세례파 운동과는 다르다.

기독교 사회주의는 사회생활에서의 실제적인 추진 동력으로서는 16세기에 끝났다. 이 세기부터는 현대적 생산양식, 현대 국가, 현대적 프롤레타리아 계층이 발생하지만, 현대 사회주의도 발생한다.

인류를 위한 새 시대가 그렇게 다가온다.

새로운 사회주의의 선구자들

2017년 11월 30일 초판 1쇄 발행
2018년 12월 31일 초판 3쇄 발행

지은이 카를 카우츠키
옮긴이 이승무
펴낸이 김영호
펴낸곳 도서출판 동연
등 록 제1-1383호(1992. 6. 12)
주 소 (03962) 서울시 마포구 월드컵로 163-3
전 화 (02)335-2630
전 송 (02)335-2640

ISBN 978-89-6447-392-5 93200